ISBN 978-0-265-00154-7
PIBN 10964494

1 MONTH OF
FREE
READING

at

www.ForgottenBooks.com

By purchasing this book you are eligible for one month membership to ForgottenBooks.com, giving you unlimited access to our entire collection of over 1,000,000 titles via our web site and mobile apps.

To claim your free month visit:

www.forgottenbooks.com/free964494

L'IRLANDE

SOCIALE, POLITIQUE ET RELIGIEUSE.

IMPRIMERIE DE H. FOURNIER ET COMP,
RUE DE SEINE, 14.

L'IRLANDE

CIALE, POLITIQUE ET RELIGIEUSE

PAR

GUSTAVE DE BEAUMONT

AUTEUR DE MARIE OU L'ESCLAVAGE AUX ÉTATS-UNIS

L'UN DES AUTEURS

DU SYSTÈME PÉNITENTIAIRE AUX ÉTATS-UNIS

TOME PREMIER

TROISIÈME ÉDITION

C·G

PARIS

LIBRAIRIE DE CHARLES GOSSELIN

9, RUE SAINT-GERMAIN-DES-PRÉS

M DCCC XXXIX

PRÉFACE.

L'objet que l'auteur s'est proposé en écrivant ce livre a été de faire connaître l'état présent de l'Irlande qui lui a paru digne d'être approfondi et médité.

Deux fois, à des époques différentes, séparées par un intervalle de deux années, en 1835 et en 1837, il a visité ce pays attirant par ses malheurs; et en parcourant cette pauvre Irlande désolée par tant de misère, froissée par tant d'injustices, déchirée par tant de convulsions et de discordes, il a vu des scènes si dignes de pitié, il a senti s'élever dans son âme de si grands troubles, et s'agiter dans son esprit des problèmes si graves, qu'il lui a semblé que, s'il parvenait à peindre quelqu'une de ses impressions, le tableau qui serait son ouvrage pourrait ne manquer ni d'intérêt ni d'utilité.

L'Irlande est une petite contrée sur laquelle se débattent les plus grandes questions de la politique, de la morale et de l'humanité.

Il n'existe sans doute de nos jours aucun phénomène politique plus considérable et plus digne d'attention que le progrès du principe démocratique dans toutes les sociétés.

Ce principe gagne tous les peuples, il travaille tous les empires; sous une forme ou sous une autre, républicaine ou monarchique, libre ou absolue, il porte en tout pays le dogme de l'égalité civile et politique; il y saisit tous les esprits, il y atteint toutes les conditions, pénètre dans toutes les classes et dans tous les rangs, il s'établit dans les mœurs, des mœurs il passe dans les lois, il change la face du monde; le mouvement qu'il imprime est constant, général, universel, mais il n'est pas partout le même. Tandis que,

plupart des aristocraties d'Europe tombent, et n'offrent plus aux regards que décomposition ou ruines, les unes abattues d'un seul coup, les autres renversées lentement; celles-ci résignées à périr, succombant sans défense; celles-là déjà vaincues, quoique luttant encore: il existe un pays, l'Angleterre, où l'aristocratie est encore pleine de vie et de puissance; où l'inégalité civile et politique, maintenue dans les lois, s'est conservée entière dans les mœurs; où le vieux privilége féodal se trouve si singulièrement mêlé aux libertés les plus jeunes et les plus hardies, qu'en voyant l'empire absolu qu'exercent dans ce pays la naissance et la fortune, on le croirait en arrière de toutes les nations, et qu'en y regardant seulement le bien-être et la liberté du peuple, on le juge en avance de toutes; où enfin l'aristocratie est aussi attaquée, mais où elle est assez puissante pour tenir tête à son ennemi, et si ce n'est pour le vaincre, du moins pour lui disputer longtemps la victoire.

L'aristocratie anglaise offre seule à la démocratie moderne un noble et digne adversaire; à la différence de ces puissances usées et décrépites qui, soit infirmité, soit défaut de cœur, se laissent tuer paisiblement sur leur lit de mort, l'aristocratie anglaise lutte vaillamment pour la défense de ses droits, et montre assez, par l'énergie et l'habileté qu'elle déploie, comment elle soutiendra ses priviléges jusqu'à son dernier soupir; nulle n'est aussi populaire qu'elle, nulle cependant n'est aussi attaquée, parce qu'aucune autre n'est aussi forte, et ne saurait, en résistant de même, provoquer de pareilles agressions. Et non-seulement les luttes qu'elle soutient sont les plus violentes et les plus décisives, ce sont aussi les plus solennelles et les seules qui s'offrent à tous les regards ; car, tandis que les autres aristocraties végètent ou s'éteignent dans l'ombre, l'aristocratie anglaise vit et combat au grand jour, à la lumière de ses libertés. Dans ce moment de transformation sociale où deux principes contraires sont aux prises, il semble que l'aristocratie anglaise demeure l'unique champion du privilége antique contre toutes les puissances de l'égalité moderne. C'est assurément un grand combat qui se livre, c'est une scène imposante qui s'offre aux yeux, c'est un drame immense qui se développe à la face du monde. Eh bien ! ce combat, cette scène, ce drame, où l'Angleterre joue un si grand rôle, c'est l'Irlande qui en est le théâtre.

C'est d'Irlande que la démocratie souffle sur l'Angleterre ses plus ardentes passions ; c'est d'Irlande que partent les coups les plus capables d'ébranler dans sa base le vieil édifice de la constitution britannique.

Le peuple d'Irlande, tenu pendant sept siècles sous le joug de l'Angleterre, a souffert une constante oppression ; il a vu tour à tour sa patrie envahie et son culte proscrit ; dépouillé de son existence nationale, il a été menacé dans sa vie

religieuse ; et dans ses efforts pour recouvrer la
première et conserver la seconde, il a subi toutes
les tyrannies : tantôt des violences, des massacres, des cruautés, tantôt de tranquilles persécutions ; toutes les horreurs de la guerre suivies
de toutes les corruptions de la paix ; d'abord la
destruction violente, puis les souffrances et les
dépravations de la misère ; un jour le glaive du
soldat, un autre jour la main du bourreau. Mais
ce peuple d'Irlande, si longtemps enchaîné, est
enfin sorti de sa servitude, et voilà qu'au sein
de sa misère profonde, qui n'a point cessé avec
son esclavage, il demande compte du passé au
pays d'où lui sont venus tous ses maux. C'est ce
peuple tant opprimé par l'Angleterre qui maintenant pèse sur celle-ci, et qui, assez fort pour
lutter contre la cause de ses misères, travaille à
détruire les institutions que l'Angleterre voudrait
conserver. On dirait que toutes les violences
qu'il a souffertes, toutes les injustices qu'il a en-
durées dans les siècles passés, se liguent aujour-
d'hui pour renverser le gouvernement qui fut
leur auteur ou leur complice. Il n'est pas une
seule des souffrances de l'Irlande qui n'envoie
une menace à l'aristocratie anglaise.

Expliquer cette situation extraordinaire, en
montrer les phases diverses, développer les em—

barras qu'elle suscite à l'Angleterre, examiner
les moyens tentés par celle-ci pour y mettre un
terme ; après avoir sondé le mal, en chercher le
remède ; tel est le premier objet de ce livre.

Assurément l'intérêt politique que présente
cette face du sujet est grave et propre à saisir
les esprits. S'il importe de connaître de quelle
manière les démocraties se forment, il n'est pas
inutile de savoir comment les aristocraties tombent ou se soutiennent ; on ne saurait sans doute
voir avec indifférence ce drame dont le dénoû-
ment promet le maintien ou la chute de la puissance qui, depuis des siècles, gouverne l'Angleterre ; rien ne semble mériter plus d'attention
que ce combat où est engagée la fortune d'un
peuple qui pèse d'un si grand poids dans les
destinées du monde ; il n'est pas d'un intérêt
médiocre de voir comment, dans ce combat, la
religion aide la liberté ; et ce combat, qu'on y
prenne bien garde, n'est pas celui d'un jour ;
commencé il y a cinquante ans, il se continue,
il ne sera pas fini dans un demi-siècle ; de sorte
qu'en regardant la lutte d'aujourd'hui, on n'a
pas seulement le spectacle du présent, on y
trouve encore les enseignements du passé ; on y
pressent les solutions de l'avenir.

Mais, quelle que soit l'importance des questions

politiques qui naissent de cette situation, il en
sort des sujets de méditation plus grands encore,
qui sont d'un ordre supérieur, et qui méritent
peut-être une étude plus profonde, parce qu'ils
sont, non d'un jour, non d'un siècle, mais de tous
les âges.

Il y a des questions de morale et d'humanité
qui sont éternelles, dont la grandeur ne périt
jamais, et qui, indépendantes des temps, des
lieux et de la fortune des États, survivent aux
grandes comme aux petites querelles des empires. On ne saurait mieux étudier ces questions
d'humanité que chez les peuples malheureux ; ces
questions de morale, que chez les peuples dont le
malheur est une injustice. Et qui nommera un
pays plus infortuné que l'Irlande? Qui citera un
peuple dont la misère soit moins méritée?

Le spectacle d'une population de plusieurs
millions d'hommes subissant, de notre temps
même, au milieu du dix-neuvième siècle, toutes
les tortures d'une famine annuelle, et tous les
supplices d'une misère qui n'a point son égale,
ne suffit-il pas pour toucher profondément tous
ceux auxquels rien d'humain n'est étranger?
Est-il besoin d'être Irlandais ou Anglais pour
compatir à tant de souffrances? Est-ce qu'il n'y
a pas au fond de toutes les âmes généreuses une

corde sympathique qui répond à toutes les douleurs de l'humanité? Est-ce qu'il y a un peuple
étranger dans la famille des peuples? Toutes
les détresses de l'homme n'ont-elles pas des
droits à la pitié de l'homme? Toutes ne viennent-
elles pas de la même cause première, de l'é-
goïsme, d'où naissent toutes les oppressions?
En exposant les maux de l'Irlande, en remontant
à leurs causes, en cherchant et en discutant le
moyen de les guérir, l'auteur n'a pas cru traiter
des sujets indifférents à la France.

Et pour le moraliste qui, en déplorant les
infortunes de l'homme, s'applique à en rechercher l'équité ou l'injustice, quelle contrée
sera aussi féconde que l'Irlande dont tous les
malheurs sont mêlés de quelque vertu, et dont
les plus grands maux ont eu pour cause sa fidélité
religieuse? Où trouvera-t-il des enseignements
plus variés, plus tristes, plus consolants? Où
verra-t-il plus clairement que dans les annales
de la domination anglaise en Irlande, comment,
une fois entré dans une voie inique, on est fatalement tenu de la parcourir tout entière, et entraîné jusqu'à des fins extrêmes, devant lesquelles on eût, au point de départ, reculé avec
horreur; comment, d'une première injustice,
découlent toutes les injustices, d'une première

violence, toutes les violences; comment toutes se tiennent, s'enchaînent, se commandent les unes les autres, depuis celle qui se prend à l'âme et à la pensée, jusqu'à celle qui torture les corps? Où pourra-t-il voir plus de périls attachés à l'oppression et plus de bonheurs imprévus offerts au martyre? Où trouvera-t-il dans la fortune du maître et de l'esclave des retours plus extraordinaires, une plus cruelle servitude suivie d'une plus équitable délivrance, des prospérités plus iniques amenant de plus justes expiations? Où verra-t-il mieux qu'en Irlande les secours extraordinaires que la religion prête à la vertu? et quelle autre contrée que l'Irlande lui offrira le spectacle unique jusqu'à ce jour, de toutes les persécutions pratiquées au milieu de tant de lumières, qu'il n'est pas un acte inique que l'on ne voie naître, et dont on ne suive toutes les conséquences? Dans quel autre pays pourra-t-il étudier ainsi, au flambeau de la liberté, les procédés de la tyrannie?

Tel est le triple intérêt qu'offre à l'homme d'État, au philantrophe, au moraliste, l'Irlande de nos jours. Tel est l'objet que ce livre a eu en vue.

Assurément, il est difficile d'imaginer un sujet plus noble et plus grand : il n'en est point de

plus capable de passionner l'écrivain, d'exciter
son esprit et d'intéresser son cœur. Mais, s'il
n'est point de plus beau cadre, peut-être aussi
n'en existe-t-il pas de plus difficile à remplir.

Outre les difficultés propres à sa seule grandeur, ce sujet en contient beaucoup d'autres
que l'on peut considérer comme spéciales à l'État
particulier de l'Irlande. La première qui s'offre
à l'écrivain naît de la complication infinie des
éléments dont se compose l'état social et politique de l'Irlande, qu'il faut cependant voir clairement pour les exposer de même. Ce pays qui,
avant la conquête, possédait son gouvernement
national, et où les Anglo-Normands ont apporté
des lois moitié normandes, moitié saxonnes,
présente dans son organisation politique des va-
riétés qui rendent son étude singulièrement pénible et souvent épineuse. Pour comprendre
l'organisation politique de l'Irlande, il faut d'a-
bord connaître le gouvernement du peuple dont
celle-ci a reçu presque toutes ses institutions,
comme pour juger l'effet il faut remonter à la
cause; et quelle étude que celle des lois et des
coutumes de l'Angleterre! Comment apprendre
cette constitution qui est éparse dans les statuts
et dans les mœurs? Comment oser en parler? Et
quand ce travail est fait; quand on est parvenu

à toucher les institutions les plus insaisissables qui soient au monde, il faut encore examiner lesquelles de ces institutions ont été portées en Irlande, et comment celles-ci se sont modifiées suivant des circonstances diverses, d'autres lieux et des besoins différents. La difficulté est immense : il faut cependant l'aborder ou renoncer à tout l'ouvrage ; car comment apprécier l'action des pouvoirs politiques établis dans une société, si d'abord on n'en connaît l'esprit et la forme? L'auteur a sans doute, dans cette partie de son livre, commis beaucoup d'erreurs en dépit des efforts qu'il a faits pour les éviter ; mais il se consolera des critiques dont il pourrait être l'objet, si les explications qu'il donne, défectueuses dans quelques détails, sont jugées justes au fond, et rendent intelligibles les développements qu'elles sont destinées à éclairer. Il voudrait que l'on n'oubliât point que, lorsqu'il parle de la constitution anglaise, ce n'est point qu'il en veuille faire l'exposé, mais parce que les institutions de l'Irlande ne se peuvent comprendre que par celles de l'Angleterre.

L'état social n'est pas moins compliqué que l'état politique. Comme l'Irlande, aujourd'hui tout à fait libre, a été longtemps asservie, les mœurs de ce pays offrent le plus extraordinaire

assemblage d'indépendance et de servitude, de
libertés existantes dont quelques-unes ne vivent
que de nom, de tyrannies abolies dont les effets
durent encore. Partout on voit le fait en opposition avec le droit, et la loi contredite par la
coutume; tout en Irlande est complexe; il n'est
peut-être pas une circonstance actuelle qui se
comprenne bien, si on n'en demande l'explication
au passé; pas un mal présent dont il ne faille
étudier la cause première dans des temps qui ne
sont plus. Rien n'est plus difficile aussi, au milieu
de toutes les sources de misère qui abondent
dans ce pays, les unes sociales, celles-ci politiques, celles-là religieuses, que de les bien distinguer toutes, et d'analyser la part de malheur
qui provient de chacune d'elles.

La variété des choses à étudier est infinie; et
puis comment faire cette étude? Ici une autre
difficulté se présente. D'abord il existe très-peu
de livres qui soient bons à consulter sur les institutions et les mœurs de l'Irlande.

Aucun de ceux qui traitent de ce pays avec
quelque étendue n'est écrit dans notre langue (1);
et parmi les ouvrages étrangers dont l'Irlande

(1) Le bel ouvrage de M. Augustin Thierry (*Histoire de la conquête de
l'Angleterre par les Normands*) répand quelques vives lumières sur l'histoire de l'Irlande, depuis la conquête de l'Irlande jusqu'à nos jours. Mais
il n'entrait point dans le plan de ce grand écrivain d'exposer l'état social et

forme le texte, la plupart, écrits par des Anglais
ou par des Irlandais, sont empreints de préjugés
nationaux et de préventions de parti, qui, contraires ou favorables à l'Irlande, les rendent
tous également suspects. Il faut donc absolument,
pour juger l'Irlande, se transporter dans le pays
même.

Mais, arrivé en Irlande, l'auteur va s'y trouver exposé à bien d'autres écueils. Celui qui, dans
ce pays, cherche le vrai avec le plus de zèle et de
bonne foi, a bien de la peine à le saisir; tout le
lui dispute et travaille à l'égarer; tout est menteur en Irlande, depuis le riche qui cache son
égoïsme jusqu'à l'indigent qui exalte sa misère.
Toutes les passions de classe, de secte, de parti,
qui y sont brûlantes, sèment sous les pas du
voyageur mille éléments d'erreur. L'Irlande
n'est plus en état de guerre civile; mais elle est
toujours en révolution; et, soit ébranlement des
commotions passées, soit symptôme d'agita-

politique de l'Irlande, tel qu'il existe aujourd'hui; le passé même de l'Irlande n'est qu'un coin de son vaste et brillant tableau.

M. P. Duvergier de Hauranne a, en 1827, publié un intéressant volume
intitulé *Lettres sur les élections anglaises et sur la situation de l'Irlande.*
Mais dans cet ouvrage qui présente sur les mœurs et sur les institutions
irlandaises les aperçus les plus justes et les plus ingénieux, l'auteur a surtout voulu peindre un grand événement contemporain, c'est-à-dire l'agitation irlandaise qui a précédé et amené l'émancipation catholique de 1829.
Je ne connais, dans notre langue, que ces deux ouvrages dont l'Irlande soit
le sujet principal ou accessoire.

tions nouvelles, le sol y tremble sous les pas : les partis y sont si violents, qu'on dirait des armées en présence prêtes à en venir aux mains. L'étranger qui tombe tour à tour dans chacun de ces camps ennemis entend les langages les plus divers, les opinions les plus opposées, les récits les plus contraires. Chaque jour lui apporte le démenti de ce qui la veille lui a été affirmé ; et l'assertion d'aujourd'hui s'évanouira le lendemain devant une dénégation nouvelle. Averti par ces contradictions, il reconnaît bientôt que le seul moyen de vérifier les faits c'est de les voir lui-même ; mais comment tout voir ? Et alors même qu'il en aurait la puissance, ne lui arrivera-t-il pas bien souvent qu'en croyant juger avec ses propres yeux, il verra encore par l'œil d'autrui, et regardera non ce qui est, mais ce qu'on voudra bien lui montrer ?

L'auteur a fait de constants efforts pour échapper à ce danger. Ce qu'avant toutes choses il a poursuivi dans ses investigations, c'est la sincérité des faits ; ce qu'il s'est attaché constamment à éviter, c'est l'influence de ces passions politiques et religieuses qui sont, en Irlande, une source si féconde de mensonge et d'erreur. Étranger aux factions qui divisent cette contrée malheureuse, il n'a eu, en la parcourant, qu'un

but, qu'une pensée, qu'une passion : la vérité.
Il a cherché la vérité partout ; il l'a demandée à
tous les partis, sachant bien que nul d'entre eux
ne pouvait seul la lui donner, mais que, si elle
se pouvait trouver quelque part, c'était dans
l'examen et l'appréciation de tous. Au milieu de
ces partis opposés, il éprouvait sans doute plus
de sympathie pour les uns que pour les autres ;
mais, convaincu qu'en politique et en religion
la cause même la plus inique ou la croyance la
plus fausse peut avoir pour défenseurs l'âme la
plus honnête et l'esprit le plus droit, il s'est mis
tour à tour en rapport avec des hommes de toutes
les opinions politiques et religieuses ; et il a toujours jugé les choses indépendamment des personnes.

Quand il a trouvé les passions d'accord sur un
fait, il a considéré ce fait comme vrai ; lorsqu'un
doute s'est élevé dans son esprit, il en a cherché
la solution, soit dans la réunion de plusieurs témoignages, soit dans les documents officiels publiés par ordre du parlement anglais ; en général,
il a rejeté comme incertain tout fait dont il ne
possédait pas une double preuve.

Qu'il soit permis à l'auteur de présenter ici
une réflexion. Si ce livre parvient jusqu'en Angleterre, le lecteur de ce pays y blâmera sans

doute, au milieu de beaucoup de défauts trop
réels, la surabondance des explications qui s'y
trouvent sur les institutions et les mœurs; mais
le lecteur anglais est prié de considérer que ces
développements, inutiles pour lui, peuvent être
nécessaires au lecteur français. Or, c'est pour la
France que ce livre est fait. L'auteur n'hésite
pas même à dire ici qu'en général il a supposé
son lecteur le plus ignorant possible; et il est
toujours parti de ce point que ce que les Anglais
savent le mieux est précisément ce que les Français connaissent le moins. On ne connaît généralement en France de l'Angleterre que ce qui
momentanément, dans ce dernier pays, excite
les passions des partis politiques; c'est assez dire
que l'on ne sait guère de l'état de l'Angleterre
et de l'Irlande que des cas exceptionnels et extraordinaires. En Angleterre, quand tout le monde
est occupé d'un intérêt accidentel, chacun n'en
connaît pas moins le cours des choses dont nul
ne parle; chacun y sait comment se rend la justice, et comment s'y fait l'administration, quoique le couronnement de la reine soit le seul texte
des entretiens. Mais, en France, dès qu'arrive
un écho de cet événement singulier, c'est tout à
la fois le seul dont on parle et le seul que l'on
sache. Pendant ses voyages, l'auteur s'est con-

stamment tenu en gardé contre la disposition si commune, quand on visite un pays, de n'y voir que la circonstance du jour, et d'omettre l'observation des objets d'un intérêt supérieur, mais dont les passions du moment ne sont pas occupées; et, en écrivant, il a dû ne pas oublier que le développement le plus fastidieux pour un Anglais sera souvent le plus indispensable à ses compatriotes.

Après cette réflexion offerte à l'Angleterre, l'auteur voudrait en présenter une autre qui s'adresse surtout à l'Irlande. On trouvera souvent, dans le cours de cet ouvrage, des jugements, soit d'éloge, soit de blâme, portés en termes généraux, qu'il ne faut point cependant prendre dans un sens absolu et exclusif, parce que, alors même qu'elle n'est pas exprimée, l'exception est presque toujours sous-entendue. Ainsi, il lui est arrivé fréquemment de qualifier en termes sévères la conduite de l'aristocratie irlandaise; il a dû s'exprimer ainsi, convaincu comme il l'est, que cette aristocratie, qui a été le principe de tous les maux de l'Irlande, en est toujours la principale plaie. Est-ce à dire pour cela qu'il n'y a pas, en Irlande, un riche qui soit généreux, pas un propriétaire qui soit humain, pas un noble qui soit ami de son pays? Non. Ce serait tirer des paroles de l'auteur une conséquence fausse et injuste. Il constate et a dû constater l'égoïsme de l'aristocratie irlandaise; ce qui n'empêche point qu'il y ait en Irlande des riches dont la charité est éclatante, et des lords amis sincères de leur pays.

L'auteur n'a plus à présenter ici qu'une seule observation relative à la forme du livre. Cet ouvrage a pour objet de faire connaître l'état présent de l'Irlande; mais, pour mettre le lecteur en état de mieux juger cette situation actuelle, l'auteur a cru devoir en faire précéder l'exposé d'une introduction historique dans laquelle il constate les événements les plus importants de l'histoire d'Irlande. Cette introduction n'est point une histoire; c'est seulement un aperçu du passé, auquel on ne demande que les faits rigoureusement nécessaires pour l'intelligence du présent. Il est sans cesse question, dans le courant de cet ouvrage, d'hommes et de circonstances qui appartiennent à l'histoire d'Irlande, et qui sont peut-être peu connus en France. Comment apprécier un raisonnement, comment saisir une allusion, si l'on ne connaît ni le fait ni le personnage qui en sont l'objet? L'introduction historique ne fait point, à proprement parler, partie du livre; mais elle en est une base nécessaire; elle embrasse sept siècles; c'est une longue période dont l'auteur n'a point sans peine présenté un très-court tableau.

On vient de voir, par tout ce qui précède, quelle tâche s'est imposée l'auteur; à travers quels écueils il a marché, quels efforts il a faits pour atteindre le but. Maintenant pense-t-on qu'il s'abuse au point de croire qu'il a triomphé des obstacles? On se tromperait : sa conscience lui rend seulement le témoignage qu'il n'a rien omis pour les surmonter. Après un premier voyage en Angleterre et en Irlande, il s'était mis à l'œuvre; mais, au bout de deux ans de travaux, il a reconnu que beaucoup de matériaux lui manquaient; et, retournant à la source des faits, il a visité de nouveau ces deux contrées, où il a tâché de voir ce qui avait d'abord échappé à ses regards, et où il a contrôlé ses premières recherches par de nouvelles observations. Son livre est le fruit de quatre années laborieusement employées. Dans le cours de ce long travail, la puissance lui a manqué souvent, jamais le courage. Engagé d'abord dans des voies défectueuses, il a écrit des volumes qu'il a ensuite sacrifiés et qui lui ont ainsi demandé beaucoup de temps et de soins à peu près perdus; mais, après s'être égaré, il est revenu sur ses pas, et a cherché la

bonne route jusqu'à ce qu'il ait cru l'avoir trouvée. Résolu d'accomplir son entreprise au prix
même de quelques sacrifices, il s'y est voué tout
entier, et s'est fermement tenu en garde contre
toute préoccupation et tout intérêt qui auraient
pu l'en détourner. Sans doute, en montrant ici
les efforts que lui a coûté son œuvre, l'auteur
ne fait que rendre plus sensible son insuffisance ;
mais il aime mieux que l'on accuse sa faiblesse
que son zèle à remplir une tâche dont il avait
compris la grandeur.

Quels qu'aient été, du reste, le poids de ses travaux et la durée de ses veilles, il serait assez ré-
compensé des uns et des autres, si, dans le tableau
qui suit, il avait mis en lumière une seule vérité
politique bienfaisante pour les peuples, un seul
principe de morale utile aux hommes ; si, en pei-
gnant la condition de ceux qui oppriment et le
sort de ceux qui souffrent, il avait pu fortifier
dans quelques âmes le sentiment de la justice,
l'amour de la liberté, la haine de la tyrannie.

INTRODUCTION HISTORIQUE.

L'empire des Anglais en Irlande, depuis leur invasion de ce pays en 1169 jusqu'à la fin du siècle dernier, n'a été qu'une tyrannie.

Pendant les trois premiers siècles, ils ont couvert l'Irlande de violences qui avaient pour but l'accomplissement de la conquête.

Les guerres de l'invasion n'étaient pas terminées, lorsque celles de religion ont commencé. L'Angleterre, qui, au seizième siècle, renonça au culte catholique pour s'attacher à la religion protestante, voulut alors convertir les Irlandais à la nouvelle croyance qu'elle avait adoptée elle-même; et, les trouvant rebelles à son désir, elle entreprit de les contraindre : de là des luttes opiniâtres, de sanglantes collisions et de terribles catastrophes qui ont duré plus d'un siècle.

Quand les guerres soutenues pour la défense de la patrie et du culte ont fini en Irlande, l'oppression anglaise n'y a pas cessé. Voyant les Irlandais garder leur foi religieuse en dépit des violences pratiquées pour la leur faire délaisser, l'Angleterre s'efforça d'atteindre le même but par un autre moyen. Elle avait reconnu l'inutilité de la force, elle essaya la corruption. De là une persécution moins barbare, mais non moins cruelle, plus immorale peut-être, parce qu'elle prenait un semblant de justice en s'appuyant sur les lois, et qui se continua pendant près de cent années.

1. — 3e ÉDITION.

Lorsque cette persécution s'est arrêtée, ce n'est pas que l'Angleterre y ait volontairement mis un terme, mais parce que l'Irlande a cessé de la supporter. Un jour celle-ci a entrepris de secouer le joug anglais, et a commencé une lutte d'indépendance, quelquefois fatale, plus souvent heureuse, et qui dure encore de nos jours.

On distingue donc dans l'histoire de la domination anglaise en Irlande quatre phases principales.

· La première, qui embrasse les longues convulsions de la conquête depuis Henri II jusqu'à Henri VIII.

La seconde comprend le drame religieux du seizième et du dix-septième siècle ; elle part de la réformation, c'est-à dire de Henri VIII, et aboutit à Guillaume III.

La troisième, renfermée entre la bataille de la Boyne (1690) et les premières années du règne de George III, contient la persécution légale.

La quatrième, que l'on peut considérer comme l'ère nouvelle de l'Irlande, parce que c'est d'elle que date le réveil de ce pays à la liberté, a pour point de départ l'indépendance des colonies américaines (1776), et pour principale phase dans l'histoire contemporaine, l'émancipation catholique de 1829.

L'auteur va jeter sur ces quatre époques un coup d'œil rapide. Ces tableaux du temps passé sont absolument nécessaires pour l'intelligence du présent.

PREMIÈRE ÉPOQUE.

CHAPITRE Ier.

En 1156, une bulle du pape Adrien IV donne le royaume d'Irlande à Henri II, roi d'Angleterre (1).

Cette bulle prouve que déjà à cette époque Henri II avait porté ses vues sur l'Irlande, dont il se faisait attribuer la suzeraineté par la puissance qui alors disposait des empires. Adrien IV était Anglais d'origine, et il éprouvait sans doute pour son pays natal des sympathies que Henri II sut exploiter.

On lit dans la Chronique d'Hanmer : « En l'an 1160, le roi « (Henri II) se mit en tête de conquérir l'Irlande ; il lui « sembla que ce serait pour lui chose avantageuse, et qu'il ne « trouverait là qu'un peuple sauvage et grossier... (2). ».

Ce ne fut cependant que douze ans plus tard que les Anglo-Normands envahirent l'Irlande. Voici, disent les chroniques du temps, à quelle occasion :

Dermot, roi de Leinster, ayant enlevé la femme de

---

(1) V. Mac-Geoghan, t. I, p. 460. — Rich. Musgrave, Irish rebellions, p. 3. On peut voir la traduction de la bulle d'Adrien, dans l'ouvrage de M. Thierry, Conquête de l'Angleterre par les Normands, t. III, p. 12.

(2) Anno 1160, the King (Henri II) cast in his minde to conquer Ireland ; he sawe that it was commodious for him : considered that they were but a rude and savage people ..." Hanmer's Chronicle, p. 215, t. II, Ancient Irish histories.

O'Rourke, roi de Meath, celui-ci porta plainte à Roderik O'Connor, monarque de toute l'Irlande, qui aussitôt prit en main la cause du roi outragé, et chassa de ses États le prince auteur de l'injure. Dermot, dans son désespoir, vint implorer l'appui du roi d'Angleterre. Heureux sans doute de l'occasion qui s'offrait à lui d'accomplir un dessein longtemps projeté, Henri II promit à Dermot de lui faire rendre justice.

Bientôt Fitz-Stephen, puis Strongbow, comte de Pembroke, abordèrent en Irlande avec une suite nombreuse de chevaliers normands.

Cependant, à peine Dermot a-t-il ainsi amené l'étranger dans sa patrie, que, voyant bien qu'il ne sera point remis en possession de ses États, il engage Fitz-Stephen à retourner en Angleterre; mais Fitz-Stephen lui répond : « Que demandez-vous? Nous avons abandonné nos amis si chers, « notre patrie tant aimée; nous avons brûlé nos vaisseaux ; « ce n'est pas dans l'idée de nous enfuir; nous avons déjà « combattu au péril de notre vie ; à présent, quoi qu'il « arrive, nous sommes destinés à vivre ou à mourir ici avec « vous (1). »

Dermot ne recouvra point sa couronne, et les Anglais restèrent en Irlande.

Ils y restèrent, non sans y rencontrer des résistances infinies; car si leur invasion dans ce pays fut singulièrement facile, ce fut avec une extraordinaire difficulté qu'ils en pratiquèrent la conquête.

La première invasion eut lieu en 1169; et, si l'on s'en rapporte aux documents les plus authentiques, il faut aller jusqu'à Jacques Ier, c'est-à-dire à 1603, pour trouver l'achèvement de la conquête. Ainsi plus de quatre siècles se sont écoulés durant lesquels les Anglais n'ont exercé sur l'Irlande qu'un empire contesté.

Le spectacle offert par les Irlandais indigènes et les Anglo-Normands, luttant opiniâtrément pendant des siècles, les

(1) Hanmer's Chronicle, t. II. p. 230. Ancient Irish histories.

uns pour conserver leur patrie, les autres pour s'en créer une nouvelle, serait propre à exciter l'intérêt de tous, et toucherait surtout le lecteur français.

Ces Irlandais indigènes, troublés dans leur sauvage mais fière indépendance, appartiennent tous à la même race celtique de laquelle descendent aussi les Gaulois, nos aïeux.

Et ces Normands qui les ont envahis sont sortis de France un siècle auparavant. Leurs noms suffiraient pour déceler leur origine : c'est *Raymond Le Gros*; c'est *Gauthier de Lacy;* c'est *Jean de Courcy*, c'est *Richard de Netterville* (1), et mille autres noms sonnant de même.

Mais l'histoire de ces temps éloignés excéderait les limites de cette introduction.

L'auteur voudrait seulement, dans l'esquisse qu'il présente de cette première époque (de 1169 à 1535), donner au lecteur une idée de ce qu'était le peuple envahi par les Anglo-Normands ; il voudrait aussi montrer les causes qui rendirent l'invasion facile, et celles qui s'opposèrent à l'achèvement de la conquête.

Il n'est point rare de trouver allégué dans les ouvrages des écrivains anglais qu'à l'époque de la conquête l'Irlande contenait une population toute misérable, avilie et dégradée : allégation inspirée peut-être par le désir d'imputer les malheurs et la corruption de ce peuple à une cause antérieure au gouvernement des Anglais.

Ce qui est certain, c'est que rien dans les mémoires du temps ne paraît justifier une pareille assertion.

« Tel est, dit Campion, le caractère des Irlandais : ils sont « religieux, *sincères*, très-portés à l'amour et à la colère, « compatissants et pleins d'énergie dans le malheur, vani- « teux à l'excès et superstitieux, excellents cavaliers, pas- « sionnés pour la guerre, charitables et hospitaliers au-delà

---

(1) Mac-Geoghan, t. II, p. 3-6. — L'un portait sur ses armes cette devise française : *J'aime mon Dieu, mon roi, mon pays.* Un autre celle-ci : *Un Dieu, un roi.* Un troisième, cette autre : *Ductus non coactus.* V. Hardiman, History of Galway, p. 9-11.

« de toute expression... Ils ont l'esprit d'une finesse extrême,
« se montrent très-désireux de s'instruire, apprennent tout
« ce qu'ils veulent bien étudier ; ils sont *constants dans leurs*
« *travaux*, aventureux, intraitables, dévoués sans me-
« sure, etc... (1). »

« Lorsque Robert Fitz-Stephen et les galants chevaliers
« de la Bretagne entrèrent en Irlande, dit Hanmer, ils n'y
« trouvèrent point de lâches, mais bien de vaillants hommes,
« braves à pied et à cheval (2). »

« La nature, dit plus tard sir John Davis en parlant de la
« race irlandaise, a donné à ce peuple les plus extraordi-
« naires facultés physiques et morales (3). »

Maintenant comment est-il arrivé que cette population
généreuse ait été si facilement surprise par une poignée d'a-
venturiers? Et comment, envahie de la sorte, a-t-elle, pendant des siècles, résisté à la conquête; trop faible pour
repousser son ennemi, assez forte dans ses revers pour ne
se soumettre jamais; incapable de supporter le joug et de
s'en affranchir; souffrant l'étranger sur son territoire, sans
jamais abandonner l'espoir de l'en chasser? Comment deux
peuples, l'un vainqueur, l'autre vaincu; celui-ci tantôt
abattu, tantôt rebelle, celui-là toujours supérieur sans être
maître, ont-ils vécu ensemble et côte à côte pendant des
siècles, soit en état de guerre violente sans s'anéantir l'un
l'autre, soit en état de paix sans s'unir mutuellement?

Trois causes principales ont rendu facile pour les Anglo-
Normands l'invasion de l'Irlande. La première se trouve
dans l'état social et politique des Irlandais au douzième
siècle; la seconde dans le fait encore récent de l'invasion
danoise en Irlande; la troisième, dans l'influence de la cour
de Rome.

(1) Campion, p. 20. Ancient Irish histories.
(2) Hanmer's Chronicle, t. II, p. 228. Ancient Irish histories.
(3) The Bodies and minds of the People endowed with extraordinary
abilities of nature. — V. Discovery of the Causes why Ireland was never
conquered. Sir John Davis, p. 2.

§ Ier. — *État politique de l'Irlande au douzième siècle.*

Telle était au douzième siècle l'organisation politique de l'Irlande, que les forces sociales divisées à l'infini n'y étaient rassemblées par aucun lien commun. Les quatre provinces de Leinster, Ulster, Munster et Connaught, avaient chacune un roi. A la vérité ces quatre rois reconnaissaient l'un d'entre eux pour monarque de toute l'Irlande; mais cette prééminence était plus nominale que réelle; d'ailleurs aucune des quatre provinces n'ayant le privilége de conférer à son roi le pouvoir de régner sur les autres, on voyait à la mort de chaque souverain s'élever de violentes querelles entre ces rois égaux qui se disputaient la monarchie vacante (1). Les mêmes éléments de désordre et d'anarchie qui divisaient incessamment les quatre provinces entre elles se retrouvaient tout semblables dans chacune d'elles.

Car de même qu'au-dessous du monarque suprême se plaçaient des rois pareils à lui quoique subordonnés, de même il y avait au-dessous du roi de chaque province une infinité de rois ou princes secondaires qui étaient aussi égaux, aussi indépendants et aussi divisés entre eux que leurs supérieurs immédiats (2). Ce fractionnement des forces sociales ne s'arrêtait pas là. Après les petites principautés venaient une multitude de clans, tribus ou familles tout à fait séparées les unes des autres, non seulement indépendantes entre elles, mais encore ne tenant que par les plus faibles chaînes aux souverainetés dans la sphère desquelles elles se trouvaient comprises (3). Outre la faiblesse inhérente à cette subdivision indéfinie des pouvoirs publics, il y avait dans un pareil état politique une autre source d'épuisement et de ruine:

(1) Leland, t. I, p. 13. — Les deux grandes familles qui, au moment de l'invasion, étaient le plus à même de se disputer la couronne, étaient les O'Connors et les Hi-Nials.

(2) Leland, t. I, p. 11.

(3) Gordon, History of Ireland, t. I, p. 31.

c'étaient les luttes perpétuelles que faisait naître ce grand nombre de souverainetés équivoques, de droits dépourvus de sanction, d'autorités rivales en fait, quoiqu'en principe elles fussent subordonnées l'une à l'autre, et qui amenaient sans cesse des prétentions opposées dont la guerre était le seul arbitre (1). — Les chefs de clans présentaient, dans les bornes restreintes de leur autorité, le même spectacle de discorde et d'anarchie que les petits princes au-dessus d'eux dans des limites moins étroites, et que les rois des grandes provinces dans le cercle plus large de leur puissance.

On conçoit sans peine qu'un pays où les forces sociales sont ainsi mutilées, et n'ont de contact entre elles que pour s'annuler les unes les autres, est de tous les pays le plus favorable à l'invasion d'un conquérant. Quelque puissantes que puissent être toutes ces forces réunies en faisceau, chacune d'elles s'anéantit dans son isolement. Tel était l'état politique de l'Irlande à l'époque où les Anglo-Normands se sont présentés pour en faire la conquête.

§ II. — *L'invasion encore récente des Danois.*

L'Irlande, qui a si cruellement souffert de la conquête, fut le dernier des pays conquis. A une époque où les sauvages nations du Nord étaient en quête de contrées à envahir, l'Irlande, séparée de ces peuples par deux mers et par une grande île, échappa longtemps à leurs regards; les Romains la dédaignaient, les Barbares ne la connaissaient pas. La Gaule et l'Angleterre avaient déjà été souillées, chacune par trois invasions, que l'Irlande était encore vierge de tout contact étranger. Cependant vers le milieu du neuvième siècle un peuple sorti des forêts de la Scandinavie, les Danois, abordèrent en Irlande; ils en occupèrent une partie sans beaucoup de peine; la lutte contre eux devint cependant vive et obstinée. Après de sanglants combats et des alterna-

(1) Presque tous les princes irlandais meurent de mort violente. Gordon, t. I, p. 40.

tives de succès et de revers, ces farouches conquérants renon-
cèrent à fonder leur empire dans le cœur même du pays, et
se bornèrent à l'occupation de quelques points du littoral
à l'est et au sud de l'Irlande, où ils établirent des comptoirs commerciaux. Dublin, autrefois Dyvelin, Waterford,
Wexford sont des villes danoises (1). Ainsi les Irlandais,
qui avaient été assez forts pour arrêter les Danois dans
leur invasion, avaient été trop faibles pour les chasser complètement; et au moment où les Anglo-Normands pénétrè-
rent en Irlande, les Danois, demeurés maîtres de toute la
côte orientale de Leinster, vivaient dans une sorte de paix
tacite à côté des Irlandais résignés peut-être à voir ces conquérants maîtres d'un étroit espace, à la condition sous-
entendue qu'ils n'en dépasseraient pas les limites.

Quoi qu'il en soit, ces luttes, soutenues par les Irlandais
pendant près de trois siècles, avaient épuisé le pays et ajouté
à la faiblesse déjà si grande du corps politique (2).

La présence des Danois à cette époque sur le sol irlandais
diminua aussi, par une autre raison, la force de l'Irlande. A
leur arrivée, les Anglo-Normands abordèrent précisément
dans cette portion du pays, qui était occupée par les Danois;
ce furent donc les Danois qui eurent à soutenir les premiers
chocs de l'invasion anglo-normande (3). Or, on ne saurait
imaginer une circonstance plus malheureuse pour un pays
menacé d'une invasion. D'une part les Danois, en défendant
contre les Normands une possession précaire et contestée,
ne pouvaient déployer le zèle et le dévouement qu'un peuple
apporte dans la défense de sa patrie. D'un autre côté, les Irlandais, en voyant les Anglo-Normands aux prises avec les
Danois, leurs premiers agresseurs, se trouvèrent flottant
entre la terreur que pouvaient leur inspirer ces nouveaux
conquérants et le contentement qu'ils éprouvaient de la destruction d'un ennemi établi sur leur territoire.

(1) Gordon, t. I, p. 78-90.
(2) Hardiman, Hist. of Galway, p. 40.
(3) Leland, t. I, p. 24 et 37-45.

Toutes ces circonstances réunies font voir assez clairement combien l'Irlande sociale et politique au douzième siècle dut être faible pour repousser l'invasion des Anglo-Normands.

§ III. — *L'influence de la cour de Rome.*

La troisième cause favorable à l'invasion fut l'influence, alors toute puissante de la cour de Rome, qui donna l'Irlande aux conquérants.

C'était le temps de la suprématie temporelle et spirituelle des papes, émules des rois, tribuns des peuples au moyen-âge ; c'était le temps où lorsque les plus puissants princes résistaient à la cour de Rome, le successeur de saint Pierre les déposait du trône, et trouvait les peuples soumis à ses décrets. Dans ce même temps l'Irlande était pieuse et sainte parmi les nations les plus chrétiennes. Ses prêtres étaient aussi bien à la tête de la société politique que de la société religieuse (1). Dans ce pays, où tous les pouvoirs sociaux étaient faibles, incertains, mal définis, il n'y avait qu'une règle fixe, immuable, celle de la religion ; qu'une autorité incontestée et commune à tous, celle du prêtre (2). Je vois en 1160, dix ans avant la conquête, le primat d'Armagh régler en arbitre suprême la querelle de plusieurs rois irlandais, parmi lesquels il est seul puissant à rétablir l'harmonie (3). Or, ce clergé, souverain en Irlande était lui-même, depuis un quart de siècle, soumis à l'autorité de l'Église romaine (4).

C'est dans de semblables circonstances que Henri II arrive en Irlande. Il se présente comme un prince ami de la paix et de la justice, qui vient, non pour dépouiller les Irlandais

(1) V. Mac-Geoghan, t. I, p. 464. V. Hist. ecclésiast., liv. II, chap. 16.

(2) V. Gordon, t. I, p. 105.

(3) M. Geoghan, t. I, p. 462.

(4) V. Gord., t. I. — Richard Musgrave. Irish Rebellions, p. 1.

de leurs droits, mais pour leur en assurer la tranquille jouissance : il laissera aux grands leur puissance politique, aux propriétaires leurs domaines, aux prêtres leur autorité spirituelle, à tous leur patrie, leurs lois et leurs mœurs. Il ne veut qu'une seule chose, c'est le titre de *seigneur d'Irlande*, dont il ne se prévaudra jamais si ce n'est pour faire fleurir dans cettre contrée *la religion et les bonnes mœurs* (1) ; et ce n'est pas de son chef qu'il s'attribue cette grande mission, c'est du pape Adrien IV et d'Alexandre III qu'il l'a reçue ; il s'empare de l'Irlande, non pour satisfaire des penchants ambitieux, mais pour obéir aux bulles de deux papes. L'Irlande religieuse, qui à cette époque reconnaissait l'autorité de l'Église de Rome, ne pouvait mal accueillir un prince qui se présentait à elle avec un mandat aussi solennel du souverain pontife. Aussi vit-on tous les grands dignitaires de l'église catholique d'Irlande proclamer le droit du roi d'Angleterre (2). On conçoit combien cette assistance morale du clergé, la plus puissante qui pût être mise en usage contre l'Irlande, dut protéger une invasion que favorisaient déjà tant d'autres causes (3).

Ainsi l'état social et politique des Irlandais, la présence des Danois au milieu d'eux, leur foi religieuse elle-même : toutes ces causes se réunissent pour expliquer la facilité avec laquelle les Anglo-Normands se sont établis en Irlande.

CHAPITRE II.

Maintenant, pourquoi, l'invasion s'étant faite sans peine, la

(1) Lingard, t. II, p. 205. V. Hardiman, Hist. of Galway, p. 201.
(2) Thierry, t. III, p. 150 ; — et avant, p. 32. — Gordon, t. I, p. 54. — Leland, t. I, p. 114.
(3) Rich. Musgrave. — Irish Rebellions, p. 3.

conquête n'a-t-elle pu s'accomplir qu'au milieu de difficultés toujours renaissantes pendant des siècles ?

Ce fait s'explique aussi par trois raisons principales : la
première, tirée également de l'état politique des Irlandais ;
la seconde, de la situation des conquérants ánglo-normands,
vis-à-vis de l'Angleterre ; la troisième, de la condition faite
aux indigènes par les conquérants.

§ Ier. — *État politique des Irlandais, obstacle à la conquéte.*

J'ai dit tout à l'heure que la division indéfinie des forces
sociales dans un pays en facilite singulièrement l'invasion ;
j'ajouterai que rien n'est plus contraire que ce fractionnement à l'établissement durable du vainqueur dans le pays
conquis. Ce qui, dans le premier cas, est pour la nation
envahie une cause d'extrême faiblesse, devient, dans le
second, le plus grand moyen de force. Autant il est malaisé
pour le peuple combattant l'invasion de réunir subitement
tous ses éléments d'action ainsi divisés ; autant il devient
difficile pour le vainqueur de dompter après l'invasion cette
multitude de forces partielles, disséminées çà et là sur toute
l'étendue du territoire, et qui toutes apportent dans la lutte
le même tribut de résistance, par la même raison qu'elles
sont indépendantes les unes des autres.

On peut dire avec raison qu'un pays où le pouvoir central est fort, est tout à la fois le plus difficile à envahir, et
celui dont, après l'invasion, la conquête est la plus facile.
Toutes les forces de la nation rassemblées sur un point unique,
offrent une puissante condition de succès qui, venant à faire
défaut, laisse sans défense tout le reste du territoire. C'est
tout au rebours dans un pays où la force nationale n'est
point centralisée ; on les envahit sans peine, et l'on parvient très-difficilement à les conquérir. Ceci s'est bien vu
dans les premiers siècles de notre histoire. Les conquêtes des
hommes du Nord, qui se succédaient si terribles les unes aux

autres, n'ont eu leur fin que le jour où un pouvoir faible au centre, mais fort dans ses parties, s'est constitué sur le sol. Depuis l'établissement de la féodalité en Europe, il est encore arrivé des invasions, mais il n'y a plus eu de conquêtes.

Les Irlandais ne possédaient que des notions très-imparfaites du régime féodal ; mais la division et l'éparpillement sur le sol de la puissance publique, qui est un des caractères de ce système, était également propre à leur état social. C'est la cause pour laquelle les Danois abordèrent si aisément en Irlande, et ne purent jamais s'établir dans le cœur du pays. A l'arrivée des Anglo-Normands, la même cause a produit les mêmes effets.

Je crois du reste que cet état social des Irlandais a nui aux Anglo-Normands pour la conquête de l'Irlande, plus encore qu'il ne les avait aidés dans l'invasion. Les Anglo-Normands s'emparèrent sans beaucoup de peine, et par les raisons exposées plus haut, d'une partie du pays; mais ils firent ensuite, pendant plusieurs siècles, de vains efforts pour achever leur conquête. Jusqu'au règne d'Élisabeth, l'espace conquis n'excéda jamais un tiers de toute l'Irlande, et fut souvent moindre. On l'appelait *the Pale*, à cause des palissades ou fortifications dont ses limites étaient quelquefois entourées. Le *Pale* se composait d'une partie de Leinster et du sud de Munster; tantôt une victoire gagnée sur les tribus irlandaises, tantôt un habile traité conclu avec quelqu'un de leurs princes', reculaient les bornes du Pale qui, d'un autre côté, se rétrécissait à chaque revers essuyé par les Anglo-Normands. Les conquérants s'efforcèrent souvent d'agrandir le Pale par des invasions dans les provinces d'Ulster et de Connaught, mais pendant quatre siècles ils en furent toujours repoussés. Même dans cette partie de l'île que nous appelons le Pale, leur puissance ne cessa pas durant ces quatre siècles d'être contestée, et l'histoire nous y montre une suite non interrompue de rébellions irlandaises, éclatant tantôt sur un point, tantôt sur un autre, et ne laissant pas aux conquérants, dans le sein même de leur conquête, un seul instant de repos et de sécurité (1).

Les Anglo-Normands étant ainsi arrêtés tout court dans leur marche, le grand intérêt pour les Irlandais devenait de les expulser de l'espace occupé par eux. Mais on va bientôt comprendre que la même cause qui, après avoir favorisé l'invasion des Anglo-Normands, entravait leur conquête, devait les aider à conserver ce qu'ils avaient conquis.

En effet, à peine arrivés en Irlande, les Anglo-Normands s'étaient posés féodalement sur toutes les parties dont ils étaient les maîtres (2); ils y avaient bâti une infinité de châteaux qui, disséminés çà et là sur le sol, étaient devenus comme autant de forteresses. Les Irlandais et la colonie normande établie au milieu d'eux, se trouvèrent alors respectivement dans une situation mutuelle de force et de faiblesse à peu près équilibrées. Quand les Anglo-Normands voulaient étendre leur conquête, ils rencontraient, semées çà et là, parmi les Irlandais, une infinité de résistances inhérentes à l'état politique de ceux-ci; lorsque après avoir repoussé et découragé leurs ennemis, les Irlandais entreprenaient de les expulser eux-mêmes des terres formant le Pale, la faiblesse attachée au fractionnement de leurs forces reparaissait, et devenus envahisseurs à leur tour au regard de leurs vainqueurs eux-mêmes, ils échouaient devant la colonie anglo-normande qui, outre l'avantage de lutter contre des agresseurs, faibles parce qu'ils étaient divisés, opposait aux Irlandais ce même éparpillement de forces sociales qui, pour repousser l'invasion, est si puissant. Chacune des deux parties était forte quand elle se défendait chez elle, et faible dès qu'elle attaquait son adversaire chez lui.

(1) V. M. Geoghan, t. II, p. 74, 92, 103, 104, 121, 122, 125, 145, 160, 166, 167, 170, 172, 176, 180, 185, 209, 221, 223, 228, 229, 232.

(2) M. Geoghan, t. II, p. 26 et suiv.

§ II. — *Second obstacle à l'achèvement de la conquête : la situation des conquérants anglo-normands vis-à-vis de l'Angleterre, et réciproquement de l'Angleterre vis-à-vis de ceux-ci.*

La population conquérante renfermait deux éléments bien distincts ; une partie était composée de seigneurs normands occupant en Angleterre une situation secondaire, et qui, les armes à la main, venaient chercher en Irlande des terres et un rang plus élevé : c'était la portion féodale des conquérants, elle s'emparait des campagnes. A la suite de l'armée venaient une foule d'aventuriers de la plus basse classe appartenant aux races bretonne, saxonne et danoise, races conquérantes les unes des autres, toutes conquises par les Normands. Ceux-ci venaient en Irlande pour faire le commerce, ils s'établissaient dans les villes. Les premiers prenaient le sol pour y vivre du travail des indigènes réduits en servage ; les seconds espéraient s'enrichir dans les villes par les professions industrielles. Or il y a eu, dès l'origine, un fait qui, favorable à l'arrivée de ces colons, a été éternellement contraire à leur établissement en Irlande : je veux parler du voisinage de l'Angleterre.

C'est pour des colons, possesseurs d'une terre ou d'un comptoir, une grande chance de succès, qu'ils soient assez éloignés de leurs pays pour être forcés d'adopter la terre conquise comme une patrie nouvelle ; qu'ils n'aient ni la pensée ni les moyens de l'abandonner pour revenir au sol natal ; qu'il leur soit aussi difficile de la quitter qu'il l'avait été d'y venir, et qu'en mettant le pied sur la contrée envahie, ils sentent profondément qu'il leur faudra désormais en demeurer les maîtres, ou laisser leurs vies dans la lutte. Malheureusement telle n'a point été la situation des Anglo-Normands qui, d'Angleterre, sont venus en Irlande. Ces émigrants n'ont jamais quitté leur pays sans esprit de retour ; jamais l'Irlande n'a été pour eux une patrie adoptive, ils l'ont toujours prise en quelque sorte à l'essai, et sous la condition de se séparer d'elle s'ils n'en étaient pas contents, l'épreuve, fût-elle malheureuse, n'avait pour eux rien de fatal ; ils en étaient quittes pour revenir en Angleterre où ils avaient toujours leurs principaux intérêts. Presque tous les seigneurs normands, qui prenaient des terres en Irlande, ne cessaient pas d'être propriétaires en Angleterre (1) ; et pour plusieurs marchands des villes, le commerce en Irlande n'était qu'une branche de leur établissement commercial dans une ville anglaise. Pour le seigneur normand, l'Irlande était une ferme ; pour l'aventurier breton, un comptoir : si ni l'un ni l'autre n'y faisaient leurs affaires, ils s'en retournaient sans grand dommage. Il résultait de cet état de choses qu'un grand nombre des nouveaux habitants de l'Irlande avaient, en arrivant, un intérêt plus ou moins grand à la quitter ; et, alors même qu'ils y demeuraient, c'était toujours précairement et avec l'arrière-pensée de n'y pas rester ; ce n'était point une résidence sincère, définitive ; en se donnant à l'Irlande, ils ne cessaient pas d'appartenir à l'Angleterre ; de là ces perpétuelles allées et venues d'un pays dans l'autre, qui donnent l'apparence à l'Irlande, non d'une colonie anglaise, mais d'un lieu de pèlerinage ; de là ces absences si souvent déplorées des propriétaires d'Irlande, contre lesquelles luttaient en vain l'intérêt du pays et la police du gouverneur anglais (2) ; de là cette population mobile de colons se succédant les uns aux autres avec une incroyable rapidité, et portant tous dans leur âme la même tiédeur pour la patrie nouvelle, les mêmes sympathies pour la patrie abandonnée.

(1) M. Geoghan, Essai sur l'origine des Anglo-Normands, t. II, p. 68-70 et suiv.

(2) En 1295, sous Édouard Ier, on attribue les maux du pays à l'absence des grands propriétaires qui ne sont point là pour défendre le pays et leurs domaines. Richard II établit une taxe contre les absents. Henri VIII porte contre eux une loi qui confisque les deux tiers de leurs revenus au profit de l'État. V. Gordon, t. I, p. 200 et 230. — Encyclop. britann. v. Ireland, p. 400.

C'est pour un établissement nouveau un point de départ funeste quand ceux qui s'emparent du sol ne s'y attachent pas par un lien étroit, et n'y sont pas, pour ainsi dire, enracinés. L'absolue nécessité de vivre sur la terre conquise donne au conquérant une plus grande énergie pour vaincre, et fait naître dans ses rapports avec les vaincus plus de prudence, plus de justice et d'humanité.

Si les Anglo-Normands ne domptèrent point complètement les Irlandais ; s'ils furent iniques et cruels en les gouvernant, n'est-ce pas surtout qu'ils ne se considéraient point comme liés sans retour à la destinée du pays conquis, et que, voyant toujours près d'eux l'Angleterre comme une terre amie, comme un port de salut en cas de naufrage, ils ne furent jamais poussés ni contenus dans leurs actes par le sentiment d'un succès nécessaire et par la crainte d'un échec sans remède?

Ce point de départ de la population anglo-normande, établie en Irlande, a eu, sur toute la destinée du pays, une grande influence.

Lorsque les Normands eurent fait la conquête de l'Angleterre, tous les grands vassaux, ayant à lutter contre le pouvoir royal, prirent deux moyens principaux pour accroître leur force : ils formèrent entre eux une étroite union, et ils se mêlèrent aux populations vaincues dans lesquelles ils trouvèrent en dehors d'eux-mêmes un point d'appui.

Les seigneurs normands, conquérants de l'Irlande, n'eurent point un pareil intérêt à agir de même, parce que leur roi résidait en Angleterre. A peine furent-ils maîtres d'une partie de l'Irlande, qu'ils se divisèrent entre eux, et commencèrent des luttes déplorables dans lesquelles l'intérêt général du pays était absolument sacrifié, et où chacun d'eux n'apportait que des vues d'agrandissement personnel. Ces châteaux forts, que tout à l'heure nous les avons vus construire dans un but d'occupation et de résistance, devinrent le théâtre de querelles particulières où les Normands épuisèrent entre eux les forces qu'ils devaient réserver contre l'ennemi commun. Quelques-uns possédaient d'immenses domaines et une grande puissance ; ils avaient au milieu de leurs vassaux une existence presque royale ; leurs fiefs avaient été érigés en palatinats ; ils créaient à leur gré des chevaliers ; ils avaient leurs cours de justice, et nulle autorité n'avait accès sur leur territoire, pas même celle des officiers du roi (1). Ces grands barons subdivisèrent chacune de leurs possessions entre un nombre infini de sous-tenanciers, aux-quels ils firent des concessions de terre à la charge de service militaire, de la même façon que le roi avait fait vis-à-vis d'eux-mêmes (2). Placés loin du seul pouvoir supérieur qui pût les modérer, les grands vassaux, jaloux les uns des autres, parce qu'ils étaient à peu près égaux, aspirèrent mutuelle-ment à se détruire ; et, pendant trois siècles, l'Irlande fut couverte du sang versé pour soutenir ces tristes riva-lités. L'histoire de la conquête est toute remplie de la que-relle des Burke et des Fitz-Gérald, qui, pendant quatre cents ans, divisa la colonie (3). Ainsi l'Irlande avait à peine échappé aux premières violences de la conquête, qu'elle tomba dans toutes les misères de l'anarchie féodale (4), et l'anarchie féodale fut plus désastreuse en Irlande qu'ailleurs, parce que, loin de leur seigneur suzerain, les vassaux nor-mands se livraient sans frein et sans réserve à toutes sortes de désordres et d'excès (5). C'était une féodalité sans roi. Ainsi abandonnés aux conseils de leur égoïsme, les conqué-rants perdirent de vue l'intérêt commun ; aucun plan général ne présida à la conquête ; chacun se consola de voir s'affai-blir la puissance de tous, pourvu que la sienne propre fût augmentée, et celui qui avait agrandi son domaine se sou-ciait peu que le cercle des possessions anglaises en Irlande se fût rétréci. Il n'y avait pas une cause d'accroissement pour

---

(1) Leland, t. I, p. 291. — Davis, discovery. — Gord., t. I.
— Mém. de lord Charlemont, t. II, p. 450.
(2) Plowden, t. I. p. 38.
(3) M. Geoghan, t. II, p. 76-82-121-230.
(4) V. Hardiman. Hist. of Galway, p. 56.
(5) V. Leland, t. I, p. 223.

les individus, qui ne fût, pour la masse, une cause de ruine. Situation étrange! les vassaux du roi d'Angleterre, en Irlande, étaient trop loin de lui pour être contenus par son autorité; et cependant ils en étaient assez près pour lui demander de l'appui toutes les fois qu'ils pouvaient en avoir besoin. De là une triste conséquence : c'est que leur tyrannie, qui n'était tempérée par aucun pouvoir supérieur, pouvait s'exercer impunément sur tous les habitants de l'Irlande. Ils n'avaient qu'un faible intérêt à rendre heureuses les populations dont le secours contre le roi ne leur était pas absolument nécessaire ; et ils pouvaient les opprimer sans réserve, parce que le secours du roi contre elles leur était assuré.

On voit combien d'obstacles à la conquête naissaient de cette situation première des conquérants anglais vis-à-vis de l'Irlande. D'autres difficultés non moins graves résultaient de leur situation vis-à-vis de l'Angleterre.

Dès le premier jour de l'invasion, on vit éclater une collision violente entre deux intérêts bien distincts, l'intérêt des seigneurs normands, auteurs de la conquête, et celui du roi d'Angleterre.

Les seigneurs normands devaient, pour arriver à leur but, subjuguer entièrement les pays envahis, occuper les terres, réduire en servage les indigènes, et, une fois maîtres des populations, les gouverner avec équité, se fondre peu à peu avec elles, en un mot conserver, par la paix et par la justice, ce qui avait été obtenu par toutes les violences et toutes les iniquités de la guerre. C'est à ce prix seulement que la conquête, toujours fondée sur l'usurpation, peut se légitimer par les siècles.

D'un autre côté, les rois d'Angleterre craignaient que, si leurs vassaux normands pactisaient trop étroitement avec les populations irlandaises, et se fondaient tout à fait avec elles, il naquît de ce mélange un peuple nouveau, assez fort pour se rendre indépendant, trop voisin pour n'être pas redoutable ; ils pensaient, que si au contraire, les conquérants ne cessaient jamais d'être Anglais; s'ils ne se confondaient jamais avec les indigènes, et restaient comme des intermédiaires entre ceux-ci et l'Angleterre ; si, en un mot, ils demeuraient de simples colons sous la tutelle de la mère-patrie, alors l'Irlande conquise ne causerait à l'Angleterre aucune alarme, et ne serait plus pour elle qu'une possession précieuse.

Tout le mal est venu, dans l'origine, de cette opposition d'intérêts ; il en est résulté, pour l'Irlande, un gouvernement mixte, semi-féodal, semi-colonial, dont le roi était trop éloigné pour que ce fût une féodalité bien réglée, et où il y avait des vassaux trop forts pour que ce fût une colonie royale obéissante. On voit pendant quatre siècles se continuer, avec des chances diverses de fortune, ce conflit des rois anglais et de leurs vassaux ; et, par suite de ces vicissitudes, l'Irlande conduite tantôt par la féodalité anglo-normande, qui, au milieu de ses mauvaises passions, cédait souvent à l'intérêt de tous les vainqueurs, qui est de se mêler aux vaincus, tantôt par le pouvoir royal, qui croyait ne pouvoir conserver sa puissance sur les vaincus et les vainqueurs qu'en les empêchant de s'unir.

A peine Henri II sait-il les heureuses expéditions, d'abord de Fitz-Stephen, puis de Strongbow, qu'en sa qualité de roi il en revendique l'avantage ; et, voulant assurer ses droits, il rappelle en Angleterre ses vassaux conquérants, leur défend de poursuivre la conquête, et, pour l'achever lui-même, il se rend en Irlande.

Il est permis de s'étonner que Henri II, si jaloux de maintenir sa supériorité royale sur ses sujets conquérants de l'Irlande, ait cependant, le premier, fondé à leur profit cette puissance féodale, qui, plus tard, fut rivale de la sienne. Tout le pouvoir leur vint, en effet, des grandes distributions de terres qu'il leur fit ou leur laissa faire (1) ; mais Henri agit ainsi parce qu'il ne pouvait agir autrement. Une conquête ne se faisait point au moyen-âge comme

(1) Plowden, t. I, p. 38.

elle se pratiquerait aujourd'hui. De notre temps, le prince qui s'empare d'un pays y place une armée soldée et permanente ; et, soit qu'il aide ses sujets à devenir colons, soit qu'il laisse la possession du sol aux indigènes, il demeure avec ses soldats maître du pays conquis.

Rien de semblable ne pouvait arriver à une époque où le roi ne possédait ni armée permanente, ni soldats proprement dits. Ses forces militaires ne lui appartenaient point personnellement, mais lui étaient fournies par ses vassaux, qui, en échange des terres concédées, lui rendaient la prestation d'un service militaire renfermé dans d'étroites limites. L'armée féodale ne pouvait être requise par le roi que dans des cas déterminés. Obligée à une guerre de résistance, elle n'était point tenue à une guerre d'invasion. Lors donc qu'une entreprise de conquête se pratiquait, tous ceux qui accompagnaient le roi lui étaient soumis sans doute dans l'ordre de la hiérarchie féodale ; mais nul n'était tenu de le suivre ; et, quand ses vassaux venaient le joindre en pareil cas, c'était à la condition expresse ou sous-entendue que le pays conquis serait partagé entre tous, selon l'importance du rang de chacun. Henri II n'aurait pu conquérir l'Irlande sans ses vassaux ; sans eux, il ne pouvait la conserver ; or, il ne pouvait payer leurs services passés et s'assurer de leur dévouement à venir qu'en leur donnant des terres ; il leur distribua toute l'Irlande, sauf les réserves royales (1) ; à ce prix il eut une armée (2).

La difficulté était, en leur donnant une puissance qu'il ne pouvait leur refuser, de conserver la sienne ; ici nous voyons reparaître un fait, qui se représente sans cesse dans l'histoire de l'Irlande, et qui, sous quelque face qu'on l'envisage, est toujours ou un malheur ou un embarras ; je veux parler de la situation géographique de l'Irlande vis-à-vis de l'Angleterre. Tout à l'heure quand nous considérions

(1) Plowden, t. I, p. 33.
(2) Mac Geoghan, t. II, p. 22-139-140. Voyez de quelle manière Édouard III convoque l'armée féodale.

la condition en Irlande des Anglo-Normands, possesseurs de terres ou marchands, nous avons reconnu que rien ne leur était plus contraire que l'extrême voisinage de l'Angleterre. Maintenant, si nous prenons un autre point de vue, celui de l'intérêt royal, nous trouverons qu'au lieu d'être trop près, l'Irlande était trop loin. A vrai dire, par le fait seul de l'absence du roi, ses vassaux se trouvaient indépendants et placés hors d'atteinte de son autorité ; aussi disait-on des sujets du roi d'Angleterre en Irlande, qu'ils étaient plus Irlandais que les Irlandais eux-mêmes : *Ipsis Hybernis Hyberniores* (1). Nous avons vu plus haut quel triste usage les grands vassaux faisaient de cette indépendance, et comment ils poursuivaient leurs desseins égoïstes au mépris du pouvoir royal. Ils n'avaient avec le roi qu'un intérêt commun, sur lequel ils avaient coutume de tomber d'accord : c'était quand l'existence de la colonie anglaise était tellement menacée que les vassaux couraient le risque de perdre leurs fiefs, et le roi sa seigneurie. Mais, dès que la possession anglo-normande était affermie, la querelle recommençait entre les Normands, qui, n'ayant plus besoin du roi, se dérobaient à son pouvoir, et le roi qui, voyant la conquête assurée, ne craignait pas d'affaiblir les conquérants.

Le roi eût sans doute triomphé sans peine dans cette lutte, s'il avait pu, sinon résider toujours en Irlande, du moins y venir souvent montrer sa puissance. Mais il est à remarquer que depuis la conquête jusqu'à Élisabeth, c'est-à-dire pendant tout le temps et au delà que comprend notre première époque, les rois d'Angleterre n'ont pas eu un seul instant de loisir politique soit au dedans, soit au dehors. A peine Henri II a-t-il fait acte de possession en Irlande, qu'il est rappelé au sein de son empire par de plus grands intérêts ; sa présence, utile dans la nouvelle conquête pour régler des ambitions naissantes, devenait indispensable en Angleterre où ses barons ébranlaient son trône ; en France où la Nor-

(1) Plowden, t. I, p. 38.

mandie était menacée ; en Écosse, dont l'armée allait fondre sur l'Angleterre, dès que le roi d'Angleterre serait en France. Cette situation se continue et ne fait que s'aggraver après lui, sous le règne de Jean-sans-Terre, vaincu par Philippe-Auguste, qui le chasse de France : par ses barons qui lui extorquent sa grande charte, par le pape dont il devient le vassal : sous le règne de Henri III, tout entier à sa lutte contre la féodalité plus forte que lui ; sous Édouard Ier et sous Édouard II, le premier, vainqueur des barons, le second, vaincu par eux, tous deux absorbés par cette grande querelle, au milieu de laquelle il leur faut tenir tête à Wallace et à Robert Bruce ; sous le règne d'Édouard III, dont les armes, capables de vaincre la France féodale, sont impuissantes à la conquérir ; sous Richard II, qui voit pendant son règne finir la puissance des Anglais en France et commencer en Angleterre la guerre des Roses... Et puis quand est venue cette guerre meurtrière des Roses, elle a suffi à l'Angleterre pour lui prendre tout son sang et toutes ses forces (1). Aucun des rois qui se sont succédé pendant ce drame terrible pouvait-il, dans l'intérêt de son pouvoir en Irlande, quitter l'Angleterre où sa vie n'était pas moins menacée que sa couronne ?

Placés dans l'impossibilité absolue de gouverner eux-mêmes la colonie anglo-irlandaise, les rois d'Angleterre furent obligés de déléguer leur autorité à un agent ; mais ce fut encore un malheur pour eux de ne pouvoir jamais trouver que de mauvais mandataires. Leur représentant, qu'ils appelaient tantôt vice-roi, tantôt lord-justicier ou lord-lieutenant, était en général ou trop faible ou trop puissant (2). S'ils le choisissaient parmi les grands vassaux d'Irlande, ils ne trouvaient point en lui l'instrument qu'il leur fallait pour réprimer les seigneurs normands ; grand feudataire lui-même, il faisait

___

(1) Encyclopédie britann. V. Ireland, p. 361. — Gord. t. I.

(2) Il ne prenait d'ailleurs la charge de vice-roi que comme un moyen de faire sa fortune en Irlande. V. Leland, t. II, p. 11.

cause commune avec ses pareils, et tournait contre le roi les armes que celui-ci lui avait remises pour combattre la féodalité (1). Si, pour échapper à ce péril, le roi prenait pour son lieutenant un homme moins considérable, un simple chevalier, dont la valeur fût toute personnelle, alors cet agent, qui n'était quelque chose que par la confiance du roi et son propre mérite, n'avait aucune influence sur les grands vassaux qu'on le chargeait de gouverner.

Henri II, Jean-sans-Terre et Richard II, sont les seuls rois d'Angleterre qui pendant quatre cents ans, à partir de l'invasion, se soient montrés en Irlande ; encore ne firent-ils qu'y paraître, et furent-ils toujours rappelés en Angleterre par quelque intérêt plus grand encore que la paix de l'Irlande. En 1395, dit avec candeur un historien, l'Irlande allait décidément être conquise par Richard II, lorsque l'invasion en Angleterre du duc de Lancastre le força d'y revenir lui-même (2).

On voit quels obstacles infinis et sans nombre, provenant soit de la situation des colons anglo-normands vis-à-vis de l'Angleterre, soit des rois d'Angleterre vis-à-vis de la féodalité établie en Irlande, s'opposèrent à la conquête de ce pays.

§ III.—*Troisième obstacle à la conquête. La condition faite aux indigènes par les conquérants.*

Le grand intérêt des Anglo-Normands après l'invasion de l'Irlande était, ainsi qu'on l'a dit plus haut, de s'unir aussi rapidement que possible avec les indigènes, et de se fondre avec eux au sein d'une communauté complète de sentiments, d'idées et d'intérêts. La victoire lie matériellement les vaincus aux vainqueurs, mais une alliance morale entre eux peut seule assurer la conquête.

Or, le premier moyen qui s'offre à des conquérants pour

(1) Leland, t. I, p. 227.
(2) Mac Geoghan, t. II, p. 161.

semer parmi le peuple vaincu des germes d'union et de sympathie mutuelle, c'est de faire participer celui-ci aux avantages sociaux et politiques du gouvernement établi, et d'abord de le placer sous le régime du droit commun. Or, soit orgueil ou égoïsme, soit impuissance, les Anglo-Normands ont, pendant plus de quatre siècles, adopté et suivi à l'égard des indigènes irlandais une marche absolument opposée.

Les Anglo-Normands, à peine établis en Irlande, y possédèrent tout aussitôt de certains priviléges et de certaines libertés propres à la société féodale, et que les rois d'Angleterre n'eussent probablement point eu la volonté de leur contester, alors même qu'ils en auraient eu le pouvoir. Ils eurent des droits bien reconnus, des garanties formellement stipulées, et des institutions aussi libres en principe que celles de l'Angleterre : le jugement par jury s'établit avec eux en Irlande ; ils y firent leurs lois dans un parlement irlandais, composé de seigneurs et de bourgeois, c'est-à-dire de lords et de communes ; peu de temps après que la grande charte eut été proclamée en Angleterre, on vit aussi son empire reconnu en Irlande. Mais, en recevant ces libertés, les Anglo-Normands d'Irlande les gardèrent pour eux, et n'en étendirent point le bienfait aux populations irlandaises soumises à leur domination.

La population, vaincue dans laquelle l'esprit national était profondément enraciné, n'éprouvait naturellement aucune disposition à prendre la loi nouvelle du vainqueur ; elle aimait ses traditions antiques, ses vieilles coutumes (1), et pour obtenir qu'elle adoptât leurs lois, ce n'eût peut-être point été trop de tous les efforts des conquérants. Cependant, au lieu de travailler à les lui donner, les Anglo-Normands, ou plutôt les rois d'Angleterre auxquels ceux-ci étaient forcés d'obéir, se montrèrent absolument opposés à ce qu'elle y fût soumise.

(1) Leland, t. I, p. 225. — They neither *claimed* nor enjoyed the benefits of the english constitution.

On a vu plus haut quel intérêt le roi d'Angleterre avait à s'opposer à l'union des Anglo-Normands et des Irlandais indigènes, qu'il craignait de voir tour à tour trop forts, et dont la division lui assurait la faiblesse.

Les barons normands de leur côté, qui se livraient à de grands désordres, et faisaient peser sur la population indigène une dure oppression, étaient intéressés à ce que celle-ci ne pût invoquer contre eux la protéction de la loi anglaise, dont ils violaient sans cesse les commandements (1).

Ainsi, après les premiers chaos de l'invasion, la population anglo-normande et les Irlandais indigènes, au lieu de tendre à se mêler par des habitudes de vie commune, ne cessent pas de former deux peuples séparés, ayant chacun son gouvernement distinct et ses lois propres (2).

Cette séparation posée par les lois dans la société politique s'introduit la même dans la cité sous l'empire des règlements municipaux.

Immédiatement après la conquête, il s'était établi dans les villes d'Irlande des populations anglo-normandes, qui, venues là dans un but de commerce et d'industrie, ne tardèrent pas à s'attribuer le monopole de l'un et de l'autre. Ces villes reçurent successivement des chartes qui leur conféraient de certains priviléges, et les constituaient des corporations municipales.

Comme l'intérêt unique et exclusif d'une ville toute composée de marchands est un intérêt de commerce, on comprend sans peine que les corporations municipales d'Irlande

(1) Leland, t. I, p. 225.

(2) V. aussi Hardiman, History of Galway, p. 68.—No fact is better authenticated than that, for many centuries, the native Irish continued to enact laws in their own districts to prevent any intercourse whatever with the english settlers, whose rapacity and want of principle, says the historian, were so notorious that they became proverbial.

> With one of english race no friendship make;
> Shouldst thou destruction will thee overtake;
> He'll lie in wait to ruin thee, when he can:
> Such is the friendship of an English man.

ne furent par le fait que des corporations commerciales. Or, ces corporations suivirent aussitôt le penchant naturel à tous les corps privilégiés, qui est une tendance exclusive.

Les villes anglo-normandes étaient bien intéressées sans doute à faire le commerce avec les indigènes, mais elles eurent, dès l'origine, un double intérêt à exclure les Irlandais de leurs murs : le premier, parce que les statuts royaux leur prescrivaient de le faire, et qu'elles ne pouvaient impunément enfreindre la paix du roi (1) ; le second, parce qu'admettre un citoyen de plus dans leur sein, c'était introduire chez elles un concurrent commercial (2). De sorte que, tout en s'efforçant de lier avec les indigènes des relations de commerce, elles se gardaient bien de faire participer ceux-ci à leurs priviléges commerciaux.

Ainsi les Irlandais indigènes, que les lois générales excluaient de l'État, étaient aussi repoussés de la cité.

Telle est cependant l'irrésistible sympathie qui porte à s'unir les populations les mieux séparées, qu'en dépit de tous ces obstacles, les Irlandais et leurs vainqueurs s'efforcèrent maintes fois de se rapprocher. Et comme la loi anglaise ne permettait pas à l'Irlandais de devenir Anglo-Normand, il arriva que l'Anglo-Normand se fît Irlandais : le vaincu ne pouvant prendre la loi du vainqueur, ce fut celui-ci qui alla prendre la loi du vaincu.

« On voit bien, dit sir John Davis, par le préambule du « statut de Kilkenny (rendu en 1366 sous Édouard III), que « les Anglais d'Irlande étaient à cette époque devenus tout « à fait Irlandais dans leur langage, dans leurs noms, dans « leurs costumes, dans toutes leurs mœurs ; qu'ils avaient « abandonné leurs propres lois pour se soumettre à celles « des Irlandais, avec lesquels ils avaient formé, par mariage

(1) Hist. of Galway, p. 60-80.

(2) V. Peines portées par la corporation de Galway contre ceux qui entretiennent de certains rapports commerciaux avec des Irlandais, ceux qui les font entrer dans la ville, etc. Hist. of Galway, p. 64, 199, 201, 202, 205, 213.

« ou autrement, plusieurs alliances tendant à la ruine et à la
« destruction de la colonie (1). »

Ainsi, au mépris des statuts royaux, les vassaux anglais
d'Irlande, s'abandonnant à leurs penchants naturels, s'é-
taient, au quatorzième siècle, tout à fait incorporés aux populations indigènes.

Mais ces efforts d'union, considérés comme dangereux par
le roi d'Angleterre, furent bientôt énergiquement combattus.
Édouard III déclara incapables d'être propriétaires tous les
Anglais nés en Irlande, mit à leur place des Anglais nouvellement arrivés d'Angleterre, et enfin fit adopter dans un
parlement anglais composé de ses créatures le fameux statut
de Kilkenny (2).

Par cet acte, il était interdit, sous les peines de la haute
trahison, de contracter avec les Irlandais aucune alliance par
le mariage, de former avec eux aucune association, et de
vivre selon leurs lois. La confiscation et l'emprisonnement
attendaient tout Anglais qui adoptait le costume des Irlandais, laissait, comme eux, sa barbe pousser sur la lèvre supérieure (3), portait des vêtements de plusieurs couleurs,
prenait un nom du pays, et en parlait la langue. L'Anglais
qui permettait à un Irlandais son voisin de mener son bétail
paître sur ses terres se rendait coupable d'un délit. Il était
sévèrement défendu d'admettre dans les emplois publics un
individu d'origine irlandaise (4).

---

(1) V. Plowden, t. I, p. 41. — Leland, t. II, p. 119, dit : Whatever
causes may be assigned for it, the old english race had by this (Henri VII,
1491) proceeded so far to a coalition with the old natives, that even in
the Pale and the very seat of the government the Irish manners and language were generally predominant.

(2) V. Encyclop. britannica. V. Ireland, p. 358. — Leland, t. I, p. 320.

(3) Plowden, p. 40.

(4) Leland, t. I, p. 320. — Encyclop. britann. V. *Ireland*, p. 358.
— Gord., t. I, p. 276-287. — Mac-Geoghan, t. II, p. 143-180. —
Plowden, t. I, p. 35-40.—Cette prohibition est renouvelée sous Henri VII.
V. Leland, t. II, p. 106.

Ces prescriptions n'étaient point de vaines menaces. Le comte de Desmond, l'un des plus grands barons anglo-normands d'Irlande, fut, sous le règne d'Édouard IV, condamné à mort et exécuté pour avoir épousé une femme de sang irlandais (1).

Ainsi se brisait, quand il était prêt à se former, le lien destiné à unir les conquérants au pays conquis.

Ainsi, la politique de l'Angleterre en Irlande s'opposant à ce que les Irlandais devinssent Anglais et à ce que les Anglais se mêlassent aux populations indigènes, force fut bien pour les vaincus de demeurer ennemis. Aussi les voit-on rester tels, et, après mille soumissions sincères ou simulées, recommencer incessamment de nouvelles luttes, incapables, il est vrai, d'amener leur affranchissement, mais suffisantes pour rendre singulièrement lourde et précaire la conquête de leurs vainqueurs.

Deux faits prouvent mieux que toute autre chose les tristes effets du régime adopté par les Anglais pour le gouvernement de l'Irlande.

En 1406, plus de trois cents ans après l'invasion, on vit les Irlandais guerroyant aux portes de Dublin et ravageant impunément les faubourgs de la cité (2); et au milieu du règne de Henri VIII, quand ce prince est à l'apogée de sa puissance, le Pale de la colonie est réduit à un rayon de vingt milles (3) (environ sept lieues).

(1) Mac-Geoghan, t. II, p. 192. — Encyclop. britann., p. 360. — Il est à considérer toutefois que l'alliance de Desmont avec une Irlandaise fut plutôt le prétexte légal que la cause réelle de sa condamnation. Son grand crime aux yeux d'Édouard IV, qui appartenait à la maison d'York, était d'être du parti de Lancastre. Dans les temps de guerres civiles, le parti vaincu n'a rien tant à redouter que les vieilles lois tombées en désuétude à cause de leur cruauté même, ou délaissées comme inutiles ; c'est toujours là que le despote ou le tyran vont chercher leurs armes.

(2) M. Geoghan, t. II, p. 167, 207, 209 et 216.

(3) V. Gord., t. I.

DEUXIÈME ÉPOQUE.

DE 1535 A 1690.

Guerres religieuses.

Ce que quatre cents ans n'ont pu faire, nous allons le voir s'accomplir dans le cours d'un siècle : l'Irlande va être définitivement conquise. — Henri VIII commence l'œuvre, Élisabeth et Cromwell l'achèvent. Trois despotes de cette taille n'étaient point gens à vouloir la même chose sans que cette chose se fît ; or, chacun d'eux désira ardemment, quoique par des motifs différents, la soumission de l'Irlande. Cet achèvement de la conquête n'est donc point ce qui doit exciter notre attention ; mais ce qui mérite de l'attirer toute entière, c'est la nature des causes qui l'ont amenée et les conséquences qui l'ont suivie. Jusqu'alors l'Irlande n'avait été pour l'Angleterre qu'un intérêt de second ordre ; pourquoi devient-elle tout à coup l'intérêt principal de la politique anglaise ? Élisabeth dépense à sa conquête les trésors de l'Angleterre ; Cromwell déploie pour la soumettre toute sa valeur guerrière et toute sa puissance de volonté ; et quand se dénoue le grand drame religieux et politique qui, pendant le dix-septième siècle, agita si terriblement l'Angleterre et le monde entier, c'est l'Irlande qui est le théâtre du combat ; c'est sur les rives de la Boyne que se résout le problème de la servitude ou de la liberté anglaise.

L'Irlande étant conquise, toutes les rébellions irlandaises étouffées : désormais il n'y a plus qu'une seule loi en Irlande, la loi anglaise ; plus de pale, plus de provinces irlandaises, distinctes de la colonie ; il n'y a plus qu'une Irlande anglaise, dont le monarque anglais est le roi et dont toutes les parties sont également soumises à son autorité. D'où vient donc que cette conquête, au lieu de préparer l'union du vainqueur et des vaincus, établit entre eux une nouvelle et plus large séparation, rend désormais impossible entre eux tout pacte d'union, et dépose au contraire dans l'âme des uns et des autres un germe de haine mutuelle que la suite des ans et des siècles ne fait que développer ?

La solution de ces questions se trouve dans un seul fait qui est comme l'âme de toute cette période et la clef de toutes les misères irlandaises. Je veux parler de l'opposition qui s'établit alors dans les croyances religieuses des conquérants et du peuple conquis.

§ I⁰ʳ. — *Comment l'Angleterre, devenant protestante, doit vouloir que l'Irlande le devienne aussi.*

Le mouvement philosophique et religieux qui, au seizième siècle, aboutit à la réformation et eut en Angleterre et en Écosse un immense retentissement, ne parvint point jusqu'en Irlande, et tandis que l'Angleterre et l'Écosse devenaient protestantes, l'Irlande demeura catholique.

Dès son apparition sur la scène du monde, la doctrine de Luther avait divisé les peuples, et ce partage n'arriva point au hasard.

Quoique la théorie des novateurs fût bien loin encore de la liberté, elle avait été forcée, ne fût-ce que pour naître, d'invoquer le nom de celle-ci, et cela suffit pour que la réformation trouvât une sympathie naturelle chez les peuples qui avaient des institutions libres, tandis que les pays où le pouvoir absolu dominait durent repousser un culte né du

droit de libre examen et s'attacher plus que jamais à l'ancienne foi basée sur le principe de l'autorité.

Ceci explique avec plusieurs autres causes qu'il n'entre
point dans mon sujet de développer ici, comment la France
et l'Espagne demeurèrent liées à la cour de Rome tandis
que l'Angleterre et l'Écosse s'en détachèrent. La dispute religieuse du seizième siècle ne fut pas seulement un combat
d'idées et de croyances luttant entre elles sur la scène de
l'intelligence et de la foi ; ce fut une guerre politique de
peuples à peuples ; ce fut un engagement solennel entre le
principe de l'autorité, représenté par la puissance immobile de Rome, et la liberté dont la réformation était le
symbole.

J'ai dit tout à l'heure que l'Angleterre se rangea du côté
de la réformation : de là la cause capitale des malheurs de
l'Irlande pendant la période qui nous occupe. L'Angleterre,
devenant protestante, dut vouloir que l'Irlande le devînt
ausssi, et c'était vouloir une chose impossible.

Elle dut le vouloir ; et en effet cet esprit de prosélytisme
qui animait alors le monde chrétien n'était pas moins ardent
chez elle que dans les autres pays d'Europe ; ses réformateurs étaient aussi enthousiastes et aussi intolérants que les
catholiques qu'ils avaient vaincus ; et, ne fût-ce que par fanatisme religieux, les Anglais devaient nécessairement tenter de convertir à leur noùveau culte les Irlandais ; ils avaient
d'ailleurs pour l'essayer une raison politique impérieuse :
c'est que s'ils n'imposaient pas à l'Irlande le culte réformé, ils
étaient fondés à craindre que l'Irlande ne vînt rétablir chez
eux l'église catholique. Tandis qu'ils flétrissaient la croyance
romaine sous le nom de superstition et d'idolâtrie, les catholiques repoussaient avec horreur la doctrine des réformateurs
qu'ils appelaient hérétique et impie ; ils disaient « que comme
« Moïse avait fait mettre à mort les blasphémateurs, il était
« du devoir d'un prince chrétien d'arracher l'ivraie du champ
« de l'Église de Dieu, de couper la gangrène afin qu'elle n'in-

« fectât pas les portions les plus saines (1). » Dans ce temps de foi ardente, il fallait, pour garder son culte, détruire celui d'autrui. — A la vérité, l'Irlande au seizième siècle était par elle-même peu redoutable pour l'Angleterre ; mais elle était à craindre à cause de l'étranger. A peine la grande querelle du protestantisme et du catholicisme avait-elle éclaté en Europe, que l'Irlande était devenue le point de mire de tous les pays catholiques qui voulaient renverser le protestantisme en Angleterre. Elle était l'espoir de la cour de Rome, et le centre où venaient aboutir toutes les intrigues des papes, de l'Espagne et de la France. Dès l'origine de la réformation le souverain pontife indiqua le parti qu'il comptait tirer de l'Irlande en répandant une vieille prophétie de laquelle, disait-il, il résultait que la chaire de Saint-Pierre ne serait point ébranlée tant que l'Irlande demeurerait catholique (2).

Ainsi lors même que l'Angleterre n'eût pas été conduite par la passion seule de l'intolérance à combattre la religion catholique en Irlande, elle y eût été poussée par le soin de sa propre défense et par l'intérêt même de sa liberté.

Mais j'ai dit aussi qu'en voulant rendre l'Irlande protestante l'Angleterre avait voulu une chose impossible. C'est ce qui se démontre sans peine.

§ II. — *Des causes qui empêchaient l'Irlande de devenir protestante.*

Après la longue nuit du moyen-âge, de vives lumières avaient soudainement lui parmi tous les peuples de l'Europe, et la société avait partout marché à grands pas, excepté en Irlande où, les dissensions civiles et les luttes de la conquête n'ayant pas cessé un seul instant, tout était demeuré stationnaire.

(1) Lingard, t. VII, p. 241.
(2) V. Plowden, t. I.

Au milieu du chaos politique et de l'anarchie morale, suite inévitable d'un état de guerre non interrompu, la foi dans le culte catholique et romain était restée l'unique croyance du peuple irlandais. Cette foi régnait en souveraine absolue sur les âmes, sans qu'aucune autre idée rivale partageât son empire; tandis que les tentatives successives de l'esprit philosophique préparaient l'Europe à la réforme religieuse, l'Irlande, reléguée dans un coin du monde, et placée loin du mouvement intellectuel, était toujours vierge du doute; elle n'avait rien su de Wycliffe ni de Jean Huss; elle n'avait rien entendu des sourds grondements qui présageaient l'éruption du volcan, ni rien aperçu des brillantes clartés par lesquelles s'annonçait la grande conflagration du seizième siècle.

L'Irlande était donc de tous les pays d'Europe celui qui tenait le plus à ses vieilles croyances, et le moins capable de comprendre le nouveau culte qui venait de s'établir.

Il faut ajouter que, ses dispositions eussent-elles été différentes, la réformation s'est offerte à elle dans de telles circonstances qu'elle ne pouvait pas l'accepter.

Et en effet, par qui est apporté chez elle ce culte qu'elle ne désire ni ne comprend? Par un peuple avec lequel elle est en guerre depuis quatre cents ans, par un peuple qu'elle hait comme on hait son plus mortel ennemi, et au joug duquel elle espère encore échapper. On peut dire, je crois, avec assurance que, si l'Irlande eût été naturellement portée à réformer son culte, cette tentative de l'Angleterre l'eût empêchée de le faire; dans les circonstances où elle se trouvait, ce ne pouvait être qu'un motif de plus de combattre l'adversaire qui voulait non-seulement la conquérir mais encore lui imposer une religion.

Les rois d'Angleterre demandant à l'Irlande de secouer le joug de Rome, se trouvaient d'ailleurs dans une position d'inconséquence qui eût invité les Irlandais à la résistance, s'ils n'y eussent été poussés par des motifs plus sérieux. C'était du souverain pontife que le monarque anglais avait dans l'origine reçu tous ses droits sur l'Irlande ; comment donc pouvait-il contester le pouvoir de celui dont il tenait toute sa puissance ? Comment mettait-il en doute l'autorité spirituelle du pape, dont il n'avait point jadis contesté la suprématie même temporelle, alors que le pontife romain s'en servait pour lui donner un royaume ?

Évidemment l'entreprise de l'Angleterre était impossible. Aussi le despotisme des Tudor, qui en Angleterre impose l'église anglicane, ne fait que révolter l'Irlande. Henri VIII et Élisabeth s'emparent de tous les monastères, confisquent avec avidité toutes les propriétés religieuses, prescrivent la célébration du rit anglican dans toutes les églises catholiques, soumettent à des peines sévères ceux qui n'adoptent pas ce culte ou en pratiquent un autre, et font *du serment de suprématie religieuse* la condition de toute participation aux actes de la vie civile et politique (1). Ils n'avaient pas agi autrement en Angleterre : mais les deux pays étaient dans une situation différente. Après le siècle sanglant des deux Roses, les Anglais voulurent à tout prix donner du pouvoir à des rois qui du reste étaient bien capables d'en prendre de gré ou de force. On ne pouvait refuser à Henri VIII sa suprématie religieuse, sans diminuer son autorité royale dont elle faisait partie ; et c'était ce que la nation anglaise n'avait point alors la volonté de faire. — C'était tout au rebours pour les Irlandais, qui, bien loin de craindre d'ébranler le pouvoir du roi d'Angleterre, aspiraient à s'en affranchir, et saisissaient avec bonheur un motif de plus pour le détester. Aussi, tandis que Henri VIII et Élisabeth établissaient à leur gré et selon leur fantaisie la religion réformée en Angleterre, tous leurs efforts pour la fonder en Irlande n'aboutirent qu'à trois ou quatre insurrections de ce pays contre l'Angleterre, auxquelles sans doute le sentiment national ne fut pas étranger, mais qui prenaient ce-

---

(1) C'est-à-dire le serment par lequel on reconnaissait le roi d'Angleterre pour chef suprême de l'Église.

pendant leur principale source dans cette nouvelle cause de
haine que la religion venait de faire naître.

A la vérité, l'Irlande fut domptée par Élisabeth (1). Cette
princesse, en moins de dix années, dépensa quatre-vingt-
six millions de francs (somme énorme pour ce temps, en
1600) pour arriver à sa conquête (2). — Mais le résultat de
cette soumission de l'Irlande fut la cessation de la guerre,
et non l'adoption du culte anglican. Peut-être eût-on dû
prévoir que les Irlandais, tandis qu'on les assujettissait aux
lois civiles et politiques, garderaient leurs croyances religieuses et leur culte ; car c'est une disposition naturelle à
l'homme, quand il subit une violence matérielle, de se réfugier dans son âme, et de s'y proclamer libre dans le temps
même que ses bras sont chargés de fers.

Ces premiers essais du despotisme ayant été vains, il n'est
resté chez les Irlandais que le souvenir de la tyrannie ; ils
se rappelaient que, pour les conquérir et changer leur culte,
Élisabeth leur avait livré une guerre cruelle, suivie de famines affreuses et de tous les fléaux les plus meurtriers (3).

Les Stuarts étant montés sur le trône d'Angleterre, les
Anglais devinrent d'autant plus protestants qu'ils craignaient
que ces princes ne le fussent pas. Les Irlandais, au contraire, dans l'idée que les Stuarts étaient catholiques, trou-

---

(1) Gordon, t. I, p. 311.

(2) V. Gordon, t. I, p. 312. — Lingard, t. VIII, p. 396. — Encyclop.
brit. V. Ireland, p. 400. — Plowden, t. I, p. 88.

(3) La plus grande partie de la population n'existait plus après la conquête définitive d'Élisabeth. Gord., t. I, p. 312. — Toute la contrée
changée en un affreux désert. Famine. Peste. Id. — « Le pays, dit un
« écrivain contemporain, qui auparavant était riche, fertile, très-peuplé,
« chargé de riches pâturages, de moissons, de bestiaux, est maintenant
« désert et stérile ; il ne produit plus aucun fruit, plus de blés dans les
« champs ; plus de bestiaux dans les pâturages ; plus d'oiseaux dans les airs ;
« plus de poissons dans les rivières ; en un mot, la malédiction du ciel est
« si grande sur ce pays que qui le parcourrait d'un bout à l'autre, rencon-
« trerait à peine un homme, une femme, ou un enfant. Holingshed. 460.

vèrent là un encouragement à demeurer tels. Ceci explique pourquoi, depuis Charles Ier, les Irlandais, qui haïssaient les Anglais, aimèrent presque le roi d'Angleterre. La crainte des amendes, la peur de la confiscation, la terreur de l'emprisonnement obtinrent souvent une conformité extérieure au culte anglican dans les villes où la puissance du roi d'Angleterre était le mieux établie ; tous ceux qui remplissaient des fonctions publiques, même des charges municipales, étaient d'ailleurs tenus, sous des peines graves, de suivre les cérémonies du culte légal (1) ; enfin il y avait toujours un certain courant de nouveau-venus d'Angleterre, qui, arrivant protestants en Irlande, restaient ce qu'ils étaient. Toutefois, dès que par suite de quelque événement politique le gouvernement anglais qui imposait ce culte perdait de son empire en Irlande, on voyait toutes les populations, anglaises aussi bien qu'irlandaises, abandonner spontanément l'église anglicane, et revenir tout naturellement à la religion catholique. Ceci arriva lors de la mort d'Élisabeth, à laquelle succéda Jacques Ier, que l'Irlande croyait favorable au catholicisme (2). Il en fut de même sous Charles Ier, en 1642, lorsque la population crut pouvoir s'insurger contre le parlement anglais sans cesser d'être fidèle au roi. Du reste, même pendant les temps de calme et de soumission, l'observance du culte anglican ne fut jamais que timidement exigée et rarement obtenue des Anglais eux-mêmes, habitants des villes. Pendant tout le règne d'Élisabeth, la plus grande persécution fut d'empêcher les catho-

(1) Acte de la seconde année du règne d'Élisabeth, établissant l'*Uniformité* du culte et le test, c'est-à-dire l'obligation, pour tous fonctionnaires publics, de prêter le serment de suprématie avant d'entrer en fonctions.

(2) Gordon, t I, p. 315. — Plowden, I, 97. — Those *Within* the *Pale* were equally tenacious of their ancient faith, as those without it, etc. Plowden, I, 98. — Jacques Ier fut obligé de faire une proclamation solennelle pour rectifier les idées de ses sujets irlandais, et leur prouver toute leur folie de croire qu'on allait leur donner la liberté de conscience. Id. p. 102.

liques d'exercer leur culte ; mais on n'essaya même pas de les contraindre au rit anglican (1). Jacques Ier fut plus entreprenant sans être plus heureux. On voit, sous le règne de ce prince, la ville de Galway réduite à l'impossibilité de trouver un maire qui veuille bien prêter au roi le serment de suprématie religieuse (2) ; et Chichester, vice-roi d'Irlande, rendant compte des efforts inutiles qu'il avait faits pour ramener à l'église anglicane quelques personnages marquants, dont la conversion était vivement désirée, peignit très-bien l'état du pays en s'écriant que l'atmosphère et le sol même de l'Irlande étaient infectés de papisme (3).

Tel était l'état des choses en Irlande, que les tentatives de réforme religieuse ne pouvaient pas s'appuyer sur une persécution régulière et durable. Elles conduisaient nécessairement et tout d'un coup à une guerre générale. En Angleterre, c'était une lutte de partis à partis, assez également divisés pour que l'un fût alternativement maître de l'autre ; en Irlande, il n'y avait qu'un peuple de catholiques, qu'on jetait tout d'abord dans la révolte dès qu'on attaquait son culte.

§ III. — *Comment l'Angleterre a rendu l'Irlande protestante. Colonisation protestante. Élisabeth. Jacques Ier.*

Convertir les Irlandais au protestantisme était chose impossible, et cependant il fallait absolument que l'Irlande devînt protestante.

Cette nécessité était chaque jour plus impérieuse pour l'Angleterre qui, outre sa haine envers un principe politique et religieux ennemi du sien, éprouvait plus de crainte de l'Irlande catholique, à mesure que la liberté chez elle était

(1) Plowden. t. I, p. 98. — Gord., I, 312.
(2) Hardiman, History of Galway, p. 212 et 213.
(3) Plowden, I, 108.

plus contestée, et que les gouvernements absolus du continent ourdissaient plus d'intrigues en Irlande, pour frapper du même coup en Angleterre le protestantisme et la liberté.

Le premier moyen tiré de la persécution et de la guerre ayant échoué, un autre fut essayé : ce fut celui des confiscations en masse ; ce fut l'expulsion des catholiques du sol irlandais, et leur remplacement immédiat par des colons protestants. Ce moyen violent et odieux n'avait rien qui répugnât aux mœurs du temps ; car la confiscation et la mort avaient été au fond de toutes les querelles politiques et religieuses depuis Henri VIII; on peut dire seulement qu'employé sur une aussi vaste échelle il était d'une exécution très-difficile ; car comment chasser du sol où elle vit toute une population? que faire d'elle après l'avoir arrachée de ses foyers? comment la tuer toute? comment vivre avec elle après l'avoir dépouillée, si on ne la tue pas? et puis où trouver subitement un peuple entier pour mettre à la place d'un autre peuple? Il n'est pas si facile qu'on pense de pratiquer l'injustice. Toutefois on ne s'arrêta point devant ces obstacles. La première tentative de ce genre se fit sous le règne d'Élisabeth. Le génie de cette reine avait aperçu le but vers lequel il fallait tendre, et sa tyrannie avait facilement adopté le moyen. La révolte de lord Desmond fut l'occasion (1). Près de six cent mille acres de la province de Munster étant confisqués, on fit en Angleterre une proclamation pour offrir ces terres à tous ceux qui voudraient bien les prendre sous différentes conditions, dont la première était qu'ils ne souffriraient pas sur leurs terres un seul cultivateur ou fermier qui fût Irlandais d'origine (2). Environ deux cent mille acres furent ainsi distribués à de nouveaux colons de race anglaise. Les anciens habitants du sol, dépossédés de leurs

_____

(1) Hallam. Hist. Constit., t. V, p. 258. — Gord., t. I, p, 320. — Lingard, t. VIII. — Encyclop. Britannica., V. Ireland, p. 365. — Leland, t. II, p. 302.

(2) Leland, t. II, p. 301. — None of the native Irish were to be admitted among their tenantry.

domaines, ne trouvèrent d'asile qu'au fond des forêts les plus sauvages, et sur la pente inculte des montagnes d'Irlande (1).

L'œuvre commencée par Élisabeth fut continuée par ses successeurs.

Sous le règne de Jacques Ier, le complot réel ou supposé de trois princes irlandais, Tyrone, Tyrconnel et Dogerthy, ayant été découvert, les six comtés du nord qui leur appartenaient, Armagh, Cavan, Fermanagh, Derry, Tyrone et Donegal, furent confisqués au profit du roi ; environ cinq cent mille acres se trouvèrent à la disposition de Jacques (2). Comme, lors de la première confiscation d'Élisabeth, beaucoup d'Anglais auxquels on avait donné des terres n'en étaient pas venus prendre possession, Jacques admit cette fois les Écossais concurremment avec les Anglais au partage des domaines confisqués, sous le prétexte que les Écossais étant plus près encore de l'Irlande que les Anglais, viendraient plus volontiers s'y établir, mais en réalité par un sentiment de prédilection pour ses compatriotes.

Le règlement de cette nouvelle colonie n'était pas en tout point semblable à celui qui avait servi de base à la première.

Dans la colonie d'Élisabeth, le principe était que pour occuper le sol il fallait être Anglais ; dans celle de Jacques Ier, il fallait être protestant et appartenir à l'église anglicane (3).

L'expérience avait aussi fait apercevoir dans la première colonisation une faute qu'on tenta d'éviter dans la seconde.

« Les indigènes, dit Leland, rejetés dans les bois et dans « les montagnes par les colons d'Élisabeth, y trouvèrent des « espèces de forteresses, ouvrage de la nature, dans les- « quelles ils se renfermaient ; là, retirés dans l'ombre, étran-

---

(1) Leland, t. II, p. 431.

(2) Leland, t. II, p. 429. — Hallam. Hist. Constit., 5-260. — Gord., t. I, p. 328.

(3) That they should not suffer any labourer that should not take the oath of supremacy, to dwell upon their land. Plowden, t. I, p. 105. — Leland, t. II, p. 431.

« gers désormais aux habitudes et aux arts de la vie agricole,
« ils vécurent du produit de leur chasse, du lait de leurs
« troupeaux, et leur nombre s'accroissant en dépit de leur
« misère, ils redevinrent en peu de temps d'autant plus re-
« doutables que, cachés à tous les yeux, ils purent impuné-
« ment conspirer contre les Anglais, et se concerter sans
« que leurs complots fussent connus (1). »

Pour échapper à ce péril, on fit cette fois tout le contraire
de ce qu'on avait fait d'abord ; on distribua aux nouveaux colons les terres confisquées, en leur imposant l'obligation de
résider dans la partie boisée et montagneuse du pays (2),
tandis que la population irlandaise, dépossédée, fut laissée
libre dans la plaine où l'on pensa qu'elle serait aisément sur-
vèillée. On fit une autre innovation plus importante encore ;
ce fut de cantonner dans des districts spéciaux et bien séparés
les uns des autres les Irlandais frappés de confiscation, et
les nouveaux colons anglais qui, suivant le plan d'Élisabeth,
avaient au contraire été complètement entremêlés (3). C'est
à cette colonisation que remonte la ville de London-Derry,
fondée par la corporation de Londres (4) ; c'est d'elle aussi
que date une population écossaise et presbytérienne en Irlande ; ce point de départ du puritanisme dans ce pays est
trop grave pour n'être pas constaté.

Jacques Ier avait avancé beaucoup une œuvre inique, et
il en fut si fier qu'il n'eut jamais rien plus à cœur que de
la continuer. L'embarras à ses yeux n'était plus de déloger
les indigènes et de les remplacer par de nouveaux colons ;
car désormais sa sagesse avait résolu toutes les difficultés
d'exécution ; l'obstacle venait de ce qu'il n'y avait plus de
terres confisquées ; or si rien n'était plus aisé que d'expulser
les Irlandais de leurs domaines et de leurs maisons, encore
fallait-il avoir un motif tel quel à leur donner. L'esprit

(1) Leland, t. H, p. 431.
(2) Leland, II, 432.
(3) Id. II, 431.
(4) Id. II, 434.

subtil de Jacques ne pouvait le laisser en défaut. Ce roi qui, selon Sully, était le plus sage fou de l'Europe (1), ce despote raisonneur et sophiste, entreprit contre l'Irlande une guerre digne d'un procureur.

Après des siècles de guerre civile et d'anarchie, il existait nécessairement dans les titres de la propriété foncière, en Irlande, une grande incertitude et une grande confusion ; bien des usurpations avaient été commises sans doute, mais le vice de presque tous les titres, c'était d'être irréguliers. S'emparant de cette irrégularité, grief bien digne de son génie, Jacques résolut de dépouiller de leurs terres tous ceux qui ne seraient pas en règle, et de faire revenir leurs propriétés à la couronne. En conséquence et sur son ordre, une nuée d'hommes de loi, intéressés dans la spoliation par l'espoir qu'on leur avait donné qu'ils en auraient leur part, s'abattirent comme autant d'oiseaux de proie sur toute l'Irlande, secouèrent la poussière des vieux parchemins, prirent la loupe de la chicane, et, ingénieux à découvrir des ambiguités dans les actes, les défauts de forme, et tous les vices réels ou imaginaires qui pouvaient s'y rencontrer, ils firent si bien que, désormais, il n'y eut pas en Irlande un propriétaire qui jouît de la moindre sécurité ; que le roi rentra dans un nombre très-considérable de domaines, et qu'à la place des catholiques irlandais, si habilement ruinés, il put placer des nouveaux colons protestants (2).

Colonisation protestante. — Charles Ier.

Jacques avait imaginé un expédient de tyrannie dont ne manqua pas de s'emparer son successeur, Charles Ier.

Il y avait en Irlande une province qui jusqu'alors avait

---

(1) Lingard, règne de Jacques Ier, c. IV.

(2) Leland, II, 439. — Gord., I, 332-333. — Encyclop. brit., V. Ireland, 367. — Lingard, t. IX, p. 175. 450,000 acres firent retour à la couronne, en vertu de ces procédés. Hallam. Hist. constit., t. V, 262.

échappé à toute tentative de colonisation ; c'était celle de Connaught. Lord Strafford (alors Wentworth), vice-roi, résolut de déposséder tous les habitants de cette vaste contrée, et de la faire rentrer dans le domaine du roi, qui en disposerait ensuite selon son bon plaisir. Pour mener à bien cette entreprise, il prit avec lui des hommes de justice et des soldats : les premiers, pour fausser la loi ; les seconds, pour lui faire violence. Ces deux espèces d'agents répondirent admirablement à son attente. Les gens de loi découvrirent tout d'un coup que les diverses concessions faites par les précédents rois aux propriétaires actuels ou à leurs pères étaient nulles, et que le Connaught n'avait pas d'autre propriétaire légitime que le roi. Mais ce n'était pas, tout que de découvrir ce vice dans les titres de propriété ; il fallait encore que les propriétaires eux-mêmes le reconnussent, et se retirassent ; et, s'ils ne s'en allaient pas de bon gré, qu'ils fussent contraints par la force à l'abandon de leurs terres : ce serait l'affaire des soldats. Précédé d'une armée imposante, Strafford parcourut le pays, et, semant partout la terreur, recueillit sur ses pas les soumissions les plus serviles. Cependant, arrivé au comté de Galway, Strafford fut arrêté dans sa marche par la résistance des habitants ; et comme dans ce pays, courbé sous le despotisme le plus dur, il y avait cependant de certaines formes légales inhérentes au gouvernement et aux mœurs des conquérants, on remit à douze jurés le soin de prononcer entre les habitants du comté de Galway, qui prétendaient garder leurs terres, et la couronne, qui voulait les leur prendre. Rien ne fut épargné par Strafford pour obtenir de ce jury un verdict favorable au roi. Cependant, et ce fait prouverait à lui seul tout ce qu'il y a de protection et de garanties dans ce tribunal du pays, en dépit des subtilités de la chicane et au mépris des menaces de l'épée, les jurés repoussent la demande du roi, et maintiennent les habitants du comté dans la possession de leurs domaines. En entendant la sentence du jury, Strafford entra dans 'une grande colère, prononça de sa propre auto-

rité une amende de 1,000 livres sterlings contre Darcy,
le shériff, coupable d'avoir convoqué un mauvais jury, fit
arrêter les jurés eux-mêmes, et les fit comparaître devant
la chambre étoilée, à Dublin (the star-chamber), où chacun
d'eux fut condamné à payer une amende de 4,000 livres
sterlings (100,000 francs), et à déclarer à genoux devant le
vice-roi, non seulement qu'il s'était trompé en jugeant comme
il l'avait fait, mais encore qu'il avait commis un véritable
parjure : condition humiliante que tous eurent le courage
de refuser (1). Quelque temps après, Strafford écrivait à
Wanderford, autre serviteur de Charles Ier :

« J'espère qu'on ne me refusera pas la vie du shériff Darcy :
« mes traits sont cruels sans doute pour blesser aussi mor-
« tellement (my arrows are cruel that wound so mortally);
« mais il faut bien que le roi conserve ses droits...:. (2). »

Le shériff ne fut point exécuté ; mais il mourut en prison,
par suite de mauvais traitements (3). Sous l'influence salutaire de ces violences, un nouveau jury fut convoqué, qui
décida que, de tout temps, le comté de Galway, comme le
reste de Connaught, appartenait au roi (4) ; et cette sentence mit tous les habitants à la merci du prince et de son
séide. Le jury, de même que les institutions les plus vitales,
ne préserve pas le pays des violences du despotisme, quand
le despotisme est établi : cependant il défend les citoyens
mieux qu'aucun autre tribunal. S'il cède à la corruption, il
étonne les peuples qui le croyaient indépendant ; s'il résiste
et succombe dans ses résistances, il ne sauve pas ceux qu'il
a voulu protéger ; mais, associé à leur infortune, il rend
leur cause plus populaire, et plus éclatante l'oppression qui

(1) Leland, t. III, 30 — Lingard, t. X, 37. — Hardiman, Hist. of Galway,
105. — Encyclop. brit., V. Ireland, 368. — Plowden, I, 125.

(2) Hardiman, Hist. of Galway, 105.

(3) Owing to severe treatement. Hist. of Galway, p. 105.

(4) Leland, III, 39. — Hard. Hist. of Galway, p. 105. On y trouve le
termes mêmes de la question posée au jury.

pèse sur eux : dans l'un et l'autre cas, il met mieux en relief la tyrannie.

Si on consulte les termes de la sentence portée contre Strafford par le parlement d'Angleterre, on est porté à croire que ces violences contre le jury de Galway ne furent point les seules ni les plus graves que Strafford ait commises en Irlande. Voici l'un des motifs du jugement : « Considé-« rant que des jurés, qui avaient rendu leur verdict selon « leur conscience, ont été censurés dans la chambre étoi-« lée, soumis à de grosses amendes, quelquefois exposés au « pilori ; que là on leur a coupé les oreilles, percé la langue, « et quelquefois marqué le front d'un fer rouge, et autres « châtiments infamants (1). »

Trop heureux de pouvoir plaire au parlement anglais en exerçant sa royale prérogative, Charles Ier eût sans doute dépouillé de bon cœur toute l'Irlande catholique, et remplacé les propriétaires irlandais par des Anglais protestants ; mais sa tyrannie sur l'Irlande n'avait pu lui faire pardonner l'arbitraire avec lequel il gouvernait l'Angleterre, et voyez même à quel degré la haine contre lui était parvenue! on faisait de cette tyrannie envers l'Irlande un grief contre son ministre Strafford ! Déjà son autorité royale était fortement ébranlée (1640); alors il cesse tout à coup d'opprimer les Irlandais, dont il veut, en cas de catastrophe, se ménager l'appui. Tout projet de colonisation est donc abandonné ; on assure les Irlandais que jamais on n'a songé à prendre leurs terres. Quand vous voyez un Stuart équitable envers l'Irlande, comptez que son pouvoir est bien chancelant en Angleterre...

(1) Hardiman, Hist. of Galway, 105. — Plowden, I, 127.

§ IV. — *La guerre.* — *La république.* — *Cromwell.*

On peut dire que, du moment où Charles Ier ne persécutait plus l'Irlande et abandonnait la grande pensée du temps qui était de la rendre protestante à tout prix, c'est qu'il n'était réellement plus roi d'Angleterre.

Le véritable souverain alors c'était le parlement. A partir de ce moment, ce n'est plus un roi anglais ni son délégué qu'on voit aux prises avec l'Irlande, c'est l'Angleterre elle-même, c'est l'Angleterre protestante et puritaine, qui n'est plus contenue dans sa haine envers un peuple catholique par un prince moins ennemi des catholiques que des puritains ; c'est l'Angleterre qui va désormais entrer en contact immédiat avec l'Irlande, devenue elle-même plus libre dans ses hostilités contre l'Angleterre, depuis que le roi qui favorisait les catholiques en combattant les puritains a perdu sa puissance.

Alors furent poussés deux cris terribles de destruction ; l'un en Angleterre : Guerre aux catholiques d'Irlande ! l'autre en Irlande : Guerre aux protestants d'Angleterre ! Il serait difficile de dire laquelle de ces clameurs fut proférée la première, de même que de deux armées en présence également impatientes d'en venir aux mains, il est souvent impossible de décider laquelle des deux a engagé le combat.

Le jour où le puritanisme écossais fut maître du roi et de l'Angleterre, l'Irlande catholique fut placée tout entière sous le coup d'une menace d'extermination. Elle n'attendit pas l'agression pour se défendre ; et, au mois d'octobre 1641, une insurrection formidable éclata. Tous ces Irlandais de l'Ulster, que Jacques Ier avait si ingénieusement expulsés de leurs habitations et de leurs terres pour mettre à leur place des Anglais et des Écossais, se soulevèrent en masse, et tombèrent sur les colons protestants. En quelques jours,

O'Nial, chef de la rébellion, se trouva à la tête de trente mille combattants (1).

On put, dans cet instant solennel où toutes les passions des Irlandais étaient en jeu, juger celle qui dominait dans leur âme; et il est remarquable que, dans le premier moment, pas un seul Écossais ne fut tué; leur vengeance se porta d'abord sur les Anglais (2). N'est-ce pas que le sentiment national était alors chez eux supérieur encore à la passion religieuse? Les Écossais étaient bien par leur puritanisme les plus terribles ennemis de l'Irlande catholique; mais c'étaient des ennemis nouveaux, tandis que leurs ennemis invétérés, leurs ennemis de cinq siècles, c'étaient les Anglais, les Anglais de Henri II, premier envahisseur, les Anglais de Henri VIII et d'Élisabeth, derniers conquérants, les Anglais de Jacques Ier, colons spoliateurs et protestants (3).

Dans l'exécution de cette terrible vengeance, où se résumaient tant et de si anciens ressentiments, il se commit des cruautés dont on se sent à peine le courage de présenter le récit.

D'abord l'insurrection fut en quelque sorte régulière; les rebelles se bornèrent à reprendre les biens qui leur avaient jadis appartenu, sans commettre aucune violence inutile (4). Leur succès rapide et d'abord non contesté leur donnait la générosité de la force; mais des résistances s'étant offertes, et leurs premiers triomphes ayant été suivis de quelques revers, leur violence ne connut plus de bornes; ils devinrent meurtriers et sanguinaires; ils firent serment de ne pas laisser dans le pays un seul Anglais (5).

(1) Leland, III, 95. — Gordon, I, 384. — Hallam, Hist. constit., V, 275. — Plowden, I, 131. — Lingard, X.

(2) Leland, III, 103, 126 et 118.

(3) V. Hallam, Hist. constit. V, 263.

(4) They proceeded with unusual regularity. The sheriff summoned the popish inhabitants to arms. (Leland, III, 117.)

(5) They vowed not to leave one Englishman in their country. Leland, III, 119. Si on en croit l'historien Hume, le massacre des Anglais fut universel et se fit sans provocation comme sans résistance *without*

Ce fut alors que la guerre civile et religieuse se montra dans toute son horreur.

Parlant des prisonniers qu'avaient faits les insurgés, Leland dit :

« Ceux qui les conduisaient les poussaient devant eux
« comme un vil bétail... quelquefois ils les enfermaient dans
« quelques maisons où ils mettaient le feu ; alors ils écou-
« taient sans compassion les hurlements de leurs victimes
« dévorées par les flammes, et prenaient au contraire une
« joie infernale à suivre jusqu'à la fin toutes les angoisses de
« leur agonie. Parfois les pauvres captifs étaient jetés par
« leurs guides dans la première rivière qui se présentait.
« Cent quatre-vingt-dix furent à la fois précipités ainsi du
« pont de Portadown. On voyait des prêtres irlandais encou-
« rager le carnage. Les femmes, oubliant la retenue de leur
« sexe, accablaient les Anglais de leur exécration, et plon-
« geaient leurs mains dans le sang. Les enfants eux-mêmes,
« dans leur malignité impuissante, essayaient le fer contre
« la poitrine de malheureux sans défense... (1). »

En peu de temps, plus de douze mille protestants, anglicans ou presbytériens, furent massacrés (2). Ceux qui ne

---

provocation, *without opposition*. V. vol. IV. Du temps de Hume il était
bien difficile à un Anglais d'être impartial envers l'Irlande.

(1) Leland, III , 127.

(2) 12,000 selon les uns, 100,000 selon les autres. Le chiffre varie beaucoup suivant les passions des historiens. J'ai adopté celui qui me paraît se
rapprocher le plus de la vérité ; du reste la grande cause de divergence vient
sans doute de ce que les uns comprennent dans l'énumération des victimes
de la rébellion tant ceux qui ont été l'objet de meurtres individuels que
ceux qui ont péri en combattant pendant la guerre civile ; tandis que les
autres ne font mention que des personnes qui ont été assassinées spécialement pendant le temps de l'insurrection. C'est en adoptant ce dernier
mode de compter, que j'ai trouvé le chiffre de 12,000, le plus vraisem-
blable et le mieux justifié. V. du reste Leland, III, ch. iv. — Musgrave
Irish rebellions, 30. — Lingard, X, 375. — Hallam, Hist. constit. V, 277.
— La version que j'adopte est celle de Warner. Hist. of the Irish rebellion , 397. — Plowden, I, 137. — Civil wars in Ireland, 121, Curry.

perdirent point la vie furent au moins chassés de leurs terres et de leurs habitations, où se replacèrent d'eux-mêmes les anciens possesseurs.

C'est un grand sujet de dissertation parmi les historiens que la question de savoir quelle a été pour les Irlandais la cause impulsive et déterminante de cette sanglante rébellion. Si l'on croit les uns, ce mouvement ne fut qu'une conséquence directe, quoique éloignée, de vieilles haines accumulées dans l'âme des Irlandais, et que la tyrannie de Straffort avait fait déborder. Les Irlandais, disent ceux-là, n'ont eu pour se révolter d'autre but, sinon de reprendre les propriétés dont on les avait dépouillés (1). D'autres soutiennent que l'insurrection fut toute religieuse; que la haine du protestantisme arma seule le bras des Irlandais contre les Anglais leurs ennemis; que leur plan était l'extermination de tous les protestants d'Irlande, après laquelle ils auraient tenté le massacre de tous les protestants d'Angleterre (2); que, voyant les Écossais se révolter contre le roi et se liguer pour imposer le culte presbytérien, ils avaient jugé qu'ils pouvaient aussi bien de leur côté former un Covenant catholique (3). D'autres disent encore que les Irlandais ne tuèrent les protestants que par la crainte qu'ils avaient d'être tués par eux. Enfin il y en a qui attribuent à une cause plus générale la rébellion d'Irlande, et qui la présentent comme le résultat de l'intrigue des puissances catholiques du continent (4). Faut-il choisir parmi ces causes, et en proclamer une, la seule réelle? Je ne le pense point; il me semble plus juste et plus vrai de dire que tous ces motifs, toutes ces passions, ont plus ou moins concouru à un résultat unique,

(1) Leland, t. III, p. 105.

(2) Leland, III, 105. — Others contended that to dismiss the english unmolested were but to give them the opportunity of returning with double fury.... That a general massacre was therefore the safest and most effectual method of freeing the kingdom from such fears.

(3) Lingard X, 201. — Plowden, I, 134. — Hallam., V, 276.

(4) Hallam. V, 275. — Leland, III, 97.

qui, sans leur réunion, ne se fût point sans doute produit de même (1).

Que les Irlandais aient été provoqués ou provocateurs dans cette sanglante tragédie, c'est ce qui demeure indécis; toujours est-il bien certain que les protestants anglais et les presbytériens écossais d'Irlande acceptèrent avec une sorte de joie la lutte d'extermination qui leur était offerte.

C'est une opinion généralement accréditée, qu'il eût dépendu des gouvernants anglais en Irlande, c'est-à-dire des lords-justiciers, d'étouffer l'insurrection dans son germe, et qu'au lieu d'agir ainsi, ils travaillèrent non-seulement à la faire éclater, mais encore s'efforcèrent de la rendre plus longue et plus terrible (2). L'un de ces lords-justiciers (3), sir William Parsons, dont l'équité veut que l'on rappelle le nom pour le vouer à l'infamie, fomentait, dit-on, la révolte, espérant que les confiscations dont seraient frappés les rebelles lui donneraient l'occasion de s'enrichir; et puis, quand la rébellion se fut déclarée, le plan de ce magistrat et de ses collègues fut d'envelopper dans le mouvement le plus de monde possible afin que le nombre des coupables s'augmentant, la moisson des confiscations qui suivrait la guerre devint plus féconde (4).

Je ne doute pas que des passions sordides n'aient joué un rôle dans l'époque qui nous occupe ; car jamais ces sordides passions n'abondent plus qu'aux temps où il y en a de grandes à l'ombre desquelles elles se tiennent. Mais ce que

---

(1) V. Hallam., Hist. constit., V. 276. — Plowden, I, 135.

(2) Warner, 130. — Leland, III, 140. — Hallam, V, 279. — Plowden, I, 138. — Gordon, II, 75.

(3) Les *lords-justices* étaient à cette époque les commissaires du parlement anglais pour le gouvernement de l'Irlande.

(4) Whatever were the professions of the chief governors the only danger they really apprehended was that of a too speedy suppression of the rebels... extensive forfeitures were the favourite object of the chief governors and their friends. — Leland, t. III, p. 160-161. — Gordon, t. II, p. 103-133.

je crois plus fortement encore, c'est qu'il n'était au pouvoir
d'aucun des gouvernants de l'Irlande d'empêcher un conflit
sanglant de s'engager entre des ennemis implacables, impatients de se combattre, et qui, quand une occasion de
s'entretuer s'offrait à eux, ne pouvaient la laisser échapper (1).

Remarquez que c'est l'Angleterre protestante et l'Irlande
catholique qui trouvent une arène pour lutter corps à
corps...

Alors l'Angleterre déclare solennellement, par l'organe
de son parlement, qu'elle ne tolérera jamais le papisme en
Irlande (2); alors toute l'Angleterre crie d'une seule voix :
Il faut détruire l'Irlande catholique ; il faut porter le protestantisme en Irlande ; il faut exterminer le dernier Irlandais
plutôt que d'y laisser le catholicisme (3).

Alors, pour soutenir les frais de cette guerre impitoyable,
le parlement emprunte une grosse somme d'argent, pour le
paiement de laquelle il assure d'avance aux prêteurs les
biens des catholiques d'Irlande. Deux millions cinq cent mille
acres sont ainsi engagés à de fanatiques industriels (4). Cette
guerre de destruction, il faut la faire aux Irlandais partout
où on les trouvera; un acte du gouvernement prescrit
de ne faire de quartier à aucun Irlandais venant d'Irlande en
Angleterre (5). Un capitaine de vaisseau, du nom de Swanly,

(1) Hallam, t. V, p. 276.

(2) Lingard, X, 183. — Civil wars in Ireland. J. C., p. 155, 8 décembre
1641, date de l'acte du parlement.

(3) The favourite object both of the Irish governors and the english
parliament, was the utter extermination of all the *Catholic* inhabitants of
Ireland. Leland, III, 166. — This was a civil war of extermination.
Plowden, 169.

(4) Hallam, V. p. 281. — Gordon, t. II, p. 308. — Civil wars of
Ireland, p. 155.

(5) Ling. X, 337. — Plowden, 147. —That no quarter should be given
to any Irishman or papist born in Ireland, that should be taken in
hostility against the parliament either upon the sea or in England.

ayant saisi un navire sur lequel se trouvaient soixante-dix
Irlandais, les fait lier dos à dos et jeter tous à la mer (1). A
Philippaugh, les Écossais ayant fait cent prisonniers irlandais, les font fusiller immédiatement sans aucune pitié (2).
Cent autres prisonniers irlandais sont pris et massacrés de
même après le combat de Corbies-Date en Écosse (3). Il est
merveilleux de voir comme les lois sont fidèlement observées
quand ce sont les passions qui les exécutent.

Il semble en ce moment que toute la puissance et toute la
vie de l'Angleterre se portent sur l'Irlande ; toutes les passions puritaines, qui s'étaient montrées si impétueuses dans
leur invasion de l'Angleterre, s'élancent avec une bien autre
ardeur sur l'Irlande catholique. Ces passions s'adoucissaient
en Angleterre au sein même des sympathies qu'elles trouvaient ; mais, en Irlande, elles rencontrent une barrière qui
les irrite et les rend plus violentes. Ce n'est plus ce puritanisme fanatique, mais austère, qui fit irruption d'Écosse en
Angleterre au milieu d'une armée de saints ; le puritanisme
qui tombe sur l'Irlande s'y précipite comme sur une proie,
traînant à sa suite, au milieu de quelques élans généreux,
beaucoup d'ignobles calculs et de basses cupidités.

L'Angleterre envoie cinquante mille hommes en Irlande
pour y soutenir la guerre (4), armée d'Anglais et d'Écossais,
de presbytériens et d'indépendants, plus avides de vengeance
que de justice, plus altérés de sang que de vérité, plus désireux d'aventures et de richesses que de succès religieux.

A peine la rébellion irlandaise a-t-elle éclaté, qu'avant
même d'avoir reçu des ordres du gouvernement, l'armée anglaise d'Irlande donne la mesure de son zèle et de ses passions sanguinaires par la manière cruelle dont elle se conduit envers le pays insurgé. Entre autres faits d'une barbarie

(1) Jd.
(2) Ling., X, 38;.
(3) Ling., XI, 55.
(4) Ling , X , 266.

extraordinaire, on cite celui du colonel Mathew, qui, cinq ou six jours après la prise d'armes des rebelles, massacra cent cinquante paysans qu'il traquait dans les buissons comme des lièvres (starting them like hares out of the bushes) (1). — Alors les lords-justiciers, commissaires du parlement anglais, donnèrent à l'armée ces instructions effroyables :

« Ordre d'attaquer, tuer, massacrer, anéantir tous les
« rebelles, leurs adhérents et complices ; de brûler, dé-
« truire, dévaster, piller, consumer, démolir toutes places,
« villes, maisons, où les rebelles ont été secourus ou reçus,
« toutes les moissons, blé ou foin, qui s'y trouvent, tuer et
« anéantir tous les individus mâles et en état de porter les
« armes, qu'on trouvera dans les mêmes lieux (2). »

Et voici un exemple de la manière dont ces instructions s'exécutent :

« Les soldats écossais, dit Leland, appelés à renforcer
« la garnison de Carrik-Fergus, étaient particulièrement
« imbus d'une haine profonde contre le papisme, et excités
« encore dans leur sentiment d'horreur par toutes les
« cruautés qu'on racontait des Irlandais, cruautés abo-
« minables en elles-mêmes, et qu'exagéraient non-seule-
« ment ceux qui les avaient souffertes, mais encore ceux
« mêmes qui se faisaient une gloire de les avoir commises.
« Un jour (jour néfaste!) ils sortirent de Carrik-Fergus,
« firent irruption dans un district tout voisin, qu'on appelle
« l'île *Magee* (Island-Magee). Les habitants de ce lieu étaient
« de pauvres catholiques irlandais, bien misérables, demeu-
« rés jusqu'alors absolument inoffensifs et étrangers à la
« rébellion. Au rapport même de l'un des chefs de cette
« expédition, trente familles de ces malheureux furent as-
« saillies la nuit pendant leur sommeil, et massacrées impi-
« toyablement de sang-froid et de propos délibéré. Si l'on

(1) Ling., X, 532.
(2) Ling., X, 144. — Civil wars in Ireland, 133.

« en croit quelques écrivains papistes, le nombre des vic-
« times s'éleva à trois mille (1). »

Mais c'est surtout quand arrive la république, lorsque la
tête du roi Charles Ier étant tombée, il n'y a plus rien entre
les puritains d'Angleterre et d'Écosse et les catholiques d'Irlande ; c'est alors, dis-je, que l'irruption de l'Angleterre
sur l'Irlande est encore plus vive et plus irrésistible ; alors la
pensée qui domine l'Angleterre ne se cache plus : c'est la
destruction de l'Irlande qu'elle veut, et elle l'avoue ; alors
ses généraux, en abordant sur les côtes d'Irlande, y dépo-
sent le meurtre, le pillage, l'incendie (2). Des traités sont
faits avec les rebelles, elle les viole ouvertement (3) ; il faut
que l'Irlande périsse, et qu'importe, pour atteindre ce but,
qu'une loi de morale soit outragée ? Il ne s'agit plus de soumettre les populations ; ce qu'il faut, c'est qu'elles soient
anéanties ; il est bon même qu'elles résistent, qu'elles combattent pour qu'on puisse les exterminer ; alors tout est fait
pour exaspérer l'Irlande : les lieux saints sont profanés ; les
églises et les abbayes catholiques changées en casernes ; les
soldats s'abreuvent dans les vases sacrés ; les sépultures sont
violées ; la cupidité creuse les tombeaux pour y chercher
des dépouilles de prix, qu'un fanatisme impie prend l'occasion d'outrager (4).

Il faut détruire l'Irlande, c'est le cri de l'Angleterre, et
l'extermination a pris son instrument le plus formidable :
Cromwell est général de l'armée anglaise en Irlande. C'était
en 1649. Environ deux siècles après je parcourais en Irlande
les lieux où passa Cromwell, et je les trouvais encore pleins
de la terreur de son nom. La trace sanglante de son passage

(1) Leland, III, 128. -- Civil Wars in Ireland, 112. — Leland prouve
l'exagération de ces écrivains. (*Éd.*)

(2) Hist. of Galway. — Arrivée de lord Forbes dans le comté de
Clare, V, 117.

(3) Entre autres violation de la capitulation de Galway. Hardiman,
Hist. of Galway, 32, 133.

(4) Hardiman, Hist. of Galway, 134, 135; *id.* 118.

a disparu du sol, mais elle est restée dans la mémoire des hommes. Rien peut-être ne donne mieux la mesure de l'effet produit en Irlande par Cromwell que les fables qui, un an plus tard, se débitèrent en Écosse, sur le bruit de son arrivée dans ce pays. Partout où il avait passé, disait-on, il avait fait mettre à mort tous les hommes entre seize et soixante ans, couper la main droite à tous les enfants entre six et seize, et percer avec un fer rouge le sein de toutes les femmes » (1). Pour être odieux, Cromwell n'avait pas besoin d'être calomnié. Il rencontra en Irlande deux grandes résistances, et voici comment il les brisa. La ville de Drogheda refusant de lui ouvrir ses portes, il emploie pour la réduire deux armes de nature diverse, la force et le mensonge. En même temps qu'il donne un assaut terrible, il promet la vie à tous ceux qui capituleront.... La ville se rend à discrétion. Alors Cromwell, avec beaucoup de calme et de sang-froid, donne à ses soldats l'ordre de passer toute la garnison au fil de l'épée. « Les soldats, dit un « historien, malgré leur répugnance, égorgèrent les prison- « niers. Cet horrible massacre dura cinq jours, accompagné « de circonstances qui font frémir d'horreur. » Rigueur extraordinaire, s'écrie Ludlow avec naïveté, qui, sans doute, dit-il, ne fut employée que dans le but de servir d'exemple aux rebelles. (Which I presume was used to discourage others from making opposition) (2).

Ayant achevé la garnison, les soldats tournèrent leurs glaives contre les habitants eux-mêmes, et un millier de victimes sans défense furent massacrées dans la cathédrale, où elles avaient cherché un asile. Quelques ecclésiastiques ayant été découverts, ce fut une excitation nouvelle pour le fanatisme du vainqueur, qui regarda sans doute comme un signe manifeste de l'approbation du ciel l'occasion qui lui était offerte *d'immoler des ministres de l'idolátrie* (3).

(1) Ling. II, 64. — (2) Plowden, I, 167.

(3) Leland, III, 350. — Gordon, II, 238. — Ling., XI, 45. — Il n'é- chappa que trente personnes, qui furent déportées aux Barbades et vendues comme esclaves. Leland.

Une autre ville, celle de Wexford, ayant aussi fermé ses portes à Cromwell, eut le même sort que Drogheda ; le même massacre s'ensuivit (1). On n'a point le courage de raconter deux fois de pareilles atrocités.

La mémoire de Cromwell est demeurée justement souillée de ces horreurs ; mais on ne devait pas lui en attribuer toute l'infamie. Il n'en a eu que sa part ; l'initiative même ne lui en revient pas. Deux ans avant lui, un de ces massacres en masse avait été commis en Irlande par l'armée parlementaire sous les ordres du général Jones, après la victoire de Dunganhill, où trois à quatre mille Irlandais faits prisonniers furent impitoyablement passés par les armes (2).

Il faut le dire franchement, ces crimes appartiennent bien moins à quelques hommes qu'au temps et aux effroyables passions de l'époque. — On en a chargé un seul homme, parce que cet homme, plus extraordinaire que tous les autres, a attiré tous les regards sur lui ; mais, quelque puissant qu'il fût, Cromwell en Irlande était bien plutôt un agent qu'un moteur ; il servit mieux et plus énergiquement qu'aucun autre la passion de l'Angleterre contre l'Irlande, mais il ne la créa point. Si son armée n'eût point vaincu les Irlandais, on en eût envoyé une autre de double, de triple force. On se méprend sans cesse sur la puissance de l'homme ; on le fait toujours trop faible ou trop fort.

J'aurais à combattre bien d'autres préventions existant contre Cromwell ; et, si c'était ici le lieu, je montrerais que cette armée si cruelle, si impitoyable, fut la première armée anglaise qui, en Irlande, observa une discipline sévère, respecta les habitants inoffensifs, paya régulièrement et avec un scrupule incroyable la moindre dépense qu'elle fit sur son passage, et se montra ainsi un instrument d'ordre aussi bien que de terreur. Le même homme, qui avait commandé

---

(1) The enemy proceeded to put all to the sword who were found arms with an execution as horribly deliberate as that of Drogheda. Leland, III, 353.

(2) Ling., XI, 29

de sang-froid les massacres de Drogheda et de Wexford, fit pendre à la face de son armée deux de ses soldats pour avoir volé deux poules dans la cabane d'un pauvre Irlandais (1). Je dirais encore, si j'en avais le loisir, que Cromwell fut le seul homme qui, avant notre temps, ait apprécié de loin le destin futur de l'Irlande ; qu'il sentit le premier qu'il fallait l'unir à l'Angleterre ; qu'il réalisa non-seulement l'union politique, mais encore l'union parlementaire ; que, de son temps, l'Irlande envoya trente membres au parlement anglais ; je dirais enfin que Henri Cromwell, son fils, fut le gouverneur le plus probe qu'eût possédé l'Irlande jusqu'alors, et qu'il fut si désintéressé dans son administration, qu'à son départ d'Irlande il n'avait pas de quoi faire les frais de son retour en Angleterre (2).

Cromwell n'eut point du reste, même en Irlande, cette omnipotence qu'on se plaît à prêter aux grands acteurs qui jouent leur rôle sur la scène de ce monde. Le vainqueur de Marston-Moor et de Nazeby fut arrêté dans sa marche par la petite ville de Clonmell, dans l'attaque de laquelle il commença par perdre deux mille soldats, et qu'il ne prit qu'après un siége de deux mois. Le fanatisme destructeur, dont Cromwell était l'instrument et le guide, avait rencontré en Irlande un fanatisme plus noble et plus pur, celui de la patrie qui défend son culte religieux, et de la religion qui défend la patrie. C'est pendant ce siége de Clonmell que se montra le beau patriotisme de l'évêque de Ross. Ce prélat, qui avait déployé un grand zèle à lever une armée catholique pour venir au secours de la place assiégée, fut fait prisonnier par lord Broghill, auxiliaire de Cromwell. Il avait trop marqué dans la guerre contre les parlementaires pour espérer qu'on lui fît grâce. Broghill cependant lui promit la vie à condition que le prélat emploierait l'influence de son autorité spirituelle

(1) Civil Wars in Ireland, 247. — Plowden, 166.
(2) Encyclop. Brit., v° 3 Ireland, 372. — Gordon, II, 281. — Leland, III, 398, 401. — Civil Wars in Ireland, 281. — Warner, Irish rebellion.

sur la garnison d'un fort voisin du champ de bataille, et la déciderait à capituler. L'évêque de Ross se laissa conduire ; on le mena donc en présence du fort, de manière à ce que la garnison pût le voir et entendre ses paroles. Alors le saint prélat, élevant la voix, sans perdre un seul instant son calme et sa sérénité, adressa aux soldats du fort une exhortation simple et digne pour les engager à tenir ferme contre les ennemis de leur pays et de leur religion. Cela fait, il se résigna de bon cœur à la mort qui l'attendait (1).

Les exécutions individuelles et en masse avançaient beaucoup l'œuvre de destruction ; mais trois choses vinrent y nuire : d'abord le rappel en Angleterre de Cromwell qui, sans avoir inventé les massacres généraux, y avait certainement excellé ; en second lieu la difficulté de tuer toujours, même quand on en a le pouvoir ; le dégoût du sang finit par vous saisir, et vous fait prendre la vie en si grand mépris, qu'on manque de courage même pour prendre celle d'autrui. Enfin le dernier obstacle, ce fut la terreur causé par le sang, et qui, en amenant l'humble soumission des rebelles, donna un peu de répit à la cruauté fatiguée des vainqueurs (2). Ces grands coups avaient écrasé l'Irlande ; elle était expirante, elle cessa de résister. Après les exterminations de la guerre vinrent celles de la paix, c'est-à-dire celles qu'on nomme les exécutions de la justice. Celles-ci furent peu nombreuses, vu les temps. On ne porte pas à beaucoup plus de deux cents le nombre de ceux qui furent exécutés par réaction (3). Un historien s'étonne naïvement de ce que, lorsqu'il y avait *tant de coupables*, il y ait eu *si peu* de condamnés ; mais il a bien soin, pour excuser la justice de

(1) Leland, III, 362. — Gordon, II, 252. — Comme cet homme, dit Leland, était tout à la fois un papiste et un prélat, ses ennemis ne purent apercevoir dans sa conduite rien, sinon de l'insolence et de l'obstination.

(2) La terreur inspirée par Cromwell fut si grande, que les villes, à cinquante milles de distance, se rendaient à lui, et lui offraient de faire de leurs églises des écuries pour ses chevaux. Civil Wars in Ireland, 246.

(3) Ling., XI, 152. — Gordon, II, 277. — Leland, III, 394.

cette époque, de faire observer que la plupart des criminels avaient ou péri dans les guerres civiles depuis dix ans, soit par le fer, soit par la peste et par la famine, ou bien s'étaient sauvés en pays étranger (1).

Ce fut pourtant deux cents catholiques de moins en Irlande, et le tribunal par qui furent prononcées les sentences de mort n'en a pas moins conservé le nom de la *Cour du carnage* (Cromwels slaughter-house) (2); ajoutez à cela bon nombre de prêtres qui, peu de temps après, furent pendus pour le fait seul de leur présence dans le pays (3). Alors, au lieu de se borner à tuer, on prit le parti de recourir à un autre moyen, l'exil (4). Après tout, et à part les exigences de la haine et de la vengeance, ce qu'on voulait c'était qu'il n'y eût plus de catholiques en Irlande, et qu'à leur place il s'établît des protestants. Or, il suffisait, pour rendre ce plan exécutable, d'expulser du pays tous les catholiques et d'en faire ainsi une terre en quelque sorte toute nouvelle, où viendrait s'étendre librement et pousserait de profondes racines le protestantisme d'Angleterre : pour cela il fallait, non pas faire comme Élizabeth et Charles Ier qui avaient mêlé sur le sol des protestants avec des cathoques, plaçant ainsi en présence des ennemis irréconciliables, les uns colons nouveaux, les autres anciens propriétaires dépossédés, mais purger bien complètement l'Irlande de la population catholique. Voici comment on s'y prit pour atteindre ce but : la peine de mort fut portée contre tous les grands propriétaires; quant à ceux que l'on ne frappait point de mort, tantôt on les exila, tantôt on leur enleva soit un tiers, soit les deux tiers de leur fortune selon les circonstances; il n'y eut de grâce que pour quiconque pouvait prouver qu'il n'avait point de terre, ni aucune propriété mobilière de la

(1) Leland, III, 394.
(2) Plowden, 162.
(3) Ling., XI, 116.
(4) Ling., XI, 110.

valeur de 10 livres sterling (1). Cependant, soit lassitude, soit
calcul, la mort prononcée contre les propriétaires ne fut
point exécutée rigoureusement, et fut plutôt une menace
suspendue sur leur tête, qui leur fit désirer l'exil comme
un moyen de salut, ou le leur fit accepter comme un châtiment moins sévère ; du reste, le plus embarrassant n'était
pas de chasser les riches qui excitaient des haines trop
ardentes pour ne pas fuir, la chose difficile était l'émigration
des pauvres, qui, ne possédant rien, ne se trouvaient point
en butte aux mêmes passions, et ne voyaient point le même
péril à rester en face de gens qui ne leur avaient rien pris ;
comme ils ne s'exilaient point d'eux-mêmes, on se mit à les
déporter de force. Une fois on enleva d'un seul coup mille
jeunes filles irlandaises, qu'on arracha aux bras de leurs
mères pour les conduire à la Jamaïque, où elles furent vendues comme esclaves (2). Cromwell était alors protecteur
(1655). Un de ses agents en Irlande ayant exprimé des scrupules sur l'extension à donner aux mesures de déportation, il
lui fut répondu ce qui suit : « Quoique nous soyons obligés
« d'employer la force pour les enlever, cependant, *comme*
« *c'est pour leur bien*, en même temps que pour l'avantage
« du public, il n'y a pas le moindre doute que vous ne
« puissiez en prendre tant que vous croirez convenable (3). »
    Un écrivain dit que cent mille personnes furent dépor-
tées de la sorte; un autre, plus digne de foi, réduit ce chiffre à six mille. On évalue à trente ou quarante mille le
nombre des hommes en état de porter les armes qui s'expa-
trièrent de gré ou de force (4).
    C'était beaucoup sans doute; c'était trop pour l'huma-

(1) Ling., XI, 112.

(2) Ling., XI, 3o3.

(3) Ling., XI, 152, 154, 155. — Hardiman, Hist. of Galway, 134.

(4) Ling , *id.*, 154. — Plowden, 169. — Sir William Petty calcule que
plus de 5oo,ooo Irlandais périrent et furent détruits par l'épée, la peste, la
famine, les fatigues et le bannissement, depuis le 23 octobre 1641 jusqu'en 1652 (en onze années). Hallam, V, 286.

nité, mais trop peu pour le protestantisme anglais. Tout
calcul fait, en comptant d'une part les catholiques morts au
champ de bataille et sur l'échafaud, ou enlevés par la
peste (1), la famine, la déportation et l'exil, et d'autre part
tous les protestants attirés en Irlande par la curée des confiscations, il se trouva encore que les catholiques étaient,
en Irlande, huit contre un protestant (2), résultat décourageant pour les auteurs de tant de violences, qui, après s'être
rués le fer à la main sur l'Irlande, après avoir massacré,
dispersé, abattu, tout ce qui se rencontrait sous leurs pas,
voyaient se relever et reparaître plus animés que jamais,
cette fourmilière de catholiques, où il y avait eu bien des
victimes, mais dont la masse, quoique foulée aux pieds,
n'avait point été écrasée. Il faut reconnaître que la persécution est une tâche ingrate, et que l'extirpation de tout un
peuple est bien difficile, malgré l'assistance demandée aux
massacres et aux proscriptions, malgré le secours reçu des
fléaux les plus meurtriers.

La mort et la déportation n'ayant point fait l'office qu'on
attendait d'elles, on eut recours à un dernier expédient,
moins violent, mais non moins inique: on voulait à tout
prix séparer les Anglais protestants des catholiques irlandais; car on se rappelait le sort des colons de Jacques Ier,
massacrés en 1641 par ceux qu'ils avaient dépouillés, et au
milieu desquels ils avaient eu l'imprudence de vivre (3);
dans l'impossibilité d'exiler d'Irlande tous les Irlandais,
voici ce qu'on fit: sur quatre provinces dont se compose
l'Irlande, on résolut d'en peupler trois exclusivement de
protestants, et de n'admettre de catholiques que dans la
quatrième; non que celle-ci dût être sans protestants, mais
ce serait la seule où il serait permis à des Irlandais catholiques de résider. Cette province, dernier asile offert aux

(1) Borlase dit que, durant l'été de 1650, il mourut de la peste, à Dublin
seulement, plus de dix-sept mille personnes; Plowden, 169.
(2) Ling., XI, 153, 155.
(3) Leland, III, 396.

catholiques irlandais. fut le Connaught, auquel on joignit le
comté de Clare. Alors tous ceux que la guerre avait ruinés,
tout ce qui par sa pauvreté même avait échappé aux haines,
aux persécutions, toute la misère irlandaise en un mot, fut
refoulée avec ses haillons ou se précipita sur le Connaught (1).
Cette vile population était cependant ce qu'il y avait de
plus noble en Irlande : elle emportait avec elle la foi religieuse de ses pères et l'amour de la patrie. Tout l'avenir de
l'Irlande était là. Une fois entrés en Connaught, les catholiques furent parqués comme un bétail; il leur fut interdit,
sous peine de mort, de dépasser les limites qui leur étaient
fixées. Leur borne au sud était la rive droite du Shannon;
tout Irlandais trouvé sur la rive gauche pouvait être tué par
qui que ce fût, sans qu'il y eût matière à procès (2). Cette
rive droite du Shannon où l'Irlande était emprisonnée à
jamais, c'était ce fameux comté de Clare, qui, il y a dix ans,
envoya le premier un catholique au parlement. Il sort quelquefois des grandes iniquités de singulières expiations.

Alors, quand de pauvres Irlandais, dans l'excès de leur
détresse, mourant de faim, eux. leurs femmes et leurs enfants, levaient la main au ciel et imploraient la compassion
de leurs persécuteurs, Cromwell et ses saints leur répondaient : *Go to hell or to Connaught.* « Vas au diable ou en
Connaught (3). »

J'ai dit que le Connaught était la seule province où l'on
reçût les catholiques, sans cesser pourtant d'être occupée par
les protestants; on conçoit en effet combien eût été formidable pour ses voisins une pareille agglomération d'ennemis,
exaspérés par leur misère, s'ils n'eussent été contenus par
une puissance placée au milieu d'eux. Cette puissance fut

---

(1) Cromwell finding the utter extirpation of the nation, which he had
intended, to be in itsel *very difficult*, and to Carry in it somewhat of
horror... found out the following expedient of transplantation ; Civil Wars in
Ireland, 275. — Clarendon's Life, vol. II, 116.

(2) Ling.. XI, 159. — Civil Wars in Ireland, 275.

(3) Ling., XI, 157.

celle des villes, qu'on résolut de faire toutes protestantes, laissant seulement aux catholiques les campagnes du Connaught. La tâche était plus délicate qu'aucune autre, parce que les villes étaient presque exclusivement occupées par des habitants, Anglais d'origine, qui, quoique catholiques, semblaient devoir exciter plus d'intérêt que les populations irlandaises. On ne s'arrêta point pourtant à cet obstacle. On chassa les catholiques anglais de leurs maisons de ville, comme ailleurs on avait expulsé les Irlandais de leurs cabanes champêtres; on mit subitement à leur place des Anglais ou des Écossais protestants; ces bourgeois improvisés, sortis de l'armée, remplirent aussitôt les corporations municipales; un colonel devint maire; un sergent, alderman. Sir Charles Coote, général républicain et président de Connaught, chargé d'exécuter cette expulsion des catholiques de la ville de Galway, appelait cela *clearing the town*, le balayage de la ville. Rendant compte de sa mission au gouvernement; il n'a, dit-il, laissé à Galway que quelques personnes d'un âge si avancé, et dans un état de santé si triste, qu'à raison de la rigueur du froid il eût été, dit-il, impossible de les expulser. Sur quoi le conseil d'état l'approuve, mais sous la condition qu'il aura bien soin de renvoyer le petit nombre épargné par lui, dès que la saison sera devenue moins sévère. (Take care that the few so dispensed with, should be removed as soon as the season would permit) (1).

Nous avons vu plus haut comment, lors de leur arrivée en Irlande, les Anglais avaient chassé des villes tout ce qui était de race irlandaise; maintenant nous voyons les protestants anglais expulser de ces mêmes villes toute population catholique; ces catholiques sont des Anglais eux-mêmes, petits-fils de ceux qui, quelques siècles auparavant, exerçaient, au nom du droit de conquête sur les Irlandais, la même violence qu'au nom de la religion on exerce aujourd'hui sur eux. Tous ces moyens ayant été employés, la mort, la déporta-

_____

(1) Hardiman, Hist. of Galway, 137.

tion, l'exil volontaire, et enfin le transport d'une partie de
l'Irlande dans une autre, les trois quarts du pays se trouvèrent à peu près vacants, et il ne s'agit plus que d'en prendre
possession. Ce fut l'instant hideux de la guerre civile, celui
où le partage des biens confisqués se fit ; ce fut le moment
où la cupidité se montra plus odieuse peut-être que les fureurs sanglantes du fanatisme ; ce fut l'instant où se senti-
rent chancelantes des vertus jusqu'alors inébranlables dans
leur désintéressement et qu'une chance de s'enrichir parvint
à corrompre. Deux classes de personnes s'engraissèrent principalement de ces dépouilles opimes. Ce furent en premier
lieu les soldats de Cromwell, c'est-à-dire tous ceux qui
avaient servi dans l'armée d'Irlande depuis le débarquement de Cromwell en 1649 (1). Ceux-là seuls étaient assez
saints religieusement, et en politique assez amis de la liberté pour mériter de recevoir le bien d'autrui. Venaient
ensuite ceux pour lesquels les terres d'Irlande étaient non
pas un don, mais l'acquit d'une dette : je veux parler des
spéculateurs, autrement appelés *aventuriers*, qui avaient
avancé des fonds au gouvernement anglais pour l'aider à réduire l'Irlande, et auxquels on avait d'avance hypothéqué le
sol de ce malheureux pays voué à la destruction.

Ainsi s'accomplissait la parole d'extermination prononcée
par l'Angleterre. Les Irlandais catholiques étaient chassés
du sol; ils étaient expulsés des villes; les propriétés et le
commerce étaient passés aux mains des protestants; les Irlandais étaient frappés de mort ou d'ilotisme.

§ V. — *La restauration. — Charles II.*

Ce qu'il y avait d'irrésistible dans cette destruction des catholiques irlandais par le protestantisme anglais, se voit
surtout lors de la restauration de Charles II.

(1) Encyclop. brit., v° Ireland, 372. — Hist. of Galway, 139. —
Leland, III, 396.

Jamais une si belle chance ne.s'était offerte aux catholiques d'Irlande que le jour où, fatiguée de révolutions, la nation anglaisé revint au principe fondamental de sa constitution, qui plaçait un Stuart sur le trône d'Angleterre.

Il n'y eut certainement pas alors un catholique d'Irlande qui, en voyant Charles II restauré sur le trône de ses pères, ne pensât qu'il allait recouvrer la [plénitude de ses droits politiques et religieux. D'un autre côté, les possesseurs actuels, la plupart soldats de Cromwell et républicains exaltés, ou bien spéculateurs aventureux qui avaient prêté au parlement leur argent pour faire la guerre à l'Irlande papiste, tous tremblaient sur le sol qui les portait en voyant la restauration qui venait de s'accomplir et dont ils ne doutaient pas que le premier résultat ne fût de faire rentrer les domaines dans la possession des anciens propriétaires. Tous furent déçus, les uns dans leurs espérances, les autres dans leurs craintes.

Charles II proscrivit le culte catholique en Irlande comme l'avaient fait avant lui ses prédécesseurs sur le trône d'Angleterre ; il ordonna qu'on exécutât en Irlande les lois pénales contre les catholiques ; il y suspendit la liberté individuelle ; de peur que les Irlandais ne vinssent lui demander justice en Angleterre, il leur fit défense absolue de sortir d'Irlande, fit mettre en prison les factieux qui osèrent venir à Londres pour se plaindre (1) ; et, comme bon nombre d'Irlandais n'avaient pas attendu sa permission pour rentrer dans leurs propriétés, le roi les proclama des *rebelles*, ordonna de les appréhender et mettre en jugement, et décréta, de sa pleine et entière autorité royale, que tous les possesseurs actuels de terre en Irlande, aventuriers Anglais et Écossais, soldats cromwellistes, ou autres, ne seraient point troublés dans leurs domaines (à l'exception de ceux qui occupaient des biens d'Église (2), ou encore de ceux qui avaient pris part personnellement à la mort de Charles Ier) ;

(1) Plowden, 171.
(2) Ling. XII, 27. — Les acquéreurs des terres de l'Église furent, du-

cependant, disait-on, le roi ne refusait point justice à ses
sujets irlandais; il reconnaissait que beaucoup d'entre eux
avaient été injustement dépossédés. Pour ceux-là on établissait un moyen de recouvrer leurs droits : c'était de prouver
leur innocence devant un tribunal institué à cet effet et appelé
la cour des réclamations (*the court of claims*); ceux dont
l'*innocence* serait reconnue reprendraient leurs terres et
leurs habitations, sauf cependant la restriction suivante : Les
terres de ces catholiques étaient occupées par des protestants
auxquels, avant toutes choses, on voulait ne point nuire; il
était donc bien entendu qu'en tous cas les catholiques même
absous ne rentreraient dans leurs domaines qu'après que les
protestants qui en étaient détenteurs auraient été pourvus
d'autres propriétés équivalentes (1).

Il y avait aux yeux de tout Irlandais beaucoup d'injustice
dans cette proclamation royale. En Angleterre tous ceux
dont les propriétés avaient été confisquées pendant la révolution rentraient dans leurs droits (2) en même temps que
le roi reprenait sa couronne; et cependant les propriétés
qu'ils recouvraient ainsi avaient été, après la confiscation,
vendues par l'État et achetées par ceux qui aujourd'hui se
trouvaient dépossédés. Et en Irlande on assurait aux spoliateurs la propriété des terres pour lesquelles nul, sinon les
spéculateurs de Londres, n'avait rien payé. Ainsi trouvait
faveur auprès du roi le puritain écossais ou l'Anglais indépendant à qui la république avait distribué les terres des royalistes irlandais; et l'Irlandais, que la république avait écrasé
de toutes ses fureurs comme catholique et comme dévoué à
la cause royale, était traité par le roi comme un *rebelle*. On
lui disait pourtant qu'il obtiendrait justice : mais sous quelle

---

rant la révolution d'Angleterre, traités avec une extrême sévérité; ce qui
vient de ce que c'était une révolution religieuse; chez nous l'indulgence la
plus grande a été pour eux, parce que notre révolution était politique.

(1) Leland, III, 414 et suivantes.—Ling., XII, 84. — Gordon, II, c. 28.
(2) Hallam, III, 241.

forme cette justice lui était-elle offerte ? On commençait par le proclamer coupable, pour qu'il eût à se faire déclarer innocent ?

Il y eut cependant bon nombre d'Irlandais qu'une pareille justice et de pareils moyens de se la faire rendre ne découragèrent point : et ils se présentèrent à tout hasard devant le tribunal chargé de recevoir leurs plaintes (*the court of claims*). Ce tribunal était composé de juges ennemis des catholiques ; cependant il arriva que bon nombre de réclamants obtinrent en leur faveur des décrets d'innocence. — Ceci répandit l'alarme parmi les protestants propriétaires, dont quelques-uns allaient être forcés de déguerpir et de s'établir ailleurs ; on calcula de plus, d'après le nombre d'innocents déjà reconnus, que, si le tribunal continuait à juger ainsi, on manquerait de terres pour indemniser les protestants dont les catholiques absous auraient pris la place ; il n'y avait pas d'esprit de justice qui pût tenir devant une pareille conséquence. Alors on cria au papisme ; on jugea que si quelqu'un dans cette conjoncture devait être sacrifié, il valait mieux que ce fût un catholique qu'un protestant. Les terres, dit naïvement Gordon, se trouvèrent insuffisantes, et quelqu'un devant supporter la perte, on décida qu'elle serait soufferte par les catholiques (1). En conséquence la cour des réclamations reçut subitement l'ordre de suspendre ses travaux ; et trois mille Irlandais qui n'aspiraient à d'autre grâce, sinon de faire déclarer leur innocence pour rentrer dans les biens qu'on leur avait ravis, apprirent un jour que leur requête ne serait même pas examinée (2).

· Le roi d'Angleterre pensa qu'il était bon de faire sanctionner toutes ces mesures par un parlement irlandais, qui fut convoqué à cet effet. Ce parlement était plein de protestants, ce qui se conçoit sans peine, puisque les protestants qui

(1) Gord., II, 33.
(2) Ling., XII, 93. 436.

avaient toutes les propriétés les gardaient provisoirement.
Cependant, de peur qu'il ne se fût glissé dans la chambre des
communes d'Irlande quelques mécréants, cette assemblée
décréta d'elle-même que nul ne serait admis à siéger dans
son sein s'il n'avait prêté préalablement le serment de suprématie, et la Chambre des lords ordonna de son côté que
chacun de ses membres serait tenu de recevoir, selon le rit
anglican, la sainte communion (*the sacrament of the Lord's
supper*) des mains de Sa Grâce l'archevêque d'Armagh, qui
était son président (1).

J'ai dit qu'il y avait dans ces faits la consécration d'une
grande iniquité : mais les Irlandais ne doivent point s'en
prendre seulement à Charles II.

Il est certain que ce prince apportait en montant sur le
trône d'Angleterre l'intention bien arrêtée, sinon de rétablir
le catholicisme comme culte légal obligatoire, du moins de
rendre son exercice libre comme celui du culte anglican ou
du culte presbytérien. Un de ses premiers actes avait été la
promesse de cette tolérance ; mais il promettait ce qu'il ne
pouvait pas tenir : il devait sa couronne à une réaction politique ; les deux partis, dont la coalition l'avait mis sur le
trône, étaient les *royalistes* ou *cavaliers* et les presbytériens,
ligués contre les indépendants et les anarchistes ; or, les
royalistes, qui en général tenaient à l'église anglicane, n'é-
taient guère moins ennemis du catholicisme que les presbytériens. Le prince qu'ils avaient élevé au trône ne pouvait
donc, dans ces temps où la politique et la religion étaient
étroitement liées, conserver sa puissance royale qu'à la condition de ne pas contrarier les passions religieuses de ses
sujets, et il les froissait violemment à cette époque s'il tolérait le catholicisme. Au moment de la restauration l'épisco-
pat anglican s'était rétabli comme de lui-même, à titre de
loi fondamentale du royaume, existante avant la révolution ;
la haine contre la religion catholique s'était aussi retrouvée

(1) Plowden, I, 171.

tout entière ; le papisme était toujours l'ennemi commun, le monstre dont on effrayait les femmes et les enfants, et dont il suffisait de prononcer le nom pour soulever toutes les passions. Tolérer le catholicisme était donc l'acte le plus dangereux d'hostilité qu'on pût faire contre l'esprit public du temps. C'était de plus violer les lois du royaume, car ces lois prescrivaient l'uniformité du culte religieux suivant le rit anglican, et portaient des peines contre quiconque adorait Dieu sous une autre forme.

Ainsi Charles II était condamné, par les lois et par les passions du pays, à faire le contraire de ce qu'il voulait. On doit lui rendre la justice que, dans la limite de ses facultés naturelles, il fit tout ce qu'il put pour dépasser son pouvoir royal ; on lui en voulait beaucoup de ce qu'il laissait dans les emplois publics des individus soupçonnés de papisme ; mais il employait pour se justifier de curieuses raisons (1) : — L'un, disait-il, était un amateur de combats de coqs ; celui-ci, un chasseur habile ; cet autre tenait une bonne maison ; celui-là avait d'excellents chiens pour le renard... C'était du petit despotisme comme en font les princes, qui, sans être méchants, sont obstinés ; qui, faute de tyrannie, font dè l'arbitraire, et qui d'ordinaire tombent de leur trône parce qu'ils irritent sans faire peur. Il prenait encore d'autres voies détournées : ne pouvant ouvertement tolérer le catholicisme, il voulut du moins exempter les catholiques des peines qu'ils encouraient en ne se conformant pas au culte anglican ; mais dispenser de l'exécution de la loi, c'était encore la violer. Ceci lui fut démontré très-clairement par les ministres de l'Église anglicane, qui jusqu'alors, il est vrai, soutenus par le roi, avaient professé le dogme de l'obéissance passive aux décrets du souverain, mais qui, le jour où ce roi s'imagina de faire usage de sa toute-puissance en faveur des catholiques, découvrirent soudain que l'obéissance n'était due au roi que dans la limite des lois et de la consti-

(1) Ling., XIII, 172.

tution (1). Il lui fallut donc renoncer encore à ce biais indulgent en faveur des catholiques ; il en essaya bien d'autres,
qui ne lui réussirent pas mieux ; et, pour régner, il lui fallut
prendre son parti de persécuter ceux qu'il eût voulu défendre.

Lorsque Plunkett, archevêque d'Armagh, impliqué dans
une accusation de papisme, fut condamné à mort, Essex,
vice-roi d'Irlande, sollicita sa grâce auprès de Charles II,
déclarant qu'à sa connaissance l'accusation ne pouvait être
réelle. — Eh bien ! milord, lui répondit le roi, que son sang
retombe sur votre conscience : vous auriez pu le sauver si
vous aviez voulu ; pour moi, je ne puis lui accorder son par-
don, parce que je ne l'ose pas (2).

Je crois bien que la persécution des catholiques d'Irlande
lui coûta moins que celle des catholiques anglais, parce que,
de tout temps, la destinée de la population irlandaise tou-
chait assez peu l'Angleterre et ses rois, qui ne songeaient
guère aux Irlandais que quand ils avaient besoin d'eux ; et
puis Charles II, forcé de persécuter les catholiques, espé-
rait, en se montrant sévère envers les catholiques d'Irlande,
qu'on exigerait de lui moins de rigueur contre les catholiques anglais. L'Irlande fut ainsi toujours une ressource pour
les Stuarts ; dans leurs jours de ruine, ils imploraient merci
de l'Irlande contre l'Angleterre, et lui promettaient amitié
éternelle en échange d'un peu d'or et de soldats ; et, quand
leur fortune avait changé, quand ils étaient remontés sur
leur trône, ils tâchaient d'obtenir grâce pour leur despotisme sur l'Angleterre, en faisait peser sur l'Irlande une plus
lourde tyrannie.

On pardonnerait encore à Charles II les injustices que lui
ont fait commettre son impuissance et la faiblesse même de
son autorité. On voit bien qu'il ne put rien en faveur des
Irlandais catholiques, quand, pour rendre justice à ceux-ci,
il eût fallu qu'il se montrât sévère envers des protestants

(1) Ling., XII, 3o6, 3o7.
(2) Ling., XIII, 341.

anglais ; mais ce que l'on ne saurait lui pardonner, c'est d'avoir pris lui-même sa part des confiscations de l'Irlande. Ormond, son favori, reçut des terres confisquées pour une valeur de plus de 70,000 livres sterling de revenu (1), c'est-à-dire 1,800,000 fr. de rente. Le duc d'York obtint aussi une immense donation ; et il n'est pas jusqu'à la femme d'un valet de Charles II qui n'ait eu sa part du butin.

Charles aurait pu, en persécutant les Irlandais, ne pas se souiller lui-même des dépouilles de ce malheureux peuple. Mais, on l'a déjà dit, il n'était point en son pouvoir de ne pas persécuter. S'il eût voulu accorder aux catholiques la tolérance de leur culte, c'est-à-dire, selon l'expression des presbytériens, *légaliser le blasphème et l'idolâtrie ;* s'il eût tenté de les affranchir de toutes peines de non-conformité ; s'il eût voulu les délivrer de la tyrannie des protestants anglais et écossais, leur rendre la vie civile et politique, les rétablir dans les emplois, restituer aux propriétaires leurs champs, aux habitants des villes leurs demeures ; il eût fait exactement ce qu'a voulu faire Jacques II, qui, pour l'avoir tenté, est tombé de son trône.

Il faut le reconnaître ici, tout roi d'Angleterre, au dix-septième siècle, devait se résigner à n'être ni juste ni humain envers une partie de ses sujets pour pouvoir gouverner l'autre.

Ainsi, tout a concouru à la destruction des catholiques d'Irlande, à l'implantation violente du protestantisme dans ce pays ; tout y a concouru, Tudors, Stuarts, république ou monarchie, amis ou ennemis, parce que le pouvoir dominant en Angleterre ne fut en cela, pendant plus d'un siècle, que l'instrument d'un mouvement général qui pouvait bien être modéré ou précipité, selon les accidents et les passions des hommes, mais qu'il n'était au pouvoir de rien ni de personne de comprimer.

Nous voici au terme de la seconde époque, de celle qui

(1) Encyclop. brit., v° Ireland, 375

72 INTRODUCTION HISTORIQUE.

est renfermée entre la naissance de la réformation en Angleterre, et l'établissement définitif de la réformation en Irlande. Après avoir indiqué le grand mouvement du seizième
siècle, j'ai tâché de montrer comment l'Angleterre, peuple
à institutions libres, s'étant rangée du côté du culte réformé,
dut nécessairement vouloir que l'Irlande fît comme elle ; j'ai
dit de quelle manière elle essaya de convertir à la foi nouvelle les Irlandais, qui cependant demeurèrent et devaient
demeurer fidèles au catholicisme ; j'ai dit aussi comment,
ne pouvant convertir les Irlandais au protestantisme, elle
avait dû nécessairement, et à l'aide de tous les moyens de
terreur et de violence, faire l'Irlande protestante ; j'ai ajouté
que ce qui est arrivé était inévitable. Vais-je donc prêter des
armes à cette école nouvelle qui s'incline devant tous les
mouvements des peuples, quand ces mouvements sont empreints d'une certaine fatalité ; qui ne doute plus de la sainteté d'une cause, quand elle est marquée du sceau de l'irrésistible nécessité? On se tromperait étrangement si l'on
croyait que telle fût ma pensée.

Quand je vois un homme en proie à une passion ardente,
à une passion criminelle ; lorsque je le vois, soit égarement
d'esprit, soit dépravation de cœur, animé d'un besoin impérieux de vengeance ou d'un sentiment ardent de cupidité,
je puis, portant un jugement sur les conséquences de cette
passion mauvaise, dire qu'elle conduira au crime celui qui
l'éprouve ; je puis, en voyant à quel point elle a subjugué
l'âme dans laquelle elle est entrée, prévoir qu'elle entraînera nécessairement et fatalement à la spoliation, au
meurtre même, celui qui n'a point su se défendre d'elle ; je
le juge et dois le juger ainsi : mais je ne déclare point honnête l'auteur de ce crime fatal ; je ne proclame point juste
cette nécessité d'un crime que je juge inévitable ! Je dis
que, l'erreur ou la passion existant à un certain degré, le
crime doit arriver ; l'effet est fatal, mais la cause ne l'était
point. Celui qui s'est égaré pouvait ne pas commettre l'erreur ; celui que la passion a fait son esclave pouvait ne lui

point donner accès dans son cœur. Je dis que le spoliateur, qui, par cupidité, ravit le bien d'autrui, le meurtrier, qui tue son semblable par vengeance, pouvaient résister à des penchants qui, une fois maîtres de leur âme, sont devenus souverains et irrésistibles.

Les passions des peuples sont comme celles de l'homme. Les passions qui ont poussé l'Angleterre à détruire l'Irlande catholique présentent le même caractère de fatalité; ces passions une fois admises, l'Irlande devait périr, comme doit fatalement périr la victime qu'a désignée la vengeance du meurtrier, comme doit fatalement succomber l'être plus faible luttant contre un adversaire plus fort; mais ce qu'il faut apprécier, ce n'est point la conséquence de ces passions, ce sont ces passions elles-mêmes; ce n'est pas l'effet fatal, nécessaire, inévitable si l'on veut, c'est la cause qu'il faut juger, la cause libre, indépendante, volontaire; or, quelle était cette cause? C'était l'esprit d'intolérance religieuse, la fausse croyance que la vérité doit être imposée par la force, la haine d'un culte envers un autre culte; or ces erreurs, ces passions sont mauvaises; elles n'étaient point fatales, elles auraient pu ne pas exister, elles n'existent pas de nos jours; mais s'il est vrai que l'Irlande, livrée à ces égarements et à ces passions alors toutes puissantes, ait dû périr, cette destruction n'est-elle pas souverainement injuste, et n'accuse-t-elle pas le ciel? On pourrait répondre que le meurtre de l'homme innocent accuse le coupable seul et ne remonte pas jusqu'à Dieu; mais ici une autre considération se présente.

Certes, la haine de l'Angleterre contre l'Irlande, durant le dix-septième siècle, a enfanté les violences les plus terribles et les plus iniques qui aient été commises de peuple à peuple. Mais si l'on remonte au principe du mal, l'Irlande sera-t-elle en droit de se plaindre? L'Irlande était elle-même la première dépositaire de cet esprit intolérant dont elle a été la victime. Croit-on que si elle eût vaincu l'Angleterre au lieu d'être vaincue par celle-ci, elle n'eût pas massacré les

protestants anglais comme ceux-ci ont immolé les catholiques
d'Irlande ? Qu'on n'oublie pas la passion dominante et l'erreur funeste de ces temps malheureux ! L'Irlande a été persécutée au lieu d'être persécutrice, c'est là son bonheur ; elle
a été victime au lieu d'être bourreau ; sa part n'est point
mauvaise, selon moi. Ces considérations qui font taire les
plaintes de l'Irlande n'absolvent point l'Angleterre ; elles montrent seulement que l'Irlande, comme l'Angleterre, mé-
connaissait ce principe essentiel des sociétés, selon lequel
l'homme est aussi libre dans son culte extérieur envers Dieu
que dans sa conscience religieuse. Toutes deux étaient coupables de cette violation, l'une d'intention, l'autre de fait ;
la plus forte et la plus heureuse dans la lutte a été la plus
criminelle, mais la victime elle-même était coupable. Pour
moi, je ne trouve point ici à accuser la justice de Dieu ;
dans ces guerres cruelles et dans ces sanglantes contro-
verses, je ne vois rien, sinon que l'oubli d'un seul principe
coûte aux hommes bien du sang et bien des iniquités, et au
lieu d'en gémir, je vois dans ces calamités affreuses la sanction des grandes vérités qui importent au bonheur des peuples ; ce qu'il y a de plus révoltant dans les violences de cette
époque néfaste ne sert plus qu'à me prouver qu'il est de
certains principes qu'on ne méconnaît point impunément,
et dont la violation entraîne nécessairement de certaines
conséquences funestes : voilà comment j'entends la fatalité.

TROISIÈME ÉPOQUE.

CHAPITRE PREMIER.

Persécution légale.

Le 14 juin 1690, Guillaume d'Orange, prince protestant, et choisi en cette qualité pour roi par l'aristocratie anglaise, remporta, en personne, la fameuse bataille de la Boyne, sur Jacques II, prince catholique, champion de l'autorité absolue, et expulsé à ce double titre du trône d'Angleterre. Ainsi succombe l'Irlande catholique aux prises avec l'Angleterre protestante ; désormais plus de résistance possible des catholiques d'Irlande contre le protestantisme anglais, qui est définitivement maître de leur pays ; l'Irlande a fait une dernière tentative : cet effort a été stérile ; la guerre est finie.

Le catholicisme est encore une fois vaincu, mais il faut qu'il paie pour l'audace qu'il a eue de relever sa tête.

En 1660, lors de la restauration, quelques catholiques, reconnus fidèles au roi par le roi lui-même, ou déclarés innocents de rébellion par la cour des réclamations (*the court of claims*), étaient rentrés en possession de leurs terres. Or, parmi ces catholiques réintégrés, un bon nombre s'étaient rangés sous l'étendard de Jacques II, lorsque ce prince chassé d'Angleterre, était venu en Irlande faire un appel à la fidélité de ses sujets irlandais. Quatre mille d'entre eux furent donc déclarés rebelles et traîtres, et leurs biens composant un million soixante mille acres, confisqués. Quoique cette spoliation ait été accomplie sous le règne et du consentement de Guillaume III, il ne serait peut-être pas équitable d'en charger sa mémoire ; ce prince avait à cœur de l'empêcher. La capitulation de Limerick lui imposait le devoir de faire tous ses efforts pour obtenir du parlement anglais que les catholiques d'Irlande ne fussent troublés ni dans leurs propriétés, ni dans leur culte ; mais, quoique roi protestant, et chef élu d'une nouvelle dynastie, il n'eut point auprès du parlement assez de crédit pour gagner cette juste cause ; les passions de l'Angleterre contre l'Irlande papiste étaient trop fortes pour laisser perdre une occasion de confisquer, et quoique le roi eût sanctionné de sa propre autorité les articles de la capitulation, dont l'objet était de prévenir toute réaction, le parlement ordonna de poursuivre les adhérents du prince déchu et de les déposséder de leurs terres.

D'après le règlement fait sous la restauration, des confiscations révolutionnaires, sur onze millions d'acres environ dont se compose l'Irlande, deux millions seulement restaient aux catholiques (1). Sur ces deux millions, en voici encore un qu'on leur enlève ; on peut donc regarder comme à peu près certain qu'après la révolution de 1688 et par l'effet des confiscations successives d'Élisabeth, de Jacques Ier, de Cromwell, et enfin du règne de Guillaume III, les catholiques d'Irlande ne possédaient plus qu'un million d'acres, c'est-à-dire un onzième du sol ; et cette petite partie du territoire laissée aux catholiques n'est pas divisée entre un grand nombre, elle est concentrée entre les mains de cinq ou six familles catholiques d'origine anglaise, qui, par des considé-

(1) V. Lawrence, part. II, p. 48. — Hallam, V, 286. L'Irlande contient non 11 millions d'acres, mais environ 20 millions. L'étendue de ce pays, aujourd'hui bien connue, ne l'était pas il y a un siècle. Je laisse toutefois le chiffre employé par les historiens anciens, parce qu'il sert de base à leur calcul et à leur appréciation de la condition respective des protestants et des catholiques.

rations privées, ont trouvé grâce auprès de ceux qui refusaient justice. Ainsi la population protestante, qui vis-à-vis des catholiques était dans la proportion d'un contre quatre, possédait les dix onzièmes du sol; minorité bien faible en face de la majorité dépouillée.

On avait, il est vrai, tenté de séparer les deux populations protestante et catholique, en renfermant celle-ci dans un certain territoire dont les bornes étaient fixées. Mais ce plan n'avait reçu et ne pouvait recevoir qu'une incomplète exécution ; de même qu'on ne peut pas toujours tuer, on ne peut pas toujours proscrire ; vainement on enjoignit à la population catholique tout entière de se rendre en Connaught, une partie seulement obéit à cet ordre ; on l'exécuta de force vis-à-vis de quelques-uns (1), et puis, las de violences, on s'arrêta. La seule proscription bien exécutée fut celle qui dépouillait les uns de leurs terres au profit des autres : aucun propriétaire frappé de confiscation ne resta sur son domaine; mais beaucoup de pauvres ou de gens ruinés, qui auraient dû fuir en Connaught, restèrent dans l'une des trois autres provinces; ils se tinrent cachés tant que dura l'ardeur des premières tentatives d'expulsion, mais, dès que l'orage fut apaisé, ils reparurent.

Le républicain Ludlow, général cromwellien pendant les guerres d'Irlande, nous peint dans ses Mémoires avec une énergie remarquable la terreur qu'éprouvaient les Irlandais papistes à l'approche de son armée. Ils disparaissaient comme par enchantement, au seul bruit de son nom ; vainement on les cherchait dans leurs habitations, dans les bois, au milieu des champs ; il était impossible de retrouver leurs traces ; une fois il surprend une bande de ces malheureux, dont il écrase quelques-uns ; mais la plupart se dérobent à ses yeux et vont chercher refuge au milieu des rochers, dans un souterrain profond ; l'ouverture de la caverne était trop étroite et trop sombre pour que ses soldats eussent l'i-

(1) Rapparies and Tories.

dée de s'y aventurer; alors Ludlow a recours à deux moyens pour forcer les pauvres Irlandais à sortir de leur asile: il fait diriger sur la bouche même de la grotte d'effroyables décharges d'artillerie , et puis voyant que le roc demeurait immobile et que nul ne s'en échappait, il met le feu dans l'intérieur de la caverne pour enfumer comme des bêtes fauves les Irlandais qu'elle recélait ; mais ce second expédient n'ayant pas mieux réussi que le premier, il voit bien qu'il a entrepris une chose impossible. Il se retire. Quand il fut parti, les pauvres catholiques qui s'étaient abrités contre l'ouragan, relevèrent leur front prosterné dans la poussière et retournèrent à leurs cabanes.

Ce récit contient l'histoire de tous les expédients violents employés pour tuer ou bannir les catholiques d'Irlande. Celui que menace un décret fatal se cache tant que dure l'imminence du péril: un instant on le croit mort ou exilé , parce qu'on ne le voit plus ; mais, quand la passion du persécuteur s'adoucit, le proscrit reparaît, et l'on est tout étonné de voir la victime reprendre sa place à côté du meurtrier.

Ici encore la population catholique d'Irlande va se retrouver en face de ses deux tyrans : des Anglais protestants établis parmi elle , et de l'Angleterre , sur laquelle ces protestants sont appuyés. Ces deux oppresseurs sont parfaitement unis dans un intérêt commun , la domination des catholiques irlandais. Ils ont pourtant des intérêts distincts et quelquefois opposés.

Pour bien comprendre leur situation mutuelle et leur position respective vis-à-vis du peuple qu'ils tiennent sous le joug, il faut distinguer le nouvel état de choses des circonstances précédentes. Avant les disputes de religion , l'Angleterre avait bien déjà des intérêts et des embarras en Irlande ; mais elle n'avait point de grandes passions engagées dans ce pays. Les luttes de la conquête intéressaient plus le roi que la nation. Les colons anglais étaient pour le roi un moyen de demeurer maître de l'Irlande, et les tribus irlandaises lui servaient à tenir en échec continuel les colons anglais, dont il craignait les essais d'indépendance. Au fond l'Angleterre, qui détestait les uns comme ennemis, n'éprouvait que peu de sympathie pour les autres. Elle haïssait les Irlandais, avec lesquels elle était en guerre, et n'aimait guère les colons sortis de son sein, qui n'étaient pour elle qu'une source perpétuelle de charges et de difficultés. Dans cet état de choses, sa politique vis-à-vis de l'Irlande était toute tracée ; elle soutenait sans doute les colons vis-à-vis des indigènes, mais, dans ses rapports avec les colons eux-mêmes, elle n'hésitait jamais à faire prédominer son propre intérêt au préjudice de ceux-ci (1).

La réformation religieuse étant venue, et l'Irlande tout entière ayant gardé son ancien culte dans l'instant où l'Angleterre changeait le sien, la position mutuelle des deux contrées se simplifia. Tout ce qu'il y avait d'habitants en Irlande, Irlandais primitifs ou colons anglais, étant catholiques, l'Angleterre ne vit plus en face d'elle que des ennemis, parmi lesquels elle n'eut plus de distinction à faire ; elle les enveloppa tous dans la même proscription ; elle frappa en aveugle sur toute l'Irlande, exterminant Anglais comme Irlandais, qui n'étaient à ses yeux que d'odieux papistes (2).

Mais lorsque dans le cours et à la suite des guerres civiles une population protestante se trouve établie en Irlande,

(1) C'est ainsi que, sous le règne de Henri VIII, une loi fut rendue, qui interdisait l'importation de la laine irlandaise en Angleterre.—V. Encyclop. britann., v° Ireland, p. 401. — Henri VIII (1542). — Il y avait bien d'autres entraves imposées par la métropole. Par exemple, quoi de plus contraire au commerce et à l'industrie irlandaise que l'obligation où était chaque navire partant d'un port d'Irlande, d'aller soit à Corke, soit à Drogheda (les seuls lieux où il y eût un bureau de douanes) pour payer les droits du fisc? (V. Hist. of Galway Hardiman, p. 58.)

(2) Guerres de Cromwell. Après la restauration, loi qui défend l'importation en Angleterre du bétail irlandais. V. Hist. of England. — Lingard, Charles II.

l'état de l'Angleterre en regard de l'Irlande se trouve autre
qu'il n'avait été après la conquête et dans les premiers temps
qui avaient suivi la réformation.

Alors sans doute l'Angleterre fut plus que jamais animée
d'une implacable inimitié contre les catholiques irlandais;
mais comme ces catholiques détestés se trouvaient entremêlés de protestants amis, elle fut gênée dans sa haine, et ne
sut comment frapper les uns sans atteindre les autres du
même coup. Son embarras alors fut extrême; ses sympathies étaient certainement très-vives pour cette jeune nation protestante qu'elle venait de fonder en Irlande, composée des hommes qui avaient combattu avec elle sous le
même drapeau, pour le même culte et pour les mêmes libertés, et qui non-seulement avait eu le mérite de faire face en
Irlande à l'hydre terrible du papisme, mais encore était destinée à féconder sur cette terre maudite le germe du culte
protestant. La passion de l'Angleterre était donc aussi amie
des protestants anglais qu'hostile aux Irlandais catholiques.

Il y avait sans doute bien des cas où il était facile à l'Angleterre d'opprimer les uns sans cesser de protéger les autres; mais dans quelques occasions la distinction était presque
impossible à faire. Ainsi, dans toutes les relations commerciales de peuple à peuple, les restrictions qui nuisaient aux
catholiques atteignaient nécessairement les protestants; et
pourtant ces restrictions étaient à cette époque considérées
par l'Angleterre comme une condition fondamentale de sa
prospérité industrielle. La nation anglaise, qui, à la fin du
dix-septième siècle, était profondément religieuse, était
aussi déjà à cette époque essentiellement commerçante;
elle était ainsi tout à la fois sous le joug de passions très-
diverses dans leur principe, et d'où résultaient chez elle
des sentiments fort opposés envers les protestants d'Irlande:
d'une part sympathie vive et ardente pour des frères protestants; de l'autre jalousie et rivalité envers des concurrents
d'industrie.

Divisés sur un point, l'Angleterre et les protestants d'Ir-

lande étaient d'ailleurs étroitement unis sur l'autre : l'anéantissement de l'Irlande catholique avait été leur œuvre commune, et l'Angleterre était aussi intéressée qu'eux-mêmes
à ce qu'ils conservassent sur les catholiques d'Irlande leur
supériorité sociale et politique.

Dans cet état de choses, l'Angleterre pensa que si elle
prêtait main-forte aux protestants d'Irlande pour les aider
à rester maîtres du terrain pris sur les catholiques, elle leur
rendrait un office assez considérable pour être en droit de
leur demander en retour quelque concession équivalente.

Il s'établit alors, comme par forme de transaction, entre
l'Angleterre et les protestants d'Irlande, une sorte de contrat tacite qu'on pourrait réduire à ces termes :

L'Angleterre aidera de toute sa puissance les protestants
d'Irlande à opprimer les catholiques de ce pays, et à maintenir ceux-ci dans l'abaissement et la misère. A cet effet elle
mettra à leur service ses trésors, ses armées, son parlement ;
en retour de quoi les protestants humilieront l'Irlande devant
l'Angleterre, et sacrifieront à celle-ci le commerce et l'industrie de l'Irlande. L'Angleterre dit à la faction protestante : Livrez-moi les intérêts généraux de votre pays, et je
vous ferai régner sur la nation au milieu de laquelle vous
vivez. Le protestant d'Irlande répond à l'Angleterre : Je
veux bien être votre esclave, pourvu que vous m'aidiez à
être le tyran d'autrui.

Ainsi contentement donné aux protestants d'Irlande dans
leur besoin le plus impérieux, qui était de rester sur le sol
conquis, et pleine satisfaction pour l'Angleterre dans ses
deux passions les plus ardentes, la religion et l'amour des
richesses.

Ce traité ne fut point sans doute rédigé par écrit ; mais si
ce n'en sont point les termes exprès, c'en est l'esprit.

Il faut se rendre compte de cette situation mutuelle de
l'Angleterre et des protestants d'Irlande pour comprendre
les deux sortes d'oppressions qui pesèrent sur les catholiques
d'Irlande ; l'une, que l'on peut appeler *générale*, et que les

protestants eurent à subir avec ceux-ci ; l'autre, spéciale, et
qui portait exclusivement sur les catholiques ; la première
frappant les intérêts de la nation entière au profit de l'Angleterre ; la seconde atteignant seulement en Irlande la population catholique.

Voyons d'abord comment les protestants d'Irlande tiennent leurs engagements envers l'Angleterre.

Le premier sacrifice qui fut exigé d'eux fut de reconnaître
la suprématie du parlement anglais sur le parlement d'Irlande. Dans d'autres temps, l'Angleterre avait prétendu imposer à l'Irlande cette supériorité législative : la loi Poyning
n'était pas autre chose que l'organisation de cette dépendance de l'Irlande vis-à-vis du gouvernement anglais ; mais,
avant comme après la loi Poyning, le parlement irlandais,
tout en se soumettant à l'empire d'une force majeure, avait
toujours protesté contre elle, et revendiqué son indépendance nationale. Aujourd'hui ce parlement abandonnait
toutes ses prérogatives ; l'Angleterre le déclarait en état de
sujétion absolue, et il gardait le silence.

Le parlement irlandais se trouvait donc au service de l'Angleterre, comme le parlement anglais lui-même. Ce que
celui-ci décrétait était directement obligatoire pour l'Irlande ; si l'Angleterre voulait que les actes de son parlement
fussent ratifiés par le parlement irlandais, ce dernier accordait aussitôt l'approbation demandée ; et si quelque acte originaire de ce parlement ne plaisait pas à l'Angleterre, il était
comme non avenu. Ainsi le parlement anglais pouvait imposer
à l'Irlande toutes sortes de lois sans le concours de la législature irlandaise (1), et celle-ci n'en pouvait faire aucune
pour l'Irlande elle-même sans l'approbation expresse ou
tacite du parlement d'Angleterre. Réduit à cette situation
passive, le parlement d'Irlande répondait parfaitement à son
objet ; c'était un agent excellent pour consentir tous les actes
d'oppression qui lui seraient demandés en exécution du

(1) Excepté la loi des subsides.

traité. S'agissait-il d'une question agitée entre les protestants et les catholiques d'Irlande, il était laissé souverain
dans cette sphère restreinte, et pouvait ruiner, persécuter,
écraser ses ennemis, sans que l'Angleterre lui contestât sa
puissance. Mais, dès que la question se posait entre l'Angleterre
et l'Irlande, le parlement irlandais s'inclinait aussitôt devant
celui d'Angleterre, et attendait la loi, sans aspirer à la faire.

Je ne citerai qu'un exemple de ce despotisme législatif
imposé par le parlement anglais, et accepté par la législature
d'Irlande.

Il y avait dans ce pays, à la fin du dix-septième siècle, une
industrie parvenue à un haut degré de prospérité, et qui
était notamment pour toutes les provinces du sud la principale source de richesse et de bien-être : c'étaient les manufactures d'étoffes de laine. Elles avaient sur l'état du pays
une double influence. Pour produire la laine, il fallait de
nombreux troupeaux, qui demandaient eux-mêmes pour se
nourrir de vastes pâturages : c'était le bénéfice du propriétaire foncier; et les ateliers où se fabriquaient les tissus de
laine appelaient la main d'œuvre : c'était le profit du pauvre.
Cependant, comme la supériorité de ces manufactures sur
celles de l'Angleterre nuisait aux fabricants anglais, le
parlement d'Angleterre décida qu'elles seraient anéanties;
cette résolution, qui contenait la ruine de l'Irlande, fut
transmise au parlement irlandais, qui l'accepta (1).

Un pareil décret, qui faisait crouler subitement les éta-

(1) Voir la déclaration des lords anglais du 9 juin 1698; la réponse du
roi du 10; la déclaration des communes anglaises du 30 du même mois
et la loi décrétée par le parlement d'Irlande le 25 mars 1699, par laquelle
il est établi sur les draps irlandais un droit d'exportation, équivalant
à une prohibition absolue, et qui eut en effet pour conséquence immédiate
la ruine des manufactures irlandaises. Ces actes sont rapportés textuellement dans l'ouvrage de Young. Arth. Young's Travel. — La ruine de
ces manufactures n'a pas été un effet imprévu de mesures prises; elle
était précisément la conséquence désirée et attendue. « Je ferai, disait le
roi dans une de ses réponses, tout ce qui dépendra de moi pour faire tomber les manufactures de laine en Irlande. »

blissements industriels fondés sous la protection des lois,
était d'exécution difficile ; et comme il était à craindre que
les magistrats d'Irlande ne fussent pas aussi servilés que son
parlement, l'Angleterre décréta que quiconque contrevien-
drait à la loi destructive de l'industrie irlandaise serait tout
à la fois justiciable des tribunaux d'Angleterre et d'Irlande,
et que, quoique jugé et acquitté dans ce dernier pays, il
pourrait toujours être repris et traduit en second lieu devant
un tribunal anglais (1) ; c'est-à-dire que, pour soutenir une
iniquité, on en vint à violer les premières formes et les premiers principes de la justice. Le parlement irlandais n'ob-
jecta rien à cette violence ; c'était certes bien comprendre
sa mission de dépendance.

Telle était l'oppression qui pesait sur l'Irlande entière, et
que supportaient tout à la fois les protestants et les catholiques.

Voyons maintenant de quelle manière les protestants d'Irlande étaient indemnisés de l'oppression que l'Angleterre
leur faisait subir à eux-mêmes. Voyons comment, après
avoir fait sa propre part de tyrannie, l'Angleterre faisait la
leur, et de quelle façon, après les avoir pliés sous elle, elle
les aidait à courber sous leur joug la population catholique.

Les moyens employés par les protestants d'Irlande assistés
de l'Angleterre, pour dompter et asservir les catholiques
d'Irlande durant le dix-septième et le dix-huitième siècles,
consistent principalement dans un ensemble de lois décrétées par le parlement d'Irlande, et mises à exécution par
l'Angleterre. Les protestants d'Irlande faisaient les lois ; une
armée anglaise les mettait en vigueur. Ces lois de persécution sont connues en Irlande sous le nom de *lois pénales*.

C'est ici que cesse la persécution violente, et que commence la persécution pacifique, celle qui adopte toutes les
formes de la justice, couvre les actes les plus oppresseurs
d'une parfaite régularité ; qui se croit juste parce qu'elle est
légale, humaine parce qu'elle répand peu de sang, et qui

(1) Plowden, I, 204

cependant est plus inique, parce qu'elle est plus réfléchie;
plus odieuse, parce qu'elle tue à. froid; et qu'elle n'a point
pour s'excuser la chaleur du combat et les entraînements de
la passion.

CHAPITRE II.

Lois pénales.

Pour comprendre la tyrannie dont les lois pénales furent
l'instrument, on doit d'abord n'en pas perdre de vue le point
de départ.

Il n'y a guère de puissance qui opprime uniquement pour
opprimer, ou qui du moins ne prête à son oppression une
cause ou un prétexte; c'est ainsi qu'il arrive que tant d'iniquités se commettent au nom de la justice, tant de tyrannies
au nom des lois, tant d'impiétés au nom de Dieu.

La cause première de l'oppression anglaise en Irlande durant le dix-huitième siècle, comme pendant le siècle précédent, cause réelle pour les uns, prétexte pour les autres
fut le prosélytisme religieux. Il fallait détruire en Irlande.le
catholicisme, et rendre l'Irlande protestante. Les violences
meurtrières par lesquelles on avait essayé d'atteindre ce but
n'avaient point réussi; on était las des rébellions de l'Irlande
et de leur répression; on essaya une autre influence, celle
des lois pénales. Voyons comment les gouvernants anglais
procédèrent dans cette voie, et suivons-les dans toutes les
phases de leur entreprise.

Il faut ruiner en Irlande le culte national ! Arracher à tout
un peuple sa religion et son culte, voilà, remarquez-le bien,
une entreprise funeste. A la vérité, on veut accomplir cette
destruction sans révolter le peuple irlandais; mais qu'importe
qu'on veuille persécuter par le fer ou par les lois? C'est toujours une tyrannie que l'on tente, et de toutes les tyrannies
la plus dépravante; car c'est celle qui se prend le plus pro-
fondement à l'âme.

Et .d'abord on veut persécuter sans révolter, c'est-à-dire pratiquer la même oppression sans provoquer les mêmes résistances; mais c'est un problème difficile. Comment s'y prend-on pour le résoudre? Une loi existait depuis la réformation qui interdisait absolument l'exercice du culte catholique (1); on n'abolit pas cette loi, mais on en suspend l'application.

Une autre loi de la même époque prescrivait, sous de certaines peines, à tous les catholiques, la pratique du culte protestant; on laisse aussi subsister cette loi, que cependant on cesse d'exécuter (2).

Ainsi le catholique d'Irlande qui a prouvé que nulle violence, quelque cruelle qu'elle fût, ne saurait lui arracher sa foi religieuse, aura toujours son église et son prêtre, ou du moins il peut croire désormais qu'on ne veut lui enlever ni l'un ni l'autre.

Mais en même temps que la pratique du culte catholique et la présence du prêtre sont tolérées en Irlande au moins tacitement, une loi est rendue qui bannit à perpétuité du royaume d'Irlande tous les évêques, archevêques ou supérieurs ecclésiastiques quelconques, ayant pouvoir de conférer les ordres religieux (3); c'était, en d'autres termes,

(1) V. Gabbets Dig·st. 5 et 6. Edward, 6.—Six mois d'emprisonnement; en cas de récidive, un an; et pour la troisième fois, détention perpétuelle contre quiconque professe un autre culte que le culte anglican. (1553.)

(2) 1558. Élisabeth, c. II, sect. xiv. Amende de 20 liv. st. par mois contre quiconque ne pratique pas le culte anglican; si on s'abstient pendant un an, nécessité de fournir caution de 200 liv. st. — En cas d'obstination à ne point se conformer au culte protestant, bannissement du royaume. Ces lois, faites pour l'Angleterre, ne furent du reste jamais complétement exécutées en Irlande.

(3) All popish regular clergy, jesuits, Friars and Bish ops or others exercising ecclesiastical juridiction, to depart before 1st may 1698, or Gaol till transported. — (1698) V, 9 Will. 3. C. 1. — V: 3. p. 339. — C'est-à-dire voyez les statuts du parlement irlandais, passés sous la 9e année du règne de Guillaume III. Chap. Ier, vol. III, page 339. Collection en 18 vol, Dublin, 1779. L'auteur a copié textuellement les citations qu'il fait, dans cette collection.

dire que le culte catholique cesserait. en Irlande, avec la génération des prêtres actuellement existants.

Ce bannissement était sans doute une grande rigueur; mais si l'on eût laissé en Irlande des évêques catholiques, c'eût été y conserver le principe du culte que l'on voulait abolir. Il fut donc décidé que ceux qui, le 1er mai 1698, n'auraient pas quitté le territoire seraient mis en prison, et y demeureraient jusqu'au jour où on les embarquerait pour les îles ou pour tout autre lieu de déportation (1).

Mais que ferait-on s'ils revenaient en Irlande, du lieu de leur exil? le cas fut prévu. et le fait seul de leur retour dans la patrie fut puni de mort (2). Des châtiments sévères furent portés contre quiconque les aiderait à aborder dans leur terre natale (3), et contre tout Irlandais qui les recélerait dans sa demeure (4) : en même temps la loi promit une récompense à celui qui dénoncerait la présence d'un évêque ou d'un archevêque sur le sol d'Irlande (5).

Et en même temps que ces moyens étaient pris pour tarir en Irlande la source du clergé catholique, on interdisait avec soin les rivages de l'Irlande à tout prêtre venu de l'étranger (6).

Voilà donc le clergé catholique réduit aux proportions strictement nécessaires pour l'exercice d'un culte tempo-

(1) *Ibid.*

(2) Returning, high treason. *Ibid.*

(3) Penalties on harbouring them : first offence, 20 l. st; second offence, 40 l. st.; third offence, lands for life. (1704) Anne 2, ch. 3.

(4) Concealing them. First offence, 20 l. st. : second offence, 40 l. st. ; third offence, lands for life and Goods. — *Ibid.* § 5.

(5) Reward for discovering and convicting popish clergy; 50 l. st., every archbishop etc.. etc , or person exercising foreign ecclesiastical juridiction. — *Ibid.*, § 20, vol. IV. p. 200.

(6). La loi ordonnait de poursuivre et de déporter tout prêtre *non enregistré* comme prêtre d'une paroisse; or, tout prêtre étranger arrivant en Irlande eût été dans l'impossibilité matérielle et morale de présenter une pareille justification.

raire, et destiné à s'éteindre peu à peu au milieu d'une population dont on suppose apparemment que les croyances
religieuses s'évanouiront de même.

Mais cette pratique du culte catholique, restreinte dans
de pareils termes, sera-t-elle du moins tout à fait libre?
Non. Si on laisse provisoirement aux catholiques l'exercice
de leur religion, c'est uniquement pour ne point les jeter
dans la violence; n'est-ce pas assez dire qu'on les soumettra
d'ailleurs à toutes les entraves que l'on croira pouvoir leur
imposer sans les pousser à l'insurrection?

Leurs prêtres demeurent en Irlande, mais c'est à trois
conditions : 1º d'y prêter le serment d'abjuration (1) ; 2º de
faire enregister leur nom à la cour des sessions, et de
donner deux cautions chacune de cinquante livres sterling,
en s'engageant à ne jamais sortir de leur comté (2) ; 3º de
n'officier que dans la paroisse pour laquelle ils ont été inscrits (3).

Ainsi voilà les ministres religieux de la population catholique, placés par la loi dans la condition des malfaiteurs dont
la société exige des garanties, et auxquels l'autorité assigne
une résidence fixe, afin de les avoir toujours sous sa main.

La loi explique ensuite comment doit s'entendre le droit
accordé à chaque prêtre d'officier dans sa paroisse. Aucun
signe extérieur ne devra annoncer le caractère religieux de
l'édifice où le culte catholique sera célébré. Point de clocher

---

(1) Oath of abjuration. Registered priests to take oath of abjuration before
25 mars 1710, or officiating afterwards deemed regular convicts. 8 an., c. 3,
§ 22, vol. IV, p. 202. Le serment d'abjuration se peut voir textuellement
dans Gabbet's digest, t. Ier, ch. 10. Ce serment était d'une nature toute
politique, et avait pour objet d'exclure les descendants des Stuarts; il
entraînait l'obligation de dénoncer tous complots contre la maison de
Hanovre.

(2) Popish priest to be registered at sessions after S. John 1704, and
give security not to remove out of the county, or imprisonned till transportation, returning high treason. 2 ann., c. 7, vol. IV, p. 31.

(3) No priest to officiate except in parish, for which registered under
pain of regular convict., 8 ann. c. 3, § 25, vol. IV, p. 205.

qui attire de loin les regards des fidèles ; point de cloche dont le son les convoque à la prière. On laisse le prêtre dans sa paroisse , mais on lui défend de porter son titre ecclésiastique, on lui interdit le costume de sa profession. La défense d'officier ailleurs que dans sa paroisse semble impliquer le droit de faire dans celle-ci tous les actes propres à son ministère. Cependant la loi s'oppose à ce qu'aucun de ces actes se produise au dehors. C'est ainsi qu'il ne peut célébrer extérieurement les cérémonies du culte catholique pour la sépulture des morts. Toute infraction à ces défenses entraîne contre le prêtre la peine de la déportation (1). Tel est le culte mystérieux et clandestin dont la loi tolère plutôt qu'elle n'autorise la pratique.

La loi suppose sans doute que, placé dans cet état de suspicion légale, soumis à des règles dont l'omission entraîne les plus terribles châtiments, le prêtre irlandais gémira souvent de son sort, et manquera plus d'une fois de courage pour le supporter ; elle fonde donc quelque espoir sur la faiblesse du prêtre, et après lui avoir fait une condition dure , elle lui ouvre une voie de salut. Qu'il se fasse protestant ; et non—seulement la loi cessera de lui être sévère, mais encore elle deviendra généreuse envers lui. L'État lui fera une pension annuelle de vingt livres sterling (cinq cents francs) (2); et comme on voit peu efficace cette prime offerte à l'apostasie , on l'augmente bientôt ; tour à tour on l'élève à trente (3), puis à quarante livres sterling (mille francs) (4).

(1) No benefit hereby to extend to ecclesiastick officiating in church or chapel with *steeple* or *bell ;* or at funeral in church or churchyard, or exercising the rites; or wearing the habit save in usual places of worship, or in private houses ; or using mark of ecclesiastical dignity or autority, or taking ecclesiastical rank or title. —21-22. George III, ch. 24, vol. XII, p. 237.

(2) Convert priests taking the oaths and declaration to have 20 l. st. during residence in the county. — 2 ann, c. 7, § 2, vol. IV, p. 32.

(3) 8 Anne, ch. 3, § 18. vol. IV , p. 199. — 30 l. st.

(4) The provision for convert priests increased to 40 l. st. — 11-12. George 3, ch. 27, vol. X, p. 279.

On voit, par ce qui précède, en quoi consiste la liberté du prêtre irlandais ; examinons maintenant la condition religieuse de tous les catholiques d'Irlande.

A la vérité, on n'exécute plus contre ceux-ci la loi de conformité qui les obligeait, sous des peines rigoureuses, d'assister tous les dimanches à l'office anglican ; mais cette loi existe toujours : et quelle garantie ont-ils qu'elle ne sera pas remise en vigueur ? Il n'y a point de pire tyrannie que celle qui sommeille et dans le-repos de laquelle on s'endort.

Il est vrai aussi qu'on les laisse désormais assister aux exercices de leur culte ; mais voyez à quelle condition.

Tout catholique peut être, à chaque instant du jour, mandé par un juge de paix pour avoir à rendre compte du jour, du lieu et de l'heure auxquels il a entendu la messe, du prêtre qui l'a célébrée, des personnes qui y étaient présentes (1) ; mais le catholique appelé ainsi devant le magistart ne craindra-t-il pas de compromettre par ses déclarations la pratique du culte qui lui est cher, le sort du prêtre et de tous les fidèles dont on lui demande de révéler les noms ? Il faudra cependant qu'il s'explique sur tous ces points, sinon il paiera vingt livres sterling d'amende (cinq cents francs), et faute de payer cette somme, il subira un emprisonnement d'une année.

En même temps que la loi dépouille la célébration du culte catholique de toutes ses pompes extérieures, elle interdit tout ce qui, dans les mœurs religieuses des Irlandais, parle à leur cœur et à leur imagination. C'était, en Irlande, une vieille coutume d'aller, à de certaines époques, visiter en pèlerinage, soit une île bénie par saint Patrick, soit quelque puits consacré. Tantôt le peuple allait prier devant une

(1) 2 justices may summon any papist of 16 years to appear in 3 days, not above 5 miles; on not appearing, or refusing to testify where and when he heard mass, and by whom celebrated and who present.... He shall be imprisoned 12 months unless paying not above 20 l. st. to the poor.—8 Anne c. 3, v. IV, p. 200, § 21. — (1710.)

certaine image de la Vierge, tantôt il allait s'agenouiller devant une croix. Les images furent détruites, les croix abattues, les pèlerinages interdits sous peine du fouet (1).

L'Irlandais possède la liberté strictement nécessaire pour demeurer catholique, mais il souffre constamment de l'être ; on ne lui arrache pas son culte, mais il ne peut le professer sans rencontrer mille froissements, et c'est ce que veut la loi. La loi veut qu'il souffre incessamment de garder sa religion et de n'en pas adopter une autre ; et cette souffrance, il ne l'éprouvera pas seulement dans la vie religieuse, il la sentira surtout dans la vie civile et politique. La loi met en effet moins de réserve à frapper dans l'Irlandais le citoyen que le catholique, parce que les coups portés au premier, tout en l'atteignant dans ses intérêts les plus chers, irritent moins que dans le second les passions dont elle redoute l'effervescence. Et c'est ici que se montre sous son véritable jour le système légal de corruption, substitué dans le gouvernement de l'Irlande, au régime de violence brutale qui, jusque-là, y avait dominé; ici paraît dans son entier ce système dont Edmond Burke a dit : « Que c'était le plus habile et le plus puissant « instrument d'oppression qui ait jamais été inventé par le « génie pervers de l'homme pour ruiner, avilir, dépraver « une nation, et corrompre en elle jusqu'aux sources les plus « inaltérables de la nature humaine (2).

Ce système saisit l'enfant dans son berceau. Le grand objet étant que le catholique cesse de l'être et devienne protestant, toute école catholique est interdite. L'enseignement protestant ne sera point, il est vrai, imposé aux ca-

---

(1) Pilgrimages and meetings at wells *deemed riots ;* magistrates to destroy all crosses, pictures, publickly set up, and occasioning such superstitions. 2 Ann., c. 6, § 26 et 27, vol. IV, p. 29. — (1704.)

(2) ..... It was a machine of wise and laborate contrivance , as well fitted for the oppression , impoverishment and degradation of a people , and the debasement in them of humane nature itself; as ever proceeded from the perverted ingenuity of man (Burke's works, letter to Lang. p. 87).

tholiques, mais il n'en existera pas d'autre dans le pays, et le père de famille aura à choisir entre la désertion.de son culte et l'ignorance de ses enfants ; s'il est rénegat, ce sera une conquête pour le culte réformé ; s'il reste fidèle à sa foi, le fils du papiste demeurera du moins vis-à-vis des protestants en état d'infériorité intellectuelle. Mais comment assurer l'exécution d'une pareille loi ? comment empêcher l'instituteur catholique de pénétrer secrètement dans l'intérieur d'une famille où il donnera ses leçons ? Pour parer à ce danger, la loi bannit d'Irlande tous les catholiques faisant métier d'instituteur, et porte contre eux, en cas de retour dans leur patrie, la peine de mort (1). La loi pousse plus loin encore sa prévoyance et ses soins ; elle fait une provision de cinq livres sterling (cent vingt-cinq francs) pour payer les frais de déportation de chaque maître d'école dans les Indes occidentales (2).

. Voilà sans doute de prudentes mesures ; et l'on voit clairement comment, sous leur influence, l'immense masse de la population sera tenue dans les plus profondes ténèbres. Cependant ne pourra-t-il pas arriver que le petit nombre de catholiques riches existant en Irlande envoient leurs enfants dans quelque école du continent, où ils s'instruiront en dépit de la loi, qui veut les maintenir dans l'ignorance ? On a prévu ce péril, et il a été établi, sous les peines les plus graves, que nul ne pourrait, sans *une permission spéciale*, embarquer ses enfants pour passer la mer, (3) ; et, comme

(1) .... School masters et other papists liable to transportation shall in 3 months by order at assizes be transmitted to next sea port ; gaol till transported. 8 Anne, ch. III, § 31. (1704.)

(2) Ibid. Collector to pay for transported, 5 pounds to West-Indies. To be received by master or freighters of ships.... If found out such merchant's or master's custody, to suffer as *regular* returning. Id. §§ 32 et 33.

(3) .... Sending or suffering to be sent children beyond sea without special licence, liable to penalties. premunire. — 2 Ann., ch. VI, vol. IV, p. 12. (1704).

on craignait que cette défense ne fût violée sans que l'infraction laissât de traces, pouvoir fut donné aux magistrats, qui soupçonnaient une pareille contravention, de demander à tout catholique de leur représenter son enfant ; et la loi régla que, si cette représentation n'était pas faite, l'enfant serait, par cela même, présumé élevé à l'étranger, et ses parents passibles, en conséquence, des peines attachées à ce délit (1).

Il est, certes, difficile pour une loi de persécution d'être plus minutieuse : ainsi, l'enfant de tout catholique fidèle grandira dans l'ignorance.

Mais suivons le catholique dans toutes les phases de sa vie civile : son enfance est passée; le voilà devenu homme ; il est majeur. Quel sera le premier acte par lequel s'annoncera sa capacité civile? quel usage fera-t-il de cette liberté d'action que son âge lui donne, et que la loi lui reconnaît? quel but va-t-il poursuivre à ce moment de la vie où les passions cherchent si impatiemment une proie ?

En supposant que l'obscurité dans laquelle on a tenu son esprit n'ait pas éteint en lui les rayons de l'intelligence, tentera-t-il de suivre quelque carrière politique, civile ou militaire? Mais toutes ces carrières lui sont fermées; et l'on va voir, en y réfléchissant, qu'une fois le point de départ admis, il était impossible de lui en ouvrir l'accès.

Après avoir porté des lois sévères contre le catholique, appellerez-vous celui-ci dans le parlement, pour qu'il ait la puissance de les abolir? Assurément rien ne serait plus déraisonnable. Lui laissera-t-on son influence dans la ville ou dans le comté, qui nomment des représentants au parlement ; et permettra-t-on qu'en votant pour un député, il donne à celui-ci pour mandat d'abolir la constitution? Évidemment

---

(1) Judges, or 2 justices mays on *reasonable suspicion*, convene the parent, guardian, etc., etc. And require to produce the child in 2 months ; if not, nor cause for gaining further time... *Deemed* educated abroad. 2 Ann. ch. vi, § 2, vol. IV, p. 14. (1704.)

rien ne serait plus inconséquent. Il ne sera donc ni éligible,
ni électeur (1).

Mais, après lui avoir interdit toute influence politique sur
la confection des lois, ne doit-on pas avec la même sévérité
lui en défendre l'application ? Serait-il prudent de remettre
au catholique, sur lequel pèsent tant de lois, le soin de les
exécuter comme magistrat ? Pourrait-on compter sur l'o-
béissance du catholique, qui, occupant un grade dans l'armée, aurait à réprimer une émeute de *papistes rebelles ?*
non évidemment. Les fonctions publiques, qui toutes ont
pour objet médiat ou immédiat l'exécution de la loi, ne sauraient être confiées aux ennemis de cette loi. Tous les emplois de l'armée, de la marine, de la magistrature et de
l'administration, lui seront donc, en principe général, absolument interdits (2).

Mais, si l'accès des fonctions publiques lui est fermé, ne
pourra-t-il pas du moins aborder quelque profession libérale dans laquelle il lui sera permis de se distinguer ou de
s'enrichir ? Ici encore de graves difficultés se présentent. On
a déjà vu comment la carrière de l'instruction publique est
interdite au catholique, qui n'y peut faire un pas sans risquer d'attirer sur sa tête la peine de la déportation. Le barreau lui est également défendu ; et l'on comprend sans peine
les motifs de cette prohibition. Le lien qui unit le barreau à
la magistrature est intime : c'est l'avocat qui prépare les
arrêts du juge. Or, n'y aurait-il pas péril à laisser en possession d'une pareille influence celui qui s'en servirait peut-

(1) No person shall be a member of the house of peers, or of the house
of commons; unless he shall first take the oaths of allegiance and supremacy. (1692.) 3 Will. et Mary. V. Scully's penal Laws. p. 65.—No papist
to vote at elections of M. P. (member of parliament) without having
taken the oaths at sessions and producing certificates. 2 Ann (1703), ch. vi,
§ 24, vol. IV, p. 28.

(2) To exclude papists, all persons in office and under the crown, to take
and subscribe *oaths* and declaration and receive *sacrament.* 2 Ann. ch. vi,
§ 16. (1703.) C'est la fameuse loi du test.

être pour corrompre les sources de la justice? Le catholique ne pourra donc être ni avocat, ni avoué (1).

. La vie parlementaire, les fonctions publiques, les professions libérales lui étant interdites (2), que fera-t-il? Restent les professions industrielles.

Mais ici de nouveaux obstacles attendent le catholique irlandais. Essaiera-t-il l'industrie agricole? On se tromperait étrangement si l'on pense que le législateur ne verra aucun inconvénient à le laisser entrer librement dans cette carrière. L'occupation du sol, surtout dans une société encore tout imprégnée de féodalité, n'est point chose indifférente; cette possession implique la noblesse du possesseur; elle est l'image la plus réelle de la richesse, le signe le plus certain de la puissance. Comment donc permettre au catholique de devenir propriétaire foncier? On ne pourrait évidemment sans péril lui laisser cette faculté. En conséquence, une loi déclare les catholiques d'Irlande incapables d'acquérir des propriétés immobilières (3).

A la vérité cette loi ne les exclut pas du sol; en leur interdisant le pouvoir d'acheter des terres, elle leur permet expressément de prendre ces terres à ferme. C'est un droit qui sans doute n'est point exempt de quelques périls; car, si par cette industrie le catholique allait faire une grande fortune, n'acquerrait-il pas par sa richesse une dangereuse puissance? Cependant il y a impossibilité cette fois, d'admettre contre les catholiques d'Irlande ce motif d'exclusion, parce que les protestants de ce pays, ayant à peu près toute la propriété dans leurs mains, ont besoin de fermiers; or, qui prendraient-ils pour fermiers, si ce n'étaient les catholiques irlandais? En accordant à ceux-ci un droit qu'il y a

(1) Barrister, attorney, sollicitor, before application to be admitted, must *take oaths* in 2 Ann., ch. vi, and subscribe declaration. I. George 2, ch. xx

(2) La seule profession libérale qui ne fût pas interdite au catholique d'Irlande était celle de médecin.

(3) Purchase of lands by papists.... Void. 2 Ann., ch. vi, § 6. (1703.) Vol. IV, p. 17.

impossibilité de leur refuser, la loi met seulement tous ses
soins à diminuer le mal qu'elle ne saurait éviter. Elle règle
que le bail fait au profit d'un catholique ne pourra excéder
trente-un ans (1), terme considéré comme très-court en
Irlande, à une époque où la terre était dans un état presque
sauvage ; et, de peur que, durant ces trente-un ans, le fermier ne fasse trop de profits, elle établit que le fermage payé
par lui sera, pendant toute la durée du bail ; des deux tiers
au moins du produit de la terre ; elle veut aussi que, si ce
produit augmente, le fermage payé au propriétaire s'accroisse toujours en proportion ; de telle sorte qu'il ne reste,
dans tous les cas, au fermier qu'un tiers du revenu du sol (2) ;
et, pour que ces prescriptions soient fidèlement observées,
la loi donne une prime d'encouragement à quiconque dénoncera l'existence d'un bail plus profitable au fermier catholique qu'il ne doit légalement l'être ; elle autorise même le
dénonciateur à prendre le bail à son propre compte, et à s'en
approprier tous les bénéfices (3).

Renfermée dans de pareilles limites, l'industrie agricole
du catholique ne présentera, il est vrai, rien d'alarmant pour
la société protestante ; mais aussi il faut reconnaître qu'elle
ne pourra pas être pour le catholique irlandais l'objet d'un
intérêt réel.

Renonçant à la possession du sol, dont la propriété lui est
interdite, le catholique d'Irlande adoptera-t-il l'industrie
commerçante ou manufacturière ? Mais de nouvelles entraves vont, dès le premier pas, le gêner, sinon l'arrêter dans
cette carrière.

Et d'abord, il n'existe en Irlande que peu de commerce,
et l'industrie manufacturière y est presque nulle. L'on a vu
comment le commerce et l'industrie de l'Irlande furent im-

---

(1) Purchase of lands by papists, save 31 years, Void. id.
(2) Purchase of land by papists, save 31 years, *reserving* 2 *thirds* of
improved yearly value, void. 2 Ann., ch. vi, § 6. (1703.)
(3) Ibid. et 8 Ann., ch. iii.

molés à l'intérêt de l'Angleterre, au préjudice même des protestants irlandais.

D'ailleurs l'industrie et le commerce, qui, en principe, sont parfaitement libres, se trouvent, dans leur exercice, soumis à des règlements qui seront pour le catholique, sinon des empêchements absolus, du moins de très-grands obstacles.

Dans l'origine, le commerce et l'industrie furent, ainsi qu'on l'a vu plus haut, placés entre les mains de corporations municipales et marchandes, qui possédaient tout à la fois le privilége de gouverner la cité, et celui de réglementer l'industrie. Après la conquête, ces corporations, composées de commerçants anglais, exclurent de leur sein tous les Irlandais. C'est la loi invariable de tous les corps privilégiés d'être exclusifs ; s'ils n'étaient pas exclusifs, ils cesseraient d'être privilégiés. Les membres des corporations avaient alors, pour exclure, un intérêt de race et de négoce. Depuis la réformation religieuse, ces mêmes corporations municipales et commerçantes, ayant été toutes remises entre les mains des protestants, repoussent de leur sein non plus l'Irlandais, mais le catholique ; elles excluent à cause de la religion bien plus qu'en vue de la race ; et désormais le marchand privilégié a une cause pieuse pour conserver son privilége entier et absolu. Comment ne serait-il pas exclusif, quand son intérêt, son orgueil et sa passion religieuse lui commandent de l'être ?

Quelle sera donc, en Irlande, la situation du catholique qui entreprendra soit de s'y livrer au commerce, soit d'y établir une industrie ?

Il pourra sans doute, sauf quelques exceptions (1), choisir indistinctement la profession industrielle et commerciale qu'il lui plaira d'adopter : mais pour l'exercice de celle-ci

_____

(1) Je ne vois d'interdit au catholique que le métier d'armurier, celui de débitant de munitions de guerre et de garde-chasse, etc.— Papist not to be employed as *fowler* or keep fire-arms for protestant. 10 W. III, ch viii, § 4.— No papist shall keep for sale or otherwise warlike stores, blades, gunbarrels, etc. 20 liv. st. Penalty at a year's gaol. 13 G. II, ch. vi, § 13.

il sera dépendant d'une corporation qui, comme corps privilégié, lui est naturellement hostile, et qui, comme corps protestant, est son ennemi religieux. Le plus souvent cette corporation ne lui interdira pas absolument son entreprise (1); mais alors même qu'elle ne l'enchaînera pas tout à fait, elle le placera dans la condition la plus désavantageuse.

D'abord elle lui refusera toute participation à ses propres privilèges. Ainsi le corps de citoyens et de marchands dont elle se compose; ce corps qui gouverne la ville, qui possède presque toute la richesse, le pouvoir, le crédit, l'influence; qui remplit les emplois de la cité, nomme les officiers municipaux et fait tous les règlements relatifs au commerce; ce corps n'admettra jamais le catholique parmi ses membres exclusivement choisis parmi les protestants (2).

Tout protestant commerçant aura donc sur le catholique ce premier avantage d'être aidé dans son négoce par sa position municipale ; mais cet avantage de rang ne sera pas le seul.

C'est une des règles établies par les corporations municipales que quiconque se livre au commerce dans la cité est sujet à payer de certaines taxes, de certains droits, de certaines redevances occasionnelles, qui sont comme la condition de l'exercice des professions industrielles ; mais c'est aussi une autre règle établie par ces corporations que tout individu admis dans leur sein est, de droit, exempt du paiement de ces taxes. Que suit-il de là ? C'est que tout protestant, étant membre de la corporation ou du moins ayant la chance de le devenir, est ou libre de ses charges ou en droit de s'en affranchir quelque jour (3), tandis que le catholique y est

(1) Il y avait quelques corporations où l'on ne pouvait faire le commerce si l'on n'était pas *freeman*, c'est-à-dire membre du corps constituant, et nul ne pouvait être élu freeman s'il n'était protestant

(2) La loi fondamentale des corporations municipales, depuis la réformation, s'opposait à ce qu'elles admissent un catholique dans leur sein. V. *Rules and Regulations* sous Charles II.

(3) De là le mot de *freeman*, donné aux membres de la corporation ; c'est-à-dire libre des charges imposées à tous autres.

sujet présentement avec la certitude qu'il en portera éternellement le fardeau.

Voici donc dans quelle mesure le catholique peut entreprendre une industrie et se livrer au commerce : on lui ouvre,
il est vrai, la carrière, mais on lui attache aux pieds un fer
pesant dont on ne charge point ses concurrents.

Il n'y a qu'un seul métier qui pour le catholique irlandais
soit complètement libre : c'est celui de manœuvre ou journalier, et le motif de cette exception est facile à saisir. Il
s'agit ici d'une *industrie* qu'il importe aux protestants de
voir exercer par les catholiques, et pour laquelle ils n'ont
nulle envie de faire concurrence à ces derniers.

Cependant ici encore le catholique irlandais de condition
pauvre subit une tyrannie. Comme, dans ce cas, le travail du
catholique est principalement dans l'intérêt du protestant,
la loi veut non seulement que celui-ci puisse travailler, mais
encore elle lui en fait une obligation ; et elle porte que l'ouvrier qui refusera de travailler un jour de fête non reconnu
tel par le culte protestant sera puni d'une peine arbitraire (1).
Elle fait ainsi une double violence, premièrement à l'homme
qui a toujours le droit de donner ou de refuser son travail,
secondement au catholique à qui sa conscience défend de
travailler.

Maintenant sera-t-on fondé à redouter que le catholique
d'Irlande trouve dans l'industrie commerçante et manufacturière un moyen trop prompt de fortune et d'élévation ?
Apparemment cette crainte a troublé encore l'esprit du législateur, car, pour poser une limite à l'industrie déjà si en-
travée du catholique, une loi a établi qu'aucun catholique
ne pourra employer plus de deux apprentis (2).

(1) Holydays in the year limited to 33 (Besides sundays) enumerated ;
and refusing to work on other days punished.— 7 W. III, ch. xiv. Vol. iii,
p. 286. (1696.)

(2) Papists not to keep above 2 apprentices nor under 7 years.—8 Ann ,
ch. iii, § 37. (1710.)

Qui ne voit que ces gênes et ces restrictions rendent non pas difficile, mais impossible aux catholiques les professions industrielles et commerciales dont la liberté est l'âme?

Et en supposant que la carrière du commerce et de l'industrie, qui se trouve ainsi fermée au catholique, fût ouverte pour lui, aurait-il pour s'y engager un intérêt puissant? serait-il poussé à en supporter les fatigues et à en braver les traverses par les passions capables de soutenir son âme dans ses épreuves? Non.

Les travaux de l'industrie ont deux grands mobiles : le premier est le désir d'acquérir la propriété, le second est de la conserver et d'en jouir. Or, ces deux stimulants manquent au catholique irlandais.

On a déjà vu comment le catholique irlandais est déclaré par la loi incapable d'acheter des terres. Ainsi ce premier mobile de l'industrie, ce grand but de l'ambition parmi les classes laborieuses, et qui surtout en Angleterre, excite et satisfait tant de passions, la possession du sol ne peut agir en rien sur l'esprit du catholique.

Mais le sol, qui pour le marchand enrichi est l'asile de repos, est aussi le refuge le plus sûr pour les fruits de ses travaux. Le catholique irlandais, qui ne peut acquérir des terres, pourra-t-il du moins faire sur le sol un placement hypothécaire? Non; l'hypothèque engage le sol, et l'on a vu quels périls il y aurait à ce que la terre passât entre les mains du catholique. Celui-ci pourra donc gagner de l'argent en travaillant, s'il est assez habile pour remuer ses bras chargés d'entraves; mais cet argent, il n'en fera point l'usage que sa raison, ses besoins et ses passions lui indiqueraient naturellement.

Ne pouvant acheter aucun immeuble, pourra-t-il du moins acquérir toute sorte d'objets mobiliers?

Ici encore il y a nécessité de distinguer, car l'on ne pourrait, sans quelques inconvénients, accorder au catholique en cette matière une liberté absolue.

Laissera-t-on, par exemple, le catholique irlandais, enri-

chi par son travail, déployer un luxe injurieux pour les protestants, au-dessus desquels il se placera par sa fortune? Non
sans doute ; ce serait pour ceux-ci un sujet de trop d'abaissement, et pour tous les catholiques une occasion de trop
d'orgueil ; pour les premiers un signe dangereux de prospérité, pour les seconds un triste indice de déclin. Afin de
prévenir ce péril, la loi établit d'abord que nul catholique
ne pourra posséder des chevaux valant plus de 5 livres sterling (1). Par cette disposition elle enlève au catholique un
moyen d'élévation sociale ; car, surtout dans un pays anglais,
la possession de chevaux élégants annonce plus peut-être
qu'aucune autre chose que le possesseur appartient à la
classe supérieure de la société.

Mais comment cette loi sera-t-elle exécutée? Le moyen
employé est dur, mais il est tout-puissant. La loi autorise
tout protestant à saisir sur le catholique le plus magnifique
cheval, en lui en donnant 5 livres sterling ; de sorte que,
si le catholique riche se hasarde à se montrer en public avec
un brillant équipage traîné par les quatre plus beaux chevaux de l'Angleterre, le premier protestant venu peut l'arrêter et, en lui remettant dans la main 20 livres sterling
(500 fr.), prendre et confisquer à son profit les quatre chevaux qui en valent peut-être 1,000 (25,000 fr.).

Du reste ce n'est pas le fait de paraître én public avec ce
train splendide qui excite les rigueurs de la loi. C'est le
fait de la possession qui constitue le délit. On prend au catholique ses chevaux quand il les montre, et s'il les cache
on le punit (2).

La loi fait pourtant ici une exception que la logique rendait nécessaire. Les protestants veulent naturellement que
le catholique ne puisse pas se servir de chevaux de luxe dont
la possession implique une condition supérieure. Ils sont

(1) For seizing papists horses of 5 pounds value and penalty.— 7 W. III
ch. v, §§ 10 et 11. (1696.)

(2) Penalty for concealing them, *Ibid*.

cependant intéressé à ce qu'il existe en Irlande des chevaux
de belle race. En même temps donc qu'on défend au catholique de se servir de chevaux précieux, on lui permet d'en
élever, et tant que ces chevaux n'ont pas atteint l'âge de cinq
ans, c'est-à-dire celui auquel on peut en faire usage, leur
possession ne constitue pas un délit (1). On permet au catholique d'élever des chevaux, dont la propriété définitive
lui est interdite, comme on l'autorise à affermer les terres
qu'on lui défend d'acquérir.

Maintenant le catholique qui ne peut jouir comme il lui
plaît des richesses créées par son industrie, est-il au moins
sûr de les conserver? Non : car il n'y a pour la propriété de
sûreté que par les lois, et en Irlande le catholique est, à vrai
dire, placé en dehors des lois. Quelle est pour tous les citoyens la garantie que leur propriété ne sera point, sous le
nom d'impôt ou à tout autre titre, confisquée par l'État?
C'est qu'ils nomment des représentants auxquels ils donnent
le mandat de discuter l'impôt, de le consentir ou de le refuser. Cette garantie, le catholique, exclu de tous droits
politiques, ne saurait la posséder. Les législateurs devant
être tous protestants, élus par des électeurs protestants, on
ne s'étonnera pas si des lois sont rendues par lesquelles la
propriété des catholiques est à chaque instant mise en péril.
Le pays est-il agité, et y a-t-il lieu d'organiser promptement
la milice? la loi indique un expédient fort simple : elle déclare sujets à saisie les chevaux de tout catholique, sans distinguer ici ceux qui dépassent telle ou telle valeur (2).
Cette prescription n'est-elle pas juste? Ce sont les catholiques qui, par leurs hostilités contre le gouvernement établi,
amènent des troubles et font naître la nécessité d'une soudaine répression : dès lors ne convient-il pas qu'ils paient au

---

(1) Papists may notwithstanding. (7 W. III, ch. v.) Keep stud-mares and
stallions, or their breed under 5 years..... 8 Ann. (1710), ch. iii, §§ 34,
35 et 36.

(2) Their horses (papists), seizable for militia. 2 Georg. Ier, c. ix, § 4, 11,
12, 16, et 18.

moins les frais d'équipement de la force armée qu'on est
obligé de mettre sur pied? — C'est ainsi que l'on est amené
à décider que l'entretien de la milice, toutes les fois qu'elle
sera mise en réquisition, se paiera au moyen de contributions
levées sur les catholiques (1). On va plus loin encore dans
cette voie: des crimes violents, des vols, des dévastations se
commettent dans le pays; ce ne peuvent être que des *papistes* qui commettent ces attentats, et comme les coupables
sont le plus souvent inconnus ou insolvables, il importe
d'offrir aux victimes de ces violences une réparation qui ne
pèse pas sur les protestants. En conséquence, la loi déclare
qu'en pareil cas une indemnité sera donné aux intéressés par
le moyen d'une taxe levée sur les catholiques du comté (2).

Ainsi la propriété du catholique sera sans cesse chargée
des taxes les plus iniques et les plus arbitraires. Il sera imposé, pour les besoins de l'État, par un parlement protestant; pour les besoins du comté, par un conseil protestant
(le grand jury); pour les besoins de la paroisse, par une
assemblée protestante (le vestry); pour les besoins de la
ville, par un corps protestant (la corporation). De quelle
sécurité pourra-t-il jouir au milieu de tant d'atteintes et de
menaces?

Et en supposant qu'elle ne soit point attaquée par les
lois, la propriété des catholiques sera-t-elle protégée par
les magistrats qui les appliquent? Il est bien difficile de le
penser, lorsque l'on considère que le catholique qui paraît en
justice soit pour intenter une action, soit pour se défendre,
est obligé d'employer un avoué protestant, de se servir d'un
avocat protestant, de plaider devant un juge protestant et
devant un jury protestant. Il peut, sans doute, espérer quelque justice, lorsque son adversaire est un catholique comme

(1) 20 shillings per day for refreshment of each troop of militia while
drawn out, leviable by presentment *on papists* of the county. 6 George Ier,
c. III, § 4.

(2) Presentment on popish inhabitants of the county, to reimburse rob-
beries, by privateers etc. 9 George II, ch. vi, § 5.

lui : mais quelle chance de succès aura-t-il si son antago_
niste est un·protestant?

Quel sera donc, pour le catholique engagé dans les péni_
bles travaux du commerce et de l'industrie , l'aiguillon qui
le poussera sans cesse et entretiendra son ardeur? Ce qu'il
y a de stable dans la propriété lui est interdit : on lui dé_
fend de même ce qui dans la propriété séduit par l'éclat et
l'élégance; il n'aura, quels que soient ses efforts, ni la chance
de se créer une fortune solide , ni une fortune brillante. S'il
acquiert des richesses , ce sera à la condition de n'en pou_
voir jouir à son gré. Tout lui sera obstacle pour grandir , et
s'il s'élève, ce sera pour être sujet aux abaissements les plus
humiliants ; et non-seulement il n'usera point librement de
sa propriété , mais encore celle-ci. sera sans cesse caduque
entre ses mains , tantôt menacée par la loi, tantôt mal dé_
fendue par le juge. Et la loi ne se borne pas à l'empêcher de
s'enrichir , elle travaille encore à le dépouiller de ce qu'il
possède.

C'est ainsi qu'elle établit que les règles prescrites en gé_
néral pour la conservation des propriétés , dans les familles
protestantes , n'existeront point les mêmes en faveur des
catholiques. Ainsi, comme c'était et comme c'est encore
aujourd'hui en Angleterre un axiôme politique, que le par_
tage égal des successions sape dans sa base la propriété fon_
cière , et que le droit de primogéniture peut seul la conser_
ver , on décida que les successions des catholiques se
partageraient également (1). Singulier égarement de la per_
sécution! on soumet les catholiques d'Irlande à une loi juste,
dans l'idée qu'on pratique envers eux une injustice. Cette
loi doit cependant atteindre le but de ses auteurs ; car elle
fractionnera à l'infini le peu de terres restant en possession
des catholiques , pour lesquels le sol trop divisé ne suffira
plus, et qui, à raison de leur condition sociale, n'auront aucun
autre moyen d'existence.

(1) Inheritance of papist shall descend in Gavil-Kind. — 2 Anne, ch. vi ,
§ 10. (1703.)

Ainsi, obstacle d'une part à ce que le catholique acquière et s'enrichisse ; de l'autre, certitude que celui qui possède une propriété la perdra dans un temps donné.

Ce n'est point dans de pareilles conditions que l'homme peut se montrer actif, entreprenant, constant dans ses efforts, ferme dans ses épreuves, et qu'avec les qualités nécessaires au commerce et au travail, il en possède les passions.

Le catholique d'Irlande ne sera donc pas plus propre aux professions industrielles qu'aux professions libérales et aux fonctions publiques. Que fera-t-il donc ?

Les intérêts de richesses, de propriété, d'industrie, étant écartés comme les intérêts politiques, reste la vie de famille, le foyer domestique, la vie privée. Cette vie simple, exempte d'ambition et d'accidents, ne pourra-t-elle pas être douce encore pour le catholique irlandais. S'il possède quelque fortune, n'aura-t-il pas, en s'abritant sous le toit paternel, quelque chance d'échapper aux tempêtes ? S'il est pauvre, qui viendra le troubler dans sa cabane ?

Mais la vie de famille elle-même n'est ni si simple, ni si facile pour le catholique d'Irlande. Et d'abord, s'il veut prendre une compagne, il ne sera pas toujours libre de la choisir selon son cœur. Cette faculté illimitée aurait des inconvénients graves ; si celle qu'il préfère est protestante, il ne pourra s'unir à elle : telle est la prescription formelle de la loi (1). Ne voit-on pas en effet tous les périls qu'entraînerait cette union ? ne serait-il pas à craindre que les enfants nés du mariage ne fussent élevés dans la foi catholique ? Et d'ailleurs ne faut-il pas éviter que le catholique pauvre et destiné à demeurer tel s'enrichisse en épousant la fille du protestant auquel il convient de conserver le monopole de la fortune ?

Cette loi qui contrarie la première loi de la nature est

---

(1) Penalties to prevent protestants marrying with papists. — 9 W. III, c. III. (1698.)

protégée par les plus terribles sanctions. La peine de mort est portée contre le prêtre qui célébrerait le mariage d'un catholique et d'un protestant ; et afin qu'en cas d'infraction à cette règle le prêtre ne puisse invoquer aucune excuse , la loi établit qu'en cas de mariage d'un protestant avec un catholique , le prêtre qui l'aura célébré *sera présumé* savoir quelle était la religion des deux époux, et sujet à condamnation , à moins qu'il ne prouve qu'il l'ignorait (1) ; étrange loi qui dispense l'accusateur du soin de prouver le crime, et met à la charge de l'accusé la preuve de son innocence !

Supposons pourtant que le catholique irlandais ne soit point contrarié dans ses penchants. Il a pris dans une condition modeste comme la sienne une compagne catholique comme lui ; les fruits de cette union croissent sous ses yeux ; il est pauvre, mais il a des proches, des amis qui sont riches ; ne pourra-t-il pas trouver dans la sympathie de ceux-ci quelques chances de fortune à venir ? Non : ces amis, ces proches riches sont protestants , et ils n'ont pas même, d'après la loi, le pouvoir de lui donner, pendant leur vie , ou de lui laisser, après leur mort, les propriétés qui leur appartiennent. Un catholique ne saurait hériter d'un protestant, ni recevoir de celui-ci une donation entre-vifs (2).

Ainsi va toujours en se rétrécissant le cercle tracé par les lois pénales autour des catholiques, et cette persécution ne s'arrête pas sur le seuil du foyer domestique. Dans l'instant où , dompté par une destinée qu'il juge inflexible, le pauvre irlandais se résigne à tout, rapetisse le plus qu'il peut l'espace où il vit, pour que l'oppression y trouve moins de place ; met toute son existence dans sa femme , dans ses enfants, à l'infortune desquels il se soumet aussi ; alors qu'il ne nourrit plus dans ses vieux jours et dans son

---

(1) Priest marriyng protestants presumed knowingly unless minister's certificate that they were not. 8 Anne, c. iii, § 26.

(2) Papist to take no benefit by descent, devise, *gift*, remainder, or trust, of lands whereof any protestant seized in fee or tail. 2 Anne, c. vi , § 7.

humble retraite d'autre ambition, sinon de transmettre à ses
petits neveux la foi de ses pères, et de mourir lui-même
dans le culte de ses aïeux; dans cet instant suprême de re-
noncement à toutes choses, il est encore menacé de plus
d'un péril, et de quelques terribles disgrâces.

Sentant sa dernière heure approcher, il jette un regard
douloureux sur ses enfants, dont l'âge est encore tendre; il
se demande avéc anxiété qui protégera leur faiblesse quand
il ne sera plus. Ils auront encore leur mère : mais une loi
dure s'oppose à ce qu'elle soit la tutrice de leur jeune âge ;
cette loi interdit à tout catholique d'être le tuteur de ses
propres enfants (1) ; mais du moins il pourra désigner,
parmi les catholiques, quelqu'un qui soit pour ses enfants
un second père, et succède à sa tendresse envers eux? Non.
La loi lui interdit cette faculté : il ne peut choisir pour cet
objet qu'un protestant, et s'il indique un catholique, son
choix étant nul, la tutelle est, de droit, déférée au chancelier
d'Irlande, auquel il appartient de nommer un tuteur protestant pour tout mineur catholique (2). Ainsi le pauvre
catholique, à la veille de quitter cette terre, n'y peut laisser
des enfants en bas âge, sans emporter au tombeau la triste
pensée que leur jeunesse sera environnée d'embûches, et
leur conscience religieuse livrée à tous les efforts de la corruption.

Mais si le catholique irlandais n'est point, au déclin de ses
jours, menacé d'un pareil malheur, une plus grande infortune lui est peut-être réservée. La loi ne perd pas de vue
un seul instant le but qu'elle poursuit, qui est d'amener au
protestantisme les partisans de l'Église catholique. Or, pour
atteindre ce saint but, tous les moyens ne doivent-ils pas
être mis en usage? Ne faut-il pas que la loi qui frappe le
catholique à cause de son culte lui devienne douce et bien-

---

(1) No papist to be guardian. Penalty on papist taking guardianship,
500 l. st. 2 Anne, ch. vi, § 4 (1703).

(2) Chancery may dispose custody to near protestant relation; and if not
fit, to other protestant. 2 Anne, ch. vi, § 4.

faisante, s'il quitte sa religion? Ne faut-il pas encourager par quelques faveurs les conversions à l'église protestante? Si, par exemple, dans le nombre des enfants du catholique l'un se fait protestant, tandis que les autres s'obstinent dans le papisme, la loi civile traitera-t-elle de même l'enfant qui adopte le culte légal, et ceux qui demeurent attachés à la religion proscrite? L'enfant qui, en se faisant protestant, comble le vœu de la loi, perd par ce même acte, l'affection paternelle; quand le père va abandonner le fils, la loi ne doit-elle pas venir au secours de celui-ci? Sans doute. La loi décrète donc qu'en pareil cas le fils du catholique qui se sera fait protestant, aura droit, sur la fortune de ses père et mère, à une dot dont la quotité sera fixée par le chancelier d'Irlande (1); et si ce fils catholique qui se fait protestant, est l'aîné de la famille, il obtiendra une protection encore plus étendue; d'abord, comme aîné, et suivant les principes du droit commun, il aura la totalité de l'héritage paternel, et pour que le testament du père irrité ne vienne pas contredire la loi, il est établi que dans ce cas la loi sera supérieure à toute manifestation d'une volonté contraire (2).

Ainsi le père de famille n'aura vieilli que pour voir l'un de ses fils apostat, et les enfants qu'il chérit dépouillés par celui qu'il ne peut plus aimer! Mais qui l'empêchera de disposer, de son vivant, de tout ce qu'il possède, de donner tout à ceux qu'il aime au préjudice de celui qu'il maudit, et d'anéantir même sa fortune, ne fût-ce que pour la disputer au renégat? La loi a prévu ces mouvements et ces passions, et elle y a porté remède. Elle déclare que du jour même où le fils aîné se fait protestant, il est par cela même saisi de la propriété de ses père et mère. Cette propriété devient la

(1) On bill in chancery by protestant child against popish parent, suitable maintenance ordered. 2 Anne, c. vi, § 3. (1703.)

(2) From inrolment in chancery of bishop's certificate of eldest son's conformity, popish parent *made tenant for life*, reversion in fee to the son; maintenances and portions of children (protestant or papist) not exceeding one third. 2 Anne, ch. vi, § 3.)

sienne. Ses parents en conservent encore l'usufruit ; mais elle est inaliénable entre leurs mains, il en est désormais le véritable et l'unique propriétaire : son père et sa mère ne sont plus que ses fermiers (1) ; loi terrible , incessamment suspendue comme un fer menaçant sur la tête du père de famille, qui chaque jour tremble d'apprendre quelque séduction fatale, et qui, même à cette heure suprême où il bénit ses enfants assemblés autour de son lit de mort, risque de rencontrer un front apostat qui appelle ses malédictions !

Cette loi, dit un historien protestant , était rigoureuse , mais pourtant nécessaire (2). La nécessité est décidément le mot de toutes les tyrannies.

On a voulu instituer un régime de persécutions qui tînt le peuple d'Irlande dans l'abaissement et dans la misère sans le pousser à la révolte. Si cependant ces blessures de tous les instants, faites par les lois pénales , finissaient par irriter les catholiques jusqu'au point de les conduire à l'insurrection ! Cette crainte était naturelle : pour combattre le péril, on dépouille de leurs armes tous les catholiques d'Irlande (3).

Tel est le régime de rigueurs légales auxquelles ont été soumis pendant près d'un siècle les catholiques irlandais.

Caractère particulier des lois pénales.

Plus on étudie cet ensemble de lois, et plus on voit clairement que la pensée constante du législateur est d'atteindre le catholique par un double intérêt : l'intérêt qu'il voit à

---

(1) V. *ibid.*

(2) This law, though lamentably rigorous was yet, if religious coercions are to be allowed, lamentably *necessary*... (History of Ireland, J. Gordon. II° vol., ch. 35.)

(3) Papists notwithstanding any licence heretofore, shall deliver up arms to magistrates. 7 W^am III, c. v.

Refusing to deliver, on demand or search, and also to declare what arms etc. They or any with their privity have, etc. Fine and gaol, or pillory, or whipping at court's discretion. — 15-16 George III, ch. xxi, § 17.

ne plus être catholique , l'intérêt à devenir protestant. La persécution est toujours armée de deux tranchants, la crainte et l'espérance, la menace et les promesses. Si elle ne touche pas par la terreur des peines, elle séduira peut-être par l'appât des récompenses.

Ce qui aussi forme le caractère particulier de ces lois de persécution, c'est que, quoique toutes politiques dans leurs conséquences, elles ne cessent jamais d'avoir un principe exclusivement religieux.

Ainsi, c'est uniquement parce qu'ils sont catholiques que les Irlandais sont exclus du parlement, des corporations, des fonctions électorales et des emplois publics. Qu'ils cessent d'être catholiques, qu'ils abjurent leur religion pour se faire protestants, et l'exclusion cessera. La loi ne dit pas en termes généraux : Tous catholiques irlandais seront incapables d'entrer au parlement. Voici comment elle s'exprime :

« Nul ne pourra voter et siéger soit dans la chambre des
« pairs, soit dans celle des communes d'Irlande, s'il n'a d'a-
« bord prêté les serments d'allégeance et de suprématie, et
« souscrit une déclaration contre la transubstantiation, contre
« le sacrifice de la messe, contre l'idolâtrie de l'Église de
« Rome, contre l'invocation de la vierge Marie ou des
« saints, etc. (1). »

La plupart des autres lois politiques sont conçues dans les mêmes termes ; le même esprit domine dans les lois civiles : le catholique exclu de la propriété , incapable d'acheter des terres, d'en hériter soit par succession, donation ou testament, devient immédiatement capable d'acquérir s'il se fait protestant.

On voit que ces lois sont construites de manière à frapper obliquement; leurs coups sont indirects, et c'est là ce qui les rend plus dangereuses et plus perfides. Elles ne disent pas : il est défendu à tous catholiques de pratiquer leur culte ; mais elles bannissent le prêtre, sans lequel le culte

---

(1) Acte du parlement anglais de 1692. — Scully's penal laws. p. 64.

ne saurait être célébré. Elles ne disent pas : Nul catholique ne jouira des bienfaits de l'instruction et de l'éducation; mais elles portent une peine sévère contre tout catholique qui exercera la profession d'instituteur.

Il y a plus : si on ne considère que leur disposition apparente, on les voit pleines de sollicitude pour l'éducation des catholiques; des écoles sont fondées dans le but apparent de donner aux classes pauvres, c'est-à-dire aux catholiques, l'instruction dont elles manquent (1) ; mais ces écoles sont protestantes : or, les catholiques ne veulent point et ne peuvent vouloir une éducation protestante pour leurs enfants.

Il suit de là que les catholiques n'ont ni culte religieux ni instruction morale, quoique aucune loi ne leur défende de prier Dieu selon leur religion, et malgré qu'il y ait des écoles destinées à les instruire.

Il n'y a aucune différence réelle entre la persécution directe et celle qui atteint indirectement; mais la première, plus ouverte et plus franche, a moins de chances d'être supportée, parce qu'elle est comprise de tous, tandis que la seconde, n'étant pas avouée, échappe à cette multitude considérable en tous pays, qui ne voit que ce qu'on lui montre et ne comprend que ce qu'on lui dit.

Autre caractère des lois pénales.

On a vu comment toutes ces lois s'enchaînent les unes les autres, et forment un parfait ensemble; on se tromperait cependant si on les considérait comme le résultat d'un système rationnel, conçu, délibéré et décrété tout à la fois. Non: ces lois sont venues pièce à pièce, l'une après l'autre, sans ordre, sans méthode, sans liaison visible. Quelques-unes pèchent même ouvertement contre la logique : telle est celle qui interdit aux catholiques l'entrée au parlement (2),

(1) Charter Schools, fondées en 1747.
(2) 1691.

et les laisse cependant en possession du droit électoral,
c'est-à-dire qu'elle leur dispute le but, en leur laissant les
moyens. Cette anomalie dura jusqu'en 1727, époque à laquelle les catholiques furent dépouillés en masse du droit de
voter aux élections.

Du reste, cette même loi qui établissait de l'uniformité
sur un point présentait elle-même une dissemblance remarquable avec toutes les autres. Ainsi les lois antérieures
n'excluaient qu'indirectement les catholiques du parlement
et des emplois ; elles leur reconnaissaient même toute sorte
de droits, pourvu qu'ils fissent acte de protestantisme : dans
cette dernière loi, au contraire, l'exclusion est directe et
exempte de détours ; la loi dit, en termes exprès, que nul
papiste ne sera admis à exercer ses droits électoraux. Dans
le premier cas, on met à l'exercice des droits une condition
que l'on sait moralement impossible ; dans le second,
on porte contre les catholiques une prohibition expresse et
absolue.

Si l'on me demandait la cause de ces formes si diverses
dans des lois qui d'ailleurs tendent si constamment et si
uniformément vers un même but, je dirais que la forme
irrationnelle tient au génie anglais, qui procède toujours par
précédents au lieu de principes, par des faits au lieu de
théories ; et que la logique du fond appartient aux passions
dont les législateurs étaient alors animés. Je ne sais si l'on
pourrait trouver dans les annales de la législation anglaise,
une série d'actes qui, dans leur esprit, présentent autant
d'harmonie, en même temps qu'ils ne paraissent unis entre
eux par aucune chaîne apparente. Le législateur anglais,
persécutant les catholiques, ne proclamait point de principes de persécution, parce qu'il n'en décrète jamais d'aucune sorte ; il n'organisait point de système général sur des
règles solennellement établies, parce que ce n'est point sa
manière de procéder ainsi. Mais il était animé contre les
catholiques d'une haine violente, d'autant plus solide qu'elle
était appuyée sur des intérêts ; infatigable à le conseiller,

parce qu'elle était toujours écoutée avec faveur ; inégale dans ses mouvements, mais toujours agissante ; et cette haine, qui régnait despotiquement sur son âme, n'a pas cessé durant soixante années d'inspirer toutes ses actions.

Il y a dans les œuvres d'une longue passion, une logique d'instinct qui se retrouverait difficilement dans les combinaisons les plus régulières de la raison et du génie.

La persécution légale ne se renferme point dans la loi.

Ce serait une grande erreur de croire que les persécutions dont les catholiques étaient l'objet se bornaient à celles qui étaient prescrites ou autorisées par les lois.

On est enclin à penser que le catholique qui, en vertu de ces lois, est banni de la société politique, éloigné des professions civiles, privé même de la plupart de ses droits de famille, souffre assez de ces exclusions légales pour qu'on n'ait pas l'idée de chercher en dehors des lois un moyen d'aggraver son sort ; et l'on croit naturellement que, frappé de tant d'interdictions, il aura du moins la pleine et libre jouissance du petit nombre de droits dont on ne l'a pas dépouillé. Ces droits sont de jouir avec sécurité du peu qui lui appartient ; de ne pouvoir être attaqué, dans ses biens et dans sa personne, si ce n'est conformément aux lois ; d'avoir le libre accès de la justice pour se plaindre et se défendre, de trouver un tribunal équitable, un juge indépendant et un jury impartial, etc.

Cependant qui ne verra, en y réfléchissant un peu, que le catholique d'Irlande était trop écrasé par toutes les lois de persécution, pour respirer librement le peu d'air que ces lois voulaient lui laisser ? A défaut de lois tyranniques, l'opinion publique l'opprimait encore.

En 1771, le vice-roi d'Irlande était sur le point de faire grâce à un catholique injustement condamné, mais voyant à quel point cet acte de clémence ou plutôt de justice serait impopulaire : « Je vois, dit-il, qu'on veut absolument sa

« mort ; qu'il meure donc tout de suite, » et l'ordre de son exécution fut expédié (1).

Et comment les protestants, exécuteurs quotidiens de lois iniques contre les catholiques, se seraient-ils tenus rigou-reusement à l'injustice légale, et ne l'eussent-ils pas dépassée envers ceux qu'ils persécutaient par conscience, et qui étaient eux-mêmes trop affaiblis et trop abattus par l'op-pression permise, pour résister à la tyrannie usurpée ?

On peut dire avec certitude que toute constitution poli-tique, qui, en conférant un pouvoir exorbitant aux gouver-nants, ne donne pas aux gouvernés des moyens de résis-tance analogues, organise une tyrannie qui, outre sa mesure légale et fixe, a une portée extra-légale, qu'il est impossible de déterminer.

Aucune loi sans doute ne conférait aux grands proprié-taires d'Irlande le droit de posséder dans leurs châteaux des prisons, et d'y renfermer, sous leur bon plaisir, les gens de la classe inférieure ; nulle loi ne leur attribuait le pouvoir de mener à coups de fouet et à coups de bâton leurs domes-tiques ou leurs ouvriers. Il est cependant constant que de pareils abus d'autorité étaient familiers à l'aristocratie d'Ir-lande (2).

En 1718, on représenta sur le Théâtre-Royal de Dublin, une comédie intitulée le *Non juror* (le récusant papiste), et dont le prologue contient les quatre vers suivants :

« Ne craignez rien ce soir, torys et whigs, et n'espérez
« pas de rire aux dépens les uns des autres ;

___

(1) Plowden, I, 414.

(2) It has not been unusual for *great landed proprietors* to have regular prisons in their houses for the summary punishment of the lower orders. Indictments preferred against gentlemen for similar exercise of power *beyond law* are always thrown out by the grand juries. To horsewhip or beat a servant or labourer is a frequent mode of correction. — V. Inquiry into the causes of popular discontents in Ireland by an Irish country gent-leman, p. 29. — V. G. Lewis Frish Disturbances, p. 53.

« Nous comptons jouer le *Vieux Satan* et *le Pape*, qui n'ont
« sans doute ici ni parents ni amis (1). »

Nulle loi sans doute n'interdisait aux Irlandais les plaisirs
du théâtre, mais c'était un droit dont ils ne pouvaient
alors' user sans se voir, eux et leur religion, livrés à la risée
publique.

Abandonner quelques droits à ceux qu'on a privés de leurs
droits essentiels, c'est un semblant d'indulgence qui n'a
point de valeur ; le défaut des uns rend les autres nuls, et
le pouvoir est trop fort par tout ce qu'il a pris, pour ne pas
rendre illusoire, quand il le veut, ce qu'il a laissé.

Tous les rapports des hommes entre eux ne sont pas
d'ailleurs écrits dans les lois : ce qui est de sympathie
échappe à la règle. Et comment s'étonner si le propriétaire
protestant est un maître impitoyable et dur envers ses fermiers catholiques ? S'il abuse, qui l'arrêtera dans ses excès ?
S'il exige au-delà de ce qui lui est dû, qui le modérera dans
ses exactions ?

Il faut donc pour juger la condition des catholiques d'Irlande, tenir compte, non-seulement des peines infligées
par le juge, mais encore de toutes les injures auxquelles est
sujet, par ses mœurs, le faible en contact avec l'arbitraire
du plus fort. Celui qui douterait que tel ait été le cours des
choses en Irlande, n'a qu'à lire ce qu'en dit Arthur Young,
qui parcourait l'Irlande en 1778, et qui, quoique Anglais et
protestant, jugea ce pays avec une impartialité peu commune chez ses compatriotes :

« En Irlande, dit-il, le propriétaire d'un domaine occupé
par des tenanciers catholiques est une espèce de despote,
qui, dans tous ses rapports avec eux, ne reconnaît d'autre
règle que celle de son bon plaisir... Il ne saurait guère imaginer, d'ordre, que son domestique ou les cultivateurs dans

(1) To night ye whigs and tories, both be safe, nor hope, at one another's
cost to laugh ; — We mean to souse old satan and the pope ; — They 've no
relations here, nor friends we hope... — (Miscellaneous tracts. Vol. XXIX,
Irish office.)

sa dépendance osassent ne pas exécuter. Rien ne le satisfait qu'une soumission sans limites. Il peut, avec la plus parfaite sécurité, punir de la canne ou du fouet toute insulte et tout manque de respect envers sa personne. Le pauvre malheureux qui ferait signe de vouloir se défendre serait sur-le-champ terrassé et broyé de coups. Assommer un homme est chose dont on parle en Irlande d'une manière qui confond toutes les idées d'un Anglais. Des gens considérables du pays m'ont assuré que beaucoup de leurs ténanciers se croiraient fort honorés si leur maître daignait recevoir dans son lit leurs femmes et leurs filles : signe certain de la corruption d'une longue servitude. Bien plus; j'ai ouï parler de personnes à qui on a ôté la vie, sans avoir à craindre l'examen d'un jury. Qu'on ne croie pas que de pareils faits soient fréquents : jadis on en voyait tous les jours de semblables, mais la loi reprend quelque empire. Il n'est pas de voyageur si indifférent qui, passant sur les routes d'Irlande, n'ait vu parfois les valets d'un gentleman pousser violemment dans le fossé toute une file de charrettes appartenant à de pauvres paysans, pour faire place au carrosse de leur maître; peu importe que les voitures versent ou se brisent, le mal est souffert en silence; si les victimes élevaient la voix pour se plaindre, on leur répondrait par quelques coups de fouet..... Si un pauvre s'adressait aux magistrats pour avoir justice contre un gentleman, sa plainte serait regardée comme une sorte d'outrage envers celui-ci, qui serait bien vite mis hors de cause. La vérité est que tout pauvre qui a une querelle avec un riche devrait — Je m'arrête, car j'allais dire une absurdité. Ce pauvre sait trop bien sa condition pour penser à demander justice; il n'y a qu'un seul cas où il puisse l'obtenir : c'est quand un riche prend fait et cause pour lui contre un autre riche ; alors son patron le protége comme il défendrait le mouton dont il compte faire son repas (1) »

Dans tous ces actes d'oppression rapportés par Young, il

(1) Arthur Young, I, 81.— G. Lewis Irish disturbances.

n'y en a pas un seul qui soit légal, et qui cependant ne soit une conséquence naturelle des lois.

Quelle cause ont eue les persécutions quand la passion religieuse a cessé de les inspirer.

On a vu les persécutions en Irlande découler de deux causes principales : de la passion religieuse et de l'intérêt.

Pendant longtemps ces deux influences sont tellement mêlées l'une à l'autre, qu'elles se confondent, et qu'on ne saurait distinguer l'action particulière de chacune d'elles; on ne sait, quand une violence est exercée contre les catholiques, si c'est un intérêt général qui la prescrit, ou si elle est commandée par la voix secrète de quelque intérêt privé. Un prêtre catholique se montre-t-il en Irlande avec les insignes de son ordre, on crie : A bas le papisme (No popery)!

Une voix indépendante s'élève-t-elle pour réclamer en faveur des catholiques le droit d'acquérir des propriétés, on crie de même : *No popery!* point de papisme (1) ! Ces deux clameurs sont les mêmes; cependant procèdent-elles de la même cause?

Vers le milieu du dix-huitième siècle, on ne pouvait plus guère, en Angleterre, craindre l'Irlande comme auxiliaire du parti des Stuarts; le Prétendant avait échoué à Culloden en 1746, et l'on avait pu se convaincre en cette circonstance que le parti jacobite était mort en Irlande, où précédemment, en 1715, l'insurrection écossaise en faveur d'Édouard V n'avait pas excité le plus léger mouvement.

D'un autre côté, le catholicisme avait, à l'aide du temps, réformé ceux de ses principes qui servaient le plus de texte aux attaques dont il était l'objet; l'église catholique n'enten-

(1) Quand on demandait dans l'intérêt du pays et des pauvres habitants, que les immenses marais qui couvrent l'Irlande fussent desséchés et qu'on tentât de les livrer à la culture, le parti protestant s'y opposait sur le prétexte que ce serait un encouragement au papisme. (V. Plowden. I. 446)

dait plus la soumission au pape dans le sens qui jadis y était attaché ; désormais on savait que le papiste d'Irlande le plus fervent ne regardait point le pape comme son souverain temporel, et ne lui reconnaissait ni le droit d'excommunier les rois, ni celui de délier ses sujets du serment d'allégeance.

Ces circonstances nouvelles avaient déjà suffi pour modérer beaucoup les passions protestantes ; mais ce qui à la longue avait fini aussi par les attiédir, c'était la stérilité complète des persécutions. Il avait fallu bien des tentatives vaines, pour que l'on crût à l'impuissance ; mais enfin, après plus de soixante années d'efforts inutiles, on n'avait point avancé d'un pas : c'était une triste vérité qu'il fallait bien reconnaître.

Alors on peut dire véritablement que le feu des passions religieuses, qui jusqu'à ce jour avait nourri la persécution, s'éteignit ; les passions s'évanouissant de la scène, les intérêts y restèrent seuls : ce fut un triste spectacle.

Quand les catholiques d'Irlande, voyant qu'on ne les troublait point dans leur culte, essayaient de revendiquer une liberté civile, un droit politique, la passion, il est vrai, se taisait ; mais, imitant la voix de la passion, l'intérêt poussait le cri que celle-ci avait jadis coutume de faire entendre : *No popery!* point de papisme! et il y avait dans la multitude bien des gens qui ne savaient pas si cette clameur ne venait pas d'une bonne conscience.

En 1761, les pauvres cultivateurs du sud s'étant révoltés contre les propriétaires dont la cupidité insatiable les réduisait à la dernière misère, la chambre des communes déclara que c'était une insurrection *papiste* (1).

A partir de ce moment, l'Irlande est soumise à une autre sorte de tyrannie, celle de l'intérêt isolé, régnant désormais sans le concours des passions, à l'ombre desquelles il se cachait, et qui, en se séparant de lui, le laissent à découvert dans une nudité cynique.

(1) Plowden, I, 355-416.

Lesquelles, parmi ces lois pénales, ont été exécutées; lesquelles
ne l'ont pas été.

Il s'est rencontré des gens qui nient les persécutions protestantes contre l'Irlande catholique, parce que leur rigueur
s'adoucissait par intervalles. Il est certain que les lois pénales,
dont nous avons exposé l'ensemble, n'étaient point toutes
uniformément exécutées. Il y en avait quelques-unes qui ne
cessaient jamais d'être en vigueur; c'étaient, par exemple,
celles qui interdisaient aux catholiques d'Irlande les fonctions publiques et les professions civiles, et ne permet-
taient la propriété et le commerce qu'à de certaines conditions.; mais, pour tout ce qui tenait à la religion, l'application
des lois se modifiait beaucoup selon les circonstances; souvent, sans approuver le culte des catholiques, on le tolérait;
on fermait les yeux sur les cérémonies religieuses; on fei-
gnait de ne pas voir leurs prêtres, dont la loi punissait la
présence, ni leurs églises, ni leurs couvents, qui étaient présumés ne pas exister.

Quelquefois les lois contre le culte sommeillaient pendant
un temps assez long pour que les Irlandais fussent fondés à
les croire tombées en désuétude. Cependant leur erreur sur
ce point ne pouvait être durable. Quelque événement politique, une imprudence du parti papiste en Angleterre, un
soulèvement d'Écossais en faveur du Prétendant, l'annonce
d'un débarquement français ou espagnol sur les côtes d'Irlande, suffisaient pour raviver la persécution; on voyait
alors le culte des catholiques interdit de nouveau avec la
plus grande sévérité, les églises fermées, les prêtres bannis,
les religieux proscrits, et les couvents démolis.

C'est un fait assez remarquable que, dans un pays où les
persécutions avaient un principe et un but religieux, la seule
qui se ralentît de temps à autre, était celle qui s'adressait
au culte; c'est que l'objet religieux des persécutions était
perdu de vue, tandis que les avantages matériels qu'en reti-

raient les protestants ne cessaient pas d'être présents et vivement sentis.

En général, la persécution contre le culte, la guerre au
catholicisme même se faisait par l'inspiration de l'Angleterre; celle qui s'en prenait à la personne et aux biens des
catholiques, était l'œuvre spontanée des protestants établis
en Irlande; la première venant surtout de la passion, la seconde, de l'intérêt.

L'instinct du protestant était de n'emprunter aux lois pénales que les dispositions qui lui assuraient le monopole des
biens sociaux et politiques; mais de temps en temps il recevait un ordre du gouvernement anglais qui lui prescrivait
l'exécution littérale de toutes les lois contre les papistes;
telle fut l'injonction qu'envoya l'Angleterre à l'Irlande en
1715, lors de la rébellion écossaise en faveur d'un Stuart;
c'est ainsi qu'en 1731 l'Irlande vit renaître tout le zèle de la
persécution contre le culte catholique à la suite d'une discussion parlementaire qui avait lieu dans la chambre des
lords d'Angleterre, et où il avait été déclaré solennellement que *l'insolence des papistes dans le royaume était
grande* (1).

A partir de cette dernière époque, l'Angleterre laissa les
protestants d'Irlande à leurs propres mouvements, et ce fut
alors que les catholiques furent bien plus attaqués dans leur
vie sociale que dans leur religion.

A ce sujet, Arthur Young, dit avec une grande raison :

« Les lois ne paraissent pas autant dirigées contre la re-
« ligion que contre les biens des catholiques. Par la loi, un
« prêtre doit être déporté et pendu pour dire la messe, mais
« on la lui laisse dire très-facilement avec impunité. Que le
« même prêtre toutefois fasse fortune au moyen de ses
« messes, dès ce moment il est un objet de persécution. »

(1) History of Galway, 175. — Une enquête parlementaire constatait
qu'il y avait outre les chapelles particulières et secrètes, 892 maisons consacrées publiquement au culte catholique. Wyse, catholic association, I, 118.

La tolérance religieuse n'était pourtant point proclamée ; les peines contre la célébration du culte demeuraient inscrites dans les lois ; les uns rassurés par l'inaction des persécuteurs, pratiquaient leur culte sans mystère ; d'autres craignant le retour des maux qu'ils avaient soufferts, s'environnaient de secret ; et on voit, en 1745, du temps que lord Chesterfield était vice-roi, une maison particulière s'écrouler sous le poids d'une multitude de pauvres catholiques qui s'y étaient clandestinement assemblés pour y entendre la messe, et dont neuf d'entre eux périrent avec le prêtre lui-même au milieu des ruines de l'édifice (2). Lord Chesterfield, ému d'une aussi lamentable catastrophe, ordonna qu'on ne troublât point les catholiques dans l'exercice public de leur religion.

Il en est qui jugent avec une grande indulgence les persécutions exercées contre les catholiques irlandais, en raison de celles dont on leur faisait grâce ; pour moi, cette considération ne m'a jamais touché. Alors même qu'on ne persécutait pas, on pouvait toujours persécuter. Or, le pouvoir légal d'infliger une peine est la peine même pour celui qui en est menacé. Je plains profondément celui qui se croit libre parce qu'il n'est pas en prison, quand une loi existe qui permet de l'emprisonner. A ce prix il n'y aurait pas d'esclave qui n'eût ses heures de liberté ; et pourtant, alors même qu'on a délié ses pieds et ses mains et qu'on le laisse tranquille pour qu'il se repose, l'esclave ne cesse pas un seul moment d'être en état de servitude.

Bien loin d'admettre que le sommeil des mauvaises lois permette quelque bonheur aux peuples, je dis au contraire que les mauvaises lois ne sont jamais plus pernicieuses que quand elles dorment. Il n'est point de pire tyrannie que celle qui s'adoucit pour se rendre supportable. Un gouvernement créé pour l'oppression et qui n'opprime pas, est en quelque sorte irrégulier et menteur, et c'est un vice de

(1) Plowden, I, 296. — Encyclop. brit., 381.

plus que je lui reproche. Si les lois pénales, portées contre le culte des catholiques, eussent été aussi fidèlement exécutées que celles qui avaient la spoliation pour objet, elles eussent révolté les Irlandais qui, en reprenant leur religion, eussent reconquis leurs autres droits; mais c'est un des arts les plus dangereux de la tyrannie de choisir, parmi ses instruments, ceux qui dépouillent sans blesser.

On ne devrait jamais oublier que le fait, tout grave qu'il est, importe bien moins que le droit, car le fait n'a point de lendemain. Celui qui est indifférent au droit, parce qu'il est en possession du fait, ressemble singulièrement à l'animal domestique qui, lorsqu'on le lâche, se croit libre, et montre un étonnement stupide quand son maître le remet à la chaîne.

Lorsque sous l'empire de lois justes on me charge de fers, je me sens protégé dans ma liberté par l'acte même qui m'en prive; car la loi qui me jette dans une prison fixe le jour où j'en sortirai, et cette loi punit quiconque, illégalement, attenterait à ma personne. Mais qu'est-ce qu'une liberté dont je ne jouis que parce qu'il plaît au tyran de ne pas me la ravir? L'homme qui s'endort libre sur la foi d'un autre homme, mérite de se réveiller esclave.

Les Whiteboys.

La persécution religieuse s'était tempérée de manière à se rendre supportable; en cela, les auteurs des lois pénales atteignirent leur but; mais l'oppression sociale dont ces lois contenaient la source, devint trop lourde pour être soufferte en silence; et un jour, lasse du fardeau, la population irlandaise s'agita pour le secouer.

La révolte ne fut point générale, et fondée sur un plan commun à tous ceux qui subissaient les mêmes souffrances; elle se composa de mouvements partiels, successifs, dépourvus d'ensemble et de liaison; elle fut absolument inintelligenté, telle qu'on devait l'attendre d'une population tenue dans de profondes ténèbres.

La révolte se manifesta par les actes de la plus atroce et de la plus révoltante barbarie ; elle fut telle qu'on pouvait l'attendre d'une population avilie par la misère et dégradée par la servitude.

Ce fut vers l'an 1760 qu'éclatèrent les premières insurrections des *whiteboys* (les enfants blancs) ou *niveleurs ;* ainsi appelés, parce qu'ils portaient des chemises blanches par-dessus leurs habits en signe de reconnaissance, et parce que l'un de leurs principaux objets était la destruction et le *nivellement* des barrières placées à l'entour des terres nouvellement encloses (1). Les whiteboys étaient poussés à la révolte par une infinité de causes, dont les plus considérables étaient : 1° le taux exorbitant des fermages exigés de la population agricole par les propriétaires ; 2° les exactions du clergé protestant auquel la population catholique était tenue de payer la dîme.

Voici comment Arthur Young décrit les violences auxquelles les whiteboys avaient coutume de se livrer.

« Ils ont l'habitude de parcourir le pays réunis par
« bandes, font prêter serment aux habitants des campagnes
« de ne jamais les trahir, et les contraignent à ce serment
« au moyen de menaces souvent mises à exécution ; ils se
« constituent les redresseurs de tous les torts, infligent des
« châtiments à tous ceux qui spéculent sur le prix des terres,
« ou qui surenchérissent sur le loyer des fermes, et pre-
« nant en main l'administration de la justice, ils en font une
« singulière distribution ; ils forcent les maîtres à relâcher
« leurs apprentis, enlèvent les filles des riches fermiers, et
« mettent celles-ci dans l'obligation de les épouser ; on cite
« quatre exemples de cette nature arrivés dans le cours d'une
« quinzaine. Ils lèvent des taxes sur les petits fermiers et
« sur ceux de moyenne condition, afin d'avoir un fond pour

(1) Irish Disturbances. G. Lewis, 4.

« soutenir leur cause, pour payer des avocats dans les procès
« criminels dont ils sont l'objet ; quelquefois à l'aide de ces
« contributions, plusieurs d'entre eux vivent des années sans
« travail, quelquefois ils s'introduisent avec violence dans
« les habitations, et y commettent des vols considérables,
« sous prétexte d'injustices à réparer (1). Au milieu de ces
« excès, il leur arrive souvent de brûler les habitations et de
« détruire tout le mobilier de leurs ennemis. Les actes de
« barbarie qu'ils commettent sont révoltants ; un de leurs
« châtiments favoris, et qu'ils pratiquent au milieu de l'hi-
« ver, consiste à arracher de son lit l'individu désigné à leur
« vengeance, à lui faire faire tout nu une longue course à
« cheval, après quoi ils l'enterrent jusqu'au menton dans un
« trou creusé perpendiculairement et garni de bruyères, où
« ils le laissent, non sans lui avoir coupé une oreille, châti-
« ment cruel, et qui cependant n'est pas le plus inhumain
« de ceux qui sont à leur usage (2) ! »

Il ne saurait exister sans doute d'association complète
entre des hommes grossiers et incultes ; car rien ne sépare
plus les hommes que l'ignorance : cependant les whiteboys
s'efforcèrent d'établir dans toute l'Irlande une vaste confédération, fondée sur un certain nombre de sentiments et de
besoins communs (3).

Cette confédération, qui a depuis servi de base à toutes
les autres associations de même nature formées sous des

(1) Les whiteboys volent rarement ; souvent ils prennent des armes non
pour eux, mais pour leur parti. Exemples de plusieurs, qui dans leurs expéditions, trouvent de l'argent sous leurs mains et ne le prennent pas. —
G. Lewis. Irish Disturbances, 212. — Ils ne prennent de l'argent que
comme moyen de défense de leurs compagnons poursuivis en justice.
Ibid. p. 275. — Ils ont à cet effet des collecteurs, des percepteurs, un trésorier et une caisse. Ibid., p. 276-278.

(2) Young's Travels, I, 82. Édition in-8 de 1780.

(3) Whiteboysm is a permanent association.... — G. Lewis. Irish Disturbances, p. 124.

noms divers (1), a eu, dès l'origine, deux caractères essentiels :

Premièrement, tous ses membres s'obligent, sous peiné de mort, à garder le secret de tout ce qui se passe dans son sein;

En second lieu (et c'est là son trait capital), chaque membre de la société s'engage à faire tout ce que la société lui commandera (2); formidable engagement qui met celui qui le contracte à la merci d'une volonté étrangère, le dépouille de son libre arbitre, le soumet à des lois qu'il ne connaît pas, et dont l'exécution qu'il a jurée aveuglément peut le conduire à tout, même au crime!

Aussitôt que les whiteboys se sont unis entre eux par les liens secrets d'un redoutable serment et d'une obéissance mutuelle, leur premier procédé est d'agir par la terreur.

Ils proclament donc leur loi, et en annoncent la sanction. Malheur à celui qui fera telle chose interdite! malheur à celui qui ne fera pas telle autre chose voulue par eux! Ce commandement est d'ordinaire donné sur une affiche, soit imprimée, soit manuscrite, et qui se voit placardée à la porte de l'individu auquel il est adressé.

Un propriétaire exige-t-il de ses fermiers un fermage exagéré, il trouve quelque jour affiché à sa porte l'avertissement suivant :

« On vous fait savoir que nous ne supporterons pas plus
« longtemps l'injustice de payer un fermage double de ce
« qu'il devrait être... Celui qui ne tiendra pas compte de cet
« avis sera traité avec la plus grande sévérité (3). — Signé
« *Terry's Mother.* »

Des ouvriers sont-ils employés moyennant un salaire con-

---

(1) Telle que les Right-Boys en 1785, Peep of day Boys; en 1772, Steel-Boys, Oak Boys en 1764; en 1806, Thrashers; Terry-Alts; Whitefeet et Blackfeet.

(2) G. Lewis. Irish Disturbances, p. 164.

(3) Irish Disturbances. George Lewis, 221.

sidéré comme trop bas, la société publie un décret qui en
fixe le minimum.

« A partir de ce jour, nul ouvrier ne travaillera (pour
« telle ou telle industrie) si ce n'est avec le salaire de 10
« shellings par semaine. Malheur à quiconque travaillera
« pour un moindre prix ! — Signé *Terry-Alt* (1). »

On voit qu'ici la menace s'adresse plus à l'ouvrier qui
consent à travailler pour de faibles gages, qu'au maître qui
l'emploie.

De même, veut-on empêcher dans tout le pays le paiement de la dîme, des affiches sont apposées partout en ces
termes :

« Point de dîmes !
« Point de dîmes !
« Point de dîmès !

« Pesez bien la conséquence ; si vous payez la dîme, vous
« pouvez commander votre bière ; que vous restiez ou que
« vous quittiez le pays, votre mort est assurée. — Signé
« *Capitaine Rock* (2). »

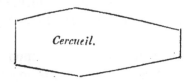

Cercueil.

C'est dans cette forme que l'association des whiteboys
promulgue ses décrets. Si un propriétaire menace son fermier de le renvoyer de sa ferme faute de paiement ; s'il
annonce l'intention d'accroître le prix de la ferme (3) ; s'il

(1) Ibid. 221.
(2) V. G. Lewis. Irish Disturbances, 221.
(3) Voici un exemple d'avertissements de ce genre : — « Take notice...
« That unless you give up your transgressing and violating and attemting

appelle dans le pays des ouvriers étrangers, dans tous cas, il encourt les peines portées par le Code pénal des white-boys, et reçoit l'avis du châtiment qui le menace.

L'intimidation produite par de tels procédés est extrême; cependant, lorsque la menace est impuissante, la vengeance a coutume de la suivre de près. Les peines les plus ordinairement employées par les whiteboys pour servir de sanction à leurs ordonnances sont :

1° La mort; 2° les châtiments corporels dont on a vu plus haut quelques exemples (1); 3° le rapt des jeunes filles qui ont une dot assurée, et qu'ils forcent au mariage en les déshonorant; 4° la destruction des propriétés. Tantôt ils brûlent les habitations, tantôt ils mutilent le bétail, coupent les oreilles des chevaux, bêchent des prairies entières (2). Et cette exécution de leur Code pénal, toute barbare qu'elle est, s'accomplit avec une sorte de régularité. L'association désigne celui de ses membres qui infligera tel ou tel châtiment décrété par elle pour une infraction à ses lois; et le membre, ainsi désigné, obéit. On lui commande d'aller tuer à tel endroit, à dix, à vingt lieues de là, tel individu qui a mérité la mort; et il se conforme aussitôt à cette instruction. Beaucoup, qui auraient horreur d'être assassins, n'hésitent point à être bourreaux.

La vengeance des Whiteboys étant accomplie, il en résulte une terreur générale qui prévient ce qu'ils veulent empêcher, et leur fait obtenir ce qu'ils désirent.

Cependant c'est l'instant où la société régulière, dont ils attaquent ouvertement les institutions, se montre armée contre eux de toute sa puissance, et travaille avec force à les plier au joug de ses lois.

« persecuting poor objects or poor miserable tenants, remark the country
« is not destitute of friends; or otherwise if you do not give over your
« foolishness or ignorance, *you will be made an example in the* country
« that *never was beheld*. Captain Rock. » (Ibid. p. 101.)

(1) Ibid. 225, et aussi Carding. —V. Lewis, 107, 146 et 226.
(2) Id. 226.

Mais, ici encore, les whiteboys trouvent dans leur association de singulières ressources pour combattre la justice
de la société; et nulle part leur puissance ne se montre plus
formidable que dans leur résistance à l'autorité des magistrats; car, s'ils ont un Code pénal sévère pour mettre leurs
lois en vigueur, ils en ont un bien plus terrible encore destiné à combattre les lois dont ils sont menacés eux-mêmes.

Le premier article de ce second Code peut se réduire à
ces termes :

« Quiconque portera témoignage en justice contre un
« whiteboy sera puni de mort (1). »

A peine une poursuite judiciaire est-elle commencée
contre un whiteboy, que toute l'association est en émoi, et
s'agite pour paralyser le cours des lois. Les plus terribles
menaces sont placardées à la porte de quiconque peut être
appelé comme témoin. La plainte est interdite aux victimes
mêmes de l'attentat. Rien n'est donc plus difficile que de
rassembler quelques éléments de conviction contre les auteurs d'un crime de whiteboysme.

Il arrive souvent qu'un témoin qui a eu l'imprudence de
faire une révélation au magistrat est assassiné avant le jour
où il doit confirmer sa déclaration devant la justice (1).

Dans cet état de choses, les magistrats recourent à des
moyens extraordinaires pour se procurer des éléments de
conviction contre les coupables.

On encourage les plaintes en les payant (2). Le témoin
qui vient de déposer, ayant peur d'être assassiné, est placé
en lieu de sûreté : ordinairement on le met dans la prison (3),
où il reste jusqu'au jour des débats. Lorsque le procès est
fini, on donne à ce témoin une garde de police (4), qui le

(1) P. 250 et 265. Irish Disturbances, George Lewis.
(2) Irish Disturbances, p. 269. G. Lewis.
(3) Ibid, p. 271. — It is impossible to obtain information with out
paiement.
(4) Ibid, 262.
(5) Ibid, 273.

protége jusqu'au moment où il quitte le comté. Tout individu qui a figuré comme témoin à charge dans un pareil procès n'a de choix qu'entre la mort et l'exil (1).

Quelques écrivains ont attribué à des causes politiques les insurrections des whiteboys et le fait même de leur association ; leur existence se rattachait, disait-on, à des intrigues de la France et du fils du prétendant Charles-Édouard. Il est aujourd'hui universellement reconnu que la cause de ces désordres était toute sociale et nullement politique (2). Le pauvre catholique d'Irlande s'insurgeait non contre l'orangiste, mais contre le propriétaire, non contre le protestant, mais contre le riche ; c'était la misère et non l'esprit de parti qui lui mettait les armes à la main.

L'expédition du prétendant, qui a abouti à la défaite de Culloden, se passa en 1745, et l'Irlande n'y prit aucune part. C'est en 1761 que les premiers mouvements des whiteboys ont éclaté. Il serait singulier que les Irlandais, qui ne s'étaient pas déclarés pour le descendant des Stuarts à l'instant où il faisait valoir ses droits, se fussent insurgés en sa faveur, vingt ans après, quand sa cause était perdue et oubliée : cette erreur est venue de ceux qui savaient le mieux la vérité : les hommes dont la misère irlandaise était l'ouvrage et qui en jouissaient, voyant de grands forfaits sortir de leur oppression, s'efforcèrent d'assigner à ces crimes une autre source, et, en les faisant découler de l'esprit de parti, ils intéressaient en leur faveur toutes les passions politiques opposées (3). Ils atteignaient leur but sans beaucoup de peine : comme les rebelles étaient presque tous catholiques, et ceux contre lesquels on se révoltait protestants, ils disaient et l'on croyait que c'était une insurrection excitée par le fanatisme religieux, et l'on ne voyait pas que, dans un pays où tous les partisans de l'église réformée étaient riches, et

---

(1) Irish Disturbances, 263.
(2) Irish Disturbances. G. Lewis, p. 14. — Id. p. 108.
(3) G. Lewis, p. 14.

tous les catholiques pauvres, si des pauvres s'insurgeaient contre des riches, c'était nécessairement une rébellion de catholiques contre des protestants.

Sans doute il se pouvait trouver chez les whiteboys des passions politiques hostiles au gouvernement en même temps que des passions ennemies des riches ; mais ce n'étaient point les premières qui les dominaient ; elles se mêlaient peut-être dans leur âme aux sentiments haineux qui les poussaient à la rébellion ; mais elles n'étaient point le mobile de leurs complots. Il y a, du reste, deux faits qui prouvent mieux que tous les autres à quel point la passion politique était étrangère à ces insurrections :

Le premier c'est que lorsqu'il arrivait au clergé catholique de se livrer à des exactions envers la population, les whiteboys les combattaient, et prenaient contre leurs propres prêtres des mesures de répression non moins sévères que contre les ministres du culte anglican ; et de leur côté les prêtres catholiques frappaient d'excommunication et d'anathème les associations des whiteboys (1). Le second est que les violences des whiteboys se portaient indistinctement sur tous les propriétaires et fermiers, et que la plupart de ceux-ci étaient catholiques (2).

Enfin, et ceci est un troisième fait non moins grave que les premiers : les mêmes rébellions, qui dans le sud éclatèrent parmi les paysans catholiques, se manifestèrent peu de temps après et à l'occasion de causes analogues dans les provinces du nord, où les paysans qui étaient protestants s'insurgèrent les uns en 1764, sous le nom de *oakboys, enfants du chéne*, parce que les riches propriétaires et les ministres protestants faisaient peser sur le pauvre tout le fardeau de l'impôt et de la dîme ; les autres en 1772, sous le nom de *steelboys, les enfants d'acier*, parce que le marquis de Donegal, grand propriétaire. avait un jour expulsé tous ses

---

(1) Irish Disturbances. G. Lewis, p. 115.
(2) Ibid. et p. 128-136.

fermiers (1). Les protestants du nord, en général presbytériens, ne prenaient pas sans doute les armes en faveur du
prétendant. Ils étaient alors bien éloignés du temps où ils
pourraient faire cause commune avec des papistes.

« Comme tous les insurgés du Sud , dit lord Charlemont,
« étaient des catholiques, c'était une idée répandue géné-
« ralement parmi les protestants que l'or et les intrigues de
« la France étaient au fond de toutes ces rébellions ; mais
« telles n'en étaient point les causes réelles, d'ailleurs bien
« faciles à reconnaître... Les causes manifestes à tous les
« yeux, c'étaient la misère , l'oppression , la famine parmi
« le peuple (2) ! »

Les insurrections des whiteboys ne se prenaient donc
point au gouvernement ; elles attaquaient la propriété et les
propriétaires ; c'était une guerre de la population agricole
contre les possesseurs de la terre (3). Et s'il fallait une dernière preuve pour démontrer que tel était leur caractère , il
suffirait de considérer ce qu'il est aujourd'hui. Les insurrections des whiteboys, qui depuis 1760 jusqu'à nos jours se
sont constamment reproduites sous des dénominations diverses, ont toujours eu et ont encore pour cause première
l'excessive misère du peuple : et cette misère extrême a eu
elle-même pour point de départ la persécution née des lois
pénales.

(1) George Lewis. Irish Disturbances, 34.—Gordon's History of Ireland,
ch xxxvii, t. II.

(2) Misery ! Oppresion ! Famine ! Hardy, life of Lord Charlemont, I, 173.
— Je renvoie à l'ouvrage de M. George Lewis tous ceux qui voudraient
posséder des détails plus circonstanciés sur les associations dont le whiteboysme forme le type. Cet ouvrage est intitulé *Irish Disturbances*, publié
à Londres en 1836. — Le livre de M. G. Lewis est sans contredit un des
plus curieux en même temps que l'un des plus importants ouvrages qui
aient jamais été publiés sur l'Irlande.

(3) A war of the peasantry against the proprietors and occupiers of the
land. — (G. Lewis. Irish Disturbances, p. 106.)

QUATRIÈME ÉPOQUE.

1776-1829.

———

Renaissance et affranchissement de l'Irlande.

Pendant près de cent années l'Irlande catholique a été
comme si elle n'existait pas. Les protestants établis en Irlande, minorité faible et presque imperceptible, se sont posés
vis-à-vis de l'Angleterre comme composant la nation irlandaise ; c'est à ce titre qu'ils traitent, qu'ils agissent au dedans
et au dehors. Ils disent qu'ils sont l'Irlande, et ils finissent par
le croire ; ils proclament légitime le pouvoir tyrannique
qu'ils exercent, et ils sont peut-être de bonne foi. Assez forts
pour se diviser entre eux, en présence de leur ennemi dés-
armé et abattu, ils finissent par oublier que cet ennemi est
en possession d'une terrible puissance, celle du nombre ; ils
ne songent pas, le voyant endormi, qu'il peut se réveiller ;
pleins de confiance en eux-mêmes, ils le perdent de vue, et
font comme si cet ennemi n'était point parmi eux ; ils ne se
souviennent plus de lui, et constituant en dehors de lui,
de ses besoins, de ses mœurs, de tous ses intérêts, une société qui leur est propre, ils regardent cette société comme
la seule existante, la seule réelle, la seule possible ; tout ce
qui n'est point cette société n'est rien à leurs yeux ; tout
ce qui se passe hors de son sein leur paraît méprisable et
indigne de leur attention.

Il y a au fond d'une pareille situation un vice capital et de grands périls. Car, tandis que, dans son égoïsme confiant, cette minorité ferme les yeux à l'entour d'elle, et se replie tout entière sur elle-même, il se forme dans le lointain des orages qu'elle ne voit point ; la majorité opprimée ourdit des trames de liberté, fait des rêves d'affranchissement, se relève peu à peu de sa dégradation ; elle travaille, elle s'enrichit, elle prend des forces, rappelle son courage évanoui, ramasse ses armes abandonnées, et se prépare pour le combat. La faction ne voit rien de ce que fait contre elle ce peuple qu'elle est habituée à mépriser. Son administration protestante fonctionne bien ; elle a des agents dociles, la législature lui est dévouée ; pas une voix ennemie ne s'élève contre elle, elle a toutes les illusions d'un bon gouvernement : elle arrive ainsi par une navigation douce et facile au milieu d'une mer semée d'écueils et féconde en naufrages.

Lorsqu'un peuple tenu sous le joug nourrit secrètement des projets d'indépendance, et contient des germes de régénération, il peut rester longtemps encore inerte et muet ; mais souvent aussi il ne faut, pour le tirer du silence et de l'engourdissement, qu'une circonstance extraordinaire, un accident fortuit. Cette circonstance favorable, cet accident heureux, ne manquèrent point à l'Irlande.

CHAPITRE PREMIER.

1776.

Indépendance américaine ; ses effets sur l'Irlande.

Je ne sais s'il se trouve dans l'histoire du monde un seul événement politique qui ait eu, sur la destinée de tous les peuples, une aussi grande influence que la lutte soutenue par les États-Unis d'Amérique, à la fin du dix-huitième siècle, pour recouvrer leur indépendance.

La révolution d'Amérique est la première grande révolution qui se soit faite à la lumière de la liberté de la presse, et se soit reflétée dans les discussions publiques d'un gouvernement représentatif et libre. Voyez quel élan cette révolution a imprimé aux débats du parlement anglais! Il semble que jusque là la liberté de la tribune elle-même fut muette, ou du moins cette liberté parlait sans se faire entendre au loin; la presse seule lui a donné une grande voix. Sans elle treize colonies de l'Angleterre se fussent peut-être séparées de la mère-patrie, sans que le monde en sût rien autre chose, sinon que c'étaient quelques rebelles qui seraient châtiés par leur maître.

Les petits événements, mêlés à la guerre de l'indépendance, considérés isolément, ont l'air de peu de chose : c'était, disait Lafayette, une guerre de patrouilles, où se résolvait la destinée du monde. Si vous cherchez pourquoi de si petits faits sont si grands, pourquoi cette guerre d'escarmouches va décider du sort des peuples, vous n'en trouverez pas d'autre raison que le principe même au nom duquel cette guerre est livrée. Ce principe, c'est la résistance juste et légale contre l'oppression et la tyrannie. C'est l'idée qui trouble le monde, et non le fait. Attila passe sur les peuples comme l'ouragan sur les mers. Le fléau étant passé, on le maudit et on l'oublie. Un petit peuple se remue; à peine le sang coule; il est à deux mille lieues de nous; nous n'avons rien à craindre de ses agitations, et nous en sommes profondément émus : le fait est minime, mais le principe est immense.

La grande impression de la crise américaine sur les peuples est venue de ce qu'il ne s'est jamais rencontré de cause juste qui ait été si bien posée; car il ne suffit pas qu'elle soit juste, il faut encore que l'équité de la cause apparaisse. Les Américains ne se sont pas révoltés contre l'Angleterre, par cette raison seule qu'il vaut mieux être libre que dépendant;

leur cause ainsi présentée eût été contestable , car il y avait un contrat existant entre la mère-patrie et les colonies. Mais d'après ce contrat même, qui les liait à l'Angleterre , celles-ci ne pouvaient être taxées que par leurs propres représentants. Cependant l'Angleterre veut directement les soumettre à un impôt et les contraindre par la violence : la résistance était leur droit; elles combattent , triomphent, secouent le joug , et le monde entier applaudit en voyant le triomphe du droit sur la force. Il se fait alors chez tous les peuples un mouvement d'indépendance : comme il y a partout des tyrannies, on tente partout des essais de liberté. Ces grandes époques d'effervescence commune et d'efforts simultanés vers le droit sont rares ; il faut que les peuples en profitent pour conquérir des garanties , car dès qu'elles sont passées, il y a autant d'apathie générale qu'il y avait d'agitation universelle.

Il n'est point de pays sur lequel la révolution d'Amérique ait été plus puissante que l'Irlande. Il y avait alors analogie dans la situation des deux peuples. Les colonies de l'Amérique du Nord étaient, il est vrai, beaucoup plus heureuses que l'Irlande , quoiqu'elles ne fussent que des colonies ; traitées comme telles , elles avaient le bonheur d'être loin de l'Angleterre. L'Irlande, qui ne constituait ni une colonie, parce qu'elle n'avait jamais été occupée à ce titre ; ni une partie de l'Angleterre , parce qu'on ne lui appliquait point les lois anglaises; ni un pays libre, puisqu'on faisait en Angleterre des lois destinées à la gouverner, l'Irlande , dis-je , avait pourtant un point commun avec les États-Unis , c'était d'être en lutte avec l'Angleterre sur ses droits; elle demandait la liberté pour sortir de sa misère , tandis que les colonies américaines, riches et prospères , voulaient seulement qu'on n'accrût pas leur dépendance.

Ces analogies saisirent aussitôt tous les esprits en Angleterre et en Irlande. Au parlement anglais , pas une discussion n'a lieu sur l'Amérique sans qu'on tourne ses regards vers l'Irlande. Voyez , disaient les orateurs wighs dans le

parlement anglais, voyez quel est l'effet d'une prétention
injuste des gouvernants sur les sujets ; craignez d'engager
avec l'Irlande une lutte inique, dont l'état de vos colonies
d'Amérique peut vous faire pressentir le dénouement.
L'Angleterre, s'écrie un ennemi de la liberté irlandaise,
en 1774, a aussi bien le droit de taxer l'Irlande que les
colonies (1). — Oui, répond un membre de l'opposition,
et les colonies sont en révolte précisément parce qu'on a
voulu les taxer. On conçoit quel devait être le retentissement en Irlande de ces grandes discussions parlementaires
où se développèrent comme par une sorte de rencontre
merveilleuse, les plus grands et les plus extraordinaires talents oratoires que l'Angleterre ait produits, Burke, Pitt,
Fox, Sheridan, beaux talents, belles âmes, grands génies,
dans lesquels l'amour de la gloire s'unissait si intimement à
l'amour de la patrie !

L'Irlande est enflammée par ces discussions : en 1776
l'Amérique est libre ; l'Irlande veut l'être aussi. La déclaration de l'indépendance américaine a été le plus grand instrument de l'indépendance irlandaise (2). L'Amérique apprend
à l'Irlande qu'un peuple dépendant peut devenir libre, et
à l'Angleterre qu'il est périlleux de refuser la liberté à qui
peut la prendre.

Le mouvement imprimé à l'Angleterre et à l'Irlande, par
l'émancipation américaine, a eu des conséquences qu'il
importe de constater. La première et la plus importante,
sans doute, a été l'abolition de quelques-unes des lois pénales portées contre les catholiques d'Irlande ; c'est 'la première pierre enlevée à l'édifice de la persécution ; c'est
le premier pas de la réforme. Voyons en quoi il consiste.

(1) M. Rigby master of the rolls. Plowden, I, 428. V. aussi *idem*,
p. 429, 430, 433, 439.

(2) A voice from America Shouted to liberty dit Flood-hardy's life of lord
Charlemont, t. I, p. 387.

§ Ier. — *Première réforme des lois pénales.* (1778).

1° On concède aux catholiques le droit de posséder la terre avec bail *de neuf cent quatre-vingt-dix-neuf ans* (1). On leur accorde ainsi le droit de possession illimitée, sans leur concéder le droit de propriété. Un des motifs de cette restriction, c'est que la concession du droit absolu de propriété investirait les catholiques d'une trop grande influence dans les élections.

2° On abolit le droit qu'avait le fils d'un catholique, en se faisant protestant, d'être saisi de la propriété de son père, et de dépouiller celui-ci de la libre disposition de ses biens, dont il n'était plus que le fermier ou l'administrateur comptable envers son fils (2).

3° La loi qui réglait les successions des catholiques entre eux est abolie. En conséquence, le partage se fera désormais entre héritiers catholiques comme s'ils étaient protestants (3).

Une pareille réforme est sans doute bien incomplète, et la persécution demeure armée de rigueurs suffisantes pour frapper cruellement ceux qu'elle attaque. Mais le code de la tyrannie est entamé, et bientôt on le verra tomber pièce à pièce. Le mouvement est imprimé à la réforme : désormais nul grand fait ne s'accomplira sans porter son fruit. A mesure que les événements se présenteront, nous montrerons leur conséquence, et rattacherons immédiatement l'effet à la cause. De même que l'établissement des lois pénales n'avait eu rien de rationnel, il ne faut point s'attendre à trouver de l'ordre et de la logique dans la réforme qui les a détruites. Cette réforme s'est faite comme au hasard, par

(1) Papists may after august 1778 take leases for years not above 999 years 1778. — (George III.) 17-18 Ann., ch. xlix.

(2) 17 et 18 George III, ch. xlix, § 6.

(3) 17 et 18 George III, ch. xlix.

accidents, selon la circonstance et le besoin du moment. Le législateur qui avait créé les lois pénales sans plan et sans méthode les abolit de même.

§ II. — *Second effet sur l'Irlande de l'indépendance américaine.* (1778 à 1779.)

Association des *volontaires.*

La guerre de l'Angleterre avec ses colonies ne produit pas seulement sur l'Irlande un effet moral; elle exerce encore sur le pays une influence que l'on peut en quelque sorte appeler *matérielle.*

A l'occasion de l'Amérique, l'Angleterre se trouvant en guerre avec la France, les États-Unis et l'Espagne, il y a nécessité de retirer d'Irlande une partie de l'armée anglaise pour l'envoyer en Amérique.

Les côtes d'Irlande étaient menacées journellement d'une descente et d'une invasion de l'étranger ; l'Irlande demande du secours ; mais on lui répond qu'elle ait à se défendre comme elle le pourra (1).

— L'Angleterre était comme étourdie de la multitude d'embarras qui pesaient sur elle, tant auprès d'elle qu'au loin.

Ces embarras de l'Angleterre viennent ajouter à la force de l'Irlande, déja enhardie par le succès d'une première concession obtenue. En ce moment, d'ailleurs, l'Irlande était vivement irritée de ce qu'on lui refusât la liberté commerciale et maritime qu'elle réclamait. Des associations s'étaient formées, dont l'objet était de repousser toute marchandise anglaise, afin que les Anglais, qui contestaient à l'Irlande les avantages commerciaux, en fussent eux-mêmes privés.

(1) Plowden. I. 487. 492. 505. Gordon. 1. 265 Hardy's life of lord Charlemont. I. 380.

Dans cet état de choses, le vice-roi avait déclaré que le trésor était tellement épuisé, qu'il n'avait pas de quoi entretenir une milice régulière (1). Alors, comme par un mouvement universel et spontané, l'Irlande se couvre d'une *milice volontaire*, qui s'arme, s'enrégimente, s'organise selon sa fantaisie, nomme ses chefs, se fait ses règles de discipline, sans que le gouvernement y ait aucune part soit directe ou indirecte, soit d'action, soit de surveillance. L'association commerciale se transforme en une association militaire.

Le gouvernement semble agir imprudemment en laissant se former et organiser ces corps; mais comment s'y fût-il opposé? Sans doute il l'aurait pu à la rigueur; mais il ne le voulait pas, et il avait raison; avant tout, il fallait se mettre en garde contre l'invasion étrangère, qui était imminente, et conjurer ce péril, qui était un péril de mort.

Il est bien malheureux pour les gouvernements tyranniques d'avoir quelquefois un impérieux besoin des peuples; car une fois que ce recours a eu lieu, le prestige est dissipé : le peuple sait par là qu'il est fort, et que son tyran est faible. Il ne saurait défendre le gouvernement sans apprendre l'art de se défendre lui-même contre celui-ci.

Le gouvernement anglais subit la nécessité de se jeter entre les bras de l'Irlande, et de lui remettre à elle-même le soin de sa propre conservation. Le vice-roi fait distribuer seize mille sabres ou fusils à la milice volontaire. Une force imposante est bientôt sur pied : quarante mille hommes s'organisent en un clin d'œil à leurs frais, et sans autre impulsion que celle du sentiment national. L'Irlande fut sans doute dès ce moment à l'abri des coups de l'étranger, mais dès ce jour aussi elle eut le secret de sa force contre l'Angleterre.

Ces corps armés n'ayant d'autre discipline que celle qu'ils s'imposent eux-mêmes, refusant toute institution royale, se proclament souverains, en ce sens qu'ils ne

(1) Plowden. I. 487 -492.

veulent tenir que d'eux-mêmes leurs droits de citoyens armés.

Alors ils discutent les affaires de l'État, et se considèrent comme les vrais représentants de la nation; ils forment une espèce de parlement militaire ; et l'Irlande ne fait plus à l'Angleterre une pétition qui ne soit présentée au bout des baïonnettes. Ils demandent pourquoi le droit des citoyens se bornerait à porter les armes, et pourquoi ils n'auraient pas le droit de délibérer sur les affaires publiques. Ils se réunissent à des jours marqués; chaque corps nomme ses représentants; des assemblées élues par la majorité des citoyens prennent des résolutions, approuvent ou blâment la conduite du gouvernement, lui recommandent telles ou telles mesures, censurent amèrement les actes du parlement qui lui paraissent nuisibles au pays. A vrai dire, le pouvoir parlementaire est dans les masses populaires, et les masses forment une armée. Une circonstance mémorable s'oppose aux désordres qu'un pareil état de choses semblerait devoir faire naître en grand nombre : c'est que tout ce qu'il y a de riches, de propriétaires, de gens notables, soit dans le commerce, soit dans les rangs de la bourgeoisie et de la noblesse, sont à la tête des corps de volontaires ; ils y sont d'abord entrés par un sentiment national qui a saisi l'Irlande entière quand on a donné l'alarme de l'invasion étrangère; et puis lorsque les volontaires se sont organisés en corps politique délibérant sur les affaires de l'intérieur, ces notables, bourgeois ou nobles, restent à leur poste par calcul et par raison. Ils voient avec terreur la marche des événements; ils comprennent tout ce qu'a de périlleux une armée délibérante ; mais ils pensent combien plus dangereuse elle serait si ses chefs se retiraient d'elle (1).

Les volontaires apprennent à l'Angleterre qu'il y a une Irlande redoutable, et avec laquelle il faut compter. Composés pour la plupart de protestants, ils apprennent à l'Angleterre et à l'Irlande elle-même que chez beaucoup de pro-

---

(1) Hardy's life of Charlemont, t. II, p, 154.

testants les préjugés contre les catholiques sont affaiblis, puisque ces mêmes *volontaires* qui demandent les armes à la main un commerce libre et un parlement indépendant, prennent aussi la résolution suivante :

« Que comme hommes, comme Irlandais, comme chrétiens et comme protestants, nous nous réjouissons de voir s'adoucir les lois pénales existantes contre nos concitoyens les catholiques romains, et que nous attendons de la mesure proposée au parlement les conséquences les plus heureuses pour l'union et la prospérité de l'Irlande (1) »

C'est de ce jour que date la naissance en Irlande d'un parti libéral parmi les protestants de ce pays. Jusqu'alors il y avait eu seulement des protestants patriotes, en ce sens qu'ils auraient voulu que l'Irlande ne fût pas asservie à l'Angleterre; mais ces patriotes qui souffraient impatiemment le joug anglais, trouvaient bon que la population catholique subît le leur. Aujourd'hui ils commencent à invoquer la liberté non-seulement pour eux-mêmes, mais pour tous leurs concitoyens.

Ils ne réclament, il est vrai, que d'une voix timide la fin des persécutions contre les catholiques; mais enfin ils constatent l'injustice en demandant qu'elle cesse; et la population sur qui pèsent les lois pénales a désormais des auxiliaires dans les rangs de ses oppresseurs. .

Les volontaires, leurs actes, le mouvement qu'ils impriment en Irlande à l'opinion publique, leur effet moral sur l'Angleterre, amènent l'indépendance du parlement irlandais.

§ III. — *Indépendance du parlement irlandais.* (1782.)

La loi *Poynings*, appelée ainsi du nom du vice-roi, sous l'administration duquel elle fut rendue, au temps de Henri VII, établissait qu'on n'assemblerait en Irlande aucun

(1) Plowden, I, 567.

parlement, sans que les motifs de sa convocation et les projets de loi qu'on se proposait d'y discuter fussent préalablement examinés et approuvés par le gouvernement anglais (1). Cette loi, qui plaçait le parlement irlandais dans les liens absolus de l'Angleterre', n'avait jamais cessé d'exciter les plaintes de l'Irlande.

Le 19 juillet 1782, le parlement irlandais se déclare indépendant du parlement anglais, et proclame le principe délibéré hautement par les *volontaires*, qu'aucun pouvoir sur la terre *n'a le droit de faire de lois obligatoires pour l'Irlande*, si ce n'est le *roi*, les *lords* et les *communes* d'Irlande (2). -

Dans la foule des combattants parlementaires, il faut distinguer un grand chef, Henri Grattan : il est rarement donné à un seul homme d'avoir une plus grande part dans un mouvement national, et de contribuer plus à un succès amené d'ailleurs par des causes générales.

C'est sur sa parole vive et puissante que le parlement d'Irlande adressa au roi cette déclaration énergique :

« Que ses sujets d'Irlande sont un peuple libre ; que la
« couronne d'Irlande est une couronne impériale insépara-
« blement unie à la couronne d'Angleterre par un lien d'où
« dépendent le bonheur et l'intérêt des deux peuples ; mais
« que le royaume d'Irlande est un royaume distinct, ayant
« son parlement à lui et sa législature propre ; que nul au
« monde n'est compétent pour faire des lois qui obligent
« cette nation, sinon le roi, les lords et les communes d'Ir-
« lande... (3). »

Cette adresse, appuyée sur une armée de soixante mille hommes, eut plein succès auprès du parlement d'Irlande, qui abolit expressément les lois dans lesquelles l'Angleterre

---

(1) Leland. II, 108. — Lingard, VII, 386. — Plowden, I, 395.

(2) That no power on earth, save the king, the lords, and the commons had the right to make laws for Ireland. — Plowden, I, 513 et 620.

(3) Plowden, I, 595.

puisait son droit de prédominance et de suprématie législative sur l'Irlande (1).

§ IV. — (1782.) — *Conséquences légales de cette déclaration d'indépendance.*

On peut considérer l'acte par lequel le parlement d'Irlande se déclara indépendant comme un écho de la déclaration d'indépendance des colonies américaines.

L'Amérique du Nord inspira ce mouvement : l'association des volontaires irlandais donna à l'Irlande la puissance nécessaire pour l'exécuter.

Ce serait pourtant très-mal comprendre la situation constitutionnelle de l'Irlande vis-à-vis de l'Angleterre, que de l'assimiler à celle des colonies américaines vis-à-vis de la métropole.

Rien n'est plus fréquent que d'établir cette comparaison; on a vu l'Irlande gouvernée pendant des siècles par la force seule, et l'on pense que la force était le seul lien qui l'attachait à l'Angleterre. Adopter un pareil point de vue, c'est méconnaître entièrement la nature du contrat existant entre l'Angleterre et l'Irlande.

Il n'est pas douteux que l'Irlande n'ait été, lors de la conquête et encore longtemps après, à la merci de l'Angleterre; et on conçoit aisément que celle-ci eût pu, si tel avait été son bon plaisir, établir en Irlande un gouvernement purement despotique, uniquement fondé sur le droit de la force et de la conquête. Mais la question n'est pas de savoir s'il était possible qu'elle agît de la sorte, mais bien si elle l'a réellement fait : or, il est constant que telle n'a point été sa façon de procéder envers l'Irlande, et qu'à peine avait-elle envahi ce pays, elle lui a donné des institutions libres; elle lui a notamment reconnu le droit d'avoir un parlement à elle et de ne payer d'autre impôt que celui voté régulièrement par

1) Plowden, I, 626, II, 20.

ce parlement. A peine maîtresse de sa grande charte, celle-ci en a étendu les principes à l'Irlande, la liberté individuelle, la garantie de la propriété, le jugement par jury, etc. L'Irlande, pays conquis, s'est trouvée en possession de ces droits, non parce qu'elle constituait un État indépendant, mais parce que le peuple duquel elle dépendait lui en avait fait la concession ; elle tenait ses libertés de celui-là même qui aurait pu ne lui donner que des chaînes.

Maintenant si l'on réfléchit aux circonstances qui ont accompagné et suivi la conquête, on verra que cette générosité première de l'Angleterre, dotant l'Irlande de liberté au lieu de servitude, ne fut point un accident, et qu'il eût été très-difficile pour elle d'agir autrement qu'elle n'a fait.

Il ne faut point oublier que la conquête de l'Irlande par l'Angleterre fut féodale. On a vu plus haut dans quelles circonstances et à quel titre les vassaux et sujets de Henri II s'établirent en Irlande. Ces Anglo-Normands, pour la plupart nobles d'origine, conservèrent en Irlande tous les priviléges inhérents à leur condition ; et le roi ne songea pas plus à les en dépouiller, que ceux-ci ne pensèrent à contester au roi sa qualité de seigneur suzerain d'Irlande.

Il faut donc, après la conquête, ne pas voir seulement l'Angleterre aux prises avec des Irlandais indigènes, et faisant peser sur eux le joug du vainqueur ; on doit la considérer surtout dans ses rapports avec les conquérants sortis de son sein, tous hommes libres, Anglo-Normands de race, en face desquels elle se trouve placée, et qu'elle est obligée de traiter comme les habitants de toute autre province relevant du roi. On trouve alors en Irlande des hommes plus ou moins abaissés dans l'échelle féodale, dont la royauté tient le sommet ; mais ce sont tous, dans le style de ce temps, des hommes libres, et non des sujets conquis.

A la vérité, pendant un temps très-long, les conquérants de l'Irlande n'occupèrent pas le pays entier ; et longtemps aussi la population insoumise des indigènes qui les entourent est traitée par l'Angleterre en ennemie, privée de tous les priviléges accordés par l'Angleterre à ses enfants ; et tant que cet état de choses dure, on peut considérer qu'il y a dans ce pays deux Irlandes : l'une anglaise et conquérante, l'autre vaincue ou rebelle ; la première, participant aux institutions libres de l'Angleterre ; la seconde, subissant toutes les servitudes attachées à la conquête. Mais la main puissante de Henri VIII s'étant appesantie sur ce pays, les deux Irlandes n'en font plus qu'une ; Anglais ou Irlandais d'origine, tous sont sujets d'un même empire ; il n'existe pour tous qu'une seule et même loi ; de sorte qu'à partir de ce temps, la condition faite aux colons anglo-normands par les lois antérieures devient le droit commun de l'Irlande entière. Henri n'était pas prodigue de droits et de priviléges ; on ne saurait dire si, dans ses vues de tyrannie, il voulait élever les Irlandais jusqu'à la liberté anglaise, ou rabaisser ses sujets anglais jusqu'à la servitude de l'Irlande sauvage.

Quoi qu'il en soit, le despote établit le niveau en Irlande ; et plus tard l'Anglais de ce pays ne put invoquer un seul droit politique qui n'appartînt également à tout Irlandais.

Ce principe de liberté politique, dû au caractère féodal de la conquête, trouva, lors des guerres religieuses du seizième siècle, une singulière occasion de se développer.

Lorsque l'Angleterre protestante se trouva aux prises avec l'Irlande catholique, la question de race s'effaça devant celle du culte ; il ne s'agit plus de soumettre au joug les enfants indomptés de la vieille Hybernie, mais bien d'étouffer l'hydre de la superstition et du papisme réfugié en Irlande : et voilà pourquoi l'Angleterre, fanatisée par l'Écosse, se rue sur l'Irlande. Les colons anglais, qui, à cette époque, envahissent le sol irlandais, s'en emparent non-seulement pour y posséder des terres, mais encore pour y planter et y faire fleurir l'arbre de la vraie religion (1). Ainsi font les Écossais de Jacques Ier ; de même les fanatiques de Cromwell ; pareillement les partisans de Guillaume III. De 1615 à 1688,

_____

(1) Expression usitée dans le style du temps (1650).

I.   10

c'est-à-dire en moins de quatre-vingts ans, l'Irlande est religieusement envahie trois fois, et les occupants religieux y
restent.

Ainsi, de même qu'en 1172 l'Angleterre s'était trouvée,
après la première conquête, en face d'une société féodale,
dont elle ne pouvait méconnaître les priviléges, de même,
à l'époque des agitations du seizième siècle, l'Angleterre
protestante vit naître en Irlande une société religieuse dont
elle ne pouvait ni ne voulait enfreindre les droits.

On ne comprendrait pas que, dans ces temps d'enthousiasme religieux, auquel se mêlait quelquefois un singulier
esprit de nivellement universel, il fût venu à l'idée des Anglais de placer les protestants d'Irlande dans une condition
politique inférieure à celle des protestants d'Angleterre ; on
eût alors regardé comme une impiété et comme une odieuse
injustice tout privilége accordé aux Anglais à l'exclusion de
leurs frères protestants d'Irlande.

Alors, il est vrai, il y eut de terribles conflits entre l'Angleterre et l'Irlande ; alors, sans doute, on vit encore des
vainqueurs et et des vaincus, et ce fut encore l'Angleterre
qui fut victorieuse. Mais les vaincus ne furent point des *Irlandais*, ce furent des *catholiques*, les uns de race anglaise,
les autres Irlandais d'origine. Il y eut un parti religieux
abattu, point de nation conquise. Pendant près de deux siècles la majorité des habitants de l'Irlande fut sans droits ni
priviléges politiques ; mais elle ne fut point opprimée comme
peuple, seulement comme secte.

Le moment où le parti papiste d'Irlande subissait la plus
terrible tyrannie était précisément celui où l'Angleterre se
montrait la plus libérale envers la seule population irlandaise
qu'elle reconnût alors, c'est-à-dire les protestants. Jamais
tant de sympathie n'avait existé entre les deux peuples ;
comme ils avaient la même passion religieuse, ils semblaient
n'avoir plus qu'un intérêt commun ; et Cromwell exprima
très-bien le sentiment public qui existait alors, en faisant ce
qui ne s'exécuta définitivement que cent cinquante ans après

lui, c'est-à-dire en déclarant l'Irlande *unie* à l'Angleterre (1).

Il est à remarquer que cette portion immense des habitants de l'Irlande, qui ne jouissaient point des priviléges de la constitution, n'en étaient point directement exclus par la loi ; tous même étaient, comme Irlandais, en droit de l'invoquer ; leur incapacité ne provenait que de leur conscience qui leur interdisait de prêter le serment religieux dont la loi avait fait une condition de l'exercice de presque tous les droits civils et politiques. Aussi, le jour où l'on a dispensé de ce serment les catholiques et autres dissidents, ceux-ci se sont trouvés, *ipso facto*, en pleine jouissance de tous leurs priviléges, dont ils n'avaient jamais perdu le droit et dont l'exercice seul avait été suspendu ; et ils ont alors tout aussitôt participé aux avantages de la société libre qui n'avait jamais cessé d'exister en Irlande.

On voit par ce qui précède quelle est l'erreur de ceux qui croient expliquer la situation respective de l'Irlande et de l'Angleterre par la nature des rapports qui ont coutume d'exister entre une colonie et la métropole.

L'Irlande n'a jamais eu d'une colonie que le nom. L'état de colonie implique une dépendance politique et législative envers la mère-patrie et une condition d'infériorité auxquelles ne pouvait être soumise ni l'Irlande féodale de Henri II, ni l'Irlande protestante de Cromwell et de Guillaume III.

L'Irlande est d'ailleurs trop près de l'Angleterre pour remplir les conditions d'une colonie ordinaire, que l'éloignement de la mère-patrie protége en quelque sorte, et qui trouve une certaine indépendance dans l'impossibilité même où est la métropole de la gouverner sans cesse. Toute conquête qui touche au pays conquis ne saurait demeurer dans la situation intermédiaire que tient une colonie entre l'indépendance politique et l'entière sujettion. Il fallait nécessairement que l'Irlande, placée sous le sceptre de

(1) En 1651 ; dans son plan d'union, l'Irlande envoyait trente membres au parlement.

l'Angleterre, fût traitée en égale ou en ennemie, faite libre ou esclave; nous venons de voir comment elle ne pouvait être placée en état de servitude : elle reçut donc, théoriquement au moins, les priviléges de la liberté. Plus d'une fois, sans doute, l'Angleterre méconnut les droits qu'elle avait consacrés ; elle les viola toutes les fois qu'il lui plut de le faire; car, pour avoir donné à l'Irlande un gouvernement libre, l'Angleterre ne cessait pas d'être plus forte que celle-ci et ses intérêts l'emportèrent souvent sur ses engagements et même sur ses passions. C'est ainsi que le premier des Tudors, Henri VII, soumit à une sorte de censure préalable toutes les lois proposées au parlement irlandais (1); et plus tard, sous Guillaume III, quand l'Angleterre voulut d'un seul coup anéantir l'industrie et le commerce irlandais, elle alla jusqu'à soutenir que les lois du parlement anglais étaient obligatoires pour l'Irlande.

Mais tout en se soumettant, l'Irlande protesta toujours contre ces abus de la force; et voilà que l'Angleterre elle-même reconnaît solennellement ses excès lorsqu'elle déclare (2) que *jamais le parlement anglais n'a eu le droit de faire des lois pour l'Irlande, ni de porter atteinte à l'indépendance du parlement irlandais.* Avant que l'Angleterre eût reconnu ce principe, l'Irlande l'avait proclamé elle-même; et ce qui est digne de remarque, c'est qu'en se déclarant libre elle agît non comme une colonie qui brise ses fers et s'émancipe, mais comme un peuple qui rétablit son droit : bien différente des provinces américaines, dont la déclaration d'indépendance fut un signal éclatant de guerre à l'Angleterre, elle ne fut jamais plus étroitement unie à ce pays que le jour où son indépendance parlementaire fut constatée : c'est que cette indépendance était la condition première du pacte social; par leur émancipation les États-Unis brisaient le contrat, auquel l'Irlande restait fidèle en devenant libre.

(1) Loi Poyning. V. le chapitre précédent.
(2) En 1782.

Burke a très-bien peint l'évènement de 1782 en disant qu'il a été le 1688 de l'Irlande (1).

§ V. — 1782.

Abolition de quelques lois pénales. Conséquences de la déclaration de l'indépendance du parlement.

Le mouvement des *volontaires*, d'où naît la déclaration d'indépendance du parlement d'Irlande, a deux effets distincts : l'un général, qui intéresse tous les habitants de l'Irlande, catholiques et protestants ; et un autre qui est spécial aux catholiques.

Sous le premier rapport, l'indépendance du parlement irlandais, quoique profitant à tous, est un succès surtout pour les protestants qui, étant en possession de tous les avantages sociaux, sont les plus impatients de conquérir un gouvernement libre : ceux qui meurent de faim, les prolétaires, ne songent guère à l'indépendance du parlement comme moyen d'avoir du pain ; ils sont trop misérables pour envier les droits politiques ; leur ambition se porte sur les objets immédiats de leurs besoins, et ils ne considèrent pas que la liberté politique est aussi le meilleur instrument pour créer le bien-être social.

Cependant le parlement irlandais, quoique exclusivément composé de protestants, ne pouvait recouvrer son indépendance sans la manifester par quelques actes favorables aux catholiques.

Aussi, à la même date de 1782, l'Irlande voit-elle abolir les lois qui empêchaient les catholiques d'acquérir, de disposer, de vendre, d'acheter, de succéder, de posséder la propriété comme les protestants (2). Ceci est le complément de la loi de 1778 : c'est la concession du droit de propriété sans restriction ; désormais ce n'est pas comme fermier

---

(1) Plowden, I, 521.
(2) 21-22 George III, ch. xxiv (1782).

perpétuel ou de neuf cent quatre-vingt-dix-neuf ans que le catholique possédera la terre, mais bien comme propriétaire.

—Révocation de la loi qui défendait d'avoir un cheval de plus de 5 livres sterling et permettait, en temps de guerre ou en cas de crainte d'une invasion, de prendre tous les chevaux des papistes (1). Ainsi désormais plus de prohibition contre les catholiques de posséder des propriétés soit mobilières, soit immobilières.

— Révocation des lois qui infligeaient aux prêtres catholiques des peines pour avoir célébré un office selon le rit catholique (2) ; reste seulement défense d'officier dans une chapelle avec cloche et clocher (3).

— Abolition de la loi qui permettait d'emprisonner tout papiste refusant de dénoncer un prêtre qui disait la messe et les assistants (4). C'est un acheminement vers la tolérance du culte catholique ; les catholiques ne pourront, il est vrai, célébrer leur culte ni avec pompe, ni avec éclat ; mais enfin ils pourront prier en silence selon les formes de leur religion. De là l'abolition de toutes les peines d'emprisonnement, de déportation, portées contre le prêtre catholique.

— Enfin révocation de la loi qui empêchait les catholiques d'être instituteurs de la jeunesse (5) ; 2° d'être tuteurs de leurs enfants et des enfants d'autrui (6).

Ceci est la seconde émancipation catholique : de cette époque datent encore deux changements qui, quoique profitant tout à la fois aux protestants et aux catholiques, doivent être considérés surtout comme utiles à ces derniers : on veut parler de la loi par laquelle les juges d'Irlande furent déclarés *inamovibles*, si ce n'est en cas de prévarication (*till good behaviour* ou *quamdiu se benè gesse-*

(1) 1782. — 21-22 George III, ch. xxiv, § 12.

(2) 1782. — 21-22 George III, ch. xxiv.

(3) Ibid.

(4) 1782. — 21-22 George III, ch. xxiv, § 11.

(5) Ibid., ch. lxii.

(6) Ibid. § 5.

rint) (1) ; et la loi d'*habeas corpus* (2) établissant pour l'Irlande le grand principe de la *liberté individuelle* sur la même base d'inviolabilité qu'en Angleterre.

Je dis que ces deux lois générales sont particulièrement favorables aux catholiques : car ce sont surtout les pauvres et les opprimés qui ont besoin de garanties et de lois tutélaires.

§ VII. — *Suite du mouvement des volontaires.* *Convention de* **1783.**

Il ne serait pas raisonnable de penser qu'un corps aussi puissant, représentant la nation, ayant le sentiment de son droit et la conscience de sa force, après avoir décrété des résolutions aussitôt transformées en lois par les parlements d'Angleterre et d'Irlande, s'en tiendrait là.

Dès que le parlement irlandais eut été proclamé et reconnu indépendant, les volontaires de Belfast (31 juillet 1782) déclarèrent, après délibération, que la nation ne devait point se contenter de ce qui avait été fait (3).

Immédiatement après la déclaration d'indépendance du parlement d'Irlande, une autre chose se présentait naturellement à faire : c'était sa réforme. Ce parlement n'était qu'une représentation mensongère, même de la population protestante ; sous l'influence de la corruption il votait des lois anti–nationales, des lois populaires sous l'empire de la peur. Vainement on l'avait proclamé libre, il ne l'était que de nom. Et comme ses vices tenaient à sa source même, c'est-à-dire au système électoral dont il émanait, c'était une réforme radicale qu'il fallait. En conséquence, les volontaires, *réunis en convention nationale*, proclament la nécessité d'*une réforme parlementaire* (**1783**) (4).

(1) Plowden, I, 623.
(2) Ibid.
(3) Hardy Life of lord Charlemont, ii, 25.
(4) Ibid. Lord Charlemont, ii, 141.

En même temps que ce débat s'agitait dans cette grande assemblée de la nation armée, la même question était portée devant le parlement, réuni à Dublin; de sorte qu'en ce moment on peut dire que l'Irlande avait deux assemblées de représentants; l'une parfaitement légale et impopulaire; l'autre irrégulière, mais sortie du sein du peuple.

Cependant le parlement d'Irlande rejette la proposition de réforme à la majorité de cent cinquante-neuf voix contre soixante-dix-sept. On avait demandé à ce parlement plus qu'il ne pouvait faire. En effet, changer les bases sur lesquelles se faisaient les élections, c'eût été assurer à la majorité de ses membres qu'ils ne seraient pas réélus; c'était demander un suicide patriotique à de mauvais citoyens. La chambre résolut de maintenir ses priviléges et ses justes droits contre toute entreprise et toute usurpation.

Peut-être le parlement d'Irlande eût fait par peur ce qu'il ne fit pas par esprit de justice et de raison, s'il y avait eu pour lui quelque péril à refuser la réforme parlementaire; mais ce péril n'existait pas. Les *volontaires armés,* qui avaient demandé énergiquement et obtenu l'indépendance du parlement, ne sollicitaient point la réforme parlementaire avec la même énergie. La division commençait à se glisser parmi eux; beaucoup croyaient que, cette indépendance étant obtenue, tout était fait, et qu'il n'y avait plus qu'à se reposer; d'autres, et ils étaient en grand nombre, commençaient à craindre que les discussions, en se prolongeant, et les réformes, en suivant leur cours, n'amenassent une révolution dangereuse dans l'état des catholiques. Or, presque tous les *volontaires étaient protestants.*

Remarquez que, dans le parlement, l'émancipation politique des catholiques était discutée; on examinait la question de savoir s'ils devaient être appelés à l'exercice des droits électoraux, en même temps qu'on agitait les questions générales de réforme parlementaire. Les deux questions se trouvaient ainsi liées; on les mêlait de même parmi les volontaires. Ceux-ci, disposés à adoucir les souffrances des catholiques, mais non à les émanciper, avaient pris une délibération établissant *que la réforme parlementaire devait avoir lieu, mais que les catholiques ne devaient point être appelés à jouir de la franchise électorale* (1). Cependant, les deux questions se trouvant confondues et discutées en même temps dans le parlement, on conçoit très-bien comment les protestants devaient craindre que le triomphe de celle qu'ils désiraient ne conduisît au succès de l'autre. Ils devaient d'autant plus redouter cette conséquence que la logique y conduisait. Comment discuter rationnellement les principes de la représentation parlementaire fondée sur la propriété, et disputer les droits qui découlent de celle-ci à un certain nombre de propriétaires, sur le seul motif de leur religion, à l'instant même où l'on avait reconnu et proclamé l'injustice des lois pénales portées contre eux?

Ceci explique l'indifférence avec laquelle fut accueillie la résolution des communes d'Irlande, qui repoussait la réforme parlementaire.

§ VII. — *Corruption du parlement d'Irlande.*

La réforme parlementaire était repoussée; et cependant la corruption de ce parlement était extrême. Les communes se composaient de trois cents membres : s'il eût fallu corrompre trois cents députés indépendants, la tâche eût été difficile et onéreuse ; mais, sur ce nombre, la plupart n'étaient que des créatures de l'aristocratie ; plus de deux cents étaient nommés par des bourgs pourris appartenant soit à des lords, soit à de riches propriétaires, membres eux-mêmes de la chambre des communes ; de sorte qu'il suffisait d'en acheter quelques-uns pour les avoir presque tous (2) ; un seul disposait quelquefois de *vingt* bourgs.

Il y avait deux manières d'acheter les membres des com-

(1) Hardy, Life of lord Charlemont. II, 100-113.
(2) Gord., II, 286.

munes : les emplois et les pensions. La première était le mode *honorable* de se vendre ; le gouvernement avait à sa disposition une foule de charges. Quand il n'en avait pas un nombre suffisant, il en créait de nouvelles ; lorsque les emplois existants n'étaient pas assez rétribués, on l'augmentait (1). A l'égard des petits offices de judicature et d'administration, qui n'étaient pas de nature à convenir à des représentants de la nation ; on les vendait à qui voulait les acheter, et le prix provenant de ce commerce formait une ressource pour acheter des voix.

Quand la ressource des fonctions publiques était épuisée, on donnait des pensions sur le revenu irlandais (2). L'argent employé ainsi était celui de la pauvre Irlande, qui fournissait ainsi à ses ennemis de quoi payer ceux qui la vendaient en se vendant eux-mêmes. Ces pensions, qui, en 1756, n'étaient que de 44,000 livres sterling, s'élevaient, en 1793, à 120,000 livres sterling, c'est-à-dire 3,060,000 francs (3). Enfin, quand le gouvernement n'avait plus à sa disposition d'emplois publics à donner, et que le fonds des pensions était épuisé, il prenait dans le trésor public ce dont il avait besoin, sauf à occasionner un déficit dans les caisses de l'État. Il était rare qu'un vice-roi sortît d'Irlande sans y laisser un arriéré de 2 ou 300,000 livres sterling (4).

La corruption se pratiquait avec un incroyable cynisme. « On savait généralement, » dit Gordon, dont le témoignage n'est pas suspect, « qu'on payait la majorité (5). » « Osez « nier cette corruption, » s'écrie Grattan, au sein même du parlement corrompu, et nulle voix ne le contredit.

---

(1) Plowden, I, 451.

(2) Plowden, I, 356. — *Infamous pensions* to *infamous men*, dit Grattan le 12 octobre 1779. V. t. I, p. 23, speeches. — Le gouvernement avait aussi des *fonds secrets*. V. Plowden, I, 452.

(3) Plowden, I, 373. — Gordon, t. II, p. 243 et 330. Sujet de déclamation pour les patriotes, dit cet historien.

(4) V. Plowden, p. 404, 435, 441, 478, 449, 457, 497, 545.

(5) Gordon, II, p. 307.

Quelquefois, après avoir remarqué une forte opposition dans le parlement, on était tout étonné de la voir s'évanouir subitement ; ce qui arriva en 1765, à l'occasion du bill relatif à l'exportation des grains. C'est que les opposants ayant pris une attitude alarmante, on en acheta tant qu'on put. « Aussi, disait le docteur Lucas, on sait bien ce qu'ont coûté à la nation certains patriotes qui, ayant fait de l'indépendance, avaient perdu leurs pensions, mais auxquels on les a rendues ; qu'il a fallu ainsi pensionner, destituer, repensionner ; dépense totale, environ un demi-million sterling (plus de 12,000,000 de francs) (1). »

Dans l'origine, les parlements étaient annuels ; par abus, ils devinrent rares ; et, peu à peu, on les fit durer toute la vie du roi (2). Il résultait de là que, si la première année le gouvernement avait acheté la majorité, il en demeurait le maître, et en disposait selon son bon plaisir jusqu'à l'avénement d'un nouveau roi. Pour éviter la mauvaise chance d'un règne trop court et d'un nouveau parlement trop rapproché du dernier, il fut un jour proposé au parlement de voter vingt-cinq ans de subsides. C'était aller droit au but ; mais la motion échoua.

Sous le règne de Georges III, un autre système fut établi ; le parlement devint octennal, avec charge de se réunir tous les deux ans, ce qui, en huit ans, faisait quatre parlements.

La conséquence fut que tous les huit ans il y eut un nouveau parlement à acheter ; les députés qui s'étaient vendus disparaissaient généralement, et ne revenaient point par l'effet des nouvelles élections ; mais il en venait d'autres avec lesquels on traitait, et ce qu'on considérait comme une garantie d'indépendance ne parut à un grand nombre qu'un surcroît de dépense pour le gouvernement anglais, c'est-à-dire -pour l'Irlande, qui avait à faire les fonds de la corruption.

(1) Plowden, i, 382.
(2) Gordon, ii. — Plowden, i, 387.

La chambre des lords était plus facile encore à gagner. La couronne exerçait sur elle cet ascendant que possède naturellement un supérieur sur ceux qui tiennent de lui tout ce qu'ils ont. Presque tous étaient d'ailleurs d'une noblesse nouvelle, et par conséquent sans racines dans le pays. Le plus grand nombre enfin ne résidait point en Irlande. Occupés à Londres de leurs plaisirs, ou assidus à la cour du roi d'Angleterre, ils aspiraient bien plus à passer pour des lords anglais que pour de courageux défenseurs des intérêts de leur pays. La session des lords irlandais ne se signalait guère que par quelques rapports de courtoisie avec le vice-roi; et ces rapports, chaque fois qu'ils avaient lieu, faisaient toujours éclater parmi les seigneurs irlandais quelque bassesse nouvelle. Jamais, dit l'auteur des Mémoires de lord Charlemont, on ne vit une noblesse de cour varier, autant que celle d'Irlande, les formes obséquieuses de la servilité (1).

A vrai dire, la chambre des lords n'était point et ne pouvait être un embarras pour le gouvernement anglais. D'un autre côté elle était si faible, comme institution nationale, que son appui avait peu de valeur; mais elle présentait au gouvernement anglais une ressource d'une autre nature, et qui avait aussi son prix. Il arrivait quelquefois que le fonds des pensions était épuisé, lorsqu'on avait encore besoin d'argent pour corrompre; dans ce cas on vendait la pairie à des gens qui n'y avaient aucun droit, et qui, par cette raison, s'estimaient heureux de la gagner à prix d'argent; et les sommes provenant de ce trafic servaient à acheter les consciences encore libres.

Le grand mérite de la pairie aux yeux du gouvernement était donc qu'elle lui donnait, en payant ses titres, de quoi corrompre la chambre des communes. Ainsi, disait Grattan, dans le parlement d'Irlande, les ministres vendent les pré-

(1) Hardy. Lord Charlemont, 1, 103.

rogatives de la couronne pour acheter les priviléges de la nation (1).

L'agent légal des négociations parlementaires entre l'Angleterre et les deux chambres irlandaises était le vice-roi d'Irlande.

Mais, pendant longtemps ce grand dignitaire ne prit de la dignité que l'émolument. La charge de vice-roi d'Irlande était considérée comme une sinécure dont le gouvernement anglais avait coutume de disposer pour satisfaire quelque exigence politique. Quand un grand seigneur demandait un ministère, malgré une incapacité absolue, on le nommait vice-roi d'Irlande ; c'était aussi quelquefois pour un grand personnage, pauvre ou ruiné, un moyen de faire ou de réparer sa fortune. Le vice-roi possédait dans sa viceroyauté deux palais magnifiques, l'un à Dublin, l'autre aux environs de la ville, mais il n'y résidait point. Le séjour de Dublin ne pouvait lui tenir lieu de Londres, où le retenaient ses habitudes et ses plaisirs. Il y a des vice-rois qui n'ont même pas paru une seule fois en Irlande : par exemple, lord Weymouth, nommé en 1765 (2). D'ordinaire ils allaient y passer quelques mois seulement, de deux ans en deux ans, pour l'ouverture du parlement, après quoi ils revenaient en Angleterre. Quoique son séjour en Irlande fût aussi bref, le vice-roi n'en tirait pas moins de gros profits ; lord Wharton y gagna en deux ans 1,200,000 fr. (45,000 livres sterlings) (3). C'était chose tellement insolite en Irlande, qu'*un vice-roi résidant*, que lorsqu'en 1768 lord Townsend vint en cette qualité se fixer à Dublin, tout le peuple se refusait de croire au phénomène, ou le regardait avec stupeur (4).

---

(1) The ministers have sold the prerogatives of the crown to buy the privileges of the people. (Grattan sale of peerages, séance du 8 février 1791). Grattan Speeches, IV, 17.

(2) Plowden, I, 372 — Gordon, II, p. 244.

(3) Gordon, II, p. 198. (en 1700.)

(4) Gordon, II, p. 245.

En l'absence du vice-roi, le gouvernement était confié, par intérim, à trois lords justiciers choisis soit parmi les membres du conseil privé, soit parmi les juges des quatre cours, soit encore dans les hauts dignitaires de l'église anglicane. C'était eux que le gouvernement anglais employait pour négocier de la majorité dans le parlement.

Il y avait toujours dans le parlement, dit le docteur Campbell, trois ou quatre personnages influents, dont la coalition amenait nécessairement la majorité sur une question quelconque. C'était ces individus qu'il importait de gagner, et avec lesquels les lords justiciers traitaient ensuite : il intervenait alors la plus immorale et la plus scandaleuse des transactions. Les lords justiciers livraient véritablement à forfait l'administration de l'Irlande ; ils remettaient à ces membres influents du parlement la disposition de tous les emplois et dignités dépendants du pouvoir exécutif, le revenu de l'Irlande, le fonds des pensions : moyennant quoi ceux-ci contractaient l'engagement illimité de faire passer dans le parlement toutes les lois que désirerait le ministère anglais. C'était mettre à l'*entreprise* le gouvernement de l'Irlande : aussi ces vils agents sont-ils appelés dans l'histoire et dans tous les mémoires du temps, du nom d'*entrepreneurs* (undertakers) (1).

En vertu des pouvoirs qui leur étaient délégués, ils nommaient à tous les offices de lieutenant de comté, de shériff, de juges de paix, d'avocats de la couronne, d'agents comptables ; ils donnaient les pairies, ou plutôt ils ne conféraient gratuitement aucun emploi ni aucune fonction ; ils vendaient tout ce qu'ils donnaient. Le parlement, la justice, l'administration, tout était vénal en Irlande.

Les entrepreneurs avaient sur le vice-roi toutes sortes d'avantages : comme ils étaient toujours sur les lieux, ils connaissaient mieux que lui le courant des affaires et le fond des intrigues. Ils se prêtaient d'ailleurs bien plus sou-

(1) Hardy, Life of lord Charlemont, I, 217. — Plowden, I, 385.

plement que le vice-roi à toutes les basses manœuvres dont
on leur demandait d'être les instruments. L'office de la vice-
royauté était devenu tellement ignoble, que le vice-roi ne
pouvait plus le remplir. Tout le pouvoir étant placé dans ces
agents, la vice-royauté n'était plus qu'une dignité nominale,
et si un vice-roi eût voulu se prévaloir de son titre pour disposer des places et des honneurs, les entrepreneurs eussent
été en droit de se plaindre d'une violation de contrat. En
général, si le vice-roi faisait une recommandation, ils n'en
tenaient aucun compte (1).

La coterie des gens de justice et des hommes de cour,
auxquels cette vile besogne convenait, était la même qui,
jadis, dans les temps de guerres civiles, spéculait sur les
confiscations ; comme il n'y avait plus de terres à prendre,
ils ne tuaient plus personne ; ils volaient tout le monde.

Sur vingt vice-rois qui, dans le cours d'un siècle, se suc-
cédèrent en Irlande, il s'en rencontra un, lord Townsend,
qui, en 1767, forma le projet d'administrer lui-même (2) ;
son intention était honnête et pure ; il voulait écarter des
affaires la cabale dominante, et gouverner directement l'Irlande sans aucun intermédiaire.

Mais les corrupteurs étant éloignés, restaient tous ceux
qu'avait atteints la corruption, et qui en avaient contracté
les habitudes et les besoins. Il y avait désormais, parmi les
lords et dans les communes d'Irlande, un certain nombre
de membres accoutumés à vivre sur le salaire de l'Angleterre, et qu'on devait se résigner à trouver hostiles si on
cessait de les payer. Lord Townsend qui, avant tout, voulait
répondre de l'Irlande à son pays, eut recours au seul moyen
alors connu de succès. Il gouverna seul, il est vrai, mais en
payant comme faisaient ceux qu'il avait éconduits (3) ; avec
cette seule différence que, novice dans la corruption, il se

(1) Hardy, Life of lord Charlemont, 216.
(2) Gordon, ii, 245.
(3) Plowden, I 386. — Gordon, ii, 247.

laissa dicter des conditions très-dures par les consciences
qu'il achetait; quoiqu'il ne retirât des marchés aucun lucre
personnel, il dépensa plus que les entrepreneurs qui ne
donnaient jamais rien sans retenir pour eux-mêmes. A tout
prendre, il en coûta plus à l'Irlande d'être gouvernée par
un homme d'honneur que par des intrigants (1). C'est que
s'il était digne, son système ne l'était pas. Rien n'est plus
gauche qu'un honnête homme dans les pratiques de la corruption, il n'entend rien aux roueries avec lesquelles il traite;
il faut laisser aux âmes basses les viles intrigues: elles y
sont supérieures.

§ VIII. — *A quoi sert un parlement servile ?*

On ne saurait voir le parlement d'Irlande et sa vénalité sans
être agité d'un doute ; n'eût-il pas mieux valu pour l'Irlande
n'avoir aucune représentation parlementaire que d'en posséder une semblable? De quelle utilité sont pour le pays des
représentants qui se vendent? n'est-ce pas une charge de
plus pour le peuple qui en définitive les paie? et l'autorité de
de ces mandataires de la nation n'est-elle pas un manteau dont
le pouvoir se couvre, et qui lui donne pour le mal plus de
puissance qu'il n'en aurait, abandonné à ses propres forces?
Il y a sans doute dans la corruption du parlement d'immenses périls. Cependant le pouvoir exécutif n'est pas
toujours en mesure d'acheter les membres du parlement,
même quand il en a la volonté. Il arrive quelquefois que
ceux-ci ne sont pas en humeur de se vendre ; quand ils
se vendent, il y a un marché délicat à passer, qui, quand
on le connaît, fait scandale et entrave la corruption; enfin
l'amour de la liberté est tel que ceux qui s'aliènent,
essaient souvent de garder quelque chose d'eux-mêmes ; ils
trichent avec les acheteurs, font avec leur propre conscience

(1) Plowden, 1, 411.— Lord Townsend laissa, quand il quitta l'Irlande,
un arriéré de 265,000 liv. st. — Plowden, 1, 420.

les plus étranges compositions, s'efforcent de retenir quelque honneur au sein de leur dégradation, et sont tentés de montrer de l'indépendance à l'instant même où ils ont accepté la servitude. Placés entre le mandat de leurs commettants, et l'engagement pris avec le pouvoir auquel ils se sont livrés, ils appartiennent sans doute à celui dont ils reçoivent l'argent, mais non sans quelque retour vers ceux dont ils voudraient garder l'estime. Un pouvoir ennemi du peuple, agissant sans le concours d'une assemblée, ferait tout simplement ce qui lui plaît et ce qui lui est utile, abstraction faite des intérêts du pays ; l'assemblée qui lui est vendue ne l'entravera point sans doute ; mais s'il existe un moyen de faire ce que veut le pouvoir sans nuire au peuple, on peut compter qu'elle le trouvera. Il s'établit souvent dans les âmes les plus vénales et les plus corrompues, de certains compromis d'honneur et d'infamie, suivant lesquels l'homme qui, d'un côté, livre le plus lâchement les intérêts de son pays, les défend intrépidement sur un autre.

Il arrive aussi que les membres du parlement qui se sont vendus font comprendre au pouvoir que, pour être forts, ils ont besoin de ne pas être trop impopulaires ; et quand une mesure de tyrannie leur est demandée, ils la consentent sans doute ; mais, pour échapper à l'anathème, ils demandent qu'on accompagne l'acte oppresseur de quelque mesure nationale (1).

Il faut considérer aussi que vainement la corruption est pratiquée en grand ; elle n'atteint jamais tout le monde. Il y a toujours quelques âmes élevées jusques auxquelles la séduction ne peut arriver. Voyez Grattan, Curran, Ponsonby, Lucas. Alors la minorité restée pure devient puissante par sa seule vertu, qui éclate en relief des vices de la majorité ;

(1) Ainsi il arriva lorsqu'en 1780 une motion en faveur de la liberté commerciale fut votée par le parti ministériel lui-même. (Plowden, 1, 491 et 504.) — Ainsi font, en 1769, plusieurs pensionnés du ministère qui, au grand étonnement du vice-roi, votent contre le bill qui attribuait au parlement anglais l'initiative des lois de finance. Plowden, 1, 395.

et à la longue cette minorité est formidable, quand elle
s'appuie sur les besoins et sur les sympathies de la nation (1).

Les pratiques de la corruption sont mêlées d'une foule d'obstacles et de difficultés. Si l'homme qu'on achète est de peu
de valeur, sa défection fait peu de bruit; mais aussi l'on
achète peu de chose. S'il a quelque importance, il vaut
le gagner; mais
alors l'intrigue fait éclat. Voyez toute la rumeur qu'excite la
défection du patriote Flood, nommé à un emploi révocable
du gouvernement (2). Chose remarquable! il n'est pas rare,
qu'au milieu des corruptions qui se pratiquent, on traite de
dupes les gens honnêtes qui résistent à l'intrigue, et demeurent fermes au milieu de la faiblesse commune; et
pourtant, où trouver dans l'histoire un caractère indépendant qu'on ne rappelle avec honneur, et un homme servile
qu'on ne flétrisse comme infâme?

Le parlement le plus vénal a parfois, d'ailleurs, un
avantage. Il est vrai qu'habituellement il aide le pouvoir
contre le pays; cependant, vienne une administration libérale, ce qui se peut rencontrer, vous le voyez voter des
lois utiles au peuple avec plus d'ardeur encore qu'il n'en
mettait à soutenir des mesures anti-nationales. Il se fait
chez tous ses membres une subite révolution : ce qu'on leur
dit de faire s'accorde avec tous leurs désirs; ils ont toujours
été les amis de la liberté; ils mettent un zèle merveilleux à
défendre les principes que jusqu'alors ils avaient combattus; ils donnent plus qu'on ne leur demande, tant ils sont
heureux de pouvoir être populaires sans cesser de recevoir
le prix de la servilité (3). Enfin quelle que soit la corruption,
il arrive un moment où elle est impuissante : ceux qu'on

---

(1) V. Hommages rendus à la minorité du parlement, en 1781, par les
Volontaires de l'Ulster. Plowden, 1, 569.

(2) Hardy, Life of lord Charlemont, 1, 355.

(3) V. Exemples dans Plowden, 1, 596, 598 et 614.

paie longtemps finissent par croire que ce qu'ils reçoivent si régulièrement leur est dû, et un jour on les voit, malgré leur engagement de servitude, parler et agir comme s'ils avaient leur liberté.

Quelquefois aussi l'opinion publique se montre si impérieuse, que quel que soit le désir qu'éprouvent les membres du parlement d'y résister, quoiqu'on ajoute encore à leurs pensions, et que l'on établisse, à force d'argent, une sorte de barrière entre eux et le patriotisme du dehors, il y a impossibilité pour eux de refuser ce que veut le pays ; et alors ce parlement servile devient un instrument précieux pour proclamer la volonté du peuple, qui ne se manifesterait que par des actes irréguliers et violents, si elle n'avait pour s'exprimer un organe constitutionnel (1).

Quand il voit les membres vendus du parlement reprendre leur liberté, le gouvernement s'en plaint quelquefois amèrement. Il a tort ; car les consciences qui s'étaient données à lui n'avaient point le droit de s'aliéner. Le plus souvent il se tait ; il craint qu'une défection connue n'en amène d'autres ; et s'il lui arrive de sévir contre les parjures, c'est-à-dire s'il retire leurs pensions aux députés qui ont fait acte d'indépendance, il en résulte une grande colère chez ceux-ci, qui s'indignent de ce qu'on les dépouille d'une propriété sacrée à leurs yeux, deviennent de ce jour des adversaires d'autant plus dangereux du pouvoir, qu'ils en connaissent toutes les secrètes turpitudes ; et se montrent patriotes d'autant plus zélés, qu'ils ont plus de besoin de prouver la sincérité de leur attachement à la cause populaire.

Quand on est effrayé de ce que coûtent les membres d'un parlement vénal, on ne pense pas à tout ce qui serait dépensé et prodigué sans mesure et sans utilité publique, s'il n'y avait pas de parlement.

Ces considérations, qui sont comme l'histoire du parlement d'Irlande, prouvent peut-être que pour un peuple il y

(1) Voyez les faits. Plowden, 1, 535.

a quelque chose de pire que d'avoir une représentation corrompue, c'est de n'en avoir aucune.

CHAPITRE II.

Révolution française; ses effets sur l'Irlande.

§ Ier. — 1789.

La révolution française de 1789 trouve un retentissement
immense parmi les misères et les passions de l'Irlande ; elle
introduit en Irlande de nouveaux éléments de réforme.

Jusqu'alors les chefs du parti populaire, c'est-à-dire les
wighs, ayant à leur tête Grattan et lord Charlemont, poursuivaient la liberté telle que l'entendent les Anglais, c'est-
à-dire la liberté de nature féodale, qu'on réclame et qu'on
obtient comme un privilége, et à titre de concession.

Dès que l'influence de la France s'est fait sentir, les libéraux d'Irlande invoquent la liberté comme un droit ; droit
naturel, général, imprescriptible. Le radical qui demandait
des réformes au nom de la grande Charte, revendique désormais les droits de l'homme (1).

La réforme irlandaise prend ainsi un caractère philosophique qui lui manquait entièrement ; son cercle s'élargit,
elle procède de plus haut, et va plus loin. Tous ceux qu'atteint cet esprit philosophique, ne comprennent plus qu'on
refuse aux catholiques des droits que l'on reconnaît aux protestants (2) ; tous les hommes étant égaux, doivent participer également à tous les bienfaits de la constitution : de là
une conséquence toute naturelle, c'est qu'il faut établir le
suffrage universel (3).

(1) Wolf Tone's memoirs, i, 223.
(2) Hardy life of Charlemont, ii, 259. — « To all classes of men
« whatever... »
(3) Ibid, ii, 324.

Alors tous les esprits sont saisis comme d'une fièvre ardente d'innovation générale. On va refaire la société à neuf : les projets de régénération abondent, toutes les réformes sont proposées à la fois : la réforme parlementaire, la réforme sociale, la réforme politique, la réforme religieuse. Chacun a son système, chacun a rêvé un plan de constitution nouvelle (1).

La révolution française a remué tous les peuples ; mais il ne se trouve peut-être pas dans le monde un pays auquel elle se soit aussi vite et aussi fidèlement communiquée qu'à l'Irlande.

L'Irlande a désormais les yeux fixés sur la France ; tout ce qui se passe dans ce dernier pays la touche profondément. La cause de la France est à ses yeux celle de tous les peuples asservis qui aspirent à la liberté (2).

Non-seulement l'Irlande sympathise avec la France, et prend toutes les passions de celle-ci, mais encore elle lui emprunte ses mœurs, son langage, le style de ses lois, et toutes ses nouvelles allures révolutionnaires.

Les volontaires de Dublin s'étant constitués en milice bourgeoise, prennent le nom de garde nationale (3). A Belfart, à Dublin on célèbre annuellement le triomphe de la liberté française. L'anniversaire de la prise de la Bastille devient une fête nationale (4). Dans les assemblées publiques, on substitue à la harpe irlandaise le bonnet de la liberté (5). Dans les clubs, dans les meetings, les orateurs se déclarent citoyens du monde entier (6).

---

(1) Belfast politics. (Compilation publiée en 1794 à Belfast.)

(2) Right or wrong, success to the french! They are fighting our battles; and if they fail, Adieu to liberty in Ireland for one century. Tone's memoirs, 1, 205. — Id. 190-195.

(3) Hardy life of Charlemont, ii, 330. — Gord., ii, 322.

(4) Tone's memoirs, 1, 158. — Belfast politics, p. 17. — Gordon ii, 322.

(5) Hardy life of Charlemont, ii, 223-330.

(6) Belfast politics, 17.

Dans des banquets civiques on porte les toats suivants :
« A la souveraineté du peuple ! aux droits de l'homme
« (1792) (1). » — « Puisse la philosophie éclairer les peuples,
« et ne faire d'eux tous qu'une grande famille ! (1792) (2). »
Dans une fête national un drapeau est déployé, sur lequel
on lit l'inscription suivante :
« A notre sœur des Gaules ! Elle est née le 14 juillet 1789 !
« Hélas ! nous sommes encore à l'état d'embryon (1792) (3).»
, L'Irlande sourit à tous les succès de la France, et pleure
sur tous ses revers. Elle apprend une victoire des armées
françaises sur le Rhin, et une illumination générale à Dublin célèbre ce triomphe (4).

La presse participe à cette imitation du langage français.
Un patriote fait-il une publication libérale ? il la signe : Enfant de la liberté (5). Un certain nombre de citoyens s'as-
semblent-ils pour prendre une résolution patriotique, on
voit, par la forme de leur engagement, qu'ils sont préoccupés
du serment du Jeu de Paume, et jaloux de l'imiter (6). Il
devient assez commun en Irlande de s'appeler du nom de
citoyen (7). On voit, dans les Mémoires de Wolf Tone, que ses
amis et lui se qualifient de sans-culottes (8). Dans leurs joies
patriotiques, les Irlandais-unis crient comme en France :
Vive la nation (9) !

Lorsqu'en 1798, l'expédition française, envoyée par le
Directoire pour révolutionner l'Irlande, aborda sur les rives
du Connaught, dans la baie de Killala, on répandit dans tout

(1) Ibid, 48.
(2) Ibid.
(3) Ibid, 55.
(4) Tone's memoirs, II, 200.
(5) A liberty boy. V. Tone's memoirs, I, 376.
(6) Id. p. 78.
(7) Id. p. 110.
(8) Id. p. 189.
(9) Id. p. 172.

le pays, afin de soulever les populations, une espèce de marseillaise :

Éveillez-vous, enfants de l'Hybernie,
Le jour de gloire est arrivé, etc. (1).

Quelquefois le patriotisme irlandais fait à la France républicaine des emprunts dépourvus d'intelligence ; c'est ainsi que, pour exciter les Irlandais à s'unir aux armées républicaines, on parle de l'harmonie qui va s'établir entre *la harpe irlandaise* et *la fleur-de-lys de France* (2).

C'est surtout à l'influence de la révolution française qu'il faut attribuer le changement immense qui s'opéra dans l'esprit et dans les principes des *volontaires irlandais*. Ces volontaires, quelque libéraux qu'ils fussent, ne cessaient pas d'être protestants ; et ils ne poursuivaient guères que pour eux-mêmes les libertés et les droits pour lesquels ils combattaient, et dont, soit préjugé, soit passion religieuse, ils jugeaient les catholiques peu dignes. Ils avaient, il est vrai, réclamé en faveur de ceux-ci quelques modifications dans les lois pénales, mais ils sollicitaient plutôt un adoucissement à la persécution qu'un retour complet à la justice ; leur libéralisme ne s'était jamais entière-

(1) Musgrave. Irish rebellions appendix, 78 :

Rouse, hibernians, from your slumbers !
See the moment just arrived,
Imperious tyrants for to humble
Our french Brethren are at hand.
— Erin's sons, be not faint hearted
Wellcome sing then *ça-ira*,
From killala they are marching
To thetune... of Vive là.
— To arms !....

(2) Musgrave, 165 :

The fleur-de-lys and harp we will display
While tyrant hereticks shall mould to clay.

ment dégagé de l'esprit de secte et de l'orgueil de race. Ils traitaient les catholiques en inférieurs, alors même qu'ils leur prêtaient secours ; ils exerçaient sur ceux-ci une sorte de patronage ; maintenant ils s'associent à eux comme à des égaux ; et, en 1792, dans le but d'amener la fusion des partis et des rangs, les *volontaires* prennent le nom d'*Irlandais-Unis* (1).

Cette union nouvelle, qui se forme entre protestants et catholiques, ne se manifeste pas seulement par des actes politiques, elle se montre encore dans les moindres détails de la vie sociale. Un banquet patriotique est donné à Belfart, et l'on y place côte à côte un catholique et un protestant, en signe d'accord et d'harmonie (2).

La métamorphose des *volontaires* en *Irlandais-Unis* est un des faits les plus considérables de cette époque, et mérite de fixer toute l'attention du lecteur.

Et d'abord le trait principal des *Irlandais-Unis*, c'est qu'ils prennent à la France presque toutes leurs inspirations. On voit, dans les Mémoires de Tone, fondateur de l'association, que l'un des principaux objets du comité était de constater et de publier tout ce qui se passait d'important en France (3).

C'est pour la réforme irlandaise le point de départ d'une ère nouvelle. Jusqu'alors l'Irlande révolutionnaire s'était plutôt inspirée du génie américain ; maintenant elle invoque tout à la fois les noms de Washington et de Lafayette, de Franklin et de Mirabeau (4).

L'organisation *militaire* des Irlandais-Unis se modèle en-

---

(1) Tone's memoirs, 1, 176. On rencontre ce nom pour la première fois à la date du 18 août 1792 dans les mémoires de W. Tone. C'est lui qui, dans un banquet d'amis, propose de former une société appelée les *Irlandais-Unis*.

(2) Id., 162.

(3) Tone's Memoirs, 1, 69.

(4) Id. 270.

tièrement sur celle des *volontaires* (1) ; mais leurs principes ne sont plus les mêmes. Les volontaires s'étaient formés pour protéger l'Irlande contre l'invasion des ennemis de l'Angleterre. Les Irlandais-Unis sont en sympathie ouverte avec la France, et convient celle-ci à l'invasion de l'Irlande. Mais ce qui surtout caractérise cette transformation des *volontaires* whigs en *Irlandais*-Unis, c'est le changement subit qui s'opère dans le fond de leurs principes politiques.

Ils montrent tout à coup une violente haine contre les wighs, et un profond mépris pour les procédés lents et réguliers de la réforme (2); ils s'efforçaient jusqu'alors d'obtenir du gouvernement anglais et de leur propre parlement l'abolition des lois mauvaises, et l'adoption de lois salutaires (3). « Il faut, disent-ils maintenant, ou que le gou-« vernement change entièrement son système, ou qu'il soit « lui-même violemment renversé (4). » Il leur faut une réforme complète, absolue, ou mieux vaudrait que l'on ne changeât rien. Tone s'afflige de ce qu'un bill d'émancipation partielle pourra donner aux catholiques une demi-satisfaction (5). Il faut secouer le joug de la tyrannie anglaise ; il faut briser le *lien anglais*, source de tous les maux de l'Irlande (6); il faut, pour améliorer la condition du peuple, abattre une vile et odieuse aristocratie (7); il faut, en émancipant l'Irlande, couper la main droite de l'Angleterre (8). Tels sont les vœux, les sentiments, les principes nouveaux des réformateurs irlandais.

Et à mesure que la France républicaine s'avance dans les

---

(1) Tone's memoirs, 1, 207.
(2) Tone's memoirs, 1, 123. — Id. 11, 172. — Id. 136.
(3) Id., 1, 245.
(4) Id., 199.
(5) Id., 245, 247, 249.
(6) Id., 51.
(7) Id., 11, 135.
(8) Id., 1, 175.

voies révolutionnaires, ils la suivent. La doctrine que *la fin justifie les moyens*, s'établit en Irlande (1) ; et on y voit des amis ardents de leur pays et de la liberté travailler de tous leurs efforts pour amener une invasion française. Voici l'ordre des idées : il faut que l'Irlande s'affranchisse du joug anglais : elle est trop faible pour s'en délivrer elle-même; il y a donc *nécessité* pour elle d'appeler l'étranger à son secours. Et tous les ardents patriotes invoquent à grands cris les armées françaises. « Dix mille Français suffiraient pour séparer «l'Irlande de l'Angleterre, écrivait Wolf Tone en 1793 (2). » Et que fera-t-on, une fois le gouvernement abattu? De terribles rêves de vengeance et d'extermination traversent alors l'esprit des réformateurs : Les aristocrates, disent-ils, sont sans pitié ; ils n'en méritent aucune (3).

Cependant, au milieu de ces méditations révolutionnaires, le chef des Irlandais-Unis, Wolf Tone, qui est venu en France pour négocier auprès du directoire une invasion française et républicaine en Irlande, se trouve en rapport avec le général Hoche, chef projété de l'expédition, qui, dans un entretien particulier, lui dit ces paroles : « L'abondance du sang répandu, dit Hoche, a fait à la liberté un mal immense, et suscité des difficultés sans nombre à la révolution française. Quand vous guillotinez un homme, vous vous débarrassez, il est vrai, d'un individu; mais vous faites de chacun de ses amis et parents un éternel ennemi du gouvernement (4). » Et frappé de ce langage, Wolf Tone estime qu'en cas de révolution il sera mieux d'éviter toute réaction sanguinaire.

(1) Tone, 1, 216.
(2) Id., 108. — 1, 279.
(3) Id , 11, 89. — 11, 161. — 11, 166.
(4) Id., 11, 167. — 11, 133.

§ II. — *Autre effet de la révolution française.* — *Abolition de quelques lois pénales.*

L'Angleterre, qui entend résonner en Irlande les échos de la révolution française, se hâte, pour y calmer les passions populaires, de faire quelques concessions réclamées impérieusement par les réformateurs (1).

Et d'abord le Barreau est ouvert aux catholiques (2). On donne aussi aux catholiques artisans et commerçants le droit d'employer plusieurs apprentis (3). La loi qui interdisait le mariage entre protestants et catholiques est abolie (4).

Bientôt à ces concessions on en ajoute d'autres, et, au commencement de l'année 1793, dans le moment où la France déclarait la guerre à l'Angleterre comme à toute l'Europe, le gouvernement anglais, sentant le besoin de pacifier l'Irlande, abolit les plus dures parmi les lois pénales encore existantes contre les catholiques irlandais. Ainsi, la loi qui prescrivait sous de certaines peines aux catholiques d'observer les rits du culte anglican, c'est-à-dire la loi de conformité, est abrogée (5).

Désormais les parents catholiques peuvent élever leurs enfants comme il leur convient et où il leur plaît, sans avoir à craindre les lois de persécution relatives à l'instruction et à l'éducation (6).

Les catholiques ont désormais le droit de voter aux élections pour le choix des membres du parlement, quoiqu'ils continuent à n'être pas éligibles (7).

(1) Wyse. Catholic association, 1, 114.

(2) From 24 june 1792 papist may be admitted barrister 1792. 32 George III, ch. xxi.

(3) 1792. 32 George III, ch. xxi, § 16.

(4) 9 William III, ch. iii repealed. 1792. 32 George III, ch. xxi.

(5) No papist shall incur penalty by not attending service in his parish church on sunday. 1793. 33 George III, ch. xxi, § 11.

(6) 1793 George III, ch. xxi.

(7) 1793. 33 George III, ch. xxi.

Enfin, ils sont désormais admissibles à tous les emplois civils et militaires, dans l'État et dans les corporations municipales, à l'exception d'un certain nombre de fonctions réservées exclusivement aux protestants (1).

Les réformes qui précèdent composent ce que l'on a coutume d'appeler la troisième émancipation de l'Irlande, ou l'émancipation de 1793. L'indépendance des colonies américaines avait amené la première, la seconde était née de l'indépendance du parlement irlandais; celle-ci émane directement de la révolution française.

§ III. — *Autre conséquence de la révolution française.* —
Réaction.

Cependant après cette imitation exagérée et quelquefois inintelligente en Irlande des principes révolutionnaires français, des excès de mémoire néfaste étant venus souiller en France la cause de la liberté, une réaction fatale à la réforme ne tarda pas à se manifester en Irlande. Les protestants, qui n'avaient embrassé qu'à contre-cœur le parti des catholiques, trouvèrent là une occasion toute naturelle de l'abandonner; et beaucoup de catholiques, auxquels l'irréligion française répugnait, repoussèrent toute réforme procédant d'une pareille source. La république, qui désormais apparut comme un sanglant fantôme, effraya tout le monde; et, dans le sein même des Irlandais-Unis, la division éclata.

Les massacres français de septembre 1792 sont une époque considérable dans l'histoire d'Irlande. Jusque-là, le mouvement républicain se répand rapidement en Irlande. Après eux, il s'arrête tout court : de là date la réaction. Au mois d'août 1792, les chefs du parti whig étaient encore d'accord avec les Irlandais unis partisans de la république (2).

_____

(1) Papists may hold all offices civil and military and places of trust without taking any oath, or receiving sacrament. — 1793. 33 George III, ch 1, § 7, et ch. xxi, § 9.

(2) Tone, 1, 175. — Id., ii, 166-168.

A cette même époque (7 août 1792), le clergé catholique fait encore cause commune avec eux (1). Leurs liens avec les propriétaires catholiques ne sont pas rompus (2).

1793 arrive, et le parti patriote irlandais est frappé au cœur : l'esprit public change subitement, tous les rêves de progrès se dissipent et toutes les illusions de la liberté s'évanouissent (3). Le grand Burke, dont le génie avait adopté la cause irlandaise, se retire aussitôt d'elle. Dès le mois d'octobre 1792, le clergé catholique se sépare en masse des réformateurs (4) ; et, lorsqu'en 1794 la question du suffrage universel est présentée dans la chambre des communes, Grattan, le chef des whigs, la combat de toute sa puissance (5). « Comparez, dit Tone, chef de la société des Irlandais-Unis, notre comité en 1793, à ce qu'il était en 1792 (6). »

Les plus ardents démocrates d'Irlande ne peuvent, en apprenant les journées de septembre, se défendre d'une certaine terreur. Cependant Wolf Tone se rassure en considération du caractère irlandais. « En France, dit-il, le peuple « assassine, et ne vole pas ; la population irlandaise ferait « l'inverse : elle pillerait tout le monde, et ne tuerait per- « sonne (7). »

Le gouvernement anglais, que les agitations de l'Irlande alarmaient depuis longtemps, saisit avec ardeur l'occasion qui s'offrait à lui d'y frapper mortellement l'esprit révolutionnaire (8). Sans rencontrer aucune opposition redoutable dans la population irlandaise, il dissout et supprime les volontaires, interdit la formation de corps armés sans l'auto-

(1) Id., 1, 169-170.
(2) Id., 189.
(3) Id., 275.
(4) Id., 197-198.
(5) Hardy life of Charlemont, 11, 324.
(6) Tone's memoirs, 1, 258.
(7) Id., 1, 182.
(8) Le ministère anglais, dit Volf Tone dans ses mémoires, profita de la terreur causée par les horreurs de la révolution française. 1, 105.

risation du pouvoir exécutif, fait désarmer les citoyens·, envoie de fortes garnisons dans les villes (1) ; interdit les discussions publiques dans les clubs, prohibe la vente des munitions de guerre; et, afin que dans l'avenir il ne puisse pas s'établir à côté du parlement légal un parlement irrégulier délibérant au nom de la nation et sous le mandat des passions populaires, une loi est rendue, qui interdit à l'avenir toute *assemblée* de citoyens délégués à l'effet de délibérer en *convention* sur les affaires publiques (2). Ces mesures énergiques sont partout mises en vigueur ; elles ne rencontrent quelque résistance qu'à Belfast, où toutefois le peuple est bientôt réduit par la force.

Alors l'Irlande, tout à l'heure si agitée, reprend son immobilité. Elle était prête à s'engager dans la république, et voilà qu'à présent elle murmure à peine le mot de liberté.

Cependant, à cet affaissement de l'esprit public en Irlande, survivent encore quelques passions patriotiques isolées, mais ardentes.

Dépouillés de tous leurs moyens publics d'action, les réformateurs en cherchent d'autres. L'association des Irlandais-Unis subsiste toujours. Seulement, comme elle est menacée par les lois, au lieu de procéder au grand jour, elle agit désormais dans l'ombre. Auparavant elle attaquait le gouvernement dans les clubs, dans la presse, dans ses conventions nationales ; à présent elle conspire. Libre jadis de consulter le peuple, elle recevait ses instructions, et était plus ou moins tenue de s'y conformer ; maintenant, forcés d'agir secrètement, les meneurs de l'association ne prendront leur mandat qu'en eux-mêmes, et conduiront l'Irlande suivant leurs vues et leurs passions personnelles. Le peuple irlandais ne peut plus dire à ses agents quand et comment devra se faire la réforme; ceux-ci auront donc à aviser le moment et les moyens. Or, ces chefs du parti populaire, voyant le pays re-

(1) Belfast politics, 135.
(2) 1793. The convention-act.

tombé sous le joug , et trop abattu pour se relever, estiment que l'Irlande ne peut plus dorénavant faire elle-même sa révolution. En conséquence, ils résolvent d'appeler en Irlande des soldats étrangers, qui délivreront celle-ci de ses fers (1). De là les trois tentatives d'invasion en Irlande , entreprises par la France, de 1796 à 1798, et négociées avec le directoire par les principaux membres de la société des États-Unis; de là l'insurrection fatale de 1798; de là enfin l'union parlementaire de l'Irlande à l'Angleterre, accomplie en 1800.

§ IV. — *Invasion de l'Irlande par la France, et insurrection de 1798.*

On trouve dans les Mémoires de Tone les détails les plus intéressants sur cette insurrection , et sur ces trois expéditions. L'insurrection de l'Irlande et les invasions de la France devaient être combinées de façon à se prêter un mutuel secours. Wolf Tone, Irlandais d'origine, et qui avait été agréé par le directoire en qualité de général de brigade (2), n'était en réalité , auprès du gouvernement français , que l'agent diplomatique de la société des Irlandais-Unis. Tone , irlandais dans l'âme, enthousiaste par nature , partisan fanatique des idées françaises et républicaines , déploya une ardeur extrême et une rare intelligence à engager le Directoire dans une entreprise sur l'Irlande. Il exploita très-habilement l'idée fixe de tous les politiques français du temps, qui était une descente en Angleterre , et parvint à persuader tous les membres du gouvernement français , que l'on ne pouvait mieux attaquer l'Angleterre que par l'Irlande.

On voit dans ses Mémoires, comment, à la fin de l'année 1796 , une expédition , sous les ordres du général Hoche , fut préparée, et dans quelles circonstances la flotte expédi-

(1) Tone's memoirs, I, 279.
(2) Sous le nom du général *Smith.*

tionnaire s'étant, à son arrivée sur la côte d'Irlande (1), trouvée séparée du vaisseau qui portait le général, fut obligé de rebrousser chemin, et de revenir à Brest, son point de départ, sans avoir tenté le débarquement (2).

Il tint à peu de choses, si l'on en juge par ces Mémoires, que Napoléon ne fît une expédition en Irlande au lieu de sa campagne d'Égypte. Deux raisons l'arrêtèrent : d'abord, il était peu jaloux d'exécuter une entreprise que Hoche avait conçue ; et en second lieu, il montrait déjà à cette époque une répugnance singulière pour les jacobins français, avec lesquels les *Irlandais - Unis* avaient contracté d'étroits liens (3).

L'expédition de Hoche ne s'étant point accomplie, par suite d'une foule de circonstances malheureuses, mille autres événements vinrent retarder l'exécution des desseins de la France sur l'Irlande. On attendait cependant toujours les Français dans ce dernier pays, et le plan d'une vaste insurrection s'y préparait sans relâche. Cette insurrection devait suivre immédiatement le débarquement des troupes françaises ; mais tel fut l'empire des événements, qu'elle le précéda. Après mille ajournements successifs, et qui ne pouvaient être renouvelés sans le plus grand péril pour la plupart des conspirateurs, la rébellion éclata.

Elle avait été trop longtemps incertaine et languissante, pour que le peuple eût foi en elle ; mal concertée, mal dirigée, accueillie avec froideur par les uns, avec terreur par les autres ; conduite par des hommes divisés entre eux, et qui voulaient ceux-ci une réforme, ceux-là une révolution ;

(1) Dans la baie de Bantry.

(2) Tone, ii, 245-269.

(3) Id. 462. — « What would these gentlemen have (disait Napoléon à Wolf Tone, le 2 février 1798, en parlant des Jacobins.) France is revo-« lutionized! Holland is revolutionized! Italy is revolutionized! Switzer-« land is revolutionized! Europe will be soon revolutionized! But it seems « it is not enough to content them! I Know well what they want : they « want the domination of thirty or forty individuals, founded on the mas-« sacre of three or four millions. »

repoussée par l'aristocratie en masse (1), et par les classes
moyennes elles-mêmes; réduite ainsi à s'appuyer uniquement sur le bas peuple, composé lui-même des éléments
les plus incompatibles, de presbytériens qui s'insurgent pour
la république, et de catholiques qui se mettent en mouvement pour la liberté religieuse; ennemis mutuels qu'on as-
socie par surprise dans une marche commune, quoiqu'ils
tendent vers des buts différents. Guidée par de tels chefs,
soutenue sur une pareille base, l'insurrection ne pouvait
guère réussir. Elle était morte, pour ainsi dire, avant de
naître, et elle ne se produisit que pour amener, de la part
du gouvernement anglais, la plus terrible et la plus sanglante
répression.

Le récit des horreurs commises durant cette crise fatale
serait à lui seul une longue et cruelle histoire; heureusement pour l'auteur, les limites de cet aperçu historique ne
lui permettent point d'aborder les détails de cette terrible
époque (2).

Je ne sais si l'on trouverait dans les annales sanglantes de
l'Irlande une seule phase où la guerre se soit montrée sous
un plus horrible aspect; et l'on ne parle point ici des actes
de barbarie commis dans la chaleur de l'action, et dont se
souillèrent les rebelles, aussi bien que les adversaires de la
rébellion (3). Quelle guerre civile et religieuse se poursuit

(1) L'aristocratie fournit pourtant à ce mouvement insurrectionnel un
noble et illustre chef, lord Edward Fitzgerald, dont la vie agitée et la fin
tragique ont offert au célèbre Thomas Moore le sujet d'un livre plein d'intérêt, intitulé *Life and death of lord Edward Fitzgerald*. L'esprit de l'insurrection de 1798, ses préparatifs, son but, et les causes qui l'ont fait
échouer sont très-bien développées dans cet ouvrage. Tout est vrai dans le
récit de Thomas Moore, qui cependant a l'attrait d'une fiction. C'est qu'il
y a tout un roman et tout un drame dans la vie et la mort d'Edward
Fitzgerald.

(2) On trouve aussi un exposé très remarquable de cette insurrection
dans l'ouvrage de M. Thierry. Conquête de l'Angleterre par les Normands,
t. III, p. 469.

(3) Le récit des violences, des massacres, des dévastations, exécutés tant

sans amener d'affreuses violences, le meurtre, le pillage, la dévastation et l'incendie ? on ne veut parler que des cruautés pratiquées de sang-froid par le parti vainqueur de l'insurrection.

Peut-être peindrait-on d'un seul mot toutes les misères de l'Irlande à ce moment, en disant que même après la guerre, le sort du pays fut remis à l'armée ?

Au milieu de l'insurrection, la loi martiale avait été proclamée ; la rébellion étant vaincue, la justice militaire ne se retira point, et l'armée anglaise, après avoir frappé ses ennemis sur le champ de bataille, les poursuivit d'arrêts de mort prononcés dans les conseils de guerre.

On peut, par quelques exemples, juger comment procède cette justice du soldat, que la passion pousse et qu'aucune règle ne contient.

Lord Charlemont parle dans ses mémoires de prévenus et d'accusés auxquels, avant le jugement, on donne des coups de fouet, que l'on met à la question, que l'on pend à moitié, afin de leur arracher des aveux (1). Un homme d'un mérite éminent, sir Édouard Crosbie, s'était prononcé en faveur d'une réforme parlementaire ; le juge militaire en conclut que cet homme est un *républicain*, et en conséquence il le traduit à sa barre (2). Des témoins non suspects, des protestants, amis dévoués mais impartiaux du gouver-

par les insurgés que par leurs ennemis les soldats anglais et la milice protestante d'Irlande, se peut voir dans Gordon, II, 384.—Les plus grands excès de part et d'autre se passèrent dans le comté et notamment dans la ville de Wexford. On en trouve le récit détaillé dans un ouvrage intitulé *History of the insurrection of the country of Wexford*, 1798, par Edward Hay, Dublin, 1803. — A Wexford les catholiques rebelles, maîtres de la ville, font une affreuse boucherie de protestants; un tribunal sorti tout à coup de la foule populaire, se constitue, et, installé sur le pont de Wexford, décide de la vie ou de la mort de ses ennemis. Tous les condamnés sont aussitôt jetés à la rivière. Ceci se passait le 20 juin 1798. C'est le 2 septembre de l'Irlande.

(1) Hardy's life of Charlemont, II, 399. — Gord., II, 402.
(2) V. Gordon, II, 390.

nement, se présentent en foule pour déposer en faveur du prévenu ; mais on repousse leur témoignage ; ils veulent forcer l'entrée du tribunal, où ils savent que l'on accuse un homme innocent qu'un mot de leur bouche peut sauver : mais ils sont contraints de s'arrêter devant la baïonnette des soldats, qui les repoussent violemment (1). Ce n'est pas tout : comme il n'existe point de témoins contre l'accusé, le juge militaire en va chercher dans les prisons ; à ceux-ci il promet la vie, s'ils font une déclaration contraire à l'accusé; l'intimidation, les tortures mêmes sont employées pour obtenir de ceux-là un faux témoignage (2). En dépit de tous ces moyens, nulle apparence de crime ne peut être créée. Cependant le sort de l'accusé n'est pas un instant douteux ; un homme grossier, ignorant et brutal, président du conseil de guerre, prononce l'arrêt de mort, et le fait exécuter aussitôt.

Tout, dans ces cours de sauvage justice, était mis en usage pour trouver des coupables, tout, jusqu'aux preuves mêmes de l'innocence ! Qui le croirait ? C'était, aux yeux du tribunal, un grave sujet de suspicion que d'avoir, au milieu même de la guerre civile, arraché des protestants à la fureur des rebelles ; car ce crédit sur les catholiques indiquait qu'on tenait à leur parti, et appelait la rigueur du juge. « Je défie de « prouver que j'aie sauvé la vie de personne ! » s'écrie un catholique, qui a compris les périls de la compassion et de la générosité (3). L'historien qui raconte ces faits est un protestant anglais dont toutes les sympathies sont pour les hommes que son impartialité l'oblige pourtant de flétrir.

En peu de temps, deux cents victimes tombent ainsi sous la main du bourreau (4).

(1) Protestant loyalists were forcibly prevented by bayonnets of the military from entering the court. (Id. 391.)

(2) Catholic prisoners had been tortured by repeated floggings to force them to give evidence against him. (Id., 391.)

(3) Gordon, II, 456.

(4) Id., 399.

Souvent le supplice légal des condamnés ne suffisait pas aux passions qui l'avaient obtenu. Lorsqu'à Wexford les sentences prononcées par la cour martiale furent mises à exécution, on mutila les cadavres des victimes, on les souilla de mille traitements indignes, et on les jeta à la rivière, après en avoir séparé leurs têtes, que l'on cloua sur les murs extérieurs du tribunal (1). Quelquefois, après avoir pendu le condamné, on le remettait sur ses pieds, de façon à ce qu'il reprît ses sens ; puis on le pendait de nouveau, et on multipliait ainsi à plaisir les tortures de la strangulation (2).

Les blessures profondes que fit à la pauvre Irlande cette terrible répression restèrent pendant longtemps ouvertes et saignantes. L'armée anglaise avait détruit toutes les moissons sur son passage : il en résulta, pour la population d'Irlande, une famine générale qui dura deux années (3). On évalue à plus de trente mille le nombre d'individus tués de part et d'autre dans cette affreuse période ; et les dévastations commises au milieu de la guerre ont été estimées à 80,000,000 de francs (4).

L'insurrection était abattue en Irlande, lorsque deux corps d'armée français y débarquèrent ; le premier, fort seulement de mille hommes, sous les ordres du général Humbert, parti de la Rochelle, débarqua, le 22 août 1798, dans la baie de Killala, sur les côtes du Connaught (5) ; et, après une victoire remportée à Castlebar, ayant rencontré un peu plus loin lord Cornwallis, vice-roi d'Irlande, qui commandait en personne l'armée anglaise, vingt fois plus nombreuse que la sienne, engagea contre celui-ci un combat, où il fut battu et fait prisonnier (6). L'autre corps d'armée, fort de trois mille hommes, portés par un vaisseau de ligne et huit fré-

(1) Gord., II, 419.
(2) Encylop. britann. Vº Ireland, 385.
(3) Gord., III, 267.
(4) Id.
(5) Tone's Memoirs, II, 519.
(6) Id., 520.

gates, sous les ordres du général Hardy, partit, le 20 septembre 1798, de la baie de Camaret, et alla aborder, le 10 octobre suivant, sur les côtes de l'Ulster, au nord de l'Irlande, à l'entrée du lac Swilly, où, après un combat naval terrible soutenu contre les flottes anglaises, il lui fallut se rendre (1). Wolf Tone faisait partie de cette expédition, où il avait un commandement comme général au service de la France ; il fut pris, reconnu, jugé, et condamné à mort. Tel fut le triste et fatal dénouement de ces tentatives d'invasion dont quelques esprits ardents attendaient la régénération de l'Irlande, et qui ne furent, pour celle-ci, que la cause ou le prétexte de nouvelles et plus terribles persécutions.

Conséquences de la rébellion de 1798. — L'union.

Après la crise de 1798, l'Angleterre, tenant sous sa main l'Irlande rebelle et vaincue, la châtie sans réserve et sans pitié. Vingt ans auparavant, l'Irlande était rentrée en possession de ses libertés politiques ; l'Angleterre conserve un souvenir amer de ces succès de l'Irlande, et elle va profiter de l'abaissement de celle-ci pour la replacer sous un joug absolu.

Le parlement d'Irlande, depuis qu'il a recouvré son indépendance, est devenu gênant pour l'Angleterre ; il faut, pour s'en rendre maître, des soins infinis de corruption, en dépit desquels on rencontre encore chez lui des résistances ; l'occasion est favorable pour le supprimer : en conséquence, le gouvernement anglais résout de l'abolir.

A cette nouvelle, la pauvre Irlande s'agite un instant, comme un corps qui vient d'être privé de vie se remue encore sous le fer qui le mutile et le déchire. Sur trente-deux comtés, vingt et un réclament énergiquement contre la destruction du parlement irlandais. Ce parlement, auquel on est obligé de

(1) Tone's Memoirs, II, 523.

demander un acte de suicide, le refuse (1), et maintient par son vote son existence constitutionnelle.

Indigné de la servilité qu'on ose demander au corps dont il fait partie, Grattan repousse avec véhémence le projet ministériel (2). Mais toutes ces résistances seront vaines. La seule qui, en définitive, élève un obstacle sérieux aux vues de l'Angleterre est celle du parlement irlandais, qui ne veut point voter son anéantissement. Eh bien ! jusqu'alors on avait acheté ses actes ; on va, cette fois, acheter sa mort. La corruption est aussitôt pratiquée sur une vaste échelle ; des places, des pensions, des faveurs de toute sorte, des pairies, des sommes d'argent sont prodiguées ; et les mêmes hommes qui, en 1799, avaient repoussé le projet d'union, l'adoptent, le 26 mai 1800, à une majorité de cent dix-huit voix contre soixante-treize. On a calculé que, sur les cent dix-huit votants, il y en avait soixante-seize qui étaient ou pensionnaires de l'État, ou fonctionnaires publics. Une des plus grandes oppositions à l'abolition du parlement irlandais venait des riches propriétaires d'Irlande, qui, au nombre de leurs priviléges aristocratiques, possédaient celui de disposer souverainement de l'élection d'un certain nombre de membres de la chambre des communes : ce privilége était à leurs yeux une fortune sacrée, et les en priver serait une spoliation. Voici comment on fit taire leurs plaintes : on estima arbitrairement que chaque bourg pourri représentait, pour celui qui en était le possesseur, une somme de 15,000 livres sterling (375,000 francs), et cette somme fut promise comme indemnité à tous ceux qui, par l'effet de l'acte d'union, perdraient leurs priviléges politiques. L'engagement pris envers eux fut tenu, et le total de l'indemnité s'éleva à 31,000,000 de francs (1,260,000 livres sterling) (3).

(1) En 1799.

(2) Grattan Speeches. Collection des discours de Grattan, prononcés tant au parlement d'Irlande qu'au parlement d'Angleterre, et publiés par son fils. 4 vol. in-8°, 1822. Les deux fils de Grattan sont aujourd'hui membres de la chambre des communes d'Angleterre.

(3) V. Grattan Speeches, IV, 9.—V. aussi Gord., t. II.

Ainsi s'accomplit, imposé par la violence, aidé par la corruption, l'acte destructif du parlement irlandais, non sans soulever en Irlande tout ce qu'il y restait de passions nationales et de sentiments patriotiques.

Lorsque après le vote du parlement, le vice-roi, lord Castelreagh, fit dans la chambre des communes la motion d'usage, tendante à obtenir l'expédition du bill dans la forme ordinaire : « Et moi, s'écrie un membre de la chambre « (M. O'Donnell), je demande que le *bill soit brûlé !* —Oui, « ajoute un autre membre (M. Tighe), et brûlé par la main « du bourreau (1)! ! »

Quel a été l'effet constitutionnel et politique de l'acte d'union?

Rien n'est plus fréquent que de méconnaître le caractère véritable de cette mesure, et l'erreur vient de ce qu'on prête au mot *d'union* tantôt un sens purement moral, tantôt un sens politique trop étendu.

Si par *union* il fallait entendre l'accord, la sympathie de deux peuples auparavant divisés, on devrait reconnaître que ce terme convient peu pour exprimer l'acte dont il s'agit ; car jamais peut-être l'Irlande et l'Angleterre ne furent plus hostiles l'une à l'autre qu'après l'union de 1800.

Ce serait aussi commettre une autre erreur que de croire que l'acte de 1800 a eu pour effet de confondre l'Irlande avec l'Angleterre, d'en faire une province de celle-ci, soumise en tous points au même gouvernement, à la même police et aux mêmes lois.

Avant l'acte d'union l'Irlande avait ses institutions propres ; après l'union elles les a conservées toutes, moins une seule.

En s'adjoignant le royaume d'Irlande, l'Angleterre n'a point décreté qu'à l'avenir l'Irlande serait gouvernée par les lois et les principes de la constitution anglaise : elle n'a

(1) Grattan Speeches, ɪv, 37.

rien fait et ne pouvait rien faire de pareil. La constitution anglaise n'est point une Charte en cent articles, qu'on expédie en toute hâte à la nation qui a urgence d'un gouvernement. Elle se compose surtout de coutumes, de traditions, de mœurs, et d'une multitude de statuts, souvent liés eux-mêmes à la coutume dont on ne saurait les dégager, soit qu'ils aient pour objet de la combattre, soit qu'ils lui viennent en aide. Or, si on peut prescrire à un peuple l'observance d'une loi, on ne lui enjoint pas une coutume ; une coutume est un fait complexe, le résultat de mille faits précédents, c'est une expérience répétée si souvent, que d'usage elle devient loi ; elle se consacre, mais ne s'impose pas, et fût-il possible d'en transporter les prescriptions chez un peuple où elle n'est point née, on ne pourrait lui en transmettre l'esprit. Qu'a donc fait l'Angleterre quand elle a proclamé l'union de l'Irlande ? elle a déclaré qu'à l'avenir toutes les lois nécessaires aux deux pays seraient faites par un parlement commun, où chacun enverrait ses représentants ; mais, en disposant pour l'avenir, elle a laissé intact le passé ; et l'Irande, unie à l'Angleterre, est demeurée en possession de ses coutumes et de ses lois, hors celle qui lui attribuait un parlement spécial (1).

Ainsi, même après la loi d'union, il y a toujours une *Irlande :* aux termes de cet acte les trois royaumes forment un seul empire, sous le titre de royaume uni de la *Grande-Bretagne et d'Irlande.* Lors de sa fusion avec l'Angleterre, l'Écosse perdit son nom ; l'Irlande en s'unissant a gardé le sien : elle conservera bien plus longtemps encore ses mœurs et ses passions nationales.

(1) Ce sont les termes exprès de l'art. 8 de l'acte d'union. — « Toutes « les lois, toutes les cours de justice, subsisteront telles qu'elles sont établies, « assujetties néanmoins aux changements qu'y pourra faire le parle- « ment uni, selon que les circonstances l'exigeront. »—39 et 40 George III, « ch. LXVII.

CHAPITRE III.

L'émancipation de 1829.

Les convulsions de 1798, dont l'union de 1800 fut le dernier épisode, sont suivies d'un long repos ; ou du moins l'ordre se rétablit en Irlande tel qu'il existait avant que la population essayât de secouer ses fers. Les protestants reprennent leurs habitudes d'oppression que les catholiques subissent désormais en silence ; cette sorte de paix règne vingt années en Irlande.

Cependant, au moment ou le pacte d'union parlementaire fut établi entre l'Irlande et l'Angleterre, celle-ci s'était engagée envers la première à abolir les incapacités politiques qui frappaient encore les catholiques irlandais. Cette abolition était promise comme un adoucissement aux rigueurs de l'acte d'union. Mais cet acte étant accompli, la mesure de grâce et de générosité qui devait l'accompagner ne se réalisa point. M. Pitt, alors premier ministre, se montra, il est vrai, jaloux de tenir l'engagement pris ; mais sa volonté fut impuissante devant l'obstination de George III qui aurait cru violer le serment protestant prêté à son couronnement s'il eût autorisé la présentation d'un bill contenant l'émancipation des catholiques irlandais. Le premier ministre se conduisit noblement ; ne pouvant tenir sa promesse, il résigna ses fonctions. L'Irlande n'en fut pas moins fondée à se plaindre d'un manque de foi ; et avertie par ses malheurs passés, au lieu de recourir à la violence et à la révolte pour obtenir justice, elle n'employa plus pour faire valoir ses droits que les moyens légaux que lui offrait une constitution libre. La presse et l'association furent ses deux instruments les plus considérables. Vers l'an 1810, un comité de catholiques s'organisa et prit en main la direction de tous les

efforts nationaux qui tendaient à une réforme (1). John
Keogh dirigea ce comité jusqu'au jour où O'Connell y parut,
et y domina comme il devait bientôt dominer toute l'Irlande.
L'association catholique prend pour but et pour drapeau
l'émancipation ˙parlementaire des catholiques : l'opinion
publique, excitée sur ce point, s'échauffe peu à peu ; la presse
la stimule sans relâche ; le peuple, convoqué dans des *meetings*, s'anime à la voix de ses chefs ; des pétitions sont
adressées au parlement ; elles échouent, mais leur rejet rend
plus vive la passion qui les avait dictées ; O'Connell, qui est
déjà puissant sur le peuple, le guide de sa prudence et de
son habileté ; la réforme s'avance ainsi d'un pas tout à la fois
sage et hardi. L'Angleterre refuse l'émancipation demandée
par les catholiques irlandais ; alors l'Irlande envoie à l'Angleterre un catholique pour la représenter au parlement ; ce
représentant, c'est O'Connell ; le comté qui l'envoie, c'est
le comté de Clare ; et cet acte de l'Irlande est accompagné de
démonstrations populaires assez imposantes pour qu'elles ne
puissent être reçues avec mépris. L'Irlande, abattue et mutilée il y a trente ans, commence à se relever de ses ruines ;
le recours à la violence l'avait anéantie, la voilà redevenue
puissante par le droit.

Le 13 avril 1829, le parlement d'Angleterre adopte le bill
en vertu duquel tout catholique peut désormais entrer au
parlement sans avoir à prêter aucun serment qui répugne à
sa conscience. Ainsi tombe le dernier anneau de la chaîne
des lois pénales sur lesquelles s'appuyait la persécution.
C'est le terme de la quatrième époque. C'est la fin de la période qui sépare le passé des temps présents.

(1) L'histoire, les procédés, les actes, les délibérations du comité catholique se trouvent dans l'important ouvrage de M. Wyse, intitulé : *Historical
sketch of the late catholic association*. 2 vol. in-8°, 1829.

L'IRLANDE

SOCIALE, POLITIQUE ET RELIGIEUSE.

PREMIÈRE PARTIE.

CHAPITRE PREMIER.

Aspect extérieur de l'Irlande. — Misère de ses habitants.

L'Irlande a été, par un destin fatal, jetée sur l'Océan auprès de l'Angleterre, à qui elle semble enchaînée par les mêmes liens qui unissent l'esclave au maître.

Ses rivages sont hauts : et à la différence de l'Angleterre dont le sol exhaussé vers le centre va toujours en s'abaissant jusqu'à la plage, elle présente au milieu un vaste plateau dont les sommets qui l'entourent sont comme les rebords.

Cette conformation extérieure explique le cours rapide et bref de presque toutes ses rivières qui, jaillissant des montagnes, naissent pour périr presque aussitôt, et trouvent à côté même de leur source un tombeau dans le sein des mers.

Il existe cependant en Irlande un grand fleuve, tel que n'en possèdent ni l'Angleterre ni l'Écosse ;

c'est le Shannon qui par un accident extraordinaire en Irlande, naît dans la plaine intérieure de ce pays, et qui, placé ainsi sur une surface unie dont les contours se relèvent, est comme emprisonné dans un grand vase, d'où il semble ne pouvoir sortir qu'en débordant. Mais ses eaux privilégiées ne trouvent point d'obstacle sur leur passage; une pente douce et presque insensible s'offre constamment à leur cours que nulle aspérité ne vient ni précipiter ni suspendre. Abondant et fécond là où de faibles ruisseaux se tarissent près de leur source, majestueux et tranquille aux mêmes lieux où d'autres fleuves bondissent et disparaissent comme des torrents, le Shannon, dans une course de plus de deux cents milles, distribue à la moitié de l'Irlande le bienfait de ses ondes, et s'avance lentement vers l'océan dans lequel il ne se jette pas, mais avec lequel il se confond.

La nature semble avoir doté l'Irlande de ses dons les plus généreux; elle a enrichi ses entrailles de métaux précieux, versé à pleines mains sur le rocher qui lui sert de base le sol le plus fertile du monde; elle a donné à son commerce maritime les plus beaux ports, dont quatorze sont propres à recevoir des vaisseaux de guerre; et comme si elle l'eût destinée à une grande fortune, elle l'a placée à l'ouest du continent, comme une sentinelle avancée, dépositaire des clefs de l'océan, chargée d'ouvrir aux vaisseaux d'Europe la route de l'Amérique, et de présenter aux vaisseaux d'Amérique le premier port européen.

Et après lui avoir fait ces riches présents, elle a
encore travaillé à l'embellir. Elle a dessiné ses montagnes avec une grâce infinie, parsemé ses vallons
de prairies et de lacs, et, la recouvrant tout entière
d'une brillante robe de verdure, elle a voulu qu'on
l'appelât, dans la langue du poëte, la *verte Erinn*,
la belle *Emeraude*, première fleur de la terre, première perle des mers :

> « First flower of the earth,
> « First gem of the sea. »

Cependant, en dépit des ornements qu'elle porte
et des trésors qu'elle renferme, l'Irlande n'est ni
une contrée riante ni un pays fortuné.

La plus belle nature manque de vie si le soleil
ne l'anime pas : ces montagnes élégantes, ces grands
lacs, ces praieries éternelles, ces collines aussi
fraîches que les vallées, offrent sans doute des aspects pleins de charme à celui qui par accident les
voit sous un beau ciel ; mais l'atmosphère de l'Irlande est presque toujours sombre et chargée de
nuages ou de vapeurs. Les vents d'ouest et du sud-
ouest soufflent sur elle presque sans relâche ; ils lui
apportent les orages et les tempêtes de l'Atlantique ;
l'Océan domine l'Irlande, et règle souverainement
sa température ; il est le tyran de son climat (1)*.

Autrefois l'Irlande était une forêt (2) ; et la végétation y était si puissante, qu'on lui avait donné le sur-
nom d'*île des Bois*. Maintenant elle est. absolument

(*) Toutes les notes indiquées par un chiffre se trouvent à la fin du
volume.

dépouillée d'arbres, et lorsque, par un jour de prin-
temps, elle apparaît quoique chauve, pleine de sève
et de jeunesse, on dirait d'une belle et jeune fille
dont on a coupé la chevelure.

On ne sait point exactement dans quel temps et
par quel phénomène s'opéra cette grande destruction. Tout ce qu'on peut assurer, c'est qu'elle ne
remonte pas au-delà de l'ère chrétienne, et selon
toute probabilité elle date d'une époque encore
moins éloignée de nous Les uns l'attribuent à
quelque inondation extraordinaire, dont la puissance
irrésistible, déracinant, entraînant les forêts, les aurait englouties dans le sein de la terre. D'autres,
dont le sentiment est mieux justifié par les études
de la science, pensent que la ruine des forêts est un
effet de la fureur des vents déchaînés sur l'Irlande.
Quand les hautes futaies qui couvraient ce pays,
étaient entières et compactes, elles se prêtaient,
contre la violence des autans, un mutuel secours ;
mais à mesure que l'homme ayant besoin d'un espace ouvert pour sa cabane et d'un champ pour sa
moisson, pratiqua çà et là des clairières dans la forêt, les arbres voisins de ceux qu'il avait abattus se
trouvèrent sans appui contre l'ouragan, et tombèrent sous son effort jusqu'alors impuissant : chaque
ruine de la tempête en amena mille autres devenues
plus faciles à mesure qu'elles se multipliaient ; ce travail de destruction se continua, et tous les débris,
attirés par une pente naturelle vers les lacs, et les
parties marécageuses du sol, s'arrêtèrent sur cette
base liquide, où, entassés les uns sur les autres,

d'année en année, de siècle en siècle, ils se mêlèrent ensemble, ceux-ci en conservant leur état primitif, ceux-là se décomposant et se transformant
en sol végétal, et formèrent enfin cette substance
spongieuse et combustible, tantôt rouge, tantôt
noirâtre, dont se composent les vastes Tourbières
d'Irlande (1).

Mais les plus grandes convulsions et les plus terribles secousses ne sont point venues en Irlande de
l'océan, des vents et des orages; elles lui sont venues de l'homme.

On a vu dans l'introduction historique qui précède ce livre, à quels cruels déchirements fut livrée
l'Irlande durant les trois siècles qui suivirent l'arrivée sur son territoire des Anglo-Normands, si
prompts à l'envahir, si lents à faire sa conquête (*);
comment, encore toute haletante des combats de
l'invasion, l'Irlande essuya les terribles chocs et
les sanglantes épreuves d'une guerre civile et religieuse (**); comment, enfin, après avoir été mutilée, écrasée par les armes de l'Angleterre protestante, l'Irlande catholique encourut la tyrannie des
lois (***). Les violences de la conquête sont depuis
longtemps finies; les guerres de religion ont cessé;
les lois de persécution ont disparu; et vers la fin du
siècle dernier, l'Irlande est rentrée dans une ère
nouvelle d'indépendance (****). Cependant l'Irlande

(*) V. l'Introduction historique, première époque.
(**) V. l'Introduction historique, seconde époque.
(***) V. idem, troisième époque.
(****) V. idem, quatrième époque.

est toujours malheureuse et pauvre, toutes les sources de sa misère n'ont pas été taries, et parmi les causes abolies de son infortune, il en est dont les effets subsistent toujours et dureront longtemps encore.

Je ne crois pas qu'il existe une seule contrée où la conquête, datant de si loin, ait laissé des traces tout à la fois si antiques et si vivantes. Il semble que les siècles en s'écoulant, n'aient guéri aucune de ses plaies. Le sol est encore tout saignant de ses blessures; partout la guerre l'a dévasté, partout la confiscation l'a frappé de ses coups. On ne saurait marcher en Irlande sans y rencontrer une ruine qui fut témoin de quelque sanglante querelle; on n'y peut faire un pas sans fouler aux pieds une terre qui par le sort des guerres civiles, ne soit passée tour à tour aux mains de trois ou quatre possesseurs, dont le dernier resté maître représente la cause qui a triomphé; à côté des vainqueurs on voit les vaincus, tout pleins encore du souvenir de temps plus prospères. Ce champ, vous disent-ils, appartenait jadis à mon ancêtre; Cromwell le donna à un de ses soldats, qui l'a transmis à ses enfants. Ce château, qu'occupe un seigneur anglais de noblesse récente, fut confisqué par Guillaume III sur un Irlandais de race illustre et de sang royal, dont les descendants labourent aujourd'hui le sol sur lequel régnaient leurs aïeux.

Mais ce sont surtout les plaies faites par les guerres de religion qui sont encore vives et profondes en Irlande.

Tout, en Irlande, est mêlé de religion : les souvenirs de son histoire, depuis le temps où elle s'appelait l'île des Saints, jusqu'à ces derniers siècles où elle fut persécutée pour sa foi ; les luttes de la conquête, les révolutions qui l'ont suivie ; les gouvernements qui se sont succédé ; son état social de nos jours ; les classes, les partis politiques qui la divisent ; les passions qui l'animent ; le caractère, les mœurs, le développement intellectuel de ses habitants ; la division géographique elle-même de son territoire, tout est marqué d'un signe religieux.

On ne peut espérer de connaître les malheurs de l'Irlande que si l'on parvient à comprendre l'Irlande religieuse.

Celle-ci se divise en deux zones distinctes : protestante au nord ; catholique au sud et à l'ouest. La première renfermée dans l'Ulster ; la seconde s'étendant sur les trois autres provinces, Leinster, Munster et Connaught.

Le Connaught est, de nos jours, le type de la vieille Irlande. Il semble que la nature ait pris à cœur de le distinguer des autres provinces. L'Océan le borne à l'occident ; au sud et à l'est le fleuve Shannon l'entoure, et fait de lui une grande presqu'île, séparée du reste de l'Irlande. Ce fut là, au temps de Cromwell, l'asile des infortunés qui eurent à choisir entre la mort ou ce lieu de retraite. *Go to hell or to Connaught* (*Vas en enfer ou en Connaught*), disait le tyran aux proscrits. Ceux-ci, en se réfugiant sur cette terre misérable, y apportèrent l'antique foi de leurs aïeux, leur reli-

gion bannie, leur patrie exilée. Depuis ce temps, le
Connaught n'a pas cessé d'être le foyer de l'Irlande
catholique. Nulle part le souvenir des guerres civiles
n'est aussi vivace; nulle part l'Anglais et le protestant ne sont détestés d'une haine plus religieuse et
plus nationale.

Ce qui caractérise le nord, ce n'est pas seulement d'être protestant : c'est surtout d'être puritain ;
l'Ulster est l'Écosse de l'Irlande. Cette province a
gardé dans toute son amertume les vieilles passions
antipapistes que lui apportèrent les colons de Jacques Ier, et que ravivèrent les soldats de Cromwell
et de Guillaume III. L'habitant de l'Ulster n'est séparé que par un fleuve de celui du Connaught;
mais la religion établit entre eux une plus puissante
barrière; et bien du temps encore s'écoulera avant
que le puritain écossais du nord de l'Irlande regarde
et traite comme ses frères *les catholiques du Connaught* (*the Connaught people*). En Connaught,
le plus grand nombre parle encore la langue primitive des indigènes; dans l'Ulster on ne parle que
l'anglais (1). L'Ulster résume l'Irlande protestante,
comme le Connaught l'Irlande catholique.

En général, l'Irlandais primitif est catholique;
l'Anglais est protestant attaché au culte anglican;
l'Écossais, aussi protestant, suit les rites de l'Église
presbytérienne.

J'ai dit qu'en Irlande, où tout est mêlé de religion, les partis et les conditions sociales en portent l'empreinte. Le protestantisme qui depuis Élisabeth fut le culte des conquérants de l'Irlande,
est celui de la classe supérieure. Le protestant est

riche; le catholique pauvre. En général, le premier gouverne; le second, relégué dans une condition inférieure, obéit au protestant, son maître politique, pour lequel il travaille.

La religion protestante, signe de la fortune, l'est aussi de la puissance. Non-seulement le catholique est pauvre et le protestant riche, mais encore chacun d'eux semble penser que telle est la condition naturelle de l'un et de l'autre; le catholique accepte son humble destinée, et le protestant est de bonne foi dans son orgueil; celui-ci met dans ses rapports avec le catholique un peu de cette supériorité que l'Européen établi dans les îles montre envers les personnes de couleur dont l'origine africaine est encore apparente.

Il n'est pas seulement le descendant des vainqueurs, l'héritier de leur gloire, de leur puissance établie par sept siècles de domination, il se croit d'une race supérieure à celle de l'Irlandais; et comme en Irlande le culte témoigne de la race, le protestantisme est regardé comme une sorte de noblesse. Cette opinion, il est vrai, tend chaque jour à s'affaiblir, mais il en reste encore dans les relations mutuelles du protestant et du catholique de ce pays assez de traces pour qu'on ne puisse la méconnaître.

Le catholique d'Irlande est dans cet état douteux où se trouve l'affranchi qu'on vient de délivrer de la servitude, et qui fait son premier pas dans la liberté, obligé de changer tout à coup ses manières d'esclave, qui ne lui conviennent plus, pour les franches allures de l'homme libre, qu'il ne connaît pas encore. En dépit du fait et du droit, il regarde toujours comme son maître celui qui le fut. Vainement il proteste par des actes extérieurs contre ce sentiment intime ; le cri d'une conscience dépravée le dément au dedans de lui-même ; et quelquefois la grossièreté, l'insolence qu'il met dans ses rapports avec le protestant, pour faire acte d'égalité, servent à le rabaisser en réalité au-dessous de celui-ci.

Rien n'est plus rare que de rencontrer chez le catholique irlandais une appréciation mesurée de sa condition actuelle ; vous le voyez toujours se placer vis-à-vis des protestants trop bas ou trop haut, soit qu'oubliant son émancipation, il se tienne vis-à-vis de son ancien maître dans une attitude humble et obséquieuse, soit qu'enivré de 'la victoire remportée sur ses oppresseurs, il ne se contente plus d'être leur égal, et veuille leur prouver qu'il est libre en les opprimant à son tour.

Il y a, du reste, dans l'état social de l'Irlande quelque chose de plus remarquable encore que cette aristocratie de race et de culte ; c'est la physionomie féodale que présente ce pays au milieu du dix-neuvième siècle.

Le gouvernement des Anglais en Irlande a été, depuis cent cinquante ans, une aristocratie protestante entée sur une aristocratie féodale. Ce qu'il y avait de protestant dans les lois politiques a subi déjà de graves réformes ; mais la base féodale de l'édifice est restée à peu près immobile.

Le pays, partagé lors des confiscations religieuses entre quelques grands propriétaires, est encore aujourd'hui en la possession de leurs descendants, qui ont reçu entiers les domaines de leurs pères sous la protection de la loi d'aînesse et des substitutions. Ces terres sont cultivées par la population catholique, qui théoriquement serait libre de se détacher du sol, mais qui y tient comme à son seul moyen d'existence, et se trouve en réalité dans une condition pire que celle des serfs du moyen-âge.

Cet état social ne présente avec celui de l'Angleterre qu'une analogie trompeuse : dans ce dernier pays, de même qu'en Irlande, la loi féodale maintient, il est vrai, le sol dans un petit nombre de familles qui le reçoivent et le transmettent héréditairement sans pouvoir le diviser; mais, à côté de ces fortunes de la terre, s'élèvent les fortunes de l'industrie et du commerce ; tandis que le principe féodal s'efforce de maintenir le riche dans son opulence, et le pauvre dans sa misère, le principe industriel et commercial travaille sans relâche à déplacer la fortune, à diminuer le nombre des pauvres et à faire de nouveaux riches. Ces deux puissances rivales se livrent une guerre qui ne laisse point de repos aux combattants. L'industrie qui crée est pourtant supérieure au principe féodal qui conserve; le riche, armé de sa terre féconde, est vaincu par le pauvre dont l'activité produit; et entre le maître du sol et le prolétaire on voit naître sans cesse une infinité d'existences nouvelles dont l'ensemble forme ce qu'on appelle la classe moyenne. Cette classe est à peu près inconnue en Irlande.

L'Irlande présente un éternel contraste de richesse et d'indigence, dont il est singulièrement difficile de se faire une juste idée.

Lorsqu'à l'approche des lacs de Killarney on s'arrête non loin de l'abbaye de Mucruss, un double spectacle vient s'offrir à la vue : d'un côté, des plaines incultes, des marais stériles, des landes monotones sur lesquelles végètent misérablement de maigres ajoncs et des pins rachitiques, de longues étendues de bruyère où apparaissent çà et là, de loin en loin, quelques rocs de médiocre élévation, dont l'aspect uniforme et dépourvu de toute beauté sauvage atteste seulement la pauvreté de la nature ; on ne saurait imaginer une terre plus indigente et plus désolée.

Mais du côté opposé une scène toute différente éclate aux regards : aux pieds d'une chaîne de montagnes découpées avec légèreté et séparées entre elles par une suite de lacs charmans, s'étendent des campagnes riches et fertiles, des prairies vertes et riantes, des forêts pleines de sève et de végétation ; ici de frais ombrages, des grottes secrètes, des asiles mystérieux ; là des espaces ouverts, des cimes hardies, un horizon sans limites ; à côté de la source argentée, le champ couvert de blonds épis ; partout l'abondance, la richesse, la beauté ; partout l'accident extraordinaire de la nature gracieuse en même temps que féconde. Ainsi du même point s'offrent à l'œil deux aspects absolument opposés ; ici l'extrême richesse, là l'extrême misère : c'est l'image de l'Irlande.

On ne voit en Irlande que des châteaux magnifiques ou des cabanes misérables ; point d'édifice qui tienne le milieu entre le palais des grands et la chaumière de l'indigent, il n'y a que des riches et des pauvres.

Le catholique d'Irlande ou l'homme de la classe inférieure ne trouve à sa portée qu'une seule profession, la culture de la terre; et quand il n'a pas le capital qui lui serait nécessaire pour être fermier, il bêche le sol comme un manœuvre (1). En Angleterre les deux tiers de la population sont commerçants ou industriels, un quart seulement est agricole. En Irlande moins d'un quart est adonné au commerce, plus des deux tiers sont uniquement dévoués à l'agriculture (2). Celui qui n'a pas un coin de terre à cultiver meurt de faim.

On juge par ce qui précède que cette incroyable variété de classes, de rangs, de degrés, qui, dans la société anglaise, divisent à l'infini l'échelle sociale, ne saurait se rencontrer en Irlande où la limite qui sépare l'aristocrate du prolétaire est marquée par une ligne étroite, sur laquelle nulle existence intermédiaire ne peut parvenir à se placer.

Le protestant, qui, en Irlande, a le privilège du rang, de la puissance politique et de la richesse, a aussi le monopole de l'éducation. Jusqu'à ces derniers temps il n'y existait d'école primaire que pour les protestants; aujourd'hui encore le catholique ne trouve point dans les établissements consacrés à la haute instruction les mêmes avantages qui sont accordés aux protestants. Ainsi, tandis que tout est calculé pour développer les facultés intellectuelles du riche, le pauvre est abandonné à lui-même et laissé dans son ignorance.

On conçoit sans peine combien ces deux classes opposées, constituées ainsi chacune sur une base immuable, ont dû se développer et s'étendre, l'une dans la sphère de sa puissance, l'autre dans le cercle de sa misère et de sa servitude.

Il faut réfléchir longtemps à ce passé de plusieurs siècles; il faut se représenter le riche et le pauvre suivant invariablement, pendant des siècles, deux voies opposées, l'une menant à l'extrême richesse, l'autre à l'extrême misère; il faut se rendre compte des effets logiques et nécessaires de ces deux principes, le premier d'accroissement perpétuel, le second de ruine progressive, se fortifiant l'un l'autre, et trouvant une nouvelle puissance d'action dans chacune de leurs conséquences; il faut, dis-je, méditer longtemps sur ces causes pour comprendre les excès de luxe auxquels est arrivée l'aristocratie irlandaise, et la lèpre invétérée de misère dont est couverte la pauvre Irlande.

Les revenus du riche s'élèvent quelquefois, en Irlande, à des sommes dont l'énormité nous paraît presque chimérique. Le riche s'est fait, sur cette contrée de misère, une destinée magnifique; il a des châteaux splendides, des domaines sans bornes, des montagnes, des prairies, des forêts, des lacs; il a tout cela, et souvent il le possède deux et trois fois.

Tandis que des millions d'êtres malheureux se demandent chaque jour quel sera le moyen de pourvoir à leur plus impérieux besoin, le riche s'interroge pour savoir par quel art il pourrait réveiller une passion dans son âme engourdie, et un appétit dans son corps à demi éteint. Veut-il transporter d'un lieu dans un autre sa personne chargée de l'ennui d'elle-même? les routes les plus belles et capables de rivaliser avec celles d'Angleterre s'offrent à lui. Le luxe et la richesse se promènent ainsi avec toutes leurs aises et toute leur ostentation à travers les souffrances et les misères du pays.

Telle est l'Irlande que s'est créée le riche. Il faut, pour voir l'Irlande heureuse, choisir son point de vue tout exprès, prendre çà et là un espace étroit et isolé, en fermant les yeux à tous les objets environnants; mais la pauvre Irlande, au contraire, éclate à la vue de toutes parts.

La misère nue, affamée; cette misère vagabonde et fainéante, cette misère qui mendie, couvre le pays entier; elle se montre partout, sous toutes les formes à tous les instants du jour; c'est elle que vous voyez la première en abordant aux rivages de l'Irlande; et, dès ce moment, elle ne cesse plus d'être présente à vos regards, tantôt sous les traits de l'infirme qui étale ses plaies, tantôt sous l'aspect du pauvre costumé de ses haillons; elle vous suit partout, vous obsède sans relâche; vous entendez de loin ses gémissements et ses pleurs; et si sa voix ne vous émeut pas d'une pitié profonde, elle vous importune et vous fait peur. Cette misère semble inhérente au sol et comme un de ses produits; pareille à ces fléaux endémiques qui corrompent l'atmosphère, elle flétrit tout ce qui l'approche, et atteint le riche lui-même, qui ne peut, au milieu de ses joies, se séparer des misères du pauvre, et fait de vains efforts pour secouer cette vermine qu'il a créée et qui s'attache à lui.

L'aspect matériel du pays ne donne pas de moins tristes impressions.

Tandis que le château féodal se montre, après sept siècles, plus riche et plus brillant qu'à sa naissance, vous voyez çà et là crouler des habitations misérables, et celles-ci ne se relèvent point. On est étonné, quand on parcourt l'Irlande, de la quantité de ruines qui s'y rencontrent. Je ne parle point ici de ces ruines pittoresques que font les âges en s'écoulant, et dont la vétusté décore le pays; ces ruines-là appartiennent encore à la riche Irlande, qui les conserve avec soin comme des souvenirs d'orgueil et des monuments d'antiquité; je veux dire ces ruines prématurées que crée l'infortune; ces pauvres habitations que délaisse un possesseur malheureux, et qui n'attestant qu'une obscure misère, n'excitent en général que peu d'attention et d'intérêt.

Je ne sais, du reste, lequel est le plus triste à voir, de la demeure abandonnée, ou de celle qu'habite le pauvre Irlandais.

Qu'on se représente quatre murs de boue desséchée, que la pluie, en tombant, rend sans peine à son état primitif; pour toit un peu de chaume, ou quelques coupures de gazon; pour cheminée, un trou grossièrement pratiqué dans le toit, et le plus souvent la porte même du logis, par laquelle seule la fumée trouve une issue; une seule pièce contient le père, la mère, l'aïeul, les enfants ; point de meubles dans ce pauvre réduit : une seule couche, composée ordinairement d'herbe et de paille, sert à toute la famille. On voit accroupis dans l'âtre cinq ou six enfants demi-nus, auprès d'un maigre feu, dont les cendres recouvrent quelques pommes de

terré, seule nourriture de toute la famille; au milieu de tous, gît un porc immonde, seul habitant
du lieu qui soit bien, parce qu'il vit dans l'ordure.
La présence du porc au logis semble d'abord, en
Irlande, un indice de misère; il y est cependant un
signe de quelque aisance. Et l'indigence est surtout
extrême dans la cabane qu'il n'habite pas.

Non loin de la chaumière s'étend un petit champ
d'un acre ou d'un demi-acre; il est semé de pommes
de terre; des rangées de pierres entassées les unes
sur les autres, et parmi lesquelles croissent des
ajoncs, lui servent de clôture.

Cette demeure est bien misérable ; cependant,
ce n'est point celle du pauvre proprement dit. On
vient de décrire l'habitation du fermier irlandais et
de l'ouvrier agricole.

J'ai dit qu'au-dessous des grands il n'y a point de
petits propriétaires, et au-dessous du riche opulent,
rien que des pauvres; mais ceux-ci sont misérables
à des titres différents, et avec des nuances que je
voudrais pouvoir indiquer.

Tous, étant pauvres, n'emploient pour se nourrir
que l'aliment le moins cher dans le pays, les pommes
de terre (1); mais tous n'en consomment pas la
même quantité : les uns, et ce sont les privilégiés,
en mangent trois fois par jour; d'autres, moins heureux, deux fois; ceux-ci, en état d'indigence, une
fois seulement; il en est qui, plus dénués encore,
demeurent un jour, deux jours même, sans prendre
aucune nourriture (2).

Cette vie de jeûnes est cruelle; et pourtant il faut
la subir, sous peine de maux plus grands encore.

Celui qui fait un repas de plus qu'il ne peut ; et
jeûne une fois de moins qu'il ne doit, est sûr de n'a-
voir pas de quoi se vêtir ; et encore cette prudence,
cette résignation à souffrir, sont souvent stériles.

Quel que soit le courage du pauvre cultivateur à
supporter la faim, pour faire face à d'autres besoins,
il est en général nu ou couvert de haillons transmis
dans la famille de génération en génération (1).

Dans beaucoup de pauvres maisons, il n'y a qu'un
habillement complet pour deux individus ; ce qui
oblige presque toujours le prêtre de la paroisse à
dire plusieurs messes le dimanche. Lorsque l'un a
entendu la première messe, il revient au logis, quitte
ses vêtements, et les donne à l'autre qui va aussitôt
assister à la seconde.

J'ai vu l'Indien dans ses forêts et le nègre dans ses
fers, et j'ai cru, en contemplant leur condition digne
de pitié, que je voyais le dernier terme de la misère
humaine : je ne connaissais point alors le sort de la
pauvre Irlande. Comme l'Indien, l'Irlandais est
pauvre et nu ; mais il vit au milieu d'une société
qui recherche le luxe et honore la richesse. Comme
l'Indien, il est dépourvu du bien-être matériel que
procurent l'industrie humaine et le commerce des
nations ; mais il voit une partie de ses semblables
jouir de ce bien-être auquel il ne peut aspirer. Au
sein de sa plus grande détresse, l'Indien conserve
une certaine indépendance qui a ses charmes et sa
dignité. Tout indigent qu'il est, et quoique affamé,
il est pourtant libre dans ses déserts ; et le sentiment
qu'il a de cette liberté adoucit pour lui bien des
souffrances ; l'Irlandais subit le même dénuement,

sans avoir la même liberté ; il est soumis à des règles,
à des entraves de toute sorte ; il meurt de faim et
il a des lois ; triste condition, qui réunit les vices de
la civilisation et ceux de la nature sauvage. Sans
doute l'Irlandais qui vient de secouer ses fers, et
qui a foi dans l'avenir, est au fond moins à plaindre
que l'Indien et que l'esclave noir. Cependant, aujourd'hui, il n'a ni la liberté du sauvage ni le pain de
la servitude.

Je n'entreprendrai point de décrire toutes les circonstances, toutes les phases de la misère irlandaise ; depuis la condition du pauvre fermier qui
jeûne pour que ses enfants vivent, jusqu'à celle du
cultivateur qui, moins misérable, mais plus dégradé, se résout à mendier ; depuis l'indigence résignée, qui se tait au milieu des souffrances et des sacrifices, jusqu'à celle qui se révolte et, dans ses violences, va jusqu'au crime.

La pauvreté irlandaise a un caractère spécial et tout
à fait exceptionnel, qui rend sa définition malaisée,
parce qu'on ne peut la comparer à nulle autre indigence. La misère irlandaise forme un type à part,
dont le modèle et l'imitation ne sont nulle part. On
reconnaît, en la voyant, qu'on ne saurait théoriquement assigner aucune borne à l'infortune des peuples.

Chez toutes les nations on trouve plus ou moins
de pauvres ; mais tout un peuple de pauvres, voilà ce
qu'on n'avait point encore vu avant que l'Irlande
l'eût montré.

Pour faire connaître l'état social d'un tel pays, il
faudrait ne raconter que ses misères et ses souffrances : l'histoire des pauvres est celle de l'Irlande.

Il faut, pour comprendre la misère irlandaise, renoncer à toutes les notions qui, dans les autres pays, servent à distinguer l'aisance et la pauvreté. On a coutume de n'appeler pauvre que celui qui manque d'ouvrage et mendie; dans ce pays, les plus pauvres sont ceux qui ne mendient pas. Il n'est pas un habitant des champs, s'abstenant de mendicité, qui n'eût besoin de s'y livrer. On ne pourrait donc comparer le pauvre irlandais au pauvre d'aucun pays. On ne saurait même assimiler le cultivateur libre de l'Irlande (*independant labourer*) au pauvre anglais (*pauper*). Il n'est pas douteux que le plus misérable de tous les pauvres d'Angleterre ne soit mieux nourri et mieux vêtu que le plus heureux agriculteur d'Irlande.

Il y a de tristes théories suivant lesquelles il se trouve, à tout prendre, chez tous les peuples de tous les pays, une somme à peu près égale de bonheur et de misère, de bien-être et de souffrance; d'où l'on conclut que c'est folie que de prendre aucun souci de maux qu'il n'est point donné aux hommes de pouvoir guérir ou soulager. Ceux qui tiennent ce langage décourageant n'ont sans doute vu ni les États-Unis ni l'Irlande; ils ne connaissent ni le pays où la misère est la règle commune, ni celui où le malheur est une exception.

La misère descend en Irlande a des degrés ailleurs inconnus. La condition qui dans ce pays est supérieure à la pauvreté serait chez d'autres peuples une affreuse détresse; et les classes misérables, dont chez nous avec raison on déplore le sort, formeraient en Irlande une classe privilégiée. Et ces misères de la population irlandaise ne sont point de rares accidents; presque toutes sont permanentes; celles qui ne durent pas toujours sont périodiques.

Tous les ans, à peu près à la même époque, on annonce en Irlande le commencement de la famine, ses progrès, ses ravages, son déclin.

Au mois de février dernier (1838), la presse française enregistrait ce cri annuel de la misère irlandaise, et disait le nombre des personnes qui, en un seul mois, étaient mortes de faim. Soit égoïsme, soit humanité, beaucoup se plaisent à penser que les récits qu'on fait de l'indigence irlandaise sont empreints d'exagération; et pour eux le mot *famine*, dont on se sert pour peindre les angoisses de l'Irlande, n'est qu'une expression métaphorique qui signifie une excessive détresse, et non le terme propre pour exprimer l'état de gens *réellement* affamés et mourant, faute d'aliments.

C'est surtout en Angleterre qu'on aime à se tenir dans cet état de doute, dont il est cependant bien aisé de sortir.

En 1727, il y a environ cent ans, le primat Boulter écrivait d'Irlande, où il était le principal agent du gouvernement anglais:

« Depuis mon arrivée en ce pays (en 1725), la famine n'a presque pas cessé parmi les pauvres. La cherté des grains était telle l'année dernière, que des milliers de familles ont été obligées de quitter leurs demeures, pour aller chercher leur vie ailleurs. Il en a péri par centaines « *many hundred perished* (1).»

Comme on demandait, en 1832, à l'évêque Doyle, quel était dans l'ouest l'état de la population: Ce qu'il a toujours été, répondit-il; on y meurt de faim comme de coutume. *People are perishing as usual* (1).

En 1817, des fièvres, causées par l'indigence et la faim, atteïgnirent en Irlande un million cinq cent mille individus, dont soixante-cinq mille périrent (2), et l'on a calculé que, en 1826, le vice des aliments occasionna vingt mille maladies (3). .

Lors de la grande enquête faite, en 1835, par le gouvernement anglais sur l'état social de l'Irlande, la question suivante fut adressée par les commissaires à leurs correspondants dans chaque paroisse :

« Avez-vous connaissance de quelque décès arrivé depuis les trois dernières années, et dont un besoin urgent ait été la cause ? »

Et l'enquête constate une foule de morts, que la privation d'aliments a seule occasionnées. Ici, ce sont des malheureux que la faim a manifestement tués; là, des infortunés dont elle a hâté la mort. Ceux-ci périssent d'un long épuisement; ceux-là, tout à la fois de maladie et de faim (4).

Ce serait un travail douloureux à faire, que de dépouiller toute cette enquête, qui comprend dix volumes in-folio, dont quelques-uns ont plus de neuf cents pages; dont chaque page, chaque ligne, chaque mot, constatent une misère irlandaise, et où pourtant toutes les misères de l'Irlande ne sont pas rapportées.

Les commissaires chargés de cette enquête mémorable, estiment qu'il y a en Irlande près de trois millions d'individus qui chaque année sont sujets à tomber dans un dénuement absolu (5); ces trois mil-

lions ne sont pas seulement pauvres, ils sont indigents. Outre ces trois millions de pauvres, il y a encore des millions de malheureux, qui, ne mourant
pas de faim, ne sont pas comptés.

L'auteur de ce livre, auquel de pareils témoignages
auraient pu sans doute paraître suffisants, a pourtant
voulu voir de ses propres yeux ce que sa raison hésitait encore à croire. Deux fois, en 1835 et en 1837,
il a, en parcourant l'Irlande, visité exprès les contrées
où la famine a coutume de sévir avec le plus de violence, et il a vérifié les faits. Racontera-t-il ici tout ce
qu'il a vu? non. Il y a des infortunes qui sont tellement
au-dessus de l'humanité, que la langue humaine n'a
point de mots pour les traduire (1). Et puis, s'il lui
fallait rappeler ici les scènes de deuil et de désolation dont il a été le témoin ; répéter les hoquets et
les cris de désespoir qu'il a entendus ; s'il lui fallait
redire ce qu'il y a de douleur dans la voix d'une
pauvre mère refusant un peu de pain à ses enfants
affamés ; et si, au milieu de ces misères extrêmes, il
lui fallait peindre l'insultante opulence qu'étale le
riche à tous les yeux ; l'immensité de ses domaines,
où la main de l'homme a créé des eaux factices,
des vallées, des collines artificielles ; la magnificence
de son palais, que soutiennent des colonnes du plus
beau marbre de la Grèce ou de l'Italie, et que l'or
d'Amérique, la soie de France, les tissus de l'Inde,
décorent à l'envi ; le splendide toit destiné aux valets ; la demeure plus superbe encore des chevaux ;
toutes les merveilles de l'art, toutes les inventions de
l'industrie, et toutes les fantaisies de la vanité sont
accumulées dans ce lieu, où le maître ne daigne

même pas résider, et où il n'apparaît que de loin en loin; la vie somptueuse et indolente de ce riche, qui ne sait rien des misères dont il est l'auteur; qui ne les a jamais regardées; qui n'y croit pas; tire des sueurs du pauvre 500,000 francs de rente; dont chaque jouissance insensée ou superflue représente la ruine ou l'indigence d'un malheureux; qui donne chaque jour à ses chiens le repas de cent familles, et laisse mourir de faim ceux qui lui font cette vie de luxe et d'orgueil; s'il fallait que l'auteur de ce livre rappelât ici les impressions sinistres que lui a fait éprouver la vue de tels contrastes, et les terribles questions que de telles oppositions ont soulevées dans son esprit, il sent que la plume tomberait de ses mains, et il n'aurait point le courage d'achever la tâche qu'il veut accomplir.

CHAPITRE II.

Une mauvaise aristocratie est la cause première de tous les maux de l'Irlande. — Le vice de cette aristocratie est d'être anglaise et protestante.

On vient de voir combien est malheureux l'état de l'Irlande. Le premier besoin qu'on éprouve à l'aspect de tant de misères, c'est de rechercher quelle en est la cause; et cette cause on souhaite surtout de la connaître, parce que, pour guérir le mal, il faut d'abord en savoir l'origine et la nature.

Commençons donc par dire la cause du mal, nous chercherons ensuite le remède.

On ne saurait considérer attentivement l'Irlande, étudier son histoire et ses révolutions, observer ses mœurs et analyser ses lois, sans reconnaître que ses malheurs, auxquels ont concouru tant d'accidents funestes, tant de circonstances fatales, ont eu et ont encore de nos jours, pour cause principale, une cause *première*, radicale, permanente, et qui domine toutes les autres ; cette cause, c'est une mauvaise *aristocratie*.

Toutes les aristocraties fondées sur la conquête et sur l'inégalité renferment sans doute dans leur sein bien des vices; mais toutes ne contiennent pas les mêmes , et n'en possèdent point un pareil nombre.

Supposez des conquérants qui, dès que les premières convulsions de la conquête sont passées, s'efforcent d'en effacer le souvenir en se mêlant au peuple conquis, prennent son langage, adoptent une partie de ses mœurs, s'approprient presque toutes ses lois, et pratiquent la même religion ; supposez que ces conquérants, formés en société féodale, ayant à lutter contre des rois puissants et oppresseurs, cherchent un auxiliaire dans la population conquise, et qu'unis désormais par un lien d'intérêt mutuel, les vainqueurs et les vaincus s'accoutument à mêler leur cause en combattant un ennemi commun ; supposez que, ces luttes durant pendant des siècles, les seigneurs en querelle avec leurs rois ne manquent jamais de stipuler des droits pour le peuple en même temps qu'ils conquèrent pour eux-mêmes des privilèges; supposez enfin que ces conquérants, après avoir, par une fusion rapide avec les vaincus, fait oublier les violences de la conquête, travaillent sans relâche à racheter l'injustice de leurs privilèges par les bienfaits du patronage ; que, supérieurs en rang, en richesse et en puissance politique, ils ne cessent de se montrer aussi supérieurs en talents et en vertus ; que prenant en main toutes les affaires du peuple, ils se mêlent à toutes ses assemblées, discutent tous ses intérêts, dirigent toutes ses entreprises, sacrifient la moitié de leurs revenus pour ne pas voir un seul pauvre sur leurs domaines, donnent à celui-ci des lumières, à celui-là des capitaux, accordent à tous un appui éclairé, charitable, bienveillant; que, placés à la tête d'une société commerçante, ils en comprennent admirablement le génie et les besoins, lui donnent avec la liberté de l'industrie, toutes les libertés politiques et civiles qui sont l'âme de celle-ci; et que, pour faire à cette société de magnifiques destinées, ils lui ouvrent des comptoirs dans le monde entier, établissent pour elle des colonies florissantes, fondent pour elle de grands empires dans l'Inde, rendent ses vaisseaux souverains sur toutes les mers, et fassent toutes les nations du monde ses tributaires; et qu'enfin, après lui avoir ouvert toutes les voies de la fortune, ces mêmes hommes, abaissant la barrière qui sépare d'eux le prolétaire, disent à celui-ci : Sois riche, et tu deviendras lord. Sans doute une pareille aristocratie pourra recéler encore bien des germes d'oppression, et plus d'un principe de ruine; on comprendra cependant qu'elle puisse se maintenir longtemps forte et prospère, et que même, succédant à la conquête, et chargée de toutes les injustices du privilége féodal, elle donne au pays qu'elle tient sous son empire l'illusion, si ce n'est même la réalité, d'un gouvernement juste et national. On comprendra le règne long et brillant de l'aristocratie anglaise.

Supposez, au contraire, des conquérants qui, bien loin d'arrêter les violences de la conquête, travaillent sans relâche à les perpétuer; rouvrent cent fois les blessures du peuple conquis; au lieu de s'unir à celui-ci, s'efforcent de s'en tenir séparés, refusent tout à la fois de lui donner leurs lois et de prendre les siennes, conservent leur langage et leurs mœurs,

et posent entre eux et lui la plus insurmontable
barrière, en déclarant crime de haute trahison toute
alliance par le sang entre les fils des vainqueurs et
les descendants des vaincus ; supposez qu'après
s'être ainsi constitués vis-à-vis du peuple conquis
comme une faction distincte par la race et par la
puissance, ces conquérants viennent à être séparés
de lui par une cause plus profonde encore, par la
différence des religions; que, non contents de lui
avoir ravi son existence nationale, ils entreprennent
encore de lui enlever son culte, et qu'après avoir
passé des siècles à le dépouiller de son indépendance
politique, ils passent encore des siècles à lui disputer sa liberté religieuse ; supposez que ces conquérants, tyrans politiques, tyrans religieux, mé-
prisant la nation conquise à cause de sa race, la
haïssant à cause de son culte, soient placés dans
cette situation extraordinaire qu'il n'y ait pour eux
ni intérêt à protéger le peuple ni péril à l'opprimer;
alors on concevra qu'une aristocratie composée de
pareils éléments ne puisse enfanter qu'égoïsme, violences, injustices d'une part, que haines, résistances,
dégradation et misère de l'autre; on comprendra
l'aristocratie d'Irlande.

L'aristocratie d'Angleterre, toute habile, toute nationale qu'elle est, eût peut-être été impuissante à
se maintenir si, en même temps qu'elle couvre ses
vices d'éclatantes vertus, elle n'eût été protégée par
des accidents heureux.

Sujette, comme toutes les aristocraties dont le
principe est le privilège, à abuser de sa force dans
un intérêt égoïste, elle a tendu à l'excès les ressorts

sur lesquels elle s'appuie, elle a concentré outre mesure entre ses mains la possession du sol, devenu le monopole d'un petit nombre; et ceux qui en Angleterre sont propriétaires forment une minorité si petite en face de tous ceux qui ne le sont pas, que la propriété y serait peut-être en péril si elle était aux yeux du peuple un objet désirable.

Mais, par un événement propice plus encore que par l'effet d'une politique sage, le sol en Angleterre n'a point encore jusqu'à ce jour excité l'envie des classes inférieures; le peuple anglais laisse à son aristocratie le monopole de la terre, parce qu'il a lui-même le monopole de l'industrie. Les domaines immenses du lord n'ont rien d'importun pour le bourgeois auquel le commerce du monde entier offre une arène sans bornes, et qui pense que s'il fait une grande fortune, il acquerra peut-être un jour, avec les terres de ce lord, son titre et ses honneurs.

L'agriculteur anglais prend peu de souci du système politique dont l'effet est de repousser des champs dans les villes les habitants des campagnes, lorsque cet agriculteur, éloigné du sol, trouve dans l'atelier des fabriques un travail aussi régulier et un meilleur salaire. C'est là, il faut le reconnaître, qu'est la grande garantie de l'aristocratie anglaise : garantie fragile et caduque qui ne durera qu'aussi longtemps que l'industrie anglaise fournira l'univers de ses produits.

L'aristocratie d'Irlande, pleine de vices dont l'aristocratie anglaise est exempte, loin d'être comme celle-ci secourue par des circonstances favorables, lutte au contraire contre des accidents funestes.

Ainsi, c'est pour l'aristocratie irlandaise un sort
fatal que celui qui a placé l'Irlande à côté de l'Angleterre ; car jamais cette aristocratie n'a cessé d'être
anglaise de cœur, et presque d'intérêt ; voilà pourquoi elle a toujours résidé et aujourd'hui encore
réside plus en Angleterre qu'en Irlande, et ce fait
matériel, qui la sépare le plus souvent du peuple
soumis à son empire, est pour elle la source du vice
le plus funeste à toute aristocratie, qui n'existe réellement qu'à la condition de gouverner. Il arrive souvent d'attribuer tous les maux de l'Irlande au défaut
de résidence de l'aristocratie ; mais c'est prendre
une conséquence du mal pour le mal lui-même.
L'aristocratie d'Irlande n'est point mauvaise, parce
qu'elle s'absente ; elle s'absente, parce qu'elle est
mauvaise ; parce que rien ne l'attache au pays, parce
que nulle sympathie ne l'y retient. Pourquoi, n'ai-
mant ni le pays ni le peuple, resterait-elle en Irlande,
lorsqu'elle a près d'elle l'Angleterre qui l'invite et
l'attire par le charme d'une société plus civilisée,
plus élégante, et qui a le mérite d'être la patrie originaire ?

En général, toute aristocratie porte en elle-même
le frein qui la tempère sinon l'arrête dans ses écarts
et dans son égoïsme. Il arrive d'ordinaire que celle-
là même qui n'aime pas le peuple le craint, ou du
moins elle a besoin de lui ; elle exécute alors par
calcul ce qu'elle ne fait point par sympathie. Elle
n'opprime pas trop, de peur de révolter ; elle ménage les forces nationales dont elle tire profit, et
il peut lui arriver ainsi de paraître généreuse alors
qu'elle n'est qu'habile et intéressée.

L'aristocratie irlandaise a toujours eu le malheur de ne rien craindre ni de ne rien espérer du peuple placé sous son joug ; appuyée sur l'Angleterre, dont les soldats ont toujours été mis à son service, elle a pu se livrer sans réserve à sa tyrannie ; les gémissements, les plaintes, les menaces du peuple n'ont jamais modéré son oppression, parce qu'il n'y avait au fond de ces clameurs populaires aucun péril pour elle. Des révoltes éclatent-elles en Irlande? l'aristocratie de ce pays ne s'en émeut point ; l'artillerie anglaise est là qui foudroie les rebelles, et, quand tout est rentré dans l'ordre, l'aristocratie continue à toucher comme par le passé le revenu de ses terres.

L'aristocratie irlandaise a exercé un empire dont on ne trouve dans aucun pays un autre exemple ; elle a, pendant *six* siècles, régné en Irlande sous l'autorité de l'Angleterre, qui lui abandonnait la moitié des avantages de la domination et lui en épargnait tous les frais. Pourvue de droits, de privilèges et de garanties constitutionnelles, elle s'est servie, pour pratiquer l'oppression, de tous les instruments de la liberté. L'Irlande a été ainsi la proie constante de deux tyrans, d'autant plus formidables qu'ils se couvraient l'un l'autre. L'aristocratie irlandaise, se considérant comme l'agent de l'Angleterre, aimait à s'absoudre ainsi de ses propres excès et de ses injustices personnelles ; et l'Angleterre, dont cette aristocratie exerçait les droits, se plaisait à rejeter sur celle-ci tous les abus de la puissance.

Il est peu de pays où les gouvernants n'aient un intérêt plus ou moins grand à ce que le peuple

auquel ils donnent des lois se livre aux arts du commerce et de l'industrie. De quel usage, en effet, seront pour le riche ses grands revenus, s'il ne
s'en sert à acquérir les objets propres à lui faire une
vie douce et commode? Et comment pourra-t-il
se les procurer, si le peuple ne travaille point?
Mais c'est encore une fatalité de l'aristocratie irlandaise, qu'elle est abondamment pourvue de
tous les produits les plus précieux de l'art et du
commerce , quoiqu'il n'existe aucune industrie
en Irlande : elle a sous sa main les produits de l'industrie anglaise pour satisfaire à ses besoins et à ses
fantaisies , aussi bien que des régiments armés pour
assurer la rentrée de ses fermages. Elle n'a donc pas
besoin pour posséder le bien-être et l'élégance
d'exciter le peuple aux travaux industriels. Le
commerce et l'industrie sont cependant les seules
voies par lesquelles les classes inférieures peuvent
sortir de leur misère. Ainsi le peuple d'Irlande, auquel la terre est inaccessible, voit entre les mains de
l'aristocratie un immense privilège dont il ne possède aucun équivalent ; ainsi l'aristocratie d'Irlande,
qui manque de toutes les bases premières sur lesquelles repose celle d'Angleterre, est dépourvue de
cette dernière condition d'existence sans laquelle
l'aristocratie anglaise elle - même ne se soutiendrait peut-être pas. Elle est immobile et fermée. En
principe, ses rangs sont ouverts à tous ; en fait, leur
accès est à peu près impossible : pour y entrer, il
faut devenir riche : or, quel moyen de s'enrichir
dans un pays où le commerce et l'industrie sont
morts? de sorte que cette aristocratie, immobile

dans sa richesse, vivant de la vie d'autrui, a pour litière une population immobile aussi dans sa misère ; en Irlande la pauvreté est une caste. Enfin cette aristocratie, qu'aucun sentiment national n'attache au peuple, a le malheur d'être éloignée de lui par la différence du culte.

La sympathie religieuse est sans contredit le nœud le plus puissant qui unisse les hommes entre eux ; elle n'a pas seulement le pouvoir de rapprocher les peuples ; elle peut, ce qui est plus difficile encore, confondre les classes et les rangs, relever le plus humble au niveau du plus superbe, mêler le riche et le pauvre ; c'est elle qui change l'aumône en charité, et qui, dépouillant le bienfait de son orgueil, la reconnaissance de sa honte, fait deux égaux du bienfaiteur et de l'obligé.

Mais, à défaut de la religion, qui unira le riche et le pauvre, l'Anglais et l'Irlandais, la race conquérante et la race des vaincus ? quelle puissance les rapprochera, si la religion elle-même les sépare ? et dans un pays où toutes les lois sont faites contre le pauvre au profit du riche, que sera-ce si la religion, au lieu de modérer le puissant, le fortifie, et au lieu de soutenir le faible, aide à l'écraser ?

L'aristocratie d'Irlande a deux vices qui résument tous les autres : *anglaise* d'origine, elle n'a jamais cessé de l'être ; devenue *protestante*, elle a eu à gouverner un peuple demeuré catholique.

Ces deux vices contiennent le principe de tous les maux de l'Irlande ; là se trouve la clef de toutes ses misères, de tous ses embarras ; si l'on veut examiner attentivement ce point de départ, on va voir

en découler, comme des conséquences toutes natu_
relles , les circonstances extraordinaires dont on
chercherait ailleurs vainement la cause. Ces conséquences sont de trois sortes : les unes, qu'on appellera civiles, parce qu'elles touchent aux mœurs ;
les autres, politiques, parce qu'elles concernent les
institutions ; celles-là religieuses, parce qu'elles naissent de la différence des cultes. Les premières affec-
tent plus particulièrement les relations du riche avec
le pauvre, du propriétaire avec le fermier ; les secondes, les rapports réciproques des gouvernants et
et des gouvernés ; et les troisièmes, la situation mutuelle des protestants et des catholiques.

SECTION PREMIÈRE.

Conséquences civiles.

§ Ier.

Misère extrême des fermiers. — Accumulation de la population sur le sol.
— Manque de capitaux. — Absentéisme. — Middlemen. — Fermages
excessifs (rack-rents). — Défaut de sympathie entre les propriétaires et
les cultivateurs.

En Angleterre et en Irlande , les classes inférieures cultivent le sol au même titre ; en général,
elles n'en ont point la propriété ; elles prennent à
ferme la terre du riche, ou bien elles louent à
celui-ci leur travail journalier (1). Théoriquement,
leur condition est absolument pareille dans les deux
pays. D'où vient qu'en réalité leur sort est si dis-

semblable? Pourquoi l'un est-il aussi heureux sur
sa terre que l'autre est misérable sur la sienne? Comment arrive-t-il que le premier, bien logé, bien
vêtu, bien nourri, entouré d'une famille heureuse
comme lui-même, vit dans l'aisance et le contentement, imaginant à peine un sort plus fortuné que
le sien, tandis que l'autre, couvert de haillons, vit
de pommes de terre quand il ne jeûne pas, n'a
d'autre asile que le réduit immonde qu'il partage
avec le pourceau, et voit pendant l'hiver ses pauvres petits enfants périr de froid sans qu'il puisse
les vêtir, entend toute l'année leur faim qui crie sans
pouvoir l'apaiser?

C'est qu'en Angleterre le grand propriétaire est
le patron du sol et de ses habitants; il ne se borne
pas à toucher ses revenus et à réclamer ses droits,
il remplit aussi des devoirs, et se croit tenu de rendre un peu de ce qu'il reçoit. Et d'abord, engageant
en quelque sorte sa fortune dans la terre qu'il possède, il y met des capitaux considérables. Aussi
voyez quelle demeure il prépare à son fermier. Plusieurs bâtiments la composent; rien n'y manque de
ce qui peut faire à ses hôtes une vie douce et
commode; elle est le centre d'une vaste exploitation; autour d'elle s'étendent de vastes domaines
qui en dépendent; les meilleurs instruments d'agriculture y attendent la main qui doit les mettre
en usage. Et puis, quand il a créé cette grande
ferme, il en surveille la fortune. Voyant les efforts
du fermier, il jouit de ses succès, et compâtit à ses
revers; et, par une sympathie aussi éclairée que
généreuse, il adoucit des infortunes qui, si elles

n'étaient réparées, lui deviendraient funestes à lui-
même. Il n'est pas toujours libéral, mais rarement
il manque de lumières. Ainsi les rapports du propriétaire et du fermier ont pour base première la
sagesse ou la bienveillance de l'un, d'où naissent tout
naturellement la déférence et le respect de l'autre.

En Irlande les choses ne se passent point de la
sorte; souvent, nous l'avons dit, le propriétaire est
absent; souvent il lui arrive de ne pas connaître
ses propres domaines; il sait vaguement qu'il possède dans le comté de *Corke* ou de *Donégal* une
terre qu'on dit avoir de cent à cent cinquante mille
acres d'étendue; que, d'un côté, la mer le borne,
et de l'autre la plus haute montagne qu'on aperçoit
à l'horizon. Désireux de tirer de ces immenses possessions le meilleur parti possible, il est bien résolu d'ailleurs de ne pas aventurer une obole pour
les faire valoir. Il a dû, lui ou ses aïeux, cette grande
terre à la confiscation; qui sait si quelque révolution nouvelle ne viendra pas lui enlever ce qu'une
révolution précédente a fait tomber dans sa famille?
Ce raisonnement que fait le propriétaire absent, il
le fait à peu près le même quand il réside; car, alors
même qu'il touche le sol, il n'y prend jamais racine,
et l'Irlande n'est point pour lui une patrie à laquelle
il croie devoir des soins et des sacrifices. Ainsi le
grand propriétaire d'Irlande aspire d'ordinaire à
exploiter ses terres sans faire l'avance d'aucun capital, c'est-à-dire à recueillir sans semer. Mais comment obtenir du sol les moindres produits sans
quelques dépenses premières? Voici de quelle manière le propriétaire irlandais résout ce problème.

Il abandonne le loyer de son domaine à quelque traitant moyennant un prix une fois payé, ou une somme annuelle, dont le chiffre est fixé à forfait. Cet entrepreneur, riche capitaliste, résidant soit à Londres, soit à Dublin, ne loue pas une terre en Irlande pour en être le fermier, mais il la prend à bail pour en faire la matière d'une spéculation, et tout aussitôt le marché conclu, il n'aspire qu'à transmettre à un autre l'exploitation de cette terre, à la condition seulement qu'un bénéfice lui soit assuré. Alors il a coutume de diviser le domaine en un certain nombre de lots de cent, de cinq cents, de mille acres, qu'il afferme à des traitants secondaires ou *midlemen*. Quelquefois le propriétaire résidant fait lui-même cette division de son domaine, qu'il livre ainsi directement aux spéculateurs subalternes.

Mais comment ces traitants de seconde ou de première main feront-ils valoir les portions de terre qu'ils prennent à bail? Chacun d'eux établira-t-il sur sa part une grande ferme? S'il le faisait, il aurait à risquer un capital considérable; or, comment un traitant aurait-il plus de foi dans la terre que le maître du sol lui-même? Que fait-il donc? Il ne fonde sur la terre qu'il a prise à loyer ni grandes ni petites fermes; il se borne en général à en défricher la surface. Ce travail étant fait, il subdivise son lot, et l'afferme au taux le plus élevé qu'il peut, par parcelles de cinq, de dix, de vingt acres, à de pauvres agriculteurs du pays, les seuls qui prennent réellement la terre pour la cultiver (1); c'est-à-dire qu'il fait la plus modique avance de fonds, dont il aspire à tirer les plus gros profits.

Mais comment tous ces petits agriculteurs feront-ils pour exploiter la terre qu'ils prennent à bail? Où s'établiront-ils? Le propriétaire ou le traitant ont-ils pris le soin de construire une habitation sur chacune des petites parcelles qui leur ont été attribuées? Non, sans doute; car pour faire cette construction, il aurait fallu des capitaux dont nul n'a voulu faire l'avance. La terre leur est donc livrée toute nue. Mais alors où se logent-ils? Ils construisent eux-mêmes un amas informe de bois et de paille mêlés ensemble, qu'ils appellent leur cabane. Trouvent-ils du moins à leur disposition quelques instruments de culture? Non, aucun, ils ont à s'en pourvoir comme ils pourront.

Ainsi, en Angleterre, le propriétaire donne au fermier une résidence et des outils pour travailler. En Irlande, le pauvre qui prend la terre à loyer doit bâtir sa demeure et y apporter ses instruments de culture. On se demande alors comment, le riche ne pouvant donner un capital, le pauvre se le procure. Il faut répondre que le plus souvent il ne le trouve pas, et qu'il ne met que son travail brut dans une entreprise pour le succès de laquelle un capital serait nécessaire. Il cultive mal, parce que les moyens pour cultiver bien lui manquent. Maintenant, comment, cultivant mal, peut-il payer le fermage exorbitant qu'exige de lui le spéculateur, les traitants et le propriétaire? Car c'est en définitive le pauvre agriculteur qui porte le fardeau de tous les engagements successifs dont la terre a été l'objet. Le grand propriétaire qui a donné sa terre à l'entreprise reçoit de l'entrepreneur une somme d'ar-

gent que celui-ci reprend avec un profit sur les traitants secondaires, et ces derniers, en sous-louant à
des petits fermiers, rentrent non-seulement dans la
somme payée par ceux-ci à l'entrepreneur, mais encore réalisent un bénéfice ; de sorte que les colons
inférieurs ont à payer un fermage qui est d'abord
égal au prix que l'entrepreneur paie au propriétaire, et auquel il faut ajouter les profits de l'entrepreneur et les bénéfices des autres intermédiaires (1).

Vainement les pauvres agriculteurs d'Irlande travaillent pour contenter tous ces intérêts, et s'efforcent de faire eux-mêmes sur la terre le petit gain
duquel dépend leur vie et celle de leur famille : la
terre d'Irlande, quelque féconde qu'elle soit, ne
saurait donner tout ce qu'on lui demande ; et sans
cesse, en dépit de ses efforts et de ses sueurs, le pauvre cultivateur irlandais se voit dans l'impossibilité
de payer le prix de sa ferme. Alors, qu'arrive-t-il? Le
traitant ou le propriétaire l'expulse de sa ferme,
saisit ses meubles et les vend. Et que devient l'agriculteur, dont tout le crime est d'avoir entrepris une
chose impossible? Comme il n'existe aucune autre
industrie que celle de la terre, il va chercher une
petite ferme ailleurs, et en attendant qu'il la trouve,
il se met à mendier avec sa femme et ses enfants......

Voilà sans doute une grande misère, qui paraît
surtout énorme, vue en relief du bien-être et de la
prospérité du fermier anglais. Or, est-il possible de
se méprendre sur sa vraie cause ? Ce serait une grande

médiaires, entrepreneurs, traitants ou agioteurs,
qu'en Irlande on connaît sous le nom de *middlemen.*

Ces middlemen sont un effet et non une cause.
Assurément ils sont un mal (1), et l'on ne saurait
imaginer rien de plus désastreux que toutes ces
transactions successives dont le premier effet est de
livrer le sol à des spéculateurs qui, n'éprouvant
aucun des intérêts de la propriété, prennent l'exploitation d'une ferme comme une industrie passagère, et dont la conséquence non moins immédiate
est de placer, entre les propriétaires du sol et celui
qui le cultive, *trois* ou *quatre* trafiquants qui n'in-
terviennent sur la terre que pour en tirer un lucre.
Mais ce mal, quel en est le véritable auteur? N'est-
ce pas celui qui, dans son indifférence pour le pays
et ceux qui le couvrent, a livré à des mains étran-
gères et cupides le sol et ses habitants?

Du reste, que les agriculteurs irlandais aient affaire au maître du sol ou au traitant, leur condition
ne diffère guère. Ils ne trouvent de sympathie ni
dans l'un ni dans l'autre; le même esprit de cupidité anime tous les deux, le même égoïsme étroit les
endurcit et les aveugle; l'un et l'autre ont en vue
un seul objet, affermer leur terre au plus haut
prix (2). La condition morale et physique du fermier leur est à tous les deux également indifférente.
Ils éprouvent et montrent la même insensibilité en
présence de ses efforts heureux ou de ses sueurs
stériles, de sa prospérité et de ses revers; cet homme
occupe leurs terres, mais il est pour eux comme
un étranger. Pourvu qu'il paie, c'est tout ce qu'ils
demandent. Aussi, quand ils le voient faible et
abattu, ils le laissent dans sa détresse et détournent
les yeux; ils ne viennent à lui que pour lui deman-

der le terme échu; ou si par accident des rapports s'établissent entre le propriétaire et le fermier, si par hasard celui-ci travaille pour celui-là, ou s'il lui vend quelque denrée, on est sûr que le propriétaire abusera grossièrement de la simplicité du pauvre agriculteur, qui, dans le marché, sera toujours dupe (1). Et qu'importe ces misères du pauvre au *middleman*, qui ne les voit qu'en passant, et torture des malheureux dont il fuira le pays dès qu'il aura fait sa fortune? Que voulez-vous de moi? s'écrie le propriétaire à l'aspect de ces maux affreux, je n'y puis rien. J'ai cédé mon droit aux traitants, qui exercent le leur comme il leur plaît? Et le plus souvent le propriétaire ne prononce pas même ces paroles de regret, car il ne voit pas les misères dont il est l'auteur. Retiré dans son palais de Londres, il n'entend pas les cris de désespoir qui s'échappent de la cabane irlandaise; il ne sait point, sous le ciel pur et serein de l'Italie, si l'orage a foudroyé en Irlande la moisson du pauvre; il ne sait point à Naples si, faute de soleil, la récolte a manqué dans la froide Hybernie, si par contre-coup les pauvres colons, dont sa terre est couverte, sont tombés dans la détresse; il ignore si ces malheureux ont essuyé quelque coup imprévu de la fortune, telle qu'une longue maladie du chef de la famille, la perte de leur bétail; il ne sait rien de ces choses, et il serait incommode pour lui de les savoir. Ce qu'il sait bien, c'est que 20,000 livres sterling lui sont dues par ses fermiers d'Irlande; que sa vie est réglée sur ce chiffre, que cette somme lui doit être payée à telle échéance, et qu'on ne saurait en différer le paiement

un seul jour sans troubler l'ordre de ses habitudes
et l'arrangement de ses plaisirs.

Du reste, qu'il régisse ses biens lui-même ou par
des intermédiaires, qu'il soit absent ou qu'il réside,
soyez bien sûr que ce propriétaire qui ne se sent
point d'entrailles pour le pays, et pour lequel la
patrie n'a point de voix, qui ne considère point
comme ses concitoyens les colons dont sa terre est
couverte, ne sera jamais bienfaisant pour le sol ni
pour ses habitants. C'est un point de départ qu'on
perd sans cesse de vue, et qu'il faut cependant considérer toujours si l'on veut ne point s'égarer.

Ainsi rien n'est plus fréquent que d'attribuer toute
la misère du cultivateur irlandais au vice des systèmes d'agriculture pratiqués en Irlande. Si on en
croit les uns, les baux sont trop longs, ce qui détruit
chez le propriétaire l'esprit et l'intérêt de la propriété; suivant cet autre, ils sont trop courts : leur
peu de durée rend précaire la situation du fermier;
le mal, dit un troisième, vient de ce que le plus
souvent il n'y a point de bail du tout, ce qui met le
fermier à la discrétion absolue du maître.

On ne saurait sans doute contester l'influence
funeste ou bienfaisante que peuvent exercer sur la
fortune du propriétaire et sur la condition de ses
fermiers les divers systèmes d'agriculture; mais ce
qui n'est pas moins certain, c'est que, sous l'empire
du meilleur procédé agricole, le sort du fermier
peut être misérable; tandis qu'en dépit de la méthode la plus défectueuse, la condition de ce fermier peut être heureuse et digne d'envie. J'ai vu,
en Angleterre et en Écosse, des comtés où les baux

sont longs, et d'autres où la coutume est de les faire de peu de durée; il en est enfin où j'ai vu la ferme se donner sans bail, d'année en année (tenants at Will); et je n'ai point remarqué que ces diversités dans la forme de l'engagement, qui sans doute influent sur les produits agricoles, modifiassent sensiblement la condition du fermier, que j'ai trouvée partout également prospère.

Quels que soient les termes de la loi que le propriétaire et le fermier établissent entre eux; quel que soit le texte du contrat qui les lie l'un à l'autre; quelque attention que l'on mette à assurer au pauvre agriculteur des droits, des sûretés et des garanties, la *lettre* de l'engagement sera toujours stérile, sans l'*esprit* qui seul peut la féconder. Or l'esprit, l'âme des obligations auxquelles le propriétaire est tenu envers le fermier, c'est la *bienveillance*, seule égide du faible contre le fort, du pauvre contre le riche. Le droit même le plus pur sera toujours cruel sans la sympathie. Il n'est pas de loi si libérale qui supplée à la charité absente, point de loi si dure que la charité n'adoucisse pas; et c'est ce qui explique pourquoi le fermier d'Irlande, qui ne peut trouver dans le propriétaire ni bienveillance ni pitié, est si misérable.

---

§ II.

Concurrence pour la terre. — Whiteboysme. — Mal social. — Inutilité des rigueurs employées pour le guérir. — Terreur dans le pays. — Disparition des capitaux et des propriétaires.

Nous venons de voir comment, par l'effet de

l'égoïsme ou de l'incurie des riches, la terre s'est dès l'origine couverte en Irlande d'une infinité de petits cultivateurs entre lesquels cette terrre est divisée par parcelles de cinq, de dix, de vingt acres. Si l'on demandait comment il a été possible de trouver un si grand nombre d'agriculteurs, je répondrais qu'il est facile d'attirer à la culture de la terre tous les habitants d'un pays où il n'existe absolument aucune autre industrie. Ce fut sans doute dans les premiers temps un grand avantage pour le propriétaire que de trouver à sa disposition cette multitude de petits fermiers; car sans eux il n'eût rien pu tirer de ses domaines, à moins d'engager des capitaux qu'il ne voulait point risquer.

Cependant un moment arrive où toutes ces terres sont occupées, et cette heure ne se fait pas longtemps attendre; car toute la population catholique, exclue des emplois publics, des professions libérales (1), inhabile à être propriétaire, incapable de commerce et d'industrie par sa pauvreté, quand elle ne l'aurait pas été par l'état politique du pays, n'ayant absolument d'autre carrière à suivre que celle de fermier; cette population, dis-je, se précipite sur la terre offerte à ses efforts et l'envahit de même qu'un torrent débordé sur une vaste plaine la couvre bientôt de ses ondes.

Mais dans un pays où la terre est le seul moyen d'existence, quel est le sort de ceux à qui la terre manque? Que devient le fermier qu'on expulse de sa ferme s'il ne peut trouver de ferme ailleurs? Que deviennent les enfants du fermier? Voici un petit domaine sur lequel vit médiocrement un seul agri-

culteur; celui-ci a cinq enfants (nombre peu considérable pour une famille irlandaise); son unique
pensée comme sa seule ambition est de trouver une
ferme pour chacun d'eux : mais il ne saurait y
réussir, puisque toutes les fermes sont occupées.
Que vont donc devenir ses enfants? Remarquez que
la question se pose rigoureusement, car encore une
fois la culture est l'unique ressource, la seule industrie de l'Irlandais, et la terre lui manque; et cependant il faut une industrie au pauvre dans un pays
où le riche n'a point de charité. Il s'agit pour lui de
posséder un champ ou de mourir de faim.

Voilà le secret de cette extraordinaire concurrence dont en Irlande la terre est l'objet. La terre
ressemble en Irlande à une place forte éternellement
assiégée et défendue avec une ardeur infatigable :
il n'y a de salut que dans son enceinte; celui qui a
le bonheur de pénétrer dans ses murs y mène une
vie rude, austère, une vie de sueurs, d'alertes, de
périls; mais enfin il vit : il se tient au rempart, il
s'y cramponne, et pour l'en arracher il faut mutiler
ses membres. Quant au malheureux qui a fait de
vains effort pour atteindre le but, sa condition est
lamentable; car, s'il ne se résigne pas à périr de
misère, il faut qu'il devienne mendiant ou voleur.
Que suit-il de là? C'est que le fermier qui veut assurer l'existence de sa famille, n'a d'autre moyen à
prendre que de subdiviser sa petite ferme en autant
de parts qu'il a d'enfants : chacun d'eux possède
alors quatre ou cinq acres au lieu de vingt qu'avait
le père, et on voit s'élever sur la ferme plusieurs
cabanes de boue au lieu d'une. Cependant le fils a

lui-même des enfants; il fera pour ceux-ci la même
chose que son père a faite pour les siens; et ainsi
de génération en génération jusqu'à ce que le morcellement de la terre arrivant à un demi ou même
un quart d'acre pour chaque ménage, l'occupant
du sol se trouve dans l'impossibilité matérielle de
vivre sur cette étroite parcelle. Voilà ce qui explique
comment, à l'heure qu'il est, on trouve jusqu'à trois
et quatre cents petits fermiers, étroitements serrés
et vivant misérablement sur tel domaine qui dans
l'origine n'avait été affermé qu'à un petit nombre (1).
Et encore malgré cette accumulation de colons qui
se pressent sur le sol les uns contre les autres, il
arrive souvent encore un moment où l'espace
manque matériellement, et il faut qu'une certaine
quantité de ceux qui naissent sur cette terre la
quittent.....

Ils s'éloignent de la terre, et cependant la terre
seule peut les nourrir; que s'ensuit-il? Que le
nombre des fermiers étant de beaucoup supérieur
au nombre des fermes, la concurrence accroît
outre mesure le taux des fermages. Il faut en Irlande
une ferme d'un acre ou d'un demi-acre de terre ou
mourir; il le faut à tout prix, à toutes conditions,
quelque rudes qu'elles soient. Le loyer raisonnable
de cet acre serait de 4 livres sterling : j'en offre le
double au propriétaire; un autre en donne 10, j'en
offre 20; la terre m'est adjugée : au jour de
l'échéance je ne paierai pas; qu'importe! j'aurai vécu
ou essayé de vivre pendant une année.

C'est ainsi que celui qui déjà payait une rente
exorbitante est obligé par la concurrence, pour

conserver sa ferme, de payer une somme encore
plus élevée (1); il est libre, à la vérité, de refuser
tout accroissement de fermage, mais une arme à
deux tranchants pèse sur sa tête; s'il résiste à l'exigence du propriétaire, celui-ci le chasse de sa
ferme; ou bien il se soumet à une condition dure, et
alors il est à peu près sûr que, réduit à l'impossibilité de tenir de téméraires engagements, il sera
bientôt congédié par le propriétaire à l'instigation
peut-être de quelque nouveau compétiteur; après
tout la pire condition c'est de quitter le sol dans un
pays où le sol est l'unique source de vie : il reste
donc sur sa ferme, consent à tout; il sait qu'à peine
un sur mille réussit dans une pareille entreprise, et
il se résigne à jouer à cette cruelle loterie.

La concurrence des cultivateurs qui se disputent
la terre élève peut-être plus le taux des fermages
que l'avidité du propriétaire et du middleman. On
ne saurait imaginer de condition pire que celle de
tous ces pauvres laboureurs, pullulant sur le sol,
s'y attachant comme une vermine et ajoutant à leur
misère par leurs efforts surnaturels pour la combattre (2). Cette misère s'augmente en proportion
exacte de l'accroissement de la population, jusqu'à
ce qu'il y ait, comme de notre temps, deux millions
six cent mille pauvres, c'est-à-dire deux millions six
cent mille individus manquant de terre ou fermiers
d'une terre trop petite pour vivre dessus (3).

Cet état social funeste au fermier ne profite point
au propriétaire. Celui-ci, ou son ayant-droit, trompé
d'abord par les promesses des enchérisseurs, finit
par en reconnaître le mensonge; il se lasse de tirer

peu de terres affermées un si haut prix, se dégoûte
des rigueurs dont la justice absorbe tout le profit :
il reconnaît qu'en ruinant ses fermiers il ne s'enrichit pas. « Tout le mal, se dit-il quelquefois, vient
« de cette fourmilière d'agriculteurs qui dévorent
« le sol au lieu de le féconder. Ce mal cesserait si, à
« la place de toutes ces petites fermes, on en établis-
« sait quelques grandes ; c'est le système agricole
« suivi en Angleterre et en Écosse ; le moment est
« propice pour l'imiter en Irlande ; l'époque des ré-
« volutions s'éloigne, le souvenir s'en efface, le sol
« jadis tant ébranlé se raffermit ; on peut mainte-
« nant sans imprudence engager quelques capitaux
« dans la terre (1). »

Son plan est donc arrêté : il va substituer quelques grandes fermes à une multitude de petites,
mais pour atteindre ce but que doit-il faire ? Chasser
d'abord tous ces petits fermiers qui couvrent sa
terre, et après le départ desquels il pourra procéder
à une nouvelle distribution de sa propriété : c'est-à-
dire qu'après s'être servi de ces petits fermiers dans
le temps que, faute de capitaux, il avait besoin
d'eux, il les congédie le jour où le retour des capitaux lui fournit un moyen d'exploitation plus lucra-
tif. Mais que vont devenir ces deux ou trois cents
agriculteurs qui un jour reçoivent l'ordre de déguerpir de leurs cabanes ? Encore un coup ce congé les
tue. Et ici, prenez-y garde, ce n'est pas une expulsion commune ; d'ordinaire au fermier qui sort succède un autre fermier : ici des centaines d'agriculteurs s'en vont, deux ou trois restent, nul ne vient,
de sorte que voilà trois cents misères désespérées

créées d'un seul coup et qui ne font naître aucune occasion d'adoucissement pour d'autres infortunes (1).

On voit maintenant quels intérêts contraires, quelles passions diverses exerce en Irlande la possession du sol. Cependant l'ordre de déguerpir étant donné au pauvre fermier, celui-ci y résiste; cet ordre est pour lui une sentence de mort; il voit aussitôt se dresser devant lui le spectre hideux de la faim qui s'apprête à le saisir, lui, sa femme et ses enfants; il contemple alors toute l'étendue de son malheur, passe de la douleur au désespoir, du désespoir à l'abattement. Pourtant un rayon d'espérance vient éclairer son front : Si j'allais, dit-il, trouver le maître, et lui montrer tout l'excès de misère qui nous accable. Ah! s'il voyait ma femme amaigrie par le jeûne, mes enfants pâles et affamés, oh! sans doute, il en serait touché, et nous laisserait notre pauvre cabane, au moins encore pour quelques jours! L'infortuné se trompe; il va se jeter aux pieds du maître, il le conjure, il l'implore, mais en vain; le riche, en Irlande, ne compatit point au pauvre. Dans ce pays, le pauvre doit garder son orgueil; il s'humilie sans profit devant le riche, qui jouit de son abaissement sans alléger sa misère. Le pauvre fermier, repoussé durement, regagne sa cabane en silence, y rapporte un deuil de plus, et, frappé d'une infortune trop grande pour qu'il la combatte, trop grande aussi pour qu'il s'y résigne, il croise ses bras, et demeure immobile. Alors le propriétaire réclame l'aide de la justice, qui rend à grands frais un jugement par lequel le pauvre agriculteur est condamné à quitter sa terre; le jugement triple la somme que doit payer le malheureux avant de s'en aller. Il était chassé faute de payer sa rente : comment s'acquittera-t-il à présent qu'il doit trois fois plus qu'il ne devait auparavant? Bientôt il voit paraître deux constables, porteurs d'une sentence en bonne forme, selon laquelle il doit à l'instant vider les lieux; et d'abord ces agents de la puissance publique commencent par saisir tous les objets qui, dans la cabane, s'offrent à leurs regards. Il faut bien que les hommes de loi, sans lesquels il n'y a point de justice, soient payés de leur peine. Tout cela se fait au milieu de mille cris déchirants qui éclatent dans la pauvre cabane; des imprécations se font entendre, qui, si elles arrivaient à l'oreille du riche, jetteraient plus d'un remords dans ses joies ; mais enfin la justice a son cours ; tout est saisi et scellé dans la demeure du fermier; les recors en sont les maîtres, et la pauvre famille n'y est plus (1). Les constables disparaissent, enlevant leur butin. Le lendemain, on est tout étonné de revoir dans la pauvre cabane le fermier et sa famille; la force matérielle les avait seule éloignés ; dès que cette force s'est évanouie, ils reparaissent. On les a chassés de leur terre ; mais, puisque cette terre peut seule leur donner la vie, il faut bien qu'ils reviennent à elle. Alors le propriétaire prend le seul moyen qui lui reste de se débarrasser de ces misères obstinées : il démolit la cabane, et congédie ainsi ses habitants.

Ces rigueurs s'accumulent, ces cruautés se multiplient; les pauvres occupants du sol sont pourchassés de chaumière en chaumière, jetés, eux et leur famille, sur la voie publique, partout en butte à la même cupidité, aux mêmes violences légales, à la même extrémité d'infortune... (1).

Un jour, une voix s'élève parmi ces pauvres fermiers, et s'écrie :

« La terre seule nous a fait vivre; eh bien! em-
« brassons-la étroitement, et ne nous en séparons
« pas. Le propriétaire ou son représentant nous
« commande de la quitter, demeurons; les tribu-
« naux nous l'ordonnent, demeurons encore ; la
« force armée vient pour nous contraindre, résis-
« tons, opposons toutes nos forces à une force in-
« juste, et, pour que l'iniquité ne nous atteigne pas,
« portons les plus terribles châtiments contre ceux
« qui la commettent!

« Que celui qui travaillera directement ou indi-
« rectement à nous priver de notre ferme, soit puni
« de mort!

« Que le propriétaire ou le middleman, son agent,
« qui expulsera un fermier de sa terre, soit puni de
« mort!

« Que le propriétaire qui exigera d'un acre de
« terre un prix plus élevé que celui que nous aurons
« fixé nous-mêmes, soit puni de mort!

« Que celui qui surenchérira sur le prix d'une
« ferme; que celui qui prend la place d'un fermier
« expulsé; que celui qui a acheté à l'encan ou au-
« trement les objets saisis chez un fermier dépossédé,
« soient punis de mort!

« Atteignons tous ces coupables, non seulement
« dans leurs personnes, mais encore dans tous leurs
« intérêts et dans leurs affections les plus chères;
« que non seulement leur bétail soit mutilé, leurs

« maisons incendiées, leurs prairies mises en labour,
« leurs moissons dévastées, mais encore que leurs
« amis, leurs parents, soient comme eux dévoués à
« la mort! que leur femme et leurs filles soient dés-
« honorées!... (1).

« Et d'abord, comme, pour être fort, il faut des
« armes, hâtons-nous de ressaisir les armes dont on
« nous a dépouillés. Jusqu'à ce jour, l'isolement a
« fait notre faiblesse : associons-nous ; engageons-
« nous solennellement à mettre en vigueur les lois
« que nous aurons décrétées ; et, pour que cet en-
« gagement soit plus saint et plus inviolable, don-
« nons-lui la sanction d'un serment religieux ; cou-
« vrons-le aussi du voile d'un secret inviolable (2) ;
« étendons sur tout le pays le réseau de notre con-
« fédération, et que quiconque refusera de s'asso-
« cier à nous par le serment soit considéré comme
« ennemi, et traité comme tel ; et, pour que nos
« lois ne soient pas de vains commandements, pro-
« mettons solennellement que quiconque d'entre
« nous sera désigné pour être l'exécuteur du châti-
« ment mérité par un coupable, obéira aussitôt, et
« remplira dans toute sa rigueur l'office qui lui sera
« commandé!... »

Voilà sans doute de terribles lois ; ce sont celles
des *Whiteboys* (3), code atroce, barbare, digne
d'une population demi-sauvage, qui, abandonnée à
elle-même, n'ayant aucune lumière pour guider ses
efforts, ne trouvant aucune sympathie pour adoucir
ses passions, est réduite à chercher dans ses grossiers instincts des moyens de salut et de protection.

Alors la terreur se répand dans le pays ; de sinistres complots se trament dans l'ombre ; des figures étranges apparaissent çà et là ; des bandes armées s'organisent, et parcourent les campagnes ; les habitations sont assaillies pendant la nuit : chacun est obligé de fortifier sa demeure (1) ; mais toute résistance est vaine, tantôt il faut livrer des armes, tantôt prêter des serments. Du reste, ces bandits de nature singulière, qui, pour voler des armes ou pour se venger, commettent toutes sortes de violences, repoussent l'or et l'argent qu'ils trouvent sous leur main. Un assassinat est commis ; on apprend bientôt que la victime est un propriétaire dont, la veille, le fermier a été dépossédé(2). Les coupables ont été vus ; mais nul, dans le pays, ne les connaît, et tout indique qu'ils sont venus de loin pour exécuter la vengeance d'autrui. Un autre crime pareil est commis ; c'est le meurtre d'un middleman qui avait fait saisir les meubles d'un fermier. Alors toute la classe des propriétaires s'émeut ; la justice est saisie ; elle lance ses mandats, mais nul ne lui indique la trace des coupables ; elle les trouve à force de recherches ; ceux-ci lui résistent, elle les enlève ; mais une rébellion vient, qui les lui arrache ; enfin, elle les a ressaisis, les coupables sont sous les verroux. Alors on cherche des témoins : tous ceux qu'on appelle n'ont rien vu, disent-ils ; un seul se présente, et dit la vérité. Deux jours après, on apprend que ce témoin a été assassiné. Comment donc faire? Il faut bien que la justice ait son cours. Les témoins ne viennent plus. Eh bien! il faut les arrêter et les amener de force devant la justice ; mais là, ils refusent de témoigner! il faut acheter leur témoignage. On

menace leur existence ; il faut la protéger. Comment ?
nul ne consent à leur donner asile ! Eh bien ! il faut
les mettre en prison. Mais quel prix sera assez haut
pour décider un témoin à faire une déclaration qui
met sa vie en péril, et dont le premier effet est de le
priver de sa liberté ? Quelque élevé que soit ce prix,
il faut le lui payer. Mais qui admettra la sincérité
d'un témoin déposant sous la double influence de
l'argent qu'il reçoit, et de la mort qu'il redoute ? La
nécessité veut cependant qu'on le croie. Mais ce
témoin, rentrant en liberté après le procès, va être
assassiné ! Non ; il sortira de prison pour sortir d'Irlande. Ainsi, la condition de tout témoin à charge
dans les procès criminels sera d'attendre en prison
le jour du jugement, et de s'exiler après. Mais quel
honnête homme voudra être témoin ? On se pas-
sera de témoins honnêtes : la nécessité le veut encore ainsi. Mais quel honnête homme voudra être
juge ?..... Ainsi nous voilà, de conséquences en
conséquences, arrivés à cette triste alternative de
voir la justice impuissante ou immorale ; d'acquitter des prévenus faute de témoins, ou de les condamner à l'aide de témoins salariés ! Enfin, l'arrêt
est rendu ; le coupable est jugé et mis à mort ! Le
dénonciateur et le témoin s'exilent. Le lendemain,
on apprend que le frère du dénonciateur, la mère
ou la sœur du témoin sont assassinés !... (1).

Quand vous en êtes arrivés à ce point, croyez bien
que dans cette voie de rigueurs tous vos efforts pour
rétablir l'ordre et la paix seront inutiles. En vain,
pour réprimer des crimes atroces, vous appellerez à
votre aide toutes les sévérités du code de Dracon ;

en vain vous ferez des lois cruelles pour arrêter le cours de révoltantes cruautés ; vainement vous frapperez de mort le moindre délit se rattachant à ces grands crimes (1) ; vainement, dans l'effroi de votre impuissance, vous suspendrez le cours des lois ordinaires, proclamerez des comtés entiers en état de suspicion légale (2), violerez le principe de la liberté individuelle (3), créerez des cours martiales, des commissions extraordinaires (4), et pour produire de salutaires impressions de terreur, multiplierez à l'excès les exécutions capitales.....

Toutes ces rigueurs seront stériles ; au lieu de guérir la plaie, elles l'irriteront et la rendront seulement plus vive et plus saignante. Rebelles à un mauvais état social, les agriculteurs, qui en 1760 se révoltèrent sous le nom de White-Boys, s'insurgeront quelques années après sous le nom de Oak-Boys (5); en 1772 sous celui de Steel-Boys (6), en 1785 ils s'appelleront Right-Boys (7), plus tard ils se nommeront Rockites ou soldats du capitaine Rock, ou Claristes, sujets de lady Clare (8); en 1806 ces rebelles seront appelés *Thrashers* (9); ils reprendront en 1811, en 1815, en 1820, en 1821, en 1823, en 1829, le nom de White-Boys; en 1831, celui de Terryalts; en 1832, 1833 et 1837, de White-Feet et Black-Feet (10), et sous ces dénominations diverses (11) vous les verrez, excités par le sentiment des mêmes misères, se livrer aux mêmes violences suivies constamment d'une cruelle répression toujours impuissante.....

Toutes vos rigueurs pour rétablir l'ordre et la paix seront stériles parce que l'ordre que vous pré-

tendez faire régner est la discorde même ; parce que
la paix que vous voulez établir est une violence et
une oppression ; cette violence, cette oppression, ce
désordre, ont amené un état de guerre, et cette
guerre sociale n'est pas entre l'honnête homme et
le malfaiteur, entre l'homme laborieux et le fainéant, entre celui qui gagne sa vie et celui qui vole ;
elle est entre le riche et le pauvre, entre le maître
et l'esclave, entre le propriétaire et le fermier ; et
cette guerre a éclaté parce que l'égoïsme du riche
a été poussé à un excès qui devait révolter le
pauvre (1).

Maintenant dites quel sera le moyen de sortir de
ce cercle vicieux ? Voici une aristocratie qui, par
ses fautes ou par ses vices, a laissé s'accumuler dans
le pays confié à ses soins une masse de maux si
énormes que les infortunés sur qui le fardeau pèse
le secouent, ne pouvant plus le porter. Alors plus
de société ; il a guerre, il y a anarchie.

Que s'ensuit-il ? C'est que la moitié de ceux qui
résidäient s'en vont ; beaucoup que la terreur ne
chasse pas s'éloignent à l'aspect de tant de maux
qu'il n'est pas en leur pouvoir de soulager ; tenter d'y
remédier n'est plus une entreprise abordable, et la
vue de tant de misère est surtout affreuse pour quiconque y compatit ; il résulte de là que ceux dont
la présence dans le pays serait un bienfait n'ont pas
le courage d'y rester.

Il en est cependant que là guerre et ses horreurs
ne repoussent point du sol ; mais en y demeurant
ils sentent s'accroître leur haine pour une population déjà détestée, et leur dureté en augmentant

ajoute encore à la détresse du peuple et à ses besoins de vengeance.

Les capitaux manquaient ; la terreur qui règne dans le pays ne fait que les éloigner davantage. L'industrie pourrait seule tirer de son indigence cette multitude d'agriculteurs qui se disputent le sol ; et les capitaux, sans lesquels nulle industrie n'est possible, s'enfuient pour jamais de la pauvre Irlande.

Ainsi se grossissent l'une par l'autre toutes les sources de la misère irlandaise ; ainsi tous ces maux s'engendrent mutuellement ; tous procèdent d'un auteur commun et remontent par des chaînes non interrompues à un premier anneau qui est une mauvaise aristocratie.

SECTION II.

Conséquences politiques.

Mais c'est surtout dans les institutions politiques de l'Irlande que l'on retrouve sans cesse la trace du principe funeste qui a vicié l'aristocratie de ce pays.

Ceux qui croient expliquer tous les maux de l'Irlande par le despotisme de l'Angleterre sur celle-ci, tombent dans une grande erreur ; car cette autorité absolue n'a jamais existé.

On a vu, dans l'introduction historique qui précède ce livre, comment les conquérants de l'Irlande ayant établi dans ce pays une société féodale, la seule dont eussent l'idée les hommes de ce temps-là, cette société se trouva, par le fait même de son institution, en possession de droits, de privilèges et de franchises que l'Angleterre ne put lui contester.

On a vu aussi comment, après avoir conquis l'Irlande, les Anglais, voulant porter dans ce pays la religion réformée, y fondèrent une société protestante à laquelle l'Angleterre put bien moins encore refuser les libertés civiles et politiques dont jouissait déjà la société féodale.

On a vu enfin comment les Irlandais indigènes, d'abord comme vaincus, puis comme catholiques, furent exclus du bienfait de ces institutions; de quelle manière cette exclusion a cessé, et comment aujourd'hui les lois du pays ne reconnaissent aucune inégalité politique fondée sur la race ou sur le culte.

Toute dépendante qu'elle est de l'Angleterre, l'Irlande possède donc et a toujours eu des institutions libres (1).

C'est commettre une autre erreur que de considérer l'Irlande comme ne faisant avec l'Angleterre qu'un seul et même peuple soumis au même gouvernement et aux mêmes lois. On a vu, dans la même introduction, que l'Irlande eut toujours et a conservé, même de notre temps, un gouvernement individuel et ses lois particulières. Ainsi l'Irlande ne possède pas seulement des institutions libres, mais, quoique unie à l'Angleterre, elle a encore ses institutions propres. Ces institutions libres et distinctes qui appartiennent à l'Irlande semblent du reste exactement calquées sur celles de l'Angleterre.

Comme l'Angleterre, l'Irlande est maîtresse de tous les droits essentiels sur lesquels repose la liberté civile et politique des peuples, tels que le jugement par jury, l'indépendance des juges, la responsabilité des fonctionnaires devant l'autorité judiciaire, le droit de pétition, le droit de s'associer et de se réunir, la liberté individuelle, la liberté de la presse, la liberté de l'enseignement, etc. (1).

Dans l'un et dans l'autre pays, l'organisation des divers pouvoirs politiques présente, au moins extérieurement, des aspects parfaitement semblables, quoique séparés.

L'autorité suprême, qui, en Angleterre, réside dans la personne du roi, est remise, en Irlande, à un vice-roi.

Le gouvernement dont ce vice-roi est le chef emploie pour exercer son action des instruments pareils, quoique distincts de ceux dont se sert le gouvernement anglais (2). Chez les deux peuples, il y a au centre de l'État quatre cours souveraines de justice, qui sont comme l'âme et le ressort de tous les pouvoirs publics dans ces pays où la justice et l'administration sont perpétuellement confondues. En Angleterre, ces quatre cours se nomment le banc du roi (king's bench), la cour de l'échiquier (exchequer's), la cour des plaids communs (court of common pleas), et la cour de chancellerie (court of chancery). Il en est de même en Irlande.

Les deux contrées sont également divisées en comtés, sur lesquels l'État conserve plutôt qu'il n'exerce sa souveraineté (3); et, dans l'un comme dans l'autre, les agents par lesquels le gouvernement central constate plus qu'il ne fait sentir son autorité sont les mêmes. Les principaux représentants de l'État dans le comté irlandais sont, comme dans le comté anglais, le shérif, le lieutenant-gouverneur, les juges de paix.

En Irlande, comme en Angleterre, il y a dans le sein de l'État et en dehors des comtés un certain nombre d'agrégations municipales, communes ou villes, qui, pour leur administration, ne dépendent point du gouvernement central, parce qu'elles ont reçu de celui-ci le privilège de s'administrer elles-mêmes. Ici et là on les désigne par le nom de *corporations municipales*.

Enfin, dans les deux pays, on voit à la base des pouvoirs que l'on vient d'indiquer celui de la paroisse : pouvoir souverain dans sa sphère, indépendant de tous les autres, et qui, chez les deux peuples, présente la même structure extérieure (1).

Et non-seulement l'édifice politique qui apparaît aux yeux est le même en Irlande qu'en Angleterre, mais encore les autorités y sont instituées sur la même base; elles y portent les mêmes noms; toutes y sont créées théoriquement en vue des mêmes objets; elles s'y exercent légalement suivant les mêmes doctrines; elles y sont, en droit, sujettes aux mêmes règles, et renfermées dans les mêmes limites. Et, dans les deux pays, l'aristocratie est le principe fondamental de tous les pouvoirs publics.

D'où vient donc qu'avec des institutions semblables les deux peuples ont des sorts si différents; et que l'un est tombé dans l'abaissement et la misère avec une forme de gouvernement qui a con-

duit et maintient l'autre au sommet de la richesse
et de la puissance?

C'est que, dans les institutions politiques, si la
forme est importante, l'esprit qui les anime importe
plus encore. Or, les institutions de l'Irlande présentent bien à l'œil le même corps que celles de l'Angleterre; mais ce qui leur manque, c'est l'âme. L'a-
ristocratie protestante, qui, en Angleterre, est le
cœur même de tous les pouvoirs politiques, semble,
en Irlande, en être le cancer.

Qu'on examine successivement le gouvernement
de l'Irlande dans toutes ses parties, dans l'État, dans
le comté, dans les villes municipales et dans la paroisse, et l'on verra que le même vice originaire et
permanent, qui corrompt la société civile, porte
dans la société politique la même corruption; on
reconnaîtra que la même cause qui empoisonne les
relations du riche avec le pauvre, du propriétaire
avec le fermier, n'altère pas moins profondément
les rapports mutuels des gouvernants et des gouvernés.

§ Ier. — L'ÉTAT.

Influence du principe aristocratique anglais et protestant sur les pouvoirs de
l'Etat. — Haine du peuple pour la justice. — Le ministère public manque
en Irlande. — L'unanimité du jury en Irlande. — Comment et pourquoi
il a fallu créer en Irlande un certain nombre d'officiers de justice et
d'agents qui en Angleterre n'existent pas.

Le vice-roi s'efforce, en Irlande, d'y reproduire
l'image de la royauté; il tient à Dublin une cour
brillante dont l'étiquette se règle sur celle de Lon-

dres; il a deux palais, un brillant état-major, et un traitement annuel de 5 à 600,000 francs (1).

Le vice-roi d'Irlande, de même que le roi d'Angleterre, a près de lui un conseil privé (privy council). Il nomme à tous les emplois publics qui, en Angleterre, sont au choix du roi; il exerce pareillement le droit suprême de faire grâce et de commuer les peines; et il est également investi de la puissance singulière de suspendre le cours ordinaire des lois dans les circonstances graves, dont il est juge (2), et dont il ne doit compte qu'au parlement. Le vice-roi d'Irlande possède même quelques pouvoirs extraordinaires qu'en Angleterre la couronne n'a pas, et qu'à raison de l'état particulier de l'Irlande il a fallu attribuer à son premier magistrat (3).

Jusqu'en 1800, l'Irlande a eu son propre parlement, composé, bien entendu, de lords héréditaires et de communes procédant de l'élection; car il n'entre pas dans l'esprit d'un Anglais qu'une loi humaine puisse se faire, si ce n'est par deux assemblées, dont l'une s'appelle les *communes,* et l'autre les *lords.*

La puissance législative d'Irlande se composait donc alors des trois pouvoirs qui, dans la constitution anglaise, sont destinés à se balancer mutuellement. Mais ne voit-on pas tout de suite le vice d'une telle organisation appliquée à l'Irlande? et ne voit-on pas que ces pouvoirs, au lieu de se contrôler les uns les autres, se prêteront seulement un appui réciproque, et que leur harmonie sera non pas celle de pouvoirs unis, quoique rivaux, mais celle de complices associés dans un but unique et commun, la servitude du peuple? A l'époque des Tudor, le parlement d'Irlande faisait tout ce que voulait le vice-roi. Après Guillaume III, le vice-roi fait tout ce que veut le parlement. Le plus souvent, le vice-roi ne réside même pas. L'Angleterre a pleine confiance dans l'aristocratie d'Irlande, et elle lui laisse le gouvernement arbitraire de ce pays. Alors on peut dire que les lois sont réellement faites en toute liberté par les deux pouvoirs parlementaires qui représentent l'Irlande. Mais qui n'aperçoit aussitôt le mensonge d'une pareille représentation?

Qui ne comprend tout de suite l'esprit dans lequel faisaient les lois, ces lords qui, à cause de leur origine anglaise et protestante, étaient les ennemis naturels de l'Irlande catholique, et cette chambre des communes qui, non moins anglaise de cœur ni moins protestante, n'était, à vrai dire, qu'une créature des lords, quoiqu'elle fût présumée élue par le peuple?

Nul ne pouvait siéger dans les communes ni parmi les lords s'il n'apportait la preuve qu'il avait communié selon les rites de l'Église anglicane (1). Un tel parlement donnant des lois à un pays catholique pouvait-il être autre chose, sinon le représentant d'une faction : instrument propre à maintenir le pouvoir dans une petite oligarchie à laquelle il fournissait un moyen constitutionnel de pratiquer l'oppression?

Une fois ce point de départ établi, faut-il s'étonner lorsqu'on voit la législature irlandaise, pendant toute la durée de sa longue existence, faire peser sur le pays la plus constante tyrannie; former

avec l'Angleterre, protestante comme elle, un pacte
d'égoïsme, dont la pauvre Irlande faisait tous les frais;
livrer à l'Angleterre la liberté politique et commerciale de l'Irlande catholique, à la condition que l'Angleterre l'aidera dans sa domination sur celle-ci; soumettre le peuple qu'elle gouverne à ce code anti-
social, dont on a vu ailleurs l'ingénieux et cruel
système; et enfin, par une suite de mensonges et
d'erreurs, en venir à proclamer cette étrange fiction
légale qu'en Irlande *il n'y a pas de catholiques;* en
d'autres termes, que la nation est censée ne pas
exister? L'aristocratie irlandaise a terminé sa carrière
parlementaire par un acte qui peint sa vie tout
entière.

Un jour (1), l'Angleterre juge qu'il est mauvais
que l'Irlande ait son propre parlement; elle estime
qu'il conviendrait que ce pays fût régi par des lois
directement émanées d'elle : elle résout donc l'abolition du parlement de l'Irlande; mais comment
l'exécuter? L'Irlande est en possession du droit de
faire ses lois; ce droit, qui le lui enlèvera? A l'annonce de ce projet l'Irlande entière s'émeut; l'Irlande a un parlement anti-national, mais le droit
en vertu duquel elle le possède, est un droit national (2). L'aristocratie elle-même, d'ordinaire si
soumise au bon plaisir du gouvernement anglais, se
montre opposante; car on va lui ravir le pouvoir,
qui lui appartient, de donner des lois à l'Irlande.

La difficulté est grande, elle sera cependant facilement vaincue. Cette même aristocratie, qui tout
à l'heure contestait à l'Angleterre le droit de lui
enlever ses privilèges, les abandonne subitement;

et un instant après avoir protesté contre l'attentat
dirigé contre sa vie, le parlement d'Irlande déclare
lui-même qu'il a cessé d'exister. Et pourquoi ce
suicide? la raison en est simple; les meneurs principaux de ce parlement, les chefs de cette aristocratie
ont trafiqué avec l'Angleterre de leurs priviléges;
moyennant trente-un millions de francs qui leur
ont été comptés, ils ont renoncé à leurs prérogatives parlementaires. Que leur importe après tout
l'indépendance législative de l'Irlande qui ne fut
jamais pour eux une vraie patrie? L'existence du
parlement irlandais n'était point d'ailleurs exempte
d'inconvénients; ne les obligeait-elle pas de résider
chaque année au moins quelques mois en Irlande?
Désormais cette charge ne pèsera plus sur eux; les
uns deviendront lords d'Angleterre; les autres,
membres des communes anglaises; tous pourront
passer leur vie à Londres, tous seront délivrés de
l'Irlande. Ils renoncent donc à leurs droits dont ils
reçoivent le prix; marché honteux où la corruption
de ceux qui achètent est surpassée par la bassesse
de ceux qui se vendent; digne fin d'un parlement
qui, pendant le cours de son existence, fut rarement
indépendant, presque toujours servile, jamais national, et qui, quand il se voit condamné à périr,
aliène son propre corps comme un supplicié vend
son cadavre (1)! C'est ce marché qui a amené l'u-
nion législative de l'Irlande et de l'Angleterre, dont
l'acte se nomme communément le *traité d'union*
de 1800.

Depuis cette époque, l'Irlande n'a plus de parlement; d'où il ne faut pas conclure qu'elle n'a plus

de représentation parlementaire. D'après le traité d'union, une partie de ses lords siège dans la chambre des lords anglais(1); et les comtés, de même que les villes d'Irlande, continuent à élire des représentants qui, au lieu de se réunir à Dublin en assemblée des communes d'Irlande, vont s'asseoir dans la chambre des communes d'Angleterre, où ils se confondent avec tous les membres du parlement britannique (2). Ces députés de l'Irlande sont choisis par le peuple suivant un système à peu près pareil à celui de l'Angleterre (3), et selon lequel l'aristocratie irlandaise exerçait autrefois sur les élections une influence considérable qui, sans avoir cessé, tend chaque jour à s'affaiblir.

Ainsi, depuis quarante ans, ce n'est plus l'aristocratie d'Irlande qui donne des lois à ce pays : c'est un mal de moins sans doute; mais presque toutes les lois qui sont l'œuvre de l'aristocratie existent toujours, et si ce n'est plus elle qui fait les lois, c'est toujours elle qui les applique.

On a vu, dans l'Introduction historique, comment l'acte d'union de 1800 n'a eu d'autre effet que d'abolir le parlement irlandais, et de conférer les pouvoirs législatifs de celui-ci au parlement anglais, qui non-seulement a laissé subsister les anciennes institutions particulières à l'Irlande, mais encore a continué de donner à ce pays des lois spéciales à cause de ses institutions distinctes, quoique analogues à celles de l'Angleterre. Ainsi le pouvoir législatif de l'Irlande a été déplacé; mais on n'a rien changé au mode suivant lequel se fait l'administration des lois.

De tous les intérêts généraux auxquels l'État se charge de pourvoir, ils n'en est point sans doute de plus important que la justice; eh bien! prenons l'exécution de la justice en Irlande pour exemple de l'influence qu'exerce encore, en Irlande, sur le gouvernement de l'État, le vice radical de l'aristocratie.

L'organisation judiciaire, en Irlande, est absolument la même que celle de l'Angleterre.

Les quatre cours d'Irlande, placées au centre de l'État, sont souveraines comme les quatre cours d'Angleterre, non-seulement séparées, mais tout à fait indépendantes de celles-ci (1); comme celles d'Angleterre, elles sont les gardiennes suprêmes de la liberté individuelle, dont la loi d'*habeas corpus* place le dépôt entre leurs mains (2); leur juridiction a la même étendue, leur justice se distribue suivant les mêmes règles, leur indépendance est protégée par les mêmes garanties, les juges d'Irlande sont inamovibles comme ceux d'Angleterre.

Comme en Angleterre, les juges d'Irlande distribuent non-seulement la justice dans leur résidence centrale; mais encore, deux fois l'an, ils la portent aux sujets du roi dans les principales villes de chaque comté où ils tiennent leurs assises, et où ils prononcent sur les procès civils et criminels avec l'assistance d'un jury. Ici et là, ce jury est composé par les soins de l'officier royal, le sheriff. Dans les deux pays, ce jury, procédant suivant les mêmes principes, ne peut rendre de sentences qu'à l'unanimité de ses membres.

En Irlande de même qu'en Angleterre, outre

cette justice centrale et périodique, il se distribue aussi dans le pays une justice quotidienne, et que l'on peut appeler locale, quoique ses dispensateurs tiennent tous leurs pouvoirs, en Angleterre, du roi, en Irlande, du vice-roi. On veut parler de cette justice qui, dans les deux pays, est administrée par les juges *de paix*, ainsi nommés parce que leur mandat, appelé aussi *la commission de paix*; consiste à faire observer la paix du roi dont ils sont les délégués.

Les juges de paix ont en Irlande et en Angleterre le même caractère et les mêmes attributions.

Ces magistrats, dont un lecteur français prendrait l'idée la plus fausse s'il les comparait aux fonctionnaires qui, chez nous, portent le même nom, ne sont, à vrai dire, dans les pays que l'on vient de nommer, que les grands propriétaires du sol auxquels le chef de l'État reconnaît plus encore peut-être qu'il n'attribue le pouvoir de rendre la justice. On ne s'enquiert point en Angleterre ou en Irlande, pour instituer juge de paix tel ou tel individu, si celui-ci est versé dans la connaissance des lois ou s'il possède quelque mérite personnel; on demande seulement s'il est riche. Pour devenir juge de paix d'Angleterre ou d'Irlande, il ne faut point étudier l'art de rendre la justice, il suffit d'acheter un grand domaine; on peut dire, en termes généraux, que dans ces deux contrées il n'y a pas un riche qui ne soit juge de paix, et pas un juge de paix qui ne soit riche. Nul d'entre eux ne peut, à la vérité, être juge de paix que s'il a reçu la commission royale; mais, en fait, quiconque est grand proprié-

taire ne manque point d'en être investi. Il y a en Angleterre environ dix-huit mille juges de paix ; en Irlande, à peu près trois mille (1). Constater le nombre
des juges de paix d'Angleterre et d'Irlande, c'est
presque faire la statistique des grandes propriétés
de ces deux pays. Il existe sans doute beaucoup de
juges de paix, grands propriétaires qui ne sont que
de fort petits personnages politiques ; mais il
n'existe pas dans le pays un seul grand personnage
qui ne soit juge de paix. On croit pouvoir affirmer
qu'il n'y a pas un membre de la chambre des communes, et pas un lord d'Angleterre, qui ne soit un
juge de paix. Le duc de Wellington est juge de paix
du comté de Meath, en Irlande ; il y a pour collègues le duc de Leinster, le marquis de Headford,
lord Fingal, etc. Les juges de paix d'Irlande et
d'Angleterre tiennent de leur mandat deux caractères distincts : ils sont officiers de police judiciaire
et juges.

En la première qualité, ils reçoivent les plaintes
relatives aux crimes et délits, et font tous les actes
d'instruction antérieurs aux jugements des prévenus ; ils admettent ou refusent les cautions qui leur
sont offertes par les inculpés détenus ; ils ont un
pouvoir plus grand encore, celui d'exiger une caution de bonne conduite de toute personne qu'ils
jugent suspecte, quoiqu'ils ne l'inculpent d'aucun
délit, et, à défaut de caution, d'envoyer cette personne en prison (2).

Comme juges, ils prononcent chaque semaine,
au nombre de deux ou plus, sur une foule de petits
procès civils et criminels (3) ; et dans une assemblée

générale qui se tient quatre fois l'an dans les chefs-
lieux de chaque comté, et qui se nomme par cette
raison *Quarter-Sessions*, ils jugent, comme cour de
justice et avec l'adjonction d'un jury composé de la
même manière que le jury d'assises, tous les délits
qui n'entraînent pas la peine capitale, et qui, par
cette raison, ne sont pas réservés au juge d'assises.
Les juges de paix d'Irlande, comme ceux d'Angleterre, remplissent gratuitement toutes leurs fonctions. Dans l'un comme dans l'autre pays, ces magistrats, institués par le pouvoir central, ne sont
soumis au contrôle habituel et régulier d'aucun
supérieur hiérarchique qui les surveille, les dirige,
les excite à agir ou les modère dans leur action,
leur inflige le blâme ou leur décerne l'éloge ; ils ne
sont, dans l'exercice de leur ministère, sujets à
d'autre autorité qu'à celle des cours de justice, devant lesquelles chacun a le droit de leur demander
compte de leurs actes.

Enfin, en Irlande, de même qu'en Angleterre,
c'est un principe également en vigueur, que les organes de la justice ne la rendent que sur la demande
expresse et spontanée de ceux qui y ont droit. Il
existe bien de certains crimes et délits, plus nombreux en Irlande qu'en Angleterre, que poursuit

générale, cet officier public, qui, en France, est
placé auprès de chaque tribunal, avec la mission
unique et continue de rechercher toutes les infractions à la loi, d'en provoquer la répression, et de
p oursuivre comme crimes publics toutes les injures
que ne dénoncerait pas l'intérêt privé, *le ministère*

public en un mot n'existe pas plus en Irlande qu'en Angleterre (1).

Ainsi ce n'est pas seulement de l'analogie qui existe en Irlande et en Angleterre entre la magistrature chargée de rendre la justice criminelle; c'est la plus parfaite similitude.

Combien cependant l'exécution de cette justice est différente dans les deux pays !

La justice criminelle d'Angleterre n'est pas sans doute exempte de taches; elle a même conservé quelques traditions féodales qui la feraient juger barbare par tout observateur superficiel. C'est ainsi que, dans certains cas, l'accusé anglais n'a pas la liberté de se faire défendre par un conseil : ainsi l'accusé le plus pauvre ne reçoit jamais gratuitement la copie des pièces de la procédure et de l'acte d'accusation, et il ne peut, même à prix d'argent, obtenir la communication des cahiers d'enquête, dont l'avocat de la couronne prend à son gré connaissance (2). Qui le croirait enfin ? quand on manque de témoins dans un procès où il y a plusieurs accusés, on fait grâce à l'un de ceux-ci, pour que le coupable mis hors de cause serve de témoin contre les hommes dont il est le complice ! Voilà sans doute des lois d'une grande rigueur, ou d'une singulière immoralité ! et cependant, en Angleterre, la justice criminelle offre un spectacle qui n'a rien d'attristant pour un ami de l'humanité; dans ce pays les mœurs corrigent les lois : tout accusé y trouve parmi les magistrats sinon de la bienveillance du moins une impartialité inaltérable. Ce sentiment d'équité, et quelquefois d'indulgence, anime en Angleterre tous

ceux qui concourent à l'exécution de la justice; il
guide les juges de paix dans les premiers actes de la
procédure, il domine le shérif dans son choix des
membres du jury, il inspire aux témoins leur dépo-
sition, aux jurés leur verdict, au juge sa sentence,
au roi sa grâce.

Voyez, au contraire, quelle est en Irlande la condition de tout accusé.,,. Supposez un pauvre catholique irlandais, arrêté sous l'inculpation d'un crime;
non d'un crime politique qui serait propre à exciter
parmi les magistrats les plus violentes passions,
mais d'un délit ordinaire, par exemple, d'un vol;
devant qui le conduit-on dans ce premier moment
si grave où le salut et la ruine du prévenu dépendent quelquefois du moindre soin comme de la plus
légère négligence, d'un indice recueilli ou perdu?
On le mène devant le juge de paix voisin, grand
propriétaire protestant (1), Anglais d'origine, plein
de mépris et de haine pour la population pauvre
d'Irlande. Or, pensez vous que ce juge de paix, devant lequel comparaît le pauvre Irlandais, consta-
tera aussi soigneusement les preuves d'innocence
que les indices de culpabilité? pensez-vous que si,
pour obtenir sa liberté provisoire, l'inculpé offre
une caution, le juge de paix sera aussi enclin à l'accueillir que si le prévenu était un protestant? Cependant l'instruction se poursuit : il dépend de ce juge
de paix qu'elle soit prompte ou lente; mais comment celui-ci montrerait-il une grande ardeur à l'ac-
célérer, lorsque sa sympathie ne l'y porte pas;
lorsque, remplissant des fonctions gratuites, il n'a
point d'intérêt matériel à déployer du zèle, et lors-

que, d'un autre côté, n'étant soumis à la surveillance d'aucun supérieur, il n'a dans sa conduite ni
éloges à attendre ni censures à redouter ? On conçoit
que, dans cette situation, peu stimulé par la conscience de ses devoirs publics, entouré d'ailleurs
d'une multitude d'intérêts privés qui l'absorbent,
il lui arrivera souvent d'oublier *le papiste*, qui après
tout sera en sûreté sous les verroux. A la vérité,
l'enquête, retardée par sa négligence, ne sera point
prête pour l'ouverture des assises ou des quarter sessions ; mais qu'en résultera-t-il ? C'est que l'affaire
sera remise à trois mois, peut-être à six, et le prévenu en sera quitte pour passer ce temps en prison,
où il attendra le jour du jugement (1).

Ce jour arrive enfin. Cent ou cent cinquante jurés
ont été réunis par le shérif ; mais d'abord ce shérif
protestant n'a choisi, sauf quelques exceptions
rares, que des jurés protestants. Sur ces cent jurés,
douze vont être appelés à rendre la justice du pays :
le tirage se fait ; le nom d'un juré catholique est-il
par hasard prononcé, l'avocat de la couronne le
récuse aussitôt. Voilà donc l'accusé placé en face de
douze jurés protestants, gens riches pour la plupart, et qui sont autant les ennemis de sa classe
que de son culte. Maintenant, on le demande, quelle
impartialité peut espérer un accusé qui, dans chacun de ses juges, aperçoit un adversaire politique
ou religieux ? Qui croira que de pareils juges soient
animés de cet amour pur de la vérité, qui est la première condition de toute justice ? Et d'ailleurs, combien d'obstacles étrangers au juge vont entraver la
tâche de celui-ci dans le débat qui s'ouvre ! D'ordi-

naire, en Irlande, l'accusé de race celtique parle
un langage que le juge et le juré de race anglaise
ne comprennent pas : de là la nécessité de recourir
à un interprète, qui traduit pour l'accusé les paroles
du juge, et pour celui-ci les paroles de l'accusé ; de
là, par conséquent, une première cause de confusion. Ce n'est pas tout. Comme il n'est pas d'accusé
en Irlande qui ne soit une victime aux yeux des
gens de sa classe, c'est-à-dire du bas peuple, les
faux témoignages abondent, et voilà pour le juge
une autre source d'erreur. Au milieu de ces ténèbres, on serait bien difficilement juste avec le plus
ardent désir de l'être. Comment donc le sera celui
que ne travaille point la passion de la justice ? Pour
moi, j'ai assisté en Irlande aux débats de la justice
criminelle, et je ne saurais dire de quelle douleur
ce spectacle a rempli mon âme.

C'est une triste vérité que dans tout tribunal
irlandais il y a comme deux camps ennemis qui
sont en présence : l'accusé d'une part, le juge
et les jurés de l'autre. Parmi les spectateurs du
combat, le peuple est pour l'accusé, le tribunal a
pour lui les soldats, les constables et les riches.
Comme en Irlande l'aristocratie est en lutte ouverte avec le peuple, tout ce qui dépend de celle-
ci ou sympathise avec elle, vient la seconder sur ce
terrible champ de bataille, où le puissant extermine
le faible au nom de la justice et des lois. Les préjugés et les passions malveillantes dont le prévenu
est l'objet éclatent de toutes parts ; on les aperçoit
dans l'accent du juge, dans les émotions comme
dans l'impassibilité du jury ; le langage même du

défenseur les révèle... On se fait difficilement une idée du ton de mépris et d'insolence avec lequel en Irlande les membres du barreau parlent du peuple et des basses classes. Aussi, en dépit des formules de la procédure, malgré toutes les solennités légales qui vous montrent un accusé devant ses juges, on a le sentiment intérieur que ce n'est point un jugement qui se délibère, mais une vengeance qui se prépare ; on souffre de ce mensonge des formes qui promettent un châtiment équitable, et recouvrent une sorte de violence meurtrière, et quand le juge prononce la terrible sentence de mort, on croirait que c'est le signal d'un engagement à force ouverte entre le parti du juge et celui de l'accusé, si l'on ne voyait l'audience pleine de constables, dont la présence s'oppose à ce que les adversaires en viennent aux mains...

En Angleterre, le magistrat voit dans tout prévenu un concitoyen malheureux, un accusé peut-être innocent, un Anglais qui invoque les droits sacrés de la constitution. En Irlande, les juges de paix, juges et jury, traitent l'accusé comme une espèce de sauvage idolâtre, dont il faut dompter la violence, comme un ennemi qu'il faut détruire, comme un coupable voué d'avance au supplice.

En Angleterre, la peine de mort est prodiguée dans les lois ; les règles de la procédure sont encore parfois barbares; mais les mœurs sont humaines, le jury est doux, et le juge clément. En Irlande, le code pénal est encore plus sanguinaire que celui de l'Angleterre ; on y pratique tous les mauvais principes

qui se peuvent rencontrer dans la législation anglaise, et le magistrat y est aussi dur que la loi (1).

Haine du peuple pour la justice.

Maintenant qui s'étonnera d'apprendre que la
population irlandaise, qui méprise et hait ses magistrats, haïsse et méprise la loi dont ils sont les
organes (2); qu'en Irlande cette haine de la loi soit
universelle? Qui s'étonnera de l'horreur qu'inspire
aux citoyens toute participation à cette justice détestée?

Une sentence de mort est prononcée à Waterford;
le shérif ordonne l'exécution du coupable; mais il
ne peut, dans ce pays de pauvres, trouver, à quelque prix que ce soit, un seul individu qui consente
à être l'instrument de la sentence, et le premier
officier du roi est obligé de pendre lui-même le condamné (3).

Maintenant, qui s'étonnera de la flétrissure publique qui atteint non-seulement tout plaignant et
dénonciateur, mais encore tout témoin à charge
dans un procès criminel? Qui ne voit que de là découle l'impossibilité d'avoir des témoignages pour
la justice, et la nécessité d'en acheter? Qui ne comprend que, de ce mépris et de cette haine pour la
loi criminelle, naît la disposition la plus anti-sociale
qui puisse exister chez un peuple, c'est-à-dire l'habitude du recours à la force? Qui n'aperçoit que

cette conséquence d'un mal social pourrait, en se
combinant avec des passions ou avec des circonstances politiques, devenir une cause de révolution
violente?

S'étonnera-t-on maintenant de la sympathie populaire qu'excite tout criminel en Irlande? Et si on en
vient à ce point que des assassinats soient commis
à la face du soleil, tout le monde étant aux fenêtres
et laissant le meurtrier s'éloigner tranquillement de
sa victime; si, quand les constables viendront pour
saisir les coupables, la foule se précipite sur les
agents de la force publique pour leur enlever leur
proie; si chacun croit sanctifier sa demeure en offrant un asile au malfaiteur; et si une confédération universelle s'établit dans le pays pour soustraire à l'empire des lois tous ceux que la justice
poursuit, qui s'en étonnera?

Le ministère public manque en Irlande.

Le vice social, dont on observe l'influence sur l'exécution de la justice ne se manifeste pas seulement par
les passions qu'il soulève chez les magistrats et les
justiciables; il attaque aussi les institutions judiciaires dans le principe même de leur organisation,
et, quand il ne les rend pas funestes, il a du moins la
puissance de les frapper de stérilité. Ainsi, pour en
citer un exemple, la théorie ou la coutume qui, en
général, remet ou laisse à l'intérêt privé le soin de
poursuivre les crimes et délits, est la même pour

l'Irlande que pour l'Angleterre. Mais qui ne comprend qu'exempt de périls pour l'Angleterre, ce système ou ce mode est dangereux pour l'Irlande ?

On conçoit que dans une société où, comme en Angleterre, la souveraineté de la loi, l'omnipotence du juge, et l'impartialité des magistrats sont bien établies dans les mœurs ; chez un peuple où tout est vie, activité, mouvement ; on conçoit que, dans un tel pays, on puisse se passer de fonctionnaires placés en permanence auprès des corps judiciaires pour demander d'office la répression de toutes les infractions à la paix publique : on peut, dans une pareille société, se reposer sur l'intérêt particulier du soin de venger la violation des lois. Les citoyens, accoutumés à exercer leurs droits civils et politiques, habitués aussi à l'équité de leurs magistrats, seront sans doute prompts à réclamer spontanément la justice à laquelle ils auront droit, et poursuivront tout attentat à leur propriété, à leur liberté, à leur vie, avec autant de zèle qu'ils revendiqueraient le droit de voter aux élections ? La société trouvera ainsi une défense assurée dans le sentiment qui portera chacun à solliciter une réparation particulière. Dans un tel pays, les citoyens deviendront peut-être d'autant plus habiles à se protéger, qu'ils n'attendront de l'autorité aucune protection officieuse. Peut-être de cet abandon des intérêts particuliers à eux-mêmes naîtra-t-il pour la société un nouvel élément de puissance et d'action, une nécessité plus impérieuse pour tous de connaître les lois, une plus grande habitude de les appliquer ; pour chacun un sentiment plus profond de ses droits, un amour plus éclairé de sa liberté, et il pourra se trouver ainsi un principe de force sociale et politique dans ce qui, au premier abord, ne semblait qu'une imperfection, si ce n'est même un oubli de la loi.

Mais qu'arrivera-t-il s'il n'existe point de ministère public dans un pays où, comme en Irlande, les particuliers, longtemps privés de tous droits politiques et presque tous pauvres, ont d'ailleurs une répugnance naturelle à invoquer l'autorité du juge ; où la loi est haïe comme ce juge ; où le sentiment du droit n'existe pas ; où l'on ne croit ni à la justice, ni à ses organes ? Il arrivera que, l'action privée ne suppléant point l'action publique qui manque, la plupart des crimes demeureront impunis, faute d'être portés à la connaissance des magistrats ; et ce n'est pas seulement par pitié pour le criminel et par défiance du juge qu'on s'abstiendra de porter plainte : on l'omettra encore par ignorance du droit. Alors on ne verra de plaintes que celles qui seront suggérées par la passion bien plus que par l'intérêt. La haine seule dénoncera les crimes dans un pays où c'est le plus souvent le même sentiment qui les juge. Alors on aura recours aux moyens les plus immoraux pour parvenir à la découverte des crimes. Non-seulement des récompenses publiques seront accidentellement offertes par les magistrats aux dénonciateurs de tel ou tel crime, mais encore la loi consacrera par une disposition formelle le droit qu'aura tout indigent à une indemnité pécuniaire pour avoir révélé l'existence d'un délit quelconque, et en avoir fait condamner l'auteur (1). Étrange moyen pour amener le

peuple à la justice, que de violer les plus simples
lois de la morale !

———————

AUTRE EXEMPLE.

L'unanimité du jury en Irlande.

En Angleterre c'est une loi fondamentale de l'institution du jury que tout verdict doit être rendu à
l'unanimité de ses membres. Quoique au premier
abord il semble assez difficile d'imaginer un sujet
quelconque sur lequel un certain nombre d'êtres
doués de la faculté de raisonner s'entendent sans le
dissentiment d'un seul, on voit cependant le principe du jury anglais fonctionner sans trop d'entraves, et toute collision entre des volontés contraires
et obstinées, aboutir, en définitive, au triomphe du
sentiment le plus doux et le plus humain.

En Irlande le même principe existe; mais comment le mettre en pratique? Composerez-vous le
jury seulement de protestants? Alors sans doute l'u-
nanimité s'établira aussi aisément que dans un jury
anglais. Mais si c'est un catholique irlandais qui est
accusé, il est fort à redouter que cette unanimité,
quelquefois si difficile, ne soit ici trop prompte à
se former pour un verdict de condamnation.

Au lieu de protestants, ne placerez-vous dans le
jury que des catholiques? Alors encore on comprend

fois, c'est pour le sort de tout accusé protestant qu'il sera juste de concevoir des craintes. Comment donc ferez-vous ? Vous composerez peut-être le jury moitié de protestants, moitié de catholiques, seule manière équitable de procéder en pareil cas. Mais alors, comment ces hommes, que la passion politique et les préjugés de classe séparent plus encore que la différence de culte ne les divise, parviendront-ils à s'unir dans un sentiment commun ?

Il y a là une difficulté qui semble s'aggraver à mesure qu'on l'approfondit. Le juge refuse-t-il de *délivrer* les jurés, c'est-à-dire les retient-il captifs dans la salle de leurs délibérations jusqu'à ce qu'ils se soient conciliés ? alors un tel procédé est en quelque sorte une sentence de mort contre les jurés dont le corps est moins fort que la conscience. Ou bien, voyant qu'ils ne peuvent tomber d'accord, le juge leur permet de se retirer sans avoir rendu aucun verdict : et, dans ce cas, le procès, ne pouvant être jugé, est remis d'ordinaire à la session suivante, et l'accusé réduit à demeurer trois mois de plus en prison, dans l'attente d'autres jurés qui peut-être ne s'entendront pas mieux que les premiers (1).

Ainsi il arrive toujours l'une de ces deux choses : ou l'unanimité obtenue accuse la passion et l'esprit de parti, ou elle ne s'obtient pas. Il n'y a ainsi de justice possible que celle qui est corrompue à sa source.

C'est ainsi que des circonstances politiques et sociales peuvent rendre mauvais dans un pays un principe de législation civile qui est bon pour un autre.

Comment et pourquoi il a fallu créer en Irlande un certain nombre d'officiers de justice et d'agents qui en Angleterre n'existent pas.

De tous les soins dont prend la charge une aristocratie qui veut réellement gouverner, il n'en est aucun sans doute qui exige d'elle plus de lumières, plus de zèle et plus d'efforts constants, que l'exécution de la justice; et quand on considère la variété d'attributions dévolue aux juges de paix d'Angleterre et d'Irlande, tous les usages qu'ils doivent connaître, tous les statuts qu'ils ont à appliquer, tous les objets de police remis à leur vigilance, la multitude de jugements qu'ils rendent en matière civile, la gravité des sentences qu'ils ont quelquefois à prononcer au criminel dans toute la sévérité des formes judiciaires, toutes les responsabilités enfin que fait naître chacun de leurs actes, on conçoit à peine qu'il soit possible à de grands propriétaires, hommes du monde, préoccupés de leurs propres affaires, et non versés dans l'étude des lois, de parvenir à remplir passablement des fonctions aussi compliquées. En Angleterre cependant la difficulté a été sinon surmontée, du moins combattue; et quoique la justice des juges de paix anglais ne soit exempte ni d'erreurs ni de vices, cette justice cependant ne manque jamais au pays; jamais les juges de paix anglais ne font défaut dans ces réunions presque quotidiennes, où les besoins les plus usuels des justiciables sont satisfaits (*petty sessions*); et c'est souvent un spectacle digne d'admiration que celui qui est offert, en Angleterre, par

l'assemblée trimestrielle des *quarter sessions*, exclusivement composée des riches propriétaires du
comté, présidée par l'un d'eux, élu à la majorité
(*chairman*), et rendant solennellement la justice civile et criminelle, tantôt seuls, tantôt avec l'assistance
d'un jury.

Mais la tâche était trop forte pour les juges de
paix d'Irlande; elle ne pouvait être portée par une
aristocratie inhabile ou indifférente. Sans cesse il
arrivait qu'au jour marqué dans la semaine pour
l'expédition des petits procès et des actes prépara-
toires de la police judiciaire, il ne se trouvait pas
deux juges de paix présents; et le cours de la justice
se trouvait ainsi suspendu faute de magistrats. Souvent aussi, quand les juges de paix se réunissaient
tous pour tenir les *quarter sessions*, il ne s'en trouvait pas dans l'assemblée un seul qui fût capable de
les présider : et ici ce n'était pas l'absence, c'était
l'incapacité du juge qui rendait la justice impossible.

Longtemps le mal resta sans remède ; longtemps
l'aristocratie irlandaise demeura ainsi chargée d'un
fardeau qu'elle n'avait ni le cœur ni la force de porter; enfin, la voyant plier sous le faix, et prenant en
pitié sa mollesse et son insuffisance, le gouvernement central est venu un jour à son secours. En
1796, une loi a été rendue qui a autorisé le pouvoir
exécutif à instituer des magistrats *salariés* et *révocables* (stipendiary magistrates), et à en placer dans
toutes les localités où les juges de paix gratuits ne
suffiraient pas au service journalier de la justice. Et
pour aider les juges de paix dans leur réunion trimestrielle des quarter sessions, la même loi a porté

une disposition en vertu de laquelle le pouvoir exécutif peut non-seulement mais encore doit envoyer
à cette assemblée, chaque fois qu'elle se tient, un
membre éclairé du barreau, qui se met à la disposition des juges de paix, les guide de ses conseils,
les dirige et leur sert de président, à moins qu'ils
n'en choisissent un autre. Ce légiste, envoyé du gouvernement central auprès de l'aristocratie pour
l'assister dans ses fonctions judiciaires, s'appelle
par cette raison *assistant barryster*. Quoique, d'a-
près la loi, les juges de paix d'Irlande ne soient point
obligés de choisir ce jurisconsulte pour les présider,
ils se gardent bien d'en élire un autre (1), tant ils
ont le sentiment de leur faiblesse et de leur impuissance.

Enfin, comme cette aristocratie, dépourvue de
toute autorité morale sur l'esprit du peuple, avait
besoin, pour se faire obéir, du secours de la force
matérielle, la loi a voulu qu'un corps considérable
d'agents moitié civils, moitié militaires, connus sous
le nom de *constables* (constabulary), et auxquels on
a attribué des fonctions analogues à celles que remplit en France notre gendarmerie, fussent mis à la
disposition des juges de paix, chargés d'exécuter les
mandats de ceux-ci, de les protéger dans leurs fonctions; et elle a conféré aux chefs de ces constables
le pouvoir de faire eux-mêmes tous les actes de
police judiciaire que les juges de paix auraient
seuls, en Angleterre, le droit d'exécuter.

C'est pour une aristocratie une triste et périlleuse
condition que la nécessité d'invoquer et de recevoir
la protection du gouvernement central. Quel est en

effet celui de ces pouvoirs qui, créé pour la soutenir, ne pourrait pas servir à l'attaquer? Une aristocratie ne saurait être maîtresse des pouvoirs qu'en
les exerçant elle-même; elle n'a une existence réelle
et une puissance véritable que lorsqu'elle apporte
dans le gouvernement des talents et des vertus. Or,
comment serait-elle habile, quand elle ne s'impose
pas les soins du gouvernement? comment serait-
elle généreuse, quand elle ne sent pour le pays et le
peuple ni passion ni sympathie?

---

§ II.

Influence du même principe sur les institutions du *Comté*.

En Irlande, de même qu'en Angleterre, l'État est
divisé en comtés (1). Comme dans chacun de ces
deux pays le pouvoir central ne s'occupe ni par lui-
même, ni par des agents placés sous sa main, des
détails du gouvernement, c'est naturellement dans
le comté qui est la principale division de l'État que
se fait l'administration proprement dite des affaires
publiques.

Quoique l'on puisse dire qu'en fait l'État n'administre point le comté, dont en principe il est le souverain administrateur, l'État a pourtant dans le
comté ses officiers, dont les principaux sont le
shérif, le lieutenant et les juges de paix (2).

Ces officiers du gouvernement central remplissent

dans le comté deux sortes de fonctions; les premières, que l'on peut appeler générales, parce
qu'elles intéressent le pays tout entier, et dont la
plus importante, l'exécution de la justice, a été exposée dans le chapitre précédent (1); les secondes,
que l'on doit plutôt nommer *locales*, parce qu'elles
ont plus particulièrement pour objet les affaires
spéciales du comté dans lequel ils résident.

Les comtés d'Irlande comme ceux d'Angleterre
ont, en effet, quoique placés théoriquement dans la
dépendance absolue de l'État, un certain nombre
d'intérêts qui leur sont propres, ou qui étant d'une
nature générale, sont du moins souverainement ré-
glés par eux : tels sont la construction à leurs frais
et la réparation de leurs ponts, la construction de
tous les bâtiments nécessaires à l'exécution de la
justice, la surveillance de leurs prisons, le paiement
des frais de justice criminelle, le paiement de leurs
officiers salariés. Ces attributions sont communes
aux comtés d'Irlande et d'Angleterre.

Le comté d'Irlande possède même dans ses attributions quelques objets qui n'appartiennent point
au comté anglais. Ainsi, c'est le comté qui, en Irlande, fait la plupart des travaux publics exécutés
en Angleterre en vertu de concessions du parlement (2). C'est aussi le comté d'Irlande qui est chargé
de toutes les routes de grande ou de petite communication, qui, en Angleterre, sont entreprises soit
par des compagnies que le parlement a autorisées,
soit par les paroisses (3). Il existe peu de charité
publique en Irlande; mais les seuls établissements
charitables qui s'y rencontrent, les infirmeries et les

dispensaires appartiennent au comté, tandis qu'en Angleterre la charité est toute dans la paroisse.

On voit que si les pouvoirs que possèdent le comté anglais et le comté irlandais sont de même nature, ils sont plus étendus dans le second que dans le premier. Il faut ajouter que le mode suivant lequel les intérêts qui appartiennent à chacun d'eux sont administrés, n'est pas tout à fait le même dans les deux pays.

En Angleterre, la gestion des intérêts spéciaux du comté est remise exclusivement à cette même assemblée des juges de paix que l'on a vue plus haut se réunir quatre fois l'an en *quarter sessions* pour rendre la justice civile et criminelle, et qui, procédant dans un autre ordre de pouvoirs, discute et règle les affaires particulières du comté, fixe le budget de celui-ci, lui impose des taxes, quoiqu'elle n'ait reçu de lui aucun mandat.

En Irlande, où le comté a plus d'attributions qu'en Angleterre, les juges de paix en ont moins. Dans l'assemblée des *quarter sessions*, ils se bornent à rendre la justice, et n'y font point d'administration relative au comté. A la vérité, dans d'autres réunions (1), ils s'occupent des intérêts matériels et spéciaux du comté; mais ces assemblées ne possèdent point le même pouvoir administratif qui appartient aux juges de paix réunis en *quarter sessions*. L'examen auquel elles se livrent n'est, à vrai dire, que préparatoire; elles donnent plutôt des avis qu'elles ne prennent des décisions, et font un travail provisoire analogue à celui qui, en France, est présenté au conseil-général par les conseils d'arrondissement. L'exécution de leurs vues est entièrement subordonnée au contrôle et à la sanction d'une assemblée supérieure, qui seule, en Irlande, règle définitivement les affaires propres au comté, et a seule le pouvoir de l'imposer. Cette assemblée, qui s'appelle *le grand jury*, joue un si grand rôle en Irlande parmi les pouvoirs politiques du comté, au sommet desquels elle est placée, qu'il est nécessaire de dire ici quelque chose du mode de son organisation.

On a vu plus haut que, lorsque le juge central se transporte dans le comté pour y tenir ses assises, il y trouve assemblé un jury, choisi et convoqué par les soins du shérif. Ce jury est de deux sortes : l'un s'appelle le *petit jury (petty jury)*, c'est-à-dire le *jury de jugement,* composé d'un nombre plus ou moins considérable de citoyens (1), sur lesquels douze sont appelés pour chaque procès civil ou criminel, à l'effet de prononcer sur toutes les questions de fait que le juge leur soumet. L'autre, nommé le *grand jury*, composé de vingt-trois personnes, remplit l'office dont sont chargées chez nous les *chambres d'accusation*, et prononce sur le point de savoir si tels ou tels individus inculpés de crimes doivent être renvoyés aux assises et y comparaître devant le *jury de jugement.*

C'est ce grand jury qui, en Irlande, outre l'office de justice dont il vient d'être parlé, dirige encore les affaires du comté comme corps administratif ; différent en cela du grand jury anglais, dont la capacité est exclusivement judiciaire. Ainsi en Angleterre le grand jury n'a que des attributions de justice cri-

minelle; mais les juges de paix en *quarter sessions*
y font tout à la fois de la justice et de l'administration. En Irlande, au contraire, où les juges de paix
en *quarter sessions* se bornent à rendre la justice,
le grand jury d'assises est un corps tout à la fois administratif et judiciaire. Ce corps tient ses séances
deux fois l'an avec les assises dont il dépend, dont
il est un membre essentiel; tandis qu'en Angleterre
l'assemblée analogue étant identiquement la même
que celle des *quarter sessions*, se réunit nécessairement comme celle-ci quatre fois l'année. Enfin le
conseil qui, en Irlande, administre le comté, et l'assemblée par laquelle le comté anglais est régi, diffè-
rent en ce point important, que celle-ci délibère, décide et agit dans une entière indépendance, tandis que
les grands jurés d'Irlande demeurent, même pour
leurs fonctions administratives, liés, jusqu'à un certain point, au juge d'assises, sous la tutelle duquel ils
sont en quelque sorte placés, et dont l'approbation
est nécessaire à l'exécution de tous leurs actes (1).

Quoi qu'il en soit, et nonobstant ces différences
de forme, on peut reconnaître que l'organisation
du pouvoir qui, en Angleterre et en Irlande, administre les affaires du comté, est au fond à peu près
la même.

Dans les deux pays la source de ce pouvoir est
pareille : en Angleterre, les juges de paix qui composent le conseil du comté sont institués par le roi;
en Irlande, les membres du grand jury, par l'officier
du roi, le shérif. C'est, chez des peuples doués d'institutions libres, une égale anomalie que cette faculté
de taxer le comté, accordée à une assemblée qui n'a

reçu de celui-ci aucun mandat (1), et dont les membres ne sont que les délégués du prince ou de son agent. A la vérité, les juges de paix anglais, une fois institués, le sont pour toujours, puisque l'usage les a rendus à peu près inamovibles (2); tandis que les membres du grand jury ne sont nommés que pour une session, à la fin de laquelle leur pouvoir expire. Mais, en fait, il arrive presque toujours que les mêmes grands jurés dont l'autorité cesse avec la session sont désignés de nouveau par le shérif pour faire partie du grand jury de la session suivante; et, dans tous les cas, le choix du shérif se renferme dans le cercle étroit des plus riches propriétaires du comté. Sans doute il pourrait dépendre de cet officier de composer le grand jury d'éléments différents; et il dépendrait aussi du gouvernement d'instituer des shérifs avec la mission expresse d'entrer dans d'autres voies; mais, jusqu'à présent, il a existé entre l'aristocratie du pays et le pouvoir exécutif une telle union, que celui-ci n'a jamais choisi que le shérif qu'elle désirait avoir, et que les shérifs n'ont jamais composé le grand jury que des membres qu'elle y eût appelés elle-même.

Sans doute aussi le juge d'assises, qui, en Irlande, contrôle tous les actes du grand jury, pourrait apporter dans la marche de celui-ci des entraves que n'est point sujet à rencontrer le conseil du comté anglais, exempt d'un pareil tuteur; mais le même esprit qui a dirigé le pouvoir exécutif dans la nomination des shérifs ayant jusqu'à présent présidé au choix des juges, on peut considérer le grand jury irlandais comme étant de fait aussi libre dans son action administrative que les juges de paix d'Angleterre dans leurs *quarter sessions*.

En fait, c'est dans les deux pays aux plus grands propriétaires qu'est remise l'administration de toutes les affaires particulières aux comtés : ainsi, sous une forme ou sous une autre, c'est, chez les deux peuples, l'aristocratie qui est investie exclusivement de cette autre attribution. Ces grands propriétaires, qui, comme juges de paix, sont maîtres de la justice, sont donc, ici comme juges de paix, là comme membres du grand jury, maîtres de l'administration. Ainsi cette aristocratie, qui n'a aucune sympathie pour le peuple, tient en réalité tous les pouvoirs auxquels ce peuple est soumis.

Maintenant ces faits étant posés, les conséquences n'en découlent-elles pas tout naturellement ? L'administration étant confiée aux mêmes mains dans lesquelles on a vu la justice remise, comment ne retrouverait-on pas dans la première tous les vices que l'on a observés dans la seconde ?

Un instant de réflexion suffit pour faire reconnaître que les mêmes causes morales qui ont la puissance de rendre bienfaisante ou funeste, dans deux pays différents, la même institution judiciaire, sont, et à plus forte raison, capables d'exercer la même influence sur un pouvoir administratif.

Le riche protestant d'Irlande, qui, comme juge de paix, rend la justice, subit sans doute bien des passions propres à corrompre ses sentences ; mais encore, dans ses sympathies pour le protestant, dans ses inimitiés contre le catholique, et dans les inspirations de son intérêt, il est gêné par les formes ju-

diciaires, et obligé de recouvrir ses procédés les
plus iniques d'un manteau d'équité qui lui manque
quelquefois, et à défaut duquel il est forcé ou de
s'arrêter ou de compromettre son caractère. Le
fonctionnaire qui administre n'est point ainsi en-
travé dans ses penchants à la tyrannie ; il n'a point
besoin de prouver de même l'équité de ses actes ; et
il est plus aisément injuste, parce que son injustice
n'est point aussi sujette à éclater. C'est ainsi que
l'arbitraire qui naît de la faveur ou de la haine, et
l'oppression qui vient de l'égoïsme, se pratiquent
plus facilement par l'administrateur que par le juge.

Maintenant il ne faut point s'étonner si ces grands
propriétaires d'Irlande, qui, commes juges de paix,
rendent une si triste justice, montrent en général
le plus cynique égoïsme dans leur administration, et
si l'on trouve à peine dans leurs actes quelques vues
d'intérêt public et la trace de quelques sentiments
généreux.

Investis du droit exorbitant de taxer le comté, ils
écrasent le pauvre d'impôts, dont ils ont soin d'affranchir le riche. Ces taxes une fois levées, quel
usage en font-ils ? ils les dépensent dans l'intérêt des
riches, et n'en appliquent rien au profit des pauvres.
S'ils ont à distribuer quelques secours, ils les accordent aux protestants, et n'en donnent aucun aux
catholiques ; cependant ceux-ci sont les pauvres, et
ont besoin d'une assistance qui n'est point nécessaire à ceux-là. Pense-t-on que, lorsqu'ils créent un
office, c'est dans l'intérêt général ? Non ; c'est en vue
de l'officier institué, au sort duquel ils ont voulu
pourvoir. L'autorité n'est entre leurs mains qu'un

moyen d'avancer leurs propres affaires. S'agit-il d'une route à tracer, ils considèrent, non le besoin du pays, mais leur convenance personnelle; et le peuple paiera une lourde taxe, non pour lier entre eux quelques centres importants de population, mais pour établir une communication agréable et facile entre les châteaux de deux riches. Mais du moins dans ce pays d'ignorance et de misères, fonderont-ils des asiles charitables et des écoles? Non; que feront-ils donc pour le peuple? Des casernes et des prisons, seuls établissements qui, en Irlande, soient édifiés avec luxe. Enfin ils commettront tant d'abus énormes, tant de fraudes grossières, tant d'excès jusqu'alors inouïs, qu'ils finiront par rendre proverbiales, en Angleterre, les *malversations d'un grand jury irlandais* (1).

Les riches d'Irlande, maîtres de l'administration comme de la justice, tiennent en réalité dans leurs mains tous les pouvoirs de la société. Comment donc mettraient-ils eux-mêmes des bornes à leur autorité? « C'est, dit Montesquieu, une expérience éternelle, que tout homme qui a du pouvoir est porté à en abuser; il va jusqu'à ce qu'il trouve des limites. Qui le dirait? la vertu même a besoin de limites (2)! »

Il faut des limites à la vertu même! Jusqu'où donc ira l'égoïsme, qui n'en a point?

Si la meilleure aristocratie n'est point exempte de vices, on peut dire avec raison qu'une mauvaise aristocratie est le pire des gouvernements; et son vice ne se montre nulle part plus à découvert que dans l'administration quotidienne des lois. Si on suppose une aristocratie sympathique avec la population, on conçoit tout de suite que ses membres, disséminés parmi le peuple, seront d'autant plus enclins à protéger le faible et à secourir le pauvre, qu'ils seront continuellement témoins de la faiblesse de l'un et de l'indigence de l'autre; et plus ils seront riches et puissants, et plus ils seront capables, tout en maintenant leurs priviléges, de défendre les droits de leurs inférieurs. C'est en ce sens que l'aristocratie, dont l'inégalité est le principe, peut du moins protéger la liberté des citoyens. Mais quand cette aristocratie est l'ennemie naturelle du peuple, sa puissance ne peut plus rien offrir de tutélaire : fût-elle assez forte et assez habile pour conserver ses propres prérogatives, elle n'étendra point autour d'elle le bienfait de sa force; tous ses membres pourront posséder des priviléges, sans qu'au-dessous d'eux personne ait des droits. Dans un tel état social, on aura toutes les sujétions de l'inégalité avec tous les maux de la servitude.

Et nulle part l'oppression du peuple ne sera si facile ni si assurée que dans une telle société; car jamais l'opprimé ne se trouvera si bien à la portée de l'oppresseur; et dans un pays où tout propriétaire est tout à la fois ennemi du peuple et fonctionnaire public, on pourra dire que la tyrannie est partout.

Si tout se réunit pour rendre funeste une aristocratie dont le principe est vicieux, il faut ajouter que tout tend aussi à la rendre odieuse. L'aristocratie, quand elle n'est point repoussée par le sentiment national et religieux, a, aux yeux d'un peuple qu'elle gouverne, un mérite singulier, exagéré peut-être, mais dont elle tire tout à la fois un grand lustre et une grande puissance : ce mérite c'est d'exercer gratuitement ses fonctions. Elle trouve sans doute dans l'état social sur lequel elle est appuyée, des avantages et des priviléges qui l'indemnisent largement de ses travaux; mais enfin ses membres ne reçoivent ostensiblement et matériellement aucun salaire; et il y a dans ce désintéressement au moins apparent quelque chose qui frappe singulièrement l'esprit du peuple, et qui porte

admire la générosité, en même temps qu'il reconnaît la supériorité de leurs lumières. Mais ce mérite de l'aristocratie se change en grief, lorsque, au lieu d'être populaire, elle est antipathique à la nation.

Il semble, en effet, qu'on pardonne plus aisément l'oppression au magistrat ou au juge, qui, en l'exerçant, fait en quelque sorte un métier dont il a besoin pour gagner sa vie. On peut croire que ce fonctionnaire n'est qu'un agent passif qui, dans le fond de son âme, compatit aux maux que sa main fait naître; mais, quand il agit sans salaire, on suppose naturellement que l'oppression lui plaît, et qu'il pratique de tout cœur une tyrannie dont la société ne lui paie point les frais.

------

§ III.

Influence du même principe sur les corporations municipales.

Après avoir vu l'influence qu'exerce sur les pouvoirs de l'État et du comté le principe vicieux de l'aristocratie d'Irlande, on va considérer les effets du même principe sur le gouvernement des cités, dites *corporations municipales.*

Quoiqu'il s'agisse ici des villes, il ne s'agit pas de toutes les villes; car en Irlande, de même qu'en Angleterre, toutes les villes ne constituent pas des corporations municipales : de même qu'il existe des corporations municipales auxquelles on peut à peine donner le nom de villes. La petite bourgade de Naas en Irlande a une corporation : Birmingham et Manchester n'en ont point. Une ville n'est point une

certain nombre d'habitants ou une certaine importance commerciale, mais parce qu'elle possède une charte; ce qui la constitue, ce n'est pas le droit, c'est le privilége, seul principe universel et invariable dans les sociétés d'origine féodale. ⸱

En *principe général* il n'existe ni en Irlande ni en Angleterre de villes ou de communes qui soient indépendantes du gouvernement central. En principe le parlement étend son empire et sa souveraineté sur les villes et villages comme sur les comtés; ou pour mieux dire, il n'y a dans l'État qu'une seule division : celle des comtés dans la circonscription desquels on peut dire que les plus grandes villes, comme les moindres villages, sont compris. C'est une règle générale que toute ville est sujette, même pour les plus petits détails de sa police intérieure, à la loi de l'État et aux officiers de celui-ci et du comté; elle ne peut faire pour sa voirie le moindre règlement; le parlement a seul le pouvoir de le faire(1). C'est un acte du parlement anglais qui ordonne qu'à

Manchester chacun devra balayer le devant de sa porte avant neuf heures du matin (1). Ainsi, suivant le droit commun, nulle ville d'Irlande ou d'Angleterre n'a dans son sein d'autre police municipale que celle qu'il plaît au parlement d'établir chez elle. Non seulement le parlement décrète la règle suivant laquelle les villes doivent se gouverner, mais c'est lui-même qui institue l'agent par lequel cette règle devra être mise en pratique (2). Il est à remarquer que, lorsqu'une ville obtient du parlement un certain règlement de police avec les agents nécessaires pour l'exécuter, elle ne cesse pas pour cela d'appartenir au comté dans l'enceinte duquel elle est située; elle est toujours soumise à la justice et à l'administration de celui-ci; seulement, outre les lois générales du pays auxquelles elle demeure sujette, comme fraction du comté, elle est de plus tenue d'obéir à ce règlement particulier établi pour elle seule, dans son intérêt, et généralement sur sa demande en vue de satisfaire à des besoins de police étrangers au reste du comté. Voilà le principe général.

Il existe cependant en Irlande et en Angleterre un certain nombre de villes qui forment dans l'État des unités distinctes des comtés, et que le pouvoir central ou ses agents n'administrent point, parce qu'elles ont reçu de la couronne ou du parlement le droit de se gouverner elles-mêmes.

Dans le temps où la barbarie féodale désolait ces contrées, il s'était formé sur divers points du territoire quelques centres de populations paisibles et laborieuses, seuls asiles du commerce et des arts dans ces siècles de violence et de destruction, seuls foyers de lumière durant la nuit profonde du moyen-âge; ces populations industrieuses, qu'épargnait le maître féodal parce qu'elles travaillaient pour lui, devinrent riches par l'industrie, et ensuite indépendantes par ce qu'étant riches elles purent acheter la liberté.

C'était l'époque où les premiers rois normands, après avoir concentré entre leurs mains tous les pouvoirs politiques, étaient comme embarrassés d'un fardeau qu'ils ne savaient point l'art de porter; et l'on conçoit que ces princes durent se montrer faciles à se dessaisir de pouvoirs que le plus souvent ils n'exerçaient pas, et dont les villes leur payèrent l'abandon.

C'est ainsi qu'un grand nombre de villes obtinrent des concessions, en vertu desquelles elles formèrent des corps indépendants de la police de l'État. Ces concessions sont ce qu'on appelle les *chartes* de ces villes; les villes auxquelles ces chartes furent accordées sont les *corporations municipales.*

Peut-être sur les soixante-onze corporations municipales existantes en Irlande (1) n'en trouverait-on pas deux qui soient et aient été dans l'origine organisées de même; ce qui se conçoit sans difficulté puisque chacune d'elles procède non d'un principe, mais d'un fait. Cependant on peut, en les examinant tour à tour, apercevoir en elles de certains caractères communs qui, s'ils ne sont pas l'effet d'une théorie générale, peuvent la produire. Ainsi moyennant qu'elles ont reçu du roi le privilège de la liberté, toutes présentent, du moins dans leur constitution primitive, l'image d'un gouvernement repré-

sentatif fondé sur la souveraineté populaire. Et
d'abord à la base de tous les pouvoirs se trouve
celui du peuple de la cité, de tous les habitants
ayant un domicile, et dénommés tantôt sous le
nom de bourgeois (burgesses) ou d'*hommes libres*
(freemen), et dont l'ensemble forme le corps constituant (constituency), c'est-à-dire celui dont émane
toute autorité. Puis viennent les fonctionnaires élus
par le corps constituant et chargés par celui-ci d'administrer la cité. Le corps constituant et les corps
constitués composent la *corporation.* Toutes les villes
incorporées forment ainsi comme autant de petites
sociétés complètes au sein de la grande, dont elles
prennent toutes les formes alors qu'elles en adoptent le moins l'esprit; le maire, premier magistrat de la cité, y est l'image du roi : dans certaines
villes on l'appelle le souverain (sovereign). La
corporation a deux assemblées délibérantes dont
l'une supérieure, appelée *Board* des *aldermen,*
se compose en général des magistrats de paix et
forme une espèce de chambre haute ; l'autre le
common council, composé de bourgeois et de
citoyens inférieurs aux *aldermen*, semble représenter la *chambre des communes.* Le maire propose
les règlements de la cité comme le roi les lois de
l'État : les deux conseils adoptent ou rejettent, ainsi
que fait le parlement. La corporation a ses finances,
ses tribunaux, son administration, sa justice ; et
comme le roi a son shérif, le maire a aussi le sien.

Ces *corporations municipales*, qui ont dû leur
origine au besoin de paix, de sécurité, de droits et
de garanties qui étaient nécessaires aux villes com-

merçantes, ne répondent en rien aujourd'hui à
l'objet primitif de leur institution. Le commerce et
l'industrie jouissent assurément d'une aussi grande
sécurité à Manchester qui n'a point de corporation
qu'à Liverpool qui en possède une. Seulement les
villes qui ont des corporations sont administrées
autrement et suivant d'autres principes que celles
qui n'en ont pas. Et la grande différence c'est que
les premières sont indépendantes, pour leur police
et pour leur administration, du gouvernement central auquel les secondes demeurent soumises.

Il existe en fait, entre l'administration des villes
libres et celle des villes qui ne le sont pas, moins de
différence que ne pourraient le faire croire les deux
principes contraires sur lesquels elles sont constituées; d'une part ces villes non affranchies, que l'on
a vues si dépendantes en principe du gouvernement
central, ne sont nullement, par le fait, gênées dans
leur administration. Le parlement, il est vrai, règle
leur police et institue les agents par lesquels la loi
doit être exécutée; mais ces agents, choisis ordinairement parmi les citoyens notables des villes,
exempts de tout contrôle et de toute surveillance
supérieure, appliquent en réalité les règlements et
les lois de la manière qui plaît aux localités.

D'un autre côté on se tromperait si l'on croyait
que les villes *libres* échappent absolument par la
vertu de leur charte à l'empire du gouvernement
central. Elles ne sont affranchies de la souveraineté
de l'État que parce qu'il lui a plu et qu'il lui plaît
encore d'en suspendre l'exercice. Leur indépendance
se renferme d'ailleurs dans les termes rigoureux de

la concession obtenue; elles ont tous les privilèges, mais rien que les privilèges qui leur sont expressément attribués. Libres dans ces limites bien tracées, elles retombent, pour tout ce qui n'est pas réglé, sous la main du gouvernement général. Voilà pourquoi des villes *libres*, investies du droit de se gouverner elles-mêmes, sont sans cesse obligées de s'adresser au parlement pour obtenir que celui-ci pourvoie à un besoin de police ou d'administration que leur charte ne leur a point donné le pouvoir de régler elles-mêmes. C'est ainsi que la corporation de Dublin, ne tenant d'aucune de ses chartes le droit d'éclairer au gaz les rues de la cité, a été forcée de recourir pour cet objet au parlement qui, par une loi spéciale, a réglé de quelle manière l'éclairage aurait lieu, et a institué des commissaires chargés de cet office.

La diversité des principes qui en Angleterre et en Irlande servent de base à l'administration des villes, ne deviendrait très-importante que si le gouvernement anglais, qui centralise les lois même réglementaires, en venait jamais à centraliser leur exécution; car il arriverait alors que les villes qui, en ce moment dépendantes en principe, sont à peu près libres en fait, pourraient devenir dépendantes en fait comme en principe; tandis que les villes pourvues de leurs chartes seraient plus difficilement dépouillées de leurs franchises et de leur gouvernement local. Mais aujourd'hui, soit faveur de l'autorité centrale, soit impuissance, les villes *libres* ou dépourvues de charte, sont à peu près également indépendantes, elles sont seulement administrées autrement.

Quoi qu'il en soit, on vient de voir dans l'organisation des villes *libres* d'Irlande, tous les éléments d'une administration populaire et bienfaisante.

D'où vient donc qu'en Irlande, dans un pays où l'on a reconnu que les pouvoirs publics sont si enclins à abuser, les corporations municipales ont un renom particulier d'excès, de malversation et de tyrannie? D'où vient qu'on retrouve à peine en elles un seul des principes originaires sur lesquels leur institution repose?

Ainsi le premier principe qui leur sert de base, c'est que la corporation se compose de tous ceux que la cité renferme dans son enceinte, et que tous doivent concourir au choix du corps par lequel la cité est représentée. Cependant en Irlande, dans la plupart des villes municipales, la plus grande partie de la population est exclue du droit de cité (1). Qui croirait que Belfast, cette grande et magnifique cité, ne compte pas légalement plus de quinze ou vingt citoyens (2)? C'est un autre principe fondamental de l'institution que le corps représentant la cité se compose de ceux qui sont le plus identifiés à ses intérêts, et le plus capables de les comprendre. Cependant, dans la plupart des cités irlandaises, le corps qui les représente est, en grande partie, formé de gens dépourvus de toute fortune, de toute instruction, et quelquefois de personnes qui ne résident même pas dans leur enceinte. Il y a des mendiants dans la corporation de Dublin, et des commerçants qui possèdent des millions, aspirent vainement à en faire partie (1).

C'est encore un principe essentiel aux corporations municipales, que le corps qui représente la cité (2) est représenté lui-même par des officiers qu'il institue, et auxquels il donne mandat d'agir pour lui et en son nom; et cependant on voit qu'en Irlande les officiers des corporations ne sont point institués par celles-ci; par un incroyable abus, ces officiers se sont mis en possession du droit de se nommer les uns les autres (3). Un alderman manquant, les autres aldermen choisissent son successeur. Ces aldermen, que les citoyens n'ont point élus, nomment le maire, le shérif et tous les officiers de la cité. Ainsi, non-seulement la cité n'est point représentée par la corporation, mais encore celle-ci n'est pas représentée par ses propres officiers. On voit dans ces corporations les mêmes fonctionnaires mandataires sans mandat cumuler plusieurs fonctions; on voit le corps gouvernant multiplier les sinécures au profit de ses membres; les actes les plus grossiers d'égoïsme se pratiquent sans pudeur; les corporations de Trimn et de Kells aliènent leurs terres pour que deux ou trois de leurs membres les achètent à vil prix (4); ainsi fait, la corporation de Naas qui adjuge à lord *** un de ses membres, moyennant douze livres sterling, des terres qui en valent

règle que le fonds de charité appartenant à la cité sera exclusivement dépensé au profit des membres de la corporation et de leurs familles (6).

Et pourquoi toutes ces contradictions? pourquoi

cette violation de tous les principes? pourquoi cet
assemblage d'abus? Une principale cause les explique:
l'intérêt de l'aristocratie anglaise et protestante. Il
fallait bien; dans l'origine, exclure les Irlandais du
droit de cité, si l'on voulait conserver à la population anglaise le monopole du commerce et de la
richesse; et, en conséquence, des lois et des règle-

cluaient les *indigènes* comme Irlandais de la repré-

liques du droit de cité, si l'on voulait maintenir dans
la représentation des villes d'Irlande le monopole
protestant (1). En conséquence, les lois exigèrent
que pour être citoyen d'une ville (freeman) on prê-
tât les serments religieux prescrits par l'Église anglicane. Il fallait bien, dans les villes où il n'existait
point de protestants dignes par leur fortune ou par
leur mérite personnel de représenter la cité, appeler
à cette représentation, soit des étrangers qui fussent
dévoués à l'aristocratie, soit des pauvres qui lui
fussent vendus. Il fallait enfin restreindre le plus
possible, d'abord le nombre des représentants, puis
celui des officiers de la cité, afin que l'aristocratie
eût moins de peine à les corrompre, et moins de
frais à faire pour les acheter.

Et vainement la plupart des lois qui consacraient
ces exclusions sont abolies; leur esprit survit à leur
texte. Une loi de 1793 (2), levant une des incapacités
portées contre les catholiques irlandais, leur ouvre
l'accès des corporations, et leur permet de faire
partie du corps des bourgeois (freemen) qui représente la cité; mais ce principe n'est qu'une lettre

morte. Les catholiques sont *admissibles* ; mais, en fait, l'admission étant subordonnée au corps des bourgeois (freemen), ceux-ci, tous protestants, refusent de recevoir des catholiques dans leur sein ; c'est ainsi qu'à Dublin, où plus de la moitié de la population est catholique, il n'y a pas un catholique dans la corporation.

En 1829 (1), une autre loi déclare que désormais les catholiques d'Irlande pourront non-seulement être admis comme bourgeois (freemen) dans les corporations municipales, mais encore qu'ils seront éligibles à tous les emplois civils et judiciaires, qui sont propres à ces corporations et dont elles disposent. Mais comment les corps protestants, qui ne veulent pas même reconnaître un catholique pour leur concitoyen, le prendraient-ils pour leur magistrat?

Il y a dans les institutions de certains vices radicaux, contre lesquels les lois ont bien peu de puissance quand ils sont protégés par les mœurs.

Naguère, en Angleterre, les corporations municipales présentaient dans leur gouvernement une partie des vices et des abus qui viennent d'être signalés dans celles d'Irlande. Ces abus et ces vices étaient moins funestes en Angleterre qu'en Irlande, parce qu'ils servaient dans le premier pays à une aristocratie qui, après tout, n'est pas impopulaire : tandis que dans le second ils n'existent qu'au profit d'une aristocratie odieuse à la nation. Une loi récente a cependant renversé de fond en comble les corporations municipales d'Angleterre (2), qui ont été réinstituées sur une base nouvelle et populaire. En Irlande, au contraire, le vieil édifice féodal et

anglican de ces corporations est laissé debout:
sanctuaire inviolable du privilège aristocratique et
du monopole protestant.

---

§ IV.

Influence du même principe sur la paroisse.

Il ne reste plus qu'à examiner les effets du même
principe sur la paroisse, où il exerce peut-être une
influence encore plus puissante que sur les autres
pouvoirs.

La paroisse d'Irlande est, en théorie, constituée
absolument comme la paroisse d'Angleterre ; elle a
chez les deux peuples la même base démocratique,
et y forme une égale anomalie au milieu d'institutions sorties de la féodalité.

Les pouvoirs exposés plus haut, ceux de l'État,
du comté, des corporations municipales, ont tous
une même origine : tous procèdent du roi, source
unique des pouvoirs dans la société féodale ; et les
corporations municipales elles-mêmes n'ont une organisation libre et démocratique, que parce qu'elles
ont reçu du roi le privilège de se constituer ainsi.
La paroisse a un principe absolument opposé : elle
procède du peuple.

Cette double source des institutions politiques
en Angleterre, explique peut-être mieux qu'aucune autre chose le conflit perpétuel des deux principes contraires que l'on rencontre dans la société

anglaise, et qu'on y voit lutter constamment ensemble ; l'un d'autorité, l'autre de liberté ; le premier, attirant au centre tous les pouvoirs, le second, tendant à les éparpiller parmi le peuple ; celui-ci s'efforçant d'associer au gouvernement le plus grand nombre, celui-là travaillant à resserrer dans le moins de mains possible l'exercice de la puissance publique ; le premier, appuyé tantôt sur le roi, tantôt sur le parlement ; le second, prenant sa racine dans la paroisse ; l'un, le principe normand ; l'autre, le principe saxon (1).

Lorsque Guillaume-le-Conquérant et ses chevaliers normands vinrent s'établir en Angleterre, au onzième siècle, ils y trouvèrent la paroisse saxonne, dont le principe libre était alors en parfaite harmonie avec celui de tous les autres pouvoirs ; Guillaume et ses successeurs abattirent bientôt ces institutions, qui plaçaient la puissance dans le peuple, et attirèrent à eux toute l'autorité ; cependant, au milieu de cette destruction générale, un seul pouvoir fut épargné : la paroisse, qui fut respectée peut-être à cause de son caractère demi-religieux, et devint, sous la tyrannie des Normands et des Tudors, le seul asile où s'abrita la vieille liberté saxonne.

La paroisse anglaise constitue une unité politique, absolument indépendante, et placée en dehors de tous les autres pouvoirs de l'État ; elle ne leur est point supérieure, car elle ne commande rien à aucun ; elle n'est point au-dessous d'eux, car nul n'a rien à lui prescrire ; elle est à la base du pays, elle en couvre toute la surface ; bien différente des corporations municipales qui n'en occupent que quelques points épars çà et là ; bien autre que les comtés, qui ne sont que des divisions de l'État ; elle est partout, dans l'État, dans les comtés, dans les corporations ; il n'est pas une petite parcelle du pays qui ne soit paroisse. C'est à tort qu'on la considérerait comme un pouvoir dépendant du comté, parce qu'elle est renfermée dans le sein de celui-ci ; elle en est un fractionnement matériel, et non une division politique ; elle ne lui est subordonnée en aucune chose ; elle ne relève pas plus de lui que du pouvoir central, et, sauf l'action judiciaire qui peut la rendre comptable de ses actes, elle possède, dans la sphère de ses pouvoirs, une véritable souveraineté (1).

Le principe fondamental de la paroisse anglaise est que le pouvoir souverain réside dans l'assemblée de tous ceux de ses habitants qui paient une taxe pour les pauvres (all rate-payers). Cette assemblée se nomme vestry, et tout membre du vestry se nomme un vestryman. De ce premier principe découle toute l'organisation paroissiale. C'est le vestry, corps constituant (constituency), qui élit les officiers de la paroisse ; et ceux-ci, n'agissant que comme les mandataires du vestry, lui doivent compte de tous leurs actes : ce compte, tous les vestrymen ont le droit de le demander, car chacun d'eux est une partie du souverain. Le vestry s'assemble toutes les fois qu'il plaît à ses membres d'en provoquer la réunion ; dans cette assemblée, tout vestryman peut exposer ses vues, ses griefs, ses plaintes ; la discussion y est complètement libre ; tous les intérêts de la paroisse y sont livrés à la controverse, et, dans tous les cas, c'est le sentiment de la majorité qui y fait la loi.

On voit que la paroisse anglaise possède le droit de se gouverner elle-même, comme les corporations municipales, avec cette différence qu'elle tient ce droit des citoyens qui la composent, c'est-à dire d'elle-même. Les corporations municipales ayant reçu d'un pouvoir supérieur l'indépendance qu'elles ont, la possèdent avec tous les mélanges de servitude qu'on a voulu leur laisser. La paroisse, au contraire, est libre, parce qu'elle n'a jamais cessé de l'être, parce qu'elle n'a jamais subi la loi d'un conquérant.

Telle est, en peu de mots, l'organisation de la paroisse anglaise.

Cette organisation est aussi celle de la paroisse d'Irlande. Lorsque les Anglo-Normands conquirent l'Irlande, ils y portèrent la *paroisse saxonne*, aussi bien que le *comté normand* (1); et il n'est pas un principe constitutif de la paroisse anglaise qui ne se retrouve tout pareil dans la paroisse d'Irlande.

D'où vient donc que la paroisse d'Irlande, si semblable en théorie, est en fait si différente de celle d'Angleterre?

En Angleterre, la paroisse est pleine de mouvement et de vie; elle est le centre d'une multitude de grands intérêts; elle féconde à elle seule cette couche première de liberté populaire, que recouvre l'édifice aristocratique.

Il règne sans doute en Angleterre une grande inégalité sociale; mais il faut assister, dans ce pays, aux séances d'un vestry, pour juger à quelle extra-

ordinaire liberté cette inégalité s'allie. On y voit avec
quelle indépendance de langage et de pensée le plus
obscur citoyen anglais s'exprime en face de ce lord,
devant lequel il s'inclinait tout à l'heure. Il n'est
point son égal, d'accord; mais, dans la limite de
son droit, il est aussi libre, et il en a la conscience.
Son droit, c'est de discuter les intérêts de la paroisse;
et ce droit il l'exerce non-seulement avec liberté,
mais encore avec une mesure, et quelquefois une
habileté qu'on est tout surpris de rencontrer dans
un orateur, dont les mains noircies et la mise grossière annoncent un artisan, ou un homme de la plus
basse classe. L'ensemble des institutions anglaises
forme sans doute un gouvernement aristocratique;
mais il n'existe pas une paroisse d'Angleterre qui
ne constitue une république libre.

En Irlande, au contraire, la paroisse qui présente
aux yeux la même forme extérieure que la paroisse
anglaise, n'a rien de la vie de celle-ci : douée des
mêmes organes, elle est languissante, inerte, si ce
n'est tout à fait morte. Pourquoi cette différence ?
Une cause principale l'explique.

Sans doute la paroisse ne s'est point, en Irlande,
trouvée dès l'origine dans les mêmes conditions favorables qui, en Angleterre, l'ont aidée dans son
berceau. Une fois l'orage de la conquête normande
passé, la paroisse anglaise, relevant sa tête, a continué à croître et à se développer sur la terre dans
laquelle elle était enracinée. La paroisse d'Irlande,

Normands, qui apportaient plutôt le corps que l'esprit des institutions saxonnes adoptées par eux, a

dû souffrir de cette transplantation dans une terre où elle n'était point née ; le sol saxon lui a manqué : et on peut douter qu'au milieu des circonstances les plus propices elle eût jamais acquis cette existence vivace que possèdent seules les institutions filles du pays et des mœurs (1). Mais une influence funeste est survenue, qui l'a subitement frappée de stérilité : cette influence, c'est celle du principe protestant violemment introduit dans ses entrailles catholiques.

La première attribution de la paroisse, celle qui est de l'essence même de l'institution, c'est l'entretien du culte, la construction de l'église, l'entretien et le soin de celle-ci, le salaire du ministre religieux, etc., etc. : or, qu'est-il advenu en Irlande, pays profondément catholique, lorsque les Anglais, devenus protestants, ont entrepris de faire prédominer dans ce pays leur nouveau culte ? d'abord ils ont interdit, à celles des paroisses où il ne se trouvait que des catholiques, le droit de s'assembler en *Vestry* pour s'y occuper des besoins de leur religion, dont l'exercice public était déclaré un délit. Ainsi déjà, par ce seul fait, les trois quarts des paroisses d'Irlande ont été dépouillées de leur premier intérêt. Leur second acte a été d'ordonner que chaque paroisse, dans laquelle il existait quelques protestants, serait tenue de supporter pour le culte de ceux-ci les charges qu'elle s'imposait auparavant dans l'intérêt de l'église catholique ; de sorte que, non-seulement le vestry d'une paroisse, composée presque exclusivement de catholiques, ne pouvait pas se réunir pour voter des dépenses utiles à leur

église; mais il était encore tenu de se réunir, de
délibérer, et de voter toutes les dépenses nécessaires
à la célébration du culte anglican, par la seule
raison que ce culte était celui de deux ou trois de
ses membres. Une pareille exigence était absurde,
et d'exécution impossible. Comment, en effet, se
pourrait-il faire que des hommes qu'on persécute à
cause de leur, religion s'imposassent librement des
taxes pour soutenir le culte de leurs persécuteurs?
Les catholiques refusèrent le vote qu'il était insensé
de leur demander.

Comment donc faire? On voulait que la paroisse
entière fît les frais de l'église protestante, mais le
vestry, composé en majorité de catholiques, s'y opposait!

Dans cet état de choses, comme on était dans
l'impossibilité de faire violence à la conscience des
catholiques, on a pris le parti de violer le principe
essentiel sur lequel repose l'institution paroissiale;
et une loi a été rendue pour priver les catholiques
du droit de voter aux assemblées du vestry dans
toutes les questions intéressant l'église anglicane (1),
et pour conférer, dans ce cas, aux protestants de
la paroisse, quelque minime que soit leur nombre,
le droit exclusif de composer le vestry, de voter les
dépenses utiles à leur culte, et de pourvoir à ces dépenses au moyen d'une taxe frappée sur tous les
habitants de la paroisse, catholiques aussi bien que
protestants. Ainsi dans la plupart des paroisses d'Irlande, celles-ci n'avaient plus à s'occuper du tout de
leur culte; et dans le petit nombre de paroisses où
la présence de quelques protestants avait fait naître

un autre intérêt religieux, c'était une imperceptible minorité qui donnait des lois au plus grand nombre. Ainsi la paroisse d'Irlande perdit dans presque tous les cas son attribution la plus naturelle, ou ne la conserva qu'au prix de la violation de son principe fondamental et d'une flagrante injustice.

Cependant la loi qui excluait les catholiques de toutes les assemblées du vestry, où le culte protestant était intéressé, leur en laissait l'accès toutes les fois qu'elles étaient relatives à un autre objet. Mais, une fois l'intérêt religieux écarté, que restait-il à faire à la paroisse irlandaise?

En Angleterre, un des grands intérêts dont la paroisse a la gestion, c'est la charité publique; c'est, en Angleterre, un principe rigoureux que tout indigent a droit à l'assistance de la société, et ce secours que réclament tous les pauvres, c'est le plus souvent la paroisse qui le donne; source abondante de devoirs immenses et de soins infinis (1); car cette obligation de pourvoir aux besoins du pauvre entraîne en Angleterre une multitude de charges accessoires. Après avoir donné du pain au pauvre, la paroisse anglaise croit lui devoir un asile, s'il en demande un; des vêtements, s'il en est dépourvu; les soins de la médecine, s'il est malade; et si ce pauvre a des enfants, la paroisse leur offre non-seulement les mêmes secours, mais elle croit de plus devoir les élever et les instruire; de sorte qu'en Angleterre, la charité, dont le principe est dans la paroisse, comprend non-seulement l'aliment donné à l'homme qui a faim, mais encore des lieux d'asile, des hôpitaux et des écoles.

Maintenant, pourquoi, en Irlande, ne voit-on la paroisse prendre aucun soin pareil? La raison en est simple, et elle se trouve tout à la fois dans le caractère anglais et protestant de l'aristocratie. C'est du règne d'Élisabeth que date la loi des pauvres. Or, à cette époque, le sentiment qui, en Angleterre, poussa les riches à soulager les pauvres, n'existait point en Irlande, où les riches étaient anglais et protestants, en face de pauvres, catholiques et irlandais. Dejà les longues résistances des vaincus avaient inspiré aux vainqueurs des rancunes trop amères et trop récentes, pour que ceux-ci fussent accessibles aux sentimens ordinaires de l'humanité; et le jour où ces conquérants sont devenus, comme protestants, les ennemis religieux des pauvres irlandais, on peut dire que la source de la charité a été tarie en Irlande. Ceci explique pourquoi, dans ce pays de pauvres, il n'y a point eu jusqu'à ce jour de loi secourable pour les pauvres; pourquoi, en présence des plus excessives misères qui se puissent imaginer, il n'a jamais été institué de charité publique; pourquoi, tandis qu'en Angleterre le principe est que tout pauvre a droit à un secours légal, c'est plutôt en Irlande un principe que le riche ne doit rien au pauvre; ceci explique enfin pourquoi les attributions de charité, qui ont tant agrandi en Angleterre le domaine de la paroisse, n'y ont rien ajouté en Irlande, où elle était déjà si dénuée.

Du reste, la paroisse d'Irlande qui, dans un intérêt protestant, fut privée de ses attributions les plus naturelles, a été récemment, dans un intérêt opposé,

dépouillée du principal et l'on peut dire du seul
des droits qu'elle exerçât.

L'injustice de soumettre la population catholique
des paroisses au vote d'un vestry exclusivement
protestant, ayant été enfin reconnue, on a, en 1833,
rendu une loi qui interdit désormais aux protestants de lever des impôts sur la paroisse pour l'entretien de leur culte (church rates). Il en résulte
que la paroisse, qui déjà ne pouvait s'imposer dans
l'intérêt du culte catholique, n'a plus à s'occuper
d'aucun intérêt religieux. Ainsi, en entrant dans la
paroisse d'Irlande, le culte protestant y déposa
comme un poison funeste ; et quand il sort de son
sein, c'est pour enlever à celle-ci son dernier souffle.

C'est ainsi que la paroisse d'Irlande, investie des
mêmes pouvoirs, revêtue des mêmes formes que la
paroisse anglaise, est, par l'effet d'un seul principe,
tellement différente, que celle-ci est comme le
cœur de la société politique, tandis que la première
est, en Irlande, un pouvoir inanimé. On trouve à
grande peine un objet dont ait à s'occuper la paroisse d'Irlande ; ce ne sont pas les pouvoirs qui lui
manquent, ce sont les attributions ; en cherchant
bien, on voit que son soin unique est de nommer
ses officiers, son secrétaire (clerk), ses marguilliers
(church warden), et son bedeau (beadle) ; elle a
aussi à voter des fonds pour le salaire de ces officiers ;
il faut, pour répartir la charge de cette taxe entre

mais, quand elle a nommé ces agents et pourvu à
leur salaire, ceux-ci sont, il est vrai, bien légalement institués, mais ils n'ont rien à faire (1).

Influence du même principe sur une institution commune à tous les pouvoirs
politiques. — L'autorité judiciaire, seul supérieur administratif.

Ce qui frappe tout d'abord dans les pouvoirs
politiques de la société en Angleterre et en Irlande,
c'est l'absence complète de toute hiérarchie. Chez
nous, l'État, le département, l'arrondissement, la
commune, ne sont que les anneaux d'une même
chaîne, les parties d'un tout formant un ensemble
parfait, gouvernées par des fonctionnaires super-
posés les uns aux autres, se tenant tous par un lien
commun, tous dépendant d'un supérieur qui les
dirige, les surveille, les contrôle, leur enjoint d'agir,
fait ce qu'ils ont omis, détruit ce qu'ils ont fait, les
approuve, les blâme, les récompense ou les punit.

Il n'existe rien de pareil ni en Angleterre ni en
Irlande.

Les pouvoirs généraux, qui résident dans le parlement, décrètent, il est vrai, des lois souveraines et
destinées à toutes les parties de l'empire; mais ces
lois générales, nulle autorité de l'État n'en suit
l'exécution; et l'on peut, en Angleterre, reconnaître
comme une vérité, qu'autant le pouvoir de faire
des lois y est centralisé, autant le soin de leur exécution l'est peu. Quelque obligation est-elle imposée aux paroisses? le soin de l'accomplir appartient aux officiers de celles-ci, sur lesquels le
gouvernement central n'a aucune espèce d'action.
Quelque règle est-elle prescrite aux corporations
municipales? ces corporations s'y soumettent si
elles y sont contraintes par leurs propres magis-

trats, auxquels l'administration centrale n'a du reste rien à ordonner. S'agit-il enfin d'un commandement adressé aux comtés? le pouvoir central n'est guère moins impuissant pour faire sentir à ceux-ci son empire. Ce n'est pas que les agents lui manquent dans le comté; il y possède le lieutenant, le shérif, les juges de paix, et, outre ces agents permanents, le parlement en crée accidentellement et temporairement une infinité d'autres, auxquels il confie des soins divers, tels, par exemple, que l'exécution d'une route, la construction ou l'entretien d'un canal, etc., etc. (1), et qu'il investit, sous le nom de *commissaires* ou *trustees*, de tous les pouvoirs nécessaires à l'exercice de leur fonction.

Mais le gouvernement central n'a point d'action réelle et efficace sur ces divers agents, par deux raisons principales : la première est que ceux-ci remplissent communément des fonctions gratuites (2); la seconde, c'est que, n'étant en général soumis à d'autre autorité que celle du parlement, ils n'ont pas de supérieur administratif. Il est difficile de concevoir une direction durable imprimée par un pouvoir quelconque à des agents non salariés ; et, d'un autre côté, une assemblée délibérante est absolument impropre à suivre l'exécution des lois. Outre son infériorité relative pour tout ce qui est action, elle est, quand on ne l'a pas créée permanente, dans l'impossibilité matérielle de rien faire pendant l'intervalle de ses sessions. Comme elle est renouvelée de temps à autre, il arrive sans cesse qu'elle ne possède pas bien le sens des lois faites par sa devancière; ou que, si elle les comprend, elle est peu jalouse de leur exécution. Une grande assemblée peut, dans de certaines conditions, gouverner habilement; elle n'administre jamais. Lors donc qu'en Angleterre et en Irlande le pouvoir central a institué ses agents, on peut dire que ceux-ci lui échappent. Il nomme, il est vrai, à beaucoup d'emplois; mais il ignore ce que ses employés font ensuite; il leur prescrit des règles de conduite, et n'a aucun moyen de reconnaître l'observation ou le mépris de ses commandements; il n'entretient avec ces fonctionnaires et ne peut entretenir avec eux aucun rapport habituel; inhabile à les surveiller, il ne peut ni les redresser ni les reprendre; il leur demande bien çà et là quelques comptes et quelques rapports; mais le plus souvent il ne les reçoit pas; et, quand ces comptes lui arrivent, il en prend à peine connaissance. Une administration centrale les examinerait peut-être; mais une assemblée de six cent cinquante membres n'est pas un supérieur administratif. Ainsi, non-seulement les fonctionnaires de la paroisse, ceux des corporations municipales, ne sont point soumis aux fonctionnaires de l'État; mais celui-ci, quand il commande à ses propres officiers, ne sait pas même s'il en est obéi. Ainsi, dans la société anglaise, tous les pouvoirs sont indépendants les uns des autres; aucun lien mutuel ne les enchaîne; aucun ordre hiérarchique n'est établi entre eux.

Cependant tous ces pouvoirs, jetés pêle-mêle comme au hasard dans un milieu commun, la paroisse au sein de l'État, la corporation auprès du comté; tous ces pouvoirs, dans l'organisation desquels rien de logique n'apparaît, doivent fonctionner chacun dans sa sphère, suivant de certaines règles. Comment donc sont-ils maintenus dans l'observation de ces règles? Ils doivent se rencontrer sans cesse sans se mêler jamais. Qui donc empêche la confusion? Ils doivent s'agiter dans la zone qui leur est propre, sans excéder leurs limites. Qui donc les y retient? Si un conflit éclate entre eux, quelle autorité fera cesser le désaccord? S'ils font un acte nuisible aux particuliers, s'ils omettent ce qu'ils sont tenus de faire, qui les forcera de réparer leur tort ou leur négligence? En Irlande, comme en Angleterre, la seule autorité à laquelle il appartient réellement d'exercer sur tous les pouvoirs ce contrôle supérieur, c'est l'autorité judiciaire.

Cette séparation profonde, qui, chez nous, est établie entre le pouvoir administratif et le pouvoir judiciaire, est inconnue en Angleterre. Il existe bien quelques agents qui ne remplissent aucun office de justice; mais il n'est peut-être pas de juge anglais qui soit un jour sans faire quelque acte d'administration. C'est, en Angleterre et en Irlande, dans l'autorité judiciaire que réside la suprême puissance exécutive. L'autorité judiciaire, dans ces pays, est la fin de tous les pouvoirs.

Ce contrôle supérieur, qui y appartient à la justice sur tous les corps administratifs, est remis entre les mains de diverses cours de justice. Le tribunal qui, sous ce rapport, possède la plus vaste comme la plus puissante juridiction, c'est la cour du banc du roi, l'une de ces quatre cours souveraines que l'on a vues plus haut servir de base première à l'organisation de tous les pouvoirs politiques. En

Irlande et en Angleterre, la cour du banc du roi est considérée comme le représentant suprême du pouvoir exécutif. Ainsi, pour citer quelques exemples, supposez deux comtés voisins en querelle sur le point de savoir qui doit faire les frais, soit d'un pont qui les sépare, soit d'une route limitrophe : comment ces deux comtés, qui possèdent des pouvoirs égaux, et qui n'ont au-dessus d'eux aucun supérieur administratif, pourront-ils être mis d'accord? Par la cour du banc du roi. Prenons maintenant le cas d'une autorité publique faisant un acte nuisible à des particuliers. Les marguilliers d'une paroisse, après avoir levé une taxe votée par le vestry, détournent les fonds à leur profit; le grand jury du comté vote un traitement pour le shérif, dont les fonctions, d'après la loi, doivent être gratuites; le maire d'une corporation municipale s'attribue le droit de nommer les officiers de la cité, contrairement à la charte de la corporation; quel tribunal possédera le pouvoir d'anéantir et de châtier les excès commis? La cour du banc du roi.

Maintenant cette cour pourra-t-elle spontanément réprimer les erreurs ou les fautes de ce genre? Non; quoique investie d'attributions propres au pouvoir exécutif, elle ne procède en aucun cas comme ferait, en France, une administration supérieure : la nature de ses fonctions judiciaires s'y oppose. Le grand principe de l'administration, chez nous, est qu'elle fait tout *d'office*; le principe de la justice anglaise, même dans sa capacité administrative, est absolument inverse, c'est-à-dire que rien ne se doit faire, si ce n'est sur la réquisition de la partie intéressée.

Mais du moins se trouve-t-il près de cette cour un officier public qui soit chargé de lui dénoncer et de poursuivre en son nom les actes des fonctionnaires et des corps constitués qui nuisent à autrui? Non. On a vu plus haut qu'il n'existe pas même de ministère public auprès des tribunaux pour la recherche et la répression des crimes. Pourquoi donc en aurait-on institué un en vue de veiller à des intérêts purement administratifs? Comment la cour du banc du roi saura-t-elle les contraventions à la loi commises par les diverses autorités publiques, et comment pourra-t-elle se trouver à même de les redresser? Par une seule voie : par le recours personnel de celui au préjudice duquel cette contravention aura été commise. Ainsi, pour revenir aux exemples cités tout à l'heure, tout habitant de la paroisse dont les marguilliers ont prévariqué, tout contribuable du comté auquel le grand jury a imposé une taxe illégale, tout membre de la corporation municipale dont le maire a, par un abus de pouvoir, institué les fonctionnaires, peut s'adresser à la cour du banc du roi, qui annule l'acte, et quelquefois punit l'agent. Il peut saisir cette cour directement de sa plainte, et faire comparaître devant elle le fonctionnaire ou l'autorité dont il veut attaquer les actes; il le peut faire sans qu'il lui soit besoin pour cela d'aucune autorisation, ni d'autres formalités que celles du droit commun. Mais, si aucun de ceux qui sont fondés à se plaindre n'élève la voix, personne ne parlera pour eux auprès de cette cour, dont la première règle est d'attendre,

pour rendre justice, que la partie intéressée la demande elle-même.

Maintenant est-il besoin de montrer comment un
pareil système d'administration, bon peut-être en
Angleterre, ne saurait être que défectueux en Irlande ?

Le grand objet du système qui place dans l'autorité judiciaire le contrôle de tous les corps et de
tous les agents administratifs, est de donner des garanties inviolables à la propriété et à la liberté des
citoyens. Mais d'abord, quelle peut être la protection
de cette autorité judiciaire dans un pays où le juge
est si difficilement juste, et où celui qui a besoin
de justice est si peu capable de la demander ? Un
pareil système, il faut le reconnaître, est singulièrement compliqué ; il exige non-seulement la confiance des justiciables dans le juge, et la bienveillance du juge envers les justiciables, mais encore il
faut, pour sa mise en pratique, que ceux-ci possèdent assez de lumières pour comprendre l'abus de
pouvoir commis à leur préjudice, et assez de for-

qui est ouverte à tous est d'un abord dispendieux ;
ses formes sont tutélaires, mais singulièrement
lentes, et l'abus d'autorité dont on a souffert doit
être bien grave, pour qu'afin de le venger on en
vienne à se remettre entre les mains des gens de
loi.

On conçoit pourtant que ce système puisse convenir à un pays où, comme en Angleterre, la justice
est assez populaire pour que les citoyens la recher-

chent, et où ceux-ci sont assez éclairés et assez riches pour que l'accès de la justice leur soit possible. Dans un tel pays il arrivera peut-être qu'un bon nombre de malversations et d'excès de pouvoir seront commis, sans que les parties lésées les dénoncent ; mais il y aura cependant toujours une assez grande quantité de poursuites dirigées soit par l'intérêt personnel, soit par la passion, pour que les fonctionnaires soient contenus dans l'observation des lois.

Mais quel pourra être l'effet d'un pareil système, dans un pays où la justice, hostile au peuple, en est haïe; où les citoyens, peu accoutumés à défendre leurs droits, sont presque tous indigents ? De quelle valeur peut être pour un peuple de pauvres, long-temps tenus sous le joug, un principe qui, pour être mis en pratique, demande des richesses et de longues habitudes de liberté ? Comment ce juge, qui le plus souvent ne peut conserver son impartialité dans le jugement d'un crime ordinaire, parce que le plaignant et l'accusé n'ont pas la même religion, ou parce qu'il les croit d'une race différente, jugerait-il sans faveur et sans haine la querelle d'une autorité publique et d'un particulier ? Le plaignant est un catholique ! le fonctionnaire inculpé est un protestant ! et la population catholique n'est-elle pas en état de guerre, non-seulement contre les protestants, mais contre toute autorité ? Le fonctionnaire attaqué est riche; le plaignant est pauvre : le pauvre en Irlande n'est-il pas en état de guerre contre le riche ? Il faut donc soutenir le fonctionnaire riche et protestant contre le particu-

lier, pauvre, catholique, qui se plaint. Une fois ce
parti pris, les raisons légales ne manqueront pas
au magistrat pour le justifier ; et, en supposant que
les obstacles qui ferment l'âme du juge aux justiciables n'existent pas, croit-on que cette population, que l'on a vue plus haut capable à peine de
demander justice des crimes vulgaires, fasse mieux
valoir ses griefs contre les agents de l'autorité publique, et distinguer d'un coup d'œil sûr et mesuré
la limite quelquefois si délicate qui sépare l'abus de
pouvoir de son usage légitime ? Assurément, s'il
est un pays où l'administration aurait besoin de
se faire en quelque sorte toute seule, sans rien
coûter au peuple, sans exiger de celui-ci la connaissance de ses droits, par des agents dont tous
les mouvements fussent spontanés , ce pays n'est-
il pas l'Irlande ? Le fonctionnaire irlandais que
menace la possibilité d'une poursuite judiciaire,
est en général peu contenu par cette crainte, quand
son abus d'autorité a porté sur quelque malheureux dont il sait l'ignorance et la pauvreté ; et cependant ne se persuade-t-il pas aisément que sa
conduite a été irréprochable, quand elle n'a point
été déférée à la justice ? Ainsi, en même temps qu'un
recours solennel est offert dans le sanctuaire de la
justice à tous les citoyens qui ont à se plaindre des
fonctionnaires publics, mille entraves rendent son
accès presque impossible au peuple. L'autorité judiciaire est la garantie souveraine de tous les droits ;
mais cette garantie, celui qui est chargé de la distribuer la retient, et celui qui en a besoin ne la
demande pas. Voilà comment, avec un principe des-

tiné à protéger la propriété du riche et la liberté de
tous, on voit en Irlande un état social où la liberté
est sans défense, la propriété sans garanties, et dans
lequel il n'y a de sûreté pour personne (1).

SECTION III.

Conséquences religieuses.

§ Ier.

Établissement légal et officiel de l'église protestante au sein de l'Irlande
catholique. — L'Université et les écoles protestantes.

On a vu l'influence qu'exerce sur la société civile
et sur la société politique le point de départ anglais
et protestant de l'aristocratie irlandaise ; il ne reste
plus qu'à examiner les conséquences du même principe sur la société religieuse. Ainsi, après avoir
considéré comment ce principe agit sur les relations
mutuelles du riche et du pauvre, des gouvernants
et des sujets, on va voir quelle influence il exerce
sur les rapports réciproques du catholique et du
protestant.

On a dit plus haut dans quelles circonstances
l'Angleterre devint protestante, et comment, étant
protestante, elle voulut que l'Irlande le fût aussi.

Cette volonté n'était pas seulement chez elle la
conséquence d'une passion religieuse, c'était aussi
l'effet d'un principe politique. Nul n'aurait compris,
au seizième siècle , que l'on séparât complètement

l'autorité spirituelle du pouvoir séculier; mais dans aucun pays peut-être l'union du gouvernement temporel et de la puissance religieuse ne fut aussi étroite qu'en Angleterre, parce que nulle part ailleurs le chef de l'Etat ne fut en même temps et à ce titre le chef de l'Église. On conçoit donc sans peine, qu'après avoir fondé leur propre gouvernement sur le protestantisme, les Anglais aient donné une base pareille au gouvernement d'Irlande. Alors l'Église et l'État ne font qu'un : l'Église, c'est l'État; l'État, c'est l'Église. Plus tard des rois sont écartés du trône, comme suspects de catholicisme; bientôt il faut être non-seulement protestant, mais encore anglican, pour être roi : c'est assez dire que les Anglais ne veulent pas seulement faire l'Irlande protestante, mais qu'ils aspirent encore à la faire anglicane.

De même qu'en général on ne conçoit guère une religion sans culte, de même l'aristocratie ne comprend point une Église sans des richesses et des priviléges; l'Église d'Irlande sera donc riche et magnifique; l'aristocratie d'Irlande aura une Église aristocratique.

En Angleterre, on dépouilla l'Église catholique de ses terres et de ses droits, qu'on transporta à l'Église protestante. Cette spoliation pouvait être injuste, mais elle se faisait au profit d'un culte accepté par la majorité de la nation. En Irlande, on prend le même moyen pour doter la nouvelle Église. On lui attribue des terres confisquées, et le droit de dîme sur tous les produits du sol irlandais; mais, tandis que l'aristocratie apporte et fonde le nouveau culte en Irlande, le peuple de ce pays garde son ancienne foi ; de sorte qu'une église protestante est établie à grands frais au sein d'une population catholique. De là naît une alliance forcée entre l'Église anglicane et l'aristocratie : celle-ci, naturellement attachée au culte fondé par elle, et dont elle seule jouit ; celle-là, dévouée tout entière à la puissance politique qui l'a créée, et qui peut seule la protéger dans une contrée ennemie. On verra plus tard se resserrer encore le lien qui les unit dès leur berceau ; quoique le roi ne cesse pas d'être le chef de l'Église et de l'État, l'aristocratie domine bientôt l'une et l'autre ; les riches font les affaires de l'État, les évêques celles de l'Église. Peut-être serait-il permis de voir dans cette parité d'origine et dans cette confusion précoce de l'Église et de l'aristocratie irlandaises le germe d'une commune destinée.

Cependant, à partir de cette union, l'invasion de l'Irlande n'est plus seulement politique, elle est aussi religieuse ; l'Irlande n'est plus seulement couverte d'une armée de soldats et d'avides conquérants, elle voit encore s'établir sur son territoire une sainte milice d'archevêques, d'évêques, de ministres protestants, qui viennent dans l'intention avouée de changer son culte ; et le peuple voit dès l'origine sa religion menacée par les pieux auxiliaires de ceux qui lui ont enlevé sa patrie.

L'Angleterre, qui avait été tour à tour catholique et protestante, au gré de Henri VIII ; qui était redevenue catholique sous Marie, protestante sous Élisabeth, puritaine sous la république, et anglicane après la restauration de Charles II, l'Angleterre, dis-je, pensait sans doute qu'il suffisait d'établir en Irlande un culte religieux, appuyé sur la loi civile, pour que le pays entier ne tardât pas à l'adopter. L'Église anglicane y fut donc instituée sur la présomption que l'Irlande catholique deviendrait protestante. On a vu plus haut de quels malheurs une pareille illusion fut la source : on a vu les persécutions, les massacres, les cruautés que le gouvernement civil et l'Église ont mis en usage pour convertir l'Irlande au protestantisme. Toutes ces rigueurs ont été vaines, l'Irlande est demeurée catholique ; et c'est maintenant une vérité démontrée jusqu'à l'évidence par des documents statistiques, dont l'autorité est irrécusable, que les protestants sont aujourd'hui, proportionnellement à la population catholique, en moindre quantité qu'ils n'étaient il y a deux siècles. Leur nombre, qui, en 1672, était relativement à celui des catholiques comme trois est à huit, se trouve aujourd'hui dans la proportion de trois à douze (1). Ainsi, l'Irlande est plus catholique après la persécution qu'elle ne l'était avant : résultat consolant pour quiconque est ennemi de la violence, et croit l'âme supérieure aux efforts de la tyrannie.

Cependant le temps des guerres religieuses est passé ; on n'égorge plus les papistes en Irlande ; les bannissements n'y sont plus en vigueur ; les lois pénales contre les catholiques ont été successivement abolies. La persécution a disparu : mais l'Église anglicane est restée.

Aujourd'hui, comme aux premiers temps de la réformation, il y a en Irlande une milice protestante, disséminée sur toute la surface du pays.

. L'Église anglicane enveloppe l'Irlande entière d'un vaste réseau administratif: quatre provinces (1), trente-deux diocèses, treize cent quatre-vingt-sept bénéfices, deux mille quatre cent cinquante paroisses, telle est la division religieuse du pays. La paroisse n'est qu'une fraction administrative du bénéfice, qui constitue la plus petite unité ecclésiastique; le culte protestant a des établissements partout, même là où faute de sectateurs il ne s'exerce point. Ainsi l'on compte en Irlande quarante-deux bénéfices et cent quatre-vingt-dix-huit paroisses dans lesquels il ne se trouve pas un seul croyant de l'Église anglicane. Les services de l'Église ne sont point répartis en raison de la population protestante; c'est le pays catholique qui est divisé en vue de l'Église anglicane. Il existe des diocèses entiers où la population est exclusivement catholique, ce qui n'empêche point qu'on y trouve un établissement complet propre au protestantisme. Pour n'en citer qu'un exemple, dans le diocèse d'Emly, qui contient quatre-vingt-quinze mille sept cent deux habitants, il ne se trouve que douze cents protestants attachés à l'Église établie; tout le reste, au nombre de plus de quatre-vingt-quatorze mille, est catholique. Cependant le culte anglican a dans ce diocèse quinze églises, dix-sept bénéfices, et trente-un ministres salariés.

Le personnel attaché au service de l'Église anglicane se partage naturellement en haut et bas clergé: quatre archevêques, dix-huit évêques, trois cent vingt-six dignitaires, tels que doyens, chanoines, chanceliers, trésoriers, archidiacres, prébendiers, prévôts, etc., composent le haut clergé ; le clergé inférieur ou paroissial comprend tous les ministres appelés aux bénéfices : ces ministres sont au nombre de treize cent trente-trois, auxquels il faut ajouter sept cent cinquante-deux vicaires ou suppléants (1) ; un grand nombre de ces évêques ou ministres anglicans occupent des diocèses ou bénéfices exclusivement peuplés de catholiques, et n'ont par conséquent rien à faire : aussi arrive-t-il souvent qu'ils ne résident pas. On a calculé qu'en 1830, sur treize cent cinq ministres à bénéfices, il y en avait trois cent soixante-dix-sept qui n'étaient pas à leur poste ; et qu'en 1835 il existait cent cinquante bénéfices où ne résidait ni ministre ni vicaire.

Le clergé d'Irlande est pourtant magnifiquement doté. Outre son droit de dîme, il possède six cent soixante-dix mille acres de terre. L'estimation la plus modérée, et en même temps la plus authentique, porte à plus de 22 millions de francs le chiffre de ses revenus annuels (2) ; et ces revenus passent tout entiers en traitements et en salaires pour les ministres de l'Église ; il n'en est pas appliqué la plus légère portion à l'Église elle-même. Quand l'Église d'Irlande a besoin de bâtir un temple ou un presbytère (3), elle implore la charité du parlement. Depuis l'année 1800, elle a reçu en dons parlementaires destinés à cet usage la somme de 782,061 liv. sterl., ou 19,942,755 fr. (4).

Le haut clergé, dont presque tous les emplois sont des sinécures avouées, jouit d'immenses richesses ; il absorbe à lui seul plus de 8,000,000 de francs (5) : les évêques ont terme moyen 125,000 fr.

de rente; les archevêques près de 200,000; l'évêque de Derry en a plus de 300,000 (1), et l'archevêque primat d'Armagh environ 400,000 (2); le revenu du doyen de Derry est presque de 100,000 francs (3).

Rien ne manque aux prélats de l'Église d'Irlande pour leur faire une vie douce, agréable et brillante. On ne saurait imaginer un plus beau palais que celui de l'archevêque d'Armagh. Voici comment un protestant anglais, M. Inglis, qui parcourait l'Irlande en 1834, décrit la résidence de l'archevêque de Cashel (4), le plus pauvre des archevêques d'Irlande, et qui n'a que 161,000 fr. de rente (5) :

« Son palais, dit-il, est environné de jardins déli-« cieux; là se trouve réuni tout ce qui peut enivrer « les sens; des parterres de fleurs charmantes, en-« tremêlées des arbustes les plus rares; çà et là des « plantes d'une infinie variété; plus loin, des bos-« quets solitaires embaumés de toutes sortes de « parfums; plus loin encore, d'admirables rochers « surmontés d'une antique et superbe ruine qui s'é-« lève au milieu d'un réseau fleuri de lauriers, d'ac-« cacias, de lilas et d'ébéniers. Une voie secrète « conduit des jardins aux rochers; c'est par là que « se dérobant aux yeux de son troupeau, le saint « pasteur peut se retirer dans ce lieu solennel, où il « médite en paix sur l'insuffisance des biens de ce « monde. »

L'auteur de cette description ironique ajoute que le prélat est archevêque protestant d'une ville qui compte sept mille habitants, et où il n'y a guère que cent cinquante protestants. Disons aussi que, dans toute la province ecclésiastique dont Cashel est le chef-lieu, les protestants ne sont vis-à-vis des catholiques que dans la proportion de cinq sur cent (1).

Ainsi voilà un pays où, chaque année, la moitié de la population est affamée, et où 22 millions sont dévorés annuellement par les ministres d'un culte qui n'est pas celui du peuple.

Quelles que soient les objections contre les grandes richesses d'un clergé, on conçoit cependant que, même dotée de grands biens, une Église soit populaire et bienfaisante, lorsque le culte qu'elle représente est celui de la nation elle-même.

La nation, quand elle est religieuse, peut se plaire à entourer de splendeur et de magnificence les prêtres de sa foi. Plus le ministère est élevé, plus elle aime à grandir le ministre. Chez un peuple croyant, le prêtre est l'intermédiaire sacré entre Dieu et l'homme. Sans lui, point de culte public, point de prières solennelles. Le prêtre bénit l'homme à son berceau ; quand l'homme prend une compagne, c'est le prêtre qui bénit son union ; le prêtre assiste l'homme dans toutes les phases de la vie ; il ne sait rien des joies du riche, mais il ne manque à aucune de ses misères ; le prêtre entend le premier et le dernier cri de l'homme.

C'est encore le prêtre qui instruit le peuple et lui enseigne les connaissances propres à l'aider dans ce monde, en même temps que la science de l'autre vie.

Le peuple, qui reçoit du prêtre l'intelligence des choses divines et humaines, fait en retour à celui-ci une existence digne et brillante.

Et puis il y a communément dans les fortunes

d'église un principe de charité exprès ou tacite qui les protège contre le scandale apparent de leur énormité : ce principe, c'est la présomption que l'Église n'a que le dépôt et la distribution des biens qui lui sont confiés. L'Eglise est la patrone naturelle de l'indigent. Il semble qu'on ne puisse la faire trop riche, puisque ses trésors seront ceux du pauvre. Quelle que soit la libéralité des institutions politiques, il est une infinité de misères individuelles qui leur échappent, et que la charité seule sait découvrir et soulager. Une Église, c'est la charité religieuse organisée. Entendue ainsi l'opulence d'une Église se comprend sans peine, si elle ne se justifie pas.

Mais comment s'expliquer les immenses richesses d'une Église qui n'est point celle du peuple; qui non seulement ne fait rien pour le peuple, mais encore dont le peuple ne veut rien recevoir? Comment comprendre les énormes revenus d'un clergé institué pour le soin des âmes, *for the cure of souls*, ainsi que disent les décrets constitutifs de son organisation, et qui vit au sein d'une population à laquelle ses secours spirituels seraient odieux? Que veut dire ce soin d'instruire le peuple confié à des hommes dont le peuple repousse la parole? Que signifie le dépôt de la charité publique remis à un clergé qui ne saurait sympathiser pour les misères temporelles de ses ennemis religieux?

L'établissement de l'Église d'Irlande n'est utile en réalité qu'au petit nombre de protestants anglicans eux-mêmes, dont elle satisfait les besoins religieux, et qui paient d'autant moins cher pour les frais et l'entretien de leur culte, qu'ils y font contribuer toute la population à laquelle ce culte est étranger. Si les anglicans, qui sont en Irlande au nombre de huit cent mille, payaient seuls leur Église, elle leur coûterait annuellement à chacun, terme moyen, 1 livre sterling ; mais, moyennant que six millions et demi de catholiques et six cent mille dissidents en font les frais, la charge n'est plus pour chacun que de 2 shillings. Singulière base pour une église, que ce système suivant lequel on dépouille le pauvre pour aider le riche !

Une aristocratie généreuse ou habile doterait de ses deniers une Église, afin que cette Église, son alliée, son amie, son intermédiaire entre elle et le pauvre, adoucît pour le peuple les injustices et les rigueurs de l'inégalité ; mais voici une aristocratie cherchant son appui dans une Église qui ne sert qu'à elle, et dont le fardeau pèse sur le peuple.

Telle est cependant l'institution à laquelle est lié le sort de l'aristocratie irlandaise !

Et le nœud qui les attache l'une à l'autre n'est pas seulement moral, religieux et politique ; les ministres protestants n'ont pas seulement le même culte, les mêmes intérêts, les mêmes passions, que les grands propriétaires du pays ; mais ils remplissent encore les mêmes fonctions administratives et judiciaires. Un grand nombre de ministres anglicans d'Irlande sont juges de paix (1) ; c'est-à-dire, en d'autres termes, que les catholiques sont placés sous la juridiction civile des hommes d'église dont ils repoussent la juridiction religieuse.

Ainsi le catholique irlandais, qui ne connaissait

guère les ministres protestants que par la dîme qu'il leur paie, les trouve sur le banc des juges aux *petty sessions*, aux sessions trimestrielles (quarter sessions), aux assises, participant à tous les procès civils ou criminels, où la faveur l'emporte sur le droit, où le riche condamne le pauvre.

Il est mauvais, en principe général, de réunir dans la même main le pouvoir temporel et spirituel; il est mauvais que la voix du ministre saint, qui, au nom du Dieu clément, pardonne, soit chargée d'appliquer une loi dure qui ne pardonne pas. Celui dont l'indulgence s'efforce de trouver l'homme bon ne doit point, par la science du juge, travailler à le convaincre de méchanceté. Et quelle sera la règle du prêtre fait magistrat? Jugera-t-il le crime comme un péché, ou le péché comme un crime? quelque effort que fasse sa conscience, parviendra-t-elle à bien séparer l'un de l'autre? ne condamnera-t-il pas par piété ce que la loi lui commandera d'absoudre, et la charité ne le rendra-t-elle pas indulgent pour des faits que la loi lui prescrit de punir?

Mais, s'il est mauvais de remettre au ministre saint l'office de condamner ou d'absoudre ceux que sa conscience religieuse juge autrement que sa raison de magistrat, que sera-ce si ce ministre est l'ennemi pieux de ceux qu'au nom des lois on le charge de châtier, c'est-à-dire s'il ne trouve à la source même de la charité que des conseils de rigueur; si chaque dureté légale qu'il inflige à un mécréant vient flatter, même à son insu, la première passion de son cœur; si ce même homme,

qui, comme ministre protestant, lève la dîme sur
les catholiques, les met arbitrairement en prison
comme juge de paix?

Il arrivera qu'une Église ainsi constituée excitera
toutes les haines et aura la puissance de rendre non
moins odieuse qu'elle-même toute autorité dont elle
sera l'auxiliaire ou l'amie (1).

L'Université et les écoles protestantes.

En Angleterre, l'Église établie ne distribue pas
seulement parmi les peuples des secours spirituels pour l'âme, elle croit qu'il lui appartient aussi
de diriger les facultés de l'esprit; elle ne règle pas
seulement la forme sous laquelle la prière doit
monter vers le ciel, elle veut guider l'homme dans
les efforts que fait celui-ci pour perfectionner son
intelligence, et pour s'élever ainsi encore vers Dieu.
L'Église se croit appelée à diriger l'enseignement
aussi bien que le culte.

En Angleterre, l'Église et l'Université sont sœurs,
et c'est là ce qui explique l'union étroite existant
entre l'Université et l'aristocratie. L'Université tient
à l'aristocratie par le même lien qui unit celle-ci à
l'Église. En Irlande, le même nœud attache l'une à
l'autre l'Église et l'Université, et, par conséquent,
l'Université à l'aristocratie; mais on comprendra
sans peine que les mêmes causes qui, dans ce pays,
rendent funeste l'institution de l'Église anglicane,
y exercent la même influence sur l'Université qui
n'est qu'une partie intégrante de celle-ci.

L'Université d'Irlande, établie à Dublin, est fondée sur les mêmes principes qui servent de base à celle de Cambridge et d'Oxford, en Angleterre.

On se tromperait étrangement si l'on voyait, dans les Universités d'Angleterre et d'Irlande, rien qui ressemble à l'Université de France (1).

L'Université, en Angleterre, n'est point comme chez nous une institution gouvernementale, distribuant l'enseignement selon des procédés uniformes, au moyen d'une infinité d'écoles dépendantes, dont une administration supérieure fait le centre : non. Une Université anglaise n'est elle-même qu'une école dont toutes les autres écoles sont indépendantes, et elle est toute en dehors du gouvernement qui n'a pas même sur elle le droit de surveillance. Supposez l'École de droit, l'École de médecine, la Faculté des lettres, et la Faculté des sciences réunies en un seul établissement qui ne subirait aucune autorité supérieure et n'en exercerait aucune au-dessous de lui, et vous aurez quelque chose d'analogue aux Universités d'Oxford, de Cambridge et de Dublin. Ce n'est point un établissement d'instruction générale, populaire; c'est une école d'enseignement qui n'a pour siège qu'une seule ville, et où se font les hautes études par lesquelles on obtient des degrés dans les sciences, dans les arts et dans les lettres.

Cette école est politique, en ce sens qu'elle a seule le pouvoir de conférer des grades et des diplômes, tels que ceux de bacheliers et de docteurs en médecine, en droit, en théologie. On peut sans doute apprendre à lire et à écrire autrement que par un professeur universitaire; mais si l'on n'a pas un brevet de l'Université, on ne peut être ni avocat, ni médecin, ni magistrat, ni ministre religieux (1). C'est une institution de haut enseignement, dont les écoles secondaires et primaires sont entièrement indépendantes ; que l'État ne dirige point, quoique sans elle on ne puisse rien être dans l'État.

Bien que restreintes dans une étroite limite, les Universités anglaises constituent donc un monopole. Dans l'origine elles étaient ouvertes à tous. Comment, en effet, concevoir une institution d'enseignement, investie du droit exclusif de conférer de certains privilèges sociaux, et auprès de laquelle tous les citoyens n'ont pas un libre accès ? C'est cependant ce qui arrive aujourd'hui. Les Universités anglaises sont essentiellement, *protestantes*, et en principe général, il faut non-seulement être protestant pour jouir de leur bienfait, il faut encore être anglican. L'Université a réglé qu'elle ne recevrait dans son sein que des membres de l'Église anglicane ; l'Église a résolu de son côté que, pour être appelé à un office ecclésiastique quelconque, il faudrait avoir été élevé dans l'Université ; c'est un contrat synallagmatique qui assure à l'Église un enseignement orthodoxe, et fait de l'Université un séminaire pour l'Église. L'Université, jadis accessible à tous, est devenue l'école d'une secte. On attaque beaucoup l'Université en Angleterre, et l'on s'étonne de son immobilité devant les coups qui lui sont portés ; on ne voit pas que c'est l'Église même qui en est cause. Ouvrez l'Université à toutes les croyances religieuses, ce ne sera plus un séminaire anglican. C'est ainsi que l'Université, indépendante du gouvernement, y tient

cependant étroitement par le lien qui l'attache à
l'Église, unie elle-même si intimement à l'aristocratie qui gouverne l'État. Ceci explique comment
l'Université a subi toutes les transformations que
le gouvernement politique du pays a éprouvées.
Ainsi l'Université d'Oxford et celle de Cambridge ont
été tour à tour catholiques et protestantes, et exclusivement l'un ou l'autre, selon qu'Henri VIII ou Marie, ou Élizabeth ont été sur le trône d'Angleterre.
Le gouvernement, en Angleterre, n'administre aucunement l'Université, mais il ne permet pas à
celle-ci d'exister contrairement au principe politique
de l'État.

Le principe dominant de la constitution étant
l'aristocratie, il est naturel que les Universités anglaises soient non-seulement protestantes et anglicanes, mais encore profondément aristocratiques.
Pour jouir des bienfaits universitaires, il faut non-
seulement être protestant suivant le rit anglican : il
faut encore être riche ; c'est une nécessité consacrée
par les mœurs anglaises... Les Universités, en Angleterre, sont le rendez-vous de toute la jeunesse
destinée à gouverner l'État et l'Église, et déjà, dans
ces établissements, les rangs de chacun sont marqués, les élèves y sont classés en trois catégories
distinctes, résultant de leurs conditions, les *noblemen*, les *gentlemen commoners* et les *commoners*.
La hiérarchie sociale et politique est ainsi observée
dans l'école : c'est tout l'opposé de nos institutions
universitaires, où toutes les classes sont si parfaitement mêlées. La supériorité de la naissance est reconnue dans la classe des *noblemen* : c'est l'aristocratie

titrée; celle de la fortune, dans la classe des *gentle-men commoners*, qui ne diffère de la troisième que par le prix plus élevé de la pension; au fond, tous sont soumis au même régime et au même traitement, mais en payant plus, on s'élève d'un degré. L'Université est, pour les élèves, l'occasion de liaisons distinguées et utiles pour l'avenir, et chacun cherche dans sa fortune un moyen de former de brillantes relations. On ne se doute pas, en France, de tout ce qu'en Angleterre il y a d'avantage à être riche et d'ignominie à être pauvre. L'Université anglaise est donc une institution où l'Église et l'aristocratie se confondent; c'est une pépinière pour l'Église anglicane, et où sont reçus des étudiants laïques, à la condition qu'ils soient protestants et riches; ceux qui n'entreront point dans l'Église rempliront un jour tous les postes civils et politiques de l'État. Quoiqu'il existe dans les Universités d'Angleterre une infinité d'abus, on ne saurait nier qu'elles ne soient en grand renom dans ce pays; leur principale qualité est de n'être accessibles qu'à un petit nombre: c'est un mérite aristocratique; c'est ce qui fait qu'elles sont assiégées par quiconque croit avoir une fortune suffisante pour arriver jusqu'à elles, et souvent par ceux-là même qui se ruinent en faisant cet effort; les abus, les vices de l'institution même sont depuis quelque temps attaqués avec force et méritent de l'être (1); mais l'institution est après tout nationale; c'est un foyer d'anglicanisme et d'aristocratie dans un pays qui est encore anglican, et qui est essentiellement aristocratique.

En Irlande, l'Université de Dublin, fondée jadis
par la reine Élisabeth, dotée des confiscations portées contre des monastères catholiques (1), riche
aujourd'hui d'un revenu de plus de deux millions
de francs, repose sur le même principe protestant
qui sert de base aux Universités anglaises. Il est
juste tontefois de reconnaître que théoriquement
elle est moins intolérante que ne le sont celles-ci :
non-seulement ses statuts lui permettent d'admettre
dans son sein des étudiants de toutes les croyances,
mais encore elle peut, suivant ses règlements, accorder des diplômes dans les lettres, dans les sciences
et dans les arts, sans faire aucune acception de la
religion des aspirants.

Maintenant est-il besoin de dire ce qui rend totalement vicieuse en Irlande, une institution qui,
quoique plus exclusive en Angleterre, y présente
quelques avantages au milieu d'abus immenses ? Ne
voit-on pas du premier coup d'œil que cette institution, qui remet le haut enseignement à l'Église protestante, ne saurait exciter en Irlande, chez un peuple
catholique, que des sentiments de répugnance et de
haine? Quel catholique irlandais, en le supposant
riche, sera enclin à faire, pour ses enfants, les frais
d'une éducation dont le protestantisme est le fond?
Lequel reposera tranquille après avoir déposé son fils
dans le sein d'un établissement que l'on considère
en Irlande comme le foyer ardent du prosélytisme
anglican ? Qui ne comprend maintenant comment
l'Université d'Irlande, qui, en principe, est moins
défectueuse peut-être que les Universités d'Angleterre et d'Écosse, est, par le fait, mille fois pire?

L'Université de Dublin ouvre son sein à tous ; mais telle est la nature de son institution, qu'elle ne convient qu'à une minorité. D'une part, les Universités d'Oxford et de Cambridge attirent à elles, par leur célébrité, tous les jeunes Irlandais protestants, de famille riche ; et d'un autre côté, les principes et les passions que l'Université de Dublin recèle dans son sein éloignent d'elle tous les enfants des catholiques d'Irlande ; de sorte que dans un pays presque exclusivement catholique, les protestants seuls reçoivent le haut enseignement duquel dépend l'exercice de toutes les fonctions publiques. Et encore les protestants auxquels cet enseignement est donné n'appartiennent point à la classe supérieure de la société. Ainsi l'Université de Dublin ne répond plus à l'objet de sa fondation ; elle n'a jamais été nationale, et elle a perdu le caractère aristocratique qui appartient aux Universités anglaises : elle n'est plus en réalité qu'un séminaire d'élèves pour l'Église anglicane ; à ce titre elle est loin d'être abandonnée ; tous ceux qui aspirent à entrer dans l'Église, affluent à l'Université de Dublin, attirés par l'appât des bénéfices nombreux et des dotations magnifiques dont elle dispose (1).

On voit comment cette institution en est venue à n'avoir plus d'une Université que le nom. L'Université d'Irlande était d'avance frappée d'impuissance, comme corps enseignant, par le seul fait de son union avec l'Église. Elle avait été, comme l'Église anglicane elle-même, fondée sur la présomption que l'Irlande cesserait d'être catholique. Cependant l'Irlande est demeurée telle, et, de son côté, l'Université est restée protestante.

Le sort de l'Université irlandaise, qui n'est autre qu'une école de haut enseignement, dirigée par l'Église, explique du reste la nature et la destinée des autres écoles que cette Église a fondées dans le même pays. Un jour, l'Église protestante dit aux pauvres catholiques d'Irlande : « Confiez-nous vos « enfants, nous les élèverons dans les principes d'une « morale pure et dans la connaissance de la vraie reli- « gion (1).» La population catholique croit ces paroles sincères, elle envoie ses enfants aux écoles (charter schools) instituées par l'Église, et bientôt elle les en arrache avec horreur en reconnaissant que dans ces écoles on n'enseigne rien aux enfants, sinon la haine de leur culte et l'amour d'un culte ennemi. Une autre fois, un autre essai est tenté ; des protestants généreux et vraiment sincères dans leur intention, instituent, dans l'intérêt des pauvres catholiques, des écoles dont tout esprit de prosélytisme doit être rigoureusement banni ; cette entreprise était noble, ils la suivent avec ardeur, avec bonne foi, avec cha- rité (2); mais le succès est impossible: en dépit d'eux-mêmes, ou plutôt à cause même de leur foi vive et ardente, ces protestants ne peuvent demeurer impartiaux entre leur culte et celui des jeunes ca- tholiques qu'on remet à leurs soins, et alors même qu'ils ont cette impartialité si difficile, le peuple n'y croit pas.

C'est ainsi que l'Église anglicane, en Irlande, trouve, dans son seul principe, des obstacles invin- cibles à l'exécution de tout ce qu'elle fait en An-

gleterre. Ce principe lui rend tout impossible, même
la charité, et les bienfaits qu'elle dispense en Angleterre, et qui lui attirent le respect et la sympathie
des basses classes, ne sont pour elle, en Irlande,
quand elle essaie de les répandre, que de nouveaux
titres à la haine du peuple.

---

§ II. — LA DIME.

Résistance qu'excite parmi les catholiques et les dissidents le paiement
de la dime.

On a vu dans le chapitre précédent qu'un des
revenus de l'Église anglicane consiste dans son droit
à la dîme. Ce droit a été récemment (1) converti en
une *rente foncière* (2), dont sont grevées sans distinction toutes les propriétés; et son mode de perception a subi des changements importants; mais il
a conservé son caractère essentiel, qui est aussi son
vice radical; c'est d'être une redevance personnelle
exigée des catholiques et de tous les dissidents au
profit exclusif du culte anglican.

On se fait aisément une idée de toutes les passions
hostiles que fait naître parmi les catholiques irlan-
landais cette obligation de payer un tribut au ministre d'un culte ennemi; un tribut dont l'acquitte-
ment implique une sorte d'hommage à l'homme qui
le reçoit et à la supériorité du culte dont celui-ci
est l'apôtre; un tribut que jadis les catholiques
payaient à leur propre église, à l'église du pays, et
que maintenant ils sont tenus d'offrir aux ministres

d'un culte apporté par l'étranger. Comment les catholiques d'Irlande paieraient-ils de bonne grâce à un pareil créancier cette dette qui n'est pas seulement onéreuse pour eux comme taxe, mais qui pèse surtout sur leur dignité, et dont ils ne peuvent se libérer sans charger d'une sorte de remords leur conscience religieuse? Et la perception de cet impôt anglican ne heurte pas seulement les catholiques, elle froisse encore tous ceux qui, quoique protestants, suivent un autre rit que l'Église anglicane et qui souffrent d'honorer extérieurement et de soutenir un culte qui n'est pas le leur.

Enfin, parmi les anglicans eux-mêmes, la dîme est impopulaire, car, à leurs yeux, leur propre clergé est déjà bien assez riche; et ce leur est une grande charge que de payer ce tribut dont ils ne peuvent reporter le fardeau sur leurs fermiers sans augmenter, par ce surcroît de fermage, la misère de ceux-ci et tous les périls que cette misère enfante.

Maintenant faut-il s'étonner s'il arrive sans cesse qu'au milieu de ces sentiments presque unanimes à frapper la dîme de réprobation, les catholiques, qui sont naturellement les plus hostiles de tous à ce revenu de l'Église anglicane, refusent de la payer, et qu'ils aiment mieux se soumettre à toutes les conséquences légales de leur refus, c'est-à-dire à tous les procédés et à tous les frais d'une exécution judiciaire, que de faire, en payant de bonne volonté, un acte de condescendance qui leur répugne et qui les humilie?

Faut-il s'étonner si les exigences répétées d'une part, et de l'autre la persévérance des refus amènent des collisions qui d'abord se résolvent en procès (1) et en haines secrètes, mais qui finissent par la violence?

Lorsqu'un peuple souffre de plusieurs oppressions; lorsque chez ce peuple une grande masse de maux s'accumule; lorsque les griefs de ce peuple contre ceux qui le gouvernent se multiplient à l'infini; il semble que s'il se révolte, ce sera au nom de toutes ses misères; il semble qu'il rassemblera tous ses griefs à la fois pour appuyer sur eux son insurrection et qu'il tiendra à attaquer non telle ou telle cause, mais toutes les causes de ses souffrances. Ce n'est point ainsi, cependant, que les peuples ont coutume de procéder dans leurs efforts de délivrance : quelque innombrables que soient les maux d'un peuple opprimé, on est sûr que toute explosion des passions populaires, aboutissant à une révolte, adopte un grief principal qui résume en lui tous les griefs, représente en quelque sorte tous les malheurs du peuple et sert de point de ralliement à toutes les haines.

La demande de la dîme et les résistances qu'elle provoque ont sans cesse offert et offriront longtemps encore aux passions populaires ce drapeau séditieux.

Voyez, quand une fois l'esprit de résistance s'est emparé de tous, comment il procède; de toutes parts on s'assemble, on délibère, on prend des résolutions communes; le refus de la dîme est décrété par la voix populaire qui déclare :

« Que le système des dîmes est particulièrement « funeste aux habitants de ce pays, condamnés à « maintenir dans le luxe et l'oisiveté toute une classe

« de personnes dont ils ne reçoivent rien en échange
« si ce n'est des marques de haine et de mépris (1). »

Cependant, en dépit de ces manifestations hostiles, le ministre de l'Église anglicane se prépare à lever ses dîmes : c'est son droit ; il l'exerce, il le fait valoir auprès de tous ses débiteurs, mais ceux-ci refusent unanimement. Alors le ministre anglican, s'adresse à la justice en même temps qu'il réclame l'appui de la force publique. Un porteur de contraintes va déposer des sommations légales chez tous les récalcitrants, et pour que cet officier ne rencontre point d'obstacles sur son chemin, trente ou quarante gendarmes (policemen) sont mis à sa disposition et l'accompagnent dans sa périlleuse tournée. Cette formalité remplie, un jugement est bientôt obtenu qui condamne les opposants. Mais ceux-ci ne s'y soumettent point; ils appellent du jugement sur quelque motif réel ou imaginaire ; ils plaident, font des frais, gagnent du temps, le tribunal supérieur les condamne encore; mais cette sentence étant rendue, ils n'y obéissent pas davantage et refusent de payer. Le ministre anglican, dont le droit vient de recevoir les plus solennelles sanctions de la justice, voit ce droit périr s'il n'a pas recours aux moyens les plus rigoureux d'exécution : il se résout à les employer.

On vient pour saisir le bétail du débiteur : on ne le trouve point, il a disparu la veille, il est caché. A force de recherches on le découvre : alors le peuple s'assemble et chasse les exécuteurs. La gendarmerie est mandée; à peine se met-elle en route pour venir au lieu où on l'appelle que des signaux

faits sur la montagne, des clameurs convenues, des
sons de cornes familiers aux pâtres du pays, annoncent à toutes les populations d'alentour l'arrivée de
la force publique; ces bruits se répètent d'échos en
échos, les cabanes s'agitent au loin, toute la campagne est en émoi, chacun sait le lieu du rendez-
vous : c'est celui de la saisie projetée. On y arrive
de toutes parts, on se parle, on se consulte, on
s'encourage, on s'excite mutuellement à la résistance; le tocsin sonne, les constables approchent;
ils arrivent..... Des huées universelles que suit un
morne silence les accueillent. Aidés de cette force
imposante, les gens de justice s'emparent enfin de
leur proie. Mais pendant qu'ils décrivent les objets
saisis, la passion populaire s'enflamme; on plaint
les malheureux qu'atteint cette exécution, on voit
des familles éplorées, une femme, des enfants s'attachent aux objets dont les recors s'emparent; et
l'on dit hautement que ces rigueurs, ces misères,
ce deuil, sont l'œuvre d'un homme d'Église protestant, dont il faut que le sang du pauvre peuple catholique engraisse l'opulence, et des cris d'horreur
retentissent; l'indignation, la colère s'accroissent,
des murmures terribles se font entendre, l'orage
s'avance à grands pas et gronde d'un bruit formidable, celui de la vengeance populaire. En un instant
les agents de la force publique sont outragés, menacés, assaillis de coups..... Alors un ministre protestant, juge de paix du voisinage, paraît, lit au peuple
la loi sur les émeutes (the riot act) et ordonne aux
constables de faire feu sur le peuple. Il est obéi. Dès
ce moment la fureur de la multitude ne connaît plus

de limites. Cette population, qu'on croit réduite et écrasée parce qu'on l'a dépouillée de ses armes, trouve encore dans le sein de cette terre qu'elle foule aux pieds des armes assez terribles pour en accabler ses ennemis. Elle supplée par l'énergie et par le désespoir aux moyens de combat qui lui manquent, et après une courte lutte, la moitié des constables, restés sur la place et tués à coups de pierre, détermine la retraite des autres qui s'en vont laissant la foule enivrée de son succès inespéré et de sa sanglante victoire (1).

Il arrive parfois que la sentence judiciaire ne rencontre point de pareils obstacles dans son exécution; la saisie s'opère, mais celui dans l'intérêt duquel elle se pratique n'en tire pas pour cela plus de profit.

Les objets appartenant au débiteur étant placés sous la main de la justice, il faut encore les vendre au profit du créancier. Or, la difficulté est de trouver des acheteurs. Une enchère est ouverte; mais nul ne se présente pour enchérir, et malheur à qui couvrirait la mise à prix! D'effroyables menaces sont placardées çà et là contre quiconque se rendrait adjudicataire d'un objet vendu pour le paiement d'une dîme! Ces menaces n'ont pas besoin d'être écrites, elles sont dans les clameurs de la multitude assemblée autour des agents judiciaires qui procèdent à la vente; car, si personne ne vient pour acheter, une foule immense s'empresse autour de l'encan pour veiller à ce qu'on n'achète pas : et ces menaces écrites ou vociférées ne sont pas vaines :

il y a eu de terribles exemples qui sont dans la mémoire de tous.

Or, la force armée peut bien protéger l'exécuteur judiciaire pratiquant la saisie; elle peut résister aux rebelles, les vaincre, les exterminer, quoique sujette elle-même à de cruelles représailles; mais ce qu'elle ne saurait faire, c'est d'obliger cette foule muette devant l'enchère à rompre le silence, c'est de vendre à celui qui ne veut pas acheter. Souvent, après bien des efforts stériles, le bétail saisi et qu'on n'a pu parvenir à vendre est conduit dans la demeure du ministre protestant, qui garde la chose en attendant qu'il en trouve le prix.

Alors toutes sortes d'expédients sont mis en usage pour sortir d'une conjoncture aussi difficile. Espérant que la vente se ferait plus aisément dans une grande cité, siège du gouvernement, on imagine de transporter à Dublin les objets saisis; mais à peine est-on en train de les conduire, qu'on est arrêté sur la route; des rassemblements tumultueux se présentent çà et là, et bientôt dans une lutte engagée entre la populace et les agents de la force publique, ceux-ci sont dépouillés de leur proie et forcés d'y renoncer. Alors, sans abandonner ce plan, on a recours pour son exécution, à d'autres moyens. Chaque convoi d'objets saisis se rendant à Dublin obtient une escorte armée qui lui est fournie par la gendarmerie de brigade en brigade..... Mais arrivé à Dublin le butin saisi, mis en vente, ne trouve pas plus d'acheteurs que dans le reste de l'Irlande. C'est comme une matière pestiférée dont chacun fuit le contact; et quiconque enchérit sur elle est noté d'infamie; les journaux publient son nom, et la haine populaire le retient. Que faire donc de ces choses transportées à Dublin, et qu'on n'a pu vendre? On prend un dernier parti; on les embarque; on leur fait traverser la mer d'Irlande; après un trajet de quarante lieues, ces objets saisis arrivent dans le port de Liverpool; mais là on sait bientôt quelle est leur origine, et, quand on les met en vente, nul Anglais ne veut se souiller en les achetant; nul ne veut en donner un prix qui doit servir à payer la dîme irlandaise (1).

Reconnaissons-le, lorsque la passion publique est exaltée à ce point et aussi unanime à repousser un droit, ce droit peut exister, mais son exercice est impossible. Les rigueurs, les violences, les arrêts de justice, les saisies, les collisions sanglantes entre le peuple et l'armée, tous ces moyens seront stériles et impuissants. On pourra verser beaucoup de sang, mais en pure perte; ni la dîme ni son prix ne seront payés. Et ce qu'il y a de plus remarquable ici, c'est que la puissance du peuple irlandais n'est pas dans une rébellion à force ouverte, mais dans une résistance toute passive. Les rebelles irlandais de 1831 se sont bien quelquefois livrés à des actes violents et sanguinaires: il y a eu des émeutes contre les constables; des ministres anglicans ont été assassinés; leurs propriétés ont été incendiées; d'autres vengeances cruelles ont été commises; mais ces faits isolés eussent été sans puissance politique, comme le sont ceux des White-Boys. Ce qui a fait la force irrésistible de la rébellion, c'est sa nature froide et calculée, c'est son caractère passif, c'est cet accord universel de tout un peuple à rendre impossible l'exercice d'un droit inique par le refus seul d'y concourir.

Souvent, dans ces cas extrêmes, le ministre protestant, que rebutent tant d'obstacles, déserte à la fin son droit. Quelquefois il s'y attache encore étroitement; et alors on le voit se prendre à des difficultés invincibles : tout est entrave sous ses pas, tout est hostile autour de lui. Comme il traîne à sa suite des périls, bientôt il ne trouve plus pour l'aider dans ses poursuites ni procureurs, ni avocats, ni témoins; les magistrats eux-mêmes, d'abord amis, puis tièdes, commencent à l'abandonner; tous répugnent à des sévérités, qui n'atteignent point le but et sont dangereuses pour eux-mêmes. Le sol ainsi manque partout sous ses pieds. Alors, plein de son intérêt et de la sainteté de son droit méconnu, il se tourne vers le gouvernement, son dernier et suprême asile. « Depuis un an, dit-il, il n'a pas tou-« ché une obole des 20,000 francs de dîmes qui lui « sont dus. Sa femme et ses enfants sont, comme « lui, tombés dans la détresse. Il a vendu ses che-« vaux et sa voiture (1). » Et il accuse amèrement la fortune, la société, la justice, ses amis eux-mêmes. Les magistrats ordinaires, si on l'en croit, sont insuffisants; il faudrait des juges de paix salariés; la force publique est trop faible; les constables se battent mollement; l'armée répugne à intervenir, on devrait réorganiser la yeomanry, et créer une milice spéciale destinée à lutter contre le peuple; c'est-à-dire que, pour aider mille ou douze cents ministres protestants à lever la dîme sur six millions et demi de catholiques et sur six cent mille dissidents, il faudrait ajouter à l'armée d'Irlande quarante ou cinquante mille hommes! Il y a dans ces plaintes des exigences auxquelles on ne peut essayer de satisfaire : aussi n'en tient-on aucun compte. On entend alors le clergé anglican d'Irlande déclarer que le gouvernement trahit la cause de l'Église, et que la constitution anglaise est en péril; il proclame que la société elle-même est attaquée dans sa base; car qu'est-ce qu'un État où ni la loi n'est obéie, ni la propriété inviolable? Or, la dîme n'appartient-elle pas au ministre, comme le fermage au propriétaire? et la loi du pays ne commande-t-elle pas aussi impérieusement de payer l'une que d'acquitter l'autre? L'Église est dans la coutume de mêler tant qu'elle le peut sa cause à celle des laïques, et de confondre son droit avec le droit commun. Vous refusez, dit-elle, la dîme au ministre qui y a droit; comment vous plaindrez-vous ensuite si votre fermier refuse de vous payer sa rente?

Assurément c'est pour un peuple un funeste enseignement que cette rébellion ouverte aux lois! Qui cependant, en présence de la tyrannie légale qui vient d'être décrite, osera soutenir que le droit est toujours la justice, et que toutes les résistances à la loi sont des résistances criminelles? qui prétendra qu'une nation, après avoir, durant des siècles, supporté une énorme iniquité, n'a pas un seul jour le droit d'en secouer le fardeau? et à quoi bon discuter des principes, quand les faits ont un invincible empire, et que la rébellion est empreinte d'un caractère manifeste de moralité et de justice ?

N'est-ce pas un spectacle douloureux et solennel que celui de tout un peuple écrasé à la fois du double fardeau d'une misère sociale qui ne connaît point de bornes, et d'une oppression religieuse qui dépasse toute croyance ; poussé par l'excès de ses souffrances physiques à une continuité de violences individuelles, et précipité par la passion dans un cercle inévitable de rébellions générales et périodiques ; pressé sans relâche entre le joug de l'aristocratie et celui de l'Église, entre les exactions de l'une et les persécutions de l'autre ?

Quand on voit cette émulation entre l'aristocratie et l'Église, rivales de tyrannie, on se demande laquelle des deux excite en Irlande le plus de haines ; et l'on ne sait si c'est l'aristocratie qui nuit le plus à l'Église, ou si c'est celle-ci qui est plus fatale à l'aristocratie.

Il s'élève quelquefois entre les riches et le clergé des débats dont il serait difficile de se porter juge. « L'Église, disent les propriétaires, serait moins « odieuse au peuple, si l'on supprimait toutes les « sinécures ecclésiastiques qui dévorent la fortune « du pays. — Il faudrait, répond le clergé, forcer les « riches à résider sur leurs terres ; il y aurait alors « au moins une famille protestante dans chaque pa- « roisse, et l'emploi du ministre anglican ne serait « plus une sinécure. » — Toute la misère du peuple, dit l'aristocratie, vient de la cupidité du clergé. — Non, répond l'Église ; c'est de l'égoïsme des riches :

On pourrait concevoir une aristocratie mauvaise dont une Église charitable et généreuse corrigerait

le vice. Il est encore possible de comprendre l'existence d'une Église défectueuse en principe et in-
fectée d'abus, et qui, par son union avec une bonne
aristocratie, paraîtrait encore bienfaisante. Mais
quelle doit être la situation de ces deux corps parmi
le peuple, lorsqu'il y a concurrence entre eux à qui
créera le plus de misères, et que chacun d'eux,
haï pour lui-même, l'est encore à cause de l'autre (1)?

CHAPITRE III.

Observation relative au nord de l'Irlande.

———

Dans tous les chapitres qui précèdent, j'expose des faits et des principes généraux, sans indiquer les exceptions; et cependant ai-je besoin de faire observer ici que ce qui est vrai pour l'Irlande, envisagée dans son ensemble, pourra paraître inexact, si l'on ne considère qu'un point isolé de ce pays? Citons un exemple.

En parlant de l'aristocratie irlandaise, de sa nature et de ses vices, je n'ai point distingué entre celle du sud et celle du nord. Si cependant on réfléchit aux éléments dont chacune d'elles se compose, on comprendra sans peine que l'une ne doit pas être en tous points semblable à l'autre.

J'ai dit ailleurs que la population qui, dans le sud, est presque exclusivement catholique, se partage dans le nord à peu près également entre catholiques et protestants. Au nord comme au sud, ce sont les protestants qui sont propriétaires; mais à la différence du sud, où le propriétaire protestant a au-dessous de lui une pauvre population toute catholique; dans le nord, ce propriétaire est en contact avec des inférieurs dont la moitié est catho-

lique et l'autre moitié protestante. La conséquence
qui suit de là est facile à saisir. Comme il y a une
portion du peuple avec laquelle les propriétaires
sont en communauté de religion, cette partie de la
population pauvre souffre moins dans ses rapports
avec le riche, et subit de la part des gouvernants
une moindre tyrannie. D'une part, les propriétaires
ne tentent point d'imposer un joug aussi dur; et,
s'ils l'essayaient, leurs inférieurs ne le supporteraient
peut-être pas : car ceux-ci sont plus éclairés et plus
forts. Les riches protestants du nord ont encore un
motif pour être moins oppresseurs que ceux du sud :
c'est leur division en deux sectes, l'une des anglicans, l'autre des presbytériens. Or, la même raison
qui fait que deux sectes rivales font assaut de zèle
et de prosélytisme, est cause que le riche appartenant à l'Église anglicane, et celui qui professe le
culte presbytérien s'efforcent, chacun de son côté, de
se montrer meilleur propriétaire pour ses fermiers,
et magistrat plus intègre et plus impartial pour
ceux qui recourent à sa justice; et il est à remarquer que cette disposition bienveillante envers des
frères protestants, rejaillit indirectement sur la portion des habitants qui sont catholiques : car ceux-
ci ne sauraient être témoins d'un progrès dans la
condition des protestants sans travailler aussitôt à
l'obtenir pour eux-mêmes. Et il est plus difficile
pour le protestant de se montrer rigide et impitoyable envers les pauvres catholiques dans l'instant
même où il traite avec humanité les pauvres protestants. Ceci suffirait pour expliquer pourquoi
l'Ulster est plus riche et plus prospère que toutes

les autres parties de l'Irlande ; il s'y rencontre moins
de pauvres, les habitants du sol y sont mieux vétus,
la nourriture qu'ils prennent est meilleure, et le sol
est mieux cultivé. Il est vrai que le nord est enrichi
par l'Industrie ; mais nous verrons bientôt que c'est
précisément à la supériorité de son état social qu'il
doit sa prospérité industrielle.

Le nord de l'Irlande n'est pas, du reste, tellement
heureux qu'il ait toujours été et soit encore à l'abri
des misères sociales qui ont été exposées plus haut.
En 1764 les Oak-Boys, en 1772 les Steel-Boys, dont
les insurrections, occasionnées absolument par les
mêmes causes que celles des habitants du sud (1),
désolèrent tour à tour différentes parties de l'Ulster,
ont assez prouvé que la tyrannie des propriétaires
irlandais ne s'est pas renfermée dans le sud et dans
l'ouest. « Tous les acteurs dans cette insurrection
« (celle de 1764), dit un auteur souvent cité dans
« ce livre, étaient des protestants, soit de l'Église éta-
« blie, soit des dissidents (2).» Mais, alors même que
ces insurrections violentes éclatèrent dans l'Ulster,
l'état social du nord les modifia. Elles se montrèrent
alors sous une forme moins sauvage. Comme les opprimés étaient moins malheureux, ils étaient moins
impitoyables dans leur vengeance ; moins cruels,
parce qu'ils étaient plus civilisés. Une révolte d'esclaves, dit lord Charlemont, est toujours plus sanglante
qu'une insurrection d'hommes libres (3). Mais aussi
ces hommes dont la rébellion était moins atroce que
celle des insurgés du sud, se révoltaient pour des
causes moindres que celles qui poussaient ceux-ci à
la violence ; car, étant plus éclairés et moins misé-

rables, ils souffraient autant d'un moindre mal.

Les insurrections purement sociales ont depuis longtemps cessé dans le nord de l'Irlande; elles y sont devenues purement politiques, et c'est encore ce qui se va comprendre sans peine. Nous avons vu ce qui dans l'Ulster travaille à y diminuer l'oppression sociale, qui, dans le sud, tend au contraire à s'accroître; mais une partie des causes qui amènent ces effets doivent aussi favoriser dans le nord l'accroissement des passions et des discordes politiques. Dans le sud et l'ouest, la guerre est principalement entre riches et pauvres; dans le nord elle est surtout entre protestants et catholiques; dans le sud, les catholiques sont tellement en majorité que les protestants se bornent à lutter contre ceux-ci avec des textes de lois; dans le nord, au contraire, les uns et les autres sont partagés assez également pour que chaque dispute entre eux puisse être suivie d'un engagement à force ouverte. Agraire dans le sud, la guerre est religieuse dans le nord. Ainsi on voit beaucoup moins dans le nord que dans le sud de ces crimes violents ayant pour objet l'occupation du sol, de ces vengeances du fermier contre le propriétaire. Mais on y voit plus que dans le sud l'assassinat d'un protestant par un catholique pour cause seule de religion, des faux témoignages que la haine religieuse inspire seule, des violences de parti à parti. Devant les tribunaux du nord, il éclate peut-être plus de passions que dans le sud entre protestants et catholiques; mais au fond la loi y est moins haïe, la justice moins odieuse, le juge moins détesté, parce qu'il y a un plus grand nombre qui peuvent aimer et respecter le juge et les lois.

On comprend maintenant ce qu'il y a d'excep- . tionnel dans l'état du nord, où il se trouve plus de misère politique que de misère sociale, tandis que généralement en Irlande il y a encore plus de misère sociale que de misère politique.

CHAPITRE IV.

Conséquences générales de ce qui précède. — Caractère de
l'Irlandais; sa corruption; explication de ses vices.

———

Le mauvais gouvernement auquel l'Irlande a été
sujette ne donne pas seulement la clé de toutes ses
misères; il explique encore le caractère moral de
ses habitants.

Il existe de nos jours une école de philosophes
qui semble vouloir appliquer aux nations le système
phrénologique dont ils se servent pour juger les individus. Personnifiant tous les peuples, et prenant
en main leurs crânes, ils disent à l'un : « La confor-
« mation de ton cerveau indique des passions, pré-
« sages de ta grandeur; » à l'autre : « Tu portes sur
« ton front le signe d'un abaissement éternel; » à celui-
ci : « La nature t'a fait religieux; » à celui-là : « Tu
« fus créé pour la philosophie; — Toi, tu as l'organe
« de la liberté, — Toi, celui de la servitude. » Et
quand ils ont ainsi palpé la tête des nations,
attribué à l'une le génie de la guerre, à l'autre celui
du commerce; quand ils ont proclamé la troisième
propre à l'état aristocratique; la quatrième à la démocratie, ils s'arrêtent presque effrayés de leur puis-

sance prophétique; car ils croient avoir décrété
pour les peuples, les arrêts solennels d'une inflexible
destinée.

C'est surtout en Angleterre que j'ai entendu professer ces théories, et je ne m'en étonne point; car
les Anglais, qui sont un grand peuple, ont le plus
singulier orgueil de race qui ait jamais existé, et ils
croient volontiers qu'il appartient à leur nature
plutôt qu'à leurs institutions de les rendre une nation puissante, comme ces héros qui ont plus de foi
dans leur destin que dans leur valeur.

Il ne m'est guère arrivé de parler à des Anglais
de l'Irlande et de ses malheurs, sans entendre
presque aussitôt cette objection : « L'Irlande se
« plaint d'être pauvre, mais que voulez-vous? Le
« travail donne seul la richesse, et il y a dans l'in-
« dolence et la paresse naturelle de l'Irlandais un
« obstacle invincible au travail, et par conséquent à
« la fin de ses maux. Jamais on ne verra l'industrie
« prospère en Irlande. — On accuse l'Angleterre de
« tenir l'Irlande sous le joug : plainte insensée! Le
« caractère mobile de l'Irlandais s'oppose à ce qu'il
« ait jamais des institutions libres. Impropre à la
« liberté, pouvait-il rencontrer un sort plus heureux
« que de tomber sous l'empire d'une nation plus
« civilisée que lui, qui le fait participer à sa gloire et
« à sa grandeur? L'Irlandais, soumis à l'Anglais,
« subit la loi de sa nature : il est d'une race infé-
« rieure. »

Ce langage m'a toujours paru contenir soit un
préjugé, soit une injustice. J'admets bien qu'il
existe entre les peuples des différences notables de

caractère et de mœurs. Je ne conteste pas davantage que chaque nation soit douée de certains penchants particuliers, de certaines facultés, dont l'ensemble lui attribue, au milieu des autres peuples, une physionomie qui lui est propre. Je reconnais sans peine que l'Anglais et l'Irlandais ont des caractères très-opposés, et que, dans sa manière de sentir, dans ses opinions comme dans ses actes, l'un apporte une disposition soit naturelle, soit acquise, que l'autre n'a pas. Prenons pour exemple le trait le plus saillant du caractère anglais. Cette fermeté d'âme, qui préside à toutes ses entreprises, cette constance inaltérable en présence de l'obstacle, cette impassible persévérance (steadiness) qui ne l'abandonne pas un instant jusqu'à l'accomplissement de l'œuvre : certes, nous ne trouverons rien de pareil chez l'Irlandais. Celui-ci semble, au contraire, de sa nature, léger, inconstant, prompt à passer de l'abattement à l'espérance, de l'effort au découragement. Plein d'ardeur, d'imagination, d'esprit, il manque essentiellement de cette suite qui chez l'Anglais domine et semble tenir lieu à celui-ci de toutes les qualités qu'il n'a pas. Tout ce qui peut se faire d'un bond, d'un élan, l'Irlandais l'exécutera mieux qu'aucun autre, parce que nul n'est plus enthousiaste que lui ; il se jette à la rencontre de l'obstacle sans le regarder ; mais s'il n'emporte pas la place du premier choc, il se retourne, renonce à l'entreprise, et s'en va. Il est difficile assurément de trouver deux peuples soumis à l'influence de dispositions plus contraires ; et je suis tenté de croire qu'il y a dans la race de l'un quelque chose qui le porte davantage aux premiers mouvements, tandis que l'origine de l'autre expliquerait sa disposition plus froide et moins expansive.

Mais encore ce que l'on peut attribuer à la race ne provient-il pas de quelque autre cause? Si d'ailleurs il était vrai que cette opposition de penchants fût toute un effet de la diversité de race, quelle conséquence faudrait-il en tirer? Devrions-nous en conclure que jamais, quoi qu'il arrive, l'Anglais ne cessera d'être ferme et persévérant, ni l'Irlandais d'être enthousiaste et mobile? Il arrive peut-être aux peuples comme aux individus. Ceux-ci tiennent aussi de la nature des penchants divers, dont l'influence ne peut être niée, mais qui pourtant peuvent si bien être combattus, que l'éducation, selon qu'elle est bien ou mal dirigée, a la puissance de rendre vertueux l'homme à qui la nature avait donné des vices, et de dépraver celui dont les premiers mouvements étaient bons. Ainsi, après avoir démontré que telle disposition mauvaise est propre à une certaine race, il faudrait encore, avant de lui jeter l'anathème, prouver que ce mauvais penchant ne saurait être corrigé par aucune influence contraire. Et puis quand on a reconnu à deux peuples des facultés diverses, qui décidera laquelle de ces facultés constitue, au profit de l'un d'eux, une supériorité morale? Pèsera-t-on dans une balance les qualités de la tête et celles du cœur?

Ce serait assurément contester l'évidence que de nier les vices du peuple irlandais. L'Irlandais est fainéant, menteur, intempérant, prompt aux actes de violence..... Il a notamment pour la vérité une

sorte d'aversion invincible. Entre le vrai et le faux,
s'il est désintéressé, on peut compter qu'il choisira
le mensonge. Aussi ne dit-il rien sans appuyer son
affirmation d'un serment; il jure tout sur son honneur : *upon my honour, upon my word :* locution
familière à ceux qui ne disent point la vérité.

Sa répugnance pour le travail n'est pas moins singulière : en général, il fait sans goût, sans soin, sans
zèle, ce qu'il exécute, et le plus souvent il est oisif.
Beaucoup d'Irlandais, qui sont misérables, ajoutent
beaucoup à leur misère par leur indolence; il ne leur
faudrait, pour alléger leur infortune, qu'un peu d'industrie et d'activité; mais rien ne saurait les soustraire à leur apathie et à leur nonchalance; ils
semblent s'y complaire, ils s'y étalent et y restent,
en dépit de leur détresse et de leurs besoins qu'ils
ne sentent plus.

Ce sont là des vices déplorables; en voici maintenant qui sont terribles. Violent et vindicatif, l'Irlandais déploie dans les actes de sa vengeance la
plus féroce cruauté. On a vu comment, en Irlande,
le cultivateur qui a été expulsé de sa ferme ou saisi
dans ses meubles, faute de payer la dîme, se porte,
dans son ressentiment, à des représailles empreintes
de la plus atroce barbarie. On ne songe point sans
horreur aux supplices qu'il invente dans sa fureur
sauvage (1). Quelquefois l'incendie, l'assassinat ne
lui suffisent point, il lui faut de longues tortures
pour sa victime (2). Souvent il est dans ses fureurs
aussi injuste que cruel, et il fait subir sa vengeance
à des personnes tout à fait innocentes du dommage
qu'il a éprouvé. Il ne s'en prend pas seulement au

propriétaire et à l'homme d'église des rigueurs dont eux seuls devraient être responsables ; sa violence se porte sur l'agent du propriétaire, sur le nouveau fermier, sur l'huissier du ministre ; quelquefois il s'éloigne d'un degré de plus de l'auteur de ses maux : il enlève avec violence les femmes, les filles de ces individus, et les déshonore pour punir leurs maris et leurs pères qui eux-mêmes ne sont point coupables.

Ces vices, ces crimes, je les connais, je les vois chez l'Irlandais, et chez l'Anglais je ne les trouverais pas. D'où viennent ces vices et ces crimes ? De la race ? — Non. Je repousse comme impie une doctrine qui fait dépendre du sort de la naissance le crime et la vertu. Je ne croirai jamais qu'une nation tout entière soit fatalement, et par le destin seul de son origine, enchaînée au vice ; jamais je ne penserai que le Dieu qui a fait l'homme à son image ait créé un peuple dépourvu de la faculté d'être honnête et juste. Je n'admettrai jamais qu'il ait refusé à ce peuple la liberté morale, c'est-à-dire qu'en lui donnant la vie il l'ait destitué des conditions de la vertu. Cette injustice énorme me serait humainement démontrée, que j'en douterais encore plutôt que de douter de Dieu. Mais pourquoi l'admettrais-je, lorsque rien ne me la prouve ? Par quelle disposition étrange irais-je attribuer à une injustice présumée du Ciel un mal dont je vois clairement les causes sur la terre ?

Ceux qui expliquent par une tache originelle les mœurs des Irlandais, oublient-ils donc que ce peuple subit depuis sept siècles la plus constante, la plus

impitoyable tyrannie ? Eh quoi ! l'on voit chaque
jour l'homme le plus robuste, et doué de la plus
grande énergie morale, se dégrader, s'avilir et
tomber physiquement dans une faiblesse absolue,
sous l'influence de quelques années d'un régime de
misère et de corruption ; et l'on ne comprend pas
que six cents ans d'esclavage héréditaire, de misère
matérielle, et d'oppression morale, aient altéré tout
un peuple, vicié son sang, avili sa race et dégradé ses
mœurs ! L'Irlande a subi le régime du despotisme :
l'Irlande doit être corrompue ; le despotisme a été
long, la corruption doit être immense. Vous vous
étonnez de trouver des mœurs d'esclaves chez les
descendants d'un peuple soumis à six siècles d'esclavage ; pour moi, je serais bien plus surpris de
rencontrer les habitudes et la dignité de l'homme
libre chez celui qui ne connut jamais que le régime
de la servitude. Quand je vois une nation qui eut
le malheur de tomber sous le joug et d'y demeurer
soumise, je ne m'enquiers point des vices qu'elle
a, je demande quels vices elle n'a pas et quelles
vertus elle peut avoir.

Considérez attentivement le caractère de l'Irlandais, analysez ses vertus et ses vices, et vous reconnaîtrez bientôt qu'il n'est pas une seule de ses
dispositions, bonnes ou mauvaises, qui ne trouve
sa principale raison dans l'état de la société irlandaise depuis la conquête, soit que cet état social
ait fait naître ses penchants, soit qu'il les ait seulement développés. Prenant ce point de départ, vous
ne vous étonnerez plus, en comparant l'Anglais et
l'Irlandais, de les trouver si dissemblables.

La légèreté qu'on remarque dans les mœurs d'un peuple ne vient quelquefois que de sa misère, et telle nation, qu'on voit mobile et frivole, n'aurait besoin, pour se montrer grave, que de devenir riche et libre. Je ne sais si le sérieux des Anglais ne tient pas plus à leurs institutions qu'à leur race. Il n'y a point de peuple ni d'homme qui donne tant à ses plaisirs que celui qui travaille peu : l'Anglais ne s'amuse point parce qu'il travaille beaucoup. Il a des droits et des libertés à défendre en même temps que les richesses du monde à conquérir. Le caractère de l'Anglais serait-il le même s'il perdait ses priviléges politiques et l'empire des mers? J'en doute. Je crois bien qu'il n'éprouvera jamais, sous son ciel brumeux, ces douces sensations de langueur, ces besoins de repos physique et de mollesse que fait naître le soleil de Naples. Mais s'il est vrai que l'atmosphère humide dans laquelle il vit l'excite plus à l'action que ne le ferait le beau ciel d'Italie, ne faut-il pas reconnaître que la disposition favorable au travail, qui naît de son climat austère, pourrait être combattue par des institutions politiques qui, au lieu de seconder ses penchants industrieux, leur seraient contraires?

Voyez comme son caractère se modifie en dépit de sa race, selon qu'il est soumis à des influences diverses. Qui pourrait, dans l'Écossais de nos jours, froid, calculateur, industriel, rangé, reconnaître ce poétique enfant de la Calédonie, fougueux, indiscipliné, rebelle à toute sorte de joug et descendant de ses montagnes à la voix de ses bardes et de ses ménestrels? Qui reconnaîtrait, au sein de la démo-

cratie américaine, l'Anglais, ami de l'aristocratie?
En Angleterre, l'Anglais veut avant tout de la liberté;
aux États-Unis, il lui faut surtout de l'égalité. Qui
reconnaîtrait dans l'indolent planteur de la Caroline
ou de la Louisiane, le descendant de l'Anglais infáti-
gable dans les travaux de l'industrie? Regardez
aussi la France : pensez-vous que le caractère de
ses habitants soit aujourd'hui le même qu'il était
avant 1789? D'où viennent ces différences de mœurs,
sinon du changement des lois?

Si vous ne perdez point de vue cet empire des
institutions sur les mœurs des peuples; vous ne
vous étonnerez plus qu'en Angleterre le peuple travaille, et qu'en Irlande il ne travaille pas. Nous
trouvons dans les anciennes chroniques de l'Irlande,
que la *constance* au travail était jadis un des traits
distinctifs du peuple irlandais, dont la légèreté
forme aujourd'hui le principal caractère (1). N'est-
il pas naturel que l'esprit d'industrie domine dans
une société où les fruits du travail, protégés par la
loi, ont toujours été une source féconde de bien-être
et de richesse, quelquefois de puissance et de gloire?
Et par la même raison ne vous semblera-t-il pas logique qu'un peuple chez qui l'industrie n'a jamais
été ni honorée, ni récompensée, ni libre, soit pa-
resseux et désœuvré?

L'Irlandais a été, pendant des siècles, déclaré incapable de devenir riche; des lois positives le vouaient
à la pauvreté. Quel penchant pouvait-il éprouver
pour le travail, dont il ne recevait aucun bienfait?
Déchu des droits de propriété, l'Irlandais a été
dispersé sur le sol, et condamné à cultiver la terre

au-profit de son maître. Il a obéi à la nécessité, il
a travaillé ; mais, comme tous les esclaves, il a pris
le travail en haine et en dégoût : l'Irlandais déteste
sa tâche comme quiconque travaille sans salaire.

De pareils sentiments, nés d'institutions mauvaises, ne sauraient s'évanouir le jour même où de
meilleures lois sont établies. Quoi que vous fassiez
aujourd'hui, vous ne trouverez ni les instincts pro-
fonds de la propriété ni l'amour ardent du travail
chez des hommes qui, il y a cinquante ans, étaient
incapables d'acheter une terre, et de posséder un
cheval valant plus de 5 liv. sterling (125 fr.) (1).

Si la misère de l'Irlandais ne tient point à sa race,
il faut en dire autant de toutes les conséquences
que cette misère traîne à sa suite. Ainsi cette négligence déplorable, ce manque absolu de tenue et de
soin qu'on aperçoit dans tout ce qu'il fait, ce laisser-
aller, cet abandon de sa personne; cette absence
totale de *self respect* et de personnalité, sont des
effets directs de sa condition première. Il a le sentiment qu'il ne compte pour rien dans la société, et
qu'aucun moyen n'existe pour lui de devenir quelque chose. Veut-il du travail, c'est à grand'peine
qu'il en trouve; lui en offre-t-on, l'occasion lui paraît et elle est en effet de peu de prix; il n'y a rien
de rangé dans sa vie parce que tous ses moyens
d'existence sont incertains. Il n'essaie point de voir
au-delà du moment présent, parce que sa prévoyance
ne lui fait apercevoir que des maux dans l'avenir.
La question pour lui ne saurait être de choisir entre
une existence malheureuse, fruit de son indolence,
et une vie confortable, due à son énergie ; il est sûr

de demeurer misérable; il s'agit seulement de savoir
s'il le sera un peu plus ou un peu moins : or, cette
misère est si grande, que l'avantage de la diminuer
d'un degré ne vaut pas l'effort nécessaire pour y
réussir. Nous sommes si pauvres (we are so poor!)(1)!
répond l'Irlandais à qui on reproche d'accroître sa
misère par sa négligence; et il s'assied dans l'ordure
qui remplit sa cabane, et qu'il n'a pas le zèle de
balayer (2).

C'est de la même disposition que vient l'intem-
pérance de l'Irlandais, dont la passion pour les
liqueurs fortes est encore un des vices les plus
déplorables. Comme il croit impossible d'établir
jamais quelque accord durable entre ses revenus
et ses dépenses, il dissipe sans scrupule le modique
produit de ses travaux passagers. A peine a-t-il reçu
le denier de son salaire qu'il court au cabaret, où,
pendant quelques instants du moins, il oublie sa
misère dans l'ivresse et l'abrutissement.

• Ainsi s'expliquent naturellement, par la condition
même du peuple, tous les vices que l'extrême misère a coutume d'enfanter. Ainsi s'expliquent bien
d'autres vices secondaires qui sont l'appendice accoutumé de ceux que je viens de décrire; ainsi
l'Irlandais, précisément parce qu'il ne fait rien, est
parleur, vantard, bruyant; comme il a un maître,
il est flatteur, et plein d'insolence quand il ne rampe
pas. Ces vices, il est vrai, ajoutent eux-mêmes à sa
misère : mais ils sont d'abord venus d'elle. C'est de
la même source que découlent ces autres penchants
funestes, cette triste habitude du mensonge et cette

affreuse disposition aux violences les plus cruelles
et les plus iniques.

Il n'est pas besoin d'étudier longtemps le caractère et les mœurs du peuple irlandais pour reconnaître qu'il manque souvent des notions les plus
simples du bien et du mal, du juste et de l'injuste.

Au milieu des terribles catastrophes dont son
pays a été le théâtre depuis le douzième siècle, dans
le tumulte des révolutions terribles qui ont tour à
tour fait passer le sol dans les mains de tous les
partis, amené le triomphe des principes politiques
les plus opposés, élevé des temples et des autels aux
cultes les plus divers, il s'est formé chez l'Irlandais
la plus étrange confusion d'idées et de croyances,
en morale, en religion et en politique. Remontez à
l'origine de la tyrannie, que verrez-vous ?

Des hommes que la confiscation a dépouillés de
leurs propriétés et réduits à la condition de manœuvres. Ce fait primitif de violence est-il propre à fortifier dans un peuple le sentiment du droit et de la
justice ?

Et pourquoi cette spoliation a-t-elle été commise?
Pourquoi ces propriétés ont-elles été confisquées
sur le possesseur légitime ? Parce que celui-ci a
des croyances religieuses auxquelles il tient fermement et qu'il a mieux aimé perdre ses biens que de
renoncer à sa foi. Est-ce un enseignement moral que
ce grand dommage subi par l'homme droit, dont
la probité entraîne la ruine, et cette ruine qui profite à l'usurpateur violent et sacrilège (1)?

Cet usurpateur heureux, qui n'est attaché par

aucune sympathie aux Irlandais dont il méprise là race et abhorre le culte, les traite avec une dureté impitoyable : après les avoir dépouillés, il leur interdit le moyen de s'enrichir ; il leur ferme absolument la société politique, leur crée mille gênes dans la société civile, établit un système régulier de persécution religieuse, et organise ainsi le gouvernement le plus anti-social qui ait jamais existé. Trouvera-t-on des leçons de justice dans cette oppression affreuse pesant pendant plus d'un siècle sur des infortunés dont tout le crime fut d'être vaincus, et qui souffrent pour n'avoir pas abandonné aux vainqueurs leur conscience en même temps que leur patrie?

La première et la plus dure tyrannie que l'Irlandais ait à subir est celle que son culte lui attire. Pense-t-on qu'il reçoive de saines notions sur l'équité et le bon droit quand il voit proscrire sa religion qui, selon sa foi, est le seul vrai mode d'adorer Dieu ; lorsqu'il voit ériger en crime l'exercice de ce culte, qui constitue à ses yeux l'accomplissement du premier de tous les devoirs ; quand il voit bannir ses prêtres, c'est-à-dire les hommes qu'il révère sur la terre comme les représentants de Dieu, lorsque, pour entendre les adieux et la dernière parole de ces saints proscrits, il est obligé de s'envelopper de secret et de mystère, sous peine d'encourir de terribles châtiments? Ainsi, pour pratiquer ce qui est honnête et légitime, il faut quelquefois se cacher aux regards des hommes ; il y a des devoirs qu'on ne peut accomplir au grand jour ; ces devoirs sont quelquefois des crimes que la loi humaine punit. Il existe des actions justes que la loi appelle crimes et qui ne sont pas des crimes !

teront leurs fruits.

Cependant cette tyrannie cruelle a son cours; elle écrase le peuple sans relâche, pendant longtemps tous la supportent avec une égale énergie; à la fin, tombant dans le découragement, quelques-uns saisissent le seul moyen qui leur soit offert d'alléger leurs maux et d'adoucir leurs souffrances : ils prêtent les serments que leur conscience repousse, ils deviennent renégats; et aussitôt les voilà qui rentrent en possession des droits et des privilèges dont ils avaient été dépouillés. Ainsi l'apostasie, qui, aux yeux des catholiques irlandais, est le plus grand de tous les crimes, reçoit des lois sa récompense. Ainsi, de même qu'il existe des vertus dont la loi humaine a fait des crimes, il se trouve aussi des crimes que les hommes conviennent d'appeler des vertus..... Seconde règle de morale qui, sans doute, aidera beaucoup le pauvre Irlandais à discerner le juste de l'injuste!

Troublé par toutes ces contradictions qui dépassent la portée de son intelligence, voyant constamment la justice, la vérité, le bon droit comme il l'entend, succomber sous la force matérielle, l'Irlandais prend son parti de plier, et, saisissant les seules armes qui soient à l'usage du faible, il devient rusé, menteur, violent.

Pourquoi donc, se dit-il parfois, ne tuerais-je pas celui qui a fait périr mon frère? Pourquoi ne suis-je pas maître du sol qu'occupait un de mes aïeux? De quel droit cet homme qui se dit propriétaire d'un domaine qui devait m'appartenir prétend-il m'expulser d'une ferme où je traîne une misérable vie? — Et quelquefois, au bout de sa logique, se trouve une effroyable violence.

Mais cette violence est aussitôt réprimée par des assemblées de ses ennemis que ceux-ci appellent des cours de justice, et où les organes de la loi proclament crime capital ce que sa conscience dépravée venait de déclarer un acte d'équité. Amené devant ces tribunaux du maître, l'accusé se défend d'ordinaire par le mensonge. Ses pareils sont appelés en témoignage contre lui; et d'abord on leur fait jurer solennellement de dire la vérité. Seront-ils sincères à leur serment? Oh! non, sans doute. Dans ce cas il est honnête de mentir, et dire la vérité serait chose infâme : ils font un faux témoignage en faveur de celui qui est opprimé comme eux, et leur conscience leur dit qu'ils ont bien fait. Ce faux témoignage est à son tour déclaré crime par ceux qui prennent dans un autre principe leur règle de morale.

Quelquefois un seul individu oppose aux lois cette résistance ouverte; c'est la révolte impuissante d'une misère isolée : souvent plusieurs s'associent dans la rébellion, comme ils sont unis dans le malheur; alors il naît de leurs efforts une grande perturbation sociale; ce n'est pas la guerre du brigand vulgaire contre une société qu'il croit juste, c'est la guerre faite à des lois iniques par des hommes qui les jugent telles : c'est la guerre des White-Boys. Enfin, il arrive quelquefois que des masses populaires se lèvent, comme en 1641 et en 1798; alors le sol lui-même tremble et l'état social tout entier est remis en question.

Dans tous les cas, que la tentative d'affranchissement vienne d'un seul ou de tous, son effet moral,
quand elle échoue, est toujours de même nature.
Il en résulte un trouble profond pour les âmes qui
ont aspiré à leur délivrance et qui, ayant fait un
effort stérile, voient s'évanouir encore une fois la
justice humaine à laquelle ils étaient près de croire ;
alors aussi retombent de tout leur poids sur le
peuple les chaînes de la tyrannie, comme il arrive
à l'esclave qui après avoir tenté de briser ses fers, se
retrouve en face du maître : c'est l'instant où il se
fait dans les consciences le travail le plus funeste
et le plus dépravant ; c'est l'heure que choisit la
corruption pour pénétrer dans les âmes et y flétrir
ce qu'il y reste de vertu. Quelques-uns, qui jusqu'a-
lors avaient tenu courageusement contre la persécution et leur intérêt, se sentent défaillir ; ils
contractaient sans doute bien des vices dans cette
lutte inégale où il fallait combattre la force par tous
les petits moyens qui sont le propre de la faiblesse ;
mais enfin, tant qu'il y avait résistance, le sentiment moral du devoir survivait à toutes les corruptions. Cette lutte cesse-t-elle, aucun lien n'attache
plus l'Irlandais renégat au juste et à l'honnête : la
dégradation est consommée.

Il n'est arrivé qu'à un très-petit nombre de subir
cette dépravation complète ; mais il n'en est peut-
être pas un seul qui, tout en demeurant fidèle à son
culte religieux, n'ait été atteint d'une corruption au
moins partielle. Tous ont perdu l'amour du vrai
parce que la franchise et la sincérité attiraient in-
failliblement la persécution sur leur tête ; presque

tous ont contracté l'habitude de mentir, parce que
le mensonge a été pour eux pendant plus d'un siècle
une arme nécessaire et légitime. Ils ont pris des
habitudes de violence et de rébellion, sous l'influence d'une tyrannie qui les forçait de se placer
en hostilité ouverte contre les lois. Maintenant ne
vous plaignez point si vous trouvez chez l'Irlandais une aversion générale pour le vrai, un goût
absolu pour le mensonge. Est-ce qu'il est capable, grossier et ignorant comme vous l'avez
fait, de tracer dans son esprit avec quelque discernement une ligne de démarcation entre les cas
où sa conscience peut l'absoudre d'un mensonge
et ceux où elle ne saurait l'en justifier? Comment
fera-t-il pour distinguer, parmi les *crimes* que la
loi établit, ceux qui ne sont pas des *crimes* et
ceux qu'il doit considérer comme tels? Comment
reconnaîtra-t-il parmi les vertus qu'honorent ses
ennemis celles qui sont des vertus réelles, non dépendantes d'une convention et d'une forme? — Admettons que de bonne foi il essaie de faire ces dis-
tinctions souvent bien difficiles; croyez-vous qu'après
l'abrutissement qu'il a subi il aura le tact fin et
délicat qu'il lui faudrait pour démêler, au milieu de
toutes ces incohérences, le vrai du faux, le juste de
l'inique? Soyez sûr qu'après quelques efforts il suc-
combera dans une pareille tentative : avec l'intention de réformer ses vices, il les gardera ; il sera
quelquefois honnête et juste, mais il ne sera jamais
sûr de l'être parce qu'il aura perdu la règle de la
justice et de l'honnêteté. Dans tel cas particulier il
sera tenté de dire vrai; cependant, au milieu des

incertitudes de sa conscience dépourvue de tout
guide moral et accessible aux conseils de l'intérêt,
il finira par adopter le mensonge : il mentira parce
qu'il ne lui paraîtra pas bien sûr que dans ce cas
particulier le mensonge soit moins licite que dans
tel autre cas où il ne doute pas que le mensonge
ne soit permis : il hésitera peut-être à commettre
telle violence meurtrière; mais il repoussera le remords, s'il en ressent l'atteinte, en se représentant
l'analogie qu'a la vengeance projetée avec quelques
vengeances sanguinaires qu'il a toujours été accoutumé à considérer comme des actes légitimes.

Dans l'égarement où le jette la confusion de tous
les principes, il contracte ainsi de certaines habitudes de violence, et son esprit apporte dans ces violences une certaine méthode qu'ensuite il applique
à tous les cas. Qui ne voit dans les pratiques grossières des White-Boys, dans leur principe de se faire
justice à soi-même, dans leur système d'intimidation, la source des attentats commis en Irlande,
tout récemment (1) par les ouvriers industriels?
Un fabricant prend quatre apprentis : C'est trop,
disent les ouvriers employés par ce fabricant
et auxquels les apprentis nuisent par leur travail
gratuit; et si vous n'en renvoyez pas au moins deux,
nous vous tuerons; et la menace étant méprisée, le
crime est commis. Dublin a été en l'année 1837 le
théâtre de mille atrocités de cette nature, commises par des malheureux qui regardent la violence
comme leur seule ressource, et détruisent ainsi
l'industrie de leur pays par laquelle seule ils pourraient vivre.

C'est ainsi que la persécution et la tyrannie corrompent les peuples.

Que l'on cesse donc d'attribuer à la race la dégradation morale d'un peuple que de mauvaises lois ont seules dépravé.

Cette dépravation, du reste, n'a pas seulement atteint l'homme de race irlandaise; elle a corrompu tous ceux qui ont été soumis à son influence, quelle que fût leur race originaire.

On sait les griefs de l'Angleterre contre l'Irlande, parce qu'environ deux ou trois siècles après la conquête, les Anglais de race établis en Irlande avaient pris, disait-on, les mœurs des Irlandais et étaient devenus plus corrompus que ceux-ci, *Ipsis Hibernis Hiberniores:* le reproche n'était guère mieux adressé aux Anglais de race qu'aux Irlandais, sur lesquels pesait également le despotisme de l'Angleterre : ils étaient aussi corrompus, parce qu'une égale tyrannie avait pesé sur eux.

Sir John Davis, dont le témoignage ne sera pas récusé par les amis partiaux de l'Angleterre, estimait que de son temps, environ trois siècles et demi après la conquête, il y avait déjà en Irlande plus de colons anglais que d'indigènes, d'où il concluait l'absurdité de ceux qui imputaient à l'infériorité de la race les malheurs de l'Irlande (1). Qu'on étudie bien l'Irlande, et l'on reconnaîtra que la misère et la corruption du peuple sont répandues sur toutes ses parties justement en proportion de la tyrannie qui a pesé sur chacune d'elles. L'Ulster est moins pauvre et moins vicieux parce qu'il a été moins persécuté.

On a coutume aussi, quand on juge le caractère irlandais, de tomber dans un autre écueil qui rend impossible toute appréciation équitable. On prend toujours l'Irlandais dans ses rapports avec l'Anglais, son supérieur en rang et en fortune, son maître politique, son ennemi religieux. Ceci est une source certaine d'erreur. Il faut, pour apprécier la moralité d'un homme, l'étudier surtout dans ses rapports avec ses égaux. Vous devez, par cette raison, pour comprendre les mœurs de l'Irlandais, examiner celui-ci non seulement dans ses relations avec la classe supérieure des protestants, ses ennemis politiques, mais encore dans ses rapports avec les catholiques pauvres comme lui.

Eh! bien, voyez à quel point cet Irlandais, si fourbe, si cruel envers le riche, est sincère et fidèle à l'homme de sa classe (1)? J'ai souvent entendu poser naïvement la question qui suit : Comment se fait-il donc que l'Irlandais, quelquefois si perfide et si barbare, donne d'ailleurs les plus touchants exemples d'humanité et de charité (2)? — La réponse est simple : Il est inhumain envers les ennemis de son culte et de race, et charitable envers ses frères humbles et opprimés comme lui. Si vous ne prenez point cette distinction pour guide de vos observations, vous ne parviendrez jamais à comprendre le caractère de ce peuple.

J'ai dit plus haut comment, dans sa vengeance aveugle, l'Irlandais enlève quelquefois et déshonore la femme, la fille de celui qui a excité son ressentiment; voilà, sans doute, d'odieux attentats aux mœurs; il est pourtant bien certain, d'ailleurs, que le peuple irlandais est d'une chasteté singulière (1) : rien n'est plus rare en Irlande qu'un enfant illégitime, et l'adultère y est presque inconnu ; d'où vient donc cette contradiction ? — C'est que l'attentat qu'il commet envers les mœurs ne provient point d'un dérèglement de ses sens et d'un besoin de débauche ; c'est seulement un moyen de vengeance qu'il emploie contre ses ennemis.

Il n'est peut-être pas un seul de ses crimes qui ne soit plus ou moins empreint de passion et d'esprit de parti. Les vols même qu'il commet participent à ce caractère ; alors même que la cupidité les inspire, la vengeance n'est jamais étrangère à leur exécution. A la différence du bandit espagnol qui, dans le choix de ses victimes, préfère toujours le voyageur et l'étranger dont il n'est pas connu ; l'Irlandais, au contraire, dans ses attentats contre la vie et la propriété, s'en prend plus volontiers aux personnes qu'il connaît. Dans aucun pays du monde l'étranger ne voyage avec plus de sécurité qu'en Irlande.

On voit par tout ce qui précède que l'Irlandais est complexe ; il se compose de deux éléments distincts qu'il ne faut jamais perdre de vue si l'on veut se former une juste idée de son caractère : il y a en lui l'homme que la tyrannie a travaillé pendant sept siècles à corrompre, et celui que, pendant le même temps, la religion s'est efforcée de conserver pur.

Toutes les portions de son âme qu'a touchées le despotisme sont flétries ; la plaie y est large et profonde. Tout dans cette partie est vice, de quelque nom qu'on l'appelle, soit lâcheté, soit indolence, fourberie ou cruauté; il y a dans l'Irlandais la moitié d'un esclave.

Mais il est un repli de son âme où la tyrannie a vainement tenté de s'introduire, et qui ainsi est toujours demeuré pur de toute souillure : c'est celui qui renferme sa foi religieuse. Attaqué dans tous ses droits, il les a tous cédés à la force, hors un seul, celui d'adorer Dieu selon sa foi : et dans le temps même où il s'abandonnait tout entier à la tyrannie de ses maîtres, il réservait son âme, et conservait ainsi en lui-même un asile pour la vertu. Il a fait plus que de ne pas se soumettre. Sa conscience s'est soulevée et maintenue pendant des siècles en état de constante révolte. Cette rébellion de l'esclave, c'est la liberté même; de là lui est venue la persécution avec tous ses maux; de là les dévouements sublimes, le sacrifice, source de toute grandeur morale, la résignation, cette éternelle puissance du faible. Ainsi la religion n'a jamais déserté de son âme ni cessé d'en défendre les parties saines contre les entreprises du despotisme. C'est par la religion qu'au sein de la plus grande oppression l'Irlandais n'a jamais cessé d'être un homme libre.

CHAPITRE V.

Résumé des chapitres précédents. — Illusions que se fait
l'aristocratie d'Irlànde.

On vient de voir comment une cause politique et
un principe religieux ont corrompu, en Irlande,

L'aristocratie irlandaise le plus souvent ne gouverne pas; quand elle gouverne, elle gouverne mal.
Elle manque de la première condition essentielle à
tout gouvernement pour être bienfaisant, qui est
d'éprouver de la sympathie pour les sujets et de
ne pas les mépriser. Absente, on la déteste; présente, on la maudit; elle possède toute la terre dans
un pays où le peuple n'a que la terre pour vivre,
et d'immenses revenus dont elle ne rend pas une
obole aux malheureux dont elle les tient. Elle a
de grands pouvoirs civils, et elle fait de sa puissance un tel usage, que le gouvernement et le sujet
ne connaissent d'autre procédé que la force: le premier, pour imposer sa loi; le second, pour s'y
soustraire. Elle a de grands privilèges religieux
dont elle a si étrangement abusé, qu'elle a rendu
son culte haïssable parmi mille objets de haine.
Voilà certes des vices considérables et si énormes,
que l'on peut dire qu'elle n'a d'une aristocratie que
le nom.

Mais il y a dans cette aristocratie quelque chose peut-être de plus surprenant et de plus extraordinaire que ses vices : ce sont les illusions qu'elle se fait; c'est là foi qu'elle a dans la sainteté de son droit, dans la légitimité de son titre; c'est l'indignation que lui fait éprouver toute contestation du moindre de ses privilèges !

J'admettrai, si l'on veut, qu'après la conquête de l'Irlande, les Anglais conquérants aient rencontré de grands obstacles à leur fusion avec les indigènes; je concéderai, s'il le faut, qu'après la réformation,

compte du génie des temps et des révolutions, je concéderai encore que ces conquérants protestants aient très-sincèrement travaillé à la conversion des Irlandais au protestantisme, et qu'ils aient, par des motifs de pure conscience, exercé une persécution qu'on a souvent attribuée à l'intérêt. Ces prémisses étant posées, j'en abandonnerai facilement les conséquences; j'avouerai sans peine que le grand seigneur anglais qui possède tout à la fois des terres en Irlande et en Angleterre, doive préférer pour sa résidence l'Angleterre à l'Irlande; j'irai plus loin encore, et je conviendrai que celui-là même qui n'est propriétaire que dans la pauvre Irlande, est si près de l'heureuse Angleterre, qu'il doit être bien fortement tenté de s'établir dans celle-ci; je concevrai surtout qu'il abandonne l'Irlande telle qu'elle est de nos jours, en proie à mille discordes intérieures, et dévorée par mille maux qu'il y a trouvés en naissant;

j'admettrai aussi qu'étant loin de sa terre et de ceux qui l'habitent, il lui sera difficile de connaître les souffrances dont le soulagement lui appartient ; j'irai enfin jusqu'à concéder que le propriétaire, qui est retenu sur son domaine d'Irlande, soit par la médiocrité de sa fortune ou pour toute autre cause, sera moins coupable d'opprimer une population qu'il méprise et déteste en vertu des traditions reçues de ses pères, que ne le serait l'oppresseur exempt de tous préjugés.

Mais ce que je ne puis concevoir, c'est qu'après plus de deux ou trois siècles de persécutions stériles pour convertir l'Irlande au culte réformé, l'aristocratie protestante ne voie pas clairement que l'Irlande est destinée à demeurer catholique, et que la persécution, exercée en vain, a dû enraciner dans l'âme du peuple les haines les plus profondes contre les persécuteurs; ce que je ne conçois pas davantage; c'est que ce grand seigneur anglais ou irlandais, qui n'est que propriétaire en Irlande, y prétende aux pouvoirs de l'aristocratie; c'est qu'il se croie en droit de commander à ses fermiers de voter aux élections, selon son bon plaisir, et qu'en voyant ceux-ci donner un suffrage indépendant, il s'écrie, dans une douleur profonde, que les liens sacrés qui unissaient le vassal à son seigneur sont brisés; ce qu'il m'est impossible de comprendre, c'est que celui qui ne réside pas sur des domaines où il est inconnu ; ou cet autre, dont la présence sur ses terres ne s'annonce que par des exactions et des rigueurs; ce juge de paix d'Irlande, qui vit habituellement à Londres, qui vient, en passant, s'asseoir sur le banc des magistrats, et qui, après avoir touché le loyer de ses terres, ne s'en ira pas sans condamner à mort quelques mauvais sujets irlandais ; ce juge de paix, dont les décrets n'excitent parmi le peuple que la haine et l'indignation, dont l'incapacité est si grande, que, sans l'assistance du pouvoir central, il ne parviendrait point à rendre la justice, et son autorité si faible, que sans l'artillerie anglaise il ne serait point obéi ; ce ministre anglican, qui vit sur le pauvre, auquel le pauvre paie des taxes, et dont le pauvre ne reçoit rien ; qui, venu en Irlande comme missionnaire, n'y est plus que rentier, et qui, se voyant en Irlande entouré de haines et de périls,

soit à Londres, à Bath ou à Cheltenham, les cinq cents livres sterling de rente que lui rapporte son bénéfice d'Irlande ; ce qu'il m'est impossible, dis-je, de concevoir, c'est que de tels hommes, propriétaires, magistrats ou gens d'Église, qui ne font rien pour le peuple, prétendent aux privilèges qui sont l'attribut d'une aristocratie qui gouverne ; c'est qu'après avoir délaissé le peuple à lui-même, ils s'étonnent de le voir ignorant, grossier, mourant de faim, et quand ils l'ont traité en esclave, de le voir vil et dégradé ; c'est qu'après avoir été la cause volontaire ou involontaire de ses maux, ils soient surpris d'en être haïs ; ce qui passe mon intelligence, c'est qu'après avoir abaissé leur pays à un degré de misère inconnu de tout autre peuple, dans le même temps que l'Angleterre surpassait en prospérité toutes les nations du monde, ils s'indignent de ne pas jouir en Irlande de la popularité qu'obtient l'aristocratie en Angleterre; ce qui, en un mot, révolte mon bon sens, c'est que, dépourvue de toutes les conditions d'existence, cette aristocratie, qui n'en est pas une, se déclare légitime, juge ses droits sacrés, ses titres inviolables, revendique rigoureusement les honneurs et les respects qu'obtient à grand'peine une aristocratie éclairée, juste et bienfaisante, et qu'elle crie à l'impiété quand le moindre de ses priviléges est attaqué.

Je me trompe, ces passions de l'aristocratie irlandaise ne doivent point me surprendre, elles sont naturelles; celui qui naît propriétaire d'esclaves, ne croit-il pas à la sainteté de l'esclavage?

FIN DU TOME PREMIER.

NOTES.

PAGE 189.

(1) Wakefield, Account of Ireland, t. I, p. 216.

(2) Giraldus cambrensis, Ancient irish Histories, Campîon, p. 13.

PAGE 191.

(1) Wakefield, t. I, p. 86, 92, 93, 98. — Mason, t. II, p. 501.

La plus grande étendue de *bogs* est contenue dans la vaste plaine qui forme le bassin central de l'Irlande et qui peut se décrire par deux lignes tirées, l'une de l'île d'Howth à Sligo, l'autre de Wicklow à Galway; l'espace compris entre ces lignes est de 2,831,000 acres. Le mot *marais* par lequel on traduit quelquefois *bog*, rend mal le sens de ce dernier terme. Le caractère d'un sol marécageux est en général d'être très-bas, tandis que les tourbières d'Irlande sont quelquefois à près de cinq cents pieds au-dessus du niveau de la mer. (Encyclopedia Britannica, v° Ireland, p. 391.)

PAGE 194.

(1) En Connaught tout le monde parle l'irlandais. V. History of Galway-Hardiman, p. 313.

PAGE 199.

(1) On a estimé que ces pauvres cultivateurs en Irlande sont dans la proportion de cent quatre-vingt-dix-neuf catholiques contre un protestant. Scully's penal Laws, p. 143.

(2) V. Third report of the irish poor Inquiry, 1836.

« It appears that in Great-Britain the agricultural families constitute *little more than a fourth,* while in Ireland they constitute about two-thirds of the whole population; that there were in Great-Britain, in 1831, 1,055,982 agricultural labourers, in Ireland 1,131,715, although the cultivated land of Great-Britain amounts to about 34,290,000 acres, and that of Ireland only to about 14,600,000; we thus find that there are in Ireland about five agricultural labourers for every two that there are for the same quantity of land in Great-Britain. »

PAGE 2o3.

(1) L'Irlandais ne mange de viande qu'une fois l'an, le jour de Noël.

Un des grands inconvénients de la pomme de terre, comme fond d'aliment pour une population considérable, c'est: 1° la difficulté d'en transporter une grande quantité d'un lieu à un autre. Tel village a des pommes de terre en abondance, non loin d'un autre qui est dans la disette : mais comment le premier fera-t-il parvenir au second l'excédant de sa richesse ? 2° les pommes de terre ne se conservent pas, de sorte qu'une année d'abondance ne peut compenser une année de disette. V. Selections from the evidence received by the poor irish Inquiry commissioners. 1835. p. 225.

(2) *Id.*, p. 220.

PAGE 2o4.

(1) V. Selections of the irish poor Inquiry, p. 296. — 1835.

PAGE 2o7.

(1) Lettre au duc de New-Castle du 7 mars 1727. — Boulter's letters. 1er vol., p. 181.

PAGE 2o8.

(1) Tithes Inquiry-House of lords, 1832. 2e report, p. 95.

(2) Poor irish Inquiry, 2e report, 1836, p. 4.

(3) Wakefield, Account of Ireland, t. I, p. 224.

(4) L'auteur a en général adopté les résultats de l'enquête commencée en 1835 par ordre du parlement, et dont les principaux commissaires étaient le docteur Whately, archevêque protestant de Dublin, le docteur Murray, archevêque catholique, MM. Carlisle, Corrie, Vignoles, More O'Ferral, etc. Les travaux immenses de cette commission lui ont paru mériter la plus grande confiance. Ils sont l'image la plus fidèle de l'Irlande. C'est encore voyager en Irlande que de les parcourir. L'auteur n'a pas sans doute négligé de consulter les importantes publications de M. Nicholls, autre commissaire chargé plus récemment d'une nouvelle enquête sur l'état de l'Irlande. Mais il est impossible, pour quiconque a visité ce pays, de ne pas reconnaître que les constatations de la première enquête et les appréciations des premiers commissaires ont un caractère de vérité, de soin minutieux et d'exactitude parfaite, qui ne se trouve point au même degré dans les rapports de M. Nicholls. On sent que les premiers commissaires racontent tout simplement ce qu'ils ont vu, et ont commencé leurs recherches sans prévoir quelle en serait la conclusion. Il semble au contraire que M. Nicholls ait conçu en Angle-

terre un ordre d'idées, à l'appui desquelles il serait venu en Irlande chercher des faits; de sorte qu'il n'aurait pas tiré son système des faits, mais aurait accommodé les faits à son système.

PAGE 209.

(1) En juillet 1835, je parcourus le comté de Mayo (Connaught); et comme je traversais la paroisse de New-Port-Pratt, j'y trouvai toute la population debout, et donnant, au milieu d'une extrême agitation, les signes du plus violent désespoir. C'était la saison de la disette, le peuple était affamé. L'agitation de ces malheureux venait moins de leur misère que de leurs espérances; on leur avait annoncé des secours promis par l'Angleterre, et ces secours, ils les attendaient. Dans cette situation, l'arrivée d'un étranger au milieu d'eux fit une grande sensation; une voix s'écria que c'était un envoyé du gouvernement anglais, et en un instant ce bruit se répandit dans toute la foule et dans tout le pays. J'eus à dissiper ces illusions. Je vis alors de mes propres yeux ce que c'est qu'une population entière mourant de faim, épuisée par le jeûne, demandant à grands cris du travail, et réduite à une stérile oisiveté..... Voulant me former par moi-même une idée exacte du degré de misère de tous les habitants de cette paroisse, je visitai au hasard un grand nombre des cabanes dont elle se compose. Voici quelques détails statistiques que j'ai rapportés de cette enquête : sur 11,761 habitants de la paroisse, il y en a 9,838 qui n'ont d'autre coucher que de la paille et de l'herbe, 7,531 n'ont pas même de bois de lit, et couchent par terre. Sur 206 personnes dont se compose le petit village de Derry-Laken (l'un des villages de la paroisse), il n'y en a que 39 qui possèdent une couverture pour la nuit; les autres, durant la nuit, meurent de froid comme de faim. Je trouvai, dans le cours de mes visites, douze familles qui, au milieu du jour, n'avaient pas encore rompu leur jeûne, faute d'aliments. J'ai vu un pauvre malheureux alité, dont l'unique maladie provenait d'un trop long jeûne imposé par la misère; il était tout honteux de son indigence, et se laissait mourir de faim plutôt que de mendier. — La famine dure en général de trois à quatre mois; elle commence vers la fin d'avril, époque à laquelle les pommes de terre de l'année précédente commencent à être mauvaises parce qu'elles germent, et dure jusqu'à la fin d'août, c'est-à-dire jusqu'au moment où se fait la nouvelle récolte de pommes de terre.

PAGE 220.

(1) Il y a en Angleterre quelques petits propriétaires (yeomen et freeholders) dont le nombre diminue chaque jour, les petites terres s'absorbant de plus en plus dans les grandes. En Irlande, ils sont presque entièrement sinon inconnus.

On a à tort donné le nom de *yeomen* en Irlande, aux habitants des campagnes qui, pendant la guerre de 1798, se joignirent à l'armée anglaise pour réprimer l'insurrection. C'étaient tous des fermiers et non des propriétaires. Or, le *yeoman* est celui qui cultive lui-même la terre dont il est le propriétaire.

PAGE 223.

(1) La population agricole est aussi quelquefois placée sur la terre suivant un autre système.

Supposez un village composé de cent familles auxquelles un propriétaire livre deux cents acres de terre, attribuant à chacune d'elles deux acres dont il fixe la rente, *soit à une livre sterling l'acre*, les cent familles lui devront chacune deux livres sterling, en tout deux cents livres sterling. Il est établi que si l'une d'elles ne paie pas ce qu'elle doit, toutes les autres seront tenues de sa dette, c'est-à-dire qu'elles sont constituées solidaires les unes des autres. — C'est ce qu'on appelle le système de fermage en commun (*joint tenancy*).

PAGE 225.

(1) In Ireland the owner of the fee has in many cases parted with all beneficial interests in his land, except the receipt of a chief-rent, which is not increased, the lease being for lives, and renewable for ever. The ground so let is again underlet and subdivided till at last there come to be six or seven removes between the owner of the fee and the occupying tenant. (Lord Stanley's speech, 5 juillet 1832 — House of lords.)

PAGE 226.

(1) V. dans Wakefield's Account of Ireland, t. I, p. 287, les exactions auxquelles se livrent les middlemen. — Arthur Young's Travel, t. II, p. 97, édition in-8. — Et aussi enquête de 1832, state of Ireland, p. 247, et autres.

(2) Je n'ai entendu sur ma route, en parcourant l'Irlande, que des imprécations des pauvres fermiers contre le taux exorbitant des rentes qu'exigent d'eux les propriétaires. Cependant je pourrais me défier de mes propres notes sur ce sujet, si je ne les trouvais entierement confirmées par tout ce qui, en cette matière, peut faire autorité, les ouvrages des voyageurs célèbres et dignes de foi, aussi bien que les documents parlementaires : Arthur Young, qui voyageait en 1779 ; — Wakefield qui parcourait l'Irlande en 1810 ; — Inglis en 1834 ; — et toutes les enquêtes parlementaires de 1825, de 1830 de 1835 et 1836.

PAGE 227.

(1) Voici un exemple : en général, le pauvre agriculteur qui prend à loyer une petite étendue de terre en paie la location au propriétaire, au moyen de journées de travail qu'il fait pour celui-ci, et dont le prix se compense avec les rentes ; mais qui fait le compte de ces journées de travail, qui en fixe la valeur? c'est le propriétaire; et dans un compte ainsi fait le pauvre cultivateur est d'ordinaire complètement dupe. C'est une des causes les plus certaines de la misère chez la population agricole.

PAGE 230.

(1) A l'exception de la médecine.

PAGE 232.

(1) V. G. Lewis irish Disturbances, p. 79 et 320.

PAGE 233.

(1) Is it the custom to let farms to the highest bidder? — it is. — Enquête de 1832. — Tithes, commons, 3717. — Fitzgerald, 215. — Are they let by public advertisement? *some are*, and some not. Idem, 3759.

(2) C'est maintenant une vérité constatée par des autorités irrécusables, que, sous le poids des charges dont la terre est grevée, le pauvre agriculteur ne saurait tirer du sol de quoi payer son fermage et se soutenir lui et sa famille. Il est également reconnu que ses moyens d'existence ne sont suffisants que si, pendant tout le temps qu'il ne consacre pas à la culture de son champ, il trouve de l'emploi comme ouvrier à gages. Or, cette seconde ressource, sans laquelle la première est incomplète, lui manque presque toujours: si l'on excepte le temps des semailles et celui de la récolte, on peut affirmer qu'en Irlande, l'habitant des campagnes ne peut pas compter sur deux jours d'emploi régulier. — Il ne trouve habituellement personne qui le fasse travailler, parce que tous ceux qui l'entourent sont pauvres comme lui, et que le riche, qui pourrait seul les employer, est ou absent ou indifférent à leur misère. Dans toute la province de Connaught il y a six mois de l'année durant lesquels toute la population agricole manque absolument d'ouvrage et demeure oisive sur la terre où elle n'a rien à faire, ni rien de quoi vivre ; l'on a même calculé que, dans une paroisse de cette contrée, sur les trois cent soixante-cinq jours de l'année, il n'y en a pas plus de trente pour lesquels le journalier trouve du travail. Les provinces moins misérables, telles que Munster et Leinster, ne fournissent jamais à la population agricole de travail constant, et dans les paroisses les plus heureuses, il y a toujours au moins trois mois d'oisiveté forcée pour les ouvriers. Ce travail précaire et

irrégulier est d'ailleurs rétribué par un salaire variable, quoique toujours minime : la plus forte paie pour un journalier est de 12 sols par jour (6 pence), elle est souvent de 8 sols (4 pence), quelquefois de 4 sols (2 pence) ; — Pour que le sort de ces cultivateurs fût tolérable , il faudrait qu'ils eussent toute-l'année du travail à 10 sous par jour, sans être nourris. —V. Selections of the poor irish Inquiry 1835, p. 207, 214; George Lewis, Irish disturbances, p. 27.

(3) 2,600,000, c'est le chiffre adopté par les commissaires de l'enquête de 1835. V. troisième rapport de *Poor irish inquiry*, 1836.

PAGE 234.

(1) V. G. Lewis Irish disturbances, p. 79.

PAGE 235.

(1) La première expulsion des fermiers qui se fit un peu en grand en Irlande, arriva par l'effet d'un autre calcul. C'était vers l'an 1760; alors le prix du beurre était exorbitant sur le marché irlandais; de là un grand intérêt pour les propriétaires d'augmenter l'étendue de leurs prairies et de convertir leurs terres labourées en pâturage. De là la nécessité d'expulser beaucoup de fermiers.

PAGE 236.

(1) On ne saurait faire de l'état de ces petits fermiers irlandais aucune peinture qui ne soit au-dessous de la vérité. Quiconque a vu leur condition pensera que les couleurs du tableau que je présente sont beaucoup trop faibles. Du reste la tyrannie des propriétaires irlandais est un texte qui, pour être développé, demanderait plus d'un chapitre et plus d'un volume. Ceux qui voudraient plus de détails et plus d'autorités peuvent lire ce que dit à ce sujet Arthur Young, vol. II, Sect. 5, *Tenantry* of Ireland. Wakefield, vol. I, p. 510. — Wakefield ne peut mieux comparer, dit-il, le fermier et le propriétaire d'Irlande qu'au serf et au noble de Russie : « To call the farmer « *tenant* would be a perversion of terms; to name the latter Land Lord, « would be a prostitution of language. » V. aussi Mason, Statistical account and survey of Ireland.

PAGE 237.

(1) There has been a great many of the old people *Turned off* that became beggars, a and good many of them *died of want*. V. State of Ireland, enquête de 1832, p. 471.

PAGE 238.

(1) ‹ The crimes committed by the *White-Boys* as a punishment, for the

« violation of their commands, may be reduced to three heads : 1° death;
« 2° corporal infliction; 3° destruction of property.» Irish disturbances George
Lewis, p. 225, 226, 239.

(2) Secrets et serments des White-Boys. V. George Lewis, p. 164.

(3) V. dans George Lewis, comment le White-Boysme prend sa source
première dans les rapports du propriétaire et du fermier. Irish disturbances,
p. 58 et 106.

PAGE 239.

(1) George Lewis, p. 232, 233.

(2) Pendant des années, dans le comté de Killkenny, un propriétaire ne
peut expulser un fermier, ou donner sa terre à bail, que du consentement et
selon le gré des White-Boys. Lewis, p. 23.

PAGE 240.

(1) Irish disturbances. G. Lewis, p. 119.

PAGE 241.

(1) V. le White-Boy act de 1775. — La peine de mort y est inscrite
dans chaque article.

(2) V. l'Insurrection act de 1796. — Renouvelé en 1807 à cause des
Trashers. — George Lewis, 43.—La loi du 11 février 1832 et le Coercion
act de 1833.

(3) D'après l'Insurrection act, quiconque était trouvé hors de sa maison
après le coucher du soleil était arrêté et passible de la peine de la déportation.

(4) V. Coercion bill. — Loi du 2 avril 1833, art. 13.

(5) Oak-Boys, en 1764. — Les enfants du chêne. — Voyez George
Lewis, p. 34. — V. aussi Hardy life of lord Charlemont, I, 185.

(6) Steel-Boys. — Les enfants d'acier.

(7) Right-Boys. — Les Enfants du Droit.

(8) Nom d'un chef et d'une reine imaginaires.

(9) *Trashers* ou *batteurs*, en Connaught. — V. G. Lewis, p. 41.

(10) *Pieds-Blancs* et *Pieds-Noirs*. — V. G. Lewis, p. 84.

(11) Il y a bien d'autres noms encore sous lesquels la guerre des agriculteurs aux propriétaires s'est déclarée et dont je ne parle pas; par exemple :
les *Carders*, les *Shanavates*, les *Caravats*, les *Blak-hens*, les *Kirkavallas*,
les *Ribbonmen*. (*State of Ireland*, enquête 1832.) — V. du reste le chapitre
de l'Introduction, intitulé : les *White-Boys*, à la fin de la troisième époque.

PAGE 242.

(1) Quoique l'esprit de parti religieux soit encore bien fort en Irlande, il

y a un esprit de parti plus grave en ce moment; c'est l'esprit de parti du
pauvre contre le riche, de la démocratie contre l'aristocratie Au jury l'accusé irlandais récuse bien plus le riche que le protestant; il aime mieux le
protestant pauvre que le catholique riche. — V. enquête de 1832, State of
Ireland, p. 206.

PAGE 244.

(1) Lorsque je parle de gouvernement libre, je n'entends pas un gouvernement fondé sur l'assentiment constaté de tous les membres du corps
social réuni pour délibérer sur la meilleure forme de gouvernement. Je
parle ici de liberté dans le sens anglais et féodal du mot : or, pris dans
cette acception, liberté est synonyme de privilége; dans une société d'origine féodale, il n'y a pas un seul droit qui ne soit privilége. Le principe
féodal est que tout procède du roi. — Le roi est maître de tout le royaume,
de la vie, de la liberté de tous ceux qui le couvrent; s'il ne possède plus
toutes les terres, c'est qu'il les a concédées; s'il ne peut les reprendre, c'est
qu'il s'en est interdit la faculté; s'il ne dispose plus de la vie et de la liberté
de ses sujets que dans certains cas et suivant certaines formes, c'est qu'il
en a abandonné le pouvoir; s'il y a dans tout le royaume un comté, une
ville, une paroisse qui se gouverne et s'administre autrement que par son
ordre et suivant sa volonté, c'est encore parce qu'il s'est dessaisi de son autorité à cet égard. On ne dit point en Angleterre : La liberté est un droit
imprescriptible de l'homme; mais on dit : Le droit de n'être arrêté, poursuivi en justice, et troublé dans sa propriété, que suivant la forme et par
les magistrats désignés par la loi, est un privilége concédé par le roi Jean, et
qui depuis n'a cessé d'appartenir à tout Anglais.

Si l'on perd de vue ce point de départ, je crois fort difficile de bien saisir
l'esprit de toute société anglaise. On se demande quelquefois pourquoi rien
dans les institutions anglaises n'est rationnel; c'est que tout y procède du fait,
et rien du droit; telle institution existe, non point parce qu'elle est juste et
en harmonie avec les autres, mais parce qu'il a plu à un roi de la fonder
en dépit de sa discordance avec tout le reste de l'édifice social. Vous voyez,
à côté d'une garantie précieuse pour les libertés, un pouvoir exorbitant,
source de tyrannie. c'est que l'une fut arrachée à un prince faible par ses
sujets plus forts que lui; et l'autre, cent ans après, imposée au peuple par
un roi puissant. Il est difficile de trouver en Angleterre un ensemble quelconque d'institutions qui soient unies entre elles par un lien logique. Chacune de ces institutions est le don d'un roi, l'effet d'un accident, le besoin
d'une circonstance, jamais l'œuvre d'un principe. Voilà pourquoi en Angleterre, quand une question politique se présente, vous n'entendez point les
orateurs remonter aux principes du droit et de la justice; mais chacun recherche les précédents; et la victoire est assurée, non pas à celui qui rai-

sonne le mieux, mais à l'orateur qui montre comment fut décidé un cas semblable sous Édouard III; ou sous la reine Anne. Ceci explique pourquoi en
Angleterre il n'y a pas une autorité publique qui n'agisse, et pas un droit privé
qui ne s'exerce au nom du roi; il n'existe peut-être pas de monarchie où le
pouvoir royal soit si restreint, et où le nom du roi soit si souvent invoqué. De
fait le roi n'a presque plus d'action nulle part; il est en nom partout. Il a
toujours le droit; ses sujets n'ont que la concession. Quand par hasard un droit
n'émane pas directement du roi, ne croyez pas qu'il soit la conséquence lo-
giquement déduite d'un principe; en ce cas il procède de la coutume, c'est-
à-dire de ce qui échappe le plus aux règles du raisonnement. Je n'en citerai
qu'un exemple : la publicité du parlement et la publication de ses débats est
considérée avec raison comme l'un des plus graves éléments de la liberté
de la presse. Cependant sur quoi repose cette publicité? — Sur un droit? —
Non, sur un abus : en principe, l'assemblée du parlement est secrète; car si
le peuple a des priviléges, le parlement a aussi les siens; et quoiqu'en fait
toutes les séances des lords et des communes soient ouvertes au public, et
leurs débats publiés dans les journaux, il dépendrait d'un seul lord et d'un
seul député de faire évacuer la salle par le public, et de mettre ainsi la presse
dans l'impossibilité d'en rendre compte. Nul ne le fait cependant; pourquoi?
parce que la coutume s'y oppose; la coutume est en Angleterre la plus puissante de toutes les lois. — Aussi le principe de la publicité parlementaire,
de la liberté de la presse est-il plus solidement établi en Angleterre que dans
aucun des pays où ces principes forment des articles exprès de la constitution.
Ainsi tout en Angleterre vient du roi ou de la coutume; il en est de même en
Irlande, pays anglais. Lors donc que je parle de libertés, de droits politiques, d'indépendance, j'entends l'indépendance, les droits, les libertés qui
résultent du *privilége* devenu droit, et de l'usage toléré devenu institution.
C'est dans ce sens seulement que le gouvernement de l'Irlande est un gouvernement libre.

PAGE 245.

(1) Le seul droit politique un peu considérable qu'ait l'Angleterre et dont
l'Irlande ne jouit qu'avec beaucoup de restriction, c'est le droit de posséder
des armes.

Une loi de 1807 (47, George III. sect. 2, chap. 54), qui ne fait que continuer des interdictions précédentes, veut, qu'en Irlande, nul ne conserve une
arme en sa possession, si ce n'est avec l'autorisation des magistrats; — la
même autorisation est nécessaire pour se la procurer. Une loi de 1817 (57,
George III, chap. 4) renouvelle les dispositions de cette même loi qui sont
encore reproduites par la loi du 13 août 1834 (4 et 5, Guillaume IV,
chap. 53).

Une loi de 1830 (1, Guillaume IV, chap. 44), interdit toute importation et toute vente en Irlande des armes et des munitions de guerre, si ce n'est avec la permission du vice-roi ou des magistrats, selon les circons-stances.

(2) Cette règle n'est pas sans exception; des lois récentes ont supprimé presque toutes les administrations particulières existantes en Irlande pour la perception des revenus publics, telles que ceux de l'excise, de la douane, du timbre et des taxes générales; cette perception a été, par les mêmes lois, re-mise aux agents des administrations analogues existantes en Angleterre. — V. lois 7 et 8, George IV, chap. 53 (1827-28);—10, George IV, chap. 22 (1830);—4 et 5, Guillaume IV, chap. 51 (1834-35);—3 et 4, Guillaume IV, chap. 50 (1833-34); — 8, George IV, chap. 55 (1828); — 4 et 5, Guil-laume IV, chap. 66 (1834 1835).—Le principe suivant lequel l'impôt public est perçu en Irlande est absolument le même qu'en Angleterre, avec cette seule différence que l'Irlande ne paie point l'impôt foncier auquel l'An-gleterre est sujette (the assessed and land taxes).—Ces lois montrent la ten-dance moderne qu'éprouve l'Angleterre à abolir les institutions spéciales que l'Irlande possède pour lui donner en retour les lois de la Grande-Bre-tagne; mais jusqu'à présent elles ne sont que des exceptions.

(3) L'Irlande est divisée en 32 comtés. Lorsqu'en 1172 et dans les an-nées suivantes ils se sont établis en Irlande, les Anglo-Normands qui, pen-dant plus d'un siècle, avaient vécu parmi les Saxons, tombés sous leur joug, firent, dans l'organisation du gouvernement irlandais, un singulier mélange de normand et de saxon. *Shire* et *comté*, en Angleterre, étaient synonymes; le pre-mier, mot saxon; le second, mot normand. Ils ont donné le mot normand au comté irlandais, ce qui ne les a pas empêchés d'appeler l'officier royal du comté du nom saxon de *sheriff* (shire-reeve).—Ils ont subdivisé le comté en districts à peu près correspondants aux *hundreds* saxons; mais tout en imi-tant la division saxonne, ils ont appliqué à ces districts un nom normand, les ont appelés des *baronies* et leur ont donné pour magistrats les *high con-stables* des *hundreds saxons.*

PAGE 246.

(1) On a vu dans la note précédente que les Anglo-Normands ont, dans la division qu'ils ont faite de l'Irlande après la conquête, partagé les comtés en baronies. Ils ont aussi fractionné les paroisses en *Townlands* comme pour reproduire le *Township* saxon. La baronie n'est le centre d'aucun intérêt collectif, et ne constitue jusqu'à présent, en Irlande, qu'un morcellement ad-ministratif du comté. Il en est de même du *Townland* qui n'est rien autre chose qu'un fractionnement de la paroisse. Il n'y a de pouvoirs politiques que dans l'État, dans les comtés, dans les corporations municipales et dans la paroisse.

PAGE 248.

(1) Le traitement du président des États-Unis est de 120,000 fr.

(2) Par exemple, en cas d'insurrection générale du pays, en cas de menace d'une invasion étrangère, etc., il peut, comme le roi d'Angleterre, suspendre la loi d'habeas corpus, c'est-à-dire la loi qui garantit la liberté individuelle, et mettre en vigueur la loi martiale ; sauf à rendre compte ensuite au parlement des mesures qu'il a prises, et à demander un bill d'indemnité pour avoir violé les principes sur lesquels repose la constitution du pays. C'est ainsi qu'agit lord Cambden, vice-roi d'Irlande, en 1798, après les mesures énergiques qu'il avait employées pour réprimer l'insurrection de cette époque. —V. loi 21 et 22, George III, chap. 11.—Act for the better securing the liberty of the subject.

(3) Ces pouvoirs que possède le vice-roi d'Irlande, et qu'en Angleterre la couronne n'a pas, consistent dans la faculté que lui donnent les lois actuelles : 1° de soumettre à de certaines règles exceptionnelles de police telle ou telle partie du pays reconnue par lui dans un état particulier d'agitation. Ces principales règles qu'il peut prescrire extraordinairement sont : l'obligation d'être rentré chez soi avant le coucher du soleil ; celle de n'en sortir qu'une heure après son lever ; de ne pas porter d'armes ; de souffrir la nuit des visites domiciliaires. 2° De soumettre à une juridiction autre que celle du droit commun les personnes poursuivies à raison de ces infractions, devenues des crimes par l'état spécial du lieu où elles ont été commises, ou tous autres délits. — V. loi du 31 août 1835. C'est le dernier vestige du Coercion bill. Il existe du reste entre le caractère du roi et celui du vice-roi une différence constitutionnelle qu'il n'est pas nécessaire de rappeler au lecteur : c'est que le roi d'Angleterre est inviolable et irresponsable, tandis que le vice-roi d'Irlande n'est ni l'un ni l'autre.

PAGE 249.

(1) ... that he had taken the Lord's supper...

PAGE 250.

(1) En 1800.

(2) Les pétitions contre l'union portèrent plus de 700,000 signatures, tandis que celles qui étaient favorables au projet, n'excédèrent pas 4 à 5000.

PAGE 251.

(1) V. dans l'Introduction historique les phases diverses de l'existence du

parlement irlandais, et les circonstances dans lesquelles l'union législative de l'Irlande à l'Angleterre s'est accomplie.

PAGE 252.

(1) D'après l'article 4 du traité d'union, les pairs d'Irlande fournissent vingt-huit membres à la chambre des Lords d'Angleterre, non compris quatre pairs ecclésiastiques. Ces vingt-huit pairs sont nommés par eux à vie, et remplacés à mesure des extinctions; les Lords ecclésiastiques sont désignés seulement pour une session. C'est un système différent de celui qui est pratiqué pour l'Écosse. Les Lords écossais désignés par leur corps pour siéger dans le parlement anglais, ne sont point nommés à vie, ni pour une seule session, mais bien pour toute la durée du parlement. — Il y a en tout quatre cent trente-cinq membres dans la chambre des Lords, dont seize pairs écossais et vingt-huit pairs irlandais. Outre les vingt-huit pairs irlandais siégeant à ce titre dans la chambre des Lords, un grand nombre d'autres y ont été appelés par la faveur royale, et y figurent comme pairs d'Angleterre.

(2) Ces représentants de l'Irlande dans le parlement britannique sont au nombre de cent cinq, — deux pour chaque comté, ce qui, à raison de trente-deux comtés, en donne déjà soixante-quatre; trente-neuf sont nommés par des villes, et deux par l'Université de Dublin : le tout conformément à l'art. 4 du traité d'union de 1800. L'Angleterre et le pays de Galles envoient au parlement cinq cents membres; l'Écosse cinquante-trois; ce qui, en y ajoutant les cent cinq membres irlandais, fait un total de six cent cinquante-huit membres. Ainsi l'Irlande est à peu près pour un sixième dans la représentation parlementaire de la Grande-Bretagne à la chambre des Communes.

(3) La loi électorale est absolument la même en Irlande qu'en Angleterre pour les représentants des villes à l'élection desquels concourt tout individu occupant un loyer de la valeur de 10 liv. st. (de 250 fr.). Il n'y a de différence que pour l'élection des représentants des comtés, qui en Angleterre sont élus par tous les propriétaires (freeholders), possédant un revenu au moins de 40 schillings (50 fr.); tandis qu'en Irlande il n'y a d'électeurs de comté que ceux qui jouissent d'un revenu foncier d'au moins 10 liv. st. (250 f.). Jusqu'en 1829 la loi électorale des deux pays était la même; mais à cette époque les électeurs de comté à 40 schillings ont été abolis; ce fut une concession du parti libéral et populaire en considération de l'émancipation catholique accordée à l'Irlande par le même acte. — Quant aux électeurs à 10 liv. st. des villes (Ten-pounders), l'Irlande les doit comme l'Angleterre à la loi de réforme de 1832, qui a, dans les deux pays, aboli également les bourgs-pourris.

(1) **Les quatre cours d'Irlande** se composent aussi de douze juges. Il n'en est pas un seul dont le traitement soit moindre de 100,000 fr. Celui du lord chancelier d'Irlande est de 250,000 fr.

(2) L'*habeas corpus*. Je demandais un jour à un jurisconsulte distingué d'Angleterre quel était le vrai sens de cette loi célèbre, et en quoi consistait son efficacité tant vantée. L'*habeas corpus*, m'a-t-il répondu, n'est autre chose que le principe que nul ne peut être arrêté sinon dans les formes et pour les causes déterminées par la loi. — Mais, lui ai-je répliqué, ce principe figure dans toutes les constitutions écrites ; et cependant dans les pays même où il est ainsi proclamé, il arrive souvent qu'on le viole. — La sanction du principe, a repris mon interlocuteur, se trouve dans le droit qui, en vertu de l'habeas corpus, appartient à toute personne arrêtée de se faire conduire devant l'un des douze juges d'Angleterre ; et là d'y demander compte des causes de son arrestation. — Mais, ai-je répondu, il en est de même chez nous ; nul, aux termes de nos lois, ne doit demeurer en prison plus de vingt-quatre heures sans être conduit devant le magistrat chargé de l'interroger, et cependant cette prescription de la loi est souvent méconnue. — Voici, a repris aussitôt le jurisconsulte anglais, la garantie que vous cherchez dans notre loi : c'est que tout individu, fonctionnaire ou non, qui commet un acte arbitraire ou contraire à la loi, celui qui l'ordonne comme celui qui l'exécute, est responsable devant les tribunaux. — Mais, il en est de même chez nous, ai-je répliqué encore une fois. Alors l'Anglais est resté muet. — Voyant son embarras, je lui ai adressé cette seule question : Quelle est la formalité que doit remplir celui qui, ayant à se plaindre d'un abus de pouvoir, d'un acte arbitraire, d'une atteinte portée illégalement à sa liberté, veut poursuivre devant les tribunaux soit l'instigateur de l'acte, soit l'agent ? — Il n'a aucune formalité à remplir, m'a répondu le légiste anglais ; il traduit directement le fonctionnaire inculpé devant le tribunal du droit commun. Sa citation n'est subordonnée à l'autorisation d'aucun pouvoir supérieur ; et dans tous les cas, le fait objet de la plainte est soumis à un jury. — Cette dernière réponse m'a suffi. Jusqu'alors je ne voyais dans la loi anglaise que le principe de la liberté individuelle ; j'ai commencé à voir tous à la fois le principe et *sa garantie*. Cette garantie du droit est plus précieuse que le droit lui-même. Il n'y a guère de gouvernement tyrannique qui n'ait la prétention d'être libre ; et cela est si vrai que l'on entend dire sans cesse aux amis du despotisme que c'est dans les pays de pouvoir absolu que règne la véritable liberté. Qu'on voie les constitutions de tous les pays ; toutes proclament à peu peu près les mêmes droits pour les citoyens ; d'où vient que sous l'empire des unes on jouit de libertés que ne donnent point les autres ? C'est que celles-là placent à côté du droit la *garantie*,

qui dans celles-ci est omise. Il n'y a donc de constitution véritablement libre que celle qui en prescrivant une liberté et en proclamant un droit, offre en même temps la *garantie* de ce droit et de cette liberté.

PAGE 255.

(1) La moindre évaluation porte ce nombre à 2,700. J'en ai compté 3,000 dans le Dublin Almanak. Un certain nombre a pu être retranché lors de la révision faite des juges de paix d'Irlande, à l'époque du couronnement de la reine Vittoria, qui a donné à tous les fonctionnaires publics une nouvelle investiture.

(2) V. Blakstone, t. II, ch. ix.

(3) Ces réunions hebdomadaires sont ce qu'on appelle les *Petty-sessions*.

PAGE 257.

(1) Il y a bien de certaines infractions que la loi recommande au juge de punir d'office; mais il n'existe point auprès de lui de fonctionnaire public

siége point en permanence dans l'enceinte de la justice. Il n'y vient qu'occasionnellement, lorsqu'un cas spécial l'y appelle, comme ferait un avocat chargé d'une cause particulière. Sa présence n'est point, comme chez nous, une condition d'ordre public, sans laquelle la justice est présumée impossible. — En Angleterre et en Irlande les avocats de la couronne ne cessent pas de plaider des affaires particulières, tout en exerçant de temps à autre leurs fonctions publiques. — Le mal résultant du défaut de ministère public a été depuis longtemps senti en Irlande, et l'on a souvent tenté d'y remédier. Déjà l'usage a étendu le nombre des cas dans lesquels l'avocat de la couronne poursuit d'office. Il y a d'ailleurs une certaine classe de crimes spéciaux à l'Irlande, et qui, considérés comme politiques de leur nature, doivent être recherchés par la partie publique; tels sont tous les crimes entachés de whiteboysme, ce qui comprend la grande série des attentats dont la possession de la terre est l'objet, les émeutes, les insurrections; et comme ces crimes sont extrêmement nombreux à raison de l'état agité du pays, la coutume s'est établie d'envoyer dans chaque comté, tant à l'époque des assises, qu'à celle des *Quarter sessions* un avocat de la couronne (Crown-sollicitor) qui prend en main les affaires dont le titre et la gravité réclament son intervention. C'est un commencement de ministère public; mais l'organisation de ce pouvoir est encore vague et incomplète; et à l'heure qu'il est, il y a encore plus de la moitié des délits délaissés à l'action particulière des individus. Tout, du reste, indique que bientôt on nommera en Irlande, pour chaque comté, un *Crown-sollicitor*, *résidant* et en *permanence* dans la ville, siége de la justice, et auquel on interdira toute pratique autre que celle de son office public.

(2) Pour avoir copie de l'acte d'accusation, l'accusé doit payer un droit de 5 à 6 shellings au greffier de la couronne (clerk of the crown). V *Courts of Ireland*. Enquête, au mot *Crown office*, p. 96 et 137. — Quant au refus des cahiers d'enquête, v. id.

PAGE 258.

(1) L'auteur tient des sources les plus dignes de foi, qu'en Irlande, sur 2,700 juges de paix environ, il y en a à peine 400 qui soient catholiques, c'est-à-dire un peu moins d'un septième.

PAGE 259.

(1) Cette négligence des juges de paix d'Irlande est signalée dans toutes les enquêtes officielles. V. notammeut l'enquête sur les cours d'Irlande (*Courts of justice in Ireland*), aux mots *Clerk of the peace* et *Clerk of the Crown*.

PAGE 262.

(1) C'était en Irlande une coutume établie. de délivrer aux prévenus de légers crimes (misdemeanours) une copie des cahiers d'information ; mais à l'occasion d'un procès fait aux *Catholic Delegates* (c'est-à-dire aux représentants de l'association catholique réunie à Dublin), la cour du banc du roi (*King's bench*) a pris une décision contraire à cet usage, et depuis ce temps la copie des. pièces a été refusée. V. *Courts of justice in Ireland*. Enquête de 1826. — Crown office, 1827, p. 96.

(2) V. Exemple du refus positif de la population d'aider les magistrats à rétablir l'ordre troublé. Enquête de 1832 state of Ireland, p. 206.

(3) V. Irish Disturbances.— George Lewis, p. 254.

PAGE 265.

(1) Art. 105 du grand jury act. — To the prosecutor, when *in poor circumstances* (besides bis expences) further allowance to be made for trouble and loss of time. — Id. for witness. 6 et 7. W. IV. ch. cxvi.

PAGE 267.

(1) V. nombreux exemples de pareils cas dans l'enquête sur les *Courts of justice* in Ireland. Au mot *quarter-sessions*, p. 4.

PAGE 270.

(1) Les cas infiniment rares où ils ont désigné pour leur président un autre que l'assistant *Barryster* sont cités comme des exceptions tout à fait extraordinaires. La loi qui a créé l'*assistant* Barryster en Irlande est l'acte 36. — George III, ch. xxv.

PAGE 271.

(1) Il y a 32 comtés en Irlande.

(2) Ces officiers sont nommés en Angleterre sous l'autorité du roi, et en Irlande, sous l'autorité du vice-roi, par le lord chancelier.

PAGE 272.

(1) Les autres fonctions générales remplies par cet officier, se réduisent à peu de choses.

Le lieutenant du comté a le commandement de la milice qui aujourd'hui n'a plus d'existence que dans la loi (en ce sens que son principe qui vit toujours ne serait remis en vigueur que si des circonstances majeures, telle que la crainte d'une invasion, faisaient sentir la nécessité de cette force nationale); dans ce moment en Irlande, la milice n'est pas même organisée sur le papier. La véritable autorité du lieutenant est celle qu'il possède comme juge-de-paix, et comme chef de tous les juges-de-paix de son comté dont il est l'intermédiaire auprès du gouvernement central. C'est lui qui présente au choix du chancelier ceux qui sont appelés à le devenir, et demande la révocation de ceux qui ont démérité.

On a vu dans le chapitre précédent la part considérable que prend le shérif à l'exécution de la justice par la formation des listes du jury. Ses autres fonctions générales consistent à convoquer les électeurs pour le choix des membres du parlement en exécution du *Writ de convocation* qui lui est adressé par le gouvernement, présider les élections et en constater le résultat; c'est à lui qu'il appartient d'autoriser ou de refuser les *meetings*. Il est d'ailleurs l'agent général dans le comté de tous les actes réguliers du pouvoir exécutif, ministériel ou judiciaire. Il est le principal officier du comté, et le principal représentant de l'autorité royale. Le lieutenant, dont les attributions sont différentes et moindres, est pourtant dans le comté un personnage beaucoup plus considérable que le shérif; son importance lui vient de sa position sociale : il est le premier de l'aristocratie. Le shérif, au contraire, n'occupe parmi l'aristocratie qu'un rang secondaire; il tient son rang de son autorité, et c'est par celle-ci qu'il s'approche de l'aristocratie, qui l'accepte plutôt qu'elle ne le compte comme un des siens.

Plusieurs des fonctions du shérif sont de nature si basse, telles, par exemple, que l'obligation personnelle d'exécuter les suppliciés lorsque nul exécuteur salarié ne peut être trouvé, ou bien encore l'exécution quotidienne de certains mandats de justice, que l'office de shérif serait absolument impossible pour toute personne d'un certain rang et d'une certaine condition sans la faculté qui est donnée à ce magistrat d'avoir un suppléant (under-shérif), lequel emploie lui-même souvent des agents secondaires.

Outre les fonctions générales attribuées aux juges-de-paix pour l'exécution de la justice, et dont l'exposé a été présenté plus haut, ces officiers remplissent dans le comté pour le gouvernement général un certain nombre de devoirs dont voici les plus importants : ce sont eux qui arrêtent la liste générale des citoyens propres à remplir les fonctions de juré, sur laquelle le shérif choisit les membres du grand et du petit jury. Il leur appartient de délivrer ou de refuser les licences nécessaires pour faire le commerce des liqueurs fortes. Ce sont eux qui ont la police générale de la grande voirie, et ils sont ainsi investis (art. 146 du grand jury act) de plusieurs attributions d'ordre et de sûreté publique qui chez nous sont remises au préfet et au maire. Par exemple : un dommage arrive soudainement à un pont, il y a urgence d'y faire une réparation : qui l'ordonnera ? — Deux juges-de-paix réunis en *petty-sessions*. (V. act. 49 du grand jury act.) — La loi établit les règlements en matière de voirie; mais ce sont les juges-de-paix qui les font exécuter; et ils ont le droit de faire arrêter quiconque y contrevient. (Art. 146 du grand jury act.) Lorsque l'ingénieur du comté estime qu'il y a nécessité de suspendre l'usage d'une route nouvellement construite, ce sont deux juges-de-paix qui l'ordonnent. (Art. 59.jd.)

Les juges-de-paix sont maintenant en possession de tous les pouvoirs qui autrefois étaient confiés à des magistrats élus par le peuple. Chacun d'eux a tous les pouvoirs qu'avait le tithingman ou dizainier du township saxon; dans leurs petty-sessions de baronies, ils tiennent une cour analogue à celle du hundred; leurs quarter sessions ont remplacé la cour du shérif ou du comté.

Les juges-de-paix sont en principe des agents révocables du prince; en fait, et en Angleterre surtout, ils sont comme inamovibles. Les mœurs sont plus fortes que les lois; or, ces mœurs ont consacré qu'un juge-de-paix ne peut être destitué que pour des faits qui seraient de nature à le faire mettre en jugement. M. Philipps, premier commis du ministère de l'intérieur à Londres, me disait qu'il n'avait pas souvenance d'un juge-de-paix destitué en Angleterre. Jamais, par exemple, un dissentiment politique, en matière électorale, ne pourrait être un grief invoqué par le gouvernement contre un juge-de paix. Ces mœurs se sont établies sans doute au profit des juges-de-paix, parce que c'étaient les membres d'une aristocratie forte et puissante.

Les juges de paix ne ressemblaient en rien dans l'origine à ce qu'ils sont devenus aujourd'hui. Lorsque Édouard III s'attribua le pouvoir de nommer ces magistrats, ces conservateurs de la paix, qui étaient à l'élection du peuple, il ne vit dans cette usurpation qu'un moyen d'affaiblir la puissance populaire en accroissant la sienne; il en nomma deux ou trois par comtés. V. Blakstone, t. II, ch. IX. Réduits à ce petit nombre, ils pouvaient être encore des agents du prince; mais à mesure que l'aristocratie grandit en pouvoir, elle cessa d'agir pour le prince; le prince fut obligé d'agir pour elle, et de nommer autant de juges de paix qu'il plut à celle-ci qu'il y en eût. Dans l'origine, le prince s'empara de tous les pouvoirs du peuple ; l'aristocratie, plus tard, saisit presque tous les pouvoirs des agents du prince. Quand elle n'a pas détruit les fonctions de ceux-ci, elle les a du moins dépouillées de tout ce qu'elles avaient de considérable ; c'est ainsi, qu'elle n'a laissé au shérif-royal que celles de ses attributions qui sont insignifiantes ou ignobles ; et si elle a respecté le vieil emploi populaire du coroner, comme le prince l'avait respecté lui-même, c'est que ni roi, ni aristocratie, n'ont été tentés de disputer à l'élu du peuple le droit de faire des enquêtes sur le cadavre des morts.

(2) Tels que canaux, etc.

(3) En principe général la paroisse anglaise est tenue de faire et d'entretenir toutes les routes situées dans sa circonscription. Elle n'échappe à cette obligation que lorsqu'elle ést traversée par une route que le gouvernement central (c'est-à-dire le parlement) a ordonnée, et qui s'exécute en vertu d'une commission appelée *Turnpike trust*. La charge de l'exécution et de l'entretien d'une pareille route pèse entièrement sur les commissaires nommés par le même acte du parlement (Trustees), et qui, en compensation de cette charge, établissent un droit de passage sur la route : droit considérable qui grève d'une lourde taxe tout voyageur en Angleterre, racheté peut-être par l'avantage des routes les plus belles et les plus commodes qui soient au monde. — Cette obligation, qui pèse sur toute paroisse anglaise, fut jadis imposée également aux paroisse d'Irlande. C'est ce qu'atteste une loi rendue sous Jacques Ier, en 1612. — Mais les paroisses d'Irlande ayant, à ce qu'il paraît, mal rempli l'office qui leur était remis, une autre loi rendue sous Charles Ier (X, ch. 1) transporte cette attribution aux autorités du comté. Une autre loi du temps de la reine Anne confie aux juges de paix réunis en *sessions*, le pouvoir de nommer les inspecteurs des routes, dans le cas où les paroisses auraient omis de le faire. — On voit comment, faute d'exercer ce pouvoir, les paroisses l'ont perdu au profit du comté.

PAGE 273.

(1) *Special sessions* et *road sessions*.

PAGE 274.

(1) Ordinairement 100 ou 150, choisis par le shérif sur la liste totale des citoyens désignés comme propres à remplir les fonctions de jurés, par les juges de paix réunis en *quarter-sessions*. En général, tout *freeholder* est porté sur cette liste.

PAGE 275.

(1) Pour bien apprécier la nature du grand jury d'Irlande, il ne faut point oublier que ce conseil, auquel est remise l'administration du comté, est, avant

tout, comme son propre nom l'indique, destiné à rendre la justice. Il est d'abord corps judiciaire; et puis on le fait, par extension, corps adminis- tratif. Quelques jours avant l'arrivée du juge d'assises, ce grand jury convo- qué par le shérif se livre à l'examen des affaires du comté; mais ce travail est, en quelque sorte, provisoire; tant que le juge n'est pas arrivé, le grand jury semble agir comme un mineur dont le tuteur est absent. — Le juge d'assises n'assiste cependant point aux délibérations du grand jury ; tandis que le conseil administratif se livre à ses travaux, le juge expédie les procès civils et criminels; mais, quoique occupées de soins différents, les deux auto- rités siégent à peu de distance l'une de l'autre; une cloison seule les divise. Séparé du juge, le grand jury n'en agit pas moins sous l'autorité de celui-ci; le juge est là tout près de lui pour l'éclairer de ses conseils et réformer ses erreurs. Le grand jury craint-il de se tromper sur le véritable sens d'une loi, il consulte le juge. N'ose-t-il résoudre une question délicate, il remet la dé- cision au juge. Le grand jury manque-t-il à quelqu'un de ses devoirs essentiels, le juge y supplée d'office. Un tiers est-il intéressé à constater cette négligence ou cette omission, il la dénonce au juge qui sur-le-champ la répare. En général le juge approuve les actes du grand jury ; quelquefois il les rectifie ; toujours il les contrôle. Rien de ce qui émane du conseil administratif du comté n'a d'autorité exécutoire que sous la sanction du juge. — En Angleterre, le juge d'assises ne possède aucun de ces pouvoirs. Il fait bien , en sa qualité de juge, une foule d'actes d'administration ; mais il n'existe entre lui et le conseil des juges de paix aucune simultanéité d'action. Aucun lien légal ne rattache leurs autorités l'une à l'autre. Les *quarter-sessions*, où se tient le conseil du comté, sont tout à fait distinctes des assises tenues par le juge. Ces deux assemblées se réunissent à des époques différentes. Il n'existe donc, entre le conseil des juges de paix en Angleterre et le juge d'assises, aucun rapport; l'un est absolument indépendant de l'autre. Chacun des actes des juges de paix anglais peut sans doute être déféré soit à l'une des cours de Westminster, soit au juge des prochaines assises ; mais ce juge n'est point là prononçant comme en référé sur toutes les questions qu'il plait, soit au grand jury, soit aux autres parties intéressées, de lui soumettre ; et les résolutions administratives que prend l'assemblée des quarter-sessions n'ont pas besoin, pour être coërcitives, de l'*exequatur* du juge. — C'est donc sous l'autorité du juge d'assises que le grand jury d'Irlande délibère. — Il est, sous un autre rapport, moins libre dans sa sphère d'action que les juges de paix anglais, réunis en *quarter-sessions*. Ceux-ci sont, à vrai dire, souverains dans la limite de leurs pouvoirs , sauf le recours légal aux tribunaux ; et le principe est qu'ils délibèrent avec une entière liberté sur tous les objets dépendants de leur vote. En Irlande le grand jury est quelquefois tenu de voter,de cer- taines dépenses sur lesquelles il n'a pas à délibérer, par exemple le traitement des fonctionnaires salariés du comté, l'entretien des cours de justice, de la prison, etc. Supposez qu'il omette de porter sur le budget du comté quelqu'une de ces dépenses, le juge devra les y mettre d'office. Le grand jury d'Irlande est d'ailleurs tenu envers le gouvernement central à quelques obligations inconnues aux représentants du comté anglais. C'est ainsi qu'il est forcé de voter, à la charge du comté, une taxe pour l'entretien de la police centrale (constabulary). S'il omet ce vote, le juge y supplée *d'office*. V. le grand jury act. 6 et 7 W. IV., ch. cxvi.

PAGE 276.

(1) Il résulte de documents officiels qu'en 1830 et 1831, les taxes votées par les grands jurys d'Irlande se sont élevées, terme moyen, à 860,000 l. st. chaque année, c'est-à-dire 21,600,000 fr. — Or, en Irlande, le produit total de la terre étant de 12,715,000 l. st., on peut dire que l'impôt voté par les grands jurys, absorbe la quatorzième partie des revenus fonciers de l'Irlande. V. Enquête sur les dîmes de 1832. — *Lords Tithes*. Griffith, p. 15.

(2) Les juges de paix sont, en principe, révocables à volonté ; mais ici encore, c'est un des cas, si fréquents en Angleterre, où la coutume est au-dessus du droit.

PAGE 279.

(1) Grand jury jobs. On a coutume, en Angleterre, de dire que les *jobs* sont venus d'Irlande ; et l'on dit en Irlande que les *jobs* sont venus des grands jurys. — Il y a des propriétaires qui, n'étant pas payés de leurs rentes, ont trouvé moyen de se faire payer par un vote du grand jury. V. Enquête de 1832. *State of Ireland*, p. 187 et 208. — Dans le comté de Donegal, l'aumônier de la prison, ministre protestant, reçoit à ce titre 30 l. st., et, en outre, 80 l. st. comme inspecteur de cette prison, en tout 110 l. st. ou 2,800 fr. — Le comté de Donegal contient, à la vérité, beaucoup de protestants ; mais les protestants sont en général la classe la plus riche ; les catholiques sont la classe pauvre ; or ce sont surtout les pauvres qui volent et vont en prison. Voilà donc 2,800 fr. donnés à un protestant pour s'occuper d'une population qui lui est antipathique et dont il est détesté. V. County Cess., p. 63 et 121. — Rapport parlementaire, publié en 1836. — V. id., p. 138 l'exemple d'un comité médical de bienfaisance qui ne se réunit seulement pas.

(2) *Esprit des lois*, liv. VI, ch. IV.

PAGE 282.

(1) Le pouvoir législatif est, en Angleterre, encore plus centralisé que chez nous. Presque tout ce qui, en France, se fait par une ordonnance royale ou

par une décision ministérielle, ne s'exécute, en Angleterre, que par une loi du parlement. En France, le pouvoir législatif se délègue souvent : ainsi il n'est pas rare que nos lois confèrent à de certaines autorités secondaires le pouvoir de faire des règlements de police, en leur traçant les limites dans lesquelles elles devront se renfermer, limites plus ou moins arbitraires, qui se rapprochent ou se reculent au gré de l'interprétation, et permettent à ces autorités de prendre des dispositions exorbitantes qui touchent à la liberté et à la propriété des citoyens. Ainsi l'on voit chez nous un maire ou un préfet, sous prétexte du bon ordre et de la sûreté publique, puiser, dans la loi du 24 août 1790, le droit de faire des règlements qui embrassent presque toute la vie des citoyens, défendre dans certains cas la circulation dans les rues, déterminer l'heure, le commencement et la fin des spectacles, régler et interdire même, selon les circonstances, la navigation sur les rivières, etc. Aucun pouvoir semblable n'appartient, en Angleterre et en Irlande, aux agents du pouvoir exécutif. Dans ces pays c'est un principe rigoureux que le pouvoir législatif ne se délègue pas. Ce pouvoir est présumé capable de faire face à tous les besoins administratifs. En fait il est souvent dans l'impossibilité de remplir une pareille tâche ; mais en Angleterre on considère comme un moindre mal de manquer d'une loi ou d'un règlement utile que de voir cette loi faite arbitrairement par une autorité incompétente.

PAGE 283.

(1) C'est le même acte du parlement qui règle le mode suivant lequel, à Manchester, doit se faire le ramonage des cheminées.

(2) On a coutume d'appeler l'acte spécial par lequel le parlement règle la police des villes, un *local act ;* l'agent qui est nommé par le parlement se nomme *commissaire* ou *mandataire. (Commissioner* ou *trustee.)*

PAGE 284.

(1) La population de ces soixante et onze corporations est de 894,503 habitants. V. *Municipal corporations Ireland.* Enquête de 1835.

PAGE 288.

(1) V. un exemple. Municipal corporations inquiry. Ireland, 1835. Appendix. part. I, p. 215 ; et une foule d'autres cas semblables constatés par l'enquête.

(2) V. First report of the municipal corporations inquiry. Ireland, 1835, p. 16.

PAGE 289.

(1) V. Appendix to municipal corporations Ireland. Reports I et II on the

city of Dublin, 1835. — Il est à la connaissance personnelle de l'auteur que M. Murphy, l'un des plus riches négociants de Dublin, ne fait point partie de la corporation de cette ville, où il ne peut entrer par la seule raison qu'il est catholique.

(2) Le corps qui représente la cité; c'est-à-dire le corps des *freemen*.

(3) V. First report of the municipal corporations inquiry. Ireland, p. 27.

(4) Id., p. 25.

(5) Id. Appendix, part., I, p. 220.

(6) Id. First report, p. 25. De même à Limerik, la corporation donne des pensions aux veuves des aldermen. A Cashel la corporation afferme au profit de ses membres, moyennant 200 liv. st., 2000 acres de terres qui devraient être affermés 2000 liv. st. — Appendix, part. I, p. 469.

PAGE 290.

(1) Dans la ville de Naas, où il y a trente catholiques contre un protestant, la corporation n'en est pas moins exclusivement composée de protestants. V. Municipal corporations appendix. Première partie, p. 215 et 219.

(2) 33 George III, ch. 1, § 7, et ch. XXI, § 7.

PAGE 291.

(1) Loi du 13 avril 1829, connue sous le nom de l'*acte d'émancipation des catholiques d'Irlande*.

(2) Loi de réforme des corporations municipales d'Angleterre, adoptée en 1836, et précédée d'une enquête parlementaire très-volumineuse, faite en 1835.

PAGE 293.

(1) Les Saxons possédaient les institutions les plus libres qui aient jamais appartenu à aucune nation. Non seulement le peuple tout entier ou ses représentants délibéraient sur les affaires publiques dans le grand conseil national (le witena-gemot); mais encore il n'existait pas une seule division politique du pays qui n'eût sa représentation libre et son administration populaire : ainsi le *shérif* et le *coroner*, officiers du *shire* ou *comté*, le *constable* du *hundred* ou *centurie*, le tithing-man (*theothungman*) ou borsholder du *township* ou *décurie* (c'est-à-dire l'old-man of the borough) étaient tous élus par le peuple. C'était aussi le peuple qui nommait les magistrats chargés plus particulièrement du maintien de l'ordre, et que, par cette raison, on appelait les *conservateurs de la paix* (the *conservators of the peace*), appelés depuis juges de paix, et plus tard, nommés par les rois. Ces officiers publics rendaient compte de leur gestion à leurs commettants dans des assemblées (meetings), où régnait la plus grande liberté de discussion. Outre ces agents

particuliers, chacune de ces divisions du territoire avait ses cours de justice, depuis le comté dont la cour s'appelait *la cour du shérif,* jusqu'au *Town-ship* ou décurie qui avait sa *court-leet,* ou cour de franc-pledge. (V. Burn's justice, v° -*Leet.*) Dans ces divers tribunaux tous les francs-tenanciers (*freeholders*) étaient juges.

·La guerre que se livrent en Angleterre le principe saxon et le principe normand, né de la dernière conquête, ne se voit pas seulement dans les siècles passés; elle continue de notre temps et se montre sous nos yeux plus vive et plus animée que jamais. Le jour où le parlement anglais a adopté le bill de réforme parlementaire (1832), qui confère le droit de suffrage aux moindres boutiquiers des villes, on a pu dire que le principe saxon ou populaire remportait une victoire sur le principe normand. Lorsque la chambre des communes a (en 1837) rejeté le bill de Joseph Hume qui proposait d'établir dans les comtés des administrations locales fondées, comme celles des paroisses sur l'élection populaire (*county-boards*), c'est au contraire le principe normand qui a vaincu le principe saxon.

PAGE 294.

(1) Les principaux officiers de la paroisse anglaise sont les *churchwarden* (marguilliers), le greffier (clerk), les inspecteurs des pauvres (*overseers of the poor*), l'inspecteur des routes (*surveyor of the highways*), les *constables* ou agents d'exécution. Chacun de ces officiers doit convoquer le vestry chaque fois qu'il a un pouvoir à demander ou un compte à rendre ; s'il ne le faisait pas, il encourrait une responsabilité qu'il lui importe d'éviter ; par exemple, lorsqu'une route à la charge de la paroisse est en mauvais état , l'inspecteur des routes (le *surveyor*) doit le faire savoir au vestry et lui demander les fonds nécessaires à sa réparation ; s'il ne le fait pas, tout individu ayant intérêt à ce que la route soit bien entretenue, peut s'en prendre à lui, et lui demander même des dommages et intérêts, si ce mauvais état de la route lui a occa.. sionné quelque préjudice, par exemple, s'il y a cassé sa voiture. Si l'inspecteur de la route convoque le vestry, et que le vestry ne s'assemble pas, ou si celui-ci, s'étant assemblé, repousse la demande du *surveyor*, alors le *surveyor* échappe à toute responsabilité ; et cette responsabilité ne pèse plus que sur la paroisse elle-même, à laquelle seule la partie lésée peut désormais s'adresser. Il en est de même du cas où l'indigent demande du secours au surveillant des pauvres ; si ce fonctionnaire refuse le secours de son chef et mal à propos, il est responsable de son refus et des conséquences, et si, par suite, le pauvre meurt de faim, le surveillant des pauvres risque d'être actionné en dommages et intérêts par la famille du défunt; mais, s'il avait rassemblé le vestry et que le refus de secours fût venu de cette assemblée, ce serait la paroisse tout entière et la paroisse seule qui en subirait les conséquences ; de même, quand les

churchwarden ou marguilliers ont demandé au vestry assemblé une taxe pour réparer l'église menaçant ruine, si le vestry refuse et que l'église, en s'écroulant, blesse quelques personnes, celles-ci auront droit d'actionner la paroisse entière en dommages et intérêts, et ne pourront rien réclamer des *churchwarden* qui, en rassemblant le vestry et en lui demandant une taxe destinée à cet objet, ont fait tout ce qu'il était en leur pouvoir de faire.

PAGE 295.

(1) L'Irlande n'ayant jamais été conquise par les Saxons; la paroisse n'y existait pas quand les Anglo-Normands ont envahi ce pays au xiie siècle.

PAGE 297.

(1) Ce point de départ est toujours à considérer; il exerce une immense influence sur le sort des institutions. Voilà pourquoi il faut toujours regarder au fond des pouvoirs politiques, au lieu de n'en examiner que la forme. Les Anglais, qui ont porté en Irlande la paroisse et le comté; n'y ont en réalité établi que celui-ci; plus tard, ils portent aussi en Amérique la paroisse et le comté; mais cette fois ce n'est, à vrai dire, que la paroisse ou la commune qu'ils y ont instituée. Ils ont introduit en Irlande le principe normand; en Amérique le principe saxon.

PAGE 298.

(1) Papists (it being recited that they obstructed the building or repair of churches by out-voting the protestants); shall not vote at any vestry held for such purposes. 12 Georges I, ch. ix, § 7. vol. V. p 184.

PAGE 299.

(1) Cette importante attribution de la paroisse en Angleterre a été; il est vrai, entamée par le *poor law amendment act* de 1833, qui à conféré au gouvernement central la haute direction de l'administration des pauvres. L'auteur a cru cependant devoir présenter la gestion de la loi des pauvres comme appartenant toujours aux paroisses, par deux raisons principales; 1° parceque la loi de 1833, quoique mise en vigueur et obéie, excite d'assez violentes oppositions pour qu'il soit permis de ne pas la considérer comme définitive; et 2° parceque, même depuis cette loi, les paroisses, toutes soumises qu'elles sont à un contrôle supérieur dont auparavant elles étaient exemptes; n'en conservent pas moins l'administration locale de leurs pauvres. A cette occasion l'on fera observer qu'à l'heure qu'il est, le principe politique de la paroisse, quoique encore très-vivace en Angleterre; y est cependant en déclin. Déjà, en 1819; une loi (59 George III) avait permis aux juges de paix de nommer des inspecteurs des pauvres (*overseers* of the poor); sur la présenta-

tion du vestry: V. Burn's justice; t. IV; p. 10. Et même précédemment encore; sous le règne de George III (1773); on avait privé la paroisse d'une partie de ses attributions relatives aux routes, lorsqu'on avait établi le système des routes à barrière (turn-pike roads); conféré l'administration de celles-ci à des agents du pouvoir central (*trustees* ou *commissionners*), et chargé de leur surveillance des inspecteurs nommés par les juges de paix assemblés en *special sessions*; sur la présentation du vestry. V. Burn's justice, t. II, p. 671. Lorsqu'on étudie l'esprit des lois anglaises durant les cent dernières années qui viennent de se passer, on y voit l'aristocratie et le pouvoir central s'efforçant tour à tour, et quelquefois simultanément, d'attirer à eux les pouvoirs démocratiques de la paroisse. Pendant cette période, la paroisse est surtout démembrée au profit du comté, c'est-à-dire de l'aristocratie ; aujourd'hui c'est plutôt dans l'intérêt du gouvernement central, qui du reste s'efforce de dépouiller en même tems le comté et la paroisse.

PAGE 301.

(1) Il y a un petit nombre de paroisses en Irlande qui ont exceptionnellement quelques intérêts locaux, suffisants pour leur donner une sorte d'existence politique : par exemple, quelques-unes ont des pompes à incendies, pour lesquelles elles votent des fonds et instituent des agents ; celles-ci pourvoient aux funérailles des pauvres, au sort des enfants trouvés (*deserted children*); d'autres paient des officiers de santé (officers of health) dans l'intérêt de la paroisse. Toutes les paroisses d'Irlande seraient en droit de pourvoir à ces divers offices, dont l'un (l'entretien des enfants trouvés) est même obligatoire; mais en fait les trois quarts des paroisses irlandaises ne prennent aucun souci de ces différents intérêts. En général leur unique soin consiste dans la répartition des taxes qu'elles ont à payer, soit en vertu d'une loi de l'État, soit en conséquence d'un vote du grand jury. Mais il s'agit alors d'un intérêt central ou provincial ; il n'y a de paroissial que la perception de la taxe, qui est une charge et non une attribution.

PAGE 303.

(1) Ainsi, pour citer un exemple, quand une compagnie offre de faire une route à ses frais, elle a besoin d'y être autorisée par le parlement qui, non-seulement prescrit à la compagnie les règles selon lesquelles celle-ci devra procéder, mais encore confie le soin de leur observation à un certain nombre d'individus choisis par lui parmi les sociétaires, et qui, étant constitués ses agents sont par cette raison appelés *commissaires* (commissioners) ou mandataires du parlement (trustees); ces commissaires, qui, en fait, échappent complètement à toute surveillance et à tout contrôle du gouvernement central, sont cependant, en principe, les délégués du parlement et des fonctionnaires agissant sous son autorité.

(2) Tous les juges de paix, les lieutenants de comté, les shérifs, et en général les commissaires ou *trustees* chargés par le parlement d'intérêts particuliers ou généraux dont le gouvernement central veut conserver le soin , remplissent des fonctions gratuites.

PAGE 311.

(1) Il y a un chiffre statistique qui prouve mieux que toute autre chose le degré comparatif de respect qu'on a en Angleterre et en Irlande pour la liberté individuelle, et la facilité avec laquelle, dans ce dernier pays on prive les citoyens de leur liberté sur le soupçon d'un crime ou délit.

Sur 20,072 personnes arrêtées en Angleterre en 1833, il n'y en a que 1833 à l'égard desquelles on a déclaré qu'il n'y avait lieu à suivre (no bill found). Tandis qu'en Irlande, pendant la même année, sur 17,819 personnes écrouées, 3,970 ont été remises en liberté sur ordonnance de non-lieu (no bill found). — A côté de la facilité d'arrêter sans preuves, d'où naît la nécessité de remettre en liberté sans jugement, se trouve placé le penchant à la sévérité dans les jugements, quand on a retenu le prévenu pour les assises ou pour les quarter-sessions.

Ainsi je vois qu'en Angleterre, sur 18,239 mis en jugement en 1833, 14,449 ont été condamnés et 3,793 ont été acquittés (près d'un quart). — Tandis qu'en Irlande, durant la même année, sur 13,849 personnes jugées, il n'y en a eu d'acquittées que 2,405, c'est-à-dire, environ un sixième. Les autres années présentent des chiffres encore plus significatifs en ce sens. V. p. 187 et 191, appendix Crawford american penitentiaires. Maintenant, si, au lieu d'appliquer la statistique de la justice criminelle aux prévenus et aux condamnés, on s'en sert pour apprécier le nombre des crimes et par conséquent ceux qui en souffrent, on verra un résultat non moins triste en Irlande. Il suffira de comparer les chiffres qui suivent; les états de la justice criminelle d'Angleterre constatent qu'en 1834 il y a eu 21,115 poursuites criminelles, dont 18,660 pour crimes contre la propriété , et 2,455 pour crimes contre les personnes; les mêmes états pour l'Irlande constatent qu'en 1836 il y a eu 15,747 poursuites criminelles, dont 7,978 pour attentats à la propriété, et 7,769 pour attentats contre les personnes. On voit par ces chiffres qu'il y a en Angleterre plus du double de crimes contre la propriété qu'en Irlande; mais il est à considérer que la population de l'Angleterre et du pays de Galles est plus du double de celle de l'Irlande : ce qui fait que, sous ce rapport, il existe à peu près une proportion égale entre les deux pays. Il faut aussi considérer qu'il y a en Angleterre infiniment plus qu'en Irlande d'objets et de richesses propres à exciter la cupidité, et par conséquent les crimes qu'elle suggère devraient y être plus communs. Mais on voit aussi que, des mêmes chiffres, il résulte

que les crimes contre les personnes sont en Irlande trois fois et presque
quatre fois plus nombreux qu'en Angleterre; ce qui, à raison d'une population moindre de moitié, en élève la proportion à 7 ou 8 fois plus, de sorte
qu'en Irlande, où il y a peu de commerce et d'industrie, et par conséquent
peu d'objets qui excitent au vol, on attente cependant à la propriété presque
autant qu'en Angleterre; et la sûreté des personnes y est huit fois plus
menacée que dans ce dernier pays. — V. Tables shewing the number of
criminal offenders, England and Wales, 1834, et *Prisons of Ireland* fifteenth
report, 1837. Dans le compte que j'ai fait des crimes et des accusés, soit en
Angleterre et en Irlande, j'ai eu soin d'écarter les délits *spéciaux*, tels que la
contrebande, les contraventions aux lois sur l'excise, les délits de chasse, etc.

PAGE 314.

(1) V. Political anatomy of Ireland, par sir William Petty, p. 8. —
V. aussi Report of the commissioners for religion and other instruction in
Ireland, 1835. Remarquez que je compte dans le chiffre des protestants,
les protestants de toutes les sectes, anglicans, presbytériens, quakers et
autres; pour juger cependant l'efficacité de l'Église anglicane et son influence,
il ne faudrait prendre que les protestants qui observent sa discipline : en
adoptant cette base, la seule véritable, on arriverait sans doute à des calculs
encore plus défavorables à cette Église ; car, si les catholiques gagnent
chaque jour sur les protestants en général, il faut ajouter que les dissidents
sont aussi en progrès sur les anglicans ; le 5 mai 1730, le primat Boulter
écrivait à l'évêque de Londres : Instead of converting.., we are daily losing
many of our meaner people who go off to popery. — V. Boulter's letters,
t. II, p. 9.

PAGE 315.

(1) Les quatres provinces ecclésiastiques d'Irlande sont Armagh, Dublin,
Cashel et Tuam ; si l'on veut étudier l'organisation de l'Église anglicane, son
administration, ses revenus, ses charges, ses offices, le nombre de ses partisans, on n'a qu'à étudier les enquêtes parlementaires publiées récemment,
l'une sous le titre de *Reports of the commissioners appointed to inquire
into the state of religious and other instruction in Ireland*, 1835; l'autre,
Ecclesiastical revenue and patronage in Ireland, 1834-36-37. V. aussi
Statistical account of the British empire, par M. Culloch.

PAGE 316.

(1) Vicaires ou suppléants appelés *curates*, autrement dit le *clergé occupé*
(*the working clergy*), par opposition aux ministres titulaires, dont les emplois sont des sinécures.

(2) Pour juger comment les dîmes et les terres de l'Église rapportent à ses ministres au moins vingt-deux millions de francs, V. *Statiscal account* de M. Culloch, t. II, p. 434. — *Ecclesiastical commission*, first report 1833, p. 7, 43 et 212. — *Second report on tithes Ireland*, 1832. Lords. Griffith, p. 15 130. Toutes les fois qu'on veut indiquer l'enquête intitulée *Ecclesiastical revenue* and *Patronage in Ireland*, on ne la désigne que sous le nom d'*ecclesiastical commission*.

(3) A Glebe-House.

(4) Ces 19,942,755 fr. l'ont aidée à construire, depuis 1800 jusqu'à ce jour, quatre cent soixante-quatorze églises et quatre cent quatre-vingts presbytères. V. Ecclesiastical commission, troisième et quatrième rapports, 1836 et 1837.

(5) Son revenu exact est de 320,333 livres sterling, ou 8,168,491 f. etc.

PAGE 317.

(1) 310,164 francs, ou 12,159 livres sterling. — *Id*. Voir aussi enquête des lords sur les dîmes, tithes 1832, t. 2, p. 60, Blake.

(2) 14,494 livres sterling, c'est-à-dire 369,597 francs.

(3) 3,710 livres sterling, ou 94,605 francs.

(4) Inglis, t. I, p. 112. — A Journey troughout Ireland in 1834.

(5) 6,308 livres sterling, ou 161,154 francs.

PAGE. 318.

(1) A vrai dire, ils sont moins de cinq sur cent. Le chiffre exact est de quatre et demi sur cent; ils ne sont que trois et demi sur cent dans la province de Tuam; dans les trois diocèses d'Emly, de Kilfenora et de Kilmaduac, les protestants anglicans forment moins de deux sur cent. V. First report of the commissioners of public instruction, 1835.

PAGE 320.

(1) *Justices of the peace* ou *magistrats*. Il est vrai qu'après le couronnement de la reine Victoria en 1838, beaucoup de ministres protestants d'Irlande, qui étaient investis de la commission de paix, n'ont point reçu l'institution nouvelle qui leur était nécessaire pour continuer leurs fonctions sous le nouveau règne, de sorte que le mal signalé ici a en partie disparu. Cependant quelques uns d'entre eux ont été confirmés dans leur office de magistrats. Le chiffre exact de ce qui en reste ne se trouve nulle part. Ce n'est pas le nombre qui importe le plus, le fait est bien moins grave que le principe.

PAGE 322.

(1) Le premier acte de violence qui, en 1831, annonça la terrible rébel-

lion contre la dîme, dont le mouvement dure encore de nos jours, fut en
grande partie provoqué par la conduite d'un ecclésiastique qui était aussi
juge de paix, et qui s'était rendu odieux au peuple en cette double qualité.
V. Enquête sur les dîmes. 1832. Tithes lords. 2ᵉ report, p. 78.

PAGE 323.

(1) Il est difficile de rien comprendre aux universités d'Angleterre, si
d'abord l'on ne prend soin d'y distinguer deux choses ; l'*Université* proprement dite et les établissements appelés *colléges*, existant auprès d'elle.
L'*Université* proprement dite date de plusieurs siècles : son objet originaire
était d'offrir au public un enseignement général, sans distinlion de classe,
de religion, ni même de patrie. Elle était ouverte au monde entier. Cependant il se forma bientôt, à côté de l'Université, et tout à fait en dehors
d'elle, des établissements particuliers, indépendants d'elle et dont elle ne
dépendait pas davantage. Ainsi, pour citer quelques exemples; une personne
bienfaisante, frappée des périls auxquels est exposée la jeunesse des écoles,
abandonnée à elle-même au sein d'une grande ville, fonde un collége des-
diné à recevoir un certain nombre d'étudiants, et confie aux gérants de ce
collége le soin de faire un choix parmi les étudiants propres à y être admis.
Une autre personne fonde un pareil établissement destiné, pour le présent
et pour l'avenir, à recevoir tous les membres de sa famille. Une troisième
établit un collége de même nature, en mettant pour condition d'admission
des élèves qu'ils soient nés dans son comté, ou dans sa ville, etc. Tous les
colléges existants auprès des universités anglaises ont eu une origine analogue. La fortune de ces établissements consiste, en général, en revenus de
propriétés foncières, pour la possession et la transmission desquelles ils
possèdent des chartes d'incorporation. Dans le principe, ces colléges n'a-
vaient absolument rien de commun avec l'Université. Ils n'étaient, à vrai
dire, que des asiles de travail, dans lesquels les étudiants se tenaient à
portée de la source de lumières à laquelle ils venaient puiser chaque jour,
et où ils étaient soumis à une salutaire surveillance. Alors l'enseignement
donné par l'Université était réellement le but des études et la cause de la
présence des étudiants. Cependant les colléges sont devenus et sont encore
aujourd'hui le principal . et l'Université n'est plus que l'accessoire. Aujour-
d'hui l'enseignement est presque exclusivement dans les colléges, et l'Université se borne à conférer des degrés et des diplômes aux élèves que les
colléges ont formés. C'est, à ce qu'il paraît, du règne de Henri VIII que
date ce grand changement; il fut alors décidé que, pour être admis dans
l'Université, il fallait d'abord être reçu dans l'un des colléges établis près
d'elle. On voit tout de suite la portée d'un pareil décret : c'était substituer
l'enseignement de quelques personnes à l'instruction de tous, et faire d'un

établissement public de sa nature une institution privilégiée. Sous Élisabeth, l'œuvre dé Henri VIII fut complétée; Leicester, grand-sénéchal de l'Université d'Oxford, établit expressément la règle que, pour être admis dans l'un des colléges, il faudrait appartenir à l'Église anglicane, c'est-à-dire jurer les trente-neuf articles qui constituent les dogmes du culte anglican. Ainsi, d'une part, il est décidé que, pour jouir de l'enseignement universitaire, il faut appartenir à l'un des colléges; et de l'autre il est réglé que pour entrer dans le collége, il faut être de la communion épiscopale. Voilà comment un établissement destiné dans son principe à l'enseignement public, n'existe plus aujourd'hui que dans l'intérêt d'une classe et d'une secte. L'Université ayant passé dans les colléges, ce sont maintenant les colléges qui, de fait, distribuent l'instruction aux étudiants; et il n'y a pas d'autres étudiants universitaires que les élèves de ces colléges. Ceci explique pourquoi les universités ont une infinité de chaires fondées depuis des siècles, et maintenant vacantes. Les titulaires existent bien, dotés de fort beaux traitements; mais ils ne professent pas. Chaque collége a ses professeurs qui font leurs cours pour leurs élèves; l'Université n'a plus de cours, parce que ses professeurs n'ont plus de public. De là naissent forcément les sinécures dont le nombre dépasse toute croyance. L'Université ne conserve qu'une seule attribution intacte : c'est celle de conférer des grades. Elle ne donne pas l'instruction, elle la constate. Elle fait subir les examens. Elle exerce en réalité un pouvoir gouvernemental, en vérifiant la capacité de ceux qui rempliront un jour dans la société les fonctions civiles et religieuses. Il faudrait de plus longs développements que ne comporte la brièveté de cette note pour expliquer la nature des Universités anglaises, le mode de leur administration, leurs priviléges, les rapports mutuels des colléges et de l'Université même, etc. L'auteur a voulu seulement présenter quelques faits principaux et quelques idées générales propres à aider le lecteur dans l'intelligence de l'une des institutions les plus compliquées de l'Angleterre.

PAGE 324.

(1) Ceci ne doit pas être pris dans un sens absolu. Ainsi, par exemple, on peut à la rigueur, même en Angleterre, entrer au barreau sans avoir été dans une Université; mais alors on est sujet à des conditions d'admission plus sévères; ainsi ceux qui ont été élevés dans les universités peuvent, au bout de trois ans passés à l'école de droit, obtenir leur diplôme d'avocat, tandis que pour tous autres il en faut cinq. Il est vrai aussi que cette condition est assez souvent éludée à l'aide de moyens qu'il serait trop long d'expliquer; mais, alors même que le privilége des universités disparaît de fait, il subsiste toujours en principe.

PAGE 326.

(1) **Les universités anglaises** n'ont pas, dans !e parlement, de plus intré-
pide et de plus constant adversaire que lord Radnor, qui, s'attache chaque
année à signaler tout ce qu'il y a d'injuste dans leur monopole et d'abus
criants dans leur organisation actuelle. Ceux qui voudraient approfondir
ce sujet peuvent consulter une brochure publiée il y a deux ans en Angleterre sous le titre suivant : *Historical account of the University of Cambridge and its colleges ; in a letter to the earl* of Radnor; by Benjamin
Dawn Walsh. M. A. Ridgeway. London, 1837.

PAGE 327.

(1) Leland, t. II, p. 325 et 437.

PAGE 328.

(1) Il y a cent trente-trois offices qui dépendent directement d'elle, et
dont elle nomme les titulaires.

PAGE 329.

(1) *Charter schools.* Fondées en 1733 sous le titre de *schools for the
education of the popish and other poor natives.* **V.** *Education inquiry.*
1825. *First report*, p. 5. Ces écoles n'avaient en réalité d'autre objet en
vue que la conversion des catholiques au protestantisme : c'est ce qui résulte
assez clairement de la correspondance du primat Boulter qui, peu de temps
avant la fondation de ces établissements, écrit au duc de New-Castle : « The
number of papists in this Kingdom is so great, that it is of the utmost
consequence to the protestant interest here to bring them over by all
christian methods to the *church* of Ireland. » (Boulter's letters, t. II, p. 11.)
Du reste l'esprit de prosélytisme de ces écoles était patent, puisque c'était
une des règles de l'institution que tout enfant, garçon ou fille, élevé dans
l'école, recevait en mariage *une dot de 5 liv. st.,* pourvu qu'il épousât un
protestant. (**V.** Irish education inquiry. First report, p. 15.) Ces écoles ne
trouvèrent toutefois aucune sympathie parmi la pauvre population d'Irlande.
En 1769, c'est-à-dire près de quarante ans après leur fondation, il en
existait cinquante-deux, dans lesquelles il ne se trouvait que 2,100 élèves
(**V.** id , p. 6). Ceux qui les dirigeaient ne négligèrent cependant pas les
moyens extraordinaires de succès. Le peu d'enfants qui y étaient reçus et
dont on s'efforçait de faire des protestants, avaient coutume de retourner à la
foi catholique dès qu'ils rentraient dans leurs familles. Pour affaiblir cette
influence funeste des père et mère sur leurs enfants, l'établissement prit le
parti de séparer entièrement, pendant tout le cours de leur éducation , les
enfants de leur famille; de sorte que les élèves n'avaient pendant des années

ni père, ni mère, ni frère, ni sœur. Cependant, en dépit de ces expédients, les résultats obtenus furent à peu près nuls. Depuis 1733 jusqu'en 1824, c'est-à dire en quatre-vingt-dix ans, il n'est sorti de ces écoles que 12,745 enfants ; et encore, sur ces 12,745 enfants élevés dans ces écoles , combien peut-on en compter qui y aient reçu l'instruction qu'on leur destinait ? — Il est certain que, de 1803 à 1814, c'est-à-dire en onze années, sur 2,519 élèves, 808 se sont évadés (Id.). Il est constaté aussi qu'en quatre-vingt-dix ans 1,155 enfants seulement ont reçu la dot de 5 liv. st., pour avoir, en sortant de l'école, fait un mariage protestant (Id., p. 30). Cependant l'établissement a, pendant ces quatre-vingt-dix ans, coûté 35 millions de fr. (1,612,100 liv. st.); d'où il résulte que l'éducation de 7,905 enfants a coûté tout juste 25 millions de fr. (1 million st.). Il paraît bien certain que peu de temps après leur institution, ces écoles fondées sous l'influence d'une passion religieuse ont été exploitées uniquement par l'intérêt particulier. Les préposés à ces écoles ont vu dans les enfants confiés à leurs soins, non des élèves qu'il fallait instruire et élever, mais des manœuvres dont ils pouvaient utiliser la force physique. En 1784, ces écoles furent visitées par Howard, qui rend compte en ces termes de leur situation : « The children in general, « dit-il, were sickly, pale, and such miserable objects, that they were a dis - « grace to all society ; and their reading had been neglected for the purpose of « making them work for the masters (Id , p 7).

Les abus existants dans ces écoles devinrent si scandaleux, qu'en 1802 quelques-unes sont abolies sur le fondement des fraudes et des malversations qui y abondent. En 1819, il est établi de nouveau que les maîtres font travailler les enfants à leur profit (Id., p. 13 et 16). Les enfants y sont traités avec la plus insigne dureté; on les nourrit à peine (Id., p. 17); on les fouette jusqu'au sang (Id., p. 20). Aussi, disent les commissaires de l'enquête de 1825, les enfants qui sortent de ces écoles font tout ce qu'ils peuvent pour que l'on n'en sache rien. C'est une honte éternelle que d'y avoir été élevé. (It is an opprobrium to have been educated in them, id., p. 27.) Le système des *charter-schools* a fait place en Irlande à un autre système, celui de la société de Kildare-Street, sur lequel la note suivante donne quelques détails.

(2) On parle ici de la *société* d'éducation dite de *Kildare-Street.* — Le mauvais succès des *charter-schools* avait prouvé le vice radical de l'institution. Ce vice, c'était l'esprit de prosélytisme qui l'animait et éloignait nécessairement d'elle une population profondément catholique Ce qu'il y avait de défectueux dans l'institution commença à être compris par le gouvernement anglais vers l'an 1812. Cette année est le point de départ d'une véritable révolution dans le système du gouvernement, en ce qui concerne l'instruction publique en Irlande : on reconnaît qu'il faut abandonner le principe de

prosélytisme, et qu'il ne peut exister d'écoles en Irlande que celles qui seront fondées sans aucun esprit de secte (**V.** First report of the education inquiry, p. 38.). Le principe était bon ; mais comment l'exécuter ? On n'imagina point alors d'organiser un enseignement public, défini par l'État, établi sur toute la surface du pays, et distribué au peuple par des agents du gouvernement central, nommés par celui-ci et dépendants de lui. On agit alors suivant les mœurs et les habitudes anglaises, et l'on confia à une administration particulière le soin d'exécuter cette œuvre d'ordre public. Cette association, composée de protestants libéraux et de catholiques éclairés, tous charitables, tous animés d'un sincère amour pour le peuple, reçut du gouvernement le pouvoir d'administrer les propriétés qu'elle tenait de ses fondateurs, et d'ouvrir ses écoles aux enfants de toutes les sectes, sans exclusion d'aucun culte chrétien , et sans prédominance d'un culte sur un autre (Id., p. 39). Son succès fut d'abord très-grand. C'est en 1817 seulement qu'elle commença à exécuter le plan conçu cinq ans auparavant · et, en 1825 , elle a 1490 écoles organisées, et 100,000 élèves. En sept ans elle distribue 956,702 volumes aux élèves de ses écoles (Id., p. 44). Cependant, quelles que fussent les intentions de ceux qui dirigeaient ces écoles, il leur était bien difficile de ne pas témoigner une préférence pour leur propre culte. Or , quoiqu'il y eût des catholiques parmi les supérieurs et les instituteurs de ces établissements, la majorité en était protestante. Voici comment était composé le comité général : vingt et un protestants anglicans, quatre quakers, deux presbytériens , deux catholiques , en tout vingt-neuf membres. (**V.** · id., p. 48.) Sur huit vice-présidents , il y avait six protestants anglicans et deux catholiques ; sur six inspecteurs , deux étaient catholiques et quatre protestants ; enfin dans l'école normale des instituteurs, sur 840 sujets, 461 étaient protestants anglicans et 310 catholiques (Id., p. 42). On voit que les protestants dominaient dans ces écoles, au moins par le nombre. On est toutefois fondé à croire que dans l'origine ils ne tentèrent point d'exercer sur les enfants des écoles une influence contraire à l'esprit de l'institution, et deux faits principaux autorisent cette opinion ; le premier est que le clergé catholique fut d'abord favorable à ces écoles ; le second, c'est que les grands dignitaires de l'Église anglicane en Irlande s'y montrèrent plutôt opposés (Id., p. 49). Cependant, soit changement involontaire dans leurs procédés, soit préjugés de la population catholique, celle-ci finit par croire que des établissements dans lesquels les protestants étaient *numériquement* si supérieurs aux catholiques, ne pouvait être exempts de prosélytisme religieux , et cette opinion, réelle ou imaginaire, fut suffisante pour vicier l'institution et porter les parents catholiques à en retirer leurs enfants. On verra plus loin quels moyens sont tentés aujourd'hui dans les écoles dites *nationales* , pour remédier à ces inconvénients.

PAGE 33o.

(1) Loi du 15 août 1838.

(2) Rente foncière. *Rent-charge.*

PAGE 332.

(1) Il y a moins d'un an, c'était encore devant la cour de l'évêque pro-testant (the bishop's court), que se jugeaient plusieurs difficultés relatives au paiement de la dîme ; de sorte que, pour avoir justice des exactions d'un ministre protestant, il fallait s'adresser à un autre ministre protestant. Il existe à ce sujet, en Irlande, un proverbe populaire : « Attaquer un ecclé-siastique en cour d'église, c'est aller en enfer pour plaider contre le diable. To go into the ecclesiastical court to contend with a minister is going to law with the devil in a court held in hell. » — Lords Tithes, 1832, vol. II, p. 85.

PAGE 333.

(1) Ce sont les propres termes de la délibération d'un meeting tenu en 1831 dans Queen's County. Resolved that the tithe system is peculiarly obnoxious to the people of this country, being compelled to support in *luxury* and *idleness* a class of men from whom they receive nothing but their marked comtempt and hatred. V. Lords Tithes 1832, vol. II, p. 151.

PAGE 335.

(1) Ce récit n'est point une fiction ; on vient de raconter fidèlement ce qui arriva en 1831 à Knoktopher, dans le comté de Kilkenny, au commen-cement de la rébellion dont la dîme fut la cause ou le prétexte. Les enquêtes officielles constatent une infinité de scènes semblables de violence, provo-quées par les mêmes causes. Du reste, les faits arrivés en 1831 ne furent que la reproduction de ce qui était arrivé en 1755 et 1786, deux époques de soulèvement général contre la dîme. V. les enquêtes intitulées : State of Ireland. 1832. — First report. Tithes Commons ; 1832, p. 35 et 36. — Id., p. 21.

PAGE 337.

(1) Tithes Commons 1832, p. 196. 1 report, id., p. 213. — Tithes Lords, 2 report, p. 216. Voir notamment ce que dit à ce sujet lord Stanely, dans la Chambre des communes, le 19 décembre 1831.

PAGE 338.

(1) V. Enquête sur les dîmes de 1832. 1er report *House of Commons,* p. 3, 188, 192, 194, 197, 198, 202, 208, 213, 222.

(1) Des menaces de mort adressées aux collecteurs de dîmes , et à ceux qui les paieraient de bon gré ; des attentats meurtriers et incendiaires ; des moissons ravagées et détruites, les prairies bêchées , le bétail mutilé ; en un mot , toutes les violences qui caractérisent le whiteboysme, ont paru dans les rébellions de 1786 et de 1831 ; faut-il en conclure que le *whitebaysme* a présidé à ces rébellions ?

Il faut à cet égard distinguer entre 1786 et 1831 ; en 1786 , les insurrections populaires eurent deux causes principales , le taux élevé des fermages et la dîme ; la population des campagnes souffrait ;une excessive misère , et les malheureux qui se révoltèrent contre le paiement de la rente due aux propriétaires, s'insurgèrent en même tems contre la dîme ; mais le taux élevé des rentes était leur principal grief ; ils n'attaquèrent la dîme qu'accessoirement ; leur rébellion était plus sociale que religieuse, et tenait moins à la passion qu'à une détresse extrême ; ils eussent été aussi ennemis de la dîme que de la rente, si la première eût été une charge égale à la seconde. Il n'y avait pas alors un rebelle qui ne fût ou *Whiteboy* ou Rockiste (soldat du capitaine Rock).

En 1831 , au contraire , la révolte a eu tout d'abord la dîme pour objet, et ne s'est pas étendue au-delà ; jamais elle ne s'est portée jusque sur le loyer des terres. Elle était sans doute favorisée par l'indigence des habitants ; Cependant elle n'en venait pas directement, et toutes les conditions, tous les rangs, toutes les classes , les plus riches habitants de l'Irlande comme les plus pauvres, étaient associés dans la rébellion. La révolte était plus politique que sociale, et plutôt inspirée par la passion que par la misère. Le Whiteboysme qui en 1786, faisait toute la rébellion, n'en a été en 1831 qu'un accessoire ; la population était en masse étrangère aux violentes pratiques des Whiteboys ; sa résistance était légale, pure d'excès et d'attentats sanguinaires ; elle conspirait au grand jour, ouvertement et paisiblement , au lieu de s'entourer, comme les rebelles de 1786, de ténèbres, de mystères, de secrets et d'affreux serments. Et non seulement elle repoussait les horribles procédés des Whiteboys, mais quand elle les vit reparaître au milieu d'elle, et agir dans son propre intérêt , elle répudia leur assistance, et se refusa à toute affinité avec eux. Ceux-ci sont venus, en dépit d'elle-même, mêler leurs actes aux siens, c'est-à-dire résister par des crimes dans le même temps qu'elle résistait par des moyens honnêtes. En 1786 , quelle qu'ait été la perturbation sociale causée par les White-Boys insurgés, il n'y a eu, à vrai dire, que des rébellions locales ou individuelles ; la rébellion de 1831 était celle de tout un peuple.

Et c'est précisément , parce que, en 1831 , toute la classe moyenne et la

moitié de l'aristocratie étaient à la tête du mouvement , que la rébellion a
été en général conduite avec ensemble , avec ordre et avec le plus grand
respect pour toutes les lois, hormis celle qu'on voulait détruire.

En 1786, les classes supérieures ne pouvaient concourir avec les rebelles,
dont le mouvement était encore plus dirigé contre elles que contre le clergé ;
elles n'avaient point, d'ailleurs, à cette époque, le même intérêt qu'en 1831
à résister au paiement de la dime, dont elles étaient personnellement
exemptes , et à laquelle elles ont été soumises comme le reste des citoyens
par une loi de 1824. En d'autres termes, les riches d'Irlande n'ont re-
proché à la dime d'écraser le pauvre que le jour où ils en ont eux mêmes
senti le fardeau.

PAGE 344.

(1) L'insurrection des Oak-Boys fut excitée, selon lord Charlemont, principalement par les abus des grands jurys. « ... The gentlemen, dit-il, were in
many instances , undoubtedly partial and oppressive, as by their influence
in grand juries , presentments were too frequently made merely for the
emolument and couvenience of particular persons. et by no means with
any view to the advantage of the community (Hardy, t. I, p. 185). Vie de
lord Charlemont.

(2) Hardy, life of Charlemont, I. 184.

(3) Id., id.

PAGE 351.

(1) Irish disturbances. G. Lewis, p. 146-224.

(2) Tel est le supplice appelé *Carding.* — Tels sont : le goudronage, l'en-
fourcharge, etc. V. id.

PAGE 355.

(1) V. Ancient Irish histories Campion, p. 20.

PAGE 356.

(1) On commence à reconnaître, en Angleterre et en Irlande, que l'inap-
titude au travail de l Irlandais ne vient point de sa nature , mais de l'état
social dans lequel il se trouve placé. A ce sujet , voici ce que me disait en
1837 M. Dargan, ingénieur civil, qui travaillait alors à l'exécution du canal
destiné à joindre le lac Neag au lac Erne :

« J'ai été, me disait-il, chargé par le gouvernement anglais de diriger des
« travaux publics, tant en Angleterre qu'en Irlande, et me suis ainsi trouvé
« contraint d'employer tour à tour des ouvriers anglais et irlandais ; j'avoue

« qu'après cette double épreuve il me serait impossible d'assigner à l'un des
« deux une supériorité sur l'autre.

. « On ne saurait tout d'abord juger l'ouvrier irlandais. Son premier mou-
« vement est de se défier de celui qui l'emploie ; il croit toujours qu'on veut
« abuser de lui, et le faire travailler sans le payer. De là un travail mou,
« inégal, irrégulier, et subordonné à une perpétuelle surveillance ; mais,
« lorsqu'il s'aperçoit que la convention faite avec lui est loyalement exé-
« cutée ; quand, recevant à la fin de chaque semaine le fruit de ses sueurs,
« il a reconnu qu'on le traite loyalement, alors il prend confiance, et je ne
« saurais dire avec quelle ardeur infatigable, avec quelle constance et quelle
« ponctualité travaille alors ce malheureux qui se croyait destiné à mourir
« de faim et qui a trouvé un moyen de vivre. » — V. aussi 2ᵉ report of the
Irish railway commissioners, p. 84, 1838. — V. Report on the state of
the Irish poor in Great-Britain. G. Lewis, 1835.

PAGE 357.

(1) V. M. Nichols, dans son rapport remarquable sur l'état des pauvres
en Irlande, signale cette réponse des Irlandais ; mais il me semble qu'il en
méconnaît le vrai sens. V. p. 6. — V. aussi Report on the state of the Irish
poor in Great-Britain, 1835.

(2) J'ai vu en Irlande des personnes qui ont entrepris sérieusement de
donner à de *pauvres cottiers* des habitudes d'ordre, de propreté et de soin,
et qui ont complètement atteint ce but. La bonne tenue qu'ont les Irlandais
appelés dans l'armée anglaise prouve qu'ils ne sont pas de *leur nature* incapables de soin. Cette tenue n'est pas seulement un effet de la discipline ;
elle est surtout une conséquence du self respect qu'a l'Irlandais qui est devenu quelque chose.

PAGE 358.

(1) L'auteur n'a pas besoin de dire qu'il n'exprime point ici son propre
sentiment, mais bien celui qu'il suppose avoir été éprouvé par les Irlandais
dont on a confisqué les biens pour cause de religion.

PAGE 364.

(1) Les violences brutales et insensées des artisans et ouvriers de Dublin,
coalisés entre eux pour empêcher la diminution des salaires et pour combattre
la concurrence de nouveaux travailleurs, a plus nui, dans ces derniers temps,
qu'aucune autre chose, au développement de l'industrie irlandaise, sans laquelle il est si difficile d'aborder le remède aux maux du pays. M. O'Connell
l'a bien senti, et au risque de compromettre sa popularité, il a attaqué avec
force les coalitions et leurs auteurs.

PAGE 365.

(1) .... There have been since that time so many english colonies planted in Ireland, as that if the people were numbered at this day by the poll, such as are descended of english race, would be found more in number than the ancient natives. Discovery of the causes, etc., etc., historical tracts, by sir John Davis, p. 2.

PAGE 366.

(1) V. Encyclopedia britannica, v° Ireland, p. 422.

(2) Great alms-givers, passing in hospitality. Ancient irish histories, Campion, p 20.—H. Inglis. Ireland in 1834, p. 109, t. I. L'Irlandais pauvre soutient ses père et mère infirmes et impotents, bien plus que ne fait l'Anglais riche. Irish poor selections inquiry, p. 132. V. aussi enquête de 1825, p. 300.

PAGE 367.

(1) Irish poor in Great-Britain. G. C. Lewis, p. 28. Poor irish inquiry. 1835, appendix, t. I, p. 52-55.—Pendant la guerre de 1798, qui abonda en horreurs de part et d'autre, les Irlandais insurgés, dont la cruauté ne resta point inférieure à celle de leurs ennemis, se montrèrent bien supérieurs aux Anglais par leur respect constant pour les femmes. Les écrivains les moins impartiaux envers l'Irlande lui ont rendu cette justice. Gordon, t. II, p. 445.

FIN DES NOTES DU TOME PREMIER.

TABLE DES MATIÈRES

DU TOME PREMIER.

DEUXIÈME ÉPOQUE.

TROISIÈME ÉPOQUE. — 1690 à 1775.

CHAPITRE PREMIER.

CHAPITRE II.

QUATRIÈME ÉPOQUE.

CHAPITRE PREMIER.

CHAPITRE II.

Révolution française : ses effets sur l'Irlande.

CHAPITRE III.

L'IRLANDE

SOCIALE, POLITIQUE ET RELIGIEUSE.

PREMIÈRE PARTIE.

FIN DE LA TABLE.

L'IRLANDE

SOCIALE, POLITIQUE ET RELIGIEUSE.

IMPRIMERIE DE H. FOURNIER ET Cᵉ,
RUE DE SEINE, 14.

L'IRLANDE

OCIALE, POLITIQUE ET RELIGIEUSE

PAR

GUSTAVE DE BEAUMONT

AUTEUR DE MARIE OU L'ESCLAVAGE AUX ÉTATS-UNIS
L'UN DES AUTEURS
DU SYSTÈME PÉNITENTIAIRE AUX ÉTATS-UNIS

TOME DEUXIEME

TROISIÈME ÉDITION

PARIS

LIBRAIRIE DE CHARLES GOSSELIN

9, RUE SAINT-GERMAIN-DES-PRÉS

M DCCC XXXIX

IRLANDE

L'IRLANDE

SOCIALE, POLITIQUE ET RELIGIEUSE.

DEUXIÈME PARTIE.

CHAPITRE PREMIER.

Où l'on expose comment, à l'aide des libertés accordées ou conquises, l'Irlande a résisté à l'oppression.

Les Irlandais, réduits sous le joug, avaient reçu de leurs maîtres trop d'instruments de défense pour ne pas combattre l'oppression.

Que l'on étudie l'organisation politique de l'Irlande, dès les temps qui ont suivi la conquête jusqu'à nos jours, on y trouvera constamment presque toutes les formes et presque tous les principes d'un gouvernement libre.

Il y a sans doute plus d'un mensonge dans cette organisation libérale, au sein de laquelle on entend résonner les fers de la servitude; et pourtant serait-il juste de ne voir dans toutes les lois constitutionnelles données à l'Irlande qu'une odieuse hypocrisie des législateurs? Non, sans doute. On a vu précédemment comment ces institutions libérales étaient sérieuses au moins pour tous les Anglais protestants établis en Irlande, et qui obtinrent de l'Angleterre des droits que celle-ci ne pouvait leur refuser; et ce fut déjà un grand avantage pour les Irlandais tenus sous le joug d'avoir au milieu d'eux une société d'hommes libres; car c'est un des caractères sublimes de la liberté qu'elle ne puisse être vue sans être aimée, et que pour la vouloir, il suffise de la connaître.

Ajoutons, pour être tout à fait équitables, que ces protestants qui sans doute voulaient d'abord pour eux une constitution libérale, osaient à peine la refuser toute entière au peuple dont le gouvernement leur était confié, et qu'ils conféraient à ce peuple quelques garanties politiques dans le temps même où, à cause de son culte religieux, ils lui faisaient subir une persécution cruelle. Il se trouve plus de bonne foi qu'on ne pense dans cet assemblage de libertés écrites et d'oppression réelle.

C'est un phénomène bien digne d'observation, qu'au plus fort de sa tyrannie, l'Anglais ne se départ point de certains principes libres qui tiennent à ses mœurs, à ses habitudes, à ses préjugés même, et que ne détruit pas toujours la logique de son intérêt. Il porte, contre les catholiques d'Irlande, des lois pénales dont rien n'égale l'iniquité; mais en attaquant le catholicisme, il croit combattre le pouvoir absolu ; et en persécutant, il se persuade qu'il défend la sainte cause de la liberté. Soyez donc sûrs que la même loi qui frappera le catholique respectera l'homme, et que le citoyen conservera des droits quand le dissident religieux en sera dépouillé.

Les lois du protestant anglais placent le catholique d'Irlande dans une condition sociale inférieure ; mais c'est que l'Anglais ne considère nullement comme liées l'une à l'autre l'égalité et la liberté. L'inégalité sociale lui paraît l'état naturel des choses, il la voit instituée dans son propre pays ; mais il ne se croit point en droit d'ôter la liberté à celui au-dessus duquel il se place, accoutumé qu'il est à exercer des droits contre ceux qui possèdent le plus de privilèges. Lors donc qu'il soumet des millions d'Irlandais à sa supériorité, il leur laisse encore des libertés considérables, et dans le temps où il subordonne l'exercice des droits publics, tels que l'électorat, l'éligibilité, les magistratures civiles, etc., à la condition d'un serment que la conscience des catholiques irlandais repousse, il ne leur enlève aucun de ces droits généraux que son éducation politique lui enseigne à regarder comme aussi nécessaires aux hommes que l'air qu'ils respirent et le sol qu'ils foulent aux pieds.

Voyez la presse : depuis qu'elle est libre en Angleterre, elle n'a pas cessé de l'être en Irlande. Swift publie les pamphlets les plus virulents contre les tyrans de l'Irlande, à l'époque où la tyrannie est la plus terrible (1). En 1797, pendant les apprêts de la guerre civile, les journaux les plus ennemis de l'Angleterre paraissent chaque matin, et un histo-

rien protestant, M. Gordon, qui approuve les lois
pénales, s'indigne à la pensée qu'on puisse violer le
principe sacré de la liberté de la presse.

Sous l'empire des lois pénales, les catholiques
d'Irlande ne pouvaient se réunir dans leurs Églises
pour y prier Dieu selon leur foi, mais ils étaient
libres de s'assembler sur la place publique, et d'y
délibérer sur les rigueurs qu'ils encouraient. L'exercice de ce droit dépend pourtant du premier magistrat du comté, le shérif, duquel, en cas de refus
de sa part, on appelle à un certain nombre de juges
de paix; mais ni le shérif, officier du pouvoir central, ni les juges de paix, qui appartiennent à
l'aristocratie, n'ont jamais cru devoir interdire
un *meeting*, parce qu'il était convoqué dans un
dessein hostile à leurs intérêts et à leurs passions
politiques. Les rares exemples d'un empêchement
apporté par l'autorité publique à cet exercice du
droit de s'assembler, sont considérés comme de
scandaleux abus, et flétris comme des actes d'oppression inouie (1).

En 1792, à l'époque où la démocratie française
ébranlait le monde, l'Irlande catholique s'émut; las
de souffrir en silence, le peuple irlandais résolut
de porter aux pieds du trône l'expression de ses
griefs et sa volonté d'en obtenir le redressement;
et d'abord, pour que cette volonté soit bien constatée, une assemblée générale se forme à Dublin composée de députés envoyés par les comtés
de toute l'Irlande (2); de sorte qu'au moment
même où le parlement constitutionnel d'Irlande,
composé des lords et des communes, tient ses

séances et fait des lois pour le pays, une autre assemblée, une espèce d'autre parlement s'établit
dans la même ville, discute toutes les questions politiques, délibère, prend des résolutions, les publie,
et est bientôt, de fait, le seul parlement national.

Que fera le gouvernement dans cette circonstance? Commandera-t-il un détachement de dra-
gons et une pièce d'artillerie pour disperser une
assemblée dangereuse? Non, cette assemblée peut
être dangereuse, mais elle n'est pas illégale; avant
de la former, ceux qui l'ont provoquée se sont d'a-
bord enquis de *leur droit*, et d'éminents jurisconsultes ont déclaré qu'une pareille réunion n'était
point contraire aux lois du royaume. C'en est assez
pour que, dans ce pays déchiré par les partis, ceux
qui ont la loi pour eux se reposent tranquilles sur
leur droit, et pour que le gouvernement, que ce
droit inquiète, se croie obligé de le respecter (1).

Qui le croirait? Jamais, en Irlande, à aucune
époque, le principe de la responsabilité des agents
du pouvoir devant l'autorité judiciaire, n'a été méconnu, et l'on voit ce principe demeurer en vigueur
au milieu de troubles et de révolutions qui détruisent tout. Pendant la terrible crise de 1798, un
shérif (2) abusant indignement de son autorité,
avait fait fouetter ignominieusement un catholique
sur la place publique de Tipperary; celui-ci, dès que
la tempête révolutionnaire est passée, poursuit le
shérif devant la justice ordinaire, et sur le verdict
du jury, le fonctionnaire, reconnu coupable, est condamné à payer au plaignant dix mille francs de dommages et intérêts (3).

Jamais, en Irlande, le principe du jury n'a été contesté. Strafford, le plus dur tyran de l'Irlande, sous Charles Ier, ne croyait pas pouvoir confisquer des terres au.profit de la couronne, sans recourir au verdict d'un jury qu'il n'obtenait pas toujours (1).

Il y a chez le juge anglais lui-même, au milieu de ses préjugés politiques et religieux, des traditions d'indépendance et de respect pour le droit, qui sont quelquefois plus puissantes que ses passions. Faut-il rappeler ici cette scène admirable, où lord Killwarden, président de la cour du banc du roi à Dublin, dispute au gouvernement la tête d'un malheureux condamné politique? C'était aussi en 1798, dans la plus terrible phase de l'insurrection: Wolf Tone, le chef et le créateur des Irlandais unis, venait d'être saisi, dans le lac Swilly, à bord d'une flotte française qui portait une armée destinée à envahir l'Irlande; son crime était flagrant: sujet de l'empire britannique, il était pris les armes à la main; il amenait l'étranger en Irlande dans le but avoué d'y faire une révolution, de secouer le joug de l'Angleterre, et de proclamer son pays une république indépendante. Traduit devant une cour martiale, il avait été condamné à mort, et selon les formes rapides de la justice militaire, il allait être exécuté sur-le-champ. Cependant, quelque juste qu'elle pût être au fond, cette sentence était illégale dans la forme. Tone, n'ayant jamais été enrôlé dans l'armée anglaise, était justiciable, non d'une cour martiale, mais des cours de justice ordinaire. Cependant le jour, l'heure de l'exécution étaient arrivés. Dans cet état de choses, un membre du barreau irlandais, le célèbre Curran se présente devant la cour du banc du roi, présidée par lord Killwarden, et demande que, vu l'incompétence du tribunal qui a prononcé la sentence capitale, la cour du banc du roi suspende l'exécution du condamné, et le fasse amener devant elle, en vertu d'un acte d'*habeas corpus*. « Tandis que je parle ici, dit l'illustre avocat, mon client est peut-être traîné au lieu du « supplice; je demande à la cour de me prêter l'appui « de la loi, et de délivrer un ordre qui enjoigne au « grand prévôt des casernes d'amener ici la personne « de Wolf Tone. »

Le président lord Killwarden : « Qu'on prépare à l'instant même un acte d'*habeas corpus*. »

Curran : « Hélas! tandis qu'on préparera cet acte, mon client va mourir peut-être. »

Lord Killwarden : « Monsieur le shérif, rendez-vous bien vite aux casernes, et faites connaître au grand prévôt qu'un acte d'*habeas corpus* se rédige en ce moment à l'effet de suspendre l'exécution de Tone, et veillez à ce que cette exécution n'ait pas lieu. »

Après ces paroles, la cour et le public, dans une agitation et une anxiété inexprimables, attendaient le retour du shérif; il reparaît bientôt et dit : « Mi-« lord, je suis allé aux casernes, selon votre ordre ; « le grand prévôt m'a dit qu'il ne peut obéir qu'au « major; le major me dit qu'il ne peut obéir qu'à lord « Cornwallis. » Alors, élevant la voix et d'un ton de majesté vraiment sublime, « Monsieur le shérif, s'écrie lord Killwarden, saisissez-vous du corps de Wolf Tone, arrêtez le grand prévôt, arrêtez le major, et montrez au général cet ordre de la cour (1). »

Peut-on dire que toute liberté est éteinte dans un pays où le juge, en dépit de ses passions, tient un pareil langage aux agents du pouvoir exécutif?

Dans des temps plus rapprochés de nous, n'a-t-on pas vu l'Angleterre inquiète des orages qui grondaient en Irlande, menacée par les associations politiques et religieuses formées dans ce pays, ne l'a-t-on pas vue, dis-je, respecter constamment le droit d'association?

Le parlement a bien, dans de certaines circonstances, supprimé telle ou telle association reconnue criminelle ou dangereuse, mais jamais il n'a attaqué en lui-même le principe du droit de s'associer. Quand les White-Boys couvrirent l'Irlande de leur terrible confédération, une loi vint qui définit leur association, et porta contre elle les plus sévères châtiments(1); ainsi le parlement traite toutes les autres sociétés qui, sous des noms divers, ont succédé aux White-Boys, et quand l'association, sans être aussi criminelle, paraît dangereuse, le parlement se borne à en prononcer la dissolution. Mais jamais on n'a vu le gouvernement anglais, sous prétexte que de criminelles associations pouvaient se former, attaquer dans son principe le droit de s'associer, interdire l'usage de peur de l'abus, ou ce qui est pire encore, prétendre régler ce droit en faisant dépendre son exercice d'une autorisation officielle, comme si la nécessité de l'autorisation n'était pas négative du droit!

Mais à quoi sert la liberté si elle n'empêche pas la tyrannie? elle sert beaucoup, soyez-en sûr; quand elle ne prévient pas l'oppression, elle en assure le

terme ; elle est une arme entre les mains du faible,
et si vous voyez malheureux un peuple qui a des
libertés, croyez que sans elles il serait plus malheureux encore.

Il est une circonstance que trop souvent on oublie.
On sait tous les maux qu'endure un peuple libre,
parce que la liberté les publie : tandis que dans les
pays de despotisme pur on ne sait rien des misères
du peuple, que le tyran cache avec d'autant plus de
soin qu'elles sont plus affreuses.

Il faudrait récuser les témoignages les plus authentiques de l'histoire pour ne pas reconnaître
combien la domination des Anglais en Irlande a été
gênée par les institutions libres données à ce pays.
Peut-être se trouvera-t-il des gens qui, voyant les
Anglais embarrassés dans leurs persécutions par les
droits donnés aux opprimés, seront d'avis que les
persécuteurs ont été mal avisés de se créer de pareilles entraves. Il est triste, j'en conviens, pour les
amis du despotisme, de rencontrer des libertés
jusque chez un peuple asservi ; il y a là, sans nul
doute, de quoi les surprendre et les chagriner. Quant
à moi, je trouve beau ce sentiment volontaire ou
instinctif qui porte l'oppresseur à donner des garanties à sa victime, et à poser ainsi d'avance lui-même
les limites de sa tyrannie.

Ces formes libres, qui ne sont point inutiles dans
le présent, seront d'ailleurs le salut de l'avenir. La
grande charte n'empêche point, il est vrai, le despotisme des Tudors de s'établir en Angleterre ;
mais le jour où, las de ses despotes, le peuple anglais aspire à s'en délivrer, il trouve sous sa main

les ressorts tout préparés d'un gouvernement libre.
C'est ainsi que sous un régime de tyrannie tout peut
être prêt pour la liberté; de même qu'il pourrait arriver que, sous un gouvernement doux et libre, tout
se préparât pour la servitude.

Le jury, la presse, l'association, la responsabilité
des agents du pouvoir, l'habeas corpus, se rencontrent en Irlande avec bien des actes arbitraires et
oppresseurs : mais n'est-ce pas à ces droits toujours
conservés que l'Irlande a dû de conquérir chaque
jour ceux qui lui manquaient?

L'Irlande est sans doute bien misérable : elle
est pourtant plus avancée qu'on ne pense dans
la science constitutionnelle. Il y a une foule de
questions politiques qui chez nous sont douteuses
pour le plus grand nombre et qui en Irlande n'em-
barrassent personne. Jamais, par exemple, dans ce
pays, on n'aurait l'idée de demander un droit politique sans en réclamer la garantie. D'autres pays
plus heureux sont moins éclairés. L'Irlande ressemble à ces contrées envahies qui, après les plus
terribles luttes nationales, ont fini par chasser l'é-
tranger de leur sein; elles savent tous les arts de la
guerre et de la victoire, mais leur sol est couvert
de dévastations et de ruines; elles sont indépendantes, mais pauvres.

Et la pauvreté de l'Irlande est bien loin de s'évanouir en même temps que ses libertés se consolident
et s'accroissent. Il semble, au contraire, qu'à mesure que l'Irlandais conquiert des droits politiques,
sa misère sociale s'augmente proportionnellement.
Il est certain que l'Irlandais qui n'a jamais été aussi

libre qu'il l'est présentement, n'a jamais été aussi malheureux.

C'est une terrible vérité dont les preuves abondent, que jamais les propriétaires irlandais n'ont été aussi durs qu'ils le sont en ce moment pour leurs fermiers et pour les pauvres agriculteurs qui couvrent leurs domaines. Ceci s'explique sans peine : lorsque les cultivateurs d'Irlande étaient tenus par la loi dans une condition inférieure, le riche les traitait à peu près comme le maître traite ses esclaves, qu'il opprime suffisamment pour leur faire sentir le joug, et auxquels il laisse assez de liberté pour que ceux-ci puissent l'enrichir en travaillant. Mais ce calcul, que faisait autrefois le propriétaire irlandais, est aujourd'hui dominé chez lui par la passion. Depuis que son pouvoir est contesté, et que l'esclave se dresse devant lui en homme libre, le besoin d'abaisser celui-ci l'emporte sur l'intérêt de s'en servir. Le petit fermier, jadis dépouillé de droits politiques, est maintenant électeur; il envoie depuis peu des catholiques au Parlement; il vote aux élections contre son propriétaire... C'est son droit; mais de son côté le propriétaire a le droit de le chasser de sa ferme; et ce droit, il en use rigoureusement (1).

On ne voit plus aujourd'hui deux ou trois protestants s'assembler en vestry et imposer la population catholique de la paroisse pour la construction et l'entretien du culte qui, n'intéressant qu'eux, doit être à leur charge; mais ces deux ou trois protestants, grands propriétaires de la paroisse, voulant alléger le fardeau qui désormais ne pèse que sur eux, expulsent de leur ferme des fermiers catholiques et mettent à la place de ceux-ci des protestants qui supportent avec eux leur part de la charge du culte.

Nous avons vu qu'il y a guerre entre les riches et les pauvres, entre les gouvernants et les gouvernés; or, plus les pauvres acquièrent de force, et plus la crainte et l'irritation des riches deviennent grandes. Les lois oppressives sont abolies, mais l'oppresseur reste toujours; et, dans sa colère d'être dépouillé, après avoir été spoliateur, il tire encore un terrible parti des seuls pouvoirs que lui donne le droit commun. C'est une situation tout à fait extraordinaire que celle de ces riches ne faisant plus les lois qu'ils sont cependant toujours chargés d'administrer; et c'est là encore une des causes de leur rigueur toutous croissante. Chaque loi nouvelle conçue dans un esprit plus tolérant envers les catholiques et plus libéral envers les pauvres, leur paraît une attaque contre leur autorité autant que contre leur culte, et on les voit alors se prévaloir plus étroitement de ceux de leurs droits qui ne sont pas entamés. Cette disposition explique comment, avec plus de libertés, le pauvre Irlandais souffre peut-être plus de persécutions, et comment, tandis que le pays est plus riche, celui qui le cultive est plus pauvre. La terre produit une fois plus qu'il y a cinquante ans, et l'agriculteur est une fois plus misérable (1).

Conclura-t-on de ce qui précède que le sort présent des Irlandais soit pire que n'était leur condition il y a cinquante ans? Non : les misères qu'ils éprouvent en ce moment sont de celles que la guerre traîne à sa suite : ils souffrent parce qu'ils combattent ; mais la lutte montre leur force ; et je ne saurais plaindre l'esclave blessé dans l'action où il gagne la liberté.

Et si, après avoir échappé à l'oppression politique, l'Irlande parvient jamais à se soustraire à sa misère sociale, n'est-ce pas d'abord à ses libertés qu'elle le devra? Qui pourrait contester les bienfaits que l'Irlande tire en ce moment de la seule liberté de la presse? Qui a mis au grand jour les vices de son état social et politique sinon la presse, dont la voix, puissante même à tromper, est si forte quand elle est un organe de justice et de vérité? N'est-ce pas elle qui a dévoilé dans le gouvernement irlandais et dans son aristocratie, des excès et des iniquités qui ne se peuvent perpétuer que dans l'ombre, et que sa lumière éclatante a condamnés à périr? Chaque jour elle révèle les maux de l'Irlande qui n'étaient guère plus connus de l'Angleterre que du reste du monde ; chaque jour sa publicité impitoyable les proclame, et après avoir étalé sous les yeux du maître les hideuses plaies de l'esclave, vient demander compte des plaies encore plus hideuses de l'homme libre ; et à présent que ces maux sont mis à nu, il faudra bien les guérir. Comment le seront-ils? Je ne sais encore ; mais ils doivent l'être, car leur énormité appelle le remède.

CHAPITRE II.

Où l'on montre par quelles causes l'Irlande, qui est maintenant
un pays libre, tend à devenir un pays démocratique.

Dans leur résistance à l'oppression politique, les
Irlandais ont triomphé; aujourd'hui qu'ils ont le
secret de leur force, se borneront-ils à se défendre?
N'attaqueront-ils pas à leur tour? Jusqu'à présent ils
ont lutté pour obtenir que les garanties de la constitution anglaise leur fussent accordées sincèrement;
mais, s'il était vrai que les institutions aristocratiques
qui contentent l'Angleterre ne pussent pas satisfaire
l'Irlande, celle-ci ne se servirait-elle pas des libertés
propres à l'aristocratie pour attaquer l'aristocratie
elle-même? C'est-à-dire qu'au moyen des institutions qui lui manquaient et qu'elle a conquises elle
aurait le pouvoir de repousser les institutions qu'elle
possède, et dont elle ne veut plus. L'avenir nous est
voilé; mais le passé et le présent s'offrent à nous,
qui nous montrent en Irlande de terribles orages
s'amassant au-dessus de cette aristocratie, source de
toutes les misères irlandaises. Et les périls qui menacent l'aristocratie irlandaise, ne lui viennent pas
seulement de ce que l'Irlande a conquis des libertés;
mais surtout de ce qu'un certain assemblage de faits,
de principes et d'accidents, travaille à faire de cette

société libre une société démocratique. Quels sont ces faits, ces accidents, ces principes? Quelques-uns se présentent d'eux-mêmes à nos regards.

Le premier est la grande association nationale; le second, l'autorité d'un grand chef, M. O'Connell; le troisième, la puissance du clergé catholique; le quatrième, le caractère de la secte presbytérienne; le cinquième est la naissance des classes moyennes; le sixième, enfin, la nature des partis politiques. Examinons séparément ces éléments nouveaux de la société irlandaise.

---

§ Ier. — L'ASSOCIATION.

Il y a pour tout peuple comme pour tout homme tenu en servitude deux conditions morales possibles: le découragement ou l'espérance, l'abattement de l'âme ou l'énergie, la soumission ou la révolte. Tant que l'esclave n'est pas abruti, il aspire ardemment à briser sa chaîne; s'il ne le tente pas, c'est que le poids de ses fers l'écrase et décourage son effort; mais le jour où le nœud qui l'étreint lui permet de se mouvoir, on est sûr que déjà il s'agite pour devenir libre. Le bonheur des esclaves m'a toujours paru un mensonge odieux et une amère dérision; j'estime trop mon semblable pour croire heureux le peuple ou l'homme le plus tranquille dans ses fers.

Jusqu'en 1775 l'Irlande fut dans la situation de l'esclave immobile, abattu ou dégradé. A cette époque il arriva d'Amérique un écho de liberté qui fit tressaillir le captif dans ses chaînes, et le maître dans sa tyrannie. J'ai dit plus haut les phases de ce réveil populaire, et d'abord la grande assemblée des volontaires de 1778, première association qui se forma en Irlande. La lutte engagée par les volontaires, et d'où naquit l'indépendance parlementaire de 1782, n'était point encore nationale; c'était une querelle entre l'oligarchie protestante d'Irlande et le gouvernement anglais. L'aristocratie irlandaise, qui depuis un siècle était tout à la fois esclave et tyran, s'était habituée à la tyrannie sans s'accoutumer à la servitude; tout en continuant d'opprimer l'Irlande, elle voulait secouer le joug anglais. Son triomphe fut d'abord éclatant; mais elle ne vit pas qu'en s'affranchissant, elle donnait à ses propres sujets le plus funeste exemple; elle ne comprit pas qu'en se servant d'eux pour combattre un maître, elle leur enseignait à tourner leurs armes contre elle-même. L'Amérique avait instruit l'Irlande protestante, celle-ci enseigna l'Irlande catholique : c'était d'ailleurs le temps où la France révolutionnaire décrétait et promulguait à coups de tonnerre la liberté du monde.

En 1792 parut pour la première fois sur la scène le peuple irlandais, soulevé contre ses deux tyrans, la faction anglicane établie en Irlande, et l'Angleterre, point d'appui de cette faction. Ce fut le mouvement des *Irlandais-Unis*, des catholiques du sud et des presbytériens du nord, plus *unis* d'intention que de principe, pactisant avec plus de bonne foi que de raison; première association vraiment nationale, quoique encore très-imparfaite; composée des élé-

ments les plus contraires, mélangée de passions puritaines et papistes, d'utopies philosophiques et de
fanatisme religieux, de libéralisme américain et de
jacobinisme français ; reposant sur une seule base
commune, la haine du joug anglais et l'amour de
l'indépendance : association généreuse, mais mal
définie, incertaine dans ses plans, vacillante dans
sa marche, travaillée par mille divisions intérieures,
prompte à s'abuser sur sa force, et à caresser des
illusions qui aboutirent à la fatale insurrection de
1798.

Avertis par ce terrible effort d'affranchissement,
et s'armant contre le sujet rebelle des excès qu'il
avait commis en s'égarant dans les voies inconnues
de la liberté, les deux maîtres de l'Irlande oublièrent
leur querelle mutuelle, et se rapprochèrent pour
ne plus se séparer. L'union irlandaise de 1800 fut
bien moins l'union de l'Irlande à l'Angleterre que
l'accord du parti anglais et de la faction protestante, qui, ne pouvant plus elle-même gouverner
l'Irlande, se jetait dans les bras du maître dont elle
avait vingt ans auparavant secoué le joug détesté,
et remettait à celui-ci tous les instruments de pouvoir et de persécution, à la condition qu'elle repren-
drait, comme par le passé, sa part de tyrannie.

Vingt ans d'oppression silencieuse furent le prix
de ce pacte réciproque. Mais, pendant la guerre
que s'étaient faite mutuellement ses maîtres, l'Irlande avait conquis trop de droits, et dans ses essais
malheureux de délivrance, elle avait reçu trop d'u-
tiles leçons pour rester perpétuellement muette et
passive dans la servitude.

II.

Ce fut encore dans l'association qu'elle trouva le secret de sa force et l'espoir de son affranchissement. Vers l'année 1823, *l'association catholique* s'établit sur un plan et selon des principes nouveaux (1). Les *volontaires* de 1778, les *Irlandais-Unis* de 1792, étaient plutôt des corps armés, tout prêts à livrer bataille, que des associations formées par des citoyens pour la défense de leurs droits. Le premier de ces corps, presque exclusivement protestant, ne pouvait représenter l'Irlande catholique ; le second, dans lequel se confondaient des croyants de tous les cultes, avait fini par effrayer tout le monde par ses tendances et ses manifestes révolutionnaires. La nouvelle association, établie dans un sens de progrès sans violence, d'agitation sans guerre, de résistance sans révolution, attira dans son sein tout ce qu'il y avait en Irlande d'instincts et de besoins d'indépendance.

Quand le gouvernement d'un pays a une racine nationale, s'il s'élève contre lui des orages populaires, on est toujours sûr de le voir appuyé sur une partie plus ou moins considérable de la nation. Ainsi, lorsqu'en Angleterre l'aristocratie est attaquée, celle-ci, trouvant parmi le peuple d'ardents et nombreux auxiliaires, on doute si elle ne gouverne pas selon les vœux du plus grand nombre ; alors sûrement il y a encore des oppositions puissantes, mais ce ne sont que des partis en face d'un gouvernement qui est ou paraît être la vraie représentation du pays. Il en est autrement chez un peuple qui obéit à une autorité anti-nationale. Ainsi, en Irlande, où l'aristocratie est ennemie du peuple, nul ne résiste quand le gouvernement est fort; mais le jour où l'opposition est libre d'éclater, l'hostilité est universelle, et le pouvoir abandonné, tombe dans l'isolement. Ce sont les opposants qui sont la nation, et le gouvernement qui est un parti. Ces opposants composent aujourd'hui la grande association irlandaise.

Mais comment ce gouvernement peut-il maintenir son action sur un peuple entier ligué contre lui? La difficulté est grande, et, pour en comprendre l'étendue, il est utile de connaître tout ce qu'il y a de démocratique dans l'association nationale d'Irlande. Je crois devoir en exposer ici le plan et en indiquer le caractère.

Je ne sais si j'en ai bien saisi l'esprit et le sens; mais, en cas d'erreur, je ne pourrai m'en prendre au secret et aux mystères de cette association, dont tous les actes se passent à la face du soleil, et sont ainsi livrés au jugement de tous.

Un comité central, séant à Dublin, et composé de membres dont le mode d'élection a varié suivant les circonstances, représente l'association et prend toutes les mesures jugées utiles à la cause commune. Ce comité s'assemble régulièrement, examine les lois proposées au parlement, les discute, censure les actes du pouvoir et ses agents, prend des résolutions, les publie, en un mot agit comme un vrai parlement, auquel il ne manque que le pouvoir régulier de faire des lois obligatoires pour tous. L'association a un journal qui publie ses actes et ses décrets (1).

Comme tous les gouvernements établis, l'association reçoit un tribut en retour de la protection

qu'elle donne ; tribut dont la quotité varie, se perçoit suivant des formes diverses, mais finit toujours
par être acquitté. En 1825, l'impôt payé à l'association
par chacun de ses membres était de deux sous par
mois (un penny)(1), taxe légère, mais suffisante pour
établir un contrat d'autorité et d'obéissance entre le
corps qui la perçoit et l'individu qui la paie. L'association avait des percepteurs qui levaient l'impôt,
d'autant mieux payé qu'il était volontaire. Aujour-
d'hui l'association ne va point chercher l'argent des
contribuables, ceux-ci le lui envoient dans la forme
de souscriptions individuelles : changements dont
les formes signifient peu, mais sont nécessaires
pour échapper aux lois par lesquelles de temps à
autre le gouvernement attaque l'association. Ainsi,
par exemple, dans l'origine les membres du comité
central procédaient de l'élection du peuple entier ;
chaque baronnie envoyait au chef-lieu du comté
un certain nombre d'électeurs qui nommaient un
ou plusieurs députés pour représenter le comté
dans le comité central ; ainsi faisaient les trois cent
cinquante baronnies et les trente-deux comtés d'Irlande. De sorte que les meneurs de l'association
étaient au fond et même dans la forme les délégués
du pays. Cette forme électorale, pratiquée en 1792,
fut frappée comme inconstitutionnelle par un acte
du parlement (the convention act), ce qui n'em-
pêcha pas qu'en 1811 et en 1825, l'association
n'employât le même mode pour le choix de ses représentants ; mais en 1811 une décision du jury, et
en 1825 une nouvelle loi du parlement (appelée *the
algerine act*) (2) ayant dissous le comité de l'associa-

tion et l'association elle-même comme illégale, il a bien fallu recourir à une forme différente d'organisa-tion ; et aujourd'hui l'association n'a point de chefs apparents auxquels elle confère l'élection avec un mandat exprès. Chaque réunion de l'association est comme un *meeting* particulier, où chacun a le droit de se rendre, dont le président est chaque fois nommé à la majorité des suffrages, et dans laquelle tout le monde a le droit de proposer son avis.

Mais quelle que soit la forme, le fond est toujours le même ; le nom de l'association varie aussi, quoi-que ses éléments ne changent guère. En 1823, elle s'appelait l'association *catholique* ; non que les pro-testants en fussent exclus, un grand nombre, au contraire, en faisaient partie ; mais parce qu'alors le grand objet en litige était d'obtenir de l'Angleterre l'émancipation politique des catholiques irlandais. Lorsqu'en 1825 l'association est dissoute par le par-lement, elle se reforme aussitôt sous un autre nom ; en 1837 et en 1838 elle s'appelait l'*association géné-rale* de l'Irlande ; à l'instant même où j'écris elle a pris le nom de *société des Précurseurs (Precursor's so-ciety)* (1). Dans une harangue récente O'Connell an-nonçait que bientôt elle s'appellerait l'*association nationale*. Sous ces dénominations diverses elle est toujours la même, c'est-à-dire la représentation réelle du corps de la nation.

C'est à ce titre qu'elle commande à l'Irlande, et qu'elle est obéie. A sa voix toutes les paroisses d'Ir-lande s'assemblent ; des réunions se forment dans les baronnies, au centre des comtés, partout où elle ordonne aux citoyens de se mouvoir ; le même jour, à la même heure, l'Irlande entière est debout, occupée du même objet, sous le joug d'une même passion, poursuivant un but commun. Il s'agit d'une pétition à présenter au parlement : mais qu'arriverait-il si, au lieu de demander des signatures, l'association appelait des baïonnettes ?

L'association qui s'était formée par les sympathies populaires, est devenue chaque jour plus puissante par ses victoires. La fameuse élection de Clare, l'émancipation de 1829, la rébellion de 1831 contre les dîmes, le triomphe des candidats populaires dans les élections, sont ses œuvres incontestables. Tout le monde lui obéit mieux depuis qu'elle a prouvé sa force et son habileté.

L'association s'établit la patrone de tous les citoyens : elle provoque et reçoit la plainte de quiconque a des griefs contre l'autorité publique, contre des ministres de l'Église anglicane et surtout contre les magistrats appartenant à l'aristocratie. Depuis que l'association couvre le pays de son égide, il n'y a pas en Irlande de pauvre paysan si faible et si isolé qui n'ait contre le plus riche et le plus puissant oppresseur l'appui du corps entier de la nation.

La cupidité de quelque ministre protestant, âpre et rigide dans la collection de ses revenus, lui est-elle signalée, l'association le flétrit par un blâme public : et l'on sait quel sort en Irlande attend ceux qui sont désignés à la haine du peuple. Le pauvre qui devait la dîme a-t-il été mis en prison faute de paiement, l'association fait les fonds nécessaires pour obtenir sa liberté. Quiconque résiste au paiement de la dîme reçoit d'elle un appui moral et matériel. Un jour, en 1837, elle accueille avec de longues acclamations un homme qui, assez riche pour payer la dîme, l'a refusée, et s'est laissé conduire en prison plutôt que d'obéir à la loi (1).

Mais c'est surtout aux approches d'une élection politique que l'association montre sa puissance. Appliquée d'abord à la préparation des listes électorales, elle veille à l'inscription des électeurs indépendants et en fait les frais quand ceux-ci sont pauvres : si des orangistes sont indûment inscrits, elle poursuit elle-même leur radiation. Le jour de l'élection étant arrivé, elle fait des proclamations au peuple pour lui enseigner ses devoirs et ses droits; elle lui dit les réformes nécessaires au salut du pays et les engagements que doit prendre tout candidat aspirant à ses suffrages; elle proclame hautement les noms de ceux qui seuls ont droit à sa confiance, dit à chaque localité le représentant qu'elle doit élire, les mérites singuliers de celui-ci, ses talents rares, ses vertus peu communes, et ne déclare pas moins ouvertement les vices, la servilité et l'incapacité du concurrent. L'élection finie, l'association célèbre ses victoires, si elle a triomphé; et, en ce cas de revers, pallie sa défaite. Mais son œuvre électorale n'est pas encore terminée; elle décerne publiquement l'éloge aux citoyens, jadis adversaires, et qui dans la dernière lutte se sont montrés amis, de même qu'elle flétrit impitoyablement les défections imprévues. Elle s'attache surtout à surveiller la conduite de l'aristocratie : un pauvre fermier est-il chassé de sa ferme pour avoir voté contre le gré de son propriétaire, l'association vient à son secours, lui donne une indemnité et livre le nom du propriétaire à l'animadversion générale. Quelquefois elle fait plus : lors d'une élection partielle arrivée en 1836 (1), un malheureux électeur, qui était en prison pour dettes, reçut de son propriétaire, qui était aussi son créancier, la promesse d'être mis en liberté s'il votait pour le candidat tory. Le pauvre Irlandais, tiré de sa prison et amené dans la salle électorale pour y donner son suffrage, allait peut-être céder à la séduction, lorsqu'au moment où il élevait la voix : « Souviens-toi, lui cria sa femme venue là pour l'encourager, souviens-toi de ton âme et de la liberté. » Et le pauvre agriculteur, ayant voté selon sa conscience, retourna en prison. Dans une séance solennelle, l'association a décerné à cette femme héroïque une médaille d'argent sur laquelle est inscrite cette noble allocution : « *Remember your soul and liberty* (2). »

C'est un des caractères particuliers de l'association de ne pas seulement surveiller le gouvernement, mais de gouverner elle-même ; elle ne se borne pas à contrôler le pouvoir, elle l'exerce. Elle fonde des écoles, des établissements charitables, lève des taxes pour leur soutien, protège le commerce, aide l'industrie et fait mille autres actes (3) ; car, comme la définition de ses pouvoirs ne se trouve nulle part, la limite n'en est point marquée.

A vrai dire, l'association est un gouvernement dans le gouvernement : autorité jeune et robuste, née au sein d'une vieille autorité, moribonde et décrépite : puissance nationale centralisée qui broie et réduit en poussière tous les petits pouvoirs épars çà et là d'une aristocratie anti-nationale. Il n'est pas exact de dire que l'association anéantit le gouvernement en Irlande : car comment appeler de ce nom l'empire d'une faction qui ne se maintient que par le secours de la force matérielle ?

Dans un pays où il existerait des pouvoirs légitimes et réguliers, l'établissement d'une association pareille serait, si elle pouvait s'y former, l'organisation même de l'anarchie. En Irlande, cette association peut bien être un principe et un moyen de révolution politique, mais c'est en même temps le plus puissant élément social qui existe en ce pays.

Avant que l'association irlandaise se fût constituée, le peuple pensait sincèrement qu'il n'était pas de pouvoir temporel qui méritât l'obéissance et le respect, parce qu'il croyait méchante et tyrannique toute autorité humaine. L'association qui, il faut le reconnaître, gouverne l'Irlande, lui a appris, en le soumettant à son pouvoir et en le protégeant, que l'autorité peut être bienfaisante.

C'est à l'association que le peuple irlandais doit de perdre ses traditions de sauvage indépendance, et de contracter des habitudes sociales et régulières. Chose étrange ! l'association qui mène l'Irlande est le plus factieux de tous les pouvoirs ; il ne se passe guère de jour sans qu'elle pousse le peuple à violer quelque loi ; elle lui prescrit comme un devoir civique de refuser le paiement de la dîme, qui est commandé par la constitution ; elle voue au mépris et à la haine publique les corporations municipales qui cependant sont des pouvoirs légalement constitués, l'Église anglicane qui est la première institution du pays, l'aristocratie dépositaire actuelle de toute l'autorité administrative; et cependant, je le répète, l'association a donné au peuple irlandais ses premières notions du droit et de la légalité. Avant que l'association existât, et par conséquent avant qu'elle fît entendre ses conseils, le peuple éprouvait les mêmes sentiments de haine contre tout ce qu'elle lui recommande de haïr; mais alors il était aveugle et farouche dans ses ressentiments. L'association n'a pas changé le fond de son âme; elle l'a laissé avec toutes ses haines qu'elle a jugées légitimes, et c'est ce qui a fait sa force: seulement elle les a éclairées de quelque lumière; elle a appris au peuple non à les étouffer, mais à les contenir; elle s'est efforcée d'adoucir ses penchants, d'indiquer à ses passions politiques des voies douces, paisibles, rigoureusement légales, à la place des moyens violents et criminels auxquels il était habitué à recourir; elle l'a accoutumé à recevoir une direction supérieure, et à accepter l'empire d'une autorité toute morale, à la place du gibet, seul pouvoir social auquel il eût foi. Elle n'a pas plié le peuple aux règles de la loi, mais à une règle : voilà comment un élément d'ordre est sorti du désordre même.

On m'a battu! s'écriait d'une voix lamentable un paysan lors de l'élection de Waterford. — Et pourquoi, lui dit-on, n'avez-vous pas rendu les coups? — Je croyais, répondit-il, que l'association l'avait défendu. La veille de l'élection de Clare l'association porta une défense générale de s'enivrer : pas une goutte de wiskey ne fut bue par le peuple (1).

L'association n'a pas la puissance d'empêcher le

whiteboysme, qui tient à des causes bien plus sociales que politiques ; mais si elle ne le détruit pas, elle
le limite, elle le combat hautement, le désavoue (1) ;
elle empêche les passions politiques de se porter
vers lui, et de chercher en lui un auxiliaire.

Avant l'association, vingt Irlandais ne pouvaient
se trouver ensemble sans que leur réunion fit bientôt naître quelque querelle et quelque violence ; à la
voix de l'association, des milliers, des centaines de
mille personnes se rassemblent dans un même lieu,
paisiblement, et dans l'ordre parfait d'une milice
disciplinée, sans engager la plus légère dispute,
sans se livrer au moindre excès : et par ces démonstrations solennelles d'une force tranquille mais menaçante, apprennent à l'Angleterre ce qu'elle doit
penser de la sauvage Irlande.

Mais ce qui dans l'association d'Irlande me paraît
le plus grave et le plus digne d'attention, c'est ce qu'il
y a de profondément démocratique dans ce gouvernement du peuple par un pouvoir central, unique,
émané de la volonté universelle, expresse ou tacite,
résumant en lui tous les éléments nationaux, tout-
puissant par l'assentiment populaire ; pouvoir absolu
dans ses actes, quoique soumis constamment au
contrôle de tous ; nivelant tout au-dessous de lui,
mandant à sa barre toutes les puissances aristocratiques de la nation ; accoutumant ainsi le peuple à
l'égalité sociale et politique ; pouvoir mobile, insaisissable quoique perpétuel, changeant sans cesse de
nom, de forme et d'agents, quoique toujours le
même ; c'est-à-dire une démocratie constituée dans
un pays qu'on prétend gouverner avec des institutions aristocratiques.

§ II. — O'Connell.

Le mouvement de l'association est celui de toute
l'Irlande; mais ce grand travail de la nation a des
agents particuliers, et il en possède un tout à la fois
si considérable et si célèbre, que je ne crois pouvoir
le passer sous le silence : je veux parler d'O'Connell.
Si l'association mène l'Irlande, c'est O'Connell qui
gouverne l'association. O'Connell exerce sur son
pays et sur l'Angleterre elle-même une si extraordinaire influence, qu'en l'omettant ici ce serait né-
gliger plus qu'un homme, et presqu'un principe. Il
me semble donc nécessaire, pour donner sur lui quelques détails, de me détourner un instant du cours
d'idées dans lequel je suis engagé, et vers lequel ce
sujet me ramènera d'ailleurs tout naturellement.

Chaque jour, de notre temps, on voit les grands
hommes devenir plus rares. Ce n'est pas qu'il se
fasse de moins grandes choses qu'autrefois; mais ce
qui se fait de grand parmi les peuples, au lieu d'être
exécuté par tel ou tel homme, l'est par plusieurs,
et à mesure qu'un plus grand nombre concourt à
l'œuvre, la gloire particulière des agents diminue.
Lorsque dans un pays je ne vois aucun homme
qui s'élève au-dessus des autres, je n'en conclus
point que tous les hommes de ce pays soient petits,
j'en tirerais plutôt la conséquence qu'ils ont tous
une certaine grandeur. Nulle part, les grandes
individualités ne sont plus rares que dans les
pays d'égalité générale. Voyez les États-Unis ; où

trouver un niveau commun plus haut avec moins
de sommités individuelles? L'Irlande, avec ses immenses misères, ses contrastes de luxe et d'indigence, avec ses masses grossières, animées de passions homogènes, était peut-être le sol le mieux
préparé pour faire éclore la grandeur d'un seul
homme.

La puissance d'O'Connell n'est-elle pas une des
plus extraordinaires qui se puissent concevoir?
Voici un homme qui exerce, sur un peuple de sept
millions, une sorte de dictature; il dirige presque
seul les affaires du pays, il donne des conseils qu'on
suit comme des commandements, et cet homme n'a
jamais été investi d'aucune autorité civile, d'aucun
pouvoir militaire. Je ne sais si, en consultant l'histoire des nations, on trouvera un seul exemple d'une
pareille destinée; voyez, depuis César jusqu'à Napoléon, les hommes qui ont dominé les peuples par
leur génie ou par leur vertu, combien en compterez-
vous qui, pour établir leur puissance, n'aient eu
d'abord, soit la majesté de la toge, soit la gloire
des armes? Le nom de Washington serait-il seulement arrivé jusqu'à nous, si, avant d'être législateur, ce grand homme n'eût été guerrier? Qu'eût
été Mirabeau sans la tribune de la constituante? et
Burke, et Fox, et Pitt, sans leur siége au parlement?
O'Connell est membre du parlement britannique;
mais sa plus grande puissance remonte au temps
où il ne l'était pas : elle date de la fameuse élection
de Clare; ce n'est pas le parlement qui a fait sa
force, c'est à cause de sa force qu'il est entré au parlement.

Quel est donc le secret de cet empire obtenu sans
aucun des moyens qui, d'ordinaire, en sont l'unique
source? Pour comprendre cette singulière fortune
de l'homme, il est nécessaire de remonter à la situation politique qui en a été le point de départ, et qui
en est encore aujourd'hui la base.

Après la funeste catastrophe de 1798, l'Irlande
abattue, expirante, sous les pieds de l'Angleterre
qui l'écrasait sans pitié, jugea que, désormais, elle
devait renoncer à demander aux armes les biens
pour la conquête desquels elle s'était si fatalement
insurgée. Elle se trouva alors dans cette situation
étrange d'un peuple qui, possesseur de quelques
droits politiques, se voit menacé de les perdre pour
avoir tenté violemment de conquérir ceux qui lui
manquent; qui, par un zèle imprudent à poursuivre une indépendance complète, risquerait de
tomber dans une entière servitude, et qui n'aura
désormais quelque chance d'obtenir des libertés
nouvelles qu'en se contentant de celles qu'il a, et
en cessant de contester le droit de ses maîtres; elle
se trouva enfin, par l'union de 1800, liée plus
étroitement que jamais à l'Angleterre qui, tenant
sous sa main l'esclave rebelle, était fortement tentée
de le châtier, et ne pouvait cependant le faire sans
violer des engagements et des garanties dont le
respect est si impérieusement prescrit par la constitution britannique.

Dans cette conjoncture, que fallait-il à l'Irlande?
Il lui fallait non un général propre à conduire une
armée, mais un citoyen capable de diriger un
peuple; il lui fallait un homme dont l'ascendant

s'établit par des moyens paisibles et propres à gagner la confiance de l'Irlande, sans faire peur d'a-
bord à l'Angleterre; qui, profondément pénétré de
l'état du pays, comprenant également ses besoins et
ses périls, eût le grand art de se livrer tout entier
aux uns, et d'échapper sans cesse aux autres; jurisconsulte assez habile pour démêler ce qui, dans le
code de la tyrannie, avait été aboli, et ce qui était
encore en vigueur; orateur assez puissant pour
exciter dans l'âme du peuple des passions ardentes
contre ce qui restait de servitude, et assez sage pour
en arrêter l'élan à la limite de l'insurrection; avocat
subtil, autant que tribun fougueux, appliqué à
tenir en éveil la colère et la prudence du peuple,
assez impétueux pour le pousser et assez fort pour
le contenir, capable de le mener à son gré sur la
place publique, de l'agiter, de l'adoucir sous sa
main; et qui, après lui avoir enseigné à haïr les lois
sans les violer, sût encore, quand des excès seraient
commis, les défendre devant la justice, en excuser
les auteurs, et fasciner un jury comme assemblée
populaire; il fallait à l'Irlande un homme qui, tout
à elle de cœur, ne cessât d'avoir les yeux sur l'Angleterre, sût se conduire avec le maître aussi bien
qu'avec l'esclave, stimuler l'un sans alarmer l'autre,
presser les progrès de celui-ci sans troubler la sécurité de celui-là; qui, fort des institutions existantes, en fît son égide pour se défendre, et son
glaive pour attaquer; montrât comment un droit
appelle un autre droit, une liberté une autre
liberté; imprimât dans l'âme de tout Irlandais cette
conviction profonde, que ce qui lui manque d'in-

dépendance l'expose à la plus dure tyrannie, mais lui suffit pour conquérir son entier affranchisse-ment; et, après avoir ainsi discipliné l'Irlande, pût un jour présenter à l'Angleterre une nation *consti-tutionnellement insurgée*, agitée, mais non rebelle, se tenant debout comme un seul homme, et atten-dant, pour se rasseoir, que justice lui soit rendue. Cet homme, qu'appelait l'Irlande, se révéla à elle vers l'an 1810 (1); c'était Daniel O'Connell. Il ne pouvait paraître ni plus tôt ni plus tard; pour le faire naître, il fallait un pays déjà libre et pourtant encore esclave; il fallait assez d'oppression pour rendre l'autorité odieuse, et assez de liberté pour que le tribun du peuple pût se faire entendre; il fallait cet accident singulier d'une tyrannie appuyée sur les lois, pour donner tant d'empire à l'homme auquel ces lois seraient le plus familières, et qui, d'un texte habilement interprété, saurait tirer la liberté du peuple et l'indépendance de son pays. Venu il y a cinquante ans, O'Connell eût probable-ment péri au gibet; un demi-siècle plus tard on ne l'écouterait plus dans son pays devenu plus heureux et plus libre.

Sans doute une loi providentielle assurait à l'Ir-lande quelque grand interprète à ses grandes infor-tunes; mais c'est pour elle un accident heureux que d'en avoir rencontré un aussi extraordinaire qu'O'Connell. Je ne suis point de ceux qui pensent que l'Irlande doit à O'Connell seul de s'être réveillée de sa servitude; non, les passions, les volontés, la destinée de tout un peuple ne tiennent pas à un seul homme; non, il n'est point donné à un seul individu, quels que soient son génie et sa puissance, d'être tout pour son pays. Les grands hommes, qui paraissent conduire leur siècle, ne font souvent que l'exprimer; on croit qu'ils mènent le monde, ils le comprennent seulement ; ils ont aperçu des besoins dont ils se constituent les défenseurs, et deviné des passions dont ils s'établissent les organes; on s'étonne, quand ils parlent, de ce que leur voix retentit si haut, et l'on ne réfléchit pas que leur voix n'est pas celle d'un homme, et qu'elle est celle d'un peuple. Si l'on étudiait bien O'Connell et le secret de sa puissance, on verrait que son principal mérite est d'avoir adopté la défense de sept millions d'hommes qui souffrent, et dont la misère est une injustice. Il est doux de penser que la résistance à l'iniquité soit une si belle source de gloire. Mais si O'Connell n'a pas créé l'Irlande catholique émancipée, quel autre pouvait aussi bien que lui la représenter? S'il n'a pas seul imprimé à l'Irlande le grand mouvement qui l'a si profondément remuée et qui l'agite encore, comment nier qu'il l'ait prodigieusement hâté et développé? Il n'a pas, il est vrai, fabriqué les instruments de liberté que possède l'Irlande ; mais quel autre aurait su les manier comme lui? Quel est celui qui, en face des besoins de l'Irlande, en eût fait une aussi savante étude, les eût saisis avec une aussi profonde intelligence, et eût mis à leur service d'aussi grandes facultés ?

J'ai dit que l'intérêt de l'Irlande demandait une *guerre constitutionnelle,* une paix sans cesse agitée, un état intermédiaire entre le régime des lois et l'insurrection.

Considérez avec quel art O'Connell organise le plan de cette association qui va devenir maîtresse de l'Irlande, et qu'il s'agit de créer en dépit des lois destinées à l'empêcher de naître ! Il est aujourd'hui bien reconnu de tous que l'association irlandaise n'a dû sa vie et ne doit chaque jour son salut qu'à l'infinie sagacité d'O'Connel qui, après l'avoir préservée dès son berceau de l'atteinte des lois alors en vigueur, sait ensuite la garantir des coups dont la menacent sans cesse de nouvelles lois; si le parlement la dissout, la fait revivre aussitôt; imagine toujours pour elle une forme que le législateur a omis d'interdire; s'expose personnellement pour la sauver à tous les périls auxquels on est sujet en éludant les lois, et arrache enfin à ses adversaires cet aveu, qu'il est bien aisé de dire qu'il faut arrêter M. O'Connell et le livrer à la justice, mais que la difficulté est de le surprendre en défaut, et de trouver une loi qu'on puisse l'accuser d'avoir formellement violée (1). Enfin l'association triomphe de toutes les attaques, elle est dominante, O'Connell en est le chef; et quel chef! quel zèle! quelle prudence! quelle sagesse impétueuse ! quelle fécondité d'expédients! quelle variété de moyens !

Voyez O'Connell paraissant en 1825 devant le comité de la chambre des communes qui se livrait à une enquête sur l'état de l'Irlande : admirez avec quelle simplicité lucide, avec quelle ingénieuse candeur O'Connell expose les rigueurs qui alors encore pesaient sur l'Irlande catholique, ne mêlant pas à son récit un seul mot d'amertume, ne parlant que de paix, d'union et d'harmonie; assurant ses

auditeurs qu'une fois l'émancipation parlementaire
accordée, les protestants et les catholiques, divisés
entre eux, mais non ennemis, s'aimeront comme
des frères ; répondant à toutes les objections, disant
tous les griefs, indiquant le remède à tous les maux,
ne laissant pas obscure une seule des misères de
l'Irlande, pas incertaine une seule de ses persécutions, et prononçant, au milieu de mille piéges
tendus et de mille interruptions inévitables dans
tout interrogatoire de cette espèce, le plaidoyer,
sinon le plus beau, du moins le plus utile, qui jamais
ait été fait dans l'intérêt d'un peuple opprimé (1) !

Mais cet homme timide et modeste qui, devant
une commission du parlement anglais, tient ce langage conciliant, est-ce le même dont la voix formidable retentit dans le comté de Clare (2) et qui dit
au peuple : La loi vous défend d'envoyer un catholique au parlement ! eh bien ! je suis catholique,
nommez-moi. Est-ce le même homme, tout à l'heure
si modéré, si calme, qui maintenant fait un appel
à toutes les passions du peuple, éveille toutes ses
sympathies, excite ses plus ardents enthousiasmes,
brise d'un seul coup les liens par lesquels l'aristocratie tenait ses inférieurs dans sa dépendance, sépare
le catholique du protestant, le fermier du propriétaire, le vassal du seigneur, attire à lui tous les suffrages, et laisse dans un isolement profond et imprévu cette aristocratie toute stupéfaite de l'audace
et du succès de son ennemi !

Les principales armes dont se sert O'Connell,
dans cette guerre constitutionnelle dont il est le
général, sont ses discours dans le parlement, dans

l'association, dans les *meetings;* ses harangues
électorales et ses publications par le moyen de la
presse. Les travaux du parlement qui le retient la
moitié de l'année, et où il se fait entendre à l'occasion de toute question de quelque importance, ceux
de l'association qui ouvre ses séances quand le parlement a clos les siennes, et dont O'Connell fait à
peu près tous les frais, n'offrent point un aliment
suffisant à son inconcevable activité. Les meetings
ou assemblées populaires qui, en Irlande comme
en Angleterre, se réunissent à tout propos, et dans
lesquelles O'Connell domine comme il y excelle (1),
sont encore trop peu pour satisfaire le besoin d'action qui le dévore. Il ne laisse échapper aucune
occasion de dire sa pensée au peuple et d'exercer
sa puissance. Une élection générale se prépare-
t-elle? O'Connell la dirige presque souverainement;
il dit à tel collège électoral : Nommez celui-ci; à tel
autre : Ne nommez pas celui-là; et toujours il est
obéi. Informé qu'une élection importante est douteuse dans le nord, il s'y rend en toute hâte, fait
entendre sa voix toute puissante sur une multitude
irlandaise, et le candidat qu'il a soutenu triomphe;
de là, sans prendre un instant de repos, il vole vers
le sud où il a appris qu'une autre élection périclite,
il fascine et entraîne ses auditeurs, fait élire son
fils, ou son gendre, ou quelqu'un des siens; et,
reprenant sa course en descendant des hustings, il
arrive à Dublin précisément à l'heure des séances
de l'association, dans le sein de laquelle sa parole
retentit plus fraîche et plus sonore que jamais.
O'Connell est doué d'une infatigable ardeur; quand

il n'a point l'occasion d'agir, il parle ; s'il ne parle pas, il écrit ; du reste, actes, paroles, écrits, tout est dirigé vers un but unique, le peuple, et parvient à ce but par la même voie, la publicité. Il se passe à peine, dans toute l'année, un seul jour sans que la presse publie, soit une résolution, soit un discours, soit une épître d'O'Connell.

Ce qui distingue O'Connell, ce n'est pas l'éclat de telle qualité particulière, c'est plutôt l'assemblage de plusieurs qualités communes, mais dont la réunion est singulièrement rare. On citera sans peine tel ou tel orateur plus remarquable que lui, tel homme d'action plus habile, tel écrivain plus distingué ; mais cet orateur plus brillant serait incapable d'agir ; cet homme d'action ne sait pas écrire ; cet écrivain supérieur ne sait ni agir ni parler. O'Connell, qui probablement ne fût devenu célèbre ni par des livres, ni par des harangues, ni par des actes politiques, se trouve aujourd'hui le plus illustre de ses contemporains parce qu'il est capable, quoique dans un ordre secondaire, de ces trois choses à la fois. Il est cependant juste de dire qu'au barreau O'Connell est supérieur, et que dans les assemblées populaires il est sans rival.

Il y a dans la fortune d'O'Connell quelque chose de plus surprenant que son origine, et que les moyens par lesquels elle s'est établie ; c'est la durée de sa puissance, puissance toute fondée sur cette base fragile qui s'appelle la faveur populaire. On voit encore des hommes qui sont grands un jour, les héros d'un fait, l'expression d'un événement considérable accompli par eux ou par la nation dont

ils dirigent les efforts, et dont la puissance s'évanouit d'ordinaire avec la grande circonstance dont
ils sont les représentants; mais ce qui ne se rencontre guère, c'est cet empire continu d'un homme
qui, pendant vingt années, règne sur son pays sans
autre titre que l'assentiment populaire, chaque jour
nécessaire, donné chaque jour. C'est peut-être de
toutes les existences la plus grande et la plus magnifique, mais c'est aussi là plus laborieuse. La vie
d'O'Connell est une perpétuelle entreprise, un combat qui ne finit point. Qu'il cesse un seul jour d'agir,
de parler, d'écrire, sa puissance croule aussitôt.
L'homme que son pays a revêtu de la magistrature
suprême est encore fort et obéi, après que les causes
de son élévation sont passées; et, président ou roi,
il peut demeurer tel dans la plus complète inertie.
O'Connell se reposant n'est plus rien; son pouvoir
ne se maintient qu'à la condition d'une action incessante; de là cette agitation fébrile qui le distingue
et qui, il le faut dire, fait son bonheur en même
temps que sa gloire; car le repos est antipathique
à son infatigable nature.

Si, du reste, il est facile de concevoir comment
il faut des efforts continus pour perpétuer cette
puissance qui meurt et renaît chaque jour; on comprend moins aisément comment celui à qui le besoin d'agir sans relâche est impérieusement prescrit,
trouve toujours sous sa main d'abondants éléments
d'action. O'Connell excelle autant à les découvrir
qu'à les exploiter. A peine un grief de l'Irlande est-
il satisfait, que son œil vigilant aperçoit un grief
nouveau qui va devenir le texte de ses plaintes; son

tact est merveilleux à prendre le devant des passions populaires, à les deviner ; il ne pense pas autrement que tout le monde, il pense plus vite, et il
dit le premier ce que tout le monde allait dire. De
toutes ses facultés la plus éminente, c'est sans contredit l'extrême bon sens dont il est doué, à l'aide
duquel il mesure tout d'un coup la difficulté, voit
aussitôt le meilleur parti à prendre, et juge si sûrement le présent, que nul n'est aussi près que lui de
l'avenir : intelligence profonde qui est encore du
génie, et de tous les génies le plus bienfaisant pour
les peuples, quand l'égoïsme ne l'altère pas à sa
source.

Beaucoup se représentent O'Connell sous les traits
d'un ardent et dévot catholique poussé par le fanatisme religieux à défendre la liberté. Pour juger
à quel point cette opinion est juste, il faudrait pouvoir lire au fond des cœurs ; or, c'est un don qui
n'appartient qu'à Dieu. Si cependant il était permis
de hasarder un jugement sur les sentiments les plus
impénétrables de l'âme, je dirais qu'ici encore il y a
chez O'Connell plus de bon sens que de passion,
plus d'intelligence que de foi. O'Connell parle à
l'Irlande la seule langue que Irlande comprenne :
il juge trop bien l'Irlande pour ne pas reconnaître
que rien ne s'y peut faire si ce n'est par l'influence
du catholicisme, et il serait peut-être catholique
fervent par raison politique s'il ne l'était pas par
conscience religieuse.

D'autres qui ne considèrent O'Connell que dans
sa vie politique, se demandent s'il joue un rôle, ou
s'il obéit à une conviction. C'est un doute qu'il

semble bien difficile d'admettre. Eh quoi ! il
n'est pas de petit procureur à gages qui, quand il
a, tant bien que mal, plaidé durant quelques
heures la plus mesquine cause pour le plus piètre
client, ne soit presque convaincu de la sainteté de
son droit, et ne s'anime jusqu'au zèle, quelquefois
jusqu'au désintéressement : et l'on demande s'il y a
de la bonne foi et du dévouement sincère chez
l'homme qui, depuis trente ans, défend la même
cause ; la cause d'un peuple entier, d'un pays qui est
le sien ; une cause à laquelle il a dévoué toute sa
vie, à qui il doit toute sa gloire ; la cause la plus
équitable qui ait jamais existé, et qu'il croirait juste
encore, alors même qu'elle ne le serait pas ?

O'Connell est en butte à des attaques qui, si elles ne
sont pas plus méritées, sont plus faciles à comprendre. Les partisans déclarés de l'obéissance passive
ne peuvent lui pardonner ses allures libres et ses
tendances révolutionnaires ; et ceux qui regardent
l'insurrection armée comme l'unique remède à la
misère du peuple, lui imputent tous les maux de
l'Irlande, qui souffre et ne se révolte pas. On conçoit que la conduite d'O'Connell ne satisfasse ni les
uns ni les autres. Il y a dans le principe politique qui
lui sert de guide, dans cette doctrine intermédiaire
entre le respect des lois et l'agression, quelque
chose de mixte qui rend son caractère presque insaisissable, faisant d'O'Connell tantôt un sujet loyal,
tantôt un partisan factieux ; aujourd'hui incliné devant le roi, demain roi lui-même sur la place publique : moitié démagogue, moitié prêtre. Pour
juger O'Connell, il faut l'envisager à la fois sous ce

double point de vue. O'Connell n'est ni un homme
de pure opposition parlementaire ni un homme de
révolution ; il est l'un et l'autre, tour à tour et selon
les cas. Son principe en ces matières se forme sur la
circonstance ; tout pour lui consiste à obéir et à résister avec discernement. O'Connell, chez qui le bon
sens domine toujours la passion, ne poursuit jamais
que ce qui est possible. Trouve-t-il que l'opinion
publique est froide sur une question de réforme, il
poursuivra cette réforme dans le parlement, avec
l'arme seule de la logique, et l'unique secours de la
raison. S'agit-il au contraire d'un sujet qui excite
les passions populaires et pour lequel il y ait chance
de voir la nation entière prendre fait et cause,
O'Connell ne se borne plus à raisonner, il agit. Il
n'invoque plus seulement un principe, il fait un
appel à la force. C'est ainsi que, dans les temps qui
ont précédé l'émancipation catholique obtenue en
1829, il avait mis l'Irlande sur pied ; ainsi, en 1831
il soulevait toute l'Irlande contre le paiement de la
dîme ; remarquez qu'il la soulevait, mais ne l'armait
pas ; il déployait un appareil menaçant, et attendait
que le pouvoir irrité lui donnât, en l'attaquant, les
avantages et les priviléges de la défense. O'Connell
sait merveilleusement le parti qu'il peut tirer de la
légalité, et jusqu'où il peut aller dans la violence ;
il pense que c'est folie à un peuple qui possède des
libertés, de délaisser ces armes puissantes de combat
dont l'usage est légitime et exempt de tous dan-
gers, pour recourir à cette arme extraordinaire, la
révolte, dont l'emploi est si périlleux, et l'effet si
incertain. Si O'Connell croyait qu'une bonne et

franche insurrection réussît à l'Irlande, et fît d'elle
un peuple heureux et libre, il serait sans doute révolutionnaire. Il eût applaudi au mouvement des *volontaires* de 1778; mais je doute qu'en 1792 il se
fût engagé dans le mouvement pourtant plus national des *Irlandais-Unis*. Les premiers avaient pour
eux des chances de succès qui manquaient entièrement aux seconds. O'Connell a l'âme et la mémoire
chargées de toutes les misères qu'ont attirées sur
l'Irlande ses violents essais d'indépendance : de là son
effort constant pour créer ce qu'il appelle *l'agitation
constitutionnelle*, ce système indécis entre la paix
et la guerre, entre la soumission et la révolte, entre
l'opposition légale et l'insurrection : système qui sans
doute ne confère point aux peuples les rapides bienfaits d'une révolution soudaine et prospère, mais
qui aussi n'expose point le pays aux terribles responsabilités d'une insurrection malheureuse.

Mais soit que l'on considère O'Connell comme un
ardent sectaire ou comme un grand chef de parti,
politique ou enthousiaste, parlementaire ou révolutionnaire, on est dans tous les cas obligé de reconnaître en lui une extraordinaire puissance ; et ce
qui, dans cette puissance, frappe surtout les regards, c'est ce qu'elle contient de profondément
démocratique. O'Connell est tout naturellement, et
par le fait seul de son existence politique en Irlande,
l'ennemi de l'aristocratie ; il ne saurait être l'homme
d'une population irlandaise et catholique, sans être
l'adversaire de l'oligarchie anglicane. Peut-être dans
aucun pays le représentant de l'intérêt et de la passion populaires n'est-il aussi nécessairement qu'O-

Connell l'ennemi violent des classes supérieures ;
parce qu'il n'y a peut-être pas de pays au monde où
il 'existe une séparation aussi nette, aussi profonde,
aussi absolue qu'en Irlande entre l'aristocratie et le
peuple.

Il ne faut donc pas s'étonner si O'Connell livre à
l'aristocratie d'Irlande une guerre éternelle ; rien ne
le saurait contenir dans ses attaques que ses passions lui conseillent, et que sa raison ne lui interdit
pas. Il ne faut pas s'étonner non plus si O'Connell,
l'idole du peuple, excite dans les rangs élevés de la
société des inimitiés ardentes. Il n'y a peut-être pas
d'homme qui soit tant aimé et si haï. Les ressentiments de l'aristocratie contre lui sont assurément
bien naturels ; mais malheur au grand seigneur d'Irlande qui, incapable de haïr en silence, provoque
cet ennemi formidable !

Un jour, au milieu d'un banquet public, faisant
allusion au tribut annuel qu'O'Connell reçoit de
l'Irlande (1), un lord traita O'Connell *de mendiant*
(beggerman) ; le lendemain O'Connell vient à la
séance de l'association :

« J'ai, dit-il, à vous raconter une agression nouvelle dirigée contre moi par le marquis ***, qui s'est
permis d'ajouter à mon nom l'épithète de *mendiant*.
Je voudrais bien savoir de quel droit ce seigneur
me traite de la sorte. Quel est son motif ? Serait-ce
que j'ai sacrifié un revenu égal au moins au produit du plus beau de ses domaines, pour me mettre
à même de me dévouer plus complètement à la défense de mes concitoyens, et pour mieux les protéger contre une aristocratie qui n'aspire qu'à les

fouler aux pieds ? Il m'est arrivé ce qui peut-être
n'est jamais arrivé à aucun homme, et l'Irlande a
fait pour moi ce qu'aucun peuple ne fit jamais pour
un simple individu. Oui, cela est vrai, je reçois un
tribut, gage du haut prix qu'on attache à mes faibles services. Je m'en glorifie, et je repousse en
même temps que j'entends avec le plus profond
dédain les injures de cette lâche aristocratie, qui
marcherait sur le corps du peuple si elle ne me trouvait sur son chemin. Quels sont, dites-moi, les titres
du marquis de *** à la considération publique ? A
quoi doit-il les grandes terres qu'il possède en
Écosse ? Je m'en vais vous le dire. Son ancêtre était
lord ***, abbé de *** au temps de Knox. Trahissant
le dépôt qui lui était confié, il livra les vastes possessions qui dépendaient de son abbaye, après toutefois en avoir obtenu pour lui-même la concession
des deux tiers. Voyons maintenant l'origine de ses
domaines d'Irlande. Comment sont-ils entrés dans sa
famille ?—Eh ! mais, par la v
par le sacrilège, le parjure, le vol et l'assassinat. Et
voilà un homme qui, héritier du fruit de tous ces
forfaits, ose attaquer un autre homme dont tout le
crime est de s'être constitué le défenseur de ses concitoyens contre les monstres qui, depuis des siècles,
écrasent son pays du poids de leur tyrannie (1). »

Du reste, ce n'est pas seulement par ses sarcasmes,
ses invectives amères et ses fougueuses déclamations
qu'O'Connell attaque les hautes classes d'Irlande,
sa
grande taille, qui, en Irlande, l'élève au-dessus de
tous ; il annule surtout leur empire par l'ascendant

qu'il a pris sur ceux qui leur doivent obéissance ;
il détruit leur pouvoir par la domination qu'il exerce
lui-même sur toute l'Irlande. Toute grande indivi-
dualité est nivelante de sa nature ; elle est supérieure
à ce qui l'environne ; mais au-dessous d'elle tout
est égal. En plaçant le peuple sous une influence
unique, centrale, née du libre assentiment de
chacun, O'Connell l'accoutume à ne compter pour
rien les privilèges légaux et traditionnels qui, dans
un gouvernement aristocratique comme celui de
l'Irlande, sont présumés attachés au nom, à la naissance et à la condition sociale.

---

§ III. — LE CLERGÉ CATHOLIQUE.

Mais de tous les éléments sociaux existants en Irlande, et qui, favorables à la liberté, contiennent
aussi des germes de démocratie, il n'en est peut-être
point de plus fécond, au moins dans le temps présent, que le clergé catholique. Si O'Connell est le
sommet de l'association, on peut dire que le clergé
catholique en est la base. Mais O'Connell est un
homme dont la puissance est destinée à finir avec sa
vie ; si même le déclin de son pouvoir ne précède sa
mort (1). Le clergé est un corps qui ne meurt point.

Le clergé catholique est ce qu'il y a en Irlande de
plus national : il tient aux entrailles mêmes du pays.
Nous l'avons vu ailleurs, l'Irlande ayant été en
même temps attaquée dans sa liberté et dans son
culte, la religion et la patrie se sont mêlées dans

l'âme de l'Irlandais, et sont devenues pour lui une seule chose. A force de lutter pour sa religion contre l'Anglais, et pour sa patrie contre le protestant, il s'est accoutumé à ne voir de partisans de sa foi que parmi les défenseurs de son indépendance ; et à ne trouver de dévouement pour son indépendance que parmi les amis de sa religion.

Au milieu des agitations dont son pays et son âme ont été le théâtre, l'Irlandais, qui a vu se con-sommer tant de ruines au-dedans et autour de lui, ne croit à rien de stable et de certain dans ce monde, si ce n'est à son culte ; ce culte aussi vieux que la vieille Irlande, ce culte supérieur aux hommes, aux siècles, aux révolutions, qui a traversé les plus si-nistres orages et les plus dures tyrannies, contre lequel Henri VIII n'a rien pu, qui a bravé la reine Élisabeth, sur lequel a passé, sans l'abattre, la san-glante main de Cromwell, et que n'ont pas même atteint cent cinquante années de persécutions con-tinues. Pour l'Irlandais il n'y a de souverainement vrai que son culte.

En défendant ce culte, l'Irlandais a été cent fois envahi, conquis, chassé du sol natal ; il a gardé sa foi et perdu sa patrie. Mais après la confusion qui s'était faite dans son esprit de ces deux choses, sa religion sauvée est devenue tout pour lui, et s'est encore étendue dans son cœur en y prenant la place qu'y tenait son indépendance. L'autel où il prie est encore sa patrie.

Parcourez l'Irlande, regardez les populations, étudiez leurs mœurs, leurs passions, leur caractère, vous reconnaîtrez qu'aujourd'hui même où l'Irlande

est politiquement libre, ses habitants sont encore
tout pleins de préjugés et de souvenirs de leur ancienne servitude; voyez seulement leur aspect extérieur : ils marchent le front incliné vers la terre;
leur attitude est humble, leur langage timide; ils
reçoivent comme une grâce ce qu'ils pourraient
demander comme un droit, et ils ne croient point à
l'égalité que la loi leur assure et dont on leur donne
des marques. — Mais si de la cité vous passez dans
l'Église, vous êtes tout à coup frappé du contraste.
Ici se redressent les contenances les plus abattues,
et les têtes les plus humbles se relèvent, portant vers
le ciel les plus nobles regards; l'homme reparaît
dans sa dignité. Le peuple irlandais est dans son
église, et là seulement il se sent libre, là seulement
il est sûr de son droit. Il occupe le seul terrain qui
n'ait jamais manqué sous ses pieds.

Quand l'autel est aussi national, comment le
prêtre ne le serait-il pas? De là la grande puissance
du clergé catholique en Irlande. Appliqué à renverser le catholicisme, le gouvernement anglais ne
pouvait abattre le culte sans détruire le clergé. Et
l'on a vu ailleurs comment il travailla à la ruine de
celui-ci. Cependant, en dépit des lois pénales qui
d'ailleurs sommeillaient quelquefois, il y a toujours
eu des prêtres en Irlande. Le culte catholique n'y
eut longtemps il est vrai qu'une existence mystérieuse
et clandestine, il était légalement censé ne pas être,
et la même fiction s'étendait au clergé; alors même
qu'on tolérait le culte catholique, on ne l'autorisait
pas, on ne le reconnut même qu'indirectement,
lorsqu'en 1798 le parlement anglais vota des fonds

pour la dotation du séminaire de Maynooth, destiné
à l'éducation des prêtres irlandais. Quoi qu'il en
soit, le culte catholique existe aujourd'hui publiquement en Irlande, ses temples s'élèvent, son
clergé s'organise, ses cérémonies s'accomplissent au
grand jour; il compte quatre archevêques, vingt-
trois évêques, deux mille cent cinq églises et deux
mille soixante-quatorze prêtres ou vicaires. Ce n'est
pas la loi qui le constitue ainsi, mais elle le laisse se
former; elle lui accorde une tolérance expresse, et
maintenant le clergé catholique, dépositaire de la
première puissance nationale de l'Irlande, l'exerce
sous l'égide de la constitution. Et pour comprendre
cette puissance, ce n'est pas assez de savoir ce qu'est
pour le peuple irlandais sa religion, mais encore ce
qu'est pour lui son prêtre.

Contemplez ces immenses classes inférieures d'Irlande qui portent à la fois toutes les charges et toutes
les misères de la société, qu'un avide propriétaire
pressure sans pitié, que le fisc épuise, que le ministre protestant dépouille, que l'homme de loi
achève de ruiner. Quel est dans leurs souffrances
leur unique appui? Le prêtre. Qui leur donne un
conseil dans leurs entreprises, un secours dans leurs
disgrâces, une aumône dans leurs détresses? Le
prêtre. Qui leur accorde (chose peut-être encore
plus précieuse) cette sympathie qui console, cette
voix amie qui soutient, cette larme d'humanité qui
fait tant de bien au malheureux? Un seul homme en
Irlande pleure avec le pauvre qui a tant à pleurer;
cet homme, c'est le prêtre. Vainement des libertés
politiques sont obtenues, des droits consacrés, le

peuple souffre toujours. Il y a de vieilles plaies sociales sur lesquelles le remède venu des lois est lent à se faire sentir. Ces plaies du peuple larges et hideuses, le clergé seul n'en détourne pas les yeux, seul il s'en approche et les adoucit. En Irlande, il n'y a que le prêtre qui ait de perpétuels rapports avec le peuple et qui s'en honore.

Ceux qui en Irlande n'oppriment pas le peuple ont du moins coutume de le mépriser. Je n'ai trouvé dans ce pays que le clergé catholique qui aimât les basses classes, et en parlât dans des termes d'estime. Cela seul m'expliquerait la puissance des prêtres en Irlande.

La mission du clergé catholique en Irlande est la plus magnifique qui se puisse imaginer. Elle est un accident : car il fallait, pour la faire naître, un ensemble de misères qui heureusement sont propres à ce pays. Mais le clergé irlandais n'a point manqué à sa fortune ; un rôle admirable s'offrait à lui, il en a compris la grandeur et il le remplit avec un dévouement sublime : on ne se doute guère sur le continent de ce qu'est en Irlande la vie du prêtre catholique qui, dans la guerre terrible que le riche fait au pauvre, est le seul refuge de celui-ci ; et qui met à combattre le malheur de son semblable un zèle, une ardeur, une constance que l'ambition la plus violente et la plus égoïste apporte rarement dans la construction de sa propre fortune.

Il semble du reste que tout en Irlande se réunisse pour placer en relief aux regards du peuple les vertus de son clergé.

Quel doit être le sentiment du peuple quand il

compare son église humble et pauvre comme lui,
comme lui persécutée, avec cette église orgueilleuse
et magnifique, l'Église anglicane appuyée sur l'État
dont elle partage la puissance; lorsqu'une loi dure
le contraint de payer à celle-ci des tributs énormes
dont il ne lui revient jamais une obole, tandis que
le peu qu'il donne à son pauvre clergé, celui-ci le
lui rend tout entier, et y ajoute des soins et des dévouements qui ne se paient point ; lorsque, sous ses
yeux, un ministre protestant, un étranger qu'il ne
connaît pas, occupe un bénéfice où il ne prend
souci que de sa famille, de ses plaisirs et de ses
intérêts ; tandis que le prêtre catholique, qui n'a
point de famille, point de fortune, point de biens
terrestres, qui est enfant de l'Irlande et sorti des
rangs populaires, ne vit que pour le peuple et se
donne tout à lui ?

Que doit-il penser au sein de ses immenses et
profondes misères, lorsque chaque jour il entend
les riches, presque tous sectateurs de l'Église anglicane, proclamer que l'aumône est le plus grand de
tous les maux, qu'elle est pour le peuple une source
d'immoralité et de dépravation ; tandis que, du haut
de la chaire, le prêtre catholique frappe de ses malédictions le mauvais riche qui ne donne point au
pauvre, et ne cesse de faire entendre ces paroles de
charité: Faites l'aumône, et le royaume des cieux
vous appartient.

Je n'examine point ici lequel du riche protestant et du prêtre catholique entend le plus saine-
ment les principes de l'économie politique; mais
je suis sûr tout d'abord que le peuple prend le lan-

gage du riche pour celui d'un adversaire, tandis
que la parole du second pénètre comme une voix
amie jusqu'au fond de son cœur. Qui s'étonnera
maintenant de la puissance du clergé catholique en
Irlande? Cette puissance a pourtant encore une autre
base, et peut-être la plus solide de toutes : de même
que le peuple irlandais n'a pas d'autre appui que
son clergé, le clergé catholique n'a pas d'autre
soutien que le peuple. C'est le peuple seul qui paie
son prêtre; de là l'origine du double lien qui les
serre étroitement l'un à l'autre; de là leur dépendance mutuelle, de tous les nœuds le plus durable.
Ajoutons que dans ce pays où toutes les classes supérieures et privilégiées sont impopulaires, le clergé
catholique est le seul corps plus éclairé que le
peuple, dont celui-ci accepte les lumières et le
pouvoir. Et ce pouvoir n'est pas purement social; il
est encore essentiellement politique. La libre existence de l'Église catholique est peut-être, en Irlande,
ce qu'il y a de plus directement hostile au principe
qui, pendant des siècles, a dominé dans le gouvernement. Ce n'est pas seulement une église qui s'élève
à côté d'une autre église; ce n'est pas seulement un
corps de vicaires, de prêtres et d'évêques qui s'organise à la face d'un autre clergé, élevant autel
contre autel, et faisant entendre prédication contre
prédication. Il y a, dans le développement aujourd'hui
complètement libre de l'Église catholique d'Irlande,
le signe d'un principe nouveau, vainqueur du vieux
principe anglican, qui jadis était comme le cœur
du gouvernement anglais : la vieille Irlande se sent
renaître dans l'Église catholique; la tyrannie pro-

testante (protestant ascendancy) est vaincue; c'est
un principe politique, bien plus encore qu'un principe religieux, qui triomphe.

Aussi le prêtre irlandais ne se borne pas à secourir
le peuple dans ses misères sociales, il le protège encore contre l'oppression politique; il ne se contente
pas d'être homme et prêtre, il est encore citoyen,
et n'est pas moins occupé de la liberté que de la
religion.

Pendant longtemps, le clergé catholique, soumis
comme le peuple à la persécution, n'avait eu d'autre
soin que de s'y soustraire, et il était trop abattu par
elle pour conserver aucune puissance de protection; il se dérobait aux lois pénales, s'efforçait de
procurer au peuple les secours spirituels de la religion, et quand il y réussissait, il avait accompli sa
tâche. Ainsi, au plus fort de l'oppression, le clergé
catholique se renferma strictement dans son église, et
il s'y tenait encore réfugié, lorsque l'Irlande livrait
ses premiers combats et remportait ses premières
victoires. Il resta naturellement étranger à l'agitation
de 1778, qui était un mouvement protestant; et peu
de temps après, quand l'association irlandaise apparut faisant un appel à toutes les forces nationales,
il fut d'abord à peu près sourd à sa voix, et puis
ne lui prêta qu'un timide concours qu'il s'empressa
de retenir quand l'orage de 1798 vint à gronder.

Cependant ce terrible ouragan passé, les attaques
du peuple ayant cessé d'être révolutionnaires pour
devenir presque légales, des procédés ingénieux
d'agression ayant été trouvés, avec lesquels on
poursuit les fruits de la rébellion sans risquer aucun

de ses périls ; périls immenses que le prêtre prudent pour le peuple et pour lui-même ne perd jamais de vue : le clergé catholique, dans ces conjonc-
tures, a fini par épouser vivement la cause du peuple,
et de ce jour il a été son défenseur le plus efficace
et le plus redoutable ennemi du pouvoir. Il n'y a
pas eu, en Irlande, une crise politique à laquelle
le clergé catholique n'ait eu une grande part.
Il a été le constant auxiliaire de l'association dont
il explique au peuple les actes et les décrets. Pas
une élection ne se fait en Irlande sans que le clergé
catholique donne ses conseils, pour ne pas dire ses
ordres au peuple. Le clergé prend part à toutes les
affaires du pays ; il se mêle aux assemblées et y fait
entendre sa voix. Souvent le prêtre se change en
tribun, et la même voix qui recommande de rendre
à César ce qui est dû à César, proclame hautement
que le devoir de tout bon catholique est de voter
contre le protestant, et que le plus humble fermier
doit braver les rigueurs du maître, plutôt que de
ne pas donner son suffrage suivant sa conscience.
Personne aujourd'hui n'ignore, en Irlande, que le
succès des élections libérales est presque entièrement dû à l'influence du prêtre qui tient en ses
mains l'âme du peuple, et sait opposer aux menaces
du riche et du puissant les promesses du ciel et les
terreurs de l'enfer. C'est sur la proposition du clergé
que l'association a résolu de donner une indemnité
aux pauvres fermiers qui, par suite d'un vote indépendant, sont expulsés de leur ferme ; ainsi le clergé
d'Irlande a introduit la charité dans la politique (1).
Il n'est pas assurément dans les traditions et dans

les principes du clergé catholique de se montrer
hostile aux gouvernements établis; et lorsque la
divergence du principe religieux l'empêche de s'allier à eux, il s'abstient en général de leur faire la
guerre. Regardez la Belgique et la Prusse. Mais ici
que voyons-nous? Ce n'est pas seulement un clergé
catholique en face d'un gouvernement protestant
avec lequel l'alliance était impossible; c'est un
clergé auquel, depuis trois siècles, ce gouvernement
livre une guerre implacable, dont la loi proscrivait
le culte, déportait les membres, sur lequel tombaient les plus cruelles persécutions dont le souvenir
vit encore dans toute l'Irlande; c'est un clergé qui,
irrité du mal qu'on lui fait, l'est plus encore peut-
être de la protection magnifique que l'État accorde
à sa mortelle ennemie, l'Église anglicane; un clergé
enfin qui, toujours en guerre avec l'État, n'a jamais
eu d'autre ami que le peuple, ce pauvre peuple d'Irlande, qui, après avoir payé le propriétaire, le ministre anglican, l'impôt, les taxes de l'État, du
comté, de la paroisse, trouve encore quelques deniers pour faire à son prêtre une digne condition (1).
Et l'on voudrait que, lorsqu'une lutte s'engage et
se continue pendant un demi-siècle entre le gouvernement et le peuple; lorsque d'une loi, d'une
taxe, d'une élection, peuvent sortir la vie, la fortune, la liberté de tous les citoyens; quand tout ce
qui est national se range d'un côté, et tout ce qui
est ennemi de l'Irlande, de l'autre; lorsque des
alternatives de succès et de défaites appellent dans
la lice tous les combattants; on voudrait, dis-je,
que, placé entre ce gouvernement détesté et ce

peuple ami, le clergé demeurât spectateur indifférent du combat.

Non, le clergé catholique voudrait rester neutre,
qu'il ne le pourrait pas; mais, pour adopter la
cause populaire, il n'a point de violence à s'imposer. Le prêtre irlandais est bien loin, à l'heure qu'il
est, des doctrines d'obéissance passive qu'on a souvent reprochées à l'Église catholique, et suivant
lesquelles le peuple, courbé sous la plus pesante
tyrannie, n'aurait pas le droit de relever sa tête. On
peut juger de l'esprit qui anime le clergé d'Irlande
et concevoir ses principes actuels par la réponse
que fit, en 1832, devant un comité de la chambre
des communes, le docteur Doyle, alors évêque de
Carlow (Kildare), dont le nom est en grande vénération parmi le peuple et le clergé d'Irlande.

Le docteur Doyle avait publié une lettre adressée
à tous les catholiques irlandais pour les engager à
refuser au clergé protestant le paiement de la dîme
et à appuyer leur résistance sur tous les moyens
légitimes.

Ainsi, lui dirent les membres du parlement anglais devant lesquels il comparaissait, vous posez en
principe le droit de résister à la loi; et quel sera le
fondement de cette résistance? Le jugement individuel de chacun, qui décidera souverainement si
la loi doit ou ne doit pas être obéie. Est-il rien de
plus anarchique?

« Je pense, répond l'évêque catholique, que si,
« quand des abus existent dans un État, les indivi-
« dus étaient obligés de tenir leur jugement sous le
« joug de l'autorité qui protége ces abus, il n'y aurait

« pas pour le pays de réforme possible; et l'on ver-
« rait alors s'établir sur les bases les plus larges,
« non-seulement le principe de l'obéissance passive,
« mais quelque chose encore de pire que le droit
« divin des rois; car ce serait le droit divin des abus.
« Au nom de Dieu, dites-le-moi, quel progrès s'est
« jamais fait dans ce pays, qui n'ait été l'œuvre
« d'hommes poursuivant la justice en opposition à
« la loi? Pour moi, je n'en connais aucun. Tout le
« despotisme de Jacques Iᵉʳ était rigoureusement
« légal. Même dans la question du tonnage, les tri-
« bunaux se prononcèrent pour le pouvoir royal.
« Si vous en venez à la révolution de 1688, elle se
« fit sans aucun doute en violation de la constitu-
« tion, et pourtant elle est le point de départ de
« notre prospérité nationale. Arrivons à l'émanci-
« pation catholique. Pendant cinquante années, les
« protestants et les catholiques d'Irlande l'ont pour-
« suivie de leurs efforts; et combien de crimes ont
« accompagné l'opposition qu'elle a rencontrée!
« combien de collisions, de haines, d'animosités!
« combien de luttes sanglantes! Et pour parler d'un
« fait encore plus récent, l'organisation actuelle de la
« chambre des communes n'est-elle pas constitution-
« nelle (1)? Nul, sans doute, ne niera qu'elle ne le
« soit. Cependant cette institution, que la loi protège,
« le roi et son gouvernement travaillent à la modi-
« fier; et leur plan de réforme est l'occasion d'é-
« meutes populaires à Bristol, à Nottingham, etc.
« Qui imputera au gouvernement ces émeutes et le
« sang qui s'y répand? S'il fallait renoncer à recou-
« vrer un droit parce que la poursuite de ce droit

« traîne avec elle des périls, autant vaudrait se livrer
« purement et simplement à la merci du despotisme;
« et Vos Seigneuries ne réussiront jamais à en-
« chaîner mon intelligence, à la lettre de la loi, au
« point de m'arrêter dans la poursuite du juste et
« du vrai que me montre ma conscience. Prenons
« donc pour guide un principe de justice; condui-
« sons-nous d'après lui, et tenons-nous en garde de
« notre mieux contre l'abus; mais n'allons pas,
« parce que l'abus se trouve mêlé au principe, sa-
« crifier ce principe lui-même. Si nous agissions
« ainsi, mieux vaudrait pour nous cesser de vivre
« en société, et nous ne serions certainement pas
« dignes de la constitution libre dont la Providence
« a doté ces contrées (1). »

Tel est aujourd'hui le langage du prêtre en
Irlande. C'est ainsi que d'un élément favorable de
sa nature aux gouvernements établis sort un principe fécond de liberté pour le peuple; principe de
résistance politique devenu si formidable en Irlande,
qu'on se demande quelle autorité est capable de s'y
maintenir à l'encontre de lui, et auquel pourtant
ses adversaires eux-mêmes osent à peine toucher,
parce qu'il est l'unique sauvegarde sociale de ceux
dont il attaque la puissance politique. Le clergé
catholique est à peu près l'unique source de morale
à laquelle le peuple irlandais vienne puiser; lui seul
enseigne à ce peuple les règles de conduite privée
qui sont encore les plus sûrs garants de l'honnêteté
dans la vie publique; et là même où ses passions
politiques sont engagées avec ses intérêts, tout en
adoptant la voie du peuple, il s'efforce, en suivant

celui-ci, de le diriger, et il y réussit souvent. En tout
temps, il a condamné les principes et les actes des
White-Boys; et le docteur Doyle les foudroya plus
d'une fois de ses excommunications. Si, au milieu
de sa démagogie, l'association est parvenue à répandre parmi le peuple des idées d'ordre et de soumission à une règle, c'est le clergé catholique qui a
été son agent immédiat. Si le riche, si le juge de paix
auxquels le peuple résiste par le conseil du prêtre,
ne sont pas tués et pillés, c'est au prêtre seul qu'ils
le doivent. Étrange situation d'une aristocratie dont
les membres, pour assurer leur vie et leur fortune,
ont en quelque sorte besoin de délaisser leur pouvoir politique! Singulière destinée d'un clergé qui,
porté par ses instincts et ses doctrines vers l'autorité, en devient le plus terrible adversaire!

Du reste, dès que le clergé irlandais, dont la doctrine catholique n'est point hostile aux pouvoirs
terrestres, sort de son principe, il est tout naturellement, et par un penchant qui lui est propre, l'ennemi de l'aristocratie.

Le christianisme est démocratique de son essence;
il est la grande source d'égalité qui coule perpétuellement et inonde l'univers. Le christianisme ne cesse
d'être démocratique que lorsqu'il est détourné de
son cours naturel.

Si le principe chrétien est le plus démocratique
de tous les principes religieux, il faut ajouter que
de toutes les formes sous lesquelles le principe chrétien se manifeste aux hommes, la forme catholique
est aussi la plus démocratique. Elle seule passe le
même niveau sur tous les hommes, sur tous les

peuples ; qu'elle soumet à l'empire d'un seul chef,
suprême arbitre du genre humain.

Comment donc arrive-t-il que le culte catholique
soit parfois l'allié et l'ami de l'aristocratie ? C'est que
le corps qui représente ce culte, c'est-à-dire le clergé,
peut être organisé de telle façon qu'il perde son caractère originaire pour en prendre un autre qui ne
lui est pas propre.

Supposez un clergé catholique doté de grands
priviléges ; de là lui viendront d'abord les instincts,
les passions, les intérêts de toutes les corporations
privilégiées. Supposez que, co-existant dans l'État
avec une noblesse, il ait des droits et des avantages
analogues à ceux de cette noblesse ; que, comme elle, il
possède de grands pouvoirs politiques, de vastes domaines, d'immenses richesses ; alors il s'établira entre
ces deux corps une sympathie naturelle ; une tendance constante les portera à se rapprocher, à s'allier
étroitement, à se liguer pour l'attaque, à s'unir pour
la défense. Alors aussi ses instincts, ses passions, ses
intérêts de corps privilégié, l'éloigneront autant du
peuple, c'est-à-dire du plus grand nombre, que ses
principes d'égalité chrétienne et d'égalité catholique
l'en rapprochaient avant qu'ils fussent altérés ; et on
le verra d'autant plus se retirer du peuple, que cet
autre corps privilégié, son semblable et son allié,
la noblesse, s'en tiendra elle-même plus éloignée ;
de telle sorte que si celle-ci entrait en guerre avec le
peuple, le clergé, cet ami primitif et naturel du
peuple, en deviendrait aussi l'adversaire.

Mais on conçoit que rien de semblable ne peut
arriver dans un pays où le clergé chrétien et catho-

lique ne possède aucun privilége et n'occupe aucun rang hiérarchique dans l'Etat; où il existe, à la vérité, une aristocratie, mais une aristocratie protestante en face du peuple catholique, une aristocratie qui, au lieu d'attirer le clergé vers elle par des parités de position, et de le provoquer ainsi à une alliance, le repousse, au contraire, avec toute la violence qui peut naître de l'assemblage de passions hostiles, de principes opposés et d'intérêts contraires; dans un pays, enfin, où toutes ces passions, tous ces principes, tous ces intérêts, qui séparent le clergé de l'aristocratie l'unissent au peuple.

Ainsi, en Irlande, le clergé a toute autorité sur un peuple qui ne reconnaît d'autre pouvoir que le sien : situation bien différente du cas où le clergé, uni à un roi absolu, est contenu strictement dans les limites de son influence spirituelle, et de celui où, allié d'une aristocratie, il a une force politique, mais sur le peuple la double autorité, et il la possède seul. C'est ainsi qu'un corps religieux qu'on voit quelquefois l'appui des princes ou l'allié des corporations privilégiées, est en Irlande un des plus puissants éléments de liberté et de démocratie.

---

§ IV. — LES PRESBYTÉRIENS.

Voici un autre élément de démocratie qui, quoiqu'il ne soit pas d'origine et de nature irlandaises, ne se trouve pas moins en Irlande, et y exerce une notable influence. Je veux parler des presbytériens écossais, venus en Irlande du temps de Jacques Ier, de Cromwell et de Guillaume III (1), et pour la plupart établis dans la province d'Ulster.

Le culte presbytérien et le culte catholique, ces deux adversaires religieux, procèdent de deux principes absolument opposés l'un à l'autre, le premier de la liberté, le second de l'autorité; celui-ci soumettant toutes les volontés, toutes les consciences à une seule conscience, à une seule volonté; celui-là laissant à chacun le soin de former par un libre examen sa conviction individuelle. Mais ces deux principes, si directement contraires, ont un effet démocratique commun, et, par deux voies différentes, conduisent les hommes à l'égalité. Suivant le principe catholique, tous sont égaux sous un seul maître qui nivelle tout au-dessous de lui : dans l'Église presbytérienne tous les individus sont égaux parce qu'ils sont tous souverains. Si l'on pouvait comparer une institution politique et une institution religieuse, je dirais qu'il y a entre l'Église presbytérienne et la constitution des États-Unis une très-grande analogie. Dans l'une comme dans l'autre l'autorité vient du peuple et de la majorité, et va toujours en remontant par degrés; le presbytère, c'est la commune; le synode, c'est l'État; l'assemblée générale, le congrès. C'est absolument l'opposé de l'Église catholique où l'autorité part d'en haut et descend sur le peuple.

Assurément c'est un phénomène remarquable que la rencontre et le développement simultané dans le même pays de ces deux éléments démocratiques de nature si diverse, et pourtant unis pour travail-

ler ensemble à la même œuvre. Le culte catholique
et le culte presbytérien d'Irlande ont été dans l'origine séparés par tant de passions et de préjugés,
qu'une simple analogie dans les effets politiques de
leur doctrine ne les eût point sans doute rapprochés, s'il n'eût existé d'ailleurs entre eux, dès le
principe, une autre cause d'union; cette cause c'est

mun, l'Église anglicane, l'alliée du gouvernement
anglican.

Pendant longtemps la haine religieuse qui les
animait l'un contre l'autre fut plus puissante que
l'intérêt politique qui pouvait les réunir; et l'histoire
en offre un mémorable exemple. En 1703 on pro-
posa dans le parlement d'Irlande un bill qui avait
pour objet de contraindre tous les fonctionnaires
publics à prêter un serment conforme au rit anglican. Or, ce bill, destiné surtout à frapper d'incapacité les catholiques irlandais, était conçu dans
des termes si généraux qu'il atteignait aussi bien les
dissidents méthodistes et les presbytériens que les
catholiques eux-mêmes; cependant les presbytériens ne le repoussèrent point; et, en l'acceptant,
ils aimèrent mieux s'interdire à eux-mêmes l'exercice
d'un droit que de le laisser aux catholiques. Ici l'intérêt politique cédait à la passion religieuse (1).

Plus tard la passion religieuse cède à la passion
politique; et l'on voit s'unir dans un commun intérêt d'indépendance ceux que la religion séparait; ce
changement date de 1789. Déjà avant cette époque
les presbytériens d'Irlande avaient plus d'une fois
manifesté leurs penchants républicains et démocra-

tiques. Ces grands mouvements de 1778 et de 1782, dans lesquels on vit la moitié d'un peuple sous les armes, ces conventions populaires où les résolutions se délibéraient à la majorité des suffrages, avaient pour point central la province d'Ulster, et pour base la population presbytérienne. Mais alors l'esprit de secte gênait encore l'esprit de liberté; et, satisfaits d'obtenir des droits et des garanties pour l'Irlande protestante, les presbytériens de ce temps prenaient peu de souci de la servitude catholique. La révolution française vint imprimer à leur esprit des tendances plus larges et plus généreuses. La France répandait sur tout le monde des idées de liberté générale et d'émancipation universelle, qui ne trouvèrent nulle part un plus grand retentissement qu'en Irlande, de tous les pays le plus opprimé. Ce ne fut pourtant point parmi les plus misérables, c'est-à-dire parmi les catholiques, que la liberté française rencontra le plus d'écho; ceux qu'elle trouva les plus prompts à adopter ses conseils et ses élans, furent les presbytériens, plus attentifs à sa voix parce qu'ils la comprenaient mieux.

Aussi tout le mouvement irlandais de cette époque est-il imprégné de l'esprit français et des passions de la France. On ne parle plus en Irlande que de la déclaration des droits et de la souveraineté du peuple; à Dublin, à Belfast, on célèbre avec pompe, au 14 juillet de chaque année, l'anniversaire de la prise de la Bastille; chaque victoire que la France remporte contre l'Europe monarchique est pour l'Irlande un sujet de joie et l'occasion d'une fête nationale; à tort ou à raison, s'écrie le peuple

irlandais, que la France triomphe! c'est notre cause
qu'elle défend, c'est pour nous-mêmes qu'elle combat; c'est la cause de la liberté humaine.

. Et dans cet entraînement généreux, des protestants, qui jusqu'alors s'étaient montrés les implacables ennemis du culte catholique, s'établissent ses
champions les plus dévoués, et montrent pour son
affranchissement plus de zèle et d'impatience que
les catholiques n'en témoignaient eux-mêmes. Tous
les protestants, qui alors se mirent à la tête du
mouvement national et formèrent, en s'unissant
aux catholiques, la fameuse association *des Irlandais-Unis*, étaient des presbytériens.

. De là date la première alliance survenue entre
ces deux mortels ennemis, les catholiques et les

arrivée dans le corps des presbytériens d'Irlande :
car, tandis que les uns faisaient taire leurs passions
religieuses pour n'écouter que leurs sympathies politiques, les autres, fermant l'oreille à la voix de la
liberté qui les appelait, restaient opiniâtrément
attachés au joug de leurs vieilles haines antipapistes.

Cette division est encore celle que présentent les
presbytériens de nos jours. Sur sept cent mille environ dont toute la secte se compose, il y en a à
peu près la moitié qui sont favorables au mouvement
démocratique que l'autre moitié combat. Ceux-ci ont
plus de haine pour la religion catholique que d'amour
pour la liberté, et préfèrent demeurer les alliés de
l'Église anglicane, leur ennemie politique, que de
s'unir aux catholiques, dont ils sont les ennemis

religieux ; ceux-là, au contraire, pactisent avec les catholiques dont ils n'aiment pas le culte, par amour des principes politiques attachés au triomphe de la cause catholique irlandaise.

Du reste, quelle que soit leur harmonie apparente, les presbytériens libéraux et les catholiques d'Irlande ne s'accordent complètement que dans la guerre pour laquelle ils se sont ligués : ennemis au fond, ils cessent de se haïr pour haïr ensemble un ennemi commun; c'est une union de passions bien plus que de doctrines. Tous deux, il est vrai, repoussent l'aristocratie du gouvernement; mais les presbytériens détestent surtout le pouvoir comme anglican ; les catholiques, comme protestant et anti-national. Les presbytériens sont bien aussi des protestants et des étrangers qui, à ce double titre, devraient être odieux aux catholiques ; mais ceux-ci oublient, du moins présentement, l'origine et le culte des presbytériens alliés à eux, pour ne voir en eux que d'utiles et généreux auxiliaires.

Ces auxiliaires prêtent au mouvement démocratique d'Irlande une assistance considérable. Ils ne sont, il est vrai, qu'une faible fraction de la grande association nationale (1), mais ils en sont la partie la plus éclairée et la plus active. Il est digne de remarque que jamais aucun grand événement, crise sociale ou politique, rébellion heureuse ou fatale, ne se sont accomplis en Irlande sans que les presbytériens de l'Ulster y aient eu la plus grande part. Ils tiennent sans doute de leur doctrine certaines habitudes intellectuelles qui influent sur leurs dispositions politiques, les rendent inquiets et

remuants, et les poussent en avant de toutes les
agitations et de tous les changements.

Les circonstances les ont d'ailleurs rendus singulièrement propres à la guerre constitutionnelle que
l'association nationale livre à l'aristocratie sous la
protection des lois. La tendance naturelle de leur
doctrine serait sans doute républicaine. Qu'étaient
en effet les indépendants d'Angleterre, les niveleurs,
les apôtres de la cinquième monarchie, sinon des
puritains qui avaient appliqué à la politique leur
méthode religieuse? Mais les presbytériens d'Irlande,
dans l'âme desquels les premiers accents de la république française avaient éveillé tant d'espérances et
de sympathies, perdirent bien des illusions, quand
ils virent la république en France, se souiller
d'excès pour se conserver, et, en Irlande, recourir à
la violence pour s'établir. Depuis 1798, l'idée d'une
république pour l'Irlande est tout à fait abandonnée
des presbytériens les plus démocrates, qui, par ce
changement, sont devenus les meilleurs athlètes
que puisse avoir l'Irlande moderne dans la lutte
toute légale qu'elle a engagée. Ils apportent dans
cette lutte leur esprit de liberté, de progrès ; et il
est à remarquer qu'en même temps qu'ils renoncent
à pousser leur doctrine jusqu'à sa dernière conséquence en politique, ils sont plus ardents que jamais à en appliquer les principes moins extrêmes,
et manifestent plus incessamment l'esprit de liberté,
de progrès et de démocratie, qui leur est propre.

On peut regarder comme certain que cette portion des presbytériens irlandais, qui font cause
commune avec les catholiques, est en voie de s'ac-

croître, tandis que la partie hostile diminue. Outre la division politique existante parmi les presbyté-riens d'Irlande, il y a dans leur Église une cause plus ancienne de scission, et qui est purement religieuse. Les uns, qu'on appelle orthodoxes, sont ceux qui, quoique matériellement séparés de l'Église d'Écosse, conservent toujours avec elle un lien moral, suivent ses principes, et se gouvernent selon sa règle : or l'É-glise d'Écosse, quoique d'origine puritaine, a retenu quelque chose du principe d'autorité, puisque, pour en être membre, il faut souscrire une certaine profes-sion de foi. Les presbytériens orthodoxes d'Irlande sont ceux qui, selon ce principe de l'Église écossaise, établissent un dogme que doit reconnaître tout membre de leur communauté. C'est, en général, parmi les presbytériens orthodoxes que se trouvent les adversaires des catholiques et de leur cause. Les autres, qui se nomment dissidents (dyssen-ters), sont ceux qui ramenant le principe protes-tant et puritain à sa première origine, ne recon-naissent d'autre autorité que celle des livres saints, que chacun entend comme il lui plaît, à la condi-tion toutefois qu'il croie à leur source divine. Ces dissidents, presbytériens d'Irlande, qu'on appelle aussi ariens, ont la plus grande analogie avec les unitaires des États-Unis, dont Boston est le ber-ceau. Or ce sont ces dissidents qu'on voit tous par-tisans du mouvement démocratique, et qui chaque jour gagnent du terrain.

Je n'examine point ici ce qu'il peut y avoir de sa-lutaire ou de funeste en général, dans ce dévelop-pement du principe démocratique de l'Église pres-

bytérienne; là se trouve tout entière la grande
question de la liberté humaine et de l'autorité; de
ces deux puissances qui se disputent le monde, qu'il
semble aussi impossible d'unir que de séparer, qui
se livrent une guerre perpétuelle, comme si la première ne pouvait exister que par la destruction de
la seconde, et qui sont cependant si nécessaires
l'une à l'autre, que, dès que celle-ci domine, celle-
là est en danger de périr, et que chacune ne trouve
son salut que dans la mutuelle opposition des deux.
Je me borne donc à constater que dans la lutte engagée au sein de l'Église presbytérienne d'Irlande,
c'est le principe de liberté qui a l'avantage sur le
principe d'autorité, et que le succès des dissidents
sur les orthodoxes ajoute au nombre des presbytériens qui sont unis aux catholiques d'Irlande.

Mais cette alliance des presbytériens et des catholiques n'est-elle pas factice et passagère? Je suis
tenté de la croire telle. Otez les causes accidentelles
d'union, et je doute que l'harmonie subsistât longtemps entre des éléments si dissemblables.

A la vérité il y a tous les jours, dans les deux
cultes, une tendance à se rapprocher par les idées et
par les mœurs. Les catholiques d'Irlande ont depuis
longtemps repoussé et désavouent chaque jour les
doctrines et les pratiques superstitieuses que les puritains leur reprochaient le plus. Il y a dans les habitudes et dans la prédication des deux clergés, une
tolérance singulière, qui est de fait, sinon de principe; des ministres presbytériens et des prêtres
catholiques entretiennent entre eux des rapports
bienveillants; on voit des mariages se former entre

catholiques et presbytériens; et la célébration du
mariage, faite alternativement par les ministres des
deux communions, amène encore entre ceux-ci un
échange de courtoisie et de bons procédés; l'esprit
de tolérance se répand d'ailleurs avec le cours des
siècles; les luttes communes, les succès obtenus en
combattant ensemble, resserrent ces premiers liens,
et si cet état de choses se continuait longtemps, on
concevrait qu'il en résultât, pour les catholiques
et le presbytériens unis, plus qu'une alliance momen-
tanée de passions et d'intérêts; chaque culte pourrait
bien, à la longue se modifier assez pour que l'accord
durable des deux cessât d'être impossible.

Cependant·le principe catholique et le principe
presbytérien sont aussi opposés l'un à l'autre que
ces deux adversaires éternels, l'autorité et la liberté.
Comment donc se fondraient-ils dans une sincère
et durable union? Je doute que cette fusion s'accomplisse jamais; car il n'y a rien d'implacable
comme un principe. Les ariens d'Irlande sont,
comme les unitaires d'Amérique, les véritables adversaires du catholicisme. Ce sont les philosophes
de l'Église protestante; heureux philosophes sans
doute qui ont pu enter leur philosophie sur un
rameau chrétien; philosophes surprenants par un
mélange singulier de foi et de lumières, de passion
et de tolérance, d'audace intellectuelle et de crédu-
lité; chrétiens primitifs et philosophes modernes;
croyant à la divinité de Jésus-Christ comme Bossuet,
et d'ailleurs sceptiques comme Voltaire; fervents
comme les puritains de Cromwell, humains et to-
lérants comme les disciples de Fénelon. De ces deux

principes qui se disputent leur âme et leur esprit,
lequel l'emportera en définitif? Sera-ce la foi?
Sera-ce le doute? Jusqu'où le doute les mènera-t-il?
S'arrêtera-t-il toujours devant la divinité de la
Bible, limite que jusqu'à présent il n'a jamais dépassée? Mais quelle que soit la somme de christianisme qu'ils conservent, il est certain que leur
principe est l'examen, et leur méthode le doute.
Or, c'est précisément le principe opposé à celui de
l'Église catholique.

Il est donc probable que le jour où les presbytériens et les catholiques d'Irlande ne seront plus
tenus dans l'union par la présence de leur ennemi
commun, ils se diviseront, et se feront de nouveau
la guerre.

Ces vues sur l'avenir qui les attend ne sont que
conjecturales; ce qui est certain aujourd'hui, c'est
l'immense puissance que l'Irlande démocratique tire
de leur présente union.

---

§ V. — LES CLASSES MOYENNES.

Il existe encore, en Irlande, un principe de
démocratie, et dans lequel il semble que se résument tous ceux qui viennent d'être exposés ; c'est
la naissance des classes moyennes. C'est à la classe
moyenne qu'appartiennent tous les membres notables de la grande association nationale qui s'est
formée contre l'aristocratie et le gouvernement du
pays. O'Connell est un avocat qui a tiré du barreau
sa première puissance ; le clergé catholique recrute

ses membres parmi les fermiers et les marchands ; et cette partie des presbytériens d'Ulster, qu'on voit dans leur secte à la tête du mouvement intellectuel et libéral, se compose pour la plupart de petits propriétaires et de petits rentiers que le commerce a nouvellement enrichis.

L'absence de classes moyennes, en Irlande, a été et est encore un des plus grands maux de ce pays. Lorsqu'un peuple a le malheur d'être soumis à l'empire d'une aristocratie anti-nationale et radicalement vicieuse, quelle chance peut-il avoir d'échapper à l'oppression ou du moins de la voir se tempérer s'il demeure immobile dans son ignorance et dans sa misère, et si de son propre sein ne s'élèvent pas des hommes qui, supérieurs par leur instruction, par leurs talents ou par leur fortune, soient capables de prendre en main sa cause, et de le guider dans ses efforts de délivrance?

D'où vient que, pendant presque tout le dix-huitième siècle, l'Irlande succombant sous la plus pesante tyrannie, ne présente qu'une longue suite de rébellions individuelles et de partielles insurrections, dépourvues de plan, d'ensemble et de moralité? c'est que le peuple, au milieu de ses souffrances, était abandonné à lui-même, et que, n'ayant au-dessus de lui aucune classe amie pour l'éclairer et le conduire, il se livrait dans ses colères à des violences qui ne pouvaient qu'appeler sur sa tête de nouvelles rigueurs.

L'impossibilité où est le peuple le plus opprimé de se soulever quand il n'a point l'appui d'une classe supérieure, ne se montra jamais plus claire-

ment que lors du mouvement populaire de 1798,
où il y eut autant d'insurrections que de villages, et
où l'on ne vit que des soldats et point de chefs.
Tout ce qu'il y avait alors d'aristocratie en Irlande
étant hostile à ce mouvement national, le peuple
n'aurait pu trouver quelque assistance que dans la
classe moyenne; or, celle-ci n'existait pas alors en
Irlande. Il s'y trouvait bien quelques individus
propres à faire partie de cette classe, mais en
trop petit nombre pour la constituer. On peut dire
qu'il n'y eut point en Irlande de classe moyenne,
aussi longtemps que furent en vigueur les lois pénales qui, frappant les catholiques irlandais jusque
dans leur vie civile, leur interdisaient la propriété
foncière, les gênaient dans le négoce, et leur fer-
maient l'accès du barreau.

Il y avait, à la vérité, dans ce même temps en
Irlande, des avocats, des négociants, des banquiers
et des industriels; mais on se trompe étrangement
si l'on croit que les membres de ces diverses professions forment nécessairement, et en quelque lieu
qu'on les rencontre, une classe moyenne. Dans un
pays où n'existerait aucune aristocratie à privilèges,
ils seraient naturellement la classe supérieure, et l'on
devrait alors chercher la classe moyenne dans une
couche sociale intermédiaire entre eux et la masse du
peuple. Et dans une société même dont une aristocratie héréditaire occupe le sommet, ils peuvent, s'ils
s'unissent étroitement avec celle-ci, s'identifier tellement avec elle, que, pour trouver une classe
moyenne il faille encore descendre au-dessous d'eux.
Voyez l'Angleterre, où l'aristocratie titrée et celle

qui ne l'est pas se confondent, formant une classe
supérieure, à laquelle aspire et peut prétendre tout
ce qui est riche et puissant; dans ce pays, le haut
négoce et la banque, à cause de leurs grandes fortunes, la médecine et le barreau, à cause de leurs
privilèges, pactisent si intimement avec l'aristocratie, qu'ils s'absorbent en elle, et aidés par sa nature
malléable, ne forment avec elle qu'un seul et même
corps. Aussi peut-on dire qu'en Angleterre la classe
moyenne, à proprement parler, ne commence
qu'aux fermiers, aux petits marchands, aux rentiers
médiocres, pour finir aux électeurs à dix livres sterling. Telle n'était point la classe moyenne, en
France, avant 1789. Alors tout ce qui n'était pas
noble étant de droit inférieur à la noblesse, dont il
existait des signes certains, les plus éminents dans
le commerce, dans l'industrie et dans les professions libérales, appartenaient forcément à la classe
moyenne, c'est-à-dire à celle qui, n'étant pas le bas
peuple, n'est pas non plus la classe supérieure.

Les conditions de la classe moyenne ne sont en
Irlande, ni ce qu'elles étaient en France avant 1789,
ni ce qu'elles sont de nos jours en Angleterre.
À la vérité, pendant tout le temps que durèrent
les incapacités civiles des catholiques, les hautes
professions industrielles et libérales étant à peu près
le monopole des protestants, furent en Irlande
comme en Angleterre, et plus encore qu'en Angleterre, associées à l'aristocratie vers laquelle les atti-
rait invinciblement la sympathie d'un même culte,
source de leurs communs privilèges. Alors il était
vraiment impossible que tout ce qui, en Irlande,

était protestant, grands seigneurs, commerçants ou
avocats, ne formât pas une phalange unique et
serrée en face des catholiques que révoltait le monopole protestant de la richesse, non moins que le
monopole protestant du pouvoir. Il pouvait bien y
avoir encore des rangs divers parmi les protestants;
mais vis-à-vis des catholiques, c'est-à-dire vis-à-vis
du peuple, les protestants semblaient ne former
qu'une seule classe, toute supérieure, entre laquelle
et le peuple il n'existait aucun intermédiaire.

Mais le jour où, en Irlande, les professions industrielles et libérales deviennent également accessibles aux catholiques aussi bien qu'aux protestants,
la scène change et présente deux aspects divers qu'il
importe de ne pas perdre de vue. Quand elles sont
remplies par des protestants, ces professions continuent à fournir leur tribut à l'aristocratie protestante, avec laquelle elles s'allient d'autant plus étroitement, qu'elles se sentent plus ennemies des
catholiques devenus des rivaux d'industrie en même
temps que des citoyens libres. Au contraire, occupées par des catholiques, elles se donnent bien de
garde d'approcher de cette aristocratie, dont l'intérêt politique les sépare et la passion religieuse les
éloigne. De sorte que du même élément social jail-
lissent à la fois comme deux sources différentes
coulant en sens opposés, dont l'une va se jeter dans
le sein de l'aristocratie où elle se perd et disparaît,
tandis que l'autre possède un cours qui lui est
propre, et le conserve entre le peuple dont elle est
sortie et la classe supérieure à laquelle elle ne peut
se mêler. Cette seconde source est véritablement

celle de la classe moyenne en Irlande. C'est elle qui, lorsqu'en Irlande aucune classe moyenne n'apparaissait encore, en contenait le germe et travaillait à le développer.

Ce n'est qu'en 1776 que l'industrie agricole a été rendue libre pour les catholiques par la loi qui leur permit de devenir propriétaires; le barreau ne leur a été ouvert qu'en 1793; et on ne peut guère dater que de la même époque la fin du monopole commercial des protestants. Ce serait cependant une erreur que de penser qu'en Irlande et avant ce temps il n'existait absolument aucun élément de classe moyenne.

J'ai dit que les catholiques étaient alors entravés dans le commerce et dans l'industrie; mais l'industrie et le commerce ne leur étaient pas interdits. On a vu précédemment, dans l'exposé des lois pénales, comment les protestants, maîtres des corporations municipales et commerçantes, paralysaient

sans l'étouffer entièrement; ils occupaient seuls les sommités du commerce, dont ils repoussaient les catholiques; mais, dans des régions plus humbles, ceux-ci parvenaient à se faire jour. En cas de concurrence, le catholique, chargé de taxes onéreuses dont était exempt le protestant, soutenait une lutte inégale; mais enfin il luttait; il travaillait avec ardeur; et ce travail, seul refuge d'un peuple à qui la vie civile et politique était interdite, ne pouvait être tout à fait stérile. Là était réellement l'avenir de l'Irlande asservie; car à la longue le travail crée la richesse; la richesse, la force; la force, la liberté.

On comprend que, dans un pays où le commerce protestant était lui-même restreint, l'industrie catholique, chargée de pareilles chaînes, ne pût guère enfanter une classe moyenne; elle y travaillait pourtant. Et c'est un fait bien remarquable que, lorsque, vers l'an 1757, trois patriotes illustres, le docteur Curry, O'Connor et Wyse de Waterford (1), appliqués à régénérer l'Irlande asservie, conçurent le premier plan d'une association nationale, ils firent à tous les catholiques un appel qui ne trouva d'écho nulle part, si ce n'est dans le commerce. Le clergé catholique, alors timide et abattu, demeura muet; le peu qui restait d'aristocratie (2) catholique se tut également; les marchands seuls répondirent à leur voix. Ainsi c'est du commerce qu'est né le premier germe de la grande association qui aujourd'hui enlace l'Irlande entière; c'est aussi le commerce qui a produit cet homme trop peu connu qui, pendant vingt années, mena seul l'Irlande catholique. John Keogh, le prédécesseur d'O'Connell, et qui serait célèbre si O'Connell ne l'eût effacé, était un marchand. Et lorsque la loi a ouvert le barreau aux catholiques, c'est encore l'industrie qui, en les tirant de la pauvreté, leur a permis d'aborder les frais toujours si considérables qui précèdent l'exercice des professions privilégiées. Ainsi, au plus fort de l'oppression sociale et politique de l'Irlande, il sortait déjà du commerce catholique, à demi enchaîné, un principe d'indépendance et d'affranchissement. Aujourd'hui ce principe se développe dans toute sa liberté. L'industrie catholique est affranchie de tous ses liens; et le commerçant de cette religion n'acquiert pas seulement des richesses, il conquiert aussi tous les droits qui sont attachés à la fortune. En 1793, il a acquis la franchise électorale; en 1829, la franchise parlementaire. Avant que ces concessions eussent été faites, les marchands catholiques d'Irlande auraient pu encore, à la rigueur, former une classe riche; mais ils ne pouvaient former une classe puissante. Maintenant, délivrée de ses fers, forte de ses droits, cette classe accroît incessamment sa puissance avec ses richesses; et elle ne saurait trop veiller à sa fortune, car tout se réunit pour lui faire en Irlande une grande destinée.

En Angleterre, où l'aristocratie est nationale, la classe moyenne, en quelques rangs qu'on la prenne, ne saurait avoir qu'un rôle secondaire à remplir, soit qu'unie à la classe supérieure elle s'y éclipse, soit que, se séparant de celle-ci, elle s'efforce d'en balancer la puissance, au risque de s'annuler elle-même. En Irlande, au contraire, où l'aristocratie est en guerre ouverte avec le peuple, la classe moyenne, dès qu'elle existe, est tout naturellement le premier et le seul pouvoir national.

Et c'est pour elle un grand avantage que de pouvoir être la seule classe supérieure acceptée du peuple, sans être une aristocratie. Elle aurait une condition bien moins favorable, s'il n'y avait point d'aristocratie en Irlande; car alors elle aspirerait peut-être à devenir aristocratie elle-même; et quand même elle n'aurait pas cette prétention, on l'en accuserait. Mais l'aristocratie existante la sauve de tout péril; il semble que celle-ci prenne à cœur

d'opposer au pouvoir national de la classe moyenne
le contraste perpétuel d'un pouvoir ennemi, pour
que le peuple aime d'autant plus le premier que le
second est plus odieux, et afin que la classe
moyenne, voyant incessamment [ce qui excite les
haines du pays, se·préserve· mieux· des· passions et
des écarts qui lui· feraient perdre la confiance et
la faveur populaires.

Une vaste et magnifique carrière est offerte en
Irlande à la classe moyenne. Un seul écueil se présente sous ses pas : ce serait qu'en dépit de ce qui la
retient 'toute du côté du peuple, elle ne se· laissât
incliner quelquefois vers l'aristocratie, soit qu'elle
essayât de se rapprocher de celle-ci, soit qu'elle tentât seulement de l'imiter. La possibilité seule d'une
telle déviation de sa ligne naturelle paraît au premier abord absolument dénuée de raison. : cependant il faudrait ne pas savoir tout ce qu'il y a en
Irlande d'élément anglais, même parmi le peuple·,
et il faudrait ignorer aussi tout ce que dans l'élément
anglais il y a de germes d'inégalité, pour ne pas
sentir qu'en Irlande la classe moyenne, même celle
dont on vient d'exposer la nature, aura des luttes
à soutenir afin de rester démocratique : luttes contre ses préjugés et ses instincts; luttes contre les
mœurs du pays lui-même qui est accoutumé à ne
voir la puissance qu'au sein des privilèges aristocratiques, et qui cependant, dès qu'il la voit là,
s'apprête à la combattre et aspire à la détruire.

Il ne faudrait point s'étonner si ces penchants
aristocratiques se montraient dans la moyenne propriété qui en Irlande est en voie de se consti-

tuer (1); il n'est guère de propriétaire médiocre qui,
à l'aspect des privilèges que procure la possession du
sol, ne soit tenté d'en goûter lui-même; il jouit singulièrement de posséder, dans sa condition, quelque
analogie avec le grand seigneur, son voisin de campagne qu'il hait comme son ennemi politique et religieux, mais dont il n'attend peut-être, pour l'aimer,
qu'un sourire bienveillant et une marque d'obli-
geance. Le vieux sol d'Irlande est, comme celui de
l'Angleterre, imprégné de je ne sais quelle contagion
féodale, à laquelle tout possesseur a bien de la peine
à se soustraire. Jusqu'à ce jour, cependant, la
moyenne propriété catholique est demeurée dans
le parti populaire; mais peut-être ce fait vient-il
moins d'un principe que d'une circonstance accidentelle et passagère. Lorsqu'en 1776 les catholiques obtinrent le droit d'être propriétaires fonciers,
ils continuèrent néanmoins d'être frappés des incapacités civiles et politiques, dont la dernière, celle
qui les excluait du parlement, ne cessa qu'en 1829;
de sorte que, tout en acquérant des terres, ils
n'obtenaient aucun des droits dont la terre était la
source; et cette contradiction dut maintenir en vigueur leur haine contre l'aristocratie qui, à cause
de ses domaines, avait des privilèges, dont, malgré
leurs possessions, ils étaient exclus. Persisteront-ils
dans leurs sentiments hostiles envers la classe privilégiée, à présent que la propriété leur donne,
outre tous les droits politiques, la chance d'être appelés dans la commission de la paix, celle d'être
convoqués pour le grand jury, et de siéger parmi
l'aristocratie dans la cour des sessions et dans le

conseil du comté ? C'est une question que l'on pose
sans la résoudre. Du reste, les obstacles qui empêchent le mouvement du sol en Irlande, et dont il
sera parlé ailleurs, s'opposent à ce que la propriété
foncière soit, du moins quant à présent, un élément
considérable de classe moyenne, ce qui diminue le
péril de ses tendances.

Le barreau a bien aussi ses instincts aristocratiques qui ne sont pas sans danger dans l'avenir destiné à la classe moyenne d'Irlande. Corporation
privilégiée, il a tout d'abord montré les goûts et les
passions propres à son origine ; et lorsqu'en 1793 le
barreau devint libre, les premiers catholiques qui
furent avocats s'associèrent à l'aristocratie protestante (1). Mais l'esprit de privilège social ne pouvait
tenir longtemps contre l'intérêt de parti politique
et contre la passion religieuse ; aussi, dès le commencement du siècle actuel, et surtout depuis vingt
années, le barreau catholique a brisé cette union
pour se donner tout au peuple. Aujourd'hui les avocats sont les combattants naturels dans une lutte
de légalité et de procédure ; et tant que durera cette
guerre, qui leur offre des rôles brillants et pacifi-
ques, on ne peut guère douter que, dans leur situation intermédiaire entre l'aristocratie et le peuple,
ils ne se portent vers celui-ci.

Mais de toutes les sources de classe moyenne qui
existent en Irlande, celle dont le principe s'accorde le
mieux avec le mouvement démocratique qui s'opère
dans ce pays, et dont on doit craindre le moins les
sympathies aristocratiques, c'est le commerce catholique : source primitive de la classe moyenne en

Irlande; source féconde qui pendant des siècles demeura comme comprimée dans le sein de la terre sous
les pieds de l'aristocratie protestante, et qui aujour-
d'hui peut couler librement alimentée par le travail
de plusieurs millions d'hommes. Sans doute il sortira
de son sein quelques hautes inégalités, mais pour une
condition aristocratique elle crée mille conditions
moyennes. Une goutte de son onde peut s'altérer :
mais son courant reste toujours pur. L'intérêt de
parti, l'esprit de secte, les passions présentes, les
rancunes du passé, tout anime le commerce catholique contre l'aristocratie. Cependant on est sûr que
dans ses ressentiments il ne dépassera pas de certaines
bornes; si une guerre constitutionnelle plaît à d'autres, elle est pour lui une nécessité, car il ne pourrait se passer de paix. Je commence à m'apercevoir,
disait Wolf Tone en 1793, à l'époque où il s'efforçait
d'entraîner la classe commerçante dans ses entreprises d'indépendance républicaine; je m'aperçois,
disait-il, que les marchands sont de mauvais instruments de révolution (1). Le commerce est adverse
aux révolutions violentes, et il contient cependant
un principe d'éternel mouvement; c'est le principe
du travail qui crée sans relâche à côté de l'oisiveté
qui laisse périr; c'est le principe du progrès sans
le privilège, de l'accroissement perpétuel des uns
sans l'inégalité constituée des autres. Là surtout
est l'avenir de l'Irlande : je dis l'avenir, car la classe
moyenne ne fait presque que de naître en Irlande.

Ce n'est pas qu'elle ne possède déjà d'assez grandes
richesses; ses progrès sont même singulièrement
rapides. En 1778, il n'y avait que quatre-vingts ca-

tholiques qui fussent officiellement reconnus propriétaires fonciers (1); aujourd'hui il est difficile
d'estimer à moins d'un dixième du sol la propriété
catholique en Irlande; beaucoup de catholiques qui
n'occupent pas la terre ont d'ailleurs des droits sur
elle par les hypothèques qui leur sont données en
garantie de prêts d'argent (2). Il y a quarante ans,
les catholiques étaient exclus du barreau, où ils
sont maintenant en majorité. Le commerce catholique, florissant dans toute l'Irlande, et principalement dans les grandes villes, telles que Belfast,
Dublin, Corke, Limerick et Galway, a déjà produit
d'immenses capitaux. Un seul fait suffirait pour
prouver son importance et sa fécondité : c'est que
déjà, en 1829, les neuf dixièmes des fonds de la
banque d'Irlande appartenaient à des catholiques (3).
Voilà, certes, pour une classe moyenne qui s'élève,
des conditions prospères. Cependant c'est un phénomène étrange en Irlande, et peut-être particulier
à ce pays, qu'en même temps que de nouvelles fortunes y sont créées, le nombre des nouveaux riches
ne s'y accroît pas en proportion. C'est que souvent,
après que la fortune est créée, le riche s'en va, et
ceci s'explique par l'état social et politique de l'Irlande.

Le manufacturier, le marchand, le banquier qui
se sont enrichis en Irlande par leur industrie seraient
sans doute disposés naturellement à chercher dans
ce pays leur champ de repos; mais outre la difficulté
d'acquérir la terre en Irlande et de trouver un
placement sûr, il y a dans ce pays une infinité d'obstacles à sa possession tranquille. L'état de l'Irlande

est tel qu'il n'existe guère de sécurité complète sur
la terre que pour le petit occupant qui couvre toute
sa propriété de son corps, et de sa chaumière étend
le bras sur toutes les richesses dont son champ est
dépositaire.

Et ce n'est pas seulement la campagne qui est
agitée; dans les villes, qui le sont moins à la vérité, les partis sont si violents, les querelles si animées, le spectacle des misères du peuple si affreux,
que leur séjour ne contente point l'homme qui,
après avoir travaillé, voudrait jouir en paix du fruit
de ses labeurs. Il arrive donc souvent que, ne trouvant point en Irlande cet asile de repos, les nouveaux enrichis le vont chercher dans quelques
villes d'Angleterre. On voit comment beaucoup font
leur fortune en Irlande, sans qu'un égal nombre y
réside; et c'est cependant la résidence qui est à considérer, bien plus que la fortune faite. Il ne s'agit
pas, en effet, de savoir si des catholiques gagnent
plus ou moins d'argent en plaidant ou en faisant le
commerce, et si avec les fruits de leur profession ils
achètent de la terre ou des rentes en Irlande; mais
bien s'ils vivent en Irlande sur cette terre, ou avec
ces rentes dans une ville irlandaise; et si, après être
sortis du peuple par leur industrie et leurs talents,
ils prennent une place intermédiaire entre le peuple et l'aristocratie, et s'y tiennent.

Du reste, ce mal, qui retarde les progrès de la
classe moyenne en Irlande, tend chaque jour à s'affaiblir. Il diminue à mesure que, de grandes ruines se
faisant parmi l'aristocratie, de nouvelles positions
sociales sont à prendre parmi le peuple. Ainsi, pour

citer un exemple, la nouvelle loi des pauvres donnée à l'Irlande sera propre à retenir dans le pays les membres de la classe moyenne, au sein de laquelle on peut calculer que la plupart des administrateurs seront choisis par le peuple.

Du reste, ce n'est pas seulement le nombre qui manque à la classe moyenne d'Irlande; ce qu'il lui faut aussi, et ce qu'elle n'a pas encore, ce sont les lumières, l'expérience et l'éducation. Sortie tout à coup de la plus profonde obscurité pour être placée au grand jour, tirée de l'incapacité générale qui l'excluait parfois de la gestion de ses affaires privées pour être subitement appelée au gouvernement des affaires publiques, la classe moyenne d'Irlande est comme éblouie de son propre éclat. Elle croit à peine à une élévation si magnifique succédant à un si grand abaissement; et dans l'ivresse de sa subite fortune, elle garde difficilement une tenue mesurée entre l'aristocratie son ennemie, qu'elle ne combat pas toujours dignement, et le peuple qu'elle n'estime pas toujours assez. Elle a un reste des vices propres à l'esclave, qui veut être tyran dès qu'il devient libre. Pour s'assurer de sa puissance, dont elle doute encore, elle l'exercerait aisément jusqu'à l'abus. Il faut cependant qu'elle veille avec un grand soin sur sa propre conduite; car de sa sagesse actuelle ou de ses égarements dépend sa future destinée.

Si donc il est permis de regretter les obstacles qui retardent l'accroissement des éléments dont elle se compose, on doit peut-être regarder comme un bonheur pour elle de ne pas être mise subitement en possession de tous les pouvoirs. Il faut, avant de

gouverner, qu'elle en apprenne la science. C'est encore sous ce rapport que les travaux de l'association
nationale sont si importants : c'est une école de gouvernement, où s'instruit chaque jour la classe qui
est, en définitive, destinée à gouverner.

Cette classe, qui est sans contredit le principe le plus
fécond de démocratie, en est aussi le plus précieux.
Otez de l'Irlande la classe moyenne, et vous aurez
le pays le mieux préparé qu'il soit possible pour recevoir un gouvernement absolu. Toute tyrannie y
sera facile, et je dirai presque agréable au peuple,
pourvu qu'elle s'établisse l'adversaire de l'aristocratie et lui fasse la guerre. Il pourra encore résulter
de tout cela de la démocratie ; , mais de celle que fait
le despotisme. Il y a en Irlande, pour le pouvoir
absolu, une chance que la classe moyenne naissante
peut lui disputer, et du succès de celle-ci ou de son
échec dépend la question de savoir si l'Irlande aura
l'égalité du despotisme ou celle d'une démocratie
libre.

————

§ VI.

De la nature des partis en Irlande.

Si l'on approfondit le caractère véritable des
partis en Angleterre, on reconnaîtra qu'il n'y existe
pas, du moins quant à présent, de parti qu'on
puisse justement appeler démocratique. Les torys,
les conservatifs, les whigs, ne sont que des nuances

diverses de l'aristocratie ; on peut en dire presque autant de la plupart des radicaux eux-mêmes. Non qu'il n'existe entre ces partis des dissidences considérables et profondes: ils poursuivent assurément des buts très-opposés, et les causes qui les amènent dans la lice sont très-réelles. Mais, s'il est vrai que les uns combattent pour conserver intacts les privilèges aristocratiques, d'autres pour les modifier, peut-être faut-il ajouter qu'aucun d'eux ne veut les détruire entièrement. Il y a, dans les mœurs, dans les lois et dans la constitution anglaises, une vieille base féodale sur laquelle chacun de ces partis veut bâtir des édifices différents, mais que nul ne songe à renverser. J'essaierai ailleurs d'indiquer par quels détours ces voies aristocratiques peuvent conduire l'Angleterre elle-même à la démocratie ; ici je constate, sans le discuter, un caractère commun en Angleterre à tous les partis, et qui ne se rencontre point en Irlande. Dans ce dernier pays, un tout autre spectacle s'offre à la vue ; deux partis s'y présentent seuls, entre lesquels il ne se trouve aucun intermédiaire. Point de conservatifs modérés, point de whigs ; il n'y a que des torys et des radicaux, et ici les radicaux ne sont pas aristocratiques ; car, en Irlande, la question est posée entre l'aristocratie et le peuple. Ce caractère extrême des partis irlandais est encore un fait singulièrement favorable à la démocratie.

Tel n'a pas toujours été l'état des choses en Irlande. Lorsque dans ce pays la population catholique ne comptait pour rien, les protestants, seuls maîtres de la société et du gouvernement, se divisaient entre eux et formaient presque autant de partis qu'on en voit de nos jours en Angleterre. C'est ainsi que, jusqu'à la fin du siècle dernier, on distinguait trois nuances bien marquées parmi les protestants d'Irlande; ceux qui, servilement dévoués au gouvernement anglais, lui sacrifiaient complètement leur indépendance et celle du pays; c'étaient les torys du temps. Puis venaient les protestants qui, sans prendre souci de l'Irlande catholique, souhaitaient cependant d'avoir pour eux-mêmes des libertés, des droits et des garanties; c'étaient les whigs d'alors, par exemple, lord Charlemont. Et enfin il y avait des protestants qui, adoptant des principes plus élevés et des théories plus généreuses, demandaient qu'on en fît l'application sans réserve, au risque de voir leur réforme profiter à la population catholique; ceux-ci étaient les radicaux de l'époque : tel était Grattan. Il y eut enfin pendant quelque temps, à l'époque de la révolution française, un quatrième parti composé de protestants et de catholiques, lequel n'était ni tory, ni whig, ni radical, mais bien révolutionnaire, voulant secouer le joug de l'Angleterre, et constituer en Irlande une république; c'était le parti qui, parmi les catholiques de Dublin, avait à sa tête Theobald Wolfe Tone, et parmi les protestants du nord, Samuel Neilson, de Belfast.

Tous ces éléments de partis, en Irlande, sont aujourd'hui renversés et leurs conditions changées. La nation qui ne comptait pour rien, étant devenue à peu près tout, les divisions des protestants entre eux n'ont pu rester les mêmes, et quand ils se sont séparés, ce n'a plus été pour former chacun un parti protestant distinct, mais pour s'unir à la cause populaire, ou pour s'établir en opposition contre elle. De ce moment ce ne sont plus des opinions et des systèmes divers qui se sont trouvés en présence, mais deux ennemis implacables qui ont juré la ruine l'un de l'autre, entre lesquels il n'y a point de compromis possible, et qui, quand même ils ne combattent pas, ont toujours les armes à la main. De là la nécessité où est chacun en Irlande de se placer sous l'un des deux drapeaux qui s'offrent à sa vue; de là les deux partis qui, seuls aujourd'hui, se montrent dans ce pays.

Le premier est le vieux parti anglican qui prend pour devise le salut de l'Église protestante, et pour mot de ralliement la haine du papisme; son principe sacramentel c'est l'union intime de l'Église et de l'État, c'est-à-dire du culte anglican et de l'aristocratie anglicane. Tandis que tout marche et que tout change autour de lui, il demeure immobile, et il soutiendrait, sur les ruines de l'univers, qu'une société politique ne saurait exister si elle n'est exclusivement protestante.

Ce parti ne conçoit une société protestante qu'avec une Église protestante, un gouvernement protestant, un roi protestant, un parlement protestant, des juges et des fonctionnaires protestants, des citoyens et des soldats protestants (1); quiconque dans le pays n'est pas protestant, est, à ses yeux, comme s'il n'existait pas, et n'a qu'une vie fictive.

Ce parti considère que tout ce qui a été fait contrairement à ce principe exclusif, a été mal fait. On a violé la constitution le jour où l'on a aboli une seule des lois pénales portées contre les catholiques d'Irlande. Ces lois n'opprimaient nullement les catholiques : il ne dépendait que de ceux-ci de devenir libres sous la protection des lois, ils n'avaient pour cela qu'à se faire protestants ; or, il était bien naturel qu'on exigeât d'eux cette condition, puisque le protestantisme est la loi du pays, la loi de l'État, la loi du sol. Ce parti en est encore à 1688.

On a, suivant ce parti, violé la constitution le jour où l'on a permis à l'Écosse d'avoir une Église presbytérienne, et une sorte de sacrilège a été commis quand le parlement anglais a doté des fonds de l'État un séminaire destiné à l'éducation des prêtres catholiques ; on a encore violé la constitution lorsqu'on a concédé aux catholiques d'Irlande le droit électoral, le droit d'être élus au parlement ; aux yeux du parti, ces concessions sont comme non avenues, et celui qui croit impossible de les reprendre les déplore. Toutes les fois que de pareilles concessions sont faites aux catholiques, le parti tory voit ou feint de voir un monstre effroyable prêt à s'échapper de la cage de fer où il est enchaîné pour s'élancer sur le peuple et le dévorer ; ce monstre hideux, c'est le papisme.

Ce parti a en vénération singulière le nom du roi Guillaume III, prince d'Orange, vainqueur de la Boyne, et le dernier fondateur de l'Église anglicane en Irlande ; il s'inspire de son souvenir, porte des emblèmes qui le rappellent (1), offre dans les banquets publics des toasts à sa glorieuse mémoire, et s'ef-

force de maintenir dans toute leur vigueur les passions religieuses sur lesquelles s'éleva la fortune de
ce prince: de là lui est venu le nom de parti orangiste (1).

Ce parti qui, pendant plus d'un siècle, foula aux
pieds le peuple catholique, a pour ce peuple encore
plus de mépris que de haine; quand il dit une compagnie honnète, c'est nécessairement d'une compagnie de protestants qu'il parle; dans sa bouche,
tout ce qui est protestant s'appelle *respectable* par
opposition à tout ce qui est catholique.

Ce parti estime que tous les maux du pays lui
sont venus de la faiblesse du pouvoir qui n'a point,
dans l'occasion, assez réprimé les rebelles (2). Après
avoir constaté qu'après l'insurrection de 1798,
soixante-six personnes accusées de rébellion furent
exécutées, seulement à Wexford, l'historien sir Richard Musgrave, qui trouve molle la répression,
ajoute: *On peut juger de la clémence du gouvernement* (3)... Voilà le véritable orangiste. Sous ces ardentes passions religieuses et politiques du parti
orangiste ou tory, se trouvent bien aussi quelques
intérêts, entre autres celui de conserver d'immenses
privilèges pour une aristocratie qui ne gouverne
point, et de magnifiques revenus pour une Église
qui n'a rien à faire.

Le parti radical se compose de tout ce qui n'est
pas le parti tory. Comme il s'appuie à sa base sur
la population catholique qui est toute à lui, on
l'appelle aussi le parti catholique ou national; il a
pour racine la vieille Irlande celtique et libre; pour
tête, la jeune Irlande affranchie; pour âme, la re-

ligion catholique; pour drapeau, la liberté. Ses griefs et ses haines reposent sur six cents ans d'oppression; ses espérances sur un demi-siècle de victoires, la sainteté de sa cause sur une suite d'infortunes qui dépassent toute croyance.

Quoiqu'il soit profondément catholique, beaucoup de protestants s'y rencontrent, tandis que dans le parti protestant tory il n'y a pas un catholique.

Le parti catholique est aussi en Irlande le parti libéral, et la raison en est simple: les catholiques dont il se compose en grande partie, ayant été longtemps opprimés, ont naturellement demandé des réformes que les tories, au profit de qui la tyrannie était instituée, combattaient de toute leur puissance. Ceux-ci, qui repoussent ces réformes sous le prétexte qu'elles sont incompatibles avec la constitution, prennent, par opposition au parti libéral, le nom de parti constitutionnel.

C'est ce parti national ou catholique libéral ou radical, qui en Irlande, il y a cinquante ans, cachait humblement sa tête, et qui à présent la lève avec audace, appuyé sur sept millions d'hommes (1).

C'est ce parti, qui est plus qu'un parti puisqu'il est la nation même, qui, en 1792, poussant son premier cri, montra que pour être puissant il lui suffisait de naître, et obtint alors la première émancipation politique des catholiques.

C'est ce parti qui, après avoir reçu de la révolution française un heureux élan, fut ensuite écrasé par elle; on l'accusa de sympathies pour la république et pour ses excès autant que pour les principes de la liberté. 89 l'avait aidé; 93 le tua.

C'est ce parti, sur le cadavre duquel passa l'union de 1800 ; qui, après un néant de plus de vingt années , renaît au sein de l'association formée par O'Connell, prend pour mot de ralliement en 1825 l'émancipation parlementaire des catholiques ; en 1831 l'abolition des dîmes ; en 1833, la rupture de l'union ; en 1838, la réforme de l'Église et des corporations municipales.

Lorsque je dis qu'il n'y a en Irlande que deux partis, je ne prétends pas soutenir que tous ceux qu'on voit rassemblés sous la même bannière pensent de même : loin de là. Tel protestant pactise avec le parti tory, et qui est bien loin d'en avoir toutes les passions et tous les principes. Voyez toute cette portion des presbytériens que j'ai appelés orthodoxes et qui sont pour la plupart les fermes soutiens du parti orangiste ou tory ; ce n'est pas la sympathie qui les attire vers ce parti, car ils détestent profondément l'Église anglicane qui lui sert de base. Mais, pour faire la guerre aux catholiques qu'ils haïssent plus encore , ils sont obligés de se mêler au principal corps d'armée qui est celui des tories anglicans. Tel autre protestant combat pour une réforme radicale, et qui d'ailleurs procède, en politique et en religion, de principes fort différents de ceux des catholiques auxquels il s'allie ; c'est ainsi que les presbytériens dissidents ou unitaires, qui, sur beaucoup de points, sont si éloignés du parti catholique, en sont cependant les auxiliaires.

Les nuances se rencontrent surtout parmi les protestants qui, quoique appartenant à l'Église anglicane, se séparent cependant du parti orangiste ou

anglican pour appuyer le parti catholique ou national. Les uns, en embrassant la cause libérale, n'o-
béissent qu'à un sentiment profond de conscience
et d'équité; les autres font de même par calcul:
quand le parti anglican était fort, ils le soutenaient;
ils l'abandonnent faible et vont au parti catholique
dans lequel la force a passé; ceux-ci agissent ainsi
par prudence, ceux-là par peur. Lorsque la cause
populaire est près de triompher, et que son succès définitif devient chaque jour plus probable,
beaucoup, qui jusque là condamnaient cette cause
comme absurde et anarchique, commencent à en
suspecter le bon sens et l'équité: ils voient du côté
du peuple des victoires prochaines dont il sera doux
de prendre sa part, et dans le camp opposé des défaites et des périls qu'il est sage d'éviter.

Mais, quel que soit le motif qui les fasse agir, et
quelques dissidences qui séparent l'armée principale et ses auxiliaires, quelle que soit la répugnance
qu'éprouvent à s'unir intimement ceux qu'une raison politique rapproche, et que tant de causes morales et religieuses divisent; dès qu'ils se sont enrôlés
sous la même bannière, dès que le presbytérien est
uni aux anglicans, ou l'anglican aux catholiques,
il y a union étroite, et nécessité de combattre ensemble : car il n'existe en Irlande que deux armées,
à l'une desquelles il faut absolument appartenir. En
somme on peut dire que nulle part les partis ne
sont plus tranchés, et qu'en aucun pays il n'y a cependant une plus grande variété de passions, de
sentiments, d'idées et d'intérêts.

Ce serait aussi une erreur que de croire, parce

qu'il n'y a que deux partis, que quiconque s'est une
fois donné à l'un y soit à tout jamais enchaîné ; il
existe, à la vérité, dans chacun des deux partis un
fonds immobile et immuable; dans le parti tory,
c'est le clergé anglican et l'aristocratie anglicane ;
dans le parti radical, c'est toute la population catholique. Les classes moyennes protestantes et la
secte des presbytériens forment ce qu'on peut appeler la portion variable et flottante de la population,
qui fournit tour à tour et tout à la fois des éléments
aux radicaux et aux tories. Tel protestant, qui en
1825 réclamait avec ardeur l'émancipation parlementaire des catholiques, vote aujourd'hui contre
eux dans les élections. Tel autre, qui s'est réuni à
eux pour faire abolir les taxes d'Église (church
rates) et le système des dîmes, va devenir leur adversaire le jour où, au lieu de s'en prendre aux abus
de l'Église anglicane, on en attaquera le principe
lui-même. Bien loin d'être éternelles, ces alliances
sont au contraire, en Irlande, singulièrement fragiles. Dans un premier mouvement d'enthousiasme,
dans un élan généreux on se rapproche, on s'unit,
on fait un pacte d'amitié perpétuelle; on croit sincèrement à cet accord. Cependant l'union est plus
à la surface qu'au fond. Protestants et catholiques
s'embrassent étroitement lorsqu'en 1829 ils rempor-
tent la grande victoire, due à leurs communs efforts;
l'effusion est réelle, l'harmonie touchante; et pourtant le germe de division existe déjà au fond des
cœurs. Voilà, dit tacitement la conscience protestante, de quoi contenter les catholiques; ce sera le
point d'arrêt. Le catholique au contraire : Voilà, se

dit-il intérieurement, une grande conquête à l'aide de laquelle j'en obtiendrai d'autres. Et le jour suivant les deux amis se trouvent adversaires face à face. Mais les membres qui composent cet élément variable des partis en Irlande ne peuvent quitter un camp sans passer immédiatement dans un autre; et souvent, au milieu d'un conflit de motifs graves qui se balancent à peu près également, la nuance la plus légère jette aujourd'hui le radical parmi les torys, et l'en fait sortir le lendemain pour le ramener parmi les radicaux.

Il serait difficile de dire combien de temps durera cet état de choses. Il me paraît toutefois que, si un troisième parti se forme en Irlande, ce ne sera pas au sein de l'aristocratie protestante qu'on le verra naître, mais plutôt parmi le peuple catholique, qui, désormais confiant dans sa force et prompt à s'éblouir, serait enclin à se diviser. Mais la marche adoptée par les chefs du parti populaire a jusqu'à présent tendu singulièrement à maintenir l'unité dans ce parti. Le système de l'agitation constitutionnelle satisfait à peu près ceux qui, amis du progrès par la discussion paisible, repoussent l'emploi de la violence sanguinaire comme moyen de succès, et ceux qui, croyant insuffisantes les armes de la logique, pensent que l'assistance de la force matérielle ne doit pas être tout à fait négligée. Or, ce système, qui combine assez ingénieusement les deux puissances du droit et du fait, a réussi jusqu'à présent à prévenir la naissance, parmi le peuple, d'un parti whig modéré ou d'un parti révolutionnaire.

Cependant il est probable que si, durant une

longue suite d'années, l'Angleterre refusait à l'Irlande les réformes que réclame le parti radical
existant chez celle-ci, il se formerait au-dessous de
ce parti un parti plus radical encore, et qui ne pourrait être tel qu'en devenant révolutionnaire; de
même que si, de grandes concessions étant faites à
l'Irlande, ses plus larges plaies se guérissaient, il se
pourrait que, entre le parti tory et le parti radical
actuel, il se formât un parti whig.

Quoi qu'il en soit de l'avenir, comme le seul parti
dans lequel des divisions pourraient naître est aujourd'hui uni et compact, il faut absolument, en
Irlande, faire son choix entre lui et son adversaire.

Tels sont les principaux traits des deux partis politiques qui divisent l'Irlande de nos jours. J'ignore
si ces deux partis ont été jadis plus opposés
l'un à l'autre qu'ils le sont à présent; mais il est
difficile, qu'en aucun temps ils se soient témoi-
gné plus de haine. Peut-être est-ce un effet de la
plus grande liberté dont ils jouissent, et qui leur
permet d'exprimer plus énergiquement des inimitiés
moins fortes ; peut-être, sans être aussi ennemis,
sont-ils plus animés. Il s'est fait, depuis vingt années, dans l'état social et politique de l'Irlande, tant
de changements considérables, sujets de triomphe
pour l'un, d'abaissement pour l'autre, et dont le
souvenir tout récent excite chez celui-ci des joies
si insolentes, et chez celui-là des rancunes si amères !
Ce que l'on ne peut nier, c'est que l'esprit de parti
se mêle à tout en Irlande.

Il empoisonne les relations sociales. Les tories et
les radicaux irlandais ne forment pas seulement

deux partis, mais encore deux classes distinctes qui n'ont entre elles aucun contact : bien différentes des partis anglais, dont on voit souvent les chefs opposés, après une lutte violente dans le parlement, se rencontrer le même jour au sein d'un cercle ami, où ils n'entrent qu'après avoir déposé tout souvenir de querelle et tout ressentiment. En Irlande, la séparation des deux partis est en quelque sorte matérielle : il y a dans chaque ville l'hôtel catholique et l'hôtel protestant. On distingue de même tel ou tel *meeting*, tel bal, tel dîner ; la même distinction s'étend aux chemins et aux rivières ; et il n'y a pas longtemps qu'un lord d'Irlande réclamait l'intervention du gouvernement pour empêcher la construction d'un pont papiste (1).

Mais l'esprit de parti ne s'arrête pas là en Irlande ; et, qui le croirait ? il pénètre si profondément dans les âmes, qu'au milieu d'un pays tout chrétien, il parvient à corrompre jusqu'à la source même de la charité. A quoi bon, s'écrie le protestant tory, prendre souci des pauvres et de leur misère ? est-ce qu'il ne se trouve pas des pauvres en tous pays ? est-ce que l'Irlande n'en a pas toujours regorgé ? — Maudits soient les grands propriétaires d'Irlande ! s'écrie le radical irlandais. Ils voient sans pitié les affreuses misères qui couvrent leurs domaines. Le pauvre, dont la charité est d'aimer les riches, ne leur doit que de la haine !

Mais c'est surtout dans le nord de l'Irlande que ces passions haineuses se montrent et sévissent dans toute leur violence ; là, les partis ne sont pas autres, mais ils sont dans des conditions différentes. Dans

II.

le sud, où il y a, terme moyen, plus de vingt catholiques contre un protestant, le parti tory est numériquement (1) trop faible pour se mesurer sur l'arène avec son adversaire; là, tout combat singulier lui serait funeste; il ne prend donc jamais l'offensive; et, quand il est attaqué à force ouverte, au lieu de se défendre les armes à la main, il appelle à son secours le gouvernement et la loi, la police et l'armée.

Dans le nord, au contraire, comme les deux partis sont à peu près de force égale, chacun peut espérer le succès d'une lutte violente; aussi voit-on toujours les deux partis prêts à entrer dans la lice, et l'on s'y croit toujours à la veille d'une guerre civile. Les violences qui ont coutume de se commettre dans le sud, les attentats des White-Boys et leurs terribles confédérations, tiennent bien moins à l'esprit de parti politique qu'à un vice d'organisation sociale. C'est, au contraire, la passion de parti qui domine dans le nord.

Wolf Tone raconte, dans ses Mémoires, qu'en 1792 (2), un de ses amis et lui-même étant allés dans le comté de Derry (Ulster) pour y remplir une mission politique, des aubergistes protestants du village de Rathfriland, sachant qu'ils étaient catholiques, refusèrent de leur servir à déjeuner pour leur argent.

Au mois de juillet 1837, je parcourais la province d'Ulster : c'est le temps où le parti orangiste a coutume de célébrer les glorieux souvenirs de La Boyne et de Guillaume III. Ma qualité d'étranger ne me préserva point des injures dont, en cette circon-

stance, tout catholique est l'objet; et plus d'une fois
je fus assailli de cette clameur populaire : *No popery* (à bas le papisme!) On s'entretenait alors dans
le pays d'un triste événement. Le 28 juin 1837,
jour de fête parmi les catholiques d'Irlande, dans
le comté de Monaghan, des femmes et des enfants,
tous pauvres catholiques, étaient réunis paisiblement autour d'un feu de joie, où une gaieté douce
se confondait dans de pieux sentiments. Tout à
coup trois coups de fusil se font entendre; quatre
enfants tombent, frappés de mort. Les meurtriers
demeurent inconnus; mais aussitôt chacun répète
que la haine des protestants contre les papistes a
enfanté ce crime, et nul n'en doute.

Du reste, le parti orangiste, dont l'Ulster est le
foyer, manifeste de nos jours plus de penchant
pour l'emploi de la violence, qu'il n'en avait montré
jusqu'ici. Autrefois les menaces de la force matérielle venaient plutôt du parti catholique et radical,
de la masse populaire, à laquelle il ne manquait
pour s'insurger que des supérieurs et des chefs.
Pendant longtemps, le peuple irlandais a cru sincèrement que sa délivrance et sa régénération ne
lui viendraient que d'une révolution politique, qui,
remettant en question les droits au gouvernement
et à la propriété, ferait rentrer le pouvoir et les
terres dans les mains des premiers possesseurs ou de
leurs héritiers. Ces traditions, jadis familières au
parti national, se sont d'abord affaiblies dans une
longue et stérile attente; et puis, d'heureux progrès
obtenus au sein du travail et d'institutions libres,

ont achevé de dissiper ces rêves de soudaine et violente prospérité. Mais il semble que, dans l'instant
où le principe de violence était abandonné par les
catholiques, il ait été recueilli par le parti orangiste. Rien n'est plus fréquent que d'entendre des
membres de ce parti exprimer le désir ardent d'une
lutte à force ouverte. Il n'est point, disent-ils, d'accord possible entre papistes et protestants; c'est
chimère que de vouloir les faire vivre sur la même
terre; il faut absolument que les uns en repoussent
les autres, comme la vérité doit chasser le mensonge; c'est entre eux une querelle de vie ou de
mort. Qu'un engagement décisif, qu'une guerre
d'extermination termine donc entre eux le débat!
Ce langage n'est point avoué par le parti tory, mais
beaucoup de torys le tiennent. Ceux-ci pensent
que si, en définitive, il faut un jour en venir aux
mains, autant vaut que ce soit tout de suite que
plus tard; ils voient leur puissance décliner chaque
jour, et estiment plus sage de livrer le combat pendant qu'ils sont encore forts.

Il semblerait qu'il dût tout naturellement exister
entre ces deux partis un médiateur capable sinon
de les rapprocher, du moins de calmer leur mutuelle animosité; ce médiateur, c'est le gouvernement. En tout pays le gouvernement est le modéra-
teur naturel des partis. S'interposer entre eux, tenir
la balance égale de chaque côté, les tempérer l'un par
l'autre, arracher à celui-ci une concession, obtenir
de celui-là le sacrifice d'une exigence, les protéger
tous, ne se livrer à aucun, telle est en Irlande la

voie indiquée au gouvernement anglais : admirable
tâche, mais bien difficile, pour ne pas dire impossible à remplir. Il y a dans les deux partis de vieilles
haines, des passions implacables, des intérêts exclusifs qui repoussent toute intervention d'un arbitre,
et l'on ne saurait s'établir conciliateur entre ceux que
séparent des distances si grandes. Il n'existe, à vrai
dire, pour le gouvernement anglais d'autre alternative que de se déclarer pour celui-ci ou pour celui-
là ; et telle est la violence de ceux entre lesquels il
lui faut choisir, qu'à l'instant où il opte pour l'un,
il se donne à lui ; au lieu de le diriger, il le suit,
et il est bientôt mené par les passions qu'il devrait
conduire.

Le gouvernement anglais en Irlande ne prend
une attitude qui lui soit propre que le jour où les
deux partis, mettant les armes à la main pour s'é-
gorger l'un l'autre, il place entre eux ses agents de
police et ses soldats. Il lui est permis de penser que
sans lui l'Irlande entrerait aussitôt en guerre civile,
et ce sentiment suffit pour adoucir la tâche, d'ailleurs si amère, qu'il lui faut remplir dans ce pays ;
mais, hors ce cas, il n'exerce, à vrai dire, aucune
action individuelle et spontanée sur les partis, dont
il reçoit l'impulsion, au lieu de la leur donner.

S'il adopte le parti tory, il doit nécessairement
épouser tous ses préjugés religieux, ses rancunes
politiques et ses haines ; et, en agissant ainsi, il
tend à accroître le sentiment national qui repousse
ce parti détesté. Se déclare-t-il pour le parti libéral ou
catholique, il n'en subit pas moins le joug ; et alors,

au lieu de contenir le torrent populaire, il est forcé
d'en précipiter le cours.

C'est ainsi que l'état des partis en Irlande est encore un principe fécond de radicalisme et de démocratie..

TROISIÈME PARTIE.

CHAPITRE PREMIER.

Quels sont les remèdes au mal? Trois principaux sont
indiqués.

On a vu quels maux endure l'Irlande; on a vu
tous ces maux procédant d'une cause première et
continue; enfin l'on vient de voir quelle sorte de
résistance a fait naître parmi le peuple l'excès de ses
misères. La situation de l'Irlande peut se résumer
ainsi : indigence profonde parmi le peuple, anarchie
permanente dans l'État.

Maintenant toutes ces misères sociales et politiques étant connues, comment les guérir? Comment
apaiser les souffrances cruelles de tout un peuple qui
jeûne? Comment calmer les soulèvements formidables de la douleur irritée? Comment rendre la vie
au peuple et la paix au pays?

Lorsqu'on voit chez un peuple des millions de
pauvres, le premier sentiment qu'on éprouve, c'est
celui d'une pitié profonde; et avant de s'engager dans

la voie des réformes qui tiennent à l'organisation
politique de la société, l'esprit n'est-il pas tout d'abord
enclin à rechercher par quels moyens immédiats on
pourrait adoucir là condition matérielle de tant de
malheureux? On se demande si, indépendamment
même de toutes les formes de gouvernement, le
pauvre peuple d'Irlande ne pourrait pas être tout
d'un coup tiré de sa profonde indigence par quelque
procédé subit, extraordinaire, extrême comme la
misère qu'il s'agit de guérir. Le peuple d'Irlande
meurt de faim... il faut le secourir. Est-ce avec des
lois, des réformes constitutionnelles? Non : il y a
urgence; c'est du pain, et non des théories qu'il lui
faut. Le pauvre peuple d'Irlande manque de vivres,
il faut lui en donner. Il manque d'ouvrage, il faut le
faire travailler. La pauvre Irlande est surchargée de
population, il faut alléger le fardeau qui l'écrase; et
ces secours, il faut les donner tout de suite à l'Irlande. Et cette misère, qui appelle à grands cris une
assistance soudaine, n'augmente-t-elle pas chaque
jour? Chaque jour cette population de pauvres devient plus nombreuse, et à mesure que sa misère
accrue excite plus de pitié, les menaces de son désespoir inspirent plus de craintes. C'est, en effet,
un phénomène digne de méditation que la population de l'Irlande, si misérable, se multiplie plus
rapidement que celles de l'Angleterre et de l'Écosse
si prospères; et, ce qui n'est pas moins remarquable,
c'est qu'au sein de l'Irlande elle-même la population
s'accroisse aussi davantage en proportion de sa misère. C'est dans le Connaught que la famine sévit le
plus durement, et c'est là que le peuple se multiplie

le plus rapidement (1). Comment donc ne pas tenter d'arrêter tout d'un coup cette effroyable misère dont le progrès recèle tant de souffrances et de périls?

Trois systèmes se présentent qui promettent de conduire au but qu'on veut atteindre.

Le premier serait de procurer du travail aux pauvres inoccupés.

Le second consisterait à diminuer la population, en fournissant aux indigents des moyens de s'établir hors du pays.

Le troisième serait de nourrir, aux frais de l'État, ceux qui ne seraient ni occupés en Irlande, ni pourvus dans une autre contrée.

En d'autres termes, trois moyens s'offrent, pour le salut de l'Irlande : l'industrie, l'émigration, et l'établissement d'un système de charité publique.

Examinons séparément ces trois systèmes. Ils ont été et ils sont encore en ce moment même, de la part des plus graves publicistes, l'objet d'études et de travaux qui provoquent une sérieuse attention.

———

§ Ier. — ACCROISSEMENT DE L'INDUSTRIE.

Des trois moyens proposés, le premier serait évidemment le meilleur, s'il était praticable ; car il vaut mieux sans doute tirer d'une population oisive des travaux utiles, que de lui faire l'aumône ou de l'exiler.

C'est sans doute exagérer le mal que de porter jusqu'à quatre millions le nombre des Irlandais qui sont absolument inoccupés. Des documents officiels établissent que sur sept millions sept cent soixante-sept mille habitants (1), il y en a quatre millions huit cent soixante-trois mille qui sont principalement employés à la terre, et un million quatre cent dix-neuf mille employés soit au commerce, soit à l'industrie : d'où il semblerait suivre qu'il n'y aurait guère qu'un million d'habitants totalement dépourvus d'emploi. Mais en Irlande le chiffre le plus considérable des pauvres ne vient pas de ceux qui n'ont aucun travail, mais de ceux qui n'ont point de travail régulier. La moitié des fermiers irlandais sont des pauvres pendant une partie de l'année; et, si on ne comptait que les ouvriers agricoles ou industriels qui ne manquent jamais d'ouvrage, le chiffre des travailleurs occupés se réduirait à presque rien (2). On peut donc affirmer, sans risque d'erreur, que sur les huit millions existant en Irlande, il y en a la moitié qui n'ont aucun travail, ou n'ont point tout le travail qu'il leur faudrait pour soutenir leur existence.

Les mêmes documents statistiques qui prouvent qu'en Irlande près de cinq millions d'invidus travaillent à la terre, établissent qu'en Angleterre et en Écosse, sur une population totale de seize millions deux cent cinq mille, la terre n'en occupe guère plus de cinq millions, c'est-à-dire à peu près le même nombre qu'en emploie l'Irlande; et cependant l'Angleterre et l'Écosse ont une étendue de cinquante-quatre millions d'acres, tandis que l'Irlande n'en a que dix-neuf millions. De sorte qu'en Irlande la terre absorbe les deux tiers de la population, alors que dans les deux autres pays elle n'en emploie pas même le tiers ; et l'Irlande consacre autant d'ouvriers que l'Angleterre et l'Écosse à cultiver son territoire, qui est deux fois moins grand que celui de ces deux pays. Enfin il paraît bien certain que, par la culture irlandaise, la terre produit moitié moins que sous la main de l'agriculteur d'Écosse ou d'Angleterre ; d'où il suit que trois ouvriers agricoles en Irlande font moitié moins de travail qu'un seul Anglais ou un Écossais (1). En supposant que le nombre des cultivateurs anglais et écossais soit trop restreint, celui des agriculteurs d'Irlande est évidemment excessif ; et le vice de la culture irlandaise tient précisément à leur quantité.

Cet emploi au sol de plus de bras qu'il n'en faut pour le cultiver, et qui se nuisent par l'effet même de leur nombre, est économiquement un mal absolu ; mais ce mal peut être un bien relatif en politique. Ainsi, s'il était vrai qu'en Irlande tout ce qui ne cultive pas la terre fût sans emploi, et que tout individu inoccupé fût un ennemi de la paix publique, on serait forcé de reconnaître que, même dans l'intérêt de tous, il vaut mieux que la terre se couvre du plus grand nombre de travailleurs possible, dût-elle produire moins de fruits. Ainsi, tandis que les principes de l'économie conseilleraient d'éloigner du sol la moitié de ceux qui l'occupent, l'état politique du pays exigerait qu'on augmentât encore le nombre des cultivateurs.

Que faire donc ? Faut-il, en arrachant de la terre

une partie de ceux qui y trouvent quelque travail et quelque moyen d'existence, grossir le chiffre des Irlandais qui n'ont ni ressource ni travail? ou bien faut-il accroître la somme des misères qui écrasent le sol, en brisant encore les parts de ceux qui l'occupent pour en donner quelques fragments à ceux qui n'en ont pas?

Certes, s'il est un pays où l'industrie manufacturière fût un grand bienfait, c'est l'Irlande. L'industrie qui viendrait employer les bras oisifs ou mal occupés, serait pour l'Irlande, non-seulement un élément de richesse, mais encore un moyen de salut. Il y a en Irlande une force productrice de plusieurs millions de bras, qui est inerte ou mal dirigée. C'est un instrument que l'industrie mettrait en mouvement là où il se repose, et qu'elle féconderait partout où il est stérile.

Toutes les causes se réunissent pour faire désirer le développement de l'industrie en Irlande; si l'existence matérielle des classes inférieures y est intéressée, là aussi est l'avenir de ces classes moyennes que nous avons vues appelées à une si grande destinée; l'industrie peut seule nourrir les uns et enrichir les autres.

Il existe des pays où l'on ne contemple point sans une sorte d'inquiétude et de terreur le progrès de l'industrie manufacturière; ce sont ceux où les populations agricoles semblent déserter la terre pour se porter en masse dans les ateliers du fabricant, et où les grandes manufactures semblent, par leur nombre et par leur régime, renfermer un germe de corruption pour le peuple et de péril pour l'État.

Mais comment craindre que la terre ne soit abandonnée dans un pays où le peuple n'aime et ne connaît qu'elle ? Ce qu'il faut redouter en Irlande, ce
n'est pas l'excès qui rejette des campagnes dans les
villes industrielles une trop grande partie de la population, c'est l'excès contraire. On doit craindre
que, enchaîné au sol, le peuple ne s'en détache point
assez pour se porter vers l'industrie. Et, en supposant que la vie manufacturière exerce sur l'état
physique et moral de la population ouvrière une
influence pernicieuse ; en supposant que l'atelier
corrompe les enfants et les femmes, et atteigne
ainsi la famille dans ses mœurs et la société dans son
avenir ; fût-il vrai que l'agglomération, sur quelques
points du pays, de grandes masses d'ouvriers, soit
une puissance trop considérable dans l'État, et
une arme trop dangereuse à la disposition des
partis ; fût-il non moins bien établi que ces grandes
masses ouvrières que l'industrie emploie sont sujettes, par les oscillations de celle-ci, à tomber subitement et sans transition du travail dans l'oisiveté, c'est-à-dire de l'aisance dans le dénûment (1) :
ces maux, en les admettant dans toute leur étendue,
seraient mille fois moindres que ceux qui existent
en Irlande, où l'oisiveté corrompt plus encore que
le travail des manufactures, où la misère déprave
tous ceux que l'oisiveté ne corrompt pas, et où les
millions d'indigents affamés sont une cause plus
formidable de désordre et d'anarchie que ne pourraient l'être, en aucun cas, un pareil nombre d'individus ; trouvant dans leur travail de nombreux
moyens d'existence.

D'où vient donc, qu'ayant un besoin si manifeste
de l'industrie manufacturière, l'Irlande en soit
presque dépourvue (1)?

Ce n'est pas que l'industrie en Irlande manque de
la protection du gouvernement; mais cette protection est à peu près stérile. On a, dans un temps, essayé
le système des primes pour encourager la fabrication;
il en est résulté quelques efforts de production,
qui ont cessé le jour où les primes ont été suppri-
mées. Le gouvernement voudrait aujourd'hui, pour
émanciper l'industrie irlandaise, établir en Irlande
quelques grandes voies de communication, telles
que des canaux et des chemins de fer : assurément
de pareils moyens de transport sont pour l'industrie d'admirables auxiliaires, mais il faut d'abord
qu'ils trouvent l'industrie existante ; ils pourraient
encore l'aider à naître, mais ils ne la créeraient pas.
En 1780 l'Irlande avait de très-belles routes; Young,
dont le témoignage a tant de poids, constate que
ces routes étaient, à cette époque, bien supérieures
à celles de l'Angleterre. L'Irlande n'était pas moins
alors dénuée de tout commerce et de toute industrie, tandis que l'Angleterre était déjà entrée dans
son ère de richesse commerciale et de prospérité
industrielle.

Dans son désir de protéger l'industrie irlandaise,
le gouvernement serait tenté d'exécuter lui-même
les grandes voies de communication qu'il croit
propres à la seconder. Mais c'est un moyen périlleux : est-il bon que le gouvernement se constitue
entrepreneur de travaux publics? et l'industrie privée peut-elle s'avancer avec sécurité dans une car-

rière où elle peut à chaque pas trouver un rival aussi puissant que l'État?

Le gouvernement d'Irlande verrait, dans ce système de travaux exécutés par l'État, l'avantage de donner tout aussitôt du travail à ceux que l'industrie privée n'emploie pas; mais un pareil emploi des bras inoccupés ne procurera à ceux-ci qu'un soulagement partiel et passager. Et il sera tel surtout dans un pays anglais où l'intervention du gouvernement dans les travaux publics est considérée, avec raison peut-être, comme une sorte de larcin fait à l'industrie privée. Or, cet emploi accidentel des bras oisifs sera plutôt un mal qu'un bien, si l'ouvrier, que le gouvernement a pris en passant, ne trouve ensuite aucun asile dans les ateliers de l'industrie particulière. C'est un grand malheur pour un pays quand il croit que l'industrie a besoin, pour prospérer chez lui, de la protection du gouvernement, ou lorsque le gouvernement se croit intéressé à la protéger. L'industrie ne se fonde pas par un décret impérial ou par un acte du parlement. Ce qui, sans doute, persuade aux gouvernements qu'ils peuvent aisément créer l'industrie, c'est la facilité avec laquelle ils la détruisent ou l'empêchent de naître.

Il y avait autrefois en Irlande des industries florissantes (1) : le gouvernement anglais les a tuées; et pour cela il n'a eu qu'à les enchaîner, car la liberté est l'air vital de l'industrie : il a chargé d'entraves la moitié des travailleurs de l'Irlande (2) et a interdit ses ports et ceux du monde entier aux produits du travail irlandais (3).

L'oppression de l'Angleterre sur l'Irlande ne se

montre peut-être nulle part plus à nu que dans sa politique commerciale. L'Angleterre voulait tout vendre à l'Irlande et ne lui rien acheter, ce qui était aussi absurde qu'injuste : car l'Irlande ne pouvait faire de commerce qu'avec l'Angleterre; et comment ceux qui ne vendent rien achète- raient-ils quelque chose? Cet égoïsme industriel de l'Angleterre était poussé quelquefois jusqu'à la folie. Un jour, c'était sous le règne de Charles II, l'Angleterre ayant résolu d'étendre encore l'exclu- sion qui frappait les produits de l'industrie irlan- daise, un bill fut présenté à la chambre des com- munes dans lequel l'importation en Angleterre du bétail irlandais et de tous les fruits de la terre était déclarée *a nuisance*, c'est-à-dire une sorte de délit public; et l'on allait sur la proposition d'un membre proclamer ce fait une felonie (*a felony* c'est-à-dire un crime capital), lorsque le chan- celier Clarendon fit observer qu'on pouvait tout aussi raisonnablement le dénommer un *adultère* (an adultery) (1).

Cependant les injustes entraves qui enchaînaient l'industrie irlandaise ont été brisées : tous les tra- vailleurs irlandais sont libres; l'Irlande peut envoyer ses produits dans tous les pays du monde, et tous les ports de l'Angleterre lui sont ouverts. Et la li- berté commerciale, qui unit l'Irlande à l'Angleterre, n'est pas seulement celle qui s'établit de peuple à peuple, mais bien celle qui existe tout naturelle- ment entre les diverses parties d'un même peuple, entre deux territoires soumis au même empire; l'Irlande et l'Angleterre sont entre elles dans les

mêmes rapports commerciaux où se trouvent deux
villes anglaises ; Dublin commerce avec Liverpool
comme Liverpool avec Londres.

Mais l'industrie que le dispotisme abat si vite ne
se relève pas toujours avec la liberté : car si elle ne
peut exister sans liberté, ce n'est pas la liberté qui
la crée, et il lui faut encore pour naître et se développer bien d'autres conditions.

Cette liberté commerciale, dont la conquête commencée en 1782, ne s'est achevée qu'en, 1820, n'a
eu jusqu'à présent qu'un seul effet salutaire pour
l'Irlande. Elle a ouvert à ses produits agricoles un
marché immense et fait naître une sorte de privilège
pour ses céréales librement admises dans les ports
anglais, dont les blés étrangers sont exclus. Mais
elle n'a en rien servi les manufactures irlandaises,
l'Irlande continuant à employer presque exclusivement les produits de l'industrie anglaise.

Il en est qui croient impossible pour l'Irlande
d'élever des manufactures tant que l'Angleterre lui
enverra ainsi sans obstacle les produits des siennes ;
et ceux qui pensent ainsi voudraient que, pour protéger en Irlande l'industrie naissante, on soumît à
un droit d'entrée les objets manufacturés importés
d'Angleterre en Irlande. Mais alors, par réciprocité,
les produits agricoles que l'Irlande envoie aujour-
d'hui en Angleterre seraient sans doute également
frappés d'un tarif. De sorte que dans la vue de créer
une industrie nouvelle, l'Irlande courrait la chance
de se voir dépouillée de celle qu'elle possède, et
compromettrait un avantage certain pour un bien
à venir et partant douteux.

Est-il bien vrai, d'ailleurs, que la concurrence de l'industrie anglaise soit le principal obstacle au développement de l'industrie en Irlande? Non; le plus grand obstacle est ailleurs : il vient bien moins de l'Angleterre que de l'Irlande elle-même.

Sans doute l'ouvrier anglais est, à tout prendre, supérieur à l'ouvrier irlandais; il est plus habile et plus constant; il travaille plus et mieux ; mais le parti immense qu'on tire en Angleterre des ouvriers irlandais prouve assez que l'objection ne vient pas d'eux-mêmes. Manchester et Liverpool emploient des milliers d'Irlandais dans leurs manufactures (1). Assurément, lorsqu'on voit les deux plus grandes cités industrielles et commerciales de la Grande-Bretagne, je pourrais dire du monde entier, prospérer par le travail d'ouvriers irlandais, on ne saurait dire qu'en Irlande le vice du travail tienne à la nature même de l'ouvrier.

Il faut ajouter que si le travail de l'Irlandais est inférieur à celui de l'Anglais, ce défaut est compensé par un avantage, qui est celui de coûter moins cher. Les salaires de l'ouvrier sont très-bas en Irlande, parce qu'il y a peu de travail et une immense concurrence de travailleurs; et pour peu que l'Irlandais fît dans l'atelier la moitié du travail que fait l'ouvrier anglais, on aurait plus de profit à se servir de celui-là que de celui-ci, parce que le premier coûte plus d'une fois moins que le second (2).

Il semble donc que l'Irlande soit dans les conditions les plus favorables pour la prospérité de toute industrie établie dans son sein. Mais il ne suffit pas que l'industrie soit libre; il ne suffit pas qu'elle ait

des instruments d'exécution : ce qu'il lui faut encore,
c'est un moteur premier, c'est-à-dire des capitaux.
Or, en Irlande, les capitaux manquent absolument.
Et pourquoi? Parce que ce pays a été longtemps
sujet aux persécutions d'un gouvernement arbitraire,
et que les capitaux ne se montrent que sous les aus-
pices du droit et des garanties ; parce que ce pays,
possesseur aujourd'hui de libertés considérables, en
même temps qu'il est resté soumis à des institutions
radicalement vicieuses, se sert des unes pour repousser les autres, et est tenu, par cette lutte inévitable,
dans un état constant d'agitation. Or, voyez la difficulté : l'absence de toute industrie ajoute aux misères et à l'agitation du pays. Pour développer l'industrie en Irlande, il faudrait des capitaux ; mais
les capitaux fuient l'agitation ; les capitaux s'éloi-
gnant, la misère augmente. Cet accroissement de
misère multiplie les chances de trouble et de désordre, et rend les capitaux encore plus rares. Une
fois engagé dans ce cercle vicieux, on n'en saurait
sortir.

Et ce n'est pas seulement à l'industrie manufacturière que les capitaux manquent, ils ne font pas
moins défaut à l'industrie agricole.

Parce qu'il y a en Irlande près de cinq millions
d'habitans occupés à la terre, on croit que la terre
manque à la population, et que l'insuffisance du sol
est la cause de tous les maux. Mais cette opinion tombe
devant un fait matériel. Sur dix-neuf millions d'acres
dont se compose le territoire irlandais, il y en a plus
de cinq millions dont ne s'est point encore emparée
l'industrie de l'homme, et qui cependant pourraient

être soit labourés, soit employés en pâturages (1).
Et pourquoi ces terres, qui appellent les bras, demeu-
rent-elles nues et désertes ? Parce que, pour féconder
le sol, le travail a besoin d'avances ; or, ces avances,
le pauvre ne peut les faire, et le riche ne le veut
pas. Et pourquoi le riche ne place-t-il pas sur la
culture du sol irlandais les capitaux sans lesquels
cette culture ne saurait s'accroître ? Parce que l'état
du pays l'en empêche. Ce n'est donc pas la terre
qui, en Irlande, manque à la population, ce sont
les capitaux qui manquent au travail agricole comme
à l'industrie manufacturière.

Ce défaut de capitaux en Irlande n'est pas le seul
obstacle au développement de l'ouvrier irlandais.

J'ai dit tout à l'heure que l'ouvrier irlandais
n'est point de sa nature impropre à l'industrie manufacturière, et l'exemple de tous les Irlandais qu'emploient avec fruit l'Angleterre et l'Écosse prouve
assez cette vérité. Mais il faut aussi reconnaître que
l'Irlandais, aussi longtemps qu'il demeure en Irlande, a de certains vices, qui tiennent, non à sa
nature, mais au pays, et qui font de lui un mauvais
ouvrier.

Accoutumé en Irlande à subir toutes les oppressions, il a, quand il travaille, une idée fixe, c'est
que celui qui l'emploie ne lui donnera aucun salaire,
ou lui en paiera un moindre que celui auquel il
pourrait justement prétendre. Aussi qu'arrive-t-il
quand une manufacture s'établit en Irlande? A peine
les ouvriers qui, dans le premier moment, ont consenti à travailler pour de faibles gages, sont-ils
maîtres du terrain, qu'ils se coalisent aussitôt pour

obtenir un salaire plus élevé, et appliquant à l'industrie les procédés des Whíte-Boys, ils fixent arbitrairement le prix de la journée de travail, portent des
peines terribles contre le maître qui paierait un salaire moindre et contre l'ouvrier qui consentirait à le
recevoir; et ce code barbare ne contient pas de vaines
menaces, le châtiment a coutume de suivre de près
l'infraction; et naguère encore Dublin était le théâtre d'affreux assassinats, commis sur de pauvres ouvriers dont tout le crime était d'avoir travaillé pour
un prix inférieur au taux fixé par la coalition : infortunés qui sont frappés de mort pour s'être contentés
d'un modique salaire, et qui, s'ils en eussent demandé
un plus élevé, seraient morts faute de travail! Et
quel est l'infaillible effet de ces violences? Si le manufacturier les subit, il se ruine; s'il résiste, les ouvriers refusent de travailler. Dans les deux hypo-
thèses, l'entreprise industrielle échoue ; et l'ouvrier
qui se plaignait, non sans quelque raison peut-être,
de tirer de son travail un trop faible salaire, n'a plus
ni salaire ni travail.

On voit bien çà et là, en Angleterre, l'exemple
de coalitions du même genre; mais elles n'y ont
jamais été que passagères et partielles; elles ont
bien de temps à autre ruiné une industrie, mais
jamais toutes les industries. A la place de cette
crainte continue qu'éprouve l'Irlandais de ne pas
recevoir la récompense de son travail, l'Anglais a,
en général, une grande confiance dans ceux qui l'emploient, parce qu'il s'est habitué à trouver en eux le
respect du droit et la fidélité aux engagements. L'ouvrier anglais possède d'ailleurs ordinairement assez

de lumières pour comprendre qu'un accroissement momentané de salaire peut devenir un malheur pour lui-même, si cette augmentation fait crouler l'industrie de laquelle son salaire dépend.

Ceci explique pourquoi les Irlandais sont de bons ouvriers dans les manufactures anglaises. En quittant l'Irlande, ils en perdent les sauvages traditions; et en même temps qu'ils portent en Angleterre leurs facultés physiques et intellectuelles, ils y trouvent la moralité qui leur manquait, et qu'ils

terre les droits de l'ouvrier sont aussi sacrés que ceux du maître.

La même raison fait comprendre pourquoi l'industrie, languissante ou abattue dans presque toute l'Irlande, est plutôt prospère dans le nord de ce pays, où la classe supérieure et la classe ouvrière ne sont point, comme dans le sud et dans l'ouest, en état de suspicion mutuelle; où il y a guerre entre des partis politiques et religieux, mais non entre le riche et le pauvre, entre le maître et l'ouvrier.

Ainsi, d'une part, l'état agité de l'Irlande repousse les capitaux; et quand par hasard quelques capitaux viennent assez hardis pour braver cette agitation, les passions violentes et grossières, que la classe ouvrière respire en quelque sorte dans l'atmosphère où elle vit, élèvent un obstacle presque insurmontable au succès de l'entreprise.

Sans les deux causes qui viennent d'être signalées, les capitaux qui fuient l'Irlande y abonderaient; et on va tout de suite comprendre de quelle source ils découleraient.

L'Angleterre regorge de capitaux; elle en envoie dans le monde entier; elle en place sur le continent, en Amérique, en Asie; elle spécule, aux États-Unis, sur les terres; au Mexique, sur les mines; elle établit des bateaux à vapeur dans l'Inde. Et pourquoi donc, au lieu d'envoyer ses capitaux à deux mille, à quatre mille, à six mille lieues, ne les placerait-elle pas dans un pays qui est sous sa main, où il y a tant à faire et tant de bras qui ne demandent qu'à être mis en action? L'Angleterre veut, dit-on, conserver pour elle-même le monopole de l'industrie. Je veux bien que sa politique tende vers ce but; mais qu'importe? Les capitaux n'ont point d'esprit national; leur patrie est là où ils trouvent le plus de profit et de sécurité. Et d'ailleurs l'Irlande est anglaise; elle est une partie de l'empire britannique. Il faudrait prêter aux capitalistes anglais des passions nationales bien exaltées, pour qu'à leurs yeux Belfast et Dublin fussent autres que Manchester et Glascow. Disons-le donc, l'obstacle vient évidemment de ce que l'Irlande étant le pays le plus misérable et le plus agité du monde entier, l'Anglais aime mieux placer ses capitaux partout ailleurs qu'en Irlande; et précisément parce que ce pays est sous ses yeux, il voit plus vite et plus clairement à quels périls ses capitaux seraient exposés, s'il les y envoyait.

Que faut-il conclure de tout ce qui précède?

C'est, d'abord, qu'aussi longtemps que les causes qui s'opposent à l'essor de l'industrie irlandaise existeront, ce n'est point à l'industrie qu'il faut demander du travail pour ceux qui n'en ont pas, et un remède aux maux dont l'oisiveté de la popula-

tion est la cause réelle ou supposée; et, en second
lieu, que, pour rendre possible le développement de
l'industrie irlandaise, il faut commencer par détruire les causes qui maintenant la paralysent. Or,
ces causes sont connues : c'est l'anarchie du pays et
l'esprit qui anime les classes ouvrières.

Mais à qui appartient-il de combattre ces obstacles funestes à l'industrie irlandaise?

Ce n'est point sans doute l'affaire des gouvernements d'établir l'industrie; mais certes, leur tâche
naturelle est de prévenir ou de dissiper les causes
politiques qui empêchent l'industrie de naître ou
de prospérer.

Maintenant, par quels moyens le gouvernement
pourrait-il rendre au pays la paix, et au peuple les
dispositions qui sont nécessaires à l'établissement
de l'industrie en Irlande? Ceci est une autre question
qui sort de l'objet du chapitre actuel. J'ai dû me borner ici à montrer que l'industrie, quant à présent,
ne saurait être pour l'Irlande un moyen de salut,
puisqu'elle rencontre, dans le pays même, des obstacles immenses. Ces obstacles viennent du vice même
des institutions; de sorte que chercher les moyens
de développer l'industrie en Irlande, conduit à rechercher quelle sorte de réforme il faudrait faire dans
les institutions de ce pays. La question est posée;
mais l'ordre du livre en place ailleurs la discussion.

§ II. — L'ÉMIGRATION.

S'il est impossible de trouver de l'emploi pour tous ceux qui, en Irlande, sont inoccupés ou travaillent mal, il faut, dit-on, diminuer le nombre des travailleurs; et quel meilleur moyen pour atteindre ce but que l'émigration?

De tous les systèmes qui, depuis vingt années, ont été proposés pour le salut de l'Irlande, il n'en est peut-être pas un seul qui ait, en Angleterre, plus de faveur que celui d'une émigration pratiquée sur une grande échelle. C'est un remède violent, il est vrai, mais qui repose sur un fait simple en apparence, et propre à saisir les imaginations. Voici quelques millions d'individus dont la condition, en Irlande, est profondément misérable; qu'on les transporte dans un autre pays, moins rempli d'habitants, ils y trouveront un sort heureux, et délivrés de cette population surabondante, ceux qui restent seront à l'aise et prospéreront. Cette théorie s'appuie de l'autorité des économistes les plus distingués, elle a plusieurs fois reçu la sanction du parlement lui-même, et beaucoup croiraient incurables les plaies de l'Irlande si l'émigration ne devait les guérir.

Les doctrines politiques, au nom desquelles on gouverne les peuples, ne sont-elles pas sujettes à d'étranges variations? Nous touchons encore à une époque où les théories des publicistes et la science des gouvernements n'avaient point en vue d'objet

plus cher et plus constant que l'accroissement de
la population (1). Sévères pour le célibat, les lois
favorisaient les mariages précoces; des récompenses
publiques honoraient les mères les plus fécondes (2);
et l'émigration qui enlève des enfants à la patrie,
était interdite comme un délit public. Voici maintenant que chez un des peuples les plus civilisés du
monde, l'opinion s'établit que l'accroissement de la
population est le plus grand danger dont une nation
puisse être menacée; on y enseigne que pour conjurer ce péril, il faut non-seulement arrêter le
progrès du nombre, mais encore le diminuer, et
l'émigration y est non-seulement permise, mais
solennellement encouragée comme un moyen de
salut pour ceux qui émigrent et pour le pays délivré d'un excès de population.

C'était jusqu'à ce jour une doctrine universellement consacrée, qu'une grande population est pour
un pays une source de force et de richesse nationales, et que si elle nuit faute d'être bien dirigée,
elle peut toujours être convertie en un instrument
de puissance et de prospérité : théorie bien différente de celle qui veut aujourd'hui, quand la population semble excessive, qu'on en exile une moitié
pour assurer le bonheur de l'autre.

Et que doit penser l'Irlande de ceux qui la gouvernent? Les temps sont encore tout près d'elle où ses
habitants étaient tenus rigoureusement dans l'impossibilité d'émigrer par le même gouvernement anglais qui, aujourd'hui, s'établit en Irlande le principal instigateur de l'émigration! (3)

Sans relever davantage les contradictions de ces

systèmes divers, et sans examiner jusqu'à quel point l'emploi successif de chacun d'eux fut justifié par des circonstances différentes; recherchons si l'émigration pourrait être en ce moment de quelque bienfait pour l'Irlande.

Et d'abord est-il bien vrai que si la population d'Irlande était diminuée d'un tiers ou même de moitié, les misères du pays cesseraient? c'est un premier point dont il est permis de douter. La population d'Irlande est, à la vérité, réduite aux expédients pour sa subsistance. Elle s'impose les plus cruelles privations, ce qui ne l'empêche pas chaque année de subir une famine plus ou moins longue. Elle se nourrit des plus grossiers aliments, en dépit de quoi elle éprouve des disettes périodiques. Elle a adopté le régime le plus propre à soutenir le plus d'habitants possibles sur le moindre territoire donné. Comme c'est une vérité économique bien établie, que la même étendue de terrain qui, semé en pommes de terre, nourrit vingt personnes; né donnerait d'aliments que pour cinq ou six s'il était semé en blé, et n'en ferait vivre qu'un seul s'il était mis en prairie propre au bétail, l'Irlande a renoncé absolument à l'usage de la viande et du pain pour vivre exclusivement de pommes de terre. Elle a fait plus; comme parmi ces derniers fruits de la terre il y en a qui se produisent et se multiplient en plus grande quantité que d'autres; elle a adopté pour aliment une espèce de pomme de terre appelée *Lumper*, la moins agréable au goût, mais dont les vices sont rachetés aux yeux de l'Irlandais par le mérite d'une prodigieuse abondance.

Il semble, au premier abord, que pour une population qui trouve si péniblement sa subsistance sur le sol, toute diminution de nombre serait un immense bienfait. Si cependant on approfondit la question, on verra que l'émigration de trois ou quatre millions d'Irlandais n'aurait point pour résultat nécessaire de faire naître, pour les quatre ou cinq millions restants, des moyens d'existence meilleurs et plus assurés. Et, en effet, d'où vient qu'en ce moment les produits agricoles de l'Irlande semblent ne plus suffire au soutien de sa population? Ce n'est pas que ce pays ne fournisse d'aliments que pour huit millions de créatures humaines; bien loin de là, nul n'ignore que cette fertile contrée nourrirait sans peine vingt-cinq millions d'habitants; pourquoi donc le tiers de ce nombre y vit-il misérablement? Parce que avant de demander au sol et à ses produits ce qu'il leur faut pour exister, les Irlandais ont à y prendre d'abord ce qu'il leur faut pour payer leurs fermages aux propriétaires dont ils tiennent leur possession. Et ceci explique pourquoi, sur une terre capable de donner du pain à vingt-cinq millions de personnes, huit millions trouvent à peine leur vie dans la culture des plus grossières pommes de terre. Si ces huit millions d'Irlandais voulaient se nourrir de blé, rien ne serait plus facile, car la terre leur en fournit bien au-delà de leurs besoins; mais alors ils ne pourraient payer leur dette aux propriétaires du sol. Voici donc ce qu'est obligé de faire tout cultivateur irlandais: il sème une partie de sa terre en blé pour recueillir des fruits qu'il vend, et il plante un petit espace en pommes de terre, d'où naît la récolte qui le fait vivre. Dans le premier cas, il aspire à tirer du sol les plus riches moissons dont le prix lui sert à payer sa rente; et dans le second, à obtenir les fruits les plus abondants, capables de suffire à ses plus impérieux besoins; et comme la rente que le propriétaire exige de lui s'élève constamment, il lui arrive sans cesse d'élargir le terrain où naissent les fruits qu'il vend, tandis qu'il rétrécit toujours l'espace où croissent les produits dont il se nourrit. Maintenant, supposez que les propriétaires d'Irlande ne voient, dans cette détresse de la population agricole, rien que de naturel et de régulier; supposez que ce soit un de leurs principes familiers que le fermier ne doit avoir d'autre profit dans la culture, sinon d'en tirer les fruits strictement nécessaires à sa subsistance; supposez enfin que ce principe soit si rigoureusement appliqué par les propriétaires irlandais, que tout moyen plus économique de vivre, découvert par les fermiers, amène nécessairement l'augmentation de leurs fermages. Dans cette hypothèse, qui, pour toute personne connaissant l'Irlande, est une triste réalité, quelle sera la conséquence d'une diminution de population?

La terre d'Irlande ayant à nourrir un moindre nombre d'habitants, ceux qu'elle fera vivre auront-ils désormais une condition meilleure? Nullement. Car, si, au lieu de continuer à manger des pommes de terre, les cultivateurs irlandais veulent se nourrir de blé, le propriétaire verra dans ce changement un accroissement de bien-être et un signe de fortune, qui tout aussitôt provoqueront de sa part l'augmentation des fermages. Afin de payer sa dette accrue, le pauvre agriculteur devra donc se remettre en toute hâte à son premier régime ; s'il tarde, il sera bientôt, faute de paiement, expulsé de sa ferme, et ses misères renaîtront absolument les mêmes que par le passé. Ainsi, après que des millions d'Irlandais auront disparu d'Irlande, le sort de la population restante ne sera peut-être changé en rien ; il pourra être toujours également misérable. On comprend bien, par ce qui précède, comment, avec trois fois moins d'habitants, l'Irlande était, il y a un siècle, tout aussi indigente que de notre temps, sujette alors, comme aujourd'hui, aux mêmes causes de misère, indépendantes du nombre.

Maintenant, s'il était vrai que la population irlandaise pût être diminuée considérablement sans que sa condition s'améliorât, il faudrait reconnaître que le système de l'émigration, qui repose sur l'efficacité de cette diminution, s'évanouirait complètement.

Cependant supposons que la base première du système ne soit point renversée ; que l'utilité de dépeupler l'Irlande soit, au contraire, bien établie, et que l'émigration de quelques millions d'Irlandais s'offre toujours aux maux de l'Irlande comme un remède efficace et non contesté. Il convient d'autant mieux d'admettre cette supposition, que la dépopulation de l'Irlande, s'il n'en résultait pas les biens qu'on en attend, aurait peut-être d'autres effets salutaires qui lui donneraient encore du prix. Ne profiterait-elle pas d'abord aux émigrants ? Il semble que, quelle que fût la terre où on les trans-

portât, ils y seraient plus heureux ou moins misérables qu'ils ne sont en Irlande. La population restante ne serait-elle pas elle-même, au moins dans
le premier moment, soulagée par le départ de quelques millions de travailleurs qui lui font concurrence? Délivré tout à coup de sa population la
plus oisive et la plus turbulente, le pays serait peut-
être aussi plus calme; ce repos profiterait à l'Angleterre elle-même, qui reçoit le contre-coup de
toutes les agitations de l'Irlande ; et, s'il était vrai
que l'absence d'Irlande de trois ou quatre millions
d'Irlandais épargnât à l'Angleterre, seulement pendant quelques années, les ennuis que lui cause ce
pays, ne serait-ce pas assez pour qu'elle entreprît
aussitôt de les faire émigrer?

Admettant donc que l'émigration d'une partie de
la population irlandaise profitât assez, soit à l'Irlande, soit à l'Angleterre, pour mériter d'être entreprise, recherchons si elle serait possible. Cet examen
ne paraîtra point superflu si l'on songe à tout ce
qu'il y a, en Angleterre, de préjugés favorables à un
vaste système d'émigration.

Et d'abord remarquons que l'émigration doit être
considérable, sous peine d'être absolument stérile,
au moins sous le point de vue économique. Pour
juger de ce qu'elle doit être pour devenir efficace, il
suffit de considérer ce qui se passe à présent en
Irlande. Il n'existe peut-être pas de comté irlandais
d'où, chaque année, des milliers d'habitants n'émigrent volontairement. Cependant il a été constaté,
par des enquêtes officielles, que cette émigration,
plus ou moins bienfaisante pour ceux qui s'en vont,

ne produit aucun effet sensible sur la condition de ceux qui restent. On a reconnu que, dans les paroisses dont on a le plus émigré, le prix de la main-d'œuvre ne s'est pas accru d'un centime, et l'emploi des ouvriers demeurés dans le pays n'a pas augmenté d'une journée de travail (1). Dans certains comtés, pour que la condition des classes ouvrières se ressentît de l'émigration, il faudrait faire émigrer les neuf dixièmes (2). On est étonné de la promptitude avec laquelle le vide produit par l'émigration se remplit, et l'on ne sait par quel funeste enchantement les pauvres qui s'en vont sont tout à coup remplacés par d'autres pauvres. Ce sont donc des millions d'Irlandais qu'il faut éloigner d'Irlande, sinon l'émigration passerait comme inaperçue.

Mais une telle émigration est tout à la fois singulièrement difficile et dispendieuse.

Où porter ces millions d'émigrants? Assurément l'Angleterre est de tous les pays celui pour lequel cette difficulté est la moindre; car elle a des établissements coloniaux dans toutes les parties du monde, et ses vaisseaux lui donnent le libre accès des contrées mêmes qu'elle ne possède pas. Mais tous les territoires vacants ne seraient pas également propres à l'émigration irlandaise.

Le plus vaste et le plus fertile serait l'Australie. Mais comment envoyer la population pauvre d'Irlande dans le lieu destiné à recevoir les criminels de l'Angleterre? L'Irlande verrait là, non sans raison peut-être, une sanglante injure; et cette impression, injuste ou légitime, rendrait seule l'entreprise impossible. Adopterait-on, pour lieu d'émigration, les

États-Unis de l'Amérique du Nord? Ce pays serait sans doute le meilleur qu'on pût choisir, et le plus propice aux émigrants; mais croit-on que, si les États-Unis se voyaient menacés de l'invasion de trois ou quatre millions d'Irlandais, le gouvernement de cette immense contrée laisserait la libre entrée des ports américains à ces essaims de pauvres? Il est permis d'en douter. Aujourd'hui l'Irlande envoie, chaque année, aux États-Unis, quelques milliers d'indigents; et ce courant modéré d'émigration a déjà soulevé dans ce pays tant de clameurs, que plusieurs fois on y a mis en question si les ports des États-Unis ne seraient pas fermés aux émigrants irlandais, soit par une interdiction formelle, soit par une taxe assez élevée pour équivaloir à une prohibition (1).

Reste le Canada. C'est, à vrai dire, l'asile naturel des émigrants irlandais. Le Canada est, de toutes les colonies britanniques, la moins éloignée de l'Irlande; c'est un pays devenu anglais, grâce aux lâchetés de Louis XV et de sa cour. Beaucoup d'Irlandais y sont déjà établis, qui seraient les hôtes des nouveaux venus; et, quoique les meilleures terres de cette colonie florissante soient occupées, il en reste encore une assez grande étendue pour recevoir pendant longtemps le surplus de la population anglaise. Maintenant il s'agit de savoir si, lorsque la puissance anglaise chancelle au Canada, il serait d'une politique habile d'envoyer à ce pays un renfort de quelques millions d'hommes qui, comme Irlandais, détestent par instinct le joug anglais, et, comme catholiques, seraient les alliés naturels de la population canadienne la plus hostile à l'Angleterre ?

Cependant admettons que ces diverses objections contre l'Australie, contre les États-Unis, contre le Canada, n'existent pas ; supposons que le lieu d'émigration soit trouvé ; voilà une première difficulté vaincue. Mais combien d'autres se présentent tout aussitôt !

Ce n'est pas une petite entreprise que de transporter, soit à deux mille, soit à quatre mille lieues par-delà les mers, plusieurs millions d'hommes. L'expérience nous montre qu'un vaisseau destiné à un long voyage doit porter en général moins de mille passagers ; prenons cependant mille pour chiffre moyen. En adoptant cette base, il faudrait le voyage et le retour de cent vaisseaux pour opérer l'émigration de cent mille personnes, c'est-à-dire d'une faible fraction seulement de la population qu'on veut faire émigrer. Que d'années seraient nécessaires pour achever ce transport, dût-on y employer toute la marine de l'Angleterre, qui a sans doute bien d'autres soins à remplir ! Et cependant, pour atteindre le but qu'on se propose, il faudrait une émigration soudaine et complète de toute la population jugée surabondante ; toute émigration partielle et lente ne porterait aucun remède au mal, prompt à renaître de lui-même à mesure qu'on le guérirait.

Mais allons plus loin : supposons que le transport des émigrants, qui ne semble guère possible, le soit ; les frais que ce transport entraînera seront si considérables, qu'il en naîtra un nouvel obstacle. En

effet, il n'est jamais entré dans la pensée des plus
chauds partisans de l'émigration irlandaise qu'on
pût se borner à charger des centaines d'Irlandais
sur un vaisseau, et à les jeter nus ou couverts de
haillons dans quelque nouvelle contrée. Traiter ainsi
les pauvres Irlandais serait procéder envers eux plus
durement qu'on ne fait envers les malfaiteurs, qu'on
déporte dans l'Australie et qu'on y établit à grands
frais. Et alors même qu'on agirait ainsi sur la demande des émigrants eux-mêmes, on serait sans
excuse. Nul n'ignore l'extrême détresse qui est réservée aux pauvres familles qui, fuyant la misère de
leur pays, vont, dépourvues de tout capital, pour
chercher un sort meilleur dans une contrée loin-
taine, où elles ne trouvent que des épreuves encore
plus affreuses. Que le gouvernement laisse libres de
pareilles imprudences, on le conçoit; mais qu'il s'en
établisse l'agent, voilà ce qu'il ne saurait faire. On
a donc, en Angleterre, toujours considéré que la
condition obligée de tout système d'émigration pratiqué par le gouvernement était de pourvoir à toutes
les dépenses qui précèdent l'arrivée de l'émigrant
au port d'embarcation, de payer son passage, de le
nourrir pendant la traversée jusqu'au port de débarquement, et de faire pour lui, dans le pays où
il est transporté, toutes les dépenses de premier
établissement. Or cet ensemble de frais est énorme.
On a, en 1826, estimé que ces frais devaient s'éle-
lever à 60 liv. sterl. (1,500 fr.) par famille de cinq
personnes, ce qui ferait une dépense moyenne de
12 liv. sterl. (300 fr.) pour chaque émigrant (1).
Mais si, au lieu de s'attacher à des conjectures, on

prend des expériences faites, on voit que les frais
absolument nécessaires excèdent un peu cette estimation, et que chaque famille entraîne une dépense
de 100 liv. sterl. (2,500 fr.), ce qui fait une somme
de 20 liv. sterl. (500 fr.) par personne (1). La conséquence est que, calculée sur le pied de 20 liv.
sterl., ou 500 fr., par personne, l'émigration de
quatre millions d'individus reviendrait à plus de
2 milliards de francs (2). Estimée à 12 liv. sterl.
(300 fr.) par tête, elle coûterait encore 1 milliard
244 millions de francs (3). Et en supposant qu'au
lieu de faire émigrer quatre millions d'individus, on
réduisît les émigrants à la moitié de ce nombre, la
dépense, calculée sur les bases que l'expérience a
consacrées, excéderait encore 1 milliard de francs (4).
Quelque intéressée que soit l'Angleterre à guérir les
maux de l'Irlande, il est douteux qu'elle tente jamais aucun remède à ce prix (5).

Admettons néanmoins, pour un moment, que
toutes les objections et toutes les impossibilités qui
précèdent fussent écartées, resterait un autre obstacle plus difficile peut-être à vaincre que tous les
autres. Il ne suffirait pas, en effet, que trois ou quatre
millions d'individus eussent la *possibilité* matérielle
de quitter l'Irlande, il faudrait encore qu'ils le *vou-
lussent*. Leur intérêt serait d'émigrer, et ils auraient
tort d'en refuser les moyens : tel est notre sentiment.
Mais leur propre jugement s'accordera-t-il avec le
nôtre ? Leur refus d'émigrer rendrait cependant l'é-
migration impossible ; car l'émigration forcée serait
un bannissement. Et sur quoi se fonderait-on pour
traiter comme des malfaiteurs les pauvres irlandais ?

Il faudrait que la misère fût d'abord proclamée un délit. Or, dans les mœurs anglaises, la pauvreté est sans doute un immense malheur : c'est presque un tort, mais ce n'est pas encore un crime.

Si l'émigration volontaire est la seule possible, il faut en conclure que jamais le vaste système d'émigration qu'on a en vue ne sera exécuté.

Il existe bien en Irlande, ainsi qu'on l'a dit plus haut, un courant quotidien d'émigration libre et spontanée. Mais il est à remarquer qu'en général ce ne sont point les plus pauvres qui émigrent. Les émigrants appartiennent d'ordinaire à une classe moyenne : ce sont des artisans aisés, de petits fermiers qui, jouissant déjà d'une condition presque heureuse, aspirent à l'améliorer (1); qui, possesseurs d'un petit capital, cherchent, pour le faire valoir, un pays où la propriété soit plus sûre qu'en Irlande. Ce sont surtout des protestants, c'est-à-dire des personnes d'une condition supérieure. En un mot, tous ceux qui s'en vont sont ceux que le pays est naturellement intéressé à garder. Et si le pauvre irlandais n'émigre pas, ce n'est pas seulement parce qu'il n'en a pas matériellement les mêmes moyens que le riche, mais parce qu'il n'en a pas la même volonté. En dépit de toutes ses misères, l'irlandais aime passionnément sa patrie, et il semble que le plus malheureux lui soit attaché par les liens les plus étroits. Peut-être serait-il juste de dire qu'on tient moins à sa patrie en proportion du bien-être dont on y jouit. L'Anglais, dont le bonheur matériel surpasse certainement celui d'aucun peuple, comprend moins qu'aucun autre le lien qui enchaîne l'homme à sa terre natale. Il a goûté de

certains *comforts* qui lui sont absolument nécessaires, et sans lesquels la vie lui semble impossible ;
ces *comforts* venant à lui manquer dans son pays,
il les cherche ailleurs ; et alors même qu'il n'en est
pas privé, il aspire constamment à les accroître : sa
patrie est au lieu où la plus grande somme de ce
bien-être lui est assurée. Le pauvre irlandais, au
contraire, n'ambitionne pas des jouissances dont il
n'a aucune idée ; n'ayant jamais connu qu'une existence misérable, il ne soupçonne guère qu'il y en ait
d'autre possible dans ce monde ; toute grande entreprise tentée dans le but de chercher un bonheur
auquel il ne croit pas ne saurait le séduire. Il reste
donc sur le lieu de sa misère présente, peu sou-
cieux de poursuivre au loin quelque autre infortune ; et ce lui est une consolation de traîner le
fardeau de sa vie dans le pays où il est né, là où
vécut et mourut son père, où ses enfants auront à
vivre et à mourir.

Si donc l'émigration était offerte à ces millions
d'Irlandais, dont l'absence est si désirée, le plus
grand nombre ne l'accepteraient pas. Ajoutons que
beaucoup, qui souhaitent peut-être d'émigrer, cesseraient d'en avoir le désir, si le plan d'émigration
était conçu et exécuté par le gouvernement anglais.
L'Irlandais croit difficilement qu'il puisse lui venir
rien de bon d'une pareille source ; et, dans ce cas,
ses craintes ne sont-elles pas naturelles ? Toute raison politique de défiance étant écartée, que de
risques terribles ont à courir les infortunés qu'un
gouvernement fait émigrer par voie administrative !
Qui garantit aux pauvres émigrants qu'ils recevront

les soins et les secours qu'on leur a destinés? Ne
leur est-il pas permis de tout craindre? Sont-ils
bien sûrs qu'une fois embarqués, et l'Océan placé
entre eux et leur patrie, on ne les jettera pas sur
quelque terre inconnue et déserte, où leur destin
sera de périr de faim, de froid et de misère (1)? Une
terrible responsabilité pèse sur le chef de famille qui
engage dans cette voie périlleuse sa femme et ses
enfants. Que l'on persiste à croire qu'il aurait tort de
ne pas émigrer, si on lui en fournissait les moyens,
d'accord; mais tout annonce que, guidé par son
propre jugement, par ses intérêts et ses passions,
le pauvre Irlandais n'émigrerait pas.

Ces difficultés sont si grandes et si manifestes,
que les partisans les plus enthousiastes de l'émigration ne les peuvent méconnaître. Ils n'abandonnent
point cependant leur thème favori, ils le modifient;
et, restreignant leur système dans l'espoir de le
rendre plus facile, ils le croient encore le meilleur
moyen de salut pour l'Irlande. Examinons donc
leur plan subsidiaire.

Le lecteur a vu précédemment comment l'extrême
division du sol, fractionné en petites fermes de un,
de deux, de trois acres, a multiplié à l'infini, en
Irlande, le nombre des agriculteurs. Cette multitude
de fermiers qui surchargent la terre est, dit-on,
l'une des principales causes de la misère irlandaise;
et le remède naturel de ce mal serait, dit-on, de
détruire les petites fermes et d'en constituer de
grandes. Mais d'abord, pour abolir les fermes, il
faut renvoyer les fermiers; et comment pratiquer
ces expulsions dans un pays où ceux qu'on chasse se

livrent aux plus terribles représailles et aux plus
cruelles vengeances? A cela les Anglais répondent : Il faut éloigner par l'émigration les fermiers
dépossédés. Qu'on examine attentivement les divers
systèmes d'émigration proposés pour l'Irlande, on
reconnaîtra qu'au fond de tous domine l'idée de
diminuer la population agricole.

Mais resserré dans de telles limites, un système
d'émigration serait-il plus praticable que le premier? Non. Et l'on peut dire qu'il le serait encore
moins. En effet, sur les cinq millions d'agriculteurs existant en Irlande, il y en a certainement
plus de deux millions qui, dans le système des
économistes anglais, doivent être considérés comme
surabondants, et qui, par conséquent, devraient
émigrer. Or, on a vu plus haut quelles entreprises
et quelles dépenses entraînerait l'émigration d'un
pareil nombre de personnes; et, s'il est vrai que
les obstacles soient assez graves pour empêcher
l'Angleterre d'exécuter l'émigration des millions de
pauvres irlandais dont l'extrême misère est pour
elle un sujet d'alarme, comment croire qu'elle
tente jamais de surmonter les mêmes difficultés
dans la seule vue d'améliorer l'état de la population
agricole d'Irlande? Il est évident que l'émigration des
fermiers irlandais fût-elle possible, l'Angleterre ne
l'entreprendrait point, parce que le sort de ceux-ci,
placés en relief de conditions infiniment plus malheureuses, ne saurait exciter qu'un intérêt secondaire.

On conçoit bien qu'il puisse être plus important
pour le propriétaire d'un domaine de se débarrasser
d'un cultivateur qui surcharge sa terre, et dont le

fardeau pèse sur lui seul, que de purger l'Irlande
d'un pauvre dont le pays entier porte le poids.
Mais que conclure de ceci, sinon que l'émigration
des petits fermiers serait profitable aux riches?
Alors une autre conséquence suivrait aussi:
c'est que les propriétaires d'Irlande, étant les véritables intéressés à l'émigration, devraient seuls en
faire les frais. Maintenant, en supposant que les
propriétaires d'Irlande eussent le pouvoir de pratiquer cette émigration, en auraient-ils la volonté?
Nullement. Il faudrait d'abord pour cela qu'ils ju-
geassent utile à leurs intérêts la diminution du
nombre des fermiers : or, il est certain au contraire que le nombre excessif des agriculteurs, bien
loin d'être envisagé comme un mal absolu par la
plupart des propriétaires irlandais, leur paraît, sous
plusieurs rapports, un avantage réel (1). Et, en supposant même que les propriétaires irlandais considé-
rassent comme utile à leurs intérêts la suppression
d'un million ou deux de cultivateurs, pense-t-on
qu'il fussent disposés à les faire émigrer, et à supporter la charge de cette émigration, qui ne pourrait
cependant s'exécuter qu'à leurs dépens? On a vu, au
commencement de ce chapitre, que l'émigration de
deux millions de personnes coûterait plus d'un
milliard de francs. Or, on estime à 150 millions
de francs le revenu total des propriétaires irlandais:
d'où il suit que la dépense d'une pareille émigration
prendrait à ceux-ci sept années de leurs revenus. Il
semble que l'on peut, sans témérité, affirmer que
de pareils sacrifices, ne seront point faits par une

aristocratie habituée à calculer étroitement et jour
par jour.

Disons-le, d'ailleurs, pour exécuter une œuvre
aussi délicate et aussi considérable, il faudrait non-
seulement l'aiguillon de l'intérêt privé, mais encore
le stimulant d'un sentiment généreux. Il faudrait
que l'idée de l'émigration fût embrassée avec
ardeur et charité par les propriétaires irlandais
comme un moyen de soulager de grandes souffrances, et de créer sur leurs domaines des conditions heureuses. Or, comment croire que ceux qui,
par leur incurie ou leur égoïsme, ont laissé s'accumuler en Irlande d'immenses misères, mettront un
zèle extraordinaire à les diminuer? Comment espérer
qu'ils apporteront un dévouement presque héroïque
à guérir des maux qu'avec un peu de prévoyance ils
eussent prévenus? Comment croire qu'ils feront
par remords beaucoup plus qu'ils n'ont fait par conscience? Est-il raisonnable d'attendre d'eux de
vives sympathies pour les infortunés que l'émigration aura jetés à deux mille lieues de l'Irlande, tandis que les plus affreuses détresses, dont ils sont
les témoins, les trouvent si souvent sans pitié?
Si les propriétaires irlandais étaient capables des
sacrifices qu'on leur demande, l'émigration ne serait
pas nécessaire aujourd'hui. Le remède serait inutile,
parce que le mal n'existerait pas.

Dans l'impuissance où l'on est d'obtenir l'émigration de la population agricole, soit du gouvernement anglais, soit de l'intérêt ou de la sympathie
des propriétaires irlandais, on a recours à un der-

nier système, qui est celui de la loi rendue récemment en cette manière (1). On attribue aux comtés la faculté de s'imposer pour faciliter l'émigration; et l'on peut, par les discussions dont cette loi a été l'objet, prévoir que cette disposition a pour objet principal de pourvoir, par l'émigration, au sort des petits cultivateurs chassés de leurs fermes.

Il serait facile de démontrer ici tout ce qu'il y a de périlleux dans un pareil système, propre à encourager l'égoïsme des riches, qui, voyant désormais dans l'émigration gratuite des fermiers dépossédés, une sauvegarde contre les vengeances du pauvre, ne seront plus contenus par aucun frein dans l'oppression qu'il exercent sur la population agricole; et, sur la foi de cette émigration, qui peut-être n'aura pas lieu, se montreront encore plus durs que par le passé; de sorte qu'ils provoqueront contre eux-mêmes des représailles d'autant plus formidables qu'elles seront suspendues sur leur tête dans l'instant même où ils les croiront le plus loin d'eux. Mais salutaire ou funeste, l'émigration, renfermée dans de pareilles limites, ne saurait avoir, en tous cas, qu'une portée restreinte. Réduite à ces termes, elle peut protéger ou compromettre des intérêts privés, mais elle ne repose point sur un plan assez large pour qu'il lui soit donné d'influer sensiblement sur l'état social et politique de l'Irlande : elle sort par conséquent du sujet de ce chapitre.

Ainsi tout, dans ces différents systèmes d'émigration, est défectueux; l'émigration efficace serait d'exécution impossible; celle qui est praticable serait incomplète et vaine ; les difficultés semblent naître des difficultés; l'embarras de trouver une contrée neuve, la longueur des transports de mer, l'énormité de la dépense, la complication de l'entreprise, tout arrête ; et ces objections levées, mille autres apparaissent aussitôt. L'émigration devenant possible, on ne sait qui l'on fera émigrer, et le choix des émigrants étant fait, ceux-ci refusent l'émigration. Enfin, d'obstacles en obstacles, d'impossibilités en impossibilités, on en arrive à perdre entièrement de vue le point de départ, et après avoir inutilement cherché les moyens de purger le pays de sa population la plus misérable et la plus corrompue, on en arrive à s'applaudir de ce qu'on a trouvé l'art d'exiler ceux qui, dans l'état du pays, seraient encore les meilleurs à conserver. Et puis tous ces plans impossibles d'émigration forcée fussent-ils accomplis, on ne sait s'il en résulterait pour l'Irlande le plus faible bienfait ! Ouvrez les annales de l'Irlande, et voyez le peu d'influence qu'ont exercé sur l'état social et politique de ce pays, toutes les entreprises violentes et tous les accidents extraordinaires de dépopulation. Calculez tout ce qui, en Irlande, a péri durant les guerres de religion; comptez les milliers d'Irlandais qu'a égorgés le fer de Cromwell; à tous ceux que le vainqueur a massacrés en Irlande, joignez les milliers qu'il a déportés dans les colonies; considérez les centaines de mille que la famine a détruits, et dont le nombre a, dans une seule année (en 1740), dépassé quarante mille ; n'oubliez pas les milliers que la peste et les guerres nationales emportent de temps à autre;

tenez compte aussi de ceux que consument incessamment les maladies et les misères; n'omettez pas
non plus le chiffre autrefois assez considérable de
ceux qui, chaque année, mouraient de la main du
bourreau; enfin ayez égard aux vingt-cinq ou trente
mille individus que le cours naturel de l'émigration
irlandaise enlève chaque année au pays; et lorsque
ces faits étant posés, vous rechercherez quelles
en ont été les conséquences; lorsqu'au milieu de
ces crises diverses vous verrez l'Irlande toujours la
même à toutes les époques, toujours misérable au
même degré, toujours regorgeant de pauvres, étalant
toujours les mêmes plaies hideuses et profondes;
vous reconnaîtrez alors que les maux de l'Irlande
ne tiennent pas au nombre de ses habitants; vous
jugerez qu'il est dans la nature de son état social
de créer des indigences profondes et des détresses
infinies; que des millions de pauvres étant enlevés
d'Irlande par un coup de baguette magique, on en
verrait bientôt surgir d'autres en abondance d'une
source de misère qui, en Irlande, ne tarit jamais;
qu'ainsi ce n'est pas au chiffre de la population qu'il
faut s'en prendre, mais aux institutions du pays.

Ici encore nous voilà ramenés à la cause première
du mal, et à la question de savoir quelles réformes
seraient à faire dans ces institutions dont le vice
reparaît toujours comme l'origine de tous les maux;
mais le moment n'est point encore venu de discuter
cette question. Quant à présent, il suffit d'avoir
montré qu'on chercherait vainement dans l'émigration un remède aux misères de l'Irlande.

§ III.

Un secours pour les pauvres.

Le parlement anglais a rendu, à quelques années d'intervalle, deux lois qui, seules, mettraient à
même de juger l'aristocratie d'Angleterre et celle
d'Irlande.

En Angleterre, la charité publique avait été, pendant des siècles, pratiquée si généreusement et si
imprudemment par les classes supérieures; les taxes
énormes qu'entraînait son exercice, avaient fini par
peser d'un tel poids sur la propriété, qu'il a fallu un
jour arrêter les abus de l'aumône légale, et forcer
les riches à moins de bienfaisance envers les pauvres : tel a été l'un des objets principaux de la réforme accomplie en 1834 (1).

En Irlande, au contraire, le défaut absolu de charité publique ou de sympathie particulière du riche
pour le pauvre, y a fait naître, d'année en année,
de siècle en siècle, une accumulation si énorme de
misères extrêmes, qu'on s'est vu obligé enfin d'introduire dans ce pays une partie du principe qu'on
réformait en Angleterre, et de contraindre les riches
à assister quelque peu le pauvre qu'en Angleterre
ils secouraient trop; c'est l'objet qu'a eu en vue la
loi adoptée par le parlement au mois de juillet dernier (2). Cette loi prescrit la construction d'un certain nombre d'établissements de charité propres à
recevoir les indigents, et met, dans chaque comté,

les frais de leur entretien à la charge des propriétaires. C'est cette loi de charité qui, à défaut de l'industrie et de l'émigration, pourra, dit-on, sauver l'Irlande.

On attend d'elle de nombreux bienfaits; envisagée sous le point de vue économique, elle fera vivre des millions de travailleurs inoccupés; considérée dans sa portée politique, elle amortira les passions anarchiques qui prennent leur source dans l'extrême indigence; et examinée sous son aspect social, elle sera propre à réconcilier le riche avec le pauvre, dont les souffrances seront désormais adoucies; telles sont les promesses que fait cette institution nouvelle, et qu'il semble bien difficile qu'elle accomplisse (1).

Sans doute il paraît téméraire de porter un jugement complet sur une expérience qui se fait, qui est à peine commencée, et dont on saura bientôt l'issue. Cependant, tout en reconnaissant qu'il y a dans une pareille entreprise beaucoup d'avenir voilé à tous les yeux, ne s'en trouve-t-il pas quelques parties que la prudence humaine puisse pénétrer? Si l'on ne saurait dire toutes les conséquences qu'aura la loi des pauvres en Irlande, ne peut-on pas du moins prévoir avec quelque certitude les effets qu'elle n'aura pas? et sans prédire le sort tout entier de cette mesure, ne peut-on pas affirmer qu'elle ne réalisera point les grandes espérances qu'on a reposées sur elle? N'arrivera-t-il pas nécessairement l'une de ces deux choses? Ou l'on voudra exécuter la loi assez largement pour la rendre efficace, et alors elle sera impossible; ou bien on ne lui donnera d'autre exécution que celle qui est praticable, et alors elle sera impuissante, si même elle n'est funeste.

Son influence sera sentie sans nul doute, si par suite de son exécution les deux ou trois millions de pauvres que l'on compte en Irlande, reçoivent tout à coup de la société une assistance publique et légale. Ce sera, il est vrai, une grande question de savoir jusqu'à quel point cette influence sera salutaire; tout ne sera pas bienfait peut-être dans une institution qui, en attribuant à plusieurs millions d'individus les priviléges du paupérisme, leur en infligera aussi les stigmates et les vices. On pourra douter que le pain donné à ces deux millions de personnes, change sensiblement la condition de quatre ou cinq autres millions qui ne sont guère moins malheureux; et il sera permis de craindre que le moyen destiné à guérir les misères du pays ne les rende plus incurables en les régularisant. Mais enfin, en supposant que le résultat de la mesure fût tout favorable, comment la pratiquer? Y a-t-il possibilité que deux ou trois millions d'individus trouvent en Irlande leur subsistance dans un régime de charité publique? Non; et pour le reconnaître, il suffit du plus simple calcul.

Supposez que la société prenne la charge de deux millions de pauvres; c'est le chiffre le plus bas que l'on puisse admettre. L'humanité en accepterait sans doute un moindre; mais on ne saurait le réduire si l'on veut que l'assistance donnée aux pauvres d'Irlande ait une portée sociale et politique. Supposez maintenant qu'on donne à ces deux millions de

pauvres la plus vile nourriture, celle qui sera strictement nécessaire pour soutenir matériellement
leur vie, de l'eau et des pommes de terre. Eh bien?
la dépense de chaque personne sera minime sans
doute, car elle n'excédera pas vingt-cinq centimes
par jour; cependant le total s'élèvera à près de deux
cents millions de francs par année (1).

Quelle loi des pauvres sera jamais, en Irlande,
établie à ce prix? qui en paierait les frais? On ne
pense pas que l'Angleterre accroisse sa dette publique de quatre ou cinq milliards pour se mettre
en mesure de faire l'aumône à l'Irlande, et si une
pareille tâche était imposée aux propriétaires irlandais, dont elle absorberait tous les revenus, autant
et mieux vaudrait peut-être décréter aussitôt la loi
agraire. Et encore ces deux cents millions de francs
fussent-ils trouvés et appliqués le plus sagement
possible au profit de ces deux millions de pauvres,
pourrait-on dire qu'il existe en Irlande un régime
légal de charité publique?

Est-ce une assistance digne de l'État que cette vile
ration de pommes de terre jetée à l'indigent sur la
voie publique? Ne faut-il pas dresser un toit pour
recevoir le pauvre, quand le pauvre demande un
abri? Suffit-il d'apaiser sa faim, quand il jeûne?
Lorsqu'il est nu, ne faut-il pas le couvrir? Ne lui
doit-on pas les remèdes de l'art lorsqu'il souffre? Et
quand il meurt, n'a-t-on pas à l'ensevelir? Le pain,
le vêtement, un asile, un hôpital, un tombeau, ce
sont là des nécessités premières d'humanité dans
toute société chrétienne et civilisée, et que ne saurait omettre aucun système de charité publique.

Quand un gouvernement s'établit le dispensateur de la charité, il ne saurait l'administrer comme tout particulier pourrait faire. L'individu qui dans sa puissance bornée offre à son semblable un secours incomplet, semble toujours faire plus qu'il ne peut, parce qu'en réalité il fait toujours plus qu'il ne doit. On ne juge point de même la société qui, ayant assumé le fardeau de la charité publique, est toujours présumée assez forte pour le porter, et dont on est enclin à accuser la parcimonie; alors même qu'elle se montre généreuse au-delà de sa puissance.

Faut-il maintenant rechercher combien de centaines de millions devraient être annuellement ajoutés aux deux cents millions précédents pour procurer à l'Irlande un régime de charité, je ne dirai point pareil à celui de l'Angleterre, mais seulement tel que l'autorité publique le pût avouer? De pareils calculs seraient évidemment superflus : ne serait-ce pas comme si l'on essayait de porter une plus lourde charge, après qu'on a vainement tenté de soulever un moindre fardeau?

Ainsi pour être décent, un régime de charité publique approprié aux besoins de l'Irlande nécessiterait des sommes si énormes que le calcul n'en saurait être abordé; et réduit à des proportions mesquines, il entraînerait encore des dépenses qui, quoique bien moindres, excèderaient encore infiniment le vouloir de l'Angleterre et la puissance de l'Irlande.

Les législateurs anglais, lorsqu'ils ont donné à l'Irlande une loi des pauvres, ont compris toute l'étendue de la difficulté qui vient d'être exposée;

et voyant bien qu'il était impossible d'offrir même
la plus grosière charité à tous les pauvres existants,
ils ont jugé qu'il fallait s'attacher à restreindre le
nombre des pauvres secourus.

Mais comment, quand on établit un système de
charité publique dans un pays où les pauvres
abondent par millions; peut-on parvenir à ne
donner du secours qu'à un petit nombre d'entre
eux? La loi nouvelle a, pour atteindre ce but, pris
deux moyens principaux. Le premier a été de ne
point conférer au pauvre Irlandais un droit exprès
d'assistance; et le second de mettre à la distribution
du secours des conditions qui le rendissent peu désirable : de sorte que les pauvres n'eussent ni le droit
d'exiger la charité, ni une grande envie de l'obtenir.

On se tromperait étrangement si l'on croyait
que le principe de charité, qui tout récemment a
été introduit en Irlande, est le même qui depuis la
reine Élisabeth domine en Angleterre. On a établi
en Irlande la charité publique, mais non la charité
légale; ce qui est fort différent. Le caractère de
la charité publique est d'avoir pour dispensateurs les agents de l'autorité; c'est le système
français. Ce qui constitue la charité légale, c'est
que celui qui la distribue, autorité publique ou
simple particulier, ne puisse pas la refuser au
pauvre qui la demande, et, en cas de refus mal
fondé, puisse être contraint judiciairement à l'administrer. Tel est le système anglais. En Irlande la
charité sera publique puisque désormais sa gestion
sera remise aux mandataires de la société; mais elle
ne sera point légale : car les pauvres qui recevront

du secours n'auraient pas le droit de l'exiger, et tous ceux auxquels on le refusera ne possèderont aucun moyen coërcitif pour se le faire accorder (1). Ce principe étant posé, on voit aussitôt comment les exécuteurs de la loi auront le droit de réduire autant qu'il leur plaira le nombre des personnes auxquelles la charité sera faite. On voit comment, armés d'un pouvoir discrétionnaire, ils pourront toujours mesurer la quantité des secours accordés sur le chiffre des dépenses possibles; et l'on comprend que, si les ressources du pays ne permettent pas de prêter assistance à plus de quatre-vingt ou cent mille indigents, on sera parfaitement libre de n'en pas secourir davantage.

Mais en même temps que l'on aperçoit les moyens par lesquels la loi serait rendue praticable, on reconnaît comment elle deviendrait absolument inefficace ; on se demande en effet de quelle conséquence serait, pour le salut et pour le repos du pays, le secours donné à cent mille pauvres, c'est-à-dire à moins d'un vingtième de tous les pauvres d'Irlande ?

Croit-on d'ailleurs qu'il fût facile de choisir parmi les deux ou trois millions de pauvres que possède l'Irlande, ces quatre-vingt ou cent mille privilégiés auxquels seuls l'aumône publique serait accordée? Je vois bien le droit qu'on aura de faire ce choix, mais je ne puis comprendre sur quelle base on s'appuiera pour le faire.

S'efforcera-t-on de n'adresser le secours qu'aux plus extrêmes misères? Mais il faudra d'abord les reconnaître. Or, comment les distinguer au milieu de ces millions de voix qui font toutes entendre un pareil cri de détresse? Qui possèdera le secret magique de deviner des souffrances différentes dans des conditions toutes semblables? Il y a une misère excessive où les degrés, s'il en existe, ne sauraient se marquer. Qui dira lequel a le plus faim parmi des millions de pauvres affamés? Dans nul pays peut-être il n'existe un type de misère aussi uniforme qu'en Irlande. Et voyez quels incroyables efforts va faire chacun de ces millions de pauvres pour paraître le plus pauvre de tous; quelle émulation d'indigence! quelle rivalité de haillons, de douleurs feintes ou réelles, de plaies véritables ou simulées! quelle prime offerte à l'imposture! Remarquez que tous ces pauvres, voulussent-ils vous dire eux-mêmes de bonne foi quels sont parmi eux les plus misérables, seraient bien embarrassés de le faire; comment donc réussirez-vous à savoir la vérité au milieu de tant d'efforts tentés pour vous conduire à l'erreur!

La distribution de la charité publique est déjà une tâche bien difficile et bien délicate dans le pays où la pauvreté est un cas rare et la misère une exception. Comment donc se fera-t-elle chez un peuple où l'indigence est en quelque façon le sort commun, et où la condition supérieure à la pauvreté est un accident? Comment discerner le pauvre au sein d'un peuple de pauvres?

Évidemment, quoi qu'on fasse, en l'absence de toute règle légale et de tout moyen moral d'appréciation, on sera forcément ramené, pour l'exécution, aux procédés purs et simples de l'arbitraire

Mais l'arbitraire est précisément le vice le plus dangereux qui se puisse rencontrer dans toute institution donnée à l'Irlande. Ce pays a été si longtemps le jouet du caprice et de la tyrannie, qu'il croit difficilement à l'impartialité de ceux qui le gouvernent; et, en supposant qu'un choix de pauvretés irlandaises se pût faire avec équité, il suffirait que ce choix se fît arbitrairement, pour que le peuple le trouvât injuste. Ainsi, tandis que l'assistance donnée au petit nombre n'améliorera que médiocrement le sort des pauvres secourus, on peut compter que tous les pauvres auxquels la charité publique sera refusée se croiront les victimes de la plus inique exclusion.

Voyant bien qu'il n'était guère moins difficile de faire un choix parmi les pauvres d'Irlande que de les secourir tous, les législateurs anglais ont, pour diminuer le nombre des charités à faire, recouru à un second moyen. Ils ont pensé que, dans l'impossibilité d'accorder du secours à tous ceux qui en demandaient, il fallait travailler à ce que ce secours ne fût pas réclamé par tous les pauvres; et ils ont jugé que, pour limiter le nombre des aspirants, il convenait d'entourer la charité de toutes les circonstances propres à la rendre peu désirable.

En conséquence, la même loi, qui établit en Irlande un régime de charité pour les pauvres, prescrit la construction de quatre-vingt ou cent dépôts qu'elle appelle maisons de travail (workhouses), où seront administrés les secours de la bienfaisance publique (1). Ces établissements, qui pourront contenir chacun mille pauvres, seront soumis à un

régime sévère. Toute personne pauvre n'y sera pas
nécessairement admise; mais nul ne recevra de secours, s'il n'entre dans l'enceinte de leurs murailles
et s'il n'y demeure. Le mari y sera séparé de sa
femme; la mère, des enfants. Le nom de ces asiles
de charité semblerait indiquer qu'on y sera mis au
travail; mais l'impossibilité où l'on serait de créer
subitement quatre-vingts ou cent manufactures, et
d'occuper utilement quatre-vingt ou cent mille
pauvres dans un pays où l'industrie privée ne donne
presque aucun emploi aux ouvriers libres, démontre suffisamment que les habitants de ces maisons de travail seront complètement oisifs. Ainsi se
trouveront jetés pêle-mêle et réunis dans le même
lieu toutes les misères, toutes les souffrances, toutes
les corruptions de la pauvreté, tous les vices de la
fainéantise. On estime que la nécessité pour obtenir
du secours, d'entrer dans ces établissements charitables, diminuera beaucoup le nombre des réclamants; et l'on fait sans doute un calcul fort juste, car
on ne voit guère en quoi la condition de ces pauvres
différera du sort des détenus pour crime.

Mais ici ne serait-il pas nécessaire de dire franchement quel est le vrai caractère d'une pareille loi?
Renferme-t-elle un principe de charité ou de rigueur? D'une main on offre aux pauvres d'Irlande
une aumône, et de l'autre on leur ouvre une prison.
Cette prison, il est vrai, ne les recevra que s'ils veulent bien y entrer; à la vérité aussi, ils en sortiront
quand il leur plaira d'en sortir. Mais s'ils n'y entrent
pas, ils ne recevront point de charité; et cette charité cessera pour eux s'ils en sortent. C'est, en ré-

sumé, un secours offert aux pauvres d'Irlande, à la condition que, pour le recevoir, ils sacrifieront leur liberté et se laisseront jeter dans un foyer de corruption.

On croit pouvoir justifier ces excessives rigueurs par l'exemple de l'Angleterre, où, depuis la célèbre réforme de 1834 (1), des établissements pareils, soumis à un régime semblable, ont eu, dit-on, le salutaire effet de diminuer le nombre des pauvres qui demandaient du secours, et de fournir cependant un asile aux indigents dont la détresse était réelle.

Mais ne voit-on pas combien, dans les deux pays, les principes et les faits sont différents?

En Angleterre, le principe fondamental de l'antique loi des pauvres, c'est-à-dire le droit légal du pauvre à la charité publique, existe toujours. La loi de réforme de 1834 n'a point aboli ce principe; elle en a seulement modifié l'exécution. Autrefois le pauvre anglais avait coutume de recevoir à domicile la charité que lui faisait sa paroisse, et qu'au besoin il exigeait de celle-ci. Rien, sans doute, ne pouvait être plus commode pour l'indigent que cette assistance publique qui venait le trouver dans sa chaumière, au sein de sa famille, de ses habitudes et de ses loisirs; mais aussi nul mode de charité ne pouvait être plus fécond en abus. Pour remédier au mal, on a réglé qu'outre les secours donnés à domicile, il y aurait des charités distribuées dans l'enceinte des maisons de travail; et il a été établi que les administrateurs de charité pourraient, à leur discrétion, accorder ou refuser le secours à domicile, et

ne seraient tenus rigoureusement de céder à la demande du pauvre que lorsque celui-ci, en réclamant
une charité, se soumettrait, pour la recevoir, à
entrer dans la maison de travail. Ainsi le pauvre
anglais a conservé la chance d'être secouru suivant
l'ancien mode de la charité anglaise, et il a la certitude d'être assisté conformément au nouveau. On
voit déjà combien la condition du pauvre anglais
est théoriquement différente de l'état du pauvre
irlandais, qui, en aucun cas, ne peut recevoir d'assistance sans perdre sa liberté, et qui, ne pouvant
trouver de secours que dans une sorte de prison,
n'a pas même le droit, mais seulement la chance d'y
entrer.

Mais, en fait, leur sort est encore bien plus dis-
semblable.

En Angleterre, il y a des pauvres, mais non un
peuple de pauvres; la masse de la population travaille, et beaucoup qui prétendent manquer d'emploi en trouveraient sans peine, s'il ne leur plaisait
davantage de demeurer oisifs, et s'ils n'aimaient
mieux vivre de la charité publique que de leur
propre industrie. On conçoit que, dans un tel pays,
on ait pu sans inhumanité donner aux dispensateurs
de la charité un pouvoir discrétionnaire qui, sans leur
interdire l'usage du secours le plus doux en faveur de
l'indigence irréprochable, leur permît de n'accorder
qu'une charité sévère à la misère suspecte de fainéantise. Une pareille faculté ne pouvait faire naître
beaucoup de rigueurs dans un pays où le mode d'assistance le plus agréable au pauvre est profondément enraciné dans les mœurs; et l'on avait plutôt

à craindre que le droit donné par la loi d'être moins indulgent ne fût jamais exercé.

L'institution des maisons de travail pour les pauvres, en Angleterre, a un but moral qui se saisit sans peine; c'est une menace contre l'oisiveté volontaire qui se dit malheureuse; et, quand un pauvre se prétend dans le besoin, c'est une épreuve à laquelle on reconnaît la réalité de sa détresse.

Mais quel peut être le mérite d'une pareille institution en Irlande, où, si l'on écarte les indigences qui ne sauraient être contestées; où ces millions de pauvres sont plongés dans une détresse absolument indépendante de leur volonté; où ils ne travaillent point, non parce qu'ils ne le veulent pas, mais parce qu'ils ne le peuvent pas; où cette impossibilité de trouver aucun travail est, non accidentelle et passagère, mais continue et permanente? Appliquer aux pauvres d'Irlande le système anglais est absurde ou cruel.

Tenter, par une influence morale quelconque, d'exciter au travail des gens qui matériellement ne sauraient travailler, est un non sens. Et si, par cette influence, on éloigne du lieu de charité ceux qu'on a promis de secourir, et qui auraient, pour vivre, un besoin absolu d'assistance, qu'est-ce à dire, sinon qu'on a pris un engagement hypocrite qu'on veut violer à tout prix, et qu'on échappe à l'obligation d'une charité impossible par un expédient inhumain?

On vient de montrer comment les conditions mises à la charité feront que celle-ci sera peu recherchée de ceux auxquels elle serait le plus nécessaire.

Il y a cependant un cas où, selon toute vraisemblance, une grande foule réclamera le secours public en dépit des rigueurs qui y sont attachées; je veux parler de ces époques de disette générale, où la famine sévit parmi le peuple, et où le besoin matériel de vivre fait taire toutes les répugnances morales. Mais alors ce n'est ni par centaines, ni par milliers, ni par centaines de mille, c'est par millions que les pauvres irlandais feront irruption sur la maison de charité; car dans ces temps funestes il s'établit sur toute l'Irlande un effroyable niveau de misère. Or, quel moyen de satisfaire ces multitudes affamées? Ainsi quand la charité sera possible, on la fera si dure qu'elle sera peu recherchée; et lorsqu'une circonstance extrême viendra lui donner encore quelque prix, elle sera aussitôt réclamée par un si grand nombre qu'elle deviendra impossible.

Mais la loi des pauvres donnée à l'Irlande ne serait qu'à demi défectueuse si elle n'était qu'impuissante: tout ne semble-t-il pas indiquer qu'elle sera funeste?

Le fait seul de son inutilité serait un mal réel. L'Angleterre se persuade qu'en fondant cette institution elle a beaucoup fait pour l'Irlande; elle se sent désormais plus à l'aise, et croyant avoir appliqué le remède aux maux de ce pays, elle est tentée de se reposer, du moins pour quelque temps, dans la satisfaction que donne le sentiment d'un grand devoir accompli.

Et, en Irlande, cette loi ne va-t-elle pas tout d'abord exciter parmi le peuple des espérances qu'elle

ne saurait réaliser? Lorsqu'une institution de charité publique est annoncée à l'Irlande, le peuple ne
se rend point compte aussitôt des limites dans lesquelles on entend la restreindre. On croit que désor.
mais tous les pauvres seront secourus par la société;
et cette opinion s'établit d'autant plus facilement que,
sans avoir jamais possédé la charité anglaise, l'Irlande en sait les principes et les traditions. Mais lorsqu'au lieu de voir toutes les détresses secourues, on
n'apercevra qu'une grossière assistance donnée à
quelques pauvres élus, une cruelle déception ne
sera-t-elle pas éprouvée? Et l'Irlande souffrante, qui
s'attendait à un grand soulagement, ne s'irritera-t-
elle pas en comparant la vile aumône reçue au bienfait qu'elle croyait recevoir?

Impuissante à secourir le peuple, cette loi ne le
sera peut-être pas pour le corrompre. Il y a en Irlande un grand nombre de pauvres qui, quoique ne
travaillant pas, ont un ardent désir de travailler, et
qui font de grands efforts pour se créer quelque
moyen d'existence. Voici maintenant une institution
qui va leur suggérer l'idée funeste qu'on peut vivre
sans travail, et que la société assiste celui qui est
dans le besoin. Combien, sur la foi de cette espérance chimérique, au lieu de chercher de l'emploi,
si difficilement trouvé en Irlande, l'attendront dans
l'inertie, bien résignés d'avance au malheur de ne
le voir jamais arriver? Et combien préféreront à un
travail mal rétribué les chances d'une charité donnée à la pauvreté oisive?

Mais cette institution ne risque pas seulement de
dépraver le peuple sans le secourir; elle privera

peut-être les pauvres du peu de charité qu'ils possèdent aujourd'hui. Jusqu'à présent il n'existait en
Irlande aucun système général de charité publique ;
les pauvres n'y étaient pas cependant tout à fait dépourvus d'assistance : non que le riche les secourût,
mais le pauvre donnait au pauvre. Qu'arrivera-t-il
aujourd'hui qu'une loi déclare solennellement que la
charge du pauvre pèsera sur le riche? Toute la pauvre
Irlande va, sans nul doute, crier d'une seule voix pour
applaudir à l'équité de ce principe ; mais les classes
inférieures ne concluront-elles pas aussi de là que
désormais elles ne sont plus tenues aux mêmes devoirs de charité mutuelle? Et lorsque le pauvre
mendiant avec sa famille se présentera, selon la coutume, à la porte du petit fermier, ne le repoussera-
t-on pas en lui disant qu'il peut aller à la ville voi-
sine, où il y a des secours publics pour les pauvres?
Si l'événement arrivait ainsi, il s'ensuivrait que la
même loi qui promet aux pauvres d'Irlande un secours illusoire, leur ferait perdre la seule assistance
réelle qu'ils possédaient.

Et comment trouver dans une pareille loi de charité, un germe de rapprochement et d'union entre
les riches et les pauvres d'Irlande? Les plus zélés
partisans de l'institution admirent surtout en elle le
pouvoir qu'elle aura, disent-ils, d'inspirer de salutaires alarmes aux propriétaires irlandais, dont les
terres paieront désormais la taxe des pauvres. Ils
pensent que désormais le riche sentira davantage la
misère de l'indigent, et qu'il sera tout à la fois intéressé à la prévenir et à ne pas l'accroître. Mais ces
menaces, adressées au plus fort, sont dangereuses

pour le plus faible. On veut forcer le riche à aider
le pauvre, que ce riche laisse mourir de faim : c'est
une violence difficile à pratiquer. La charité ne se
contraint pas. Il est fort à craindre qu'après avoir
payé la taxe des pauvres ; le propriétaire ne cherche
et ne découvre le secret de reprendre au pauvre ce
qu'il lui a donné ; et qu'en tirant de sa terre, déjà
affermée au-delà de sa valeur, un prix encore plus
élevé, il ne s'indemnise des aumônes qui lui ont été
imposées. On risque ainsi de rendre les riches plus
ennemis du peuple par les moyens même qu'on emploie pour leur inspirer des sentiments plus humains.

Si cette institution n'est pas propre à inspirer
aux classes supérieures des dispositions meilleures
envers les pauvres, on ne voit pas non plus comment
elle ferait naître chez ceux-ci des sentiments moins
hostiles aux riches. La loi fût-elle efficace et salutaire, il est douteux que la population indigente en
tînt compte aux grands propriétaires ; qu'elle re-
garderait toujours comme les distributeurs passifs
d'un bienfait involontaire. Quel sera donc sur l'esprit du peuple l'effet d'une loi qui récèle tant de
périls ; dans laquelle il est permis de voir le germe de
tant de maux, et qui ne paraît inoffensive que lorsqu'on la trouve impuissante ? Veut-on savoir ce que
diront les pauvres d'Irlande ; le jour où se dissipe-
ront les illusions éphémères d'une espérance irréflé-
chie ? Ils diront que la loi était bonne, et que ses
agents l'ont rendue mauvaise ; que la mesure était
charitable ; mais qu'on lui a donné une exécution
inhumaine ; et le peuple trouvera encore le moyen

de mettre à la charge des riches le défaut d'une institution qui est vicieuse dans son principe. Tantôt
on accusera les commissaires de ne pas recevoir assez
de pauvres dans la maison de charité ; tantôt on leur
reprochera d'en admettre un trop grand nombre
dans ces asiles de corruption et d'oisiveté. Et ces
reproches contradictoires, qui, grossièrement ex-
primés par la passion populaire, encourront facilement le reproche d'inconséquence, seront pourtant
tous deux mérités : car, si c'est une charité qu'on
donne, ceux à qui elle sera accordée n'y auront pas
plus de droits que des millions d'autres non secourus ; si, sous le nom de charité, c'est une dureté
qu'on inflige au malheur, cette rigueur a beau être
acceptée, le nombre de ceux qui la subiront sera
toujours trop grand.

N'est-il donc pas permis de craindre que la mesure destinée à réconcilier les riches et les pauvres
n'accroisse l'inimitié mutuelle et les griefs réciproques des uns et des autres ? Comment donc chercher
un remède aux maux de l'Irlande, dans un moyen
propre à les aggraver encore ?

CHAPITRE II.

———

On voit combien sont chimériques ces moyens extraordinaires de salut tentés ou proposés pour l'Irlande ; une foule d'autres plans analogues pourraient être discutés ici, dont après un court examen, on reconnaîtrait bientôt la vanité.

Que faire donc en présence de l'état douloureux et formidable de l'Irlande ? Comment laisser sans remèdes de tels maux et de tels périls ? A quoi bon tenter des remèdes inutiles ? Ce qui complique la difficulté, c'est qu'il ne suffit pas de trouver des moyens de salut bons en eux-mêmes, il faut encore en rencontrer dont l'usage soit possible. Ce n'est pas assez de découvrir le régime le plus propre à l'état de l'Irlande, il faut encore que ce régime soit du goût de l'Angleterre.

Ne convient-il pas cependant de rechercher d'abord ce que réclamerait l'intérêt abstrait de l'Irlande considérée isolément ? sauf à examiner ensuite si ce qui semblerait désirable est possible ; si ce qui serait à faire sera fait ; si l'intérêt de l'Angleterre per-

met d'exécuter ce que commanderait celui de l'Irlande.

On a vu, dans les chapitres qui précèdent, tous
les maux de l'Irlande et toutes ses difficultés procédant d'une même cause principale et permanente,
d'une mauvaise aristocratie, d'une aristocratie dont
le principe est radicalement vicieux. Quelle est la
conséquence logique à déduire de ces prémisses?
C'est que, pour faire cesser les misères de l'Irlande,
il faudrait détruire l'aristocratie de ce pays, comme
pour abolir l'effet on supprime la cause.

D'où vient l'impuissance de tous les remèdes
qu'on essaie ou qu'on propose? De ce qu'aucun
système de guérison ne se prend à la cause première
du mal.

Ainsi on cherche dans le travail des classes
pauvres un moyen d'alléger leurs immenses misères; mais on voit bientôt que l'agitation du pays
et les passions du peuple contre les riches rendent
impossibles les progrès de l'industrie; c'est-à-dire
que le remède au mal est rendu impossible par le
mal lui-même.

On voudrait se délivrer par l'émigration de quelques millions de pauvres; mais, outre que l'entreprise serait impraticable, on reconnaît bientôt que
des millions de pauvres, fussent-ils enlevés comme
par enchantement de la terre d'Irlande, celle-ci les
verrait renaître tout à coup de ses institutions, fécondes à créer toutes sortes de misères : on reconnaît qu'agir ainsi, ce serait supprimer les effets tout
en laissant la cause.

On pense que pour guérir les plaies les plus vives

du pays il conviendrait de prescrire aux riches des obligations de charité envers les pauvres ; mais ici encore on est ramené au principe même du mal, c'est-à-dire au cœur de l'aristocratie qui repousse la charité. Et l'on voit que, parvînt-on à guérir quelques plaies et à calmer quelques douleurs, les souffrances du pauvre renaîtraient en foule d'une source intarissable de tyrannie. C'est cette source féconde qu'il faut tarir ; c'est cette cause première qu'il faut attaquer ; il faut aller prendre ce mal jusque dans sa racine : tout remède appliqué à la surface ne procurera qu'un soulagement passager.

L'état social et politique de l'Irlande n'est point un état régulier ; tout y accuse un vice profond. Et le désordre n'apparaît pas seulement dans les misères infinies et dans les souffrances perpétuelles de la population ; il se voit jusque dans les moyens employés par celle-ci pour se délivrer de ses maux.

Qu'est-ce que cette association menant le pays à la face du gouvernement, si ce n'est l'anarchie même organisée? Et qu'est-ce qu'un pays où cette anarchie est le seul principe d'ordre? Qu'est-ce qu'une société dont la tête est l'ennemie du corps, qui lui-même est en rébellion perpétuelle contre celle-ci? dans laquelle tout riche est haï, toute loi détestée, toute vengeance légitime, toute justice suspecte? Évidemment c'est là une situation violente et anormale dans laquelle un peuple ne saurait demeurer longtemps.

On conçoit l'Irlande abattue, écrasée, foulée aux pieds pendant des siècles par son aristocratie; mais on ne comprend pas, quand l'Irlande est relevée, le peuple et l'aristocratie de ce pays se tenant en présence l'un de l'autre, celle-ci aspirant toujours à opprimer, celui-là assez fort pour combattre l'oppression sans y mettre un terme.

Quand même la nécessité de reformer l'aristocratie irlandaise ne serait pas prouvée par tout ce qui précède, un seul raisonnement suffirait peut-être pour la démontrer. Voyez en effet l'alternative : si on la laisse subsister il faut de deux choses l'une : ou la soutenir contre le peuple, ou laisser le peuple la renverser.

Dans le premier cas il faut s'établir l'instrument de toutes les passions de cette aristocratie, de ses cupidités comme de ses haines, continuer à mettre l'artillerie anglaise au service de chaque propriétaire qui ne peut se faire payer de ses fermiers, et soumettre à des lois arbitraires et terribles tout comté irlandais dans lequel on verra des pauvres attaquer violemment les riches et leurs propriétés : et en conscience l'aristocratie irlandaise peut-elle exiger, peut-elle souhaiter cette sanguinaire protection ?

Dans le second cas, c'est-à-dire si on prend fait et cause pour le peuple contre elle, ou, ce qui est la même chose, si on laisse faire celui-ci, l'aristocratie, privée de l'appui sans lequel elle ne saurait exister, se trouve livrée sans défense aux plus cruelles représailles ; elle tombe pieds et poings liés entre les mains d'un ennemi plein de ressentiments, sujette à toutes les vengeances et à toutes les fureurs d'un parti victorieux ; et dans ce cas l'on se demande s'il ne serait pas plus humain de la détruire que de lui laisser une pareille vie.

Cette destruction juste, nécessaire, serait singulièrement facile en Irlande.

D'abord elle serait aidée de toute la puissance du sentiment national. En Angleterre où l'aristocratie est encore si puissante et je dirai presque si populaire, on ne se doute guère des sentiments que le peuple irlandais éprouve pour la sienne.

A peu près contentes de leur sort, les basses classes d'Angleterre ne discutent point les privilèges du riche; si j'osais, je dirais qu'elles en jouissent: elles voient avec une sorte d'orgueil ces grandes existences, ces superbes domaines, ces parcs, ces châteaux, splendides résidences de l'aristocratie; et elles se disent que, s'il n'y avait pas des rangs inférieurs, ces opulences glorieuses, ces splendeurs nationales n'existeraient pas. Qu'on rie de cet indigent enthousiaste du bonheur des riches : j'y consens ; il est cependant beau pour une aristocratie d'avoir inspiré de pareils sentiments. En général, le pauvre anglais voit le riche sans envie, ou au moins sans haine. Si parfois il l'attaque, c'est sans amertume, et alors il se prend bien plus au principe qu'à l'homme; le plus hostile à l'aristocratie montre un profond respect pour l'aristocrate; tout en blâmant le privilège politique il s'incline devant le lord ; et quand il affecte de mépriser la naissance, il honore encore la fortune. L'Angleterre, folle de liberté, d'égalité ne se soucie guère.

Au contraire, en Irlande, où les lois n'ont jamais été pour les riches et pour les pauvres que des instruments d'oppression et de résistance, la liberté a moins de prix et l'égalité en a plus. Il y a, sans

doute, en Irlande trop d'esprit anglais pour que la
liberté y soit absolument méprisée et l'égalité tout
à fait comprise ; mais le peuple est poussé vers
celle-ci par les plus puissants instincts. A la vérité, il n'y a encore dans son amour pour elle rien
de philosophique ni de rationnel. Le sentiment
qu'il en a est encore indéfini dans son âme comme
l'idée qu'il s'en fait est vague dans son esprit : c'est
pourtant la passion qui semble destinée à saisir fortement son cœur, et qui sans doute le domine déjà
secrètement. L'égalité est dans tous ses besoins, si
elle n'est déjà dans ses principes. Et déjà il aime
ardemment l'égalité en ce sens que l'inégalité lui est
odieuse, et établie au profit de tous ceux qu'il déteste. Je ne sais s'il a pour la démocratie un goût
éclairé ; mais très-certainement il hait l'aristocratie
et ses représentants. Chose remarquable ! En Angleterre, au milieu d'institutions féodales, singulièrement mêlées de démocratie, un bon gouvernement a
fait naître l'habitude, le respect, quelquefois la passion même de l'aristocratie. En Irlande, des institutions aristocratiques sans mélange ont, sous l'influence d'une politique funeste, développé des
sentiments, des instincts et des besoins démocratiques inconnus en Angleterre.

La destruction de l'aristocratie, qui en Irlande
serait populaire, y serait facile aussi : car, en même
temps que dans ce pays la démocratie s'élève, l'aristocratie s'y voit partout en déclin.

Cette aristocratie n'a jamais été douée d'une
grande force organique.

Ce qui, en Angleterre, la rend surtout puissante,

c'est l'union qui règne dans tous les éléments dont
elle se compose: la grande propriété, la haute industrie, l'Église, l'Université, les corporations municipales, la médecine, le barreau, les arts et métiers,
forment dans ce pays une association compacte,
dont tous les membres n'ont qu'un intérêt, qu'une
passion, qu'un but commun qui est la conservation
de leurs privilèges.

Rien de pareil n'a pu jamais exister en Irlande.

Si l'on excepte l'Université qui est liée à l'Église
par un nœud si étroit et si naturel, qu'elles sont
comme deux sœurs, tous les éléments aristocratiques n'y sont unis entre eux que par les chaînes les
plus fragiles.

Il y a bien une sympathie naturelle entre les grands
propriétaires du sol et les ministres de l'Église anglicane: même religion, mêmes passions, mêmes
intérêts politiques. Repoussés par les mêmes haines,
ils sont enclins à se rapprocher comme des proscrits qui se rencontrent sur la terre d'exil. Mais
leurs rapports n'ont point cette régularité qui seule
fait naître une union réelle et solide; ni les uns ni
les autres ne résident habituellement en Irlande,
ils ne s'y rencontrent que par accident, ils s'y voient
comme on se voit à l'étranger; c'est une liaison
passagère qui, quelque sincère qu'on la suppose
pendant qu'elle existe, ne laisse point de traces.

Les grandes richesses de l'Église sont d'ailleurs,
pour les propriétaires, un sujet de jalousie et une
occasion de discorde. Nous avons vu ailleurs avec
quelle émulation hommes d'église et laïques pres-
surent le peuple, et comment les exactions de ceux-

ci nuisent à ceux-là. Le fermier paie mal le propriétaire à cause de la dîme qu'il doit au ministre;
celui-ci recouvrerait sa dîme moins péniblement si
le propriétaire n'exigeait pas un trop haut fermage.
Ces rivaux d'extorsion sont cependant des alliés
politiques, et; après s'être imputé mutuellement les
misères du pays, la famine, les crimes, la désolation
générale, ils reprennent un langage ami; mais leur
union assez apparente pour que la tyrannie de
chacun nuise à l'un et à l'autre, n'est pas assez profonde pour qu'il en résulte une force commune aux
deux.

L'appui que retire l'aristocratie de ses autres
auxiliaires est encore plus faible et plus incertain.

Les corporations municipales, ses plus fidèles
alliées, sont tombées, dès longtemps, dans un état
de discrédit et d'ignominie, qui rend douteux le
bienfait de leur assistance; et les abus dont elles
sont souillées impriment au pouvoir qu'elles soutiennent une tache qui nuit plus à celle-ci que leur
zèle ne peut lui servir. Ces corporations n'ont d'ailleurs jamais eu la force que donnent en Angleterre
de grandes richesses. Jadis elles avaient, comme
protestantes, le monopole presque absolu du commerce et de l'industrie; mais pendant tout le temps
que dura ce monopole, l'industrie irlandaise fut
sacrifiée à celle de l'Angleterre. Le privilège leur
valait ainsi peu d'avantages. Afin de le conserver,
elles étaient forcées de se mettre à la merci de l'Angleterre, dont elles acceptaient le joug pour pouvoir imposer le leur. Aujourd'hui elles sont complètement affranchies du lien anglais; mais on a vu

précédemment comment, depuis son émancipation, l'industrie irlandaise crée plus de fortunes démocratiques que de richesses amies du privilége.

Nous avons vu plus haut aussi les classes moyennes catholiques s'emparant du barreau, jadis ami de l'aristocratie protestante. Ainsi, de tous côtés, cette aristocratie est faible, divisée et menacée dans le peu de force qui lui reste. Il n'existe, à vrai dire, de vie aristocratique que dans un seul corps, celui des propriétaires du sol. Là seulement on peut trouver quelque accord dans les vues, quelques procédés réguliers, quelque durée dans l'union ; et encore les plus riches, c'est-à-dire ceux qui pourraient donner à leur corps le plus de puissance, sont-ils en général hors du pays.

Enfin, le plus grand nombre des propriétaires irlandais est récemment tombé dans un état de détresse et d'abaissement qui mérite d'être considéré.

On a vu la description des maux qu'endurent les pauvres agriculteurs d'Irlande ; il y aurait aussi un triste tableau à présenter de la misère des riches de ce pays. C'est un fait incontestable que le plus grand nombre des propriétaires ont d'immenses embarras dans leurs fortunes. Le poids de leurs dettes les écrase, leurs domaines sont chargés d'hypothèques. Beaucoup d'entre eux, débiteurs d'intérêts égaux ou supérieurs à leurs revenus, sont réduits à la nue-propriété de leurs terres. J'ai vu tel domaine de cinquante mille acres rapportant cinq cent mille francs de rente, sur lequel il ne restait pas au propriétaire la jouissance d'un revenu de dix mille francs. Rien n'est plus fréquent que de voir installés, sur les grandes propriétés, des gardiens judiciaires, chargés de percevoir, au profit des créanciers, les fermages dus au propriétaire, et dont celui-ci a été dépouillé, soit par une sentence de la justice, soit par une transaction volontaire.

Cette détresse des propriétaires irlandais, qui va toujours croissant, tient à plusieurs causes : la première de toutes, c'est leur propre incurie. Ils ont, pendant des siècles, rejeté sur des agents et sur des *middlemen* l'ennui de leurs affaires d'Irlande ; et voilà qu'un jour ils s'aperçoivent que ces affaires ont été mal conduites, et que leur fortune, au lieu de s'accroître, a décliné. Une autre raison, c'est leur cupidité aveugle, qui, en rendant leurs fermiers misérables, est devenue pour eux-mêmes une cause d'appauvrissement. Et puis, comme ils sont véritablement en état de guerre avec la population, celle-ci leur cause sans cesse de grands dommages, sans autre avantage pour elle que le plaisir de leur nuire. On se fait difficilement une idée de la quantité de bestiaux qui, chaque année, sont tués méchamment ou mutilés sur les terres des riches, de bois et d'édifices qui sont brûlés, de prairies qui sont bêchées et retournées, d'arbres qui sont coupés par pur esprit de vengeance. Je vois qu'en 1833 il s'est commis dans la province de Munster plus d'attentats en vue de préjudicier aux propriétaires que dans le but de procurer un profit aux auteurs du crime. Ainsi, au milieu de tous les délits, je ne trouve que cinquante-neufs vols, mais je remarque cent soixante-dix-huit attentats dictés par ces instincts de violence brutale et vindicative, et qui ruinent le propriétaire sans enrichir le fermier (1). J'ai dit que rien, dans l'intérêt des classes pauvres, ne peut remplacer la sympathie des riches; il faut ajouter que rien, pour le riche, ne peut suppléer la sympathie du pauvre; et quand le pauvre hait le riche, il n'y a point de loi si dure, point de cour martiale, point de supplices, qui puissent l'empêcher de travailler à la ruine de celui-ci.

Enfin, l'indigence des riches irlandais a une dernière cause, de date plus récente. Durant la guerre de la France avec l'Europe, et notamment de 1800 à 1810, l'Angleterre ayant été, pour sa subsistance, réduite presque entièrement aux ressources de son territoire, l'Irlande, qui a toujours été son grenier d'abondance, le devint plus que jamais. Les produits agricoles de l'Irlande furent, en conséquence, si recherchés, que leur prix s'accrut outre mesure. Cet état de choses se continuant d'année en année, les propriétaires, dont les terres donnaient à leurs fermiers des fruits d'une valeur double ou triple, se hâtèrent d'élever le prix des baux dans la même proportion; et, ne prévoyant point que cet accroissement de fortune, si agréable à leur orgueil, cesserait avec l'accident qui l'avait fait naître, ils établirent les dépenses de leur maison sur cette base fragile.

Tant que dura le blocus continental, l'aristocratie d'Irlande fut magnifique et prospère, et le peuple lui-même souffrit moins; mais la paix étant rendue au monde, le marché irlandais fut privé de son monopole, les produits de la terre perdirent leur valeur exagérée, et la fortune de tous les propriétaires fut subitement réduite. Cependant, en dépit de ce revers qui leur enlevait la moitié de leurs revenus, les riches ne diminuèrent point leurs dépenses.

Il est dans la nature des aristocraties de ne pouvoir décliner; elles sont bâties sur un piédestal dont la vanité est la base : or, la vanité cesserait d'être elle-même, si elle consentait à se ternir ou à s'abaisser. Une pareille résignation est surtout impossible à une aristocratie d'argent; car le rang se mesurant sur la fortune, qui voudra s'humilier en s'avouant moins riche?

Les grands seigneurs irlandais n'eussent jamais consenti à se rapetisser d'une ligne; et, continuant à vivre dans le même luxe avec des fortunes moindres, les uns sont arrivés à une ruine complète, les autres y marchent rapidement; et, plutôt que de réformer dans leur domestique un cheval ou un laquais, vont tomber du haut de leur faste dans l'extrême indigence. C'est une faiblesse très-familière à l'homme de ne pouvoir supporter l'approche d'une infortune légère dont l'heure est fixée, et de s'avancer résolument vers un malheur immense, inévitable, mais dont le jour n'est pas marqué. L'aristocratie exagère tous les vices comme toutes les vertus qui procèdent de l'orgueil.

Quels que soient les maux de l'aristocratie irlandaise, on ne trouve guère de larmes pour les déplorer. Et pourquoi s'affligerait-on de voir décrépit le corps dont la fin est nécessaire? Abandonnée à elle-même, cette aristocratie périrait peut-être. Mais la laissera-t-on, infirme et impotente, languir des années, des siècles même, et s'éteindre dans une lente agonie au milieu des violences qu'elle excitera, des misères qu'elle fera naître et des malédictions qu'elle entendra jusqu'à sa dernière heure? Non. Sa caducité, loin de la protéger, la condamne; elle ne peut plus être, pour le peuple irlandais, qu'un sanglant fantôme de gouvernement; et sans doute elle ne se relèvera pas au milieu des coups terribles qui lui sont portés, lorsque, dans des temps de paisible tyrannie, elle est tombée si bas. Elle n'est donc plus qu'un fléau et un obstacle, qu'il faut se hâter de faire disparaître.

CHAPITRE III.

Il serait mauvais de substituer une aristocratie catholique à l'aristocratie protestante.

———

Ce n'est pas seulement l'aristocratie protestante qu'il paraît absolument nécessaire d'abolir en Irlande, c'est toute espèce d'aristocratie. Rien ne serait plus funeste que d'édifier une aristocratie catholique sur les ruines de l'aristocratie protestante. Je l'ai dit plus haut, les classes moyennes qui s'élèvent dans ce pays n'ont pas de plus grand écueil à redouter que le penchant qui les porterait à saisir les priviléges de l'aristocratie, après en avoir dépouillé celle-ci. Ce danger est, sans nul doute, sinon dans le présent, du moins dans l'avenir. Mais il ne suffit pas d'énoncer comme un péril certain cette possibilité d'une aristocratie catholique; il faut encore dire pourquoi cette chance est un mal.

Il est sans doute permis de penser que si la classe supérieure, maîtresse du sol et du pouvoir, était catholique, beaucoup des oppressions qui pèsent sur les catholiques cesseraient ou seraient adoucies; mais alors quel serait le sort des quinze cent mille protestants qui sont épars sur le sol de l'Irlande? Ne risqueraient-ils pas d'encourir, de la part d'une aristocratie ennemie de leur culte, les persécutions que les catholiques reçoivent aujourd'hui des protestants? Ce ne serait, à vrai dire, que substituer à une tyrannie une autre tyrannie; et alors autant vaudrait peut-être laisser subsister celle qui est.

Jusqu'à quel point, d'ailleurs, une aristocratie catholique pourrait-elle, en Irlande, être bienfaisante pour les catholiques eux-mèmes? Pense-t-on qu'elle fût généreuse, libérale, sympathique avec le peuple? N'offrirait-elle pas au clergé catholique de dangereux appâts, et ne risquerait-elle pas, en l'attirant à elle, de lui enlever plus de force qu'il n'en conserve en restant uni au peuple? Mais d'abord, avant d'interroger l'avenir, consultons le passé.

Nous avons vu précédemment que, dans la mêlée des confiscations politiques, un petit nombre de familles catholiques sauvèrent leurs propriétés et leurs titres. Il y a donc eu constamment en Irlande un échantillon d'aristocratie catholique. Or, de quel secours a-t-elle été pour la population professant le même culte qu'elle?

Pendant tout le temps des persécutions protestantes, persécutée elle-même, elle songea bien plus à s'en préserver qu'à en garantir le peuple; et l'on ne saurait guère lui en infliger le blâme. Comme riche, elle avait tout à craindre de la tyrannie protestante, qui s'en prenait plus aux biens qu'aux croyances. Elle s'efforçait donc de ne donner à ses ennemis politiques aucun ombrage, et, pour cela il lui fallait n'offrir à ses amis aucune protection. Elle vivait, sans éclat et sans bruit, sur ses domaines

miraculeusement sauvés, et s'abstenait de témoigner aux catholiques des basses classes une sympathie dangereuse. Il ne faut point demander aux
hommes des dévouements supérieurs à l'humanité.
Le riche catholique qui, en dépit des exclusions politiques attachées à son culte, y demeurait fidèle,
n'était-il pas dans le devoir?

Mais si l'aristocratie catholique ne pouvait guère
faire plus, faisait-elle assez pour qu'il s'établît entre
elle et le peuple ces rapports de bienveillance d'une
part et de respect de l'autre, qui forment le lien
aristocratique entre le riche et le pauvre? Non, assurément. Aussi ne voit-on se former aucune étroite
alliance entre les catholiques riches et les pauvres
pendant tout le dix-huitième siècle, à l'époque où
la persécution commune semblait devoir les réunir.
Outre la prudence, qui éloignait le riche du pauvre, il y avait aussi un reste d'orgueil de race qui
s'opposait à leur intime union, le peu de riches
catholiques échappés aux confiscations étant des
Anglais d'origine, accoutumés à mépriser comme
Irlandais leurs coreligionnaires.

Mais cette vieille aristocratie catholique d'Irlande
ne se borna pas à refuser au peuple toute protection politique et sociale. Tous les monuments his-
toriques font foi que le plus souvent elle-même
opprima ceux qu'elle était peut-être excusable de
ne pas défendre. Elle n'échappa point aux passions
égoïstes qui animaient les propriétaires protestants,
et se montrant aussi dure et aussi avide que ceux-
ci envers ses fermiers, elle s'attira bientôt les
mêmes inimitiés. Il est bien difficile pour un pro-

priétaire de ne pas chercher à retirer de son domaine un revenu proportionné à celui que ses voisins obtiennent de leurs terres. Quoi qu'il en soit,
les riches catholiques faisant peser sur les classes
inférieures une oppression sociale toute pareille à
celle qu'exerçaient les propriétaires protestants, le
peuple n'eut point à distinguer entre les uns et
les autres; il les confondit dans sa haine, et s'en
prit, dans ses cruelles vengeances, aussi bien aux
riches catholiques qu'aux protestants. C'est ce qui
explique pourquoi les coups des White-Boys frap-
pèrent tout autant sur les premiers que sur les seconds. Ces violences populaires achevèrent d'éloi-

férente; et c'est ainsi que, pendant tout le cours de
ces sauvages représailles du pauvre contre le riche,
celui-là fut laissé seul à ses fureurs.

Toutefois, quand l'Irlande catholique secoue ses
chaînes et proclame hautement sa volonté d'être
libre, on voit cette aristocratie catholique paraître
quelque peu sur la scène; non qu'elle se présente
d'elle-même : on va la chercher. On a besoin d'elle;
car, comment former une entreprise quelconque,
si un lord n'y préside pas? Alors elle donne l'appui
qu'elle n'ose refuser (1). Mais cette alliance n'est que
de peu de durée. Un jour la population catholique
d'Irlande est assez hardie pour vouloir envoyer au roi
George III une humble adresse exprimant les vœux
du pays; la pétition se prépare; le peuple s'assemble,
s'agite, essaie sa voix et ses forces. A l'aspect de ces
mouvements, l'aristocratie catholique d'Irlande se
voit compromise si elle reste unie au peuple : elle se

sépare de lui. Ceci se passait en 1791. Cependant le mouvement national continue ; la retraite de l'aristocratie catholique apprend au peuple à se passer d'elle ; un plébéien (1) prend le timon des affaires ; des victoires sont remportées, des échecs essuyés ; on passe à travers de terribles crises et d'effroyables orages ; et lorsque après tant d'épreuves le triomphe du peuple est bien définitivement assuré, on voit l'aristocratie catholique reparaître (2) ; elle revient à la cause populaire abandonnée dans des temps malheureux, aspire vainement à la diriger, et, placée aujourd'hui entre un pouvoir protestant qu'elle déteste, et le peuple catholique dont elle craint les écarts, elle n'a d'autre ressource que de s'effacer entièrement ; elle se dissimule en Irlande ou s'en va.

Je doute que de pareils antécédents puissent être le point de départ d'une bonne aristocratie.

Et ce point de départ aura, quoi qu'on fasse, sur toute la suite une grande influence. L'aristocratie qui pourrait s'établir naîtrait, il est vrai, en grande partie d'une source nouvelle, indiquée plus haut ; mais le présent ne se sépare point ainsi du passé, et soit que l'aristocratie qui s'élèverait des classes moyennes se rattachât à l'antique rameau de l'aristocratie catholique, soit qu'elle se posât sur le tronc pourri de l'aristocratie protestante, elle recevrait toujours des traditions funestes et un malheureux héritage.

Cette espèce de mépris instinctif et héréditaire qu'en Irlande le riche éprouve pour tout ce qui est pauvre et inférieur ; le préjugé qui, même chez les catholiques riches, fait de ce mépris un signe de bon ton et d'élégance ; l'opinion si répandue que le riche a le droit d'opprimer le pauvre et de le fouler aux pieds impunément ; telles sont les traditions auxquelles toute aristocratie nouvelle, en Irlande, aura bien de la peine à se soustraire.

De tels écueils fussent-ils évités, il en est d'autres auxquels cette aristocratie n'échapperait pas : alors même qu'elle ne mériterait point les haines de sa devancière, elle ne les exciterait pas moins ; car le peuple en Irlande a aussi sa tradition, qui est de croire à l'égoïsme de tous les riches et au droit pour le pauvre de les détester.

Ces sentiments mutuels du pauvre et du riche ne sont pas sans doute, en Irlande, gravés à jamais dans les âmes ; s'il en était ainsi, il faudrait désespérer de ce pays et de son avenir : car, quelques réformes qu'on y fasse, des riches s'y rencontreront toujours parmi le peuple. Mais il est impossible que de tels préjugés, scellés dans des torrents de sang et dans des siècles d'oppression, ne se perpétuent pas longtemps, et ils seront d'autant plus vivaces que les nouveaux riches retiendront plus des titres, des privilèges, des honneurs de l'aristocratie qui s'éteint.

Si les riches peuvent jamais, en Irlande, se réconcilier avec le pauvre, c'est en cessant de paraître devant celui-ci environnés des signes sous lesquels s'est montrée à lui, pendant des siècles, une aristocratie odieuse. C'est peut-être aussi pour eux-mêmes le seul moyen de perdre de funestes habitudes d'oppression et de tyrannie.

Ce ne serait donc pas assez de détruire l'aristocratie protestante, il faut encore abolir le principe même de l'aristocratie en Irlande, pour qu'à la place de celle qui sera supprimée il ne s'en établisse pas une autre. Il faut, après avoir abattu l'institution existante, balayer ses ruines, et préparer l'emplacement propre à recevoir un autre édifice.

CHAPITRE IV.

Comment et par quels moyens il faut abolir l'aristocratie en Irlande ?

————

Lorsque je dis qu'il faut détruire l'aristocratie d'Irlande et l'extirper jusqu'à sa racine, je n'entends point par là une destruction violente et sanguinaire.

Je ne suis point de l'avis de ceux qui pensent que, pour établir dans un pays l'ordre, la prospérité et l'union, il faut commencer par égorger quel-

tue pas, prendre les propriétés des riches, les donner aux pauvres, etc., etc. Je repousse tout d'abord de pareils moyens comme iniques, et ne m'enquiers point s'ils seraient nécessaires. Je crois, sans examen, qu'ils ne sont pas nécessaires, parce qu'ils ne sont pas justes et qu'ils sont atroces. C'est, à mes yeux, un procédé vicieux, quand une injustice se présente à réformer, de commencer par en commettre une autre, et de faire un mal certain et présent en vue d'un bien à venir et douteux. Je me défie de ces moyens criminels que le but doit sanctifier, et qui, le but étant manqué, ne laissent que le crime à celui qui les emploie; ou, pour mieux dire, je ne crois point que des moyens criminels puissent jamais devenir honnêtes. D'ailleurs, il me répugne d'admettre que l'injustice et la violence profitent jamais aux nations ou aux individus. J'estime trop le progrès de l'humanité pour croire utile à sa cause les excès qui la déshonorent. Tel grand forfait semble hâter la liberté, qui, après lui avoir imprimé un élan d'un jour, l'arrête peut-être pour des siècles ; et alors même qu'il me serait prouvé qu'une iniquité est avantageuse à la génération présente, je ne croirais point que celle-ci eût le droit de charger les générations suivantes d'une infaillible expiation.

J'entends l'abolition de l'aristocratie irlandaise, en ce sens qu'on la dépouille de son pouvoir politique, dont elle ne s'est servie que pour opprimer le peuple ; qu'on lui enlève ses priviléges civils, qui n'ont été pour elle qu'un moyen de satisfaire son égoïsme, et qu'on abatte sa prédominance religieuse, qui, lors même qu'elle n'engendre plus les persécutions, en perpétue le souvenir.

SECTION PREMIÈRE.

Ce qu'il faut faire pour abolir les priviléges politiques de l'aristocratie.— Nécessité de centraliser.

Pour détruire le pouvoir politique de l'aristocratie, il faudrait lui ôter l'application quotidienne des lois, comme on l'a privée précédemment du pouvoir de les faire. Il faudrait, par conséquent, ruiner de fond en comble le système administratif et judiciaire qui repose sur l'institution des juges de paix et sur l'organisation des grands jurys, tels qu'ils sont constitués aujourd'hui. Et d'abord, pour exécuter cette destruction, il faudrait centraliser le pouvoir.

S'il est, en général, difficile de concevoir toute fondation d'un gouvernement nouveau, sans le secours d'une autorité centrale qui commence par détruire le régime existant, l'assistance de ce pouvoir central semble surtout indispensable lorsque, avant d'édifier une société nouvelle, il y a une aristocratie à renverser. Quel moyen, en effet, d'atteindre cette multitude infinie de petites puissances éparses çà et là sur le sol, toutes ces existences locales, toutes ces influences individuelles propres à l'aristocratie, si ce n'est en concentrant toute la force publique sur un seul point, duquel on abatte toutes les sommités condamnées et toutes les supériorités rebelles?

Dans les pays où existe la meilleure aristocratie, le bras central qui s'étend sur elle pour la frapper est, en général, agréable au plus grand nombre. C'est assez dire combien serait populaire en Irlande une centralisation puissante établie pour la ruine d'une aristocratie détestée, et contre laquelle la haine politique se confond dans la haine religieuse.

Plus on considère l'état de l'Irlande, et plus il semble qu'à tout prendre un gouvernement central fortement constitué serait, du moins pour quelque temps, le meilleur que puisse avoir ce pays. Une mauvaise aristocratie existe, qu'il est urgent de détruire. Mais à qui remettre le pouvoir qu'on va retirer de ses mains ? —Aux classes moyennes ? — Elles ne font que de naître en Irlande. L'avenir leur appartient; mais ne compromettront-elles pas cet avenir, si la charge de mener la société est confiée dès aujourd'hui à leurs mains inhabiles et à leurs violentes passions?

Telle est aujourd'hui en Irlande la situation des partis, que l'on ne peut obtenir quelque justice des pouvoirs politiques, si on les laisse à l'aristocratie protestante, et que l'on ne saurait guère en espérer davantage, si on les donne aussitôt à la classe moyenne catholique qui s'élève.

Ce qu'il faudrait à l'Irlande, ce serait une administration forte, supérieure aux partis, à l'ombre de laquelle les classes moyennes pussent grandir, se développer et s'instruire, pendant que l'aristocratie croulerait et que ses derniers vestiges disparaîtraient.

Il y a là une grande œuvre à accomplir, et dont la tâche s'offre au gouvernement anglais.

Lorsque j'indique la centralisation comme moyen de réformer en Irlande la société politique, j'ai hâte d'expliquer sur ce point ma pensée tout entière.

Je suis bien loin, assurément, de considérer comme salutaire en lui-même le principe absolu de toute centralisation. Il est tel gouvernement central qui me paraîtrait mille fois pire que l'aristocratie elle-même. Le vice principal de celle-ci est de restreindre, par le patronage, le nombre des existences individuelles; mais un pouvoir central, unique, qui fait tout et dirige tout, ne diminue pas seulement la vie politique des citoyens, il l'anéantit.

Ce pouvoir ne serait ni tyrannique, ni oppresseur, il se tiendrait dans la limite des lois, respectant les passions et les intérêts populaires, que je ne l'en trouverais pas moins mauvais; car il annullerait toujours l'existence politique des individus. Or, de même que la meilleure éducation est celle qui développe chez l'homme son intelligence et multiplie ses forces morales, de même les meilleures institutions sont celles qui lui attribuent le plus de droits civils et de facultés politiques. Plus il y aura chez un peuple de personnes habiles à se conduire, à diriger leur famille, leur commune, la province, l'État, plus il y aura dans ce pays de vie politique, et plus la valeur de chacun sera accrue.

Alors même qu'on me prouverait que ce pouvoir central, unique, homme, assemblée, ministre ou commis, ferait mieux que tous les individus ensemble l'affaire de leur commune, de leur province, du pays entier, je n'en serais pas moins d'avis qu'il est mauvais d'enlever à ceux-ci le soin de ces divers intérêts; parce qu'à mes yeux il s'agit bien moins de leur faire une vie matériellement douce et commode, que d'agrandir, par les intérêts politiques, le domaine offert dans ce monde à leur âme et à leur intelligence. Ce n'est donc point une forme définitive de gouvernement que j'indique ici pour l'Irlande.

Autant un gouvernement tout central me paraît aujourd'hui nécessaire à ce pays, autant il me semblerait malheureux pour lui de le conserver longtemps. L'extrême centralisation est plutôt un violent remède, qu'une institution ; elle n'est pas un état, mais un accident ; c'est une arme puissante dans le combat, et qu'il faut déposer après la lutte, sous peine de se blesser à son tranchant ou de plier sous son poids. Elle excelle surtout à détruire ; et alors même qu'elle crée quelque chose, elle ne sait point le conserver. C'est une phase par laquelle passent les peuples qui ont besoin, avant d'édifier une société nouvelle, de balayer les débris de l'ancienne, et dont ils doivent se hâter de sortir, dès que l'œuvre de transition est consommée. Malheureusement il n'est pas toujours facile de congédier cet auxiliaire, alors qu'on n'a plus besoin de lui ; et la société peut trouver un germe de mort dans la cause qui l'a sauvée. Là est le péril. Ce danger est si grand, qu'un peuple ne doit le courir que s'il y avait pour lui un péril encore plus grave à ne s'y pas exposer. Il a le choix à faire entre la chance de ne pouvoir détruire un gouvernement mauvais sans le secours de la centralisation, et le risque de ne pouvoir, cette destruction étant faite, se débarrasser de l'instrument qui l'a exécutée. Mais c'est parce qu'en Irlande le renversement de l'aristocratie est le premier et le plus urgent besoin, qu'il faut, pour l'abattre, prendre l'instrument le plus puissant, quoique le plus périlleux.

Il n'entre, du reste, ni dans mon désir, ni dans mon plan, d'expliquer la forme et le mécanisme de la centralisation qui conviendrait à l'Irlande, et dont je me borne à reconnaître en principe l'utilité passagère pour ce pays ; je ne hasarderai sur ce sujet qu'une seule idée pratique.

C'est que, pour organiser en Irlande un gouvernement central puissant, il faudrait de plus en plus resserrer le lien d'union qui attache l'Irlande à l'Angleterre, rapprocher le plus possible Dublin de Londres, et faire de l'Irlande un comté anglais.

Tout, aujourd'hui, conspire à rendre ce but facile à saisir. Nous ne sommes plus au temps où des semaines, quelquefois des mois de voyage, séparaient l'Irlande de l'Angleterre.

Un jour, sous le règne de Henri VIII, on vit le parlement d'Irlande, privé depuis longtemps de toutes nouvelles d'Angleterre, confirmer, par un décret, le mariage du roi avec Anne Boleyn, et, le lendemain, par suite de l'arrivée du courrier, prononcer solennellement la nullité de ce mariage (1). Le parlement d'Irlande, s'il existait de notre temps, et qu'un tyran lui demandât un acte de bassesse, ne serait point ainsi exposé à déplaire au maître, tout en se montrant servile.

Grâce aux perfectionnements de la navigation et des routes, vingt-une heures seulement séparent Dublin de Londres. L'Irlande est plus près du parlement anglais que l'Écosse et le pays de Galles. Chose étrange! malgré une distance de deux mille lieues, l'Angleterre est aujourd'hui moins loin de l'Amérique que ne l'était, il y a cinquante ans, l'Irlande séparée d'elle seulement par un étroit canal. Ces merveilleuses créations de l'industrie humaine qui sont destinées à changer les rapports sociaux, non-seulement d'homme à homme, mais encore de peuple à peuple, exerceront sur l'Irlande leur première influence; car la route de Londres à Dublin est, en

Europe, la première grande distance de terre et de mer que la vapeur ait abrégée. D'où vient donc que l'Irlande continue à avoir chez elle un gouvernement distinct du gouvernement anglais, un pouvoir exécutif spécial, des administrations particulières et locales? Ce gouvernement établi dans son sein l'éloigne de l'Angleterre, dont elle ne saurait être trop rapprochée. Les Anglais, qui viennent en Irlande pour gouverner ce pays, sont moins puissants pour combattre l'aristocratie irlandaise que s'ils restaient en Angleterre. Il est mauvais d'aller vivre au milieu de ceux qu'on ne peut abattre d'un seul coup. Toute administration anglaise établie à Dublin est nécessairement dans l'un de ces deux cas : ou elle subit les influences de l'aristocratie qu'elle doit attaquer; ou, si elle les repousse, elle encourt des attaques contre lesquelles elle est moins forte à Dublin qu'à Londres.

On ne conteste point que l'Irlande ait besoin d'un gouvernement spécial; et s'il y a nécessité de la soumettre à un régime législatif autre que celui de l'Angleterre, il faut bien aussi des agents particuliers pour appliquer des règles différentes d'administration. Mais, ceci étant admis, l'on ne voit pas ce qui aujourd'hui empêcherait de placer le siège du gouvernement irlandais dans la première ville de l'empire britannique.

D'autres considèrent la vice-royauté de Dublin et la cour qui l'environne comme propres à tempérer la violence des partis et à les diviser quand elles ne les amortissent pas. Mais cette opinion a-t-elle quelque fondement?

Le seul moyen, pour une cour, d'être brillante, c'est d'appeler à elle l'aristocratie du pays. Or, cette aristocratie, exclusive de sa nature, étant maîtresse du terrain, ne souffrira pas qu'on mêle dans ses rangs des gens de classe inférieure; et alors de quelle fusion et de quelle harmonie cette cour sera-t-elle la source? Supposons maintenant que le chef de cette cour à Dublin ait reçu du gouvernement dont il est l'agent le mandat de combattre l'aristocratie d'Irlande : comment pourra-t-il la convier à ses fêtes, ou s'abstenir de le faire? S'il la convoque, il la trompe; et l'offense, s'il la laisse dans l'oubli. Et alors même qu'il tentera de l'attirer, celle-ci, mortellement atteinte dans son orgueil, et menacée dans ses intérêts, se tiendra à l'écart, affectera de mépriser une cour qu'elle appellera vulgaire et bourgeoise, et refusera de s'associer à des plaisirs dont elle n'entendra cependant pas le bruit sans les regretter!

Une cour à Dublin créerait les partis, s'ils n'existaient pas.

La Réforme de la vice-royauté et l'abolition des administrations locales d'Irlande ne sont sans doute que des changements de forme. Mais ce sont des moyens pratiques indispensables pour exécuter les réformes politiques dont ce pays a besoin. Il faut de toute nécessité que, pendant la période de transition où se trouve l'Irlande, ceux qui la gouvernent soient placés absolument en dehors d'elle, de ses mœurs, de ses passions; il faut que son gouvernement cesse complètement d'être irlandais; il faut qu'il soit entièrement, non pas anglais, mais remis à des Anglais.

SECTION II.

**Ce qu'il faut faire pour abolir en Irlande les priviléges civils de l'aristocratie.
Nécessité de rendre le peuple propriétaire.**

Ce serait peu que d'attaquer l'aristocratie irlandaise dans ses pouvoirs politiques; c'est surtout à sa puissance sociale qu'il s'en faut prendre. Quelque révolution qui s'opère dans un pays, la société reste à peu près la même, si, dans le temps qu'on y altère les institutions politiques, on n'y modifie pas aussi les lois civiles. Les lois politiques changent avec les passions et la fortune des partis qui se succèdent au pouvoir. Les lois civiles, dans lesquelles sont engagés une multitude d'intérêts, ne changent pas. Voyez les deux plus grandes révolutions qui, durant les derniers siècles, aient ébranlé le monde : 1649 en Angleterre, 1789 en France. Dans les deux pays, la foudre populaire gronde d'un bruit à peu près égal; même enthousiasme des réformateurs, même passion de nivellement; dans l'ordre politique, tout est renversé, brisé, foulé aux pieds; ici et là on démolit le monde existant pour édifier sur ses ruines un monde nouveau, un monde idéal où la justice, la raison, la vérité, seront seules souveraines; et les deux pays s'égarent à peu près de même, l'un avec sa philosophie, l'autre avec sa religion; ils semblent se copier mutuellement dans leurs élans, dans leurs illusions et dans leurs misères; chacun offre son holocauste de sang royal; chacun a son anarchie et son despotisme, celui-ci son Napoléon, celui-là son Cromwell, et chacun revient à son passé, l'un vers ses Stuarts, l'autre vers ses Bourbons; la similitude semble parfaite entre les deux époques et entre les deux peuples, si ce n'est qu'en France il y a plus de gloire, et en Angleterre moins de sang.

D'où vient cependant que le jour où les deux peuples se retrouvent à leur point de départ, le premier a complètement changé de face, tandis que le second reparaît tout semblable à lui-même?

A peine Charles II a-t-il ressaisi la couronne royale, que la société anglaise, sortie un instant de son lit, y rentre tout entière: rien ne reste plus de la révolution; douze années de réformes, de violences, de coups d'État, ont passé comme une tempête dont un jour tranquille suffit pour effacer la trace. En France, au contraire, en dépit de la forme politique, qui s'efforce de reproduire la vieille société, un autre peuple se révèle; que cette forme s'appelle république, empire ou royauté, n'importe! la France monarchique de 1789 est devenue démocratique et ne cessera plus de l'être.

Pourquoi cette différence si grande dans les effets quand les causes paraissent semblables? C'est qu'en Angleterre, au plus fort de la destruction politique, les réformateurs ne touchèrent point aux lois civiles. Ils frappaient la royauté et laissaient intact le droit d'aînesse; tandis qu'en France le changement se fit tout à la fois dans l'ordre civil et dans

l'ordre politique ; la réforme sociale y précéda même
les grandes crises révolutionnaires. Les lois qui abolissaient les servitudes féodales de la terre, celles
qui substituaient dans les successions l'égalité au
privilège, avaient toutes été décrétées quand la république le fut. Ces lois s'attaquaient au cœur
même de la société, à ce qu'il y a de plus immuable
chez un peuple, le sol et la famille. La république
a passé, les lois civiles sont restées. Celles-ci avaient
tout de suite atteint le fond, l'autre n'avait qu'ef-
fleuré le pays, non comme la brise qui passe, mais
comme la faux qui tranche, et qui pourtant reste à
la surface. Ce serait donc une vaine entreprise que
de dépouiller l'aristocratie irlandaise de son autorité politique, si en même temps on ne lui enlevait
les privilèges civils qui sont comme l'âme de sa
puissance. Il y a, en Irlande, des plaies sociales
qu'il importe encore plus de guérir que tous ses
maux politiques. Ce qui est essentiel, c'est de rétablir l'harmonie, non-seulement entre les gouvernants et les sujets, mais entre les classes qui travaillent et celles qui possèdent la richesse. Ce qu'il faut
arrêter avant tout, c'est la guerre que livre à la société le prolétaire, dont la misère profonde mérite tant
de pitié, et dont les passions recèlent tant de périls.
Il y a une démocratie mauvaise, c'est celle qui est
hostile aux fortunes que crée le travail; mais il
existe aussi une bonne démocratie, c'est celle qui
combat les fortunes que le privilège seul conserve.

Or, ce sont des lois de privilège, telles que les
substitutions et le droit d'aînesse, qui, en Angleterre
comme en Irlande, concentrent dans les mains de

l'aristocratie la possession de toute la richesse territoriale. Le monopole que ces lois établissent est
doublement funeste par le mal qu'il fait et par le
bien qu'il empêche ; il enchaîne le sol dans des
mains indolentes et égoïstes, auxquelles il ne prête
qu'une force pernicieuse, et empêche la terre de
tomber au pouvoir de ceux qui, en la fécondant,
s'enrichiraient au profit de tous. Il ne préserve pas
toujours de leur ruine des propriétaires aveugles ou
insensés, et il forme un obstacle insurmontable à
ce que le peuple aborde la propriété foncière. Et
cependant peut-on voir l'Irlande et son immense
population agricole, sans reconnaître que le vrai
remède à la misère du peuple serait qu'au lieu d'être
fermier, il devînt propriétaire ?

L'Angleterre montre mieux qu'aucun autre pays,
comment, avec une bonne aristocratie, la population agricole peut être heureuse sans acquérir
jamais la propriété du sol ; tandis que l'Irlande
prouve qu'il existe des contrées où le peuple est
absolument misérable dans la condition de fermier.

Il est difficile d'imaginer un pays où la propriété
soit aussi mal distribuée qu'en Irlande. En Angleterre,
de grandes fermes, établies sur de vastes domaines,
emploient peu de cultivateurs ; mais ce petit nombre
y vit heureux. En France, où la propriété est divisée
à l'infini, l'agriculteur est le plus souvent propriétaire, et les fermes, quand il en a, sont assez grandes
pour que la condition du fermier ne soit point à
déplorer. En Irlande, les propriétés sont grandes
comme en Angleterre, et les fermes aussi divisées
que les propriétés le sont en France ; en d'autres

termes, ce pays réunit les abus de la grande propriété sans aucun de ses avantages, avec tous les inconvénients de la petite culture dont il n'a rien pris
de ce qui en rachète les vices.

 Il arrive souvent aux économistes anglais d'invoquer l'exemple de la pauvre Irlande pour prouver combien est funeste en France l'extrême division du sol. Cependant une pareille comparaison
ne peut être qu'une source d'erreurs; car il n'existe,
dans la distribution agraire des deux pays, qu'une
similitude apparente. La terre y est, à la vérité,
dans l'un comme dans l'autre, également chargée
d'agriculteurs; mais là commence et finit l'analogie, puisqu'en France tous ces petits agriculteurs
sont les maîtres des parcelles de terre qu'ils occupent, tandis qu'en Irlande ils n'en sont que les
fermiers.

De ce qu'on voit en Irlande des cultivateurs bien
malheureux sur le petit coin de terre où s'élève leur
pauvre cabane, on conclut qu'en France la même
indigence est le sort de quiconque n'occupe sur le
sol qu'un aussi étroit espace; rien pourtant n'est
moins logique. C'est pour lui, c'est à son profit seul
que l'agriculteur français arrose de ses sueurs cette
terre dont tous les fruits lui sont assurés; tandis
que le colon irlandais sème pour autrui, recueille
des moissons dont il ne goûte jamais, et a le plus
souvent épuisé le sol quand il en a tiré le prix de
fermage qu'il est tenu de payer au maître. Qui ne
voit que, dans le premier cas, une égale quantité de
terre peut satisfaire les besoins de celui auquel,
dans le second, elle sera nécessairement insuffi-

sante? Qui ne comprend que sur cette modique parcelle l'un pourra être heureux et libre, par les mêmes causes qui feront l'autre nécessairement dépendant et misérable?

C'est une objection souvent élevée contre la division du sol, que, ce partage ne s'arrêtant jamais, la propriété foncière finira par arriver à un tel degré de fractionnement, que chaque parcelle ne sera plus pour son possesseur qu'un bien stérile, et pour la société composée de pareils propriétaires qu'une cause générale d'appauvrissement; mais ces craintes ne sont-elles pas exagérées ou chimériques? Ne voyons-nous pas le morcellement de la terre en France s'arrêter au point où il cesse d'être utile; plus restreint là où le sol a moins de prix, plus développé partout où une moindre étendue représente une égale valeur (1)? Quand le propriétaire n'a plus d'intérêt à conserver une terre devenue trop modique, tantôt il la vend à un propriétaire voisin, tantôt il l'afferme; le plus souvent il la cultive lui-même, et dans ce cas, quelque petite qu'elle soit, il trouve son profit à la garder; seulement, comme les soins qu'il donne à son champ ne pourraient pas plus l'occuper toute l'année que les produits de ce champ le nourrir, il a coutume de joindre à ses travaux agricoles l'exercice de quelque autre industrie. La plupart des petits propriétaires français sont tout à la fois cultivateurs de leur propre domaine et ouvriers pour autrui; ceux-ci simples journaliers; ceux-là, vignerons; les uns, petits marchands dans le village; les autres, artisans.

Mais la terre ainsi divisée, broyée, et livrée, pour

sa culture, aux mains les plus débiles, ne perd-elle pas de sa richesse et de sa fécondité?

Je ne discuterai point cette question tant controversée du mérite relatif de la grande et de la petite culture. On soutient, je le sais, qu'un grand domaine produit plus proportionnellement que plusieurs petites terres d'égale étendue, parce que le grand possesseur a dans ses mains des capitaux et des procédés qui ne sont pas à la portée des petits propriétaires; mais, je n'ignore pas non plus qu'à cela l'on répond qu'au défaut de capital pécuniaire chacun de ces petits occupants du sol dépense sur la parcelle dont il a la propriété absolue une somme d'activité et d'énergie personnelle plus grande que n'en peut fournir un ouvrier salarié; que tous travaillant ainsi pour eux-mêmes, et sous l'influence d'un égoïsme fécond, parviennent à force de zèle et d'industrie, à tirer de leurs terres autant, si ce n'est plus, que n'en obtiendrait un propriétaire unique, obligé d'employer les bras d'autrui ; qu'il n'y a point à regretter cet emploi d'une force plus grande pour produire un résultat pareil dans les pays où l'activité du peuple, si elle ne s'appliquait pas au sol, ne se porterait point ailleurs; qu'enfin ces petits cultivateurs, obligés à des efforts supérieurs pour atteindre un but égal, ne sont point à plaindre ; parce qu'ils trouvent dans l'intérêt et la passion de la propriété une source intarissable de vigueur qui leur rend plus léger un plus lourd fardeau. L'expérience des temps modernes a montré quelle différence de prix il y a entre le travail de l'ouvrier libre et celui de l'esclave; on ne sait pas encore de combien l'emporte le travail du cultivateur propriétaire sur celui de l'ouvrier libre.

Quoi qu'il en soit, et laissant l'examen de cette grande question aux économistes, je me borne à dire que si les avantages économiques de la division du sol sont douteux, son bienfait social et politique n'est pas incertain.

Consultez tous ceux qui en France ont vu la condition du peuple telle qu'elle était avant 1789 : tous vous diront qu'aujourd'hui elle est infiniment plus heureuse qu'elle ne l'était autrefois : et quelle a été la cause principale de ce changement subit ? C'est que le peuple est devenu propriétaire. Mais nous n'avons pas besoin, pour nous convaincre de cette vérité, de recueillir les traditions du siècle passé. Regardons seulement ce qui se passe sous nos yeux ; qui de nous n'est frappé de la révolution qui s'opère soudainement dans toute l'existence de l'homme du peuple qui n'était pas propriétaire et qui le devient ?

Le sol est, en France, la suprême ambition des classes ouvrières. Le domestique, le journalier agricole, l'ouvrier manufacturier ne travaillent qu'en vue d'acquérir un petit coin de terre ; et celui qui atteint le but tant désiré devient non seulement matériellement plus heureux, mais il s'accroît aussi moralement. En même temps qu'il couvre son corps de vêtements meilleurs et prend une nourriture plus saine, il conçoit de lui-même une plus haute idée ; il sent que désormais il compte dans son pays ; errant jadis de commune en commune, de ville en ville, il était peu intéressé à vivre honnêtement, et courait peu de périls dans une existence reprochable. Ici on ne lui savait pas de gré des années régulières passées ailleurs ; là on ignorait les improbités qui ailleurs l'avaient flétri. Mais, depuis qu'il s'est attaché à la terre, il sait que tout lui sera compté ; de ce moment il veille sur lui-même, car il souffrira toute sa vie d'une action mauvaise, comme il est sûr aussi de jouir toujours d'une bonne œuvre. Il est aussi plus moral, parce qu'il est plus indépendant. En général, il prend une compagne en même temps qu'il achète une terre ; et bientôt, au sein des affections domestiques, il apprend l'ordre, l'économie, la prévoyance : meilleur comme homme, il vaut mieux aussi comme citoyen ; la patrie a pris à ses yeux un corps sensible : la patrie, n'est-ce pas la terre ? Désormais il a place sur son sein. Vainement on me prouverait que par le fractionnement de la propriété on obtient du sol moins de produits à plus de frais ; je répondrais que je ne sais point le moyen de couvrir la surface d'un pays d'habitants plus heureux, plus indépendants, plus amis du sol et plus intéressés à le défendre.

Si, en France, l'acquisition du sol a été pour le peuple un si grand progrès, de quels bienfaits elle serait la source pour le peuple irlandais ! En devenant propriétaires, les basses classes de France ont passé d'une situation supportable à un état meilleur ; celles d'Irlande franchiraient d'un seul bond tout l'espace qui sépare un sort heureux de la plus misérable condition.

Plus on considère l'Irlande, ses besoins et ses difficultés de toutes sortes, et plus on est porté à penser que ce changement dans l'état de sa population agricole serait le vrai remède à ses maux.

Tant que l'Irlandais ne sera que fermier, vous le verrez toujours indolent et misérable. De quelle énergie voulez-vous que soit doué le pauvre agriculteur qui sait que, s'il améliore sa ferme, son fermage sera tout aussitôt augmenté, et que, dût-il centupler les fruits de sa terre, il n'en aura jamais une plus large part; qui prend sa ferme à un si haut prix, que l'année la plus propice il ne saurait acquitter toute sa dette; qui voit toujours suspendu sur sa tête cet arriéré comme une menace incessante, dont le sens manifeste est que si, à la prochaine récolte, il ramasse quelques gerbes inespérées, cette bonne chance sera perdue pour lui? Supposez-le, au contraire, propriétaire des deux ou trois acres dont il n'a que la ferme : avec quelle ardeur il remuera cette terre, qui rendra un fruit à chacune de ses sueurs! De quels efforts ne sera-t-il point capable, lorsqu'il verra une récompense à la suite de chaque travail, un progrès au bout de chaque sillon?

Il est permis d'espérer que le jour où il y aurait en Irlande de petits propriétaires, la plupart des misères du pays cesseraient. Cette fatale concurrence dont les petites fermes sont l'objet, et qui n'est pas moins funeste aux grands propriétaires qu'aux petits cultivateurs, disparaîtrait aussitôt; car, partout où le peuple possède rigoureusement de quoi vivre sur sa propre terre, il ne se fait fermier d'autrui qu'à des conditions avantageuses. Le riche, cessant d'avoir le monopole de la terre, celle-

ci n'encourrait plus l'anathème du pauvre; et d'ailleurs le petit propriétaire ; qui couvre de son corps
son champ et sa cabane, n'aurait rien à craindre des
attaques dont, en Irlande, le sol est l'objet.

L'Angleterre fait de grands efforts aujourd'hui
pour tirer l'Irlande de sa redoutable misère : toutes
les théories sont invoquées, toutes les intelligences
supérieures sont en travail, tous les moyens sont
essayés, depuis la charité qui donne du pain au
pauvre, jusqu'au système de l'émigration qui l'exile
de sa patrie. Tout ces systèmes violents ou factices
ne seront point efficaces. Qu'on y réfléchisse bien,
et l'on verra que la terre sur laquelle le peuple vit
aujourd'hui si pauvre, peut seule rendre sa condition meilleure. C'est en vain qu'on veut sauver
l'Irlande par l'industrie : l'Irlande est essentiellement
agricole, et elle est telle, précisément parce que
l'Angleterre est essentiellement industrielle. Il faut
de toute nécessité que le peuple y trouve sur la
terre un sort plus heureux, ou qu'il se résigne à
rester éternellement misérable : or, puisqu'il est profondément malheureux comme fermier, la seule
chance qui lui reste n'est-elle pas de devenir propriétaire?

J'aurais mille autres raisons pour appuyer cette
opinion : je m'arrête cependant. Si un lecteur anglais
trouve mes arguments incomplets, je le prie de considérer que tout autre qu'un Anglais les jugera
peut-être surabondants.

Mais s'il est vrai que le peuple d'Irlande soit destiné à languir dans une affreuse détresse aussi long-

temps qu'il ne parviendra pas à la propriété du sol, comment arrivera-t-il à ce but?

Des publicistes graves et distingués ont donné à la difficulté une solution que je ne puis accepter ; admettant la nécessité du principe que je viens d'établir, ils voudraient qu'on déclarât purement et simplement propriétaires ceux qui aujourd'hui ne sont que fermiers (1). Ceci n'est point de la discussion, mais de la révolution. Je me suis expliqué plus haut sur la nature des procédés par lesquels s'opèrent les réformes sociales et politiques. Pour être bons, à mes yeux, il faut à ces procédés une condition première ; c'est qu'ils soient conformes à la morale et à la justice : or, s'il est moins cruel de dépouiller un propriétaire de son domaine que de lui arracher la vie, la spoliation est tout aussi injuste que le meurtre; et, sous ce rapport, tout aussi haïssable. On suppose, fort gratuitement, que le parlement anglais légitimerait par un décret cette révolution agraire. Mais d'abord la dépossession des riches au profit des pauvres ne serait pas plus équitable, parce qu'elle s'exécuterait au nom des lois. Vainenement on alléguerait que les possesseurs actuels du sol irlandais l'ayant usurpé, il est juste de le reprendre sur eux. Quel droit actuellement existant tiendrait contre cet examen du passé? Et quels propriétaires déclarerait-on usurpateurs? Seront-ce seulement les descendants des compagnons de Guillaume III? Mais alors on ne rentrera que dans une bien petite partie des terres. Y ajoutera-t-on les soldats de Cromwell et les aventuriers venus en

Irlande au temps de la république? Mais alors pourquoi n'y pas joindre les colons anglais de Jacques Iᵉʳ, même ceux d'Élisabeth?

Depuis le seizième siècle, la propriété en Irlande a mille fois changé de mains, non-seulement dans le choc des révolutions, mais encore par l'effet des échanges. Ira-t-on dépouiller de ses domaines tout détenteur, à quelque titre que ce soit, même celui qui les aura acquis de ses deniers sous la protection des lois? Mais alors l'Irlande est jetée dans la plus effroyable perturbation; et le désordre atteindra sans distinction l'ancien propriétaire et le nouveau riche, le catholique et le protestant, l'industriel qui vient d'acheter une terre comme celui qui tient la sienne d'un héritage, le marchand auquel une propriété a été donnée en hypothèque aussi bien que le propriétaire lui-même. D'ailleurs on comprend bien comment avec un pareil système les pauvres cesseraient d'être indigents; mais on ne voit pas ce que deviendraient les riches, qui sans doute ne demeureraient pas spectateurs froids et impassibles de leur ruine, et qui, s'ils ne soufflaient le feu de la guerre civile dans le pays, se hâteraient sans doute de le quitter : de sorte que, tous les propriétaires ayant disparu, il ne resterait plus en Irlande que de grossiers paysans devenus les maîtres. Singulier moyen d'avancer la civilisation de l'Irlande, de rendre la paix à un pays déchiré par six cents ans de discordes civiles, de ranimer le sentiment du droit chez un peuple qui l'a perdu !

Pour moi, il me paraît si important de ne point troubler la conscience publique par la violation des droits, et de ne point ébranler la société en agitant le sol, que je repousse également le système de ceux qui voudraient qu'on distribuât aux pauvres irlandais les deux ou trois millions d'acres de terres incultes qui sont en Irlande. Il faudrait, pour leur faire ce don, commencer par les prendre à ceux qui les ont : or, à mes yeux, toute atteinte à la propriété est un mauvais moyen d'économie politique.

Ne peut-on donc, par des voies douces, équitables et légitimes, arriver au but qu'on se propose, et qui cesse d'être désirable, si, pour l'atteindre, il faut employer l'injustice?

Que faut-il au bas peuple d'Irlande? Acquérir la propriété du sol, mais non l'obtenir par des violences iniques; il faut, non le faire propriétaire, mais l'aider à le devenir ; il faut, pour qu'il atteigne le but, qu'on lui donne le moyen. Or, c'est ce moyen qui lui manque aujourd'hui. Il est dans l'impossibilité absolue d'acquérir la propriété du sol, non-seulement parce qu'il est pauvre, mais surtout parce qu'en Irlande, comme en Angleterre, il n'existe que de grandes terres, inabordables à toute petite fortune; parce que, dans ces deux pays, les lois civiles, faites au profit de l'aristocratie, tendent constamment à la concentration du sol dans un moindre nombre de mains, et s'opposent invinciblement à la division du sol; parce qu'en un mot ces lois placent la terre hors du commerce. Cet état de la terre, inaccessible au peuple, est le véritable obstacle à vaincre ; c'est, de tous les privilèges de l'aristocratie, le plus important à détruire ; et sa gravité est telle que je crois devoir en faire l'objet d'un examen plus approfondi. Ce sera le sujet du chapitre suivant.

_____

§ Ier.

Etat féodal en Angleterre, de la propriété foncière.

Et d'abord, pour faire comprendre quel est en Irlande l'état du sol, j'ai besoin de dire ce qu'il est en Angleterre.

Dans ce dernier pays le sol est encore féodal. La main qui le cultive est libre depuis longtemps ; mais il n'a point rompu ses vieilles chaînes ; et, tandis qu'autour de lui tout s'agite, se change, se modifie, lui seul ne change point, fragment inaltérable détaché d'une société mutilée par le temps et par les révolutions.

En dépit de toutes les victoires que remporte chaque jour le principe nouveau des sociétés sur le vieux principe, le travail qui crée sur le privilège qui conserve, le progrès éternel sur l'éternelle immobilité, la terre y est aujourd'hui ce qu'elle était il y a sept siècles, base féodale d'une société qui ne l'est plus ; emblème vivant d'un monde éteint.

C'est un fait très-digne de remarque que l'art avec lequel l'aristocratie anglaise a conservé entiers ses privilèges civils, tout en cédant parfois de ses privilèges politiques. L'esprit qui en cela l'anime ne se montre nulle part plus clairement que dans tout ce

qui touche au sol. Assurément il serait plus facile
d'obtenir du parlement anglais la concession du suffrage universel qu'une réforme de la loi des successions.

L'aristocratie anglaise n'a du reste gardé des lois
féodales relatives à la terre que ce qui lui est propice ; elle en a aboli toutes les dispositions ennemies.

A la vérité, le roi est encore, par la loi présente,
présumé le seul propriétaire du sol, dont les occupants ne sont possesseurs qu'à des titres secondaires.
Mais c'est une fiction dépourvue de toute réalité.
Cette suzeraineté est purement nominale; et l'héritier d'un domaine en Angleterre jouit d'un droit
de propriété aussi absolu que celui qui est défini
par la loi française. Les privilèges royaux, en cette
matière, ont tous été abolis. Les lois qui instituaient
les privilèges de l'aristocratie sont seules restées en
vigueur.

Le principal objet de ces lois, arrachées à des
princes faibles par des barons puissants, était de
conserver au vassal toute sa force en protégeant son
fief. Pour atteindre ce but, quel moyen prenaient
ces lois ? Elles tendaient à rendre les terres inaliénables et insaisissables entre les mains de leurs possesseurs: de là les substitutions. Elles s'opposaient
à ce qu'à la mort du propriétaire la terre se partageât entre tous ses enfants : de là le droit de primogéniture. Maintenant voici un fief acheté par un
marchand qui sera, pour la conservation de ce
domaine, protégé, s'il le veut, par les mêmes lois
qui faisaient la puissance d'un vassal du temps

d'Édouard Ier. L'esprit de la loi féodale a disparu : sa conséquence est restée. Il ne m'a point paru qu'en Angleterre on songeât à ces anomalies.

Conçues dans un but politique, ces institutions civiles sont passées dans les mœurs ; elles étaient un moyen de gouvernement : elles sont devenues un mode d'existence ; elles satisfont les goûts, les passions, les intérêts mêmes des particuliers, comme autrefois elles répondaient à un besoin politique.

Du reste, si l'esprit de l'aristocratie féodale, ses idées, ses instincts sont descendus, en Angleterre, jusque dans les rangs du bas peuple, c'est surtout à ces lois civiles qu'il le faut attribuer. Il est très-difficile, dans ce pays, d'arriver à la possession du sol ; mais quiconque y parvient trouve dans les lois une égale protection : la terre n'a pas plus de privilèges pour le duc de Devonshire que pour le bourgeois qui vient d'acheter un domaine. A vrai dire, la loi ne considère ni le pair, ni le noble, ni le roturier ; elle n'a point en vue le propriétaire, mais bien la propriété, qu'elle aspire à accroître et à perpétuer. Or, le nouveau venu sur une terre jouit peut-être encore plus de cette sollicitude féodale que l'antique possesseur moins ébloui d'un éclat dans lequel il est né.

Il ne faut plus demander d'où vient qu'en Angleterre les substitutions et le droit d'aînesse, qui perpétuent les immenses fortunes de la noblesse, ne sont l'objet d'aucune attaque. Ces lois sont aussi chères au manufacturier qui vient d'acquérir un immeuble qu'à l'héritier des plus illustres familles. Ces lois profitent surtout aux lords, parce que ceux-ci ont plus de terre que les autres ; ils possèdent, dit-on, la moitié du sol de l'Angleterre : mais enfin ces lois forment le droit commun.

J'ai souvent entendu dire que, ce qui conserve l'aristocratie anglaise, c'est l'accès qu'est sûre de trouver toute grande illustration dans le sein de la Chambre des lords, seule noblesse du pays : — Je crois que ce qui la sert encore plus efficacement, c'est la faculté qu'a tout grand capital de se transformer sur le sol en un élément d'aristocratie. Ses vieilles richesses féodales se conservent par la même loi qui imprime un caractère aristocratique à toutes les fortunes qui s'élèvent.

L'étranger qui parcourt ce pays tombe dans un grand étonnement quand il y voit la terre féodale l'objet d'une sorte de culte populaire. N'est-il pas naturel, cependant, que, dans une société amie des traditions, on s'attache au seul monument du passé qui soit encore debout, et qu'on le respecte non-seulement pour lui-même, mais encore pour les souvenirs dont il est empreint, et dont seul il perpétue la mémoire? Le sol, en Angleterre, est une chose presque sacrée : c'est comme un sanctuaire dans lequel la piété veut qu'on ne donne accès qu'à un petit nombre.

Si l'aristocratie anglaise se fût montrée anti-nationale, on eût sans doute pris en haine les privilèges qui conservent sa richesse, et les lois civiles sur lesquelles ces privilèges reposent. L'alliance étroite de cette aristocratie avec le peuple a fait naître un sentiment opposé. On aime en Angleterre le sol féodal et les institutions qui le perpétuent. On

voit peu de profit matériel à l'acquérir; mais on
regarde sa possession comme un honneur et presque
comme une gloire. Il y a en Angleterre un comté
(celui de Kent) où la loi féodale sur les successions
n'est point en vigueur; là, ce n'est point le droit
d'aînesse, mais le principe du partage égal entre
tous les enfants (*the gavelkind*) qui forme le droit
commun; mais ceci n'empêche pas que, dans le
comté de Kent aussi bien que dans le Yorkshire,
les domaines ne se conservent dans leur intégrité :
ce qui n'est pas l'œuvre de la loi s'y fait par la volonté de l'homme, et le yeoman de Kent crée par
son testament l'aîné que la loi ne lui donnerait pas.

Du reste, ce ne sont pas seulement les grands
intérêts de l'aristocratie, les passions des nouveaux
riches, les traditions populaires, les souvenirs et les
mœurs qui, en Angleterre, conspirent incessamment à resserrer la terre entre les mains d'un nombre toujours moindre de possesseurs. C'est une
opinion théoriquement établie et singulièrement
populaire dans ce pays, que, pour être féconde, la
terre ne doit point se diviser, et qu'un grand domaine appartenant à un seul maître produit plus
proportionnellement que plusieurs petites terres
d'égale étendue ayant chacune un possesseur. Il ne
s'agit plus, dans ce système, de couvrir la terre
d'habitants heureux de la cultiver et de vivre
de ses fruits; ce qui importe, c'est que le meilleur
mode de culture soit appliqué au sol; c'est que le
sol produise le plus possible. L'industrie de la terre
est comme toute autre industrie, qu'il faut remettre au meilleur et au plus habile ouvrier; et si la

culture de toute l'Angleterre devait amener plus de
revenus, confiée à un seul homme, il faudrait, dans
l'intérêt général, ne reconnaître qu'un seul propriétaire, et faire de tout le royaume comme une grande
fabrique agricole. En un mot, c'est en vue de la richesse publique que l'on conserve les grandes richesses individuelles. Dans ce système on perd entièrement de vue le côté social et politique de la
propriété, dans laquelle on ne voit plus qu'une
question d'économie.

Fondée ou non, cette théorie est certainement
très répandue en Angleterre; et, en ce moment,
elle est peut-être l'auxiliaire le plus utile de l'aristocratie, et le plus grand obstacle à la division du
sol.

Ainsi nulle voix, en Angleterre, ne s'élève pour
demander qu'on démolisse ces ruines si bien conservées de la vieille société, et l'indivision du sol
continue.

Ce n'est pas que les terres anglaises aient conservé de nos jours cette nature absolument inaliénable qu'il était dans l'esprit des lois féodales de
leur conférer. Non : leur inaliénabilité, dont le premier effet était de placer les fiefs à l'abri de la confiscation royale, était trop incommode aux rois normands et aux Tudors pour que ces princes ne tra-
vaillassent pas à la détruire. Vainement, toutefois,
ils demandèrent à leurs parlements d'abolir les substitutions; ceux-ci n'y consentirent jamais. Alors,
ne pouvant changer la loi, les rois anglais résolu-
rent de la fausser; ils en confièrent le soin à leurs
cours de justice, auxquelles leur appel ne fut pas

vain. Alors, dépendants des rois, les juges inventè-
rent la plus subtile de toutes les fictions légales, à
l'aide de laquelle toute espèce de substitution pouvait être subitement rompue (1). Les légistes n'ont
jamais manqué aux tyrans.

Cette jurisprudence, inspirée par le despotisme,
tendait cependant à l'affranchissement du sol. Elle
le plaçait, il est vrai, sous la main du despote, mais
en même temps elle le rendait accessible à l'acheteur. Toutefois, à peine se fut-elle établie, que les
grands propriétaires s'efforcèrent d'éluder cette jurisprudence, imaginée pour éluder la loi. Il s'éleva
alors une lutte singulière entre les ruses de l'intérêt
aristocratique, ingénieux à perpétuer les monuments de son orgueil, et la profonde sagacité du
juge, protecteur servile de la liberté du sol. Cette
lutte dure encore de nos jours, avec cette différence
que les mœurs continuent l'œuvre des passions, et
que le juge, devenu inamovible, fait par tradition
ce qu'il faisait par complaisance.

Mais alors même que les terres sont aliénables,
elles sont très-difficilement aliénées. L'obstacle vient
surtout des ténèbres qui en Angleterre couvrent le
titre de la propriété. Le domaine n'est plus sujet
aux atteintes de la confiscation royale : mais nul
moyen n'existe pour l'acquéreur de s'assurer que la
terre qu'il achète appartient bien réellement à celui
qui la vend. La propriété foncière ne se transmet
en Angleterre que par actes sous seing privé : les
actes publics y sont inconnus. De là suit la facilité
pour un propriétaire de vendre à celui-ci le domaine

qu'il a hypothéqué à celui-là, et dont il a fait donation à un troisième.

On a de tous temps en Angleterre repoussé la publicité des contrats translatifs de propriété. Je ne sais quel voile mystérieux y enveloppe la terre et dérobe à tous les yeux les vicissitudes de sa fortune; il semble qu'en lui permettant de changer de maître on veuille du moins tenir secrète sa nouvelle destinée, pour que, dans l'instant même où le sol s'ébranle, on le croie encore immobile.

.Et puis, dans une société aristocratique où la considération, l'estime et la puissance se mesurent si exactement sur la fortune, chacun aspire à paraître plus riche qu'il n'est; chacun met en relief son luxe et dissimule ses misères: or, rien n'est plus favorable à ces mensonges de la vanité que le secret des contrats. Tel tire de sa terre un grand orgueil qui l'a depuis longtemps engagée au-delà de sa valeur ; mais personne ne le sait, et il jouit de cette ignorance qui s'évanouirait devant la publicité des actes.

Mais ce secret des contrats, qui protège l'amour-propre des riches en voilant leur déclin, est un obstacle immense à la mutation du sol. Il est destructif de toute sûreté; et comment vouloir, sans garantie, acheter un domaine? — On comprend maintenant sans peine qu'en Angleterre l'industrie soit préférée à la terre par quiconque spécule et veut s'enrichir. Un placement agricole n'offre aucune des chances de gain que l'industrie présente; et il n'est pas sujet à moins de ruines.

Enfin, alors même que l'insécurité du titre est

bravée, l'étendue et le prix des terres à vendre
éloignent les acheteurs ; et ce serait une erreur de
penser qu'il est possible au propriétaire de diviser
son domaine en petites fractions qui le mettent à
portée, sinon du pauvre, du moins des fortunes
médiocres.

Tout en Angleterre s'oppose à la vente des héritages et les retient dans la famille. En France les
contrats de vente sont chers par les droits payés à
l'État ; mais la transmission d'un héritage par succession n'est pas moins dispendieuse. On sait que
les frais, dans ces cas, enlèvent à peu près une
année de revenu. En Angleterre il n'en coûte rien,
absolument rien, au fils qui hérite de son père ;
mais celui qui achète a de si énormes frais à payer
qu'on peut dire que, dans l'état présent des choses,
la vente ou l'achat d'une petite terre en Angleterre
sont presque impossibles ; car les frais occasionnés
par le contrat dépasseraient de beaucoup la valeur
de la terre aliénée.

En France ce qui est cher dans la transmission
des propriétés, ce n'est pas l'acte rédigé par le no-
taire, c'est le droit fiscal exigé par l'État, droit qui
s'élève en proportion du prix de la terre vendue.
En Angleterre le droit du fisc est presque nul ; et
toute là dépense gît dans la forme de l'acte. Ce n'est
pas du reste le contrat lui-même qui est dispendieux :
c'est l'examen des titres en vertu desquels la propriété que cet acte a pour objet est transmise.

Nous venons de voir quelle ombre épaisse environne la propriété foncière ; or, si rien n'est plus
difficile, au milieu de ces ténèbres, que de s'assurer

de la sincérité des titres, il faut ajouter que rien
n'est plus cher.

En Angleterre il n'existe point de notaires, c'est-
à-dire de fonctionnaires institués pour conférer aux
actes un caractère public. C'est une conséquence
forcée du mystère des contrats. Des actes ne sauraient être tout à la fois secrets et authentiques.
Cependant au milieu des obscurités qui couvrent la
terre, comment s'engager dans une transaction relative au sol sans recourir à quelque lumière? A quel
signe certain reconnaître que celui qui veut vendre
un domaine en est bien le propriétaire légitime? Ce
domaine n'est-il point grevé de quelque charge secrète? Quelque hypothèque occulte n'en a-t-elle
point réduit la valeur? Le possesseur n'en a-t-il pas
déjà aliéné le fond en se réservant un usufruit auquel il doit peut-être une trompeuse possession?
L'examen de ces diverses questions a coutume d'être
remis à un avocat (conveyancer) dont c'est la profession spéciale de vérifier les titres de propriété.
C'est une vérité reconnue que, dans la plupart des
cas, il y a impossibilité absolue, quels que soient les
efforts du plus habile légiste, d'acquérir une certitude complet de sécurité pour l'acheteur (1). A vrai
dire, il n'y a pas d'acte de transmission de propriété
foncière qui ne soit litigieux, et qui ne se traite
comme un procès. Et c'est précisément ce qui rend
ruineux l'acte par lequel cette transmission s'opère.
Du reste, que les investigations soient nécessaires
ou inutiles, elles coûtent toujours le même prix;
elles se conservent traditionnellement par les
hommes de loi, auxquels appartient ainsi le privi-

lége exclusif d'examiner et de comprendre les titres de propriété. La terre est entre leurs mains comme ces substances tout à la fois bienfaisantes et dangereuses que nul ne peut acheter sans l'ordonnance d'un médecin. Et peu importe que la terre à vendre soit de grande ou de moindre étendue, l'examen des titres entraîne toujours les mêmes soins et les mêmes dépenses. Il en résulte qu'il y a en Angleterre dans la division possible du sol une limite au-delà de laquelle le fractionnement de la terre est moralement impossible : cette limite se trouve au point où les frais du contrat égaux ou supérieurs à la valeur du domaine vendu détruisent l'intérêt de la transaction. Or, ces frais, qui ne varient point, sont à mesure que la terre vendue est plus considérable, comparativement moindres : c'est ce qui explique pourquoi en Angleterre il n'y a possibilité d'acheter que de grandes terres, et comment des entraves qui gênent même le riche arrêtent tout court le pauvre. C'est ainsi que dans ce pays, alors même que le sol change de mains, il ne se divise pas.

§ II.

Etat féodal de la propriété foncière en Irlande : nécessité de l'abolir.

La loi constitutive de la propriété foncière est la même en Irlande qu'en Angleterre. Ainsi les mêmes causes qui, dans ce dernier pays, tendent à la conservation et à l'indivision du sol, exercent en Irlande la même influence.

L'obscurité qui s'étend sur les titres de propriété, n'y est cependant pas aussi épaisse qu'en Angleterre. En 1708, au temps de la reine Anne, un bureau d'enregistrement public, pour tous les actes intéressant le sol, fut établi à Dublin; et depuis ce temps, il ne se fait pas une vente en Irlande, il ne s'opère pas un seul engagement hypothécaire, sans que le contrat en soit enregistré. Le principe de l'institution est bon sans doute; mais, soit vice de forme, soit abus, le bienfait qu'on en retire est de peu de valeur. Les frais qu'entraîne une recherche sur les registres sont considérables; il faut donc, pour les consulter, être riche.

Cet examen d'ailleurs ne dispense pas de l'obligation de consulter l'homme de loi, qui possède en Irlande le même monopole qu'en Angleterre, et la même autorité mystique en matière de contrats; et si la terre d'Irlande n'est pas extérieurement enveloppée d'une ombre aussi impénétrable que celle qui couvre le sol anglais, elle est peut-être chargée de plus de complications, d'embarras et d'entraves. Indépendamment des vieux liens féodaux qui l'enlacent comme celle d'Angleterre, elle porte des chaînes qui lui sont propres.

Et d'abord un grand nombre de titres de propriété sont entachés de vices qui remontent au temps même où les catholiques d'Irlande ne pouvaient, d'après les lois, être ni propriétaires ni fermiers à de longs termes. Comme il arrivait cependant quelquefois aux catholiques d'avoir des fonds pour acheter, et aux protestants des terres qu'ils désiraient vendre, il résulta de ce double fait une disposition commune à éluder la loi, et la terre devint l'occasion d'une foule de transactions clandestines, dont l'objet était de conférer la propriété de la terre à ceux qui légalement ne pouvaient la posséder.

Tout domaine en Irlande, petit ou considérable, est d'ailleurs infecté d'une sorte de lèpre incurable. Une immense population de petits fermiers le couvre, dont il faut accepter le fardeau en même temps qu'on en devient propriétaire. Et tous ces fermiers n'occupent point le sol au même titre; les uns ont un bail de vingt-un ans, les autres de trente-un, ceux-ci de quatre-vingt-dix-neuf, ceux-là ont un bail perpétuel; il en est qui tiennent leur ferme, non du propriétaire, mais d'un traitant ou d'un fermier intermédiaire. Comment un nouvel acheteur reconnaîtra-t-il les droits qu'il acquiert au milieu de cette tourbe d'occupants, de middlemen, de fermiers, de colons, tous nantis de droits antérieurs, et souvent engagés les uns envers les autres (1)? Faudra-t-il qu'il examine successivement tous les contrats qui lient les agriculteurs aux middlemen, et qu'il recherche lesquels de ces actes obligent réellement le maître du sol, lesquels sont illégitimes? Quel moyen de jamais acheter une terre si on se livre à de pareilles investigations? et si on les omet, comment acheter avec quelque sécurité?

Mais, s'il est vrai qu'il existe en Irlande encore plus d'obstacles matériels qu'en Angleterre, au mouvement de la propriété foncière, il faut reconnaître en même temps que son indivision n'est point protégée dans le premier pays par les mêmes causes morales et politiques qui lui viennent en aide dans le second.

Nous avons vu, en Angleterre, une population qui, au lieu d'envier la terre, désire, en quelque sorte, ne point la posséder, et la regarde plutôt comme une charge pesante, imposée aux plus riches : c'est une superfluité du luxe et de l'opulence, et dans ce pays où tant de voies diverses sont ouvertes à l'activité de l'homme, on n'aperçoit pas l'intérêt qu'auraient les classes inférieures à être propriétaires; il est certain du moins qu'elles ne songent pas à le devenir.

En Irlande, au contraire, au lieu d'être un luxe, la terre est une nécessité ; c'est l'unique bien auquel chacun aspire, c'est le sujet de tous les engagements, c'est la passion qui remue toutes les âmes, c'est l'intérêt qui excite toutes les intelligences, c'est la seule fortune du riche, c'est la seule espérance du pauvre. La terre, en Irlande, est le refuge commun ; il n'est pas exact de dire qu'en Irlande on désire la terre; on la convoite, on l'envie, on la mutile, on la déchire, on s'en dispute les lambeaux; quand on ne l'occupe pas en vertu d'un droit, c'est au moyen d'un crime qu'on s'en empare. Je ne chercherai pas si en Irlande le peuple souhaite de devenir propriétaire du sol, lorsque je le vois risquer sa vie et prendre celle d'autrui pour occuper, comme fermier, un demi acre de terre; et il ne se rendrait pas compte lui-même de sa passion, qu'elle n'existerait pas moins; la propriété est si éloignée de lui, qu'elle s'offre à lui comme une chimère à laquelle ce serait folie que d'aspirer, et s'il ne la poursuit pas, ce n'est pas qu'il la dédaigne, c'est parce qu'il l'estime à un trop haut prix.

On conçoit du reste, sans aucune peine, que le sol féodal de l'Irlande ne soit point entouré de cette sympathie populaire qui, en Angleterre, protége son indivision. Confisquée trois ou quatre fois, la terre d'Irlande ne retrace que des souvenirs de violence, de persécution et de sang; elle est encore, en quelques mains, le témoignage solennel d'une usurpation qui ne remonte guère à plus d'un siècle, et ceux qui la possèdent n'ont, en général, su exciter que des haines.

Il faut aussi le reconnaître, ces avantages économiques qu'on prétend, en Angleterre, résulter de la concentration du sol en peu de mains, ne sauraient en aucune façon découler d'un système semblable appliqué à la terre d'Irlande.

L'Angleterre s'applaudit d'une théorie agricole qui, en employant peu de bras, rejette dans les ateliers de l'industrie tous ceux qui ne sont pas nécessaires à la culture du sol. Qui ne voit, au premier coup d'œil, qu'un tel système est absolument inapplicable à l'Irlande? Ce n'est pas pour sauver en Irlande les grandes fermes et la grande culture, qu'on y conservera l'indivision du sol, car toutes les fermes sont minimes, et la grande culture y est inconnue; ce n'est pas dans l'intérêt de la richesse publique qu'on maintiendra en Irlande un régime sous lequel les terres les plus fécondes demeurent stériles, ou produisent moitié moins de fruits que les champs les plus infertiles de l'Angleterre.

Et, pour un pays où une population de huit millions d'habitants n'a d'autre ressource, d'autre asile que le sol, quel peut être le mérite de cette théorie, dont l'objet principal est d'employer à la terre le moins de monde possible? Si un pareil système convient à un pays où les manufactures manquent de bras, ne serait-elle pas funeste au peuple chez lequel tous ceux que la terre n'occupe pas sont nécessairement oisifs?

Le laboureur anglais que le sol repousse devient aussitôt, dans les ateliers de l'industrie, un agent de richesse pour le pays. Mais que fera le cultivateur irlandais, une fois sorti de sa pauvre cabane? A quelle industrie se dévouera-t-il dans un pays où aucune industrie n'existe? Pensez-vous que, débarrassée d'un ouvrier surabondant, la terre produira plus? Il se peut; mais la société aura de plus à sa charge un membre inoccupé, dont l'oisiveté sera périlleuse. Le jour où ce laboureur quitte sa terre, que peut-il devenir si ce n'est un mendiant ou un *White-Boy?*

Aucune des raisons morales et politiques qui peuvent, en Angleterre, sinon justifier, expliquer du moins la durée du sol féodal, n'existe pour l'Irlande. Dans ce dernier pays, devenir propriétaire est pour le peuple une question de vie ou de mort; mais, en dépit de cette nécessité, il a, pour atteindre ce but, les mêmes obstacles à vaincre qu'en Angleterre, où le peuple n'en éprouve ni le désir ni le besoin. Les principaux obstacles viennent, comme je l'ai dit plus haut, des substitutions et du droit d'aînesse.

Ce sont des points importants auxquels j'ai besoin de revenir un instant.

———

§ III.

Des substitutions en Angleterre et en Irlande. — Nécessité de les abolir dans ce dernier pays.

Ce qui tout d'abord frappe dans les substitutions anglaises, c'est à quel point elles sont laissées par le législateur à la merci des volontés particulières ; c'est une arme que la loi met entre les mains des propriétaires pour protéger leurs domaines, mais dont elle ne leur commande pas absolument de faire usage.

Il n'y a point, dans ce pays, de substitutions perpétuelles, c'est-à-dire qui, par la force seule de la loi, soient inhérentes à un héritage, dont elles règlent souverainement la transmission suivant des principes fixes, invariables, et qu'aucune volonté ne puisse contrarier.

La plus longue substitution meurt au second degré, si elle n'est renouvelée ; c'est-à-dire que si le fils de celui au profit de qui elle a commencé ne la renouvelle pas, elle s'arrête à lui. Si donc il ne fait pas l'acte nécessaire pour la continuer, il peut disposer du domaine, qui, par l'expiration de la substitution, devient essentiellement aliénable.

Il y a plus : dans l'état présent de la jurisprudence anglaise, le propriétaire d'un domaine substitué

peut toujours, à l'aide de certaines formes judiciaires, éteindre la substitution existante, et acquérir
l'entière faculté de disposer.

Conclura-t-on de ce qui précède que le principe
aristocratique des substitutions a disparu des institutions anglaises ? Ce serait une grande erreur. Les
terres du riche ne sont pas, à la vérité, nécessairement inaliénables; mais il dépend de sa volonté
qu'elles le deviennent et demeurent telles. Veut-il
placer ses propriétés sous l'égide d'une substitution,
il n'a qu'à parler. Son intention manifestée est un
commandement, et sa terre va devenir insaisissable
en vertu de la loi qui prête appui à sa volonté.
Croit-il moins avantageux de conserver ses domaines
que d'en disposer; la loi vient encore à son aide, et
rend tout à coup aliénable ce qui un instant auparavant ne l'était pas.

Une pareille loi, qui laisse tant au libre arbitre
de l'homme, remplirait mal son objet dans une monarchie. Là les substitutions, qui maintiennent les
grandes propriétés dans quelques familles nobles,
sont établies surtout en vue du trône dont ces familles sont le soutien; il ne s'agit pas de savoir
s'il convient ou non à cette noblesse de conserver
ses terres; le monarque y voit son intérêt, et cela
suffit. Il en est autrement dans une aristocratie où
les maîtres du sol sont riches et puissants pour leur
propre compte.

Ce serait donc se tromper étrangement que de
croire que le principe des substitutions qui, en
Angleterre et en Irlande, domine la propriété foncière a perdu de sa puissance, parce qu'on le voit

fléchir sous le caprice des maîtres du sol ; il ne plie qu'à leur profit.

Ce principe protecteur des fortunes aristocratiques en serait devenu, en Irlande, le plus grand ennemi, si dans ce pays on n'avait pas possédé le secret de le faire ainsi céder à la volonté des propriétaires.

On conçoit le secours que pourrait trouver même dans un système de substitutions absolues et inflexibles une aristocratie éclairée et sage. Habituellement rangée, elle serait protégée dans ses désordres passagers par la loi qui déclare ses domaines inaliénables ; elle serait toujours assez riche pour garder son crédit ; et lorsque par hasard, elle ferait des dettes, elle aurait l'avantage de ne pouvoir disposer de sa fortune pour les payer.

Mais à la place de cette aristocratie éclairée et puissante, supposez une aristocratie dépourvue de prudence, de talents et d'esprit de conduite, dégradée dans l'opinion, appauvrie autant par ses vices que par ses fautes, en un mot à la place de l'aristocratie anglaise, mettez celle d'Irlande. Alors la loi conçue dans le but de perpétuer sa richesse ne fera que précipiter sa ruine.

Succombant sous le poids de ses dettes et manquant de tout crédit (1), l'aristocratie d'Irlande ne peut plus trouver d'argent à emprunter qu'en engageant ses terres : mais comment donner en hypothèque des terres grévées de substitution ? Son embarras est grand ; et il lui est arrivé cent fois de maudire la loi funeste qui fut établie en sa faveur. C'est alors qu'elle recourt à ces formes de procédure dont j'ai

parlé plus haut, et au moyen desquelles la substitution gênante s'évanouit. Il serait trop long d'expliquer ici la singulière fiction légale au moyen de
laquelle le propriétaire qui veut anéantir la substitution, feint d'être dépossédé de son domaine,
suppose un usurpateur imaginaire, intente une action judiciaire contre celui-ci, gagne son procès, se
fait remettre en possession par des juges qui rendent une sentence en bonne forme, sachant bien
que tout cela n'est qu'une comédie, dans laquelle
on leur donne des rôles; en vertu de quoi le possesseur du domaine substitué devient le propriétaire
absolu, sans condition, et libre de l'aliéner selon
son bon plaisir. (1)

Je ne rechercherai pas pourquoi la loi ne donne
pas le moyen de faire ouvertement et directement
ce qu'elle laisse s'exécuter indirectement et avec
l'aide d'un mensonge. L'usage est établi; il vaut des
procédures très-profitables aux gens de loi. Cet
usage ne sera pas facilement aboli en Angleterre et
en Irlande.

Je n'essaierai pas de comprendre par quel art on
parvient à attribuer un droit absolu de propriété
à celui qui auparavant n'avait qu'un droit restreint
par la substitution. A quoi bon chercher de la réalité dans ce qui n'est que fiction? Les tribunaux complices de la fraude veulent trouver une raison légale pour changer le titre du propriétaire; ils le
veulent : cela me suffit. Je suis bien sûr qu'ils la trouveront. Les juges, depuis qu'ils sont inamovibles,
sont devenus amis de l'aristocratie; et ils éludent la
loi au profit de celle-ci, comme ils la faussaient dans

l'intérêt de la royauté au temps de leur dépendance.
Voilà pourquoi le juge soutient les substitutions en
Angleterre où elles sont encore bienfaisantes à l'aristocratie, en même temps qu'il les renverse en Irlande
où l'aristocratie en est embarrassée. Ainsi dans ce
dernier pays, le principe des substitutions est le
même qu'en Angleterre ; seulement la jurisprudence
le modifie, et cette jurisprudence s'efforce d'annuler
les effets d'une institution civile devenue funeste à
l'aristocratie dont elle devait être l'appui.

Quel serait donc en Irlande l'obstacle à l'abolition des substitutions ?

Les propriétaires de ce pays perdraient, il est
vrai, l'avantage de pouvoir au besoin rendre leurs
terres inaliénables : mais dans l'état de détresse où
ils sont, cet avantage ne serait-il pas plus que compensé par le crédit dont le droit de disposer serait
pour eux la source ?

On ne cherche point ici les moyens de fortifier
et d'enrichir une aristocratie, dont la ruine est reconnue nécessaire : mais tout procédé qui l'anéan-
tirait comme corps sans nuire aux membres dont
elle se compose ne serait-il pas le meilleur de tous ?
Or les substitutions étant abolies, tout propriétaire
Irlandais serait plus complètement maître de sa
terre, plus riche parce qu'il aurait plus de crédit ;
et la terre affranchie des liens qui l'enchaînent
et des embarras qui l'entravent, deviendrait tout
à fait libre. Ce serait le premier pas vers la division
du sol.

§ IV.

Le droit d'aînesse en Angleterre et en Irlande. — Nécessité de l'abolir
dans ce dernier pays. — Résumé des chapitres précédents.

Il faut sans doute que les terres soient aliénables,
pour que le peuple puisse les acquérir; c'est la première condition; car on ne peut acheter que ce qui
est dans le commerce. Voilà pourquoi l'abolition
des substitutions est la première chose à faire; mais
ce ne serait pas assez. Le peuple ne deviendra pas
propriétaire, si toutes les terres à vendre sont de
grande étendue; et elles conserveront cette vaste
dimension dans tout pays où règne le droit de primogéniture.

Rien, je crois, n'est plus commun, en France, que
de se tromper sur la nature du droit d'aînesse existant en Angleterre. On croit qu'une volonté impérieuse de la loi attribue forcément à l'aîné des fils la
totalité de l'héritage patrimonial, et que celui-ci
jouit du bienfait de la loi en dépit de la volonté
contraire de ses parents. Il n'existe rien de semblable.

Cette liberté, que je montrais tout à l'heure dans
le propriétaire d'un domaine substitué, se retrouve
bien plus grande encore dans le père de famille
faisant la dernière disposition de sa fortune. Il peut,
s'il lui plaît, partager également ses biens entre tous
ses enfants, donner la plus grande part, la totalité
même à l'un d'eux, au dernier d'entre eux, à la plus
jeune de ses filles, et ne rien laisser aux autres; il

peut exclure l'aîné; que dis-je? il peut non-seulement donner tout à un seul d'entre eux, il peut
même les déshériter tous ensemble, et laisser sa
fortune entière à un étranger. La loi n'établit en faveur des enfants aucune réserve. Remarquons, en
passant, que si la législation anglaise mérite un reproche, ce n'est pas d'être trop absolue, c'est plutôt
de trop laisser à la liberté de l'homme. Elle est l'opposé de la loi française, qui destitue l'homme de
toute volonté dans la disposition de ses biens.

Tandis qu'en France on méconnaît la loi anglaise
sur les successions, en lui attribuant un despotisme
dont elle est exempte, il arrive souvent aux Anglais
de tomber dans une erreur contraire, qui est de
considérer leur loi de primogéniture comme n'étant
douée en elle-même d'aucune puissance. Ce n'est point
dans la loi, vous disent-ils, que réside le droit d'aînesse; il est tout entier dans les mœurs.

Les Anglais qui tiennent ce langage ont raison
dans de certaines limites. Il est bien clair que si le
droit de primogéniture était contraire à l'opinion et
aux mœurs du pays, il cesserait d'exister, puisqu'il
n'est point obligatoire; il a pourtant sa racine dans
la loi. Quel est le principe légal? c'est que si le père
ne fait point de testament, et ne dispose point d'une
autre manière de sa propriété, le fils aîné hérite de
tout, à l'exclusion des frères et sœurs, qui n'ont
absolument rien. Or, que suit-il de là? C'est que le
père gardant le silence, la loi parle; et la voix de
celle-ci est toute en faveur de l'aîné des fils. Dites,
si vous le voulez, que la loi n'est pas tyrannique,
puisqu'il est permis de résister à son empire; mais

ne dites pas qu'elle est sans puissance, car, si l'homme demeure muet et oisif, elle agit seule, et, dans ce cas, devient absolue.

Et prenez bien garde à toute la puissance qu'elle exerce sur la volonté de l'homme, alors même qu'elle semble la laisser entièrement libre. Elle proclame le principe que, dans le silence du père, l'aîné des fils héritera seul de ses domaines. N'est-ce pas comme si le législateur déclarait que, dans son esprit, l'attribution sans partage de l'hérédité à l'aîné des fils est l'arrangement le plus sage et le [plus juste? S'il en existait un meilleur et plus équitable, la loi l'adopterait sans doute pour en faire la base du droit commun. Quelle est la conséquence de ceci? C'est que tout père de famille qui désire de partager également ses terres entre tous ses enfants, se trouve tout d'abord en opposition avec la loi. Celle-ci lui permet, il est vrai, de suivre son désir ; mais enfin il sait que, s'il ne faisait pas une disposition conforme à ce sentiment, la loi disposerait autrement. Il sait qu'en cas de silence de sa part, son fils aîné *a droit* à la totalité de l'héritage. Or, c'est déjà chose grave pour un père que de changer la condition faite par la loi à l'un de ses enfants. Ce père ne croira-t-il pas facilement qu'en dérangeant l'ordre que la loi a fixé, il commet une sorte d'injustice envers celui au profit de qui cet ordre a été établi? et combien cette injustice lui paraîtra évidente, lorsqu'en même temps que son esprit sera troublé de ces doutes, sa vanité viendra lui montrer l'avantage de transmettre entier, à un seul descendant, ce beau domaine, qu'un partage égal entre plusieurs déshonorerait? Au milieu de ces doutes, de ces scrupules, de ces passions, il prendra le parti de ne rien faire, ce qui sera pourtant un acte très-décisif; car, encore une fois, l'homme se taisant, le droit de primogéniture règle la succession.

Ce droit est sans contredit le privilège le plus important de l'aristocratie anglaise ; ajoutons qu'il est le plus incontestablement national.

Les cadets en souffrent moins qu'on ne pourrait croire, parce que la même constitution qui les exclut de l'héritage paternel, les dédommage par un certain nombre de priviléges qui leur sont réservés. L'Église, l'armée, la marine, la compagnie des Indes, leur offrent des carrières dont ils ont à peu près le monopole. Le jour où l'on voudra porter au droit d'aînesse un coup mortel, on n'aura qu'à enlever aux cadets de famille la faveur politique qui leur fait oublier l'injure de la loi civile; de ce jour-là seulement, le droit d'aînesse leur paraîtra une injustice.

Pour comprendre le sentiment populaire dont, en Angleterre, le droit de primogéniture est l'objet, il faudrait tâcher de mettre, pour un instant, de côté nos idées françaises en cette matière, nos habitudes philosophiques, et nos mœurs démocratiques elles-mêmes.

En France, quand une succession s'ouvre, ce qui excite l'intérêt, c'est le sort de ceux entre lesquels l'héritage sera divisé. En Angleterre, ce n'est pas l'héritier qui attire l'attention, c'est l'héritage. La loi anglaise a bien plus en vue la terre que l'homme; il ne s'agit pas de distribuer la terre équitablement entre tous; ce qui importe, c'est de donner à la terre un possesseur digne d'elle, et qui soit capable de la conserver entière et indivise.

Pour comprendre cette idée, il faut songer à tout ce qu'il y a de richesses accumulées sur le sol anglais, à tous les arrangements factices qu'il a reçus, à toutes les transformations artificielles que la main de l'homme lui a fait subir.

Les domaines anglais sont comme autant d'objets d'art dont chacun forme un ensemble parfait; il semble qu'on ne pût, sans impiété, leur faire subir un partage; chacun d'eux est comme un tableau du Corrége trouvé dans une succession. Il faut, de toute nécessité, qu'un seul héritier le possède : nul ne voudrait qu'on le mutilât. Dans de certains pays, ce lot privilégié se tire au sort. En Angleterre, on gagne ce lot en naissant le premier.

Et remarquez que ces domaines, éclatants de luxe et d'industrie, ne sont pas de rares accidents qui se rencontrent çà et là; ils forment l'état commun du sol; ils se succèdent, sans une seule lacune, d'un bout du pays à l'autre, sans aucun intermédiaire qui les interrompe, sans aucun contraste qui les dépare. Voilà pourquoi l'Angleterre est si belle! Quelle splendeur dans l'ensemble! quel goût admirable dans les détails! comme tout y est riche, élégant, fini! Il semble que rien n'ait été fait en vue de l'utilité, et que tout ait été calculé pour l'agrément, pour la grâce et pour la beauté du paysage! Il est si facile d'être généreux envers la terre, quand elle-même vous prodigue tous ses trésors. Ici, point de gêne, point d'entraves, point de petit propriétaire dont les vues étroites et mesquines viennent contrarier de vastes plans ; point de petit champ dont la grossière culture souille de son contact les perfectionnements agricoles d'une savante exploitation ; point de toit pauvre dont les misères viennent désenchanter les regards. Tout est grand, magnifique, somptueux dans les campagnes de l'Angleterre.

Il faut avoir vu cent fois ces campagnes merveilleuses, sur lesquelles la nature a versé tant de trésors, l'industrie humaine tant de richesses, et l'art tant d'ornements ; il faut traverser l'Angleterre d'un seul trait, aller de Londres à Edinburgh, et voir toute cette magie d'un seul coup-d'œil, pour comprendre, non le droit de primogéniture, mais le sentiment qu'on en a en Angleterre, pour s'expliquer comment une sorte de popularité est attachée à ce privilège, sans lequel ces beaux domaines, qui font une si belle contrée, tomberaient sous la hache du principe d'égalité qui divise et broie les héritages.

Quand nous vantons, en présence d'un Anglais, les avantages de notre loi de succession, qui, prenant sa source dans l'équité naturelle, fait des parts égales aux enfants, et divise ainsi sans pitié l'héritage paternel, nous sommes à peu près sûrs de n'être pas compris, et il est rare que l'expression d'un pareil sentiment n'excite chez lui le rire ou l'incrédulité. En général, il n'admet pas comme chose possible qu'une pareille loi existe dans aucun pays, ou il pense que ce pays est menacé d'une ruine prochaine. Les idées de l'Anglais sur ce point sont au nombre de ses convictions les plus tenaces.

Le droit d'aînesse est, en Irlande, le même, suivant la loi, qu'en Angleterre; mais il n'y trouve point le même appui dans l'état du sol, dans les préjugés et dans les passions nationales.

Il est vrai qu'en Irlande, comme en Angleterre, tous ceux qui sont en possession de vastes domaines éprouvent, pour la conservation de ces propriétés, le même sentiment aristocratique que les propriétaires anglais, et partant le même attachement pour le privilége qui seul en empêche la division.

Il est vrai encore qu'en Irlande il arrive souvent aux nouveaux enrichis, qui achètent une grande terre, d'être, comme en Angleterre, saisis tout aussitôt des mêmes instincts d'orgueil et de conservation pour ce domaine, qu'ils seraient fiers de transmettre entier à leur postérité la plus reculée.

Mais, en Irlande, la passion de l'aristocratie s'arrête à ceux qui en sont ou qui croient en être membres; et ce nombre est très-limité. En Angleterre, à côté d'une vieille fortune il y en a mille qui sont en train de naître; il n'en est pas de même en Irlande; où la misère est presque aussi immobile que le sol. Peu espèrent arriver au but, et ceux qui l'ont atteint sont haïs. Jamais, en Irlande, je n'ai entendu le peuple témoigner, en parlant des vastes possessions de l'aristocratie, ces sentiments indulgents et quelquefois enthousiastes dont j'ai si souvent, en Angleterre, surpris l'expression dans la bouche du pauvre.

On pourrait donc abolir, en Irlande, le principe du droit de primogéniture sans y blesser aucunement le sentiment national. Ce serait, au contraire, le meilleur moyen de mettre la loi d'accord avec l'esprit public. S'il est vrai que les lois civiles d'un peuple expriment ses mœurs, ne peut-on pas dire qu'aussi longtemps qu'en Irlande une aristocratie anti-nationale conservera ses privilèges civils, il y aura dans ce pays contradiction flagrante entre ses mœurs et ses lois ?

On est forcé de reconnaître aussi que l'abolition du droit d'aînesse ne causerait point en Irlande les ruines qu'elle pourrait faire en Angleterre. Il existe bien en Irlande de magnifiques domaines ; et de splendides demeures ; mais ce sont comme des oasis dans le désert. Le riche propriétaire d'Irlande a coutume d'entourer sa résidence d'une certaine étendue de terres réservées, sur lesquelles il accumule tous ses soins, tout son luxe, tout son orgueil. Si l'on arrête ses regards sur cet espace étroit, on se croit encore en Angleterre ; mais dès qu'on porte ses yeux au-delà, on est de toutes parts frappé du plus triste spectacle ; la terre se montre aussi pauvre que ses habitants : il semble qu'elle envoie le reflet de leur profonde misère ; des cabanes immondes, des champs dépourvus de clôtures, un sol nu, entièrement dépouillé d'arbres, tout présente un aspect désolé.

En Angleterre, la ferme est si riche qu'elle se confond avec la réserve du propriétaire. En Irlande, il y a, au point où finit le domaine privé du riche, un brisement subit ; et l'on a peine à croire que cette ferme hideuse, qui porte tant d'indigence et de malheur, dépende de ce palais superbe, qui contient une si énorme opulence.

Maintenant, pense-t-on qu'il y eût matière à de grands regrets, quand, par l'effet d'une législation nouvelle, cés immenses terres, si horribles à voir, viendraient à se diviser ? Serait-ce le cas de déplorer la mutilation des grandes terres, si tous ces domaines, chargés de huttes sauvages et de fermiers en haillons, se couvraient d'habitations modestes et de petits propriétaires ?

Ici encore, on le voit bien, l'intérêt de l'Irlande commande impérieusement de renverser ce qu'en Angleterre on peut laisser debout.

L'abolition, en Irlande, du droit de primogéniture est absolument nécessaire pour conduire au but qu'il faut atteindre. Ce serait déjà introduire dans la loi un changement considérable que de retourner l'échelle du droit; et, au lieu d'établir que l'aîné des fils aura tout l'héritage, à moins de dispositions contráires du père, de statuer qu'en cas de silence de celui-ci, le partage sera égal, et que, pour dépouiller les plus jeunes au profit de l'aîné, il faudra une déclaration expresse.

Sans doute, pendant longtemps, une pareille loi serait peu efficace, parce que les mœurs des riches lutteraient contre elle; mais ne serait-elle pas le moyen le plus sûr et le plus équitable de préparer les mœurs? D'abord elle serait puissante chaque fois

ou involontairement dé faire un testament; et combien sont surpris par leur dernière heure ! ce serait aussi enlever à l'égoïsme de l'orgueil l'asile dans lequel il a coutume de se réfugier. Sur cinq enfants, quatre sont dans une condition misérable, un seul est riche : que voulez-vous ? c'est la loi qui l'a réglé ainsi. Désormais on pourrait dire au père : Cette révoltante inégalité dans l'état de ceux qui avaient un égal droit à votre tendresse est votre ouvrage ; elle résulte, non d'une omission de votre part, mais d'un fait positif dont vous êtes l'auteur.

Je ne puis croire qu'à la longue une pareille loi ne devînt féconde, et sans doute elle amènerait la division d'un grand nombre de domaines. Il faut n'avoir point vu la France pour ne pas reconnaître avec quelle rapidité cette division s'opère, dès que le principe du partage égal commence à exercer son action dissolvante. Le droit d'aînesse étant aboli, le fractionnement des héritages qui en résulterait offrirait d'abord à la classe moyenne qui naît en Irlande des terres d'une étendue accommodée à ses moyens, et sans doute la division, se perpétuant, finirait par rendre la propriété accessible aux classes inférieures elles-mêmes.

En résumé, pour atteindre le but qu'on se propose, il faudrait briser les liens féodaux qui enchaînent le sol, abolir les substitutions, au droit de primogéniture substituer le droit commun du partage égal ; délivrer la propriété de toutes ses entraves ; ne point la laisser incertaine entre un maître qui n'est plus possesseur, et un possesseur qui n'est pas propriétaire ; déclarer rachetable, à prix d'argent, toute rente perpétuelle ; exposer au grand jour le mouvement de la terre, en faciliter la vente, ouvrir gratuitement au public le registre où sont consignés les engagements relatifs au sol, offrir à ces engagements des garanties de sécurité, et en simplifiant la forme des contrats dont le sol est l'objet, rendre possible l'achat des petits comme des grands domaines.

Je ne prétends pas, du reste, indiquer les procédés législatifs par lesquels le mal signalé pourrait être guéri, et je me borne à dire aux hommes de qui dépend le sort de l'Irlande : « Hâtez-vous de faire des « lois qui rendent la terre au commerce ; divisez, « fractionnez la propriété autant que vous le pourrez, « car c'est le seul moyen, tout en renversant une aris- « tocratie qui doit tomber, de relever les basses « classes ; c'est le seul moyen de mettre le sol à la « portée du peuple, et il faut, de toute nécessité, « que le peuple d'Irlande devienne propriétaire. »

SECTION III.

Ce qu'il faut faire pour abolir les priviléges religieux de l'aristocratie.

§ Ier.

Nécessité de détruire la suprématie du culte anglican.

Enfin ce ne serait point assez d'avoir enlevé à l'aristocratie irlandaise ses priviléges sociaux et politiques, si on ne la dépouillait aussi de ses priviléges religieux.

Ses priviléges religieux sont : la prédominance de

son culte, qui, quoique professé par une petite minorité, est la religion légale de tous ; et les grandes richesses données par l'État à son Église.

Comment l'aristocratie, perdant sa puissance politique et civile, conserverait-elle une suprématie religieuse qui n'était que l'accessoire de ses autres privilèges ? C'est à grand'peine que l'Église anglicane se maintient, appuyée sur les pouvoirs temporels de l'aristocratie ; ceux-ci venant à lui manquer, sur quoi s'appuierait-elle ?

Sans doute, au milieu de toutes les ruines du vieil édifice, on ne conservera pas cette Église, qui est pour l'Irlande un si grand fléau, que tous les autres privilèges de l'aristocratie fussent-ils épargnés, il y aurait nécessité de la détruire. Comment donc, ces privilèges tombant, resterait-elle debout ?

Au milieu des vices qui abondent dans la société irlandaise, le vice de la suprématie anglicane se montre en relief plus choquant que tous les autres, non-seulement parce qu'il est le plus funeste, mais aussi parce qu'il est le plus absurde.

L'obstination qu'on met à maintenir dans l'Irlande catholique le principe légal et l'existence officielle de l'Église protestante, prouve qu'il y a dans les institutions humaines un degré d'égoïsme et de folie, dont il est impossible de marquer la limite.

' On ne peut comprendre l'Église anglicane d'Irlande qu'à sa naissance ; le zèle religieux des temps nous l'explique. Chaque secte, au seizième siècle, croyait tenir la vérité absolue, et regardait comme un saint devoir d'imposer sa croyance, même par la force, à quiconque était assez malheureux pour avoir une autre foi. Alors l'esprit de prosélytisme animait tous les cultes; et les anglicans, qui possédaient la puissance temporelle, eussent montré à cette époque une grande modération, s'ils se fussent bornés, comme aujourd'hui, à placer sous les yeux des catholiques d'Irlande ce qu'ils considéraient comme l'*Église modèle*, le *type de la vraie foi*, et qu'en leur offrant cette *forme unique du vrai culte*, ils leur eussent défendu tout autre mode d'adorer Dieu.

On concevrait encore que si, de notre temps, la même passion religieuse régnait sur les âmes, il fût permis de s'entêter dans une entreprise dont trois siècles d'inutiles essais ont démontré le vice.

Mais la tolérance n'a-t-elle pas, de nos jours, remplacé, même en Angleterre, l'esprit de prosélytisme? En dépit de sa nature anglicane, le gouvernement anglais reconnaît tous les cultes; et les sectes les plus diverses, qui jadis se déchiraient entre elles, vivent maintenant paisibles sous la protection des lois.

Quel est donc le sens d'une Église créée dans un pays par le fanatisme religieux, et qui, après trois cents ans de persécutions stériles, continue d'exister, quand le fanatisme est éteint?

On trouve encore, il est vrai, parmi quelques congrégations protestantes d'Angleterre, d'Irlande et d'Écosse, un zèle enthousiaste et une ardeur religieuse qui rappellent les premiers temps de la

cane établie en Irlande cette justice, qu'elle est bien complètement exempte de pareilles passions, et que, condamnée à vivre au milieu d'une population catholique, elle paraît tout à fait résignée à son malheur. Les ministres anglicans ne semblent point préoccupés du besoin de faire des adeptes; et la meilleure preuve que peuvent donner beaucoup d'entre eux de leur parfaite tolérance, c'est le fait même qu'ils ne résident point parmi ceux dont ils pourraient tenter la conversion. C'est d'ailleurs une coutume familière aux ministres anglicans d'Irlande de reprocher aux catholiques leur esprit de prosélytisme; d'où il faut inférer que les ministres anglicans sont animés d'un autre esprit. Assurément cette modération est louable; on ne peut que l'approuver. mais si les ministres anglicans ne sont pas en Irlande pour faire des prosélytes, pourquoi y sont-ils? Placés dans ce pays pour tendre vers un but dont la poursuite est abandonnée, pourquoi y restent-ils? Si ce n'est point la passion qui les retient, faudra-t-il croire que c'est l'intérêt? et que, n'ayant point converti l'Irlande à leur culte, ils n'en gardent pas moins les privilèges, les terres, les revenus, qu'on leur avait donnés pour travailler à cette conversion?

Triste condition d'une Église qui, pour échapper au reproche d'égoïsme, n'aurait d'autre moyen que de se montrer intolérante ou de périr! Si, en dépit des enseignements du passé, l'Église anglicane d'Irlande rêvait encore la conversion de ce pays au protestantisme, elle soulèverait plus de passions, mais elle choquerait moins les esprits; elle serait plus irritante, mais moins absurde. Son établissement primitif fut une violence, son maintien présent est un non sens. Dans son impuissance reconnue de communiquer ses croyances à ceux qui la paient, elle s'efforce de se rendre inoffensive, et ne voit pas que plus elle excite l'indulgence, plus elle révolte la raison.

Depuis que l'Église ne persécute plus les catholiques d'Irlande avec les lois pénales du dix-huitième siècle, elle manifeste devant les attaques dont elle est l'objet la plus singulière surprise. Que lui reproche-t-on? Ses ministres ne vivent-ils pas paisiblement sur leurs terres? Ne les voit-on pas indulgents pour leurs fermiers, bons voisins, bons pères de famille? Ne dépensent-ils pas leur revenu au profit de la population qui travaille? Et n'est-ce pas un grand bienfait pour un pays encore sauvage, et où les classes les plus élevées ne résident pas, d'avoir çà et là épars sur sa surface un certain nombre d'hommes intellectuels, qui, s'ils n'y font pas fleurir l'arbre du protestantisme, y déposeront du moins des germes féconds de civilisation? Tel est le langage de l'Église d'Irlande et de ses amis les plus ardents (1). Cependant, alors même que les ministres anglicans, si souvent absents de leur poste, ne le quitteraient point, ils seraient impuissants à faire le bien qu'on leur demande. Vainement vous les convertissez en de simples rentiers, ils sont toujours pour le peuple les ministres d'une religion ennemie; leur fortune, si modique qu'on la suppose, est une charge pour le pauvre, et pour le catholique un scandale. Les persécutions violentes et directes de l'Église ont cessé, mais l'oppression morale qui leur a succédé est encore un lourd fardeau; l'existence seule de l'Église anglicane en Irlande, telle qu'elle est constituée, est une constante tyrannie.

Aussi longtemps que le culte anglican sera en Irlande la religion de l'État, l'État sera odieux au pays, et il n'y aura pour l'Irlande ni prospérité possible ni repos.

La suprématie anglicane est pour l'Irlande le principe et la source continue de tous les maux : elle signifie, pour l'Irlandais, violence, confiscation, rapines, cruauté ; elle est, à ses yeux, le signe certain de l'injustice, du mensonge et de la spoliation. Tant que l'Église anglicane sera le culte établi en Irlande, à tort ou à raison, ce pays ne se regardera point comme libre ; il se croira toujours traité en pays conquis et opprimé, parce que les plus amers souvenirs de la conquête sont tous mêlés de protestantisme, et qu'il n'est pas un souvenir de protestantisme qui ne soit mêlé de tyrannie.

Il faut donc couper avec soin cette racine anglicane de l'aristocratie, qui, si elle restaît en Irlande, ne pousserait que de funestes rejetons. Quel que soit le gouvernement qui s'établisse sur les ruines de l'aristocratie irlandaise, malheur à lui s'il montre la moindre sympathie ou la moindre pitié pour le vieux privilège anglican !

Ce principe de domination religieuse, dans lequel se résument et se perpétuent tous les vieux griefs de l'Irlande catholique, sera, tant qu'il durera, une source intarissable de divisions, de haines, d'attaques et de résistances ; il rendra impossible toute autorité, même la plus bienfaisante, mais appuyée sur lui. Vainement le gouvernement, d'ail-

leurs le plus national, tenterait de s'établir en Irlande, il serait impuissant et fragile, si on lui laissait cette base vicieuse. Et vainement des réformes
seraient faites dans l'administration de l'Église anglicane, des abus corrigés, les sinécures abolies, les

le même aussi longtemps que prévaudra le principe
qui attribue à l'Église anglicane une prédominance
légale sur tous les autres cultes ; et ce mal provo-
quera toujours les mêmes soulèvements ; les mêmes
violences, les mêmes rébellions populaires reparaî-
tront. Sous quelle forme éclateront ces résistances
nouvelles ? Quel fait en sera l'occasion ? On ne saurait le dire ; mais ce fait ne manquera pas.

C'est une erreur souvent commise que de croire
qu'une diminution dans les revenus de l'Église anglicane remédierait au mal religieux. D'abord cette
réduction ne pourrait, même sans injustice, excéder
de certaines limites. Le haut clergé d'Irlande est seul
opulent. Les ministres de paroisse n'ont pas, terme
moyen, chacun plus de 10,000 francs de rente (500
livres sterling). Cette somme énorme pour ceux qui
la paient à contre-cœur est à peine suffisante pour
les ministres qui la reçoivent ; ceux-ci sont presque
tous des cadets de famille pour lesquels l'Église est
un état ; leur fortune, quelque belle qu'elle paraisse,
est encore bien inférieure à leur condition et à leurs
besoins ; ils sont mariés, ils ont des enfants qu'il
faut bien élever et au sort desquels il faut pourvoir ; ils ont des amis riches, des rapports de société
et de famille dans le monde élégant ; leurs charges
sont grandes et leurs revenus sont au-dessous

de leurs nécessités. Peut-être même, pour être impartial et juste, faudrait-il reconnaître que le clergé d'Irlande ne s'est jamais prévalu à la rigueur de la totalité de ses droits. La dîme en Irlande est sans aucun doute bien moindre qu'en Angleterre (1). Au lieu d'équivaloir comme dans ce dernier pays au dixième des produits du sol, elle est à peine égale au vingtième, et ce n'est pas seulement depuis que la loi l'a réduite que la dîme est moindre en Irlande; elle y a toujours été telle, soit modération de ceux à qui elle était due, soit résistance de ceux qui la devaient. Et pourtant les richesses du clergé anglican excitent en Irlande des cris et des plaintes qu'en Angleterre elles ne provoquent pas.

Les hauts salaires que reçoit l'Église d'Irlande sont, il faut le dire, le prétexte et non la cause réelle de ces clameurs.

Ceux qui pensent que des réformes dans les vices reconnus de l'Église d'Irlande suffiraient pour en faire une institution bienfaisante n'ont qu'à jeter un coup d'œil sur le passé.

Les haines et les désordres que cette Église excite en Irlande, ayant en 1824 attiré l'attention du parlement anglais, on s'imagina que l'hostilité manifestée contre l'institution tenait au mode suivant lequel la dîme était levée; et que tout grief cesserait dès que cette forme vicieuse serait corrigée. La dîme se prenait alors en nature sur les récoltes du cultivateur : une loi fut rendue (2) qui autorisait tous les débiteurs de la dîme en Irlande à entrer en composition avec les ministres de l'Église anglicane à l'effet de commuer la dîme en une redevance pécuniaire. Cependant, cette loi rendue et exécutée, la dîme et l'Église furent attaquées comme par le passé.

On prétendit alors que la haine des Irlandais contre l'Église anglicane ne devait être attribuée qu'aux incapacités politiques dont était frappé en Irlande quiconque professait un autre culte; et l'on annonça que le jour où les catholiques d'Irlande seraient affranchis, ces inimitiés seraient amorties. Cependant, après l'émancipation de 1829, l'Église anglicane est-elle moins haïe et moins attaquée en Irlande? En 1830 on commence à refuser le paiement de la dîme, et en 1831 l'Irlande entière est en pleine révolte contre les droits de l'Église.

Alors on a pensé que ces agressions nouvelles prenaient leur source dans quelques abus oubliés.

« La dîme est odieuse, a-t-on dit, à cause des « rapports personnels que son paiement fait naître « entre le catholique qui la paie et le ministre « protestant qui la reçoit. Ce n'était pas assez d'au- « toriser le débiteur et le créancier à substituer au « paiement en nature une dette pécuniaire; car cette « autorisation, le plus grand nombre n'en fait point « usage, il faudrait donc déclarer obligatoire cette « commutation de la dîme qui aujourd'hui n'est que « permise. »

En conséquence une loi nouvelle (1) est adoptée qui, au lieu d'établir une faculté, prescrit comme un devoir la conversion de toute dîme en une somme d'argent déterminée.

Cette réforme était un incontestable progrès; et nul doute que, si l'institution qui en était l'objet n'eût point été radicalement vicieuse, le bienfait du changement eût été senti et accepté avec reconnaissance.

Cependant, cette loi destinée à étouffer les passions ne fait que les irriter; c'est en 1832 que le changement s'opère : et cette même année l'Irlande est en pleine insurrection contre la dîme.

Mais on se méprend encore : ce n'est point, dit-on, contre l'institution que le peuple s'insurge, mais contre quelque défaut non encore aperçu, et qu'il faut découvrir. On cherche donc encore une fois des abus dans l'Église; on en trouve sans peine; et l'année suivante (1833) on ne doute pas que toutes les clameurs contre l'Église ne cessent lorsqu'on abolit l'une des plus odieuses richesses de l'Église anglicane (les church rates), c'est-à-dire l'impôt levé par les protestants sur la population catholique des paroisses pour l'entretien du culte protestant : et on pense que toutes les attaques vont finir lorsqu'on réduit le nombre des évêques protestants, lorsqu'on diminue leurs revenus et que l'on soumet les propriétés ecclésiastiques à une meilleure administration (1).

Cette loi passe pourtant inaperçue; la résistance à la dîme continue, et l'Église qui excite les mêmes passions est en butte aux mêmes attaques.

Enfin, après cinq années de confusion et d'anarchie, l'Irlande va, dit-on, retrouver l'ordre et la paix : car la dîme elle-même va être réduite (2). Sa charge va passer du pauvre au riche. Cette grande innovation se fait; nous en sommes les témoins.

Mais ceux qui attendent de cette réforme des effets

considérables ne se font-ils pas une grande illusion ? La dernière loi (The Tithes act Ireland) réduit la dîme de 25 o/o, c'est-à-dire d'un 1/4, elle ôte à *la dîme* son nom, et la convertit en une *rente foncière* fixe et perpétuelle (*Rent change*). Enfin sa disposition importante est celle-ci : autrefois c'était le petit cultivateur et le fermier sur qui pesait l'obligation de payer la dîme ; la loi nouvelle les affranchit de cette charge, qu'elle transporte aux propriétaires.

L'intention de cette loi est généreuse : mais on se tromperait si l'on croyait qu'à dater de ce jour la dîme, en Irlande, cessera de peser sur la population pauvre, et de soulever les résistances populaires.

On connaît assez la situation et les sentiments des propriétaires irlandais pour juger de l'impatience avec laquelle ils ont reçu le fardeau qui vient de leur être imposé.

Comment ces riches déjà si pauvres, parviendront-ils à payer cette nouvelle dette ?

Beaucoup en auront à peine le pouvoir, la plupart n'en auront pas la volonté. D'abord on peut compter que presque tous s'efforceront de rejeter sur le peuple la charge qu'on a voulu leur attribuer ; et ils auront pour cela un moyen facile, celui d'aug-

la charge nouvelle que la dîme leur impose ; on obtiendra ainsi du peuple, par une voie indirecte, ce qu'auparavant on lui demandait directement. Mais quelle sera la conséquence ? C'est que ne voyant dans cet acte du propriétaire qu'une nouvelle preuve de cupidité et de rigueur, le fermier sentira s'accroître toutes ses haines envers celui-ci, et sera encore plus prompt que par le passé à donner un libre cours à ses vengeances meurtrières. Et vainement le propriétaire s'efforcera de rejeter sur l'Église tout l'odieux d'une exaction dont celle-ci seule en effet profite; le pauvre agriculteur d'Irlande qui du matin au soir trace son pénible sillon, ne comprendra rien sinon qu'autrefois il payait à un homme d'église très-haïssable une dette, qu'à présent il acquitte entre les mains d'un riche qu'il ne hait guère moins.

Qui ne conçoit dès lors quel sera, même parmi les propriétaires protestants le sentiment de répugnance contre la dîme, qui viendra ajouter, soit à leurs embarras d'argent, soit aux ressentiments populaires. Mais ce ne sont pas seulement les propriétaires protestants qui seront tenus de payer la dîme : elle sera exigée aussi des propriétaires catholiques. Or, croit-on que ces propriétaires, dont le nombre en Irlande augmente rapidement, seront mieux disposés à payer la dîme que ne l'étaient leurs fermiers ? Est-ce que leurs passions religieuses ne repoussent pas avec la même violence ce tribut offert à un culte ennemi ? Est-ce que leur raison ne leur suggère pas les mêmes objections ? Le catholique riche ne sent-il pas, aussi bien que le catholique pauvre, l'injure de payer l'Église protestante ? Est-ce que le droit de rébellion ne sera pas le même ? La résistance, non moins légitime, sera évidemment la même. La seule différence sera dans les procédés qu'elle prendra pour éclater. La résistance, venant désormais des riches, sera plus éclairée et plus habile; elle aura, pour réussir sans violence, des chances qu'elle n'avait pas quand elle partait des basses classes. Mais si le recours à la force lui est nécessaire, elle sera encore plus puissante, parce que, mieux dirigée, elle s'appuiera sur le peuple intéressé à repousser un fardeau qui, en définitive, retombe toujours sur lui. Il y a d'ailleurs, en Irlande, des masses populaires, souffrantes et irritées, qui de longtemps ne manqueront point aux partis violents.

Et pourquoi interroger l'avenir sur les effets de ce changement? Le présent ne suffit-il pas pour les apprécier? Quelques mois à peine se sont écoulés depuis qu'a été faite cette innovation qui devait calmer l'Irlande agitée! et déjà nous voyons la dîme soulever, sous son nouveau nom, les mêmes oppositions que par le passé, et l'Église anglicane exciter parmi le peuple les mêmes ressentiments et les mêmes fureurs!

D'où vient cette inutilité des efforts tentés pour réformer l'Église anglicane d'Irlande? C'est que l'Irlande veut, non la réforme de l'Église anglicane, mais son abolition. Le vice radical de cette Église, c'est de constituer le culte légal et officiel d'un peuple qui a un autre culte; l'abus, c'est son établissement lui-même; sa création au sein d'un peuple catholique est un excès qui se perpétue aussi longtemps qu'elle dure. Le grand tort de l'église anglicane en Irlande, c'est de se trouver placée au sein d'une population qui la repousse sans examen. Ses richesses, son luxe, son oisiveté, sont assurément de grands vices; mais de tous les vices le plus énorme, c'est son existence. Sa destruction en

Irlande est le premier pas vers le bon sens et l'ordre.

Lorsqu'on parle d'abolir l'Église anglicane, il ne s'agit point d'anéantir en Irlande le culte épiscopal, mais seulement de détruire la supériorité politique de ce culte sur tous les autres.

Il ne faudrait pas non plus, en abolissant la prédominance du culte anglican, la remplacer par la suprématie du culte catholique; ce qui importe, c'est d'établir en Irlande l'égalité des cultes. L'Irlande, il est vrai, est catholique en masse, comme l'Angleterre est épiscopale, comme l'Écosse est presbytérienne; et il serait logique que l'Irlande eût un établissement catholique, comme l'Écosse a un établissement presbytérien, et l'Angleterre un établissement anglican. Mais d'abord c'est une grande question de savoir s'il est bon de lier l'un à l'autre l'État et l'Église. Comment associer ensemble des institutions humaines et caduques avec une institution qui est de Dieu, et qui ne meurt point? Que serait-ce d'ailleurs que de proclamer en Irlande la religion catholique religion de l'État, sinon détruire le privilège religieux des protestants pour le transporter aux catholiques? Après avoir aboli l'injurieuse suprématie de l'Église anglicane, qui offense en Irlande la majorité du peuple, verra-t-on la minorité protestante opprimée par le culte qu'elle opprima jadis?

L'un des plus grands périls auxquels soit exposée l'Irlande catholique, c'est qu'après avoir été dominée elle veuille devenir dominante.

Ce serait une source féconde de malheurs pour l'Angleterre et pour elle-même; pour l'Angleterre, qui ne pourrait souffrir cette domination de secte, et chez laquelle toutes les vieilles passions de la réformation seraient réveillées par cette prétention *papiste;* et pour l'Irlande elle-même, qui serait de nouveau écrasée par l'Angleterre.

Il importe donc aux deux pays que l'Irlande s'accoutume à la liberté religieuse : or, quel meilleur moyen, pour lui imprimer des habitudes de tolérance, que de placer tous les cultes sur le même niveau ? Et c'est à présent, c'est pendant que l'Angleterre protège l'Irlande, qu'elle doit donner aux catholiques de ce pays un enseignement de ce genre. Il faut que l'égalité des cultes leur vienne comme un bienfait; plus tard ils la considéreront peut-être comme un mal : et c'est ce qui arriverait certainement, si cette égalité ne se fondait, en Irlande, que lorsque les catholiques seront devenus tout à fait maîtres de la société politique; alors ils croiraient qu'on n'introduit l'égalité des religions que pour abaisser leur culte.

———

§ II.

Moyen d'établir l'égalité des cultes en Irlande. — Avantages d'un salaire public pour le clergé catholique.

Un publiciste anglais a dit avec raison qu'il y a deux moyens d'établir l'égalité entre les cultes; c'est de les payer tous, ou de n'en payer aucun (1).

munauté religieuse le fardeau de son culte et de ses ministres, semble assurément le plus équitable, puisque nul, dans cet ordre d'idées, n'est appelé à payer pour le culte d'autrui, et ne donne, pour le sien propre, que ce qui lui plaît.

Cependant il y a équité aussi, et peut-être plus de sagesse politique dans le système qui charge l'État de pourvoir également aux frais de tous les cultes sans attribuer de prééminence à aucun d'eux.

Et, s'il y avait doute sur cette grave question, l'état particulier du clergé catholique d'Irlande le ferait peut-être cesser.

Je conçois le système suivant lequel les membres de chaque communauté soutiennent eux-mêmes leur Église, et contribuent librement aux frais de leur culte ; je conçois, dis-je, ce système dans un pays qui, comme les États-Unis, par exemple, contient une multitude de sectes diverses, dont aucune ne constitue une puissance considérable dans l'État. Mais qui ne voit du premier coup d'œil tous les périls que présente un tel système en Irlande, où il n'y a guère que deux communions en face l'une de l'autre ; où le seul culte catholique comprend près de sept millions d'âmes ; où le clergé de ce culte est la première puissance du pays ; où le clergé dépend étroitement du peuple, et le peuple de ce clergé ; et où ce clergé et ce peuple, ennemis politiques du gouvernement, accroissent leur force mutuelle en se liguant tous les deux contre lui.

Il y a sans contredit, dans la puissance populaire du clergé catholique en Irlande, quelque chose d'ex-

cessif qui semble demander qu'on le tempère : un
salaire donné par l'État à tous les membres de ce
clergé exercerait cette influence modératrice. Ce salaire, proportionné à celui qui serait donné aux
ministres de l'Église anglicane et presbytérienne,
attesterait l'égalité politique des cultes. Le clergé
d'Irlande, attaché au peuple irlandais par la sympathie du culte commun, ne serait plus affranchi de
tout lien envers l'autorité publique. Recevant désormais de l'État un traitement fixe, il ne demanderait
plus rien au peuple pauvre et misérable ; il serait
moins populaire, sans doute, mais plus indépendant ;
moins libre envers le pouvoir, mais plus affranchi
des passions de parti. Quel serait l'obstacle à cette
mesure ? Serait-ce qu'un gouvernement protestant
ne saurait payer une Église catholique, ou qu'une
Église catholique ne peut consentir à recevoir son
salaire d'un État protestant ? Ces objections n'auraient de poids que si, en payant le culte catholique, l'État le reconnaissait comme la religion du
pays ; ou si, en acceptant ce salaire, les prêtres catholiques étaient tenus de reconnaître la suprématie
protestante de l'État. Lors de l'union législative de
l'Irlande, M. Pitt avait conçu un plan d'émancipation des catholiques d'Irlande, dans lequel il faisait
entrer le salaire du clergé catholique ; tout le
monde paraissait d'accord, le parlement à donner,
le clergé d'Irlande à recevoir ; l'histoire contemporaine constate le consentement officiel donné alors
par les évêques catholiques au projet du ministre anglais : le pape lui-même avait donné son assentiment.
Mais Georges III croyait que son serment anglais et

protestant ne lui permettait pas d'émanciper les
catholiques d'Irlande, et devant sa volonté obstinée
le projet d'un salaire pour le clergé catholique s'é-
vanouit avec le plan d'émancipation dont il était un
accessoire (1).

Aujourd'hui si le projet était remis en question,
ce n'est pas du roi et du parlement que viendraient
les plus grands obstacles mais du clergé irlandais
lui-même. Au commencement de l'année 1837, le
bruit s'étant répandu que l'intention du gouvernement était de représenter ce projet, les évêques
d'Irlande se sont émus, et ont déclaré unanimement
que jamais ils ne consentiraient à recevoir de l'État
une assistance qu'ils ne voulaient tenir que du
peuple (2). Cette déclaration est-elle l'expression
d'une volonté définitive? il est permis d'en douter.
Je l'ai déjà dit plus haut : il n'est pas dans la nature
du clergé catholique de se montrer hostile envers les
pouvoirs établis. L'on ne peut nier que, sous plusieurs rapports, le clergé catholique d'Irlande ne
soit présentement en dehors de ses voies ordinaires ;
son dévouement au peuple est sans doute propre à
sa nature, mais sa haine contre la loi temporelle ne
l'est pas (3). Et l'on peut conclure de ce qui se passa
du temps de Pitt qu'un arrangement eût été facile
entre le gouvernement et les prélats catholiques
d'Irlande ; cette transaction souriait alors au plus
grand nombre de prêtres : elle leur assurait une condition stable à la place d'un état précaire, un salaire régulier au lieu d'une assistance sujette à mille
variations, un traitement fixe à la place d'un revenu
recueilli par sous et deniers. Elle les affranchissait

des caprices populaires sans les placer dans la dépendance du pouvoir.

Mais, depuis cette époque, l'existence du clergé
catholique d'Irlande a complètement changé. Les
grandes luttes engagées depuis vingt ans entre le
gouvernement et le peuple, luttes solennelles et nationales, dans lesquelles le clergé catholique a combattu et vaincu avec le peuple; dans lesquelles le
prêtre, devenu tribun, s'est mêlé à tous les mouvements populaires, s'est établi le défenseur de tous
les droits violés, le partisan de toutes les réformes,
a joui de tous les succès, et a bu à longs traits dans
cette coupe enivrante de la popularité; ces luttes,
dis-je, ont créé, pour le clergé catholique d'Irlande,
la plus grande existence politique qu'il soit donné
à un corps religieux de posséder; et à présent que
le clergé catholique a goûté de cette vie, il n'en veut
point d'autre.

Lors donc que le clergé catholique déclare que
si le gouvernement voulait lui donner un salaire il
le refuserait, ce n'est pas seulement pour flatter le
peuple dont il dépend qu'il tient ce langage; il
exprime sans doute un sentiment sincère; il a la
conscience de tout ce qu'il perdrait en acceptant un
traitement de l'État, et il voit bien que, pour gagner
un salaire plus fixe et moins casuel, il sacrifierait
une partie de sa puissance et de sa grandeur.

Cependant les conditions de l'étroite union qui
lient mutuellement le clergé catholique et le peuple
d'Irlande peuvent, sinon changer, du moins se
modifier. Toute circonstance, tout événement qui
amoindrira en Irlande le rôle politique du clergé

catholique, rendra plus facile une transaction de celui-ci avec le gouvernement. Que l'on considère aussi qu'une semblable mesure doit, autant que possible, se faire subitement et secrètement, et non se discuter. Jusqu'au jour où il sera payé par l'État, le clergé d'Irlande déclarera nécessairement qu'il ne veut rien recevoir que du peuple, dont il dépend aujourd'hui. Comme toutes les affaires où l'Église est intéressée, cette mesure demande à être conduite avec beaucoup de prudence et de tact, et comme mesure populaire, elle exige de la résolution. Bien d'autres difficultés se présentent sans doute : ainsi il est clair que si le gouvernement anglais payait les évêques catholiques, il voudrait avoir au moins un contrôle indirect sur leur nomination ; mais l'idée seule du *veto* mis par un roi protestant à l'élection d'un prélat catholique, paraît au clergé d'Irlande une énorme impiété, quoique la cour de Rome, plus sage et plus politique, admette ces sortes de transactions.

Du reste ce n'est point ici le lieu d'examiner ces objections de détail ; je m'efforce de montrer le but à poursuivre. Si je savais l'indiquer, d'autres pourraient l'atteindre. Ce qui me paraît certain, c'est que le clergé catholique d'Irlande n'est pas dans son état normal. Sa condition présente peut servir momentanément les intérêts du pays qui est en révolution ; mais elle ne conviendrait pas de même à d'autres temps. L'Irlande, il ne faut pas l'oublier, est anglaise et destinée à demeurer telle. Il faut que l'Irlande catholique tâche de prospérer sous la souveraineté de l'Angleterre protestante. La première condition de cette prospérité, c'est qu'au dedans et au dehors elle se conduise avec sagesse et habileté; or, jusqu'à présent, les plus éclairés dans ses conseils nationaux sont sés prêtres; mais ceux-ci sont maintenant dans la dépendance absolue du peuple et de ses aveugles passions. Comment pourraient-ils échapper à cette espèce de servitude? Je ne vois qu'un moyen: en cessant d'être payés par le peuple. Or, si le peuple ne leur donne pas leur salaire, il faut bien que ce soit l'État.

§ III.

L'égalité des cultes n'existerait pas en Irlande si on y laissait à l'église anglicane ses dîmes et ses terres. — Ce qu'il faut faire de ces deux choses.

L'égalité qu'il faut de toute nécessité établir en Irlande entre tous les cultes, n'existerait pas si, même après avoir donné un salaire au clergé catholique, l'État laissait à l'Église anglicane ses dîmes et ses terres.

Il suffirait que l'Église anglicane gardât ces deux choses, pour que le peuple crût qu'elle a retenu aussi sa prédominance religieuse. Alors même que le produit de ses terres et de ses dîmes ne lui donnerait que l'équivalent du salaire payé par l'État aux ministres du culte catholique, on verrait encore un privilège là où il n'y aurait qu'égalité, parce que ces deux sources de revenu ont été, depuis des siècles, attachées à l'Église dominante, et qu'elles sont par elles-mêmes considérées comme des privilèges.

Il ne faut pas oublier qu'en Irlande, plus peut-être qu'en aucun autre pays, toute injustice qui s'est imprimée sur le sol a bien de la peine à s'en effacer. La terre est tout pour le peuple en Irlande ; c'est le livre unique où il sait lire ; il ne connaît pas d'autres annales ; et, tant qu'il verra l'Église anglicane en possession des grandes propriétés qu'elle obtint au temps de sa suprématie, il la croira toujours le culte supérieur.

Mais ici se présente la question de savoir jusqu'à quel point la loi pourrait, sans porter atteinte aux principes de la propriété, priver l'Église de ses domaines.

C'est maintenant un principe admis par tous les publicistes, que la propriété d'Église, de corporation ou de main-morte, n'est point de même nature que la propriété particulière, et qu'elle est gouvernée par d'autres règles que celle-ci.

Il y a, entre ces deux sortes de propriété, des différences de fait que la théorie ne saurait contester. Il est certain que chaque possesseur successif d'une terre ecclésiastique n'en a qu'une propriété viagère ; il n'en peut disposer, ni durant sa vie, ni au jour de sa mort. Il est certain que, n'ayant point le choix de celui qui doit lui succéder sur cette terre, et ne le connaissant même pas, il ne s'intéresse point au sort de la propriété, par sympathie pour le futur possesseur : ainsi, la propriété pour lui n'a point d'avenir. Il est certain aussi que le présent étant tout pour lui, il a tout intérêt à tirer actuellement de la terre les plus grands revenus possibles, au risque de l'épuiser et de la frapper un jour de stérilité. Il a, en un mot, toutes les passions d'un usufruitier irresponsable, et aucun des sentiments qui animent le père de famille.

Livrée ainsi à un égoïsme et à une imprévoyance nécessaires, la propriété de main-morte est sujette à un autre vice; elle a le défaut d'être inaliénable et placée hors du commerce. Mal gérée elle produit peu, et est enchaînée dans les mains qui l'administrent mal.

Maintenant on se demande quelle analogie, quant aux principes, il pourrait y avoir entre la propriété privée et celle d'une corporation, entre le droit du particulier qui, ayant reçu un domaine de son père, le transmet à son fils, si mieux il n'aime en disposer autrement, et le droit d'un individu qui est mis en possession d'un domaine ecclésiastique, parce qu'il est nommé évêque, d'un domaine qu'il ne peut aliéner, sur lequel ses héritiers ne reposent aucune espérance, et qui cessera de lui appartenir, je ne dirai pas le jour de sa mort, mais à l'instant où, par une cause quelconque, il ne serait plus ministre de l'Église.

Ne voit-on pas que ce qui, dans un cas, constitue le droit de propriété n'est, dans l'autre, que l'accessoire d'une charge ecclésiastique? L'un possède, parce qu'il est propriétaire; l'autre, parce qu'il est évêque ou ministre. Le premier est investi d'un droit absolu, perpétuel et sacré, comme la propriété qui est la plus inviolable de toutes les choses humaines; le second n'a qu'un droit précaire, s'ouvrant d'ordinaire sur la tête d'un vieillard pour mourir avec lui et pour s'éteindre tout entier, parce que, le dignitaire n'étant plus, nul ne représente la dignité à laquelle seule le droit est attaché ; en un mot, c'est l'office, et non l'officier, qui est propriétaire.

Qui ne voit, dès lors, que la terre n'est pour l'évêque ou le ministre religieux qu'un moyen d'existence, un traitement, un salaire de leurs fonctions ?

Et si, par conséquent, les mêmes pouvoirs qui avaient créé tel ou tel office ecclésiastique le supprimaient, qui soutiendrait que l'abolition de l'office est une atteinte à la propriété ? La propriété cesse cependant de ce jour, car il n'y a plus de propriétaire ; ou, pour mieux dire, c'est l'usufruitier, c'est le possesseur précaire qui disparaît. Le propriétaire réel reste toujours ; ce propriétaire, c'est le pays, c'est la société, c'est l'État, qui avaient doté avec des terres un certain emploi public, et à qui, l'emploi étant supprimé, les terres reviennent naturellement. On voit bien là une fonction abolie, mais il est impossible d'y apercevoir la spoliation d'un individu. Et si le législateur a le droit de supprimer l'office, comment n'aurait-il pas le pouvoir de changer le mode suivant lequel la charge est rétribuée ? Quelle atteinte à la propriété peut-on lui reprocher, si, reconnaissant les vices d'une dotation immobilière pour le clergé, il y substitue un traitement en rentes ? On peut différer d'opinion sur le mérite relatif des systèmes ; mais tous deux sont des modes divers d'une même chose ; et il n'y a pas plus de spoliation dans le second que dans le premier. Pour soutenir qu'il y a spoliation aussi souvent qu'une terre appartenant à l'Église est retirée de ses mains, il faudrait aller jusqu'à dire que toute attribution faite par l'État; d'un revenu, d'un salaire où d'un domaine à un établissement public, confère à celui-ci une propriété absolument irrévocable. Or, cette théorie peut-elle s'appuyer sur des raisons plausibles ? Supposez que l'établissement qu'on a doté richement, quand on le croyait salutaire, devienne funeste, ou bien que, créé dans de certaines vues, il cesse de répondre à son objet ; faudra-t-il que la société continue à supporter, pour le soutien d'une institution reconnue mauvaise, les charges qu'elle s'était imposées dans l'espoir d'en retirer de grands bienfaits ?

Il semble bien difficile de ne pas reconnaître que la propriété, même territoriale, n'est entre les mains des corporations ecclésiastiques qu'un dépôt (*a trust*) dont elles sont comptables envers le pays, et qui peut légitimement être repris par la même autorité qui le leur avait confié.

Ce principe est moins contestable en Angleterre et en Irlande qu'en tout autre pays, parce que là l'État et l'Église ne font qu'un ; et que les biens de l'Église y sont tout naturellement ceux de l'État.

Et comment garder quelques doutes en présence des faits accomplis ? Ne considérons que l'Irlande : jadis dans ce pays la dîme était payée à l'Église catholique ; cependant cette Église a été un jour privée de ses revenus. Comment ? Par autorité du roi et du parlement. Sur quel fondement ? Sur le principe qu'il appartenait au gouvernement de régler la propriété ecclésiastique et d'en faire le meilleur emploi. En conséquence la dîme a été transférée à l'Église anglicane. Dans quel but ? Afin de rendre protestante l'Irlande, qui est pourtant restée catholique.

Conclurons-nous de là qu'il faut restituer la dîme à l'Église catholique? La conséquence n'est pas rigoureuse : l'État, disposant à son gré d'une propriété qui est la sienne, peut, il est vrai, en faire cet emploi, s'il le croit avantageux ; mais en agissant ainsi dans un pays où l'idée de supériorité hiérarchique parmi les cultes est attachée au paiement de la dîme, il placerait tous les cultes d'Irlande sous la domination de l'Église catholique, et nous avons vu que rien ne serait plus funeste à l'Irlande elle-même.

Quelle est donc la conséquence qu'il faut en tirer? C'est que si l'État a pu légitimement dépouiller l'Église catholique de ses dîmes, et les transporter à l'Église anglicane, dans la confiance que l'Irlande allait devenir protestante, il peut, à plus forte raison, lorsque après trois siècles d'expériences il reconnaît la vanité de ses efforts et la chimère de ses espérances, ressaisir les dîmes et en disposer de nouveau.

On conçoit qu'il y ait difficulté sur le meilleur emploi à faire de cette source de richesses ; mais la question de légalité et de justice peut-elle ici être douteuse?

Il en est qui reconnaissent à l'État le droit, en général, de régler les revenus de l'Église, et même d'administrer ses propriétés, pourvu que, dans tous les cas, ces revenus soient appliqués à un objet ecclésiastique ; mais c'est là une opinion arbitraire, et qui manque de base. Supposez une dotation annuelle de 20 millions de francs, établie au profit d'un culte qui a perdu tous ses prosélytes; continuerez-vous à doter de 20 millions de francs quelques pasteurs sans troupeau? On arriverait à une conséquence absurde. — D'autres disent : Il faut reporter la dotation sur le culte qui réunit le plus de croyants. On le peut sans doute; mais l'exemple de l'Irlande prouve qu'une pareille combinaison serait quelquefois très-dangereuse. — Bien d'autres avis sont ouverts sur ce sujet. Quand une dotation existante est supprimée, il faut, dit-on, pour ne heurter aucune secte, y faire participer toutes les communautés; — ou bien encore, employer les revenus qu'on enlève à l'Église à des objets d'intérêt général, et tenant pourtant par quelque côté à la religion, telles que l'instruction et l'éducation du peuple. Et toutes ces divergences sont naturelles, parce que ceux qui soutiennent ces opinions diverses ne se dirigent par aucune règle.

Disons-le nettement, le droit qui appartient à l'État de disposer des biens de l'Église ou de toute autre corporation ne dépend point de l'usage qu'il fera de ces biens après qu'il les aura repris : ce droit est absolu, et n'est soumis à d'autres conditions et à d'autres limites que celles de la morale et de l'utilité. Et si on ne peut contester à l'État le pouvoir de reprendre les biens d'Église, quand l'intérêt du pays et de la religion le commandent, il faut reconnaître aussi qu'il peut faire de ces biens la distribution qu'il juge la plus utile à la société. Du reste, une loi récente du parlement anglais a implicitement, sinon expressément, reconnu tous les principes qui viennent d'être exposés.(1) : cette loi est celle qui réduit d'un quart la dîme due au clergé d'Irlande. Cette réduction d'un quart est peu de chose; mais ce qui est grave, c'est le principe en vertu duquel elle est faite : le parlement n'a pu la décréter sans reconnaître en même temps que les biens d'Église sont une propriété nationale dont la disposition souveraine appartient à l'État. La reconnaissance de ce principe est aussi nécessaire pour enlever à l'Église un quart de ses revenus, que pour lui en ravir la totalité; et l'on ne voit pas qu'il y ait à distinguer entre la dîme et la terre. Si le parlement a le droit d'ôter à l'Église sa propriété, appelée *dîme*, il peut tout aussi bien lui reprendre sa propriété appelée *terre*.

A la vérité, la plupart des terres que possède l'Église d'Irlande proviennent de donations faites à l'Église. Or ne peut-on pas dire que la loi ne saurait, sans injustice, changer la destination d'un legs pieux et violer l'intention du fondateur? Mais voyez alors où vous conduira ce principe. En général, ces fondations avaient été faites par des catholiques dans l'intérêt de leur Église et des établissements de leur religion. Cependant, lors de la réformation, le gouvernement dota l'Église réformée de toutes les richesses dont il dépouilla l'Église catholique, et certes il ne pouvait pas faire un acte plus directement contraire à l'intention des donateurs. Or, de deux choses l'une, ou il avait alors le droit d'agir de la sorte, ou il a commis une injustice. S'il a commis une injustice, il faut qu'il la répare et rende à l'Église catholique les propriétés confisquées, ce qui, je crois, serait un mal. Ou bien il a fait un acte légitime; et s'il a eu le droit de donner à l'Église anglicane les biens de l'Église catholique, il est à plus forte raison fondé aujourd'hui à reprendre ces biens pour en faire une autre disposition.

Il semble donc qu'aucun principe de morale et aucune considération d'équité ne s'opposeraient à ce que l'État abolît le droit de l'Église anglicane aux dîmes qu'elle reçoit et aux terres qu'elle possède, sauf, bien entendu, à donner en échange un salaire équivalent à tous les ministres de cette Église pendant toute leur vie. Du reste, on n'entend point l'abolition en ce sens, que celui qui aujourd'hui doit la dîme fût libéré de toute dette, et que celui qui est fermier d'un bien d'église en devint propriétaire; on veut dire seulement que la taxe appelée dîme, au lieu d'être due à l'Église, le serait au gouvernement, et que les terres dont l'Église a maintenant le dépôt, rentreraient dans le domaine de l'État. Il serait mauvais, en abolissant la dîme, de supprimer toute dette; car c'est un funeste enseignement pour une nation, quand les débiteurs sont affranchis de leurs charges par des actes de force majeure. La propriété foncière d'Irlande est grevée d'une rente odieuse, parce que cette rente se paie à une Église détestée. Qu'on se hâte d'en changer la nature; que cette rente soit, comme toute autre taxe, versée dans les caisses de l'État; qu'elle s'y mêle à tous les

publique; qu'on la réduise, si l'on veut, en considération de tout le mal qu'elle a fait; qu'on prépare même son extinction graduelle, mais qu'on ne la détruise pas soudainement. Rien n'est plus dan-

gereux et plus dépravant pour un peuple que les
grands profits d'argent faits dans les révolutions.
C'est par la même raison qu'il serait mauvais de
donner les terres de l'Église aux fermiers qui les
occupent. Ces terres sont à l'État; qu'il les vende
au peuple d'Irlande, il en tirera un capital immense.
Ces terres, maintenant mal exploitées, ne produisent
pas cent cinquante mille livres sterling, et on estime à sept cent trente-deux mille livres sterling,
c'est-à-dire environ vingt millions de francs, le revenu qu'on en pourrait obtenir (1); qu'on juge du
prix auquel seraient payées en Irlande de pareilles
terres. Un précieux moyen serait ainsi offert au gouvernement d'arriver à ce but tant désirable, de rendre
le peuple propriétaire; il aurait à vendre six cent
soixante-dix mille acres épars dans toutes les paroisses
d'Irlande; et s'il se faisait une loi de les débiter par
petites parcelles, depuis un jusqu'à dix acres, il
créerait d'un seul coup une multitude de petits
propriétaires fonciers. Le jour où, en Irlande, il y
aurait cent cinquante mille petits propriétaires, là
propriété serait plus solide, et la sécurité des propriétaires plus grande qu'elles ne peuvent le devenir
par l'effet d'aucune mesure politique.

C'est ainsi que la plus indispensable des réformes
religieuses conduirait à la plus salutaire de toutes
les réformes sociales.

QUATRIÈME PARTIE.

CHAPITRE PREMIER.

Que fera l'Angleterre?

On vient de voir ce qu'il faudrait faire en Irlande pour attaquer dans leur principe les maux qui désolent ce pays, et pour rendre à son état social profondément troublé des conditions d'ordre, de paix et d'harmonie.

Maintenant ce qui serait désirable sera-t-il fait? L'Angleterre voudra-t-elle, pourra-t-elle accomplir les immenses changements que réclame l'intérêt de l'Irlande? — Il est bien difficile de le penser.

C'est la destruction de l'aristocratie qu'il faut à l'Irlande : et l'Angleterre est encore foncièrement aristocratique. Elle aime les institutions que l'Irlande déteste, et tend naturellement à conserver tout ce qu'en Irlande il faudrait abattre.

Sans doute l'Angleterre n'est pas étrangère au mouvement général de démocratie qui agite le monde. Le grand principe de l'égalité, cette base fondamentale de la loi religieuse et de la loi politique, ne saurait manquer de se faire jour dans un pays de lumières, de christianisme et de liberté. Il trouve d'ailleurs un puissant auxiliaire dans le développement toujours croissant de l'industrie anglaise, qui, attirant sans cesse dans les villes les habitants des campagnes, dépeuple les lieux où l'inégalité est le mieux établie, et accroît les populations moins soumises aux privilèges de l'aristocratie. Et, à ne considérer que la surface des choses et l'aspect extérieur des événements de date récente, on pourrait croire que la vieille constitution féodale de l'Angleterre est menacée d'une prochaine ruine.

Voyez seulement les progrès de la démocratie dans ce pays depuis 1830. La réforme parlementaire agitée il y a un demi-siècle, arrêtée par 1793 et suspendue pendant quarante ans, reprend subitement son cours, et, devenue irrésistible par les démonstrations énergiques de la volonté nationale, se développe et s'accomplit sur une large base. A compter de ce jour, au lieu de quatre cent mille électeurs, l'Angleterre en compte plus d'un million; la chambre des communes cesse d'être une créature de la chambre des lords; et, appuyée désormais sur le peuple dont elle émane tout entière, elle devient le premier pouvoir de l'État.

Lorsque ces grands changements s'exécutent, il semble qu'une ère nouvelle commence pour l'Angleterre. C'était jadis la tradition qui présidait à ses conseils; pour la première fois elle prend la logique pour guide, et règle sa conduite, non sur les précédents, mais sur le raisonnement. Cette révolution intellectuelle était peut-être la plus difficile qui pût s'opérer dans un pays aussi attaché que l'Angleterre à ses coutumes.

Et une fois entrée dans une voie rationnelle, elle ne s'arrête plus; elle la parcourra tout entière, si quelque accident extraordinaire ne vient l'y entraver.

Il est absurde, dit-on, qu'un petit bourg de deux ou trois maisons envoie au parlement des députés, tandis qu'une ville comme Manchester et Birmingham, villes de cent et de deux cent mille âmes, n'ont point de représentant. Sans doute. En conséquence le bourg est privé de son privilège, et des droits sont attribués aux grandes cités qui n'en avaient pas (1).

Il est absurde que les citoyens, sur qui pèsent les taxes publiques, ne soient pas tous appelés à élire les représentants auxquels appartient le pouvoir de les voter, et, en conséquence de ce raisonnement très-juste, on donne à la franchise électorale une immense extension. Fort bien; mais n'est-il pas absurde aussi que les villes municipales aient pour représentants un petit nombre de citoyens qu'elles n'ont point élus, et pour gouvernants des fonctionnaires qu'elles n'ont point institués? Assurément : en conséquence les corporations municipales d'Angleterre sont réformées et réorganisées sur un plan rationnel de gouvernement libre.

La même méthode logique atteint tous les abus; et elle ne se prend pas seulement au monde politique : elle embrasse tout le cercle de l'humanité ; on abolit, dans une foule de cas, la peine de mort comme inutile et barbare; et parce que l'esclavage est injuste, on rachète à grands frais dans les colonies les nègres esclaves dont on décrète la liberté.

Et quand le progrès démocratique a prouvé sa force et sa moralité par de telles conquêtes, lorsqu'il a eu le bonheur de mêler à sa cause des causes si saintes, on n'aperçoit plus ce qui pourrait l'arrêter dans sa marche; tout semble lui venir en aide; chaque réforme logique conduit à une autre réforme; toute victoire obtenue facilite une nouvelle victoire. Alors, dans l'élan singulier qui est imprimé à l'esprit public, on ne change pas toutes les institutions, mais on veut se rendre compte de chacune d'elles; on demande s'il est raisonnable d'avoir des magistrats comme les juges de paix dont toute la supériorité est d'être riches, et pour législateurs des hommes dont tout le mérite est d'être nés lords. On demande s'il est logique que les hommes à qui le peuple a donné son mandat soient contrôlés et quelquefois entravés par des lords qui n'ont reçu aucun mandat du peuple. On interroge l'Église elle-même et ses abus; les plus vieux préjugés sont atteints; l'intolérance religieuse est attaquée dans son foyer le plus ardent; le vieux puritanisme est vaincu et le chef des catholiques d'Irlande reçoit en Écosse une ovation populaire (1). On va plus loin : l'audace de l'esprit anglais se porte jusqu'à suspecter l'équité du droit d'aînesse et le bienfait des substitutions (2).

Ainsi, et l'on ne saurait le nier, la démocratie a son cours en Angleterre; son progrès est manifeste et constant, et il sera peut-être moins difficile de détruire les privilèges de l'aristocratie que d'en être venu à les discuter.

Mais, en même temps qu'on voit en Angleterre

ce mouvement continu, ce progrès devenu plus
rapide depuis qu'il est logique, il faut reconnaître
aussi que la démocratie anglaise n'est encore en
quelque sorte qu'à l'entrée de la carrière; si elle a
fait déjà de grandes conquêtes, elle n'a point encore
établi son empire. Son adversaire, pour avoir eu un
jour de défaite, est bien loin de s'avouer vaincue;
et à côté de tout ce qui pousse en avant le char de
la réforme, il y a des puissances considérables qui le
retiennent, ou du moins s'efforcent de le modérer.

Toutes les existences magnifiques de l'aristocratie, le prestige de ses grandes fortunes, l'éclat de
ses grands noms, son immense patronage, la multitude de conditions particulières qui dépendent
d'elle, et toutes celles qui se sont arrangées sur la
foi de sa durée; la popularité des antiques familles
investies des priviléges attaqués; les efforts prodi-
gieux de ceux qui, nouvellement possesseurs de ces
privilèges, travaillent à garder un bien si précieux,
si péniblement conquis; les ambitions qui aspirent
aux rangs aristocratiques, et qui, sans avoir encore
touché le but, en sont si près, qu'elles le défendent
avant même de l'avoir atteint; la foule énorme de
capitalistes qui abondent dans la Grande-Bretagne,
dont la seule pensée est d'accroître leurs richesses,
et qui, ayant besoin de paix pour suivre leurs desseins, s'alarment de toute agitation dans l'État, soit
que le mouvement se fasse en avant ou en arrière;
tout cela forme une masse extraordinaire d'influences, de passions et d'intérêts qui, ouvertement
on tacitement, conspirent à ralentir, sinon à entraver les allures de la réforme démocratique.

Un des grands obstacles à la démocratie en Angleterre, c'est que l'égalité philosophique y soit à
peu près inconnue. Quelques esprits supérieurs la
comprennent; un petit nombre l'aime peut-être;
nul n'en a la passion; et parmi le peuple on n'en a
ni le goût ni l'idée. Les mœurs de ce pays sont tellement imprégnées d'aristocratie, que le prolétaire
lui-même en subit l'influence; et, dans ses efforts
les plus laborieux, ce n'est pas l'égalité, c'est l'inégalité qu'il poursuit. Ce qui l'excite au travail, c'est
bien moins la condition de ceux dont il sera l'égal,
que de tous ceux dont il voudrait deviner le supérieur. Il poursuit, du reste, son but avec loyauté. Ce
n'est point en abaissant les autres qu'il aspire à se
grandir, mais bien en s'élevant lui-même; et, s'il
échoue, il se soumet sans murmure aux fortunes
plus heureuses que la sienne, qui ont conquis le privilége, objet de ses propres efforts. Aussi longtemps
que ce sentiment prévaudra parmi les classes inférieures, l'aristocratie conservera une grande puissance.

Mais la démocratie, en Angleterre, a un ennemi
plus redoutable encore et plus visible à tous les
yeux : c'est l'Église.

On peut sans doute apercevoir en Angleterre
quelques signes de déclin dans la foi religieuse. Le
scepticisme philosophique a pénétré dans quelques
rangs supérieurs, où il se déguise de son mieux sous
le masque de l'unitairianisme. Et dans les plus
basses classes, les travaux industriels, à force de
matérialiser l'homme, l'éloignent de la religion, qui

n'est autre chose que le lien moral de l'âme à ce qu'il y a de plus immatériel, Dieu.

Soit tendance philosophique, soit abrutissement physique, il est certain que jamais peut-être il n'y a eu, en Angleterre, autant qu'aujourd'hui, d'individus ne professant aucune espèce de culte.

Mais ces syptômes d'irréligion et d'incrédulité, quoique plus apparents chaque jour, ne sont encore en Angleterre que de rares accidents. Très-graves peut-être pour l'avenir, ils n'ont qu'une faible importance dans le présent. Prise en masse, l'Angleterre est encore aujourd'hui profondément religieuse, chrétienne et protestante ; et l'Église anglicane, qui est la forme officielle de son culte, est singulièrement populaire.

A la vérité, l'Angleterre n'est pas toute protestante sous la même forme ; l'on estime que la moitié de sa population professe des cultes dissidents de l'Église anglicane, tels que les presbytériens, les méthodistes, les quakers, etc., etc.; et ceux-ci, quoique fervents, ne sont pas nécessairement animés des passions qui sont propres à l'Église d'Angleterre. Il faut ajouter que les sectes dissidentes étant, en général, composées des classes les plus pauvres, on peut considérer tout ce qui n'est pas anglican comme tendant aux idées démocratiques. Mais on se tromperait si l'on croyait que les dissidents, parce qu'ils sont à peu près égaux en nombre aux anglicans, forment dans le pays une puissance égale à la puissance de ceux-ci. Rangés sous une même bannière, les anglicans constituent

une phalange compacte et serrée, dont l'union accroît la force; tandis que les dissidents, qui tous
réunis seraient aussi forts, formant autant de corps
séparés que de sectes diverses, s'affaiblissent par
leur division.

Il y a d'ailleurs dans la longue existence et dans
les souvenirs de l'Église d'Angleterre quelque chose
qui plaît à l'esprit national de ce pays; le peuple
voit en elle la tradition vivante de la réformation et
le triomphe continu de la foi protestante sur le catholicisme. L'Église a pour elle toutes ces passions
du peuple; elle le sait, et toutes les fois qu'elle voit
l'aristocratie en danger, elle la protège en dénon-
çant hautement les adversaires de celle-ci comme
des ennemis secrets de l'Église. Les clameurs qu'elle
pousse retiennent un grand nombre qui seraient
assez enclins à détruire les privilèges aristocratiques,
mais qui n'osent toucher à l'édifice dont l'Église est
une colonne, de peur que la colonne ne tombe avec
l'édifice qu'elle soutient. Cette crainte religieuse est
peut-être ce qui, dans ces derniers temps, a contri-
bué le plus à suspendre le mouvement démocratique. Les réformateurs anglais ayant eu l'imprudence d'avouer leur intention de réformer l'Église
elle-même, la réforme s'est arrêtée tout court. Le
rejet du bill dont l'objet était d'abolir en Angleterre
les taxes d'Église (*church. rates*) (1), peut être considéré comme le point d'arrêt du mouvement imprimé par la réforme parlementaire de 1832.

Quoi qu'il en soit, et par une foule d'autres causes
dont la nature de ce livre ne comporte point l'ex-
position, l'Angleterre est amie de ses institutions

aristocratiques et religieuses, et adverse à tout changement.

, Comment donc supposer qu'elle fera ou laissera faire en Irlande les réformes profondes que celle-ci réclame ? Ne jugera-t-elle pas, dans son amour pour sa vieille constitution, que l'on ne pourrait la ruiner en Irlande sans l'ébranler en Angleterre ? Toute altération de la propriété dans le premier pays ne lui paraîtra-t-elle pas un péril pour la propriété dans le second ? Les privilèges de la naissance et de la fortune, abattus en Irlande, se pourront-ils conserver en Angleterre ? Et l'Église cette pierre angulaire de la constitution britannique, l'*Église établie d'Angleterre* et *d'Irlande* se tiendra-t-elle debout, glorieuse et puissante dans l'un de ces pays, après avoir été démolie dans l'autre ?

De pareilles objections, en les supposant mal fondées, sont tellement dans le sens des passions de l'Angleterre, qu'on croit pouvoir prédire hardiment que celle-ci ne fera point en Irlande les renversements qui seraient nécessaires.

Peut-être l'Angleterre aura-t-elle tort de ne pas abolir en Irlande les institutions qu'elle veut conserver chez elle ; peut-être la destruction de ces institutions dans le pays qui y est hostile serait-elle le plus sûr moyen de les maintenir chez le peuple qui en est content ; peut-être serait-ce de la part du législateur anglais la preuve d'une haute sagesse que de reconnaître et de déclarer ouvertement qu'il faut pour des peuples dont l'état social n'est point le même des procédés différents de gouvernement, et d'autres lois pour d'autres mœurs. Ce principe

une fois posé et compris, bien des difficultés susci-
tées par l'Irlande s'évanouiraient.

Celle-ci ne serait plus fondée à se plaindre qu'on
la traite autrement que l'Angleterre, qui, de son
côté, ne lui contesterait plus le besoin d'un régime
différent. Aujourd'hui on est dans l'absurde lorsque
les lois propres à consolider en Angleterre l'aristocratie et l'Église sont données à l'Irlande. Celle-ci
les repousse, et avec raison; et pourtant l'Angleterre peut lui dire : Vous voulez les mêmes lois.
On est encore dans le faux lorsque des réformes
plus libérales que démocratiques étant faites en Angleterre, on les accorde à l'Irlande. L'Angleterre
aristocratique a besoin de plus de liberté; il faut à
l'Irlande plus d'égalité. Le gouvernement anglais est
donc sage lorsque, dans ce cas, il refuse à l'Irlande
ce qu'il donne à l'Angleterre; et cependant l'Irlande peut dire : Puisque vous m'imposez votre inégalité sociale, donnez-moi aussi votre liberté politique.

Ces difficultés insolubles dans le système d'un
gouvernement uniforme pour les deux pays disparaîtraient dès qu'on établirait que chaque peuple a
besoin de son régime propre, et que l'Irlande doit
être traitée autrement que l'Angleterre, non parce
qu'elle est inférieure, mais parce qu'elle est différente.

Mais tout en admettant que, s'il agissait ainsi,
le gouvernement anglais ferait à la fois l'œuvre la
plus juste et la plus sage, on prévoit cependant qu'il
ne sera point en son pouvoir de procéder de la
sorte. Un seul obstacle suffira pour l'arrêter : les

préjugés de l'Angleterre et ses passions plus puissantes que ses intérêts.

Une pareille conclusion est triste sans doute et féconde en graves conséquences : mais avant de les déduire, ne faut-il pas d'abord exposer plus complètement les bases du problème ?

S'il est vrai que l'Angleterre ne puisse et surtout ne veuille point accomplir en Irlande les réformes dont on a montré la justice et la nécessité, s'ensuit-il qu'elle ne veuille rien réformer dans ce pays ? Non, sans doute. Tout annonce, il est vrai, que l'ensemble des innovations proposées lui répugnerait, mais chacune d'elles ne la trouverait pas également hostile. Ne faut-il pas, par conséquent, rechercher, parmi les réformes indiquées, quelles sont celles que l'Angleterre repousserait absolument et celles dont elle pourrait admettre quelque chose ?

de l'Irlande tous les changements qui ont été indiqués ; mais si l'accomplissement de tous est impossible, le meilleur système ou plutôt le moins défectueux ne sera-t-il pas celui qui permettra d'en exécuter quelques-uns ?

Comment d'ailleurs porter sur les passions de tout un peuple un jugement absolu ? Il y a bien dans la physionomie générale d'une nation quelques traits universellement répandus qui permettent de lui attribuer en masse tel penchant, telle aversion ; mais ces traits communs au plus grand nombre sont rares. Un grand peuple, surtout un peuple libre, n'est point si homogène dans toutes ses parties ; la différence des classes et des rangs, l'inégalité des conditions, la variété des intérêts politiques, les divisions religieuses, font naître une multitude de sentiments opposés et de passions contraires; la lutte s'établit et continue sans relâche dans le pays entre ces intérêts divers. Et ce n'est pas toujours le même sentiment qui triomphe; tantôt une idée domine, tantôt une autre : celle-ci, maîtresse du pouvoir, détruit aujourd'hui ce que celle-là avait institué la veille; et ce que le peuple vient d'édifier, guidé par l'opinion du jour, il le renversera demain sous l'empire de l'opinion rivale et triomphante. Lors donc qu'on recherche ce que, dans tel cas donné, un peuple voudra on pourra faire, on ne saurait aller bien loin dans cet examen si l'on ne distingue pas les divers éléments dont ce peuple se compose, et si, après avoir fait cette distinction, on ne s'applique pas à reconnaître la nature et la portée de chacun d'eux. Il faut donc, après avoir examiné ce que l'Angleterre, envisagée tout entière et d'un point de vue générale, ferait pour l'Irlande, analyser le peuple anglais et apprécier ce qu'il pourrait faire tour à tour sous l'influence des différentes opinions, des passions diverses et des intérêts opposés qu'il renferme. En d'autres termes, il faut rechercher ce qu'est capable d'exécuter pour l'Irlande chacun des partis politiques qui divisent l'Angleterre.

CHAPITRE II.

Ce que peut faire chacun des partis qui divisent l'Angleterre.

———

Il y a en Angleterre trois partis principaux, les

lande pourrait attendre de chacun d'eux.

———◦◦◦———

SECTION PREMIÈRE.

Le parti tory.

Les tories anglais sont ceux qui, dans la nation, se montrent les plus animés du désir ardent et de la volonté ferme de maintenir intactes les institutions du pays; ce sont ceux qui, dans leur amour de ce qui existe, défendent tous les priviléges, protègent tous les abus, et signalent les partisans de toute réforme comme des ennemis de la constitution. Ce sont ceux qu'on voit les plus constants et les plus dévoués partisans de l'Église; ils offrent, en un mot, la plus haute expression des passions aristocratiques et religieuses que contient l'Angleterre.

N'est-ce pas assez dire que ce parti serait dans l'impossibilité la plus absolue de faire, en Irlande, les changements qu'exige ce pays? Si l'Angleterre, avec ses intérêts divers et ses passions opposées, serait, en général, contraire à de telles réformes, comment donc pourrait-on les demander au parti dans lequel se résument et se concentrent les sentiments les plus hostiles à toute innovation ?

A la vérité il s'est formé, dans ces derniers temps, sous la bannière du parti tory, un autre parti moins absolu que celui-ci dans ses principes, et qui, tout

stitutions de l'Angleterre, ne professe pas un égal respect pour tous les abus dont elles sont mêlées. Ce nouveau parti, communément appelé conservatif, et dont M. Peel est le chef distingué, se com-

intelligents que les autres, ont compris que le meilleur moyen de sauver l'aristocratie attaquée serait de corriger ses vices les plus saillants à mesure que le temps les révèle, et que l'opinion publique en réclame impérieusement la réforme.

Ce parti est peut-être l'image la plus fidèle de l'Angleterre, considérée isolément ; tout porte à croire qu'il y aurait la majorité, comme il la possèderait dans le parlement, si l'Écosse et l'Irlande n'y envoyaient cent cinquante représentants, dont la plupart sont radicaux ou whigs.

Mais on concevra facilement que ce second parti ne serait guère moins incapable que le premier de donner à l'Irlande la satisfaction que celle-ci demande.

Ce ne sont pas seulement des abus qu'il faut corriger en Irlande, ce sont des institutions qu'il faut détruire. Or, comment ces institutions seraient-elles abolies par le parti dont le nom indique que sa mission est de les conserver ?

Pour faire en Irlande de grandes réformes, il faut de toute nécessité engager une lutte avec les passions aristocratiques et religieuses de l'Angleterre. C'est ce que ferait difficilement le parti conservatif, dont ces passions sont le point d'appui ; sa modération consiste à ne les point exciter, et à souhaiter qu'elles s'adoucissent ; mais il ne saurait les combattre. Ce parti peut, sans doute, faire dans les détails de l'administration publique d'utiles innovations ; mais il n'exécuterait point de réformes propres à changer l'économie sociale et politique du pays.

Il y a cependant des gens qui croient que de tous les partis le parti conservatif serait le plus propre à réformer les institutions vicieuses de l'Irlande. Ils fondent ce sentiment sur ce qu'à diverses époques, les plus grands changements exécutés dans les institutions de l'Irlande l'ont été par des tories modérés ; et ils citent pour exemple l'émancipation catholique accomplie en 1829 par le ministère dont lord Wellington était le chef. Mais il ne faut pas confondre ce qu'a fait un parti avec ce qu'on peut attendre de ses principes.

L'émancipation catholique n'était point de sa nature une mesure tory ; lord Wellington l'a entreprise, non parce qu'elle était conforme à ses principes, mais quoiqu'elle y fût contraire ; et il a déclaré lui-même qu'en l'accomplissant il obéissait non à la justice, mais au besoin d'apaiser les agitations de l'Irlande qui menaçait l'Angleterre d'une insurrection. Il n'a point librement exécuté une réforme, il a fait une concession nécessaire.

Or, on ne cherche point en ce moment si, le parti conservatif étant chargé de gouverner l'Irlande, serait dans la nécessité de lui faire des concessions ; on examine s'il serait dans la nature de ses principes d'y pratiquer des réformes.

Alors même qu'il serait dans les dispositions du parti conservatif de vouloir, et quand même il lui serait donné de pouvoir exécuter en Irlande un certain nombre de réformes, il en est une qu'il lui est absolument impossible d'entreprendre, et qui l'arrêterait tout d'abord : c'est la réforme de l'Église. Comme les questions religieuses sont celles qui, en Angleterre, excitent les passions les plus vives, les conservatifs les plus tempérés ne peuvent, dans tout ce qui concerne l'Église, appliquer leurs principes de modération. Ici l'abus est tout aussi sacré pour eux que le principe.

Cependant nous avons vu plus haut qu'aucune réforme ne saurait être salutaire en Irlande si d'abord on n'y renverse la suprématie anglicane. Ainsi, la première réforme à exécuter en Irlande, celle sans laquelle toute autre serait vaine et stérile, est précisément celle que le parti conservatif serait dans l'impossibilité d'accomplir.

SECTION II.

Le parti radical.

Si le parti tory est de sa nature impropre aux

réformes que veut l'Irlande, le parti le plus capable de ces réformes n'est-il pas celui dont les doctrines sont le plus opposées à celles des tories, et qui représente dans la nation anglaise les opinions les plus

parti conservatif y exprime les passions les plus amies de l'immobilité?

Il est sans doute permis de penser que, maître du pouvoir, le parti radical d'Angleterre exécuterait en Irlande des réformes considérables. Ce ne serait point cependant une tâche exempte de difficultés que de déterminer les actes que l'on pourrait attendre de ses principes.

On aperçoit bien sa tendance générale vers la démocratie, mais il serait malaisé de dire jusqu'où il va dans cette voie. Sa marche est incertaine, ses théories sont vagues, ses plans ne sont point encore arrêtés. Soit qu'il ne sache pas bien lui-même le but vers lequel il s'avance, soit qu'il craigne d'effrayer l'Angleterre en le lui montrant, il est certain que ce but ne s'aperçoit pas clairement. Dans ses professions de foi les plus larges et les plus explicites, le parti radical réclame des parlements annuels, le vote au scrutin secret, le suffrage universel; réformes importantes sans doute, mais qui sont des moyens bien plutôt que des fins.

On peut prévoir, il est vrai, que si, à l'aide de pareils moyens, les radicaux devenaient maîtres du parlement et du pouvoir, ils aboliraient en Angleterre les privilèges politiques et civils de l'aristocratie, et feraient ainsi disparaître un des grands obstacles qui s'opposent à la destruction de ces mêmes privilèges en Irlande. Mais qui peut dire quand le parti radical aura la puissance d'exécuter de pareilles réformes? Ce parti est jusqu'à présent peu nombreux, il a peu de puissance dans la nation anglaise parce qu'il est trop en avant d'elle; dans le parlement il ne compte que peu de membres, et le pouvoir est si loin de lui, qu'il semble presque superflu d'examiner quel usage il en pourrait faire. Et ce parti eût-il aujourd'hui la puissance d'enlever à l'aristocratie d'Angleterre et d'Irlande leurs priviléges civils et politiques, pourrait-il abolir de même leurs privilèges religieux, c'est-à-dire accomplir la réforme qui en Irlande doit précéder toutes les autres? Il est permis d'en douter. Et l'obstacle qui peut-être l'arrêterait se trouve en lui-même.

Ces passions religieuses, que l'on a vues plus haut si puissantes en Angleterre, ne sont peut-être aussi vivaces dans aucun parti que dans le parti radical, où elles sont plus violentes et moins éclairées que dans tout autre. A la vérité, le parti radical étant en général composé de dissidents ennemis de l'Église établie, le fanatisme des passions religieuses dont il est animé le pousse plutôt vers la démocratie, et semblerait sous ce rapport favoriser l'Irlande; mais aujourd'hui ces passions sont encore plus protestantes que démocratiques, et les Irlandais sont catholiques. Les dissidents d'Angleterre, pour la plupart radicaux, sont assurément fort ennemis chez eux de la suprématie de l'Église; mais ils hésiteraient beaucoup à la renverser en Irlande, ne fût-ce que par la

sujet de joie et de triomphe. Ces passions du parti

radical contre l'Irlande catholique, qui, sans doute, tendent chaque jour à s'affaiblir, et que les chefs de ce parti combattent de tous leurs efforts, n'ont jamais manqué une occasion d'éclater. Et pour n'en rappeler ici qu'un exemple : lorsqu'à diverses reprises le plan a été conçu, par le gouvernement anglais, de donner au clergé catholique d'Irlande un salaire public, les plus vives oppositions en Angleterre sont toujours venues des dissidents qui ont signalé, comme une impiété énorme, l'assistance donnée à une Église papiste par un État protestant. Ainsi le parti radical comme le parti tory pourrait être, dès le premier pas, arrêté dans la réforme irlandaise par une cause provenant de la religion ; avec cette différence, que, pour ne pas attaquer en Irlande, la suprématie d'une Église essentiellement aristocratique, les radicaux auraient besoin de faire violence à leurs principes politiques, tandis que les tories, en la conservant, agiraient tout à fait dans le sens de leurs passions, de leurs doctrines et de leurs intérêts.

Ajoutons que les préjugés de l'Anglais contre l'Irlandais, ce mépris si commun chez le premier pour le second, ne se rencontrent nulle part plus violents que parmi les classes inférieures, où les radicaux prennent naturellement leur point d'appui.

Toutes les observations qui précèdent s'appliquent, et à plus forte raison, à un certain parti radical extrême qui s'est tout récemment manifesté en Angleterre, et qui, s'essayant dans les grandes assemblées populaires, s'y est distingué par une singulière violence de langage et par une grande exagération de théories. Au rebours des radicaux modérés qui, pour ne point alarmer l'Angleterre, annoncent sans doute moins qu'ils ne veulent faire, ce nouveau parti semble prendre à cœur de terrifier le plus qu'il peut tous les intérêts conservateurs : non que ses doctrines donnent une idée claire de ses projets : il ne dit pas précisément ce qu'il fera ; mais ce qu'il établit avec grand soin, c'est qu'il accomplira certainement de grandes et de terribles choses ; il ne lui suffit pas d'être réformateur, il se pose en révolutionnaire ; il prend pour devise le principe du recours à la force matérielle ; se plaît à rassembler le peuple la nuit à la lumière de torches incendiaires, et, pour qu'on ne suspecte pas l'énergie de ses desseins, il invoque la mémoire et les procédés de Danton. Il est douteux que ce parti radical-extrême, composé principalement des dissidents les plus fanatiques de l'Angleterre, voulût faire, pour l'Irlande catholique, plus que ne voudraient les radicaux modérés ; mais ce qui est certain, c'est qu'il le pourrait encore moins que ceux-ci, car, à force de se porter en avant de la nation, il s'est placé en dehors d'elle.

SECTION III.

Le parti whig.

On vient de voir comment par des causes diverses les deux partis qui en Angleterre représentent

les idées les plus contraires et les passions les plus
opposées ne sauraient faire en Irlande aucune réforme de quelque importance : l'un parce qu'il soutient aveuglément la constitution ; l'autre, parce
qu'il en est supposé l'ennemi ; le premier, parce qu'il
ne voudrait rien innover ; le second, parce qu'on
ne lui en donnerait point le pouvoir.

Mais entre ces deux partis extrêmes il en est un
troisième composé de tous ceux que l'immobilité
tory repousse, et que le radicalisme effraie ; qui,
sincèrement attachés aux institutions du pays,
croient cependant qu'il est permis de les modifier ;
et qui, tour à tour ardents à attaquer et zélés à défendre, admettent assez de réformes pour seconder
dans sa marche le progrès de la démocratie, et en
osent trop peu pour alarmer sérieusement les passions et les intérêts aristocratiques de l'Angleterre.
Ce parti moyen est le parti whig.

On juge tout d'abord par le peu de mots qui précèdent, qu'il ne serait point dans la capacité des
whigs d'exécuter en Irlande tous les changements
qu'on a reconnus nécessaires ; car c'est une destruction qu'il faudrait faire dans ce pays, et la portée
naturelle des whigs ne dépasse point une réforme.
Ce n'est même qu'à la condition de ne rien détruire
qu'ils ont la puissance de réformer ; mais l'on aperçoit aussi en même temps que, s'il est interdit aux
whigs d'abolir entièrement les institutions de l'Irlande, ils tiennent du moins de leurs principes la
faculté, et de leurs intérêts le désir d'y pratiquer de
grandes innovations.

Les whigs qui, pour exécuter des réformes, ont

la volonté que n'ont pas les tories, possèdent aussi le moyen qui manque aux radicaux : car ce sont eux qui en ce moment gouvernent la Grande-Bretagne.

Ils ont d'ailleurs des motifs de nature diverse pour faire des réformes en Irlande; d'innombrables maux s'étant accumulés dans ce pays pendant que les tories, ennemis de tout changement (1), occupaient le pouvoir, les whigs, qui, après cinquante ans d'exclusion, reviennent aux affaires, doivent naturellement porter le remède là où ils voient les plus larges plaies.

Cette disposition généreuse se fortifie chez eux d'un sentiment personnel. Ils sont d'autant plus enclins à faire des réformes en Irlande, qu'ils sont plus embarrassés d'en pratiquer en Angleterre. Dans ce dernier pays les partis politiques sont si incertains et si partagés, et les passions les plus favorables aux whigs sont si timides et si chancelantes, que ceux-ci ont bien de la peine à imaginer une réforme qui donne quelque satisfaction à leurs partisans, sans en diminuer le nombre. Il faut pourtant de toute nécessité qu'ils fassent des réformes, quand ils ont le gouvernement; c'est dans ce seul but qu'ils le prennent et qu'on le leur remet. S'il ne s'agissait que de conserver ce qui est, le soin en appartiendrait naturellement aux tories dont c'est l'affaire et le droit. Ainsi, contraints de marcher toujours et ne sachant comment faire un pas sans tomber, les whigs se portent volontiers vers l'Irlande, qui leur ouvre une carrière illimitée de réformes et leur fournit un terrain moins difficile à tenir, parce que les passions conservatrices de l'Angleterre y sont moins brûlantes.

Puisque les whigs ont la possiblité de faire beaucoup de choses pour l'Irlande, et puisqu'en même temps ils sont bornés dans leur sphère d'action, il devient nécessaire de rechercher quels actes sont dans la mesure de leurs facultés, et quels autres excèdent leur puissance. Il importe de savoir jusqu'où ils peuvent aller dans la réforme des institutions irlandaises; quels sont, parmi les besoins de l'Irlande, ceux qu'ils peuvent satisfaire et ceux qu'ils ne sauraient contenter, et quelle influence pourraient exercer sur l'état de ce pays et sur son avenir les réformes qui sont dans leur pouvoir : il faut, en un mot, reconnaître jusqu'à quel point ils peuvent appliquer aux maux de l'Irlande le remède qui a été indiqué plus haut, c'est-à-dire abolir les privilèges civils, politiques et religieux, de l'aristocratie.

§ Ier.

Réforme des priviléges religieux.

Le premier et le plus grand avantage peut-être que possèdent les whigs sur les tories dans toutes les questions relatives à l'Irlande, c'est de ne point être arrêtés tout d'abord, comme ceux-ci, par l'obstacle de l'Église.

Les whigs sont assurément attachés à l'Église anglicane, et ils s'en montrent les partisans dévoués; mais ce qui les distingue des tories, c'est qu'ils n'en veulent pas à tout prix l'entière conservation; les tories disent : Périsse l'Irlande plutôt que l'Église anglicane! Les whigs, au contraire : Sauvons l'Irlande, et tâchons de préserver l'Église. Les premiers consentiraient encore à faire en Irlande quelques réformes, pourvu que l'Église y demeurât debout avec tous ses priviléges et tous ses monopoles; en d'autres termes ils veulent bien offrir à ce pays quelques remèdes à la condition d'y laisser la cause première de tous les maux. Les whigs, au contraire, voient d'abord les misères de l'Irlande, et la nécessité de les guérir. Ils voudraient pouvoir établir dans ce pays l'ordre et la paix sans y toucher à l'Église; mais si, en poursuivant leur but, ils rencontrent quelque abus de l'Église qui les gêne, quelque principe anglican qui les entrave, ils suppriment le

On retrouve sans cesse dans les actes des tories et des whigs les conséquences de ce point de départ différent.

Voyez, par exemple, les doctrines et les procédés des uns et des autres touchant l'instruction religieuse du peuple.

Pendant plus d'un siècle les basses classes d'Irlande ont été privées de toute instruction, par la seule raison qu'elles étaient catholiques, et qu'il n'existait en Irlande que des écoles protestantes. Les tories régnaient alors, et quand on leur reprochait une institution qui ne donnait aux pauvres irlandais que le choix de l'ignorance ou de l'apostasie, ils répondaient, comme ils le soutiennent encore aujourd'hui, que l'éducation populaire est un privilège de l'Église, qu'on ne saurait enlever à celle-ci.

Les whigs, au contraire, pensant que l'instruction du peuple, en Irlande, est pour ce pays une condition essentielle de salut, reconnaissent d'abord la nécessité de l'établir ; et comme il est désormais bien constaté que les catholiques irlandais ne veulent point envoyer leurs enfants dans les écoles protestantes, les whigs se voient forcés d'attaquer le monopole de l'Église ; et, nonobstant les cris de celle-ci, qui se dit dépouillée, ils instituent des écoles nouvelles, dont tout esprit de secte doit être banni, et où la liberté religieuse est assurée à toutes les croyances. L'établissement de ces écoles nationales a été un des premiers actes des whigs, et il n'en est point qui les honore davantage (1).

Le parti tory croit si sacrés les droits de l'Église, que leur violation lui paraît le mal suprême ; et lorsque l'Irlande conteste un de ces droits ; lorsque, par exemple, elle se révolte contre le paiement de la dîme, les tories estiment que l'Église doit, à tout prix, être maintenue dans l'intégrité de ses privilèges ; si le peuple entier résiste, il faut abattre toutes les résistances, et dût le dernier des Irlandais être exterminé, il est nécessaire que la dîme soit payée. Dans les mêmes circonstances, les whigs agissent autrement : ils souhaitent, à la vérité, comme les tories, que l'on acquitte les dettes de l'Église ; ils en prescrivent même l'obligation rigoureuse ; mais lorsqu'ils trouvent toute la population rebelle à ce paiement, ils n'ont point recours aux mêmes violences pour dompter la rébellion ; ils essaient la rigueur, et ne s'y obstinent pas ; ils s'arrêtent au commencement de la voie sanglante que les tories parcourent tout entière, l'intérêt général du pays leur paraissant supérieur à celui de l'Église, qui pourtant les touche beaucoup. Alors ils s'efforcent d'apaiser le peuple sans renverser l'Église. Ils n'abolissent pas la dîme, dont la suppression serait un trop grand coup porté à l'Église ; mais ils tâchent, en modifiant l'institution, de la rendre moins odieuse, et, en calmant les passions populaires, de rendre possible le gouvernement de ce pays.

C'est ainsi qu'en présence de l'agitation irlan-

le plus odieux aux catholiques d'Irlande, qui était les taxes de fabrique (church rates). Ainsi, en 1838,

peuple irlandais était résolu à ne plus payer la dîme, les whigs l'ont réduite d'un quart, et ont transporté du fermier au propriétaire l'obligation de la payer.

De pareils changements n'attaquent pas sans doute le mal dans sa racine, mais ils le rendent moins douloureux.

Il n'entre pas dans les principes des whigs d'abolir en Irlande la suprématie religieuse, ce qui serait pour ce pays la première condition de repos et de bien-être ; mais ils peuvent du moins rendre moins blessant et moins odieux le principe funeste qu'ils ne détruisent pas, et c'est déjà beaucoup. L'Église anglicane n'est pas la seule plaie de l'Irlande, mais c'est la plus vive ; et le soulagement des autres est impossible, si celle-ci n'est d'abord adoucie. C'est ce qui explique pourquoi les

whigs peuvent seuls aujourd'hui gouverner l'Irlande.

Si les whigs avaient des ambitions vulgaires, leur
intérêt serait ; quand ils tiennent le gouvernement,
de traîner en longueur la réforme de l'Église d'Irlande ; car, tant que cette Église sera debout avec
ses vices au milieu des passions violentes qu'elle
excite, l'accès du pouvoir sera bien difficile aux
tories, dont le nom seul insurge l'Irlande, et qui ne
pourraient faire leur paix avec ce pays que s'ils
commençaient par y attaquer l'institution religieuse
dont ils sont les soutiens obligés.

Cependant, en même temps qu'on voit l'Église
d'Irlande attaquée par les whigs, on comprend bien
qu'elle n'est pas l'objet auquel ceux-ci aimeraient à
appliquer leurs principes réformateurs ; car c'est le
terrain de combat où ils se sentent le moins à l'aise.
S'ils luttent d'abord contre l'Église, c'est que, quand
ils entrent dans la carrière des réformes, l'Église est
le premier adversaire qu'ils trouvent devant eux, et
qu'il faut d'abord vaincre, sous peine de se retirer.
La réforme de l'Église est donc bien moins un but
qu'ils poursuivent qu'un obstacle dont ils travaillent
à se délivrer.

§ II.

Quelles réformes les whigs peuvent faire dans les priviléges civils de l'aristocratie d'Irlande.

Maintenant l'obstacle religieux étant écarté,
quelles réformes peuvent-ils faire dans les privilèges
civils et politiques de l'aristocratie?

Cette question présente des difficultés dont on va comprendre tout de suite la gravité.

Les whigs anglais sont certainement très-aristo-crates dans la plupart de leurs passions et de leurs principes, et pour justifier cette assertion, un seul fait suffit : ils gouvernent l'Angleterre depuis sept ans.

D'un autre côté, on est forcé de reconnaître qu'ils font beaucoup de réformes, dont la portée, sinon le principe, est singulièrement démocratique. Ainsi, les grandes mesures qui ont été indiquées plus haut, la réforme parlementaire, la réforme municipale, la réforme des juges de paix (1), sont toutes l'ouvrage des whigs. Beaucoup d'actes favorables à la démo-cratie sont donc faits par les whigs, amis de l'aristo-cratie. N'y a-t-il pas là une contradiction au moins apparente? En quoi donc sont-ils démocrates? en quoi aristocrates ?

L'incohérence qui se présente ici dans le carac-tère des whigs anglais, se dissipera si l'on prend le soin de distinguer dans leurs principes ceux suivant lesquels ils gouvernent la société civile, et ceux qu'ils appliquent à la société politique.

Si l'on étudie les doctrines et les actes des whigs les plus voisins du radicalisme(2), on reconnaît qu'ils iraient jusqu'à sacrifier une partie des privilèges po-litiques qui appartiennent en Angleterre à la grande propriété. Ils trouvent sans doute fort juste qu'il existe un certain nombre d'hommes tenant du ha-sard de la naissance et du sort de la fortune le droit de gouverner leurs semblables; juges de paix, parce qu'ils sont riches; législateurs, parce qu'ils sont lords.

Cependant ils ne considèrent pas comme inviolables l'institution de juges de paix et celle des lords.

Ainsi ils admettent que si la chambre des lords devenait un obstacle à des innovations jugées nécessaires, cette chambre devrait être non abolie, mais réformée et composée au moins en majorité d'hommes qui eussent conquis, soit par un grand mérite personnel, soit par une grande fortune, le droit de représenter dans le parlement une idée ou un intérêt.

Ils comprendraient aussi qu'un plus grand nombre de citoyens fût appelé à prendre part aux affaires de l'État ; et en même temps qu'ils étendraient le cercle de la capacité électorale, ils accroîtraient le nombre des fonctions publiques qui sont conférées par l'élection populaire ; ainsi ils ne serait point contraire à leurs principes d'organiser dans chaque comté un conseil local, où des citoyens mandataires du peuple rempliraient les fonctions administratives qu'exercent en ce moment les juges de paix.(1). Leur tendance serait donc, en agrandissant la représentation populaire, d'appeler par l'élection les classes moyennes à l'administration du pays, dont les grands propriétaires fonciers ont le privilège et le monopole. Il y a certainement, dans ce corps de doctrines, une portée très-démocratique.

Mais les mêmes hommes qui souffrent que l'on établisse l'égalité dans la société politique, ne montrent plus la même tolérance quand il s'agit de régler la société civile. Ils ne tiennent pas absolument à conserver en faveur d'un aîné le droit héréditaire d'entrer au parlement et d'y faire des lois pour le pays; mais ils défendent obstinément la loi civile qui donne à cet aîné le droit de prendre, au décès de son père, la totalité de l'héritage, à l'exclusion de ses frères, de ses sœurs, destinés à végéter dans la gêne et dans le mépris public, tandis que l'être privilégié vit au sein du luxe et des honneurs. Ils comprendront que l'on ne remette pas exclusivement le gouvernement de la société entre les mains d'une petite oligarchie; mais, une fois le privilège politique supprimé, ils voudront que cette petite oligarchie possède à elle seule la moitié du territoire anglais, et le

et des lois civiles qui rendent le sol, en quelque sorte, inaliénable entre ses mains : c'est-à-dire qu'en même temps qu'ils consentent à introduire l'égalité dans la société politique, ils sont bien résolus de maintenir l'inégalité dans la société civile.

Les whigs créent ainsi dans leur tête, et ils travaillent à constituer dans le pays, comme deux zones distinctes, dans chacune desquelles ils mettent en vigueur un principe différent de gouvernement, aussi démocratique pour l'une qu'aristocratique pour l'autre; et comme s'il n'existait aucun lien intime entre le gouvernement d'un peuple et ses mœurs, ils ne paraissent pas soupçonner que la doctrine d'égalité admise dans l'État, puisse jamais entrer dans la famille; et ils semblent croire que la propriété restera le monopole d'un petit nombre après que les droits politiques seront devenus le partage de tous. Ce n'est point ici le lieu d'examiner jusqu'à quel point un pareil système est logique, et si cette séparation artificielle de l'homme et du citoyen

pourrait être durable; mais il importait de constater
cette théorie qui résume le système des whigs les
plus avancés, parce qu'on y trouve une première so-

Ne voit-on pas en effet que, par la nature même
de cette doctrine, les whigs anglais ne voudraient ni
ne pourraient abolir les priviléges civils de l'aristocratie irlandaise, c'est-à-dire réformer les lois qui
maintiennent entre les mains de celle-ci presque
tout le sol de l'Irlande? Et ne résulte-t-il pas aussi
de cette théorie que si, à raison de leurs propres
principes, les whigs ne peuvent réformer les privilèges civils de l'aristocratie irlandaise, ils peuvent
être conduits par ces mêmes principes à abolir ses
privilèges politiques? La première de ces conséquences est simple et n'a pas besoin d'être com-
mentée; elle établit clairement ce que, dans un cas,
les whigs ne peuvent absolument pas faire. La seconde, non moins manifeste, est plus compliquée;
car, en montrant comment, dans un autre cas, les
whigs ont la puissance de faire beaucoup de choses,
elle fait sentir la nécessité de rechercher quelles
sont ces choses. Voyons donc quels changements
les whigs pourraient introduire dans la société politique en Irlande, et quels priviléges politiques de
l'aristocratie ils pourraient réformer.

—————

§ III.

Ce que les whigs peuvent réformer dans les priviléges politiques de
l'aristocratie d'Irlande.

Les whigs peuvent, quand ils sont au gouvernement, attaquer l'aristocratie irlandaise par deux moyens principaux, qui se distinguent tout naturellement l'un de l'autre.

1º Par des réformes générales dans la constitution, qui s'appliquent tout à la fois à l'Irlande, à l'Écosse et à l'Angleterre;

2º Par des réformes spéciales à l'Irlande.

————

Réformes générales.—Scrutin secret.

Au nombre des réformes whigs, qui, en s'étendant sur les trois royaumes, atteindraient en Irlande, comme dans le reste de la Grande-Bretagne, les pouvoirs politiques de l'aristocratie, il en est une qui tout d'abord attire plus particulièrement l'attention, parce qu'elle a été plusieurs fois soumise aux délibérations du parlement, et qu'elle y sera sans doute représentée de nouveau : on veut parler de la mesure qui aurait pour effet de substituer dans les élections parlementaires le scrutin secret (1) au vote public.

C'est une opinion très-répandue parmi les whigs et les radicaux anglais que, si la réforme parlementaire de 1832, qui a plus que doublé la représentation populaire, n'a point amené tous les effets démocratiques que l'on pouvait attendre d'elle, on doit attribuer ce résultat au mode suivant lequel les électeurs sont tenus de délivrer leur suffrage, c'est-à-dire au vote public, qui les place sous l'influence de l'aristocratie; et l'on pense que si le vote était rendu secret, par exemple de la manière pratiquée

en France, les électeurs, devenus plus indépendants, se montreraient plus amis des réformes que
réclame le vœu populaire.

Sans examiner ici cette question sous ses faces diverses, qu'il suffise de faire observer que, le principe
du vote secret fût-il adopté dans les élections, le
bienfait démocratique de ce changement serait au
moins douteux pour l'Irlande.

On conçoit l'appui que prêterait le secret des
votes à l'indépendance des électeurs démocrates en
Angleterre, où l'aristocratie est non-seulement le
pouvoir établi, mais encore le pouvoir dominant,
et dont l'empire est accepté. Le vote secret est une
arme du faible contre le fort.

effet opposé en Irlande, où la démocratie est la
puissance populaire et nationale, et l'aristocratie le
pouvoir faible et attaqué ?

Sans doute en Angleterre le secret du vote aiderait la démocratie en gênant la corruption électorale,
qui est surtout utile à l'aristocratie ; car celle-ci,
possédant la richesse avec laquelle on achète, est la
plus intéressée à ce que l'on continue à se vendre ;
et il est certain que le vote secret, qui répand sur
l'acte de l'électeur, sinon un voile impénétrable,
du moins l'ombre mystérieuse du doute, enlève au
suffrage une partie de sa valeur vénale : comme il
détruit la certitude du vote, il rend la corruption
moins précieuse pour celui qui achète sans garantie et pour celui qui, ne donnant qu'une assurance
incomplète, doit se vendre moins cher.

Mais on ne saurait trouver dans ces considérations

un égal motif d'introduire le vote secret en Irlande, où la corruption électorale n'est point la même qu'en Angleterre : non qu'elle y soit moins exercée, mais elle y est moins subie. L'électeur irlandais a des passions trop ardentes et trop réelles, il a des intérêts politiques trop grands à défendre pour qu'il soit facile d'obtenir son vote à prix d'argent. L'issue d'une élection générale qui, pour l'Angleterre, ne comporte guère autre chose que la continuation ou le renversement d'un ministère plus ou moins whig, plus ou moins tory, signifie pour l'Irlande la chute ou le maintien d'une administration amie ou ennemie ; c'est pour l'électeur irlandais une question de paix ou de guerre, de servitude ou de liberté. Il s'agit, pour le catholique, de savoir s'il sera l'égal ou l'inférieur des protestants ; pour l'orangiste, si sa tyrannie cessera ou si elle sera perpétuée.

Ainsi l'électeur irlandais n'a pas absolument be-

rité, la résistance qu'il oppose aux efforts de la corruption appelle quelquefois sur sa tête des disgrâces dont secret du vote pourrait le préserver ; les pauvres fermiers qui, pour avoir voté contrairement aux instructions de leurs propriétaires, sont expulsés de leurs fermes, seraient peut-être placés, par le scrutin secret, à l'abri de ces cruelles représailles. Mais de pareilles vengeances, qui ruinent quelques infortunés, sont funestes aussi à leurs propres auteurs : elles prouvent d'abord l'impuissance de la corruption, qui n'a point à sévir quand elle a été efficace, et elles excitent au plus haut degré contre l'aristocratie les ressentiments populaires.

Et le secret des votes, qui, en Irlande, n'est pas absolument nécessaire à l'indépendance de ceux qui attaquent l'aristocratie, ne nuirait-t-il pas à la démocratie en protégeant ceux qui la combattent? L'on ne doit pas oublier que, dans une élection, outre l'influence des classes supérieures, il y a l'influence du peuple; or, cette influence, puissante par le vote public, cesse presque entièrement quand le vote devient secret.

C'est quelque chose de très-solennel en Angleterre, mais surtout en Irlande, que le vote public des électeurs déclarant à haute voix le représentant qu'ils choisissent, en présence d'une assemblée innombrable qui se presse autour d'eux, les excite, les conjure, les prie, les menace, bénit ceux qui votent dans le sens de ses passions, charge d'injures et d'imprécations ceux qui prononcent un nom ennemi, et fait entendre à tous cette grande et terrible voix du peuple, souvent injuste, toujours sincère, et toujours imposante pour ceux même qui feignent le plus de la mépriser. En Angleterre, c'est principalement l'œil du riche que craint l'électeur en votant; en Irlande, c'est le regard du pauvre.

Ainsi, favorable en Angleterre à la démocratie, le vote secret servirait peut-être l'aristocratie en Irlande.

Du reste, quel que dût être l'effet du vote secret, s'il était substitué en Irlande au vote public, on peut considérer comme probable que d'ici à longtemps ce changement ne sera point exécuté. Cette réforme n'a guère aujourd'hui pour partisans dévoués que les membres du parti radical. Les whigs, qui s'étaient, il y a quelques années, montrés disposés à l'appuyer, l'ont à peu près abandonnée (1). Aussi leur reproche-t-on, non peut-être sans quelque fonde- ment, *de déserter un principe qu'ils ont soutenu quand le mouvement démocratique avait son cours, et qu'ils cessent de défendre depuis que ce mouvement est suspendu. Si cette imputation était vraie, il en résulterait qu'en présence de la réaction conserva- tive qui, depuis 1835, se manifeste en Angleterre, les whigs, pour garder le pouvoir, se rapprocheraient des tories, comme il est bien certain que, pour s'en emparer plus facilement, les tories modérés tendent chaque jour à se rapprocher des whigs.

Ces concessions des whigs anglais n'ont toutefois, il faut le dire ici, rien qui ressemble aux apostasies qu'on voit dans d'autres pays libres.

On doit rendre aux hommes politiques d'Angle- terre la justice qu'en général ils ne prennent le gou- vernement que pour y représenter l'idée à laquelle ils ont attaché leur nom, ou le principe dont ils se sont, toute leur vie, constitués les défenseurs; bien différents de ces hommes qui, ailleurs, semblent ne voir dans leur avènement au pouvoir qu'une bonne chance et un coup de fortune qu'ils se hâtent d'exploiter, et qui, violant suivant les besoins du moment toutes leurs doctrines passées, mentant à tous leurs engagements, insultant à toutes les pro- bités, tournant en dérision toutes les consciences, excepté celles qui se vendent et se prostituent, sem- blent prendre à cœur de prouver, par l'autorité de leurs exemples, que toutes les théories soutenues par les hommes politiques avant leur entrée aux affaires, ne sont que des déclamations bonnes pour amuser le crédule public, ou plutôt d'indignes manœuvres pour le tromper. Les hommes d'état en Angleterre ont plus d'honnêteté ou de pudeur. En général, ils demeurent ce qu'ils sont; quelquefois ils se modifient, mais ils ne changent pas. Alors même qu'ils deviennent autres, ils s'efforcent de prouver qu'ils sont restés les mêmes; et s'il arrivait à quelqu'un d'eux de renier hautement ses principes, sa vie et ses actes, l'opinion publique le marquerait au front d'un stigmate d'infamie qui ne s'effacerait jamais.

La défection des whigs dans la question du scrutin secret touche du reste bien plutôt l'Angleterre que l'Irlande Il faut reconnaître enfin qu'en supposant même que la substitution du vote secret au vote public eût en Angleterre et en Irlande toutes les influences salutaires que lui prêtent ses partisans, son adoption ne donnerait pas à ces deux pays une institution nouvelle, mais seulement un moyen de réformer les institutions.

La nécessité où les whigs ont cru être de renoncer à la question du vote secret, suffirait pour prouver l'embarras où ils sont de faire des réformes d'un ordre général, et qui touchent à la constitution des trois royaumes. Voyons donc les réformes politiques qu'ils peuvent faire spécialement pour l'Irlande; et, en cherchant ce qu'ils peuvent faire, constatons en

ont exécutées sont le meilleur indice de ce qu'ils seraient capables d'accomplir.

Réformes politiques spéciales à l'Irlande, que peuvent faire les whigs dans la paroisse, et dans les corporations municipales.

Les réformes que les whigs font ou peuvent faire dans les pouvoirs politiques de l'aristocratie ont nécessairement pour objet les privilèges appartenant à celle-ci, soit dans l'État, soit dans le comté, dans les villes municipales ou dans les paroisses.

Lorsqu'en 1833 les whigs ont aboli les taxes de fabrique (1) que la population protestante imposait pour les besoins de son culte à la population catholique, ils ont, par cet acte, détruit un privilège tout à la fois religieux et politique qu'exerçait l'aristocratie anglicane dans la paroisse irlandaise.

L'on peut ajouter qu'ils n'ont aucune autre réforme à y faire ; car la paroisse irlandaise, dont presque toute la vie était dans un abus, n'existe pour ainsi dire plus depuis que l'abus est aboli (2).

Les whigs voudraient opérer dans les corporations municipales d'Irlande une réforme non moins profonde, et qui serait plus complète ; car ici ils ne se borneraient pas à démolir, ils entreprendraient de réédifier.

Ils voudraient détruire le monopole anglican et aristocratique de ces corporations, et sur leurs ruines construire une organisation municipale démocratique et libre. Ils voudraient établir en principe que tout individu catholique ou protestant, anglican ou presbytérien, payant une taxe et domicilié dans l'enceinte de la cité, est par ce seul fait un citoyen actif, et à ce titre investi de droits qu'il exerce soit directement, soit par les représentants qu'il a élus.

Deux fois déjà ils ont porté au parlement le projet de loi qui contient cette réforme ; et ce projet, deux fois adopté par la chambre des communes, a toujours échoué devant les lords.

De toutes les réformes que l'Irlande réclame, c'est peut-être celle à laquelle les whigs se sont le plus attachés, non qu'elle soit pour l'Irlande la plus importante, mais c'est celle que l'Angleterre a le moins de répugnance à accorder, parce qu'une réforme du même genre a été faite précédemment dans ses propres institutions (1). Les whigs sont sûrs que cette réforme irlandaise ne blesse aucun des principes chers à l'Angleterre ; on peut donc compter qu'ils la représenteront de nouveau à la prochaine session du parlement (en 1839). La nature de leurs principes les y engage, les passions de l'Irlande les y poussent, et les défaites parlementaires elles-mêmes qu'ils ont essuyées en la soutenant les portent à désirer une occasion de triomphe dans son succès définitif.

Du reste, quelle que soit la vivacité des contradictions que ce projet de réforme a soulevées parmi les tories, c'est encore, à tout prendre, un des sujets sur lesquels les whigs et les conservatifs modérés seraient le moins incapables de s'entendre.

Les corporations municipales d'Irlande qui semblent avoir pris à tâche de montrer jusqu'où peut aller l'égoïsme du privilège et l'insolence du monopole, abondent en abus si grossiers et si révoltants, que les plus zélés partisans de l'institution se voient dans l'impossibilité de la défendre. Tout le monde admet donc la nécessité de sa réforme, et il est probable que si le parti conservatif que dirige sir Robert Peel arrivait aux affaires, il prendrait en main cette réforme, et s'efforcerait de la faire aussi libérale que ses principes peuvent le lui permettre.

La difficulté principale qui divise les partis sur cette question est pourtant très-réelle. Tandis que les whigs voudraient attribuer le droit de cité à tout habitant domicilié, le système des tories et des conservatifs serait de mettre au droit de citoyen municipal la condition d'un cens plus ou moins élevé (1).

Les whigs appliqueraient aux corporations municipales d'Irlande le même principe qui a été établi dans les corporations d'Angleterre, où la presque totalité des citoyens jouit de la franchise municipale. Les tories, au contraire, restreindraient beaucoup, en Irlande, le droit qui, en Angleterre, est presque illimité.

A ne voir que la théorie, il semblerait que l'opposition des tories ne serait dépourvue ni de raison ni de justice. Le bon sens permet-il en effet de régir suivant des principes pareils une ville d'Irlande et une ville d'Angleterre? Est-il sage, dans un pays où les basses classes sont dépourvues de lumières et de l'habitude de se gouverner, de leur conférer les mêmes droits municipaux que dans une autre contrée, où le peuple plus éclairé est en possession d'une vieille expérience? Mais si la théorie était consultée, bien d'autres réformes, en Irlande, précéderaient celle des corporations municipales; et si ces réformes, dont la première serait la destruction

rait plus
facile d'organiser les villes municipales d'Irlande
autrement que celles de l'Angleterre. Comme le
peuple de ces villes ne souffrirait plus des privilèges
abolis, il serait moins jaloux d'obtenir des droits.
Mais le point de départ manquant, la conséquence
s'évanouit. Des institutions que la logique et le bon
sens repoussent étant imposées à l'Irlande, il est
naturel que ce pays, quand une réforme lui est offerte, consulte moins, pour l'apprécier, son jugement que ses passions. L'Irlande se plaint de ce
qu'on ne lui donne pas, dans la loi municipale, les
mêmes droits et les mêmes libertés qu'à l'Angleterre,
et elle fait bien. Lorsqu'elle est forcée de subir toutes
les institutions aristocratiques et religieuses de l'Angleterre, par la seule raison que celle-ci les ayant
chez elle croit de son intérêt de les établir dans
le pays voisin, l'Irlande est bien fondée à demander qu'on ne lui refuse pas le peu de démocratie que de temps à autre l'Angleterre introduit
dans ses lois.

Il est d'ailleurs aisé de reconnaître que les tories,
qui invoquent un principe de justice, arriveraient,
par son application, à perpétuer le plus inique des
privilèges. En effet, l'établissement de tout cens un
peu élevé, mis comme condition à l'exercice des
droits municipaux, maintiendrait pour longtemps
encore, dans presque toutes les villes d'Irlande, le monopole des protestants qui, étant plus riches que les
catholiques, exerceraient seuls le droit, parce qu'ils
en rempliraient seuls la condition. Quels seraient
donc pour l'Irlande les bienfaits d'une réforme qui

laisserait à peu près intact le vice principal de l'institution attaquée ?

Mais ici les adversaires des whigs élèvent une objection grave : si l'on ne fait dépendre d'aucun cens l'exercice des droits de cité, il en résultera, disent-ils, que l'administration des villes municipales d'Irlande tombera tout entière entre les mains des catholiques, qui y seront en majorité, et qui, après avoir été opprimés, pourraient devenir oppresseurs à leur tour. Cette objection demande à être méditée, et elle aurait bien plus de poids encore qu'elle n'en a, si elle ne venait des tories, qui ont soutenu le monopole tant qu'ils en jouissaient, et n'ont l'idée de mettre un obstacle à la tyrannie que le jour où elle leur échappe.

Du reste, soit que les whigs admettent tout ou partie du cens que les tories proposent, soit que ceux-ci fléchissent dans leur opposition au principe établi par les whigs, tout annonce que la réforme des corporations municipales d'Irlande s'accomplira cette année.

On pouvait, pour l'exécution de cette réforme, suivre deux voies différentes conduisant vers le même but. La première était d'attirer au centre du gouvernement les pouvoirs politiques qu'on déplaçait ; la seconde, d'étendre ces pouvoirs en les remettant au peuple. Les whigs ont adopté le second moyen. Peut-être eussent-ils plus sûrement attaqué l'influence de l'aristocratie sur les corporations municipales en plaçant ces corps sous la main de l'autorité centrale ; mais, dès qu'ils prenaient le parti d'attaquer l'aristocratie par le peuple, ils ne pouvaient guère rien faire de mieux que ce qu'ils proposent.

La réforme des pouvoirs politiques que l'aristocratie d'Irlande possède dans les corporations municipales, et de ceux qu'elle avait autrefois dans la
paroisse, est sans doute importante ; mais celle qui
est surtout grave, celle sans laquelle toutes les autres
seraient à peu près vaines, c'est la réforme des priviléges qui appartiennent à l'aristocratie dans le
comté. C'est dans le comté qu'il faut atteindre l'aristocratie, si l'on veut la frapper au cœur ; c'est là que
sont les juges de paix, c'est là que sont les grands
jurys : et il faut surtout savoir quelles réformes les
whigs peuvent exécuter dans le comté irlandais, si
l'on veut posséder la mesure exacte de leur puissance
à attaquer l'aristocratie d'Irlande dans ses pouvoirs
politiques.

Réformes que peuvent faire les whigs dans le comté.

On a montré plus haut, comment, pour abattre
les pouvoirs politiques de l'aristocratie d'Irlande,
le premier soin à prendre serait de centraliser l'administration des comtés; la première question qui
se présente, est donc celle de savoir si les whigs
pourraient exécuter cette centralisation.

C'est ici surtout, qu'il est nécessaire de distinguer les principes qui dirigent les whigs dans le
gouvernement de l'Angleterre, de ceux qu'ils appliquent à l'administration de l'Irlande.

On aperçoit bien, en Angleterre, depuis que

les whigs y dominent, une certaine tendance vers la centralisation administrative des affaires publiques. Cette tendance se montre nécessairement en tout pays, où soit la démocratie, soit le pouvoir absolu travaillent à s'établir; car comme l'un et l'autre aspirent à niveler les rangs, ils ont besoin d'un instrument d'égalité. Lors donc qu'on voit en Angleterre la démocratie se développer; on peut compter que son progrès se manifestera par quelque effort de centralisation. C'est ainsi que le bill de réforme de 1832 est suivi de trois lois, dont l'une tend à centraliser l'administration des pauvres (1); la seconde, le régime des prisons (2); la troisième, la tenue des registres de l'état civil (3) : lois purement sociales dans leur objet, mais essentiellement politiques par les nouvelles formes d'administration qu'elles introduisent dans l'État, et que l'on doit peut-être, par cette raison, considérer comme la plus haute expression du mouvement démocratique, imprimé à l'Angleterre par la révolution de 1830.

On se tromperait toutefois, si l'on voyait dans ces lois rien d'analogue à la centralisation, telle que nous la connaissons en France.

Chez nous, lorsqu'un pouvoir local, aristocratique ou démocratique, provincial ou municipal, est aboli, cette destruction s'opère toute au profit du gouvernement central, qui prend pour lui seul l'autorité supprimée et l'exerce sans peine par l'un de ses innombrables agents.

Le gouvernement central, en Angleterre, quand il attaque l'aristocratie, ne procède point d'une façon si nette et si absolue ; il ne s'avance dans cette voie qu'avec une prudence extrême, et des réserves infinies ; il ménage la puissance elle-même, qu'il veut dépouiller ; le jour où il brise un privilège de l'aristocratie, il ne l'enlève point tout entier à celle-ci, il lui en laisse un fragment, et faisant plusieurs parts du reste, il en prend timidement une pour lui-même, et remet les autres aux diverses classes de la société dont il a besoin de se concilier l'indulgence. Ainsi, pour citer un exemple, lorsque les whigs ont retiré à l'aristocratie l'administration exclusive de la loi des pauvres, ils ont d'abord, il est vrai, institué à Londres une commission centrale chargée de maintenir dans toute l'Angleterre des principes uniformes de charité publique ; mais en même temps ils ont, pour l'exécution de la loi, créé dans les comtés des commissions locales, composées en partie des juges de paix, dont ils venaient d'abolir les pouvoirs, et en partie de citoyens, élus par le peuple dans des conditions de cens propres à faire sortir l'élection du sein des classes moyennes.

C'est assurément un phénomène, digne d'observation, que ce système de demi-centralisation suivant lequel le pouvoir se resserre au centre, en même temps qu'il s'étend vers la circonférence ; il semble que les deux principes ennemis, qu'on a vus plus haut se disputer l'empire, la centralisation normande et la liberté saxonne, aient fait leur paix, et que désormais elles s'unissent pour combattre leur adversaire commun, l'aristocratie, qui se trouve ainsi pressée entre le prince et le peuple !

Cette centralisation tempérée, qui ne porte à

l'aristocratie que de faibles coups, satisfait, en Angleterre, presque tous les amis de la réforme, car
le désir d'affaiblir l'aristocratie n'empêche point
qu'on ne craigne le despotisme du gouvernement
central : et ce sentiment de crainte est plus naturel
chez le peuple anglais que dans tout autre pays.
Si, dans les contrées les moins libres il est dangereux d'établir une centralisation absolue, parce
qu'il peut en naître plus tard un obstacle invincible
au développement de la liberté ; combien ce péril
est plus redoutable pour un peuple chez lequel la
liberté existe, et où par conséquent le danger n'est
pas de compromettre dans l'avenir le plus grand de
tous les biens, mais de le perdre dans le temps même
que l'on en jouit. A l'heure qu'il est il n'y a pas une
paroisse, pas une ville municipale d'Angleterre qui
ne constitue une vraie république, une démocratie
libre. Le peuple anglais agirait-il sagement, si, pour
aider le pouvoir central à frapper l'aristocratie, il
livrait au gouvernement ses libertés et ses droits,
au risque de ne pouvoir les reprendre quand son
ennemi serait abattu? N'est-ce pas une situation
heureuse que celle d'un peuple qui, ayant des réformes à faire dans ses institutions, peut conférer
au pouvoir central assez de force pour les accomplir peu à peu, et ne lui en donne pas cependant
assez pour que ce pouvoir devienne tyrannique? De
sorte que le principe d'autorité grandisse sans que
la liberté meure.

Mais si l'on comprend sans peine que ces essais
de centralisation contentent jusqu'à un certain point
l'Angleterre, on conçoit plus aisément encore qu'ils

seraient tout à fait insuffisants en Irlande, où les
passions légitimes et les intérêts du peuple exigent
que l'aristocratie soit ouvertement attaquée. L'état
de l'Angleterre permet de douter s'il vaut mieux
pour elle d'exécuter une réforme plus rapide en ris-
quant ses libertés, ou d'accepter une réforme plus
lente avec la certitude de demeurer toujours libre.
Mais la question ne saurait être la même pour l'Irlande, où la destruction de l'aristocratie est la première des nécessités. Aussi les whigs, à qui l'Angleterre permet de faire en Irlande des réformes plus
radicales, emploient-ils, pour combattre l'aristocratie de ce dernier pays, des moyens de centralisation
beaucoup plus puissants (1).

On a vu plus haut comment à la fin du siècle dernier et au commencement de celui-ci certains pouvoirs, appartenant à l'aristocratie, furent enlevés
dans son propre intérêt, et attribués au gouvernement central. Un juge révocable au gré du vice-roi
fut, sous le nom d'assistant-barryster, chargé de
présider les assemblées trimestrielles des juges de
paix. Pour suppléer ceux-ci dans leurs fonctions
quotidiennes, des magistrats salariés furent établis
(stipendiary magistrates); et afin de rendre plus
sûre et plus commode pour les riches la police du
pays entier, une espèce de gendarmerie (constabulary) fut instituée. C'étaient autant de moyens pris
par le gouvernement central pour aider et défendre
l'aristocratie faible et inhabile dont il était l'ami.

· A peine ont-ils été en possession du pouvoir,
les whigs ont retourné contre l'aristocratie irlandaise
la centralisation qui avait été établie pour la proté-

ger. L'assistant-barryster, qui jadis recevait du pouvoir central la mission expresse ou tacite de soutenir
les hautes classes contre le peuple, a pour mandat
aujourd'hui de soutenir le peuple contre l'aristocratie. Autrefois il mettait tout son art à dissimuler
l'injustice ou l'incapacité des juges de paix, maintenant il travaille plutôt à jeter un voile sur les fautes
et sur les écarts du peuple. Les magistrats salariés (stipendiary magistrates) dont tout l'office consistait à
seconder les juges de paix, sont institués à présent
dans le but manifeste de les remplacer. Ils étaient
déjà en 1837 au nombre de quatre-vingt-un, dont cinquante avaient été nommés depuis 1835 (1). Ces agents
révocables, assez semblables à nos commissaires de
police, sont en Irlande en grande faveur auprès du
peuple; dirigés par l'autorité centrale, ils ont coutume de faire mieux que l'aristocratie; et dans tous
les cas ils ont le mérite de n'être pas les agents de
celle-ci.

Enfin cette gendarmerie créée pour veiller au
repos de l'aristocratie, et placée par la loi de son
organisation sous la direction et le contrôle immédiat des juges de paix et des grands jurys, devient,
par l'effet d'une loi récente, une arme puissante
entre les mains du gouvernement général; en 1836
elle est centralisée complètement, et passe ainsi du
service de l'aristocratie à celui du vice-roi (2).

Mais les whigs ne se bornent pas à tourner contre
l'aristocratie les vieilles lois créées jadis dans le dessein de la fortifier; ils s'efforcent aussi, pour l'atteindre plus sûrement, de créer quelques instruments
nouveaux de centralisation, ou de perfectionner

ceux qui déjà existent. Ils ont, depuis 1831, soumis les juges de paix à une surveillance régulière et périodique (1); ils ont restreint les pouvoirs des grands jurys; ils ont transporté au gouvernement central le choix et le contrôle de plusieurs agents salariés du comté, et lui ont attribué le pouvoir de faire, dans de certains cas, des travaux d'utilité publique, tels que ponts, routes et canaux, qui jadis étaient dans le domaine exclusif des grands jurys (2). Enfin ils ont créé en Irlande trois administrations centrales, dont chacune porte à l'aristocratie de ce pays une atteinte plus ou moins grave. L'une a pour objet les travaux publics (3); l'autre est relative à l'instruction primaire (4); la troisième concerne l'exécution de la loi des pauvres dont on a parlé plus haut. La première est celle qui frappe le plus directement dans sa puissance l'aristocratie des comtés, puisqu'elle est l'instrument avec lequel le gouvernement peut désormais exécuter ce que, jadis, les comtés seuls pouvaient faire; les deux autres ne l'atteignent qu'indirectement, celle-ci en constatant par l'institution d'une charité publique l'indifférence du riche pour le pauvre; celle-là en conférant des lumières au peuple, et en lui donnant ainsi plus de force contre son ennemi.

On voit, par ce qui précède, dans quelle mesure les whigs se sont, jusqu'à présent, servis de la centralisation pour réformer les institutions de l'Irlande. On peut s'apercevoir qu'ils procèdent, quand il centralisent en Irlande, moins timidement qu'en Angleterre, non qu'ils transportent en masse au gouvernement général les pouvoirs de l'aristocratie abattue, mais ils en centralisent une partie, confèrent au gouvernement des attributions nouvelles, et gênent la puissance de l'aristocratie dans la portion d'autorité qu'ils lui laissent. Maintenant que l'on sait comment ils manient ce grand instrument de réforme, on peut apprécier quels coups ils sont capables de porter en Irlande à l'aristocratie des comtés ; ce qu'ils ont fait est déjà un signe de ce qu'ils pourraient faire. Ils sont encore bien loin sans doute des réformes politiques qui seraient nécessaires à l'Irlande. Ils réforment l'aristocratie des comtés bien plutôt qu'ils ne l'abattent; ils l'affaiblissent, ils la mutilent, mais ils n'osent la renverser. On retrouve, du reste, ici, chez les whigs, quoique moins prononcée, cette éternelle tendance des gouvernants anglais à faire les réformes de l'Irlande de la même manière que les réformes de l'Angleterre, et cette disposition constante, quand ils déplacent un pouvoir, à le distribuer plutôt dans tous les rangs de la société qu'à en investir le gouvernement central tout seul. Aussi peut-on considérer comme probable que si les whigs abolissaient les grands jurys des comtés, ce ne serait point pour transporter leurs attributions à l'autorité centrale, mais pour les remettre à des administrations locales dont les membres procéderaient de l'élection populaire ; système libéral mais compliqué, qui convient à un pays où les diverses classes de la société, dont on demande le concours, sont en parfaite harmonie; mais qui peut-être sied mal à l'Irlande, où ces classes sont en état de guerre mutuelle, où la classe moyenne est encore dans l'enfance, où le peuple n'a point l'ha-

bitude de se conduire, et où l'aristocratie est tellement anti-nationale, qu'il faut bien moins travailler
à régler ses pouvoirs qu'à les abolir; système insuf-
fisant dans un pays où, pour combattre l'aristocratie, ce n'est point trop du gouvernement central,
fort du mandat populaire (1).

Réformes que peuvent faire les whigs dans l'État.

On vient de voir quelles réformes politiques les
whigs peuvent faire dans la paroisse, dans les corporations municipales et dans le comté; reste l'État.

Pendant tout le temps que les tories ont gouverné
l'Irlande, l'aristocratie irlandaise a possédé dans
l'État un immense privilège politique; ce privilège,
c'était la faveur, ou pour mieux dire, la partialité
constante du pouvoir exécutif.

Les principes décrétés par les lois sont importants sans doute; mais ce qui est peut-être plus
grave encore, c'est l'esprit dans lequel on les met en
vigueur. Or, sous l'empire des tories, toutes les lois
destinées théoriquement à protéger l'aristocratie
irlandaise étaient de plus appliquées dans le sens de
ses passions les plus ardentes.

C'était alors une tradition reçue parmi les gouvernants de l'Irlande, que les lois étaient faites
pour l'aristocratie contre le peuple, dans le seul but
de tenir celui-ci sous l'oppression, et de défendre
celle-là contre toute résistance. Et si une plainte
était adressée au gouvernement par un catholique
contre un protestant, par un pauvre contre un

riche, elle ne rencontrait que l'indifférence ou le mépris.

La justice elle-même était alors, par l'exécution que lui donnaient les agents du gouvernement, corrompue jusque dans sa source. Ainsi, pour ne donner qu'un seul exemple, c'était une constante pratique, au temps des tories, que, dans les procès criminels, l'avocat de la couronne récusât tous les jurés catholiques, et travaillât à composer un jury exclusivement protestant (1).

A cette époque, le parti orangiste en Irlande était si fort de l'appui que lui prêtait le pouvoir exécutif, qu'il pouvait impunément fouler aux pieds le parti populaire. Ainsi le voyait-on chaque année, lors de l'anniversaire de la Boyne, célébrer le triomphe des protestants sur les catholiques avec toutes les dé-monstrations les plus injurieuses pour les vaincus. Non seulement le gouvernement souffrait ces inso-lentes provocations d'une faction à tout un peuple, mais encore si ce peuple humilié osait relever sa tête et engageait une lutte avec ses oppresseurs, le pouvoir central soutenait ceux-ci dans leur tyran-nie, et mettait à leur service la police et l'armée.

Les whigs ont introduit dans l'administration de l'Irlande d'autres maximes et d'autres procédés de gouvernement; ils ont interdit les manifestations publiques dont la Boyne était le prétexte (2); ils s'efforcent, en laissant le jury accessible aux citoyens de toutes les croyances, d'établir une justice impar-tiale; il proclament le principe que l'autorité pu-blique est instituée autant dans l'intérêt du peuple que dans celui des classes supérieures; et si leur balance penchait plus d'un côté que d'un autre, ce serait, il faut le reconnaître, plutôt vers le pauvre qu'en faveur du riche qu'elle inclinerait.

Il suffit, en effet, de jeter un coup d'œil sur l'Irlande pour s'apercevoir que non-seulement le gouvernement whig n'accorde point à l'aristocratie de ce pays l'exorbitante protection que celle-ci recevait des tories, mais encore qu'il la traite en véritable adversaire. Il ne se borne pas à ne plus lui conférer les emplois publics dont elle avait autrefois le monopole, il s'efforce de la dépouiller de ceux qu'elle possède encore. Un juge de paix grand propriétaire commet-il une faute, le gouvernement saisit cette occasion de le remplacer par un magistrat salarié. Quelque autre se signale-t-il comme chef du parti orangiste, on le destitue purement et simplement (1).

En même temps qu'ils enlèvent à l'aristocratie d'Irlande les faveurs et les grâces du pouvoir exécutif, les whigs accordent ces grâces et ces faveurs aux ennemis les plus violents de cette aristocratie ; ils appellent le plus qu'ils peuvent de catholiques dans la commission de la paix ; ils nomment aux fonctions publiques les plus éminentes des hommes notoirement engagés dans le parti national (2). Au lieu d'élire pour shérifs des comtés les grands propriétaires que désire l'aristocratie, le gouvernement choisit ceux qu'elle considère comme ses ennemis (3). Depuis les moindres emplois jusqu'aux plus élevés, depuis les dignités de la judicature jusqu'à la police, il prend ses agents dans le parti populaire. A vrai dire, le gouvernement des whigs en Irlande et l'aristocratie de ce pays sont en état de guerre ouverte.

Cette façon de procéder du gouvernement whig en Irlande ne s'explique pas tout naturellement; car si l'on comprend que les whigs soient dans ce pays, comme en Angleterre, les adversaires des tories, on ne conçoit pas aussi aisément qu'ils y montrent envers le parti aristocratique tout entier une hostilité qu'en Angleterre ils ne lui témoignent pas. Dans ce dernier pays, la loi la plus radicale qui émane des whigs se tempère par son exécution; et fût-elle dirigée contre certains pouvoirs de l'aristocratie, le gouvernement qui l'exécute ne s'en prend jamais à l'aristocratie elle-même. En Irlande, au contraire, l'exécution que les whigs donnent à cette loi est toujours plus hostile à l'aristocratie que la loi n'a voulu l'être. D'où vient cette différence?

La cause en est dans la nature des partis existants de ce pays. On a vu plus haut qu'il n'y a en Irlande que deux partis extrêmes, les tories et les radicaux : le parti whig y est inconnu. On a vu aussi que le gouvernement anglais établi en Irlande est dans l'absolue nécessité de faire son choix entre ces deux partis, de s'attacher à l'un ou à l'autre; et qu'il lui faut, quand il s'est déclaré pour l'un d'eux, se livrer à celui-ci corps et âme, et subir tous ses mouvements.

Quand les tories avaient le pouvoir, leurs représentants en Irlande tombaient sous le joug inévitable du parti orangiste, dont ils étaient les esclaves alors qu'ils n'auraient voulu être que ses alliés. Les whigs arrivant aux affaires sont nécessairement à la merci du parti opposé; il n'ont pas même à délibérer pour savoir s'ils se mettront du côté populaire. Ils s'y trouvent naturellement placés par le fait seul que l'aristocratie, dont le parti tory est la seule expression, se montre leur ennemie violente.

Il serait, du reste, peut-être juste de dire que le pouvoir exécutif en Irlande s'anéantit plus complètement encore dans sa fusion avec le parti populaire que dans son alliance avec le parti aristocratique. Comme dans le second cas il n'épouse qu'une faction haïe du peuple, il est plus maître de modérer l'appui qu'il prête à celle-ci ; il pourrait, à la rigueur, se borner à la défendre quand elle est attaquée, et lui retirer son assistance dès qu'il la verrait agressive. Au contraire, lorsque le pouvoir exécutif adopte en Irlande la cause nationale, il est plus irrésistiblement entraîné par elle, et forcé de suivre plus aveuglément le torrent populaire auquel il s'est mêlé.

Ce n'est pas sans une sorte de terreur et sans une certaine répugnance que les whigs anglais forment en Irlande l'alliance qu'ils sont forcés de contracter. Ils ne peuvent être sans doute que très disposés à frapper le parti tory ou aristocratique, qui se montre leur impitoyable adversaire ; mais ce qui les trouble, ce n'est pas le sort des ennemis qu'ils combattent, c'est la puissance de leurs propres amis, dont ils se défient. Ils verraient avec une joie exempte de toute inquiétude le parti orangiste d'Irlande tomber, si sur ses ruines ne s'élevait en même temps le pouvoir formidable du parti démocratique. Ils craignent presque autant les triomphes de leurs alliés que les succès de leurs adversaires ; et ne portent que timidement le coup qui, en abattant un ennemi détesté, peut exalter un ami redoutable. Leur idéal serait de créer un parti whig; mais c'est en vain qu'ils l'ont tenté. Dès qu'en Irlande le gouvernement se range du côté du peuple, il devient par cela même un instrument du parti populaire.

On voit maintenant comment les whigs anglais sont forcés d'être radicaux en Irlande; et ceci explique les clameurs que poussent sans cesse les tories d'Angleterre contre le gouvernement whig d'Irlande, qui, disent-ils, non sans quelque raison, donne aux lois émanées du parlement une exécution démocratique qui n'était pas dans la pensée du législateur.

On comprendra maintenant sans peine pourquoi les radicaux d'Irlande sont beaucoup plus satisfaits que ceux d'Angleterre de l'administration des whigs.

Quoique les whigs ne donnent pas à l'Irlande les institutions que celle-ci voudrait, ils font cependant pour elle une chose considérable : qui est d'exécuter les lois dans le sens de ses désirs et de ses intérêts. Et voilà pourquoi O'Connell et tous les siens se séparent en ce moment des radicaux anglais, si violents contre les whigs. Les radicaux d'Irlande se soucient bien moins de ce qui arrive au Canada et même en Angleterre que de ce qui se passe en Irlande. Peu leur importe que le parlement refuse de réformer, en Angleterre, les taxes de fabrique (church rates) après qu'il les a abolies en Irlande. Ils oublient bientôt le sort qu'on fait subir aux insurgés de Montréal lorsque, d'ailleurs, on laisse les Irlandais s'insurger librement contre la dîme. Ils pardonnent aux whigs d'être chaque jour moins radicaux en Angleterre, pourvu que ceux-ci le soient toujours autant en Irlande.

Ces attaques du gouvernement whig contre l'aristocratie d'Irlande n'ont pas sans doute toute la portée qu'on pourrait au premier abord leur attribuer. Presque toutes les réformes qui sont l'œuvre du pouvoir exécutif sont essentiellement fragiles et transitoires. Celui-ci changeant, elles disparaissent avec lui, et si une administration tory ressaisissait le pouvoir elle aurait bientôt remis en vigueur les anciens principes de gouvernement et rendu à l'exécution des lois son esprit aristocratique. La plupart des institutions libérales qui paraissent le mieux établies, telles, par exemple, que l'instruction primaire, recevraient d'eux une impulsion qui sans doute en dénaturerait le principe. La force publique, c'est-à-dire la police et l'armée, que les whigs ont mises au service du parti national, seraient bientôt remises à la dévotion du parti aristocratique. Ces deux corps, soumis aveuglément au principe de l'obéissance passive, soutiendront certainement le parti populaire aussi longtemps que le gouvernement exigera d'eux cet appui ; mais composés encore pour la plupart d'Anglais et de protestants ils sont au fond les amis du parti protestant et tory d'Irlande ; et si une autre administration leur donnait des ordres différents, ils aimeraient mieux faire feu sur les catholiques, qu'on les force de protéger en ce moment, que de frapper les anglicans sur lesquels ils tirent aujourd'hui.

Cependant l'administration des whigs en Irlande est pour ce pays un grand bienfait non seulement dans le présent mais encore dans l'avenir. Elle a enseigné aux Irlandais qu'il peut exister parmi les Anglais un parti favorable au peuple; et qu'ainsi les gouvernements venant d'Angleterre ne sont pas tous nécessairement haïssables.

Les whigs anglais ont le grand avantage de pouvoir gouverner l'Irlande sans recourir aux mesures violentes dont les tories ne sauraient se passer.

Depuis plus d'un demi-siècle, c'est-à-dire à dater de l'époque où l'Irlande opprimée se réveilla de sa servitude, les gouvernants anglais n'avaient pu tenir ce pays dans l'obéissance sans un certain nombre de lois d'exception qui, sous des noms divers, soit d'*insurrection-act*, soit de *coercion-bill*, investissaient l'autorité centrale de pouvoirs extraordinaires dont celle-ci usait à sa discrétion. Le principal de ces pouvoirs consistait dans la faculté d'établir pour tel ou tel comté une espèce de lois de suspects (1), et dans le droit de changer arbitrairement l'ordre des juridictions en matière criminelle, par exemple, de remettre à une cour martiale le jugement des délits commis dans les comtés frappés de suspicion.

Et ces pouvoirs extraordinaires ne s'exerçaient pas seulement pour la répression d'attentats politiques de leur nature, tels que les séditions, les rébel-

l'État. Leur premier objet était d'atteindre des crimes qui ont plutôt un caractère social; ils avaient sur tout en vue cette guerre constante et terrible que le peuple livre en Irlande à la personne et à la propriété du riche. Quand l'aristocratie d'Irlande avait pour elle le pouvoir exécutif, elle se servait de la puissance politique de celui-ci pour exercer une plus grande oppression sociale. Elle abusait avec moins de réserve du pauvre et du faible, elle écrasait plus résolument l'infortuné, rebelle à ses rigueurs, quand la voix du malheureux ne trouvait d'écho nulle part et que des lois foudroyantes arrêtaient celui-ci dans ses projets de représailles. Ainsi protégés par une sorte de terreur légale, les riches d'Irlande respiraient plus à l'aise, continuaient à recueillir sans trop de peine les revenus de leurs fermes, et pratiquaient plus paisiblement leur tyrannie. Or, ces lois ont été

n'ont conservé dans leur gouvernement de l'Irlande qu'une ombre imperceptible du coercion-bill, espèce de fantôme légal dont ils ne font pas même usage (1).

Il y a deux raisons principales qui forcent toute administration tory en Irlande d'y mettre en vigueur ces lois d'exception : la première est que ces lois sont exigées d'eux par l'aristocratie dont ils dépendent; et la seconde est que leur avénement aux affaires, en révoltant l'Irlande, les force de recourir aux moyens violents de répression. C'est là ce qui rend si difficile le retour au pouvoir pour les tories dont le premier acte obligé est l'établissement en Irlande d'un régime cruel et sanguinaire. C'est aussi là qu'est le principal mérite des whigs, capables d'administrer l'Irlande, sans le secours de ces lois odieuses qui violent le droit commun et l'humanité.

Ce n'est pas que le gouvernement des whigs en Irlande protège les attentats dont les riches et les propriétés y sont l'objet. Il les réprime aussi, mais autrement. D'abord ces attentats sont moindres sous le régime des whigs, parce que les riches, ayant moins de privilèges et de pouvoirs, excitent moins de haines; et puis quand il en est commis, leur répression est abandonnée au cours ordinaire de la justice.

Cette répression régulière et modérée, la seule que les whigs autorisent en Irlande, est loin sans doute de satisfaire les passions de l'aristocratie; accoutumée à une protection particulière, et qui, pour peu qu'un accusé soit acquitté par le jury, s'écrie que la société est menacée de dissolution; que la sûreté des propriétés et des personnes n'existe plus; que la justice est impossible avec les lois ordinaires; et demande à grands cris qu'on remette en vigueur quelques lois d'exception.

Tout récemment encore, l'aristocratie du comté de Tipperary adressait d'une voix unanime au gouvernement central une supplique, humble et pressante, à l'effet d'obtenir quelque protection extraordinaire devenue nécessaire, disait-elle, par la guerre systématique que les pauvres livraient à la personne et à la propriété du riche. Mais jusqu'à présent les whigs ont refusé à l'aristocratie toute assistance exorbitante; et persuadés que les attentats qui désolent le pays, sont au moins provoqués par l'égoïsme et par l'imprévoyance des riches, ils ont eu le courage de dire à l'aristocratie de Tipperary une grande vérité trop longtemps méconnue en Irlande. Ils lui ont rappelé que la propriété met ses droits en péril, quand elle oublie ses devoirs (1).

Ainsi le gouvernement des whigs en Irlande n'y détruit pas sans doute la puissance politique de l'aristocratie; mais il la combat; et il ne peut, avec les armes incomplètes qu'il possède, mieux soutenir la lutte contre un adversaire aussi formidable que le parti aristocratique; il ne saurait plus habilement affaiblir l'ennemi qu'il est dans l'impuissance de détruire.

En résumé, les whigs sont dans l'impossibilité sans doute, d'exécuter en Irlande toutes les réformes qu'exigerait le salut de ce pays; ils ne peuvent faire que partielles ou transitoires les réformes politiques pour lesquelles ils sont cependant les plus propres; les réformes religieuses qu'ils sont capables d'accomplir pèchent toujours par la base, puisqu'elles laissent debout le principe anglican qui est la première plaie de l'Irlande; et ils n'abordent même pas la réforme des priviléges civils qui sont comme l'âme de l'aristocratie. Mais si les whigs ne guérissent pas les maux de l'Irlande, ils ont au moins le pouvoir de les adoucir; ils gagnent du temps; ils accoutument l'Angleterre à s'occuper de ce pays, ils mettent au grand jour ses plaies les plus hideuses.

Ainsi, l'on pourrait dire, comme résumé de tous les partis, que les radicaux n'ayant point encore été vus à l'œuvre, l'Irlande ne sait ce qu'elle pourrait attendre d'eux; elle a connu le régime des tories, qui ne peuvent que la révolter; les whigs ne lui donnent pas satisfaction, mais ils la font patienter.

CHAPITRE III.

Vues générales sur l'état de l'Irlande. — Conclusion. — Coup d'œil sur l'avenir social, politique et religieux de ce pays.

———

Maintenant, les faits sont connus. On a vu de quels maux la pauvre Irlande est travaillée ; comment une mauvaise aristocratie est la source première et permanénte de tous les maux; quels symptômes de résistance et quels éléments de démocratie, ce mauvais gouvernement a fait naître dans ce pays. On a vu quels moyens seraient propres à y ramener l'ordre et la paix. On vient de reconnaître enfin, que ce qu'il faudrait faire, l'Angleterre ne le fera probablement pas ; et que celui des partis anglais qui est le moins incapable de gouverner l'Irlande, ne saurait cependant exécuter les réformes fondamentales qu'exige l'état de ce pays.

Maintenant, les bases du problème étant posées, quelle sera la solution? Quelles sont pour l'Irlande, quelles sont, pour l'Angleterre elle-même, les conséquences de cet état de choses? Que faut-il en conclure pour le présent? Que doit-on en augurer dans l'avenir?

Arrêtons-nous un instant ; puis, avançons-nous timidement dans cette voie de prévisions et de conjectures.

La situation qui vient d'être exposée, est sans doute extraordinaire et singulièrement compliquée : elle est pourtant logique.

L'Irlande, convaincue que sa misère lui vient de ses institutions, doit vouloir les détruire; tandis que l'Angleterre, qui voit en elles la cause principale de sa prospérité et de sa grandeur, aspire naturellement à les conserver.

La grande difficulté vient donc de ce que le même régime politique, salutaire pour l'un des deux peuples, est funeste à l'autre; et que celui-ci se sent mourir avec un gouvernement qui est la vie même de celui-là. Si les lois qui sont chères à l'Angleterre sont maintenues, l'Irlande demeure avec toutes ses souffrances et tous ses périls; et si l'on veut guérir les maux de celle-ci, le seul remède qu'on puisse prendre est douloureux à l'Angleterre.

La difficulté vient enfin, de ce que les deux peuples auxquels un régime commun est fatal, et pour chacun desquels il faudrait une loi différente, sont cependant obligés d'en recevoir une semblable; et de ce que formant un seul et même empire, ils sont soumis à la même autorité dont les actes, vivifiants pour l'un, sont meurtriers pour l'autre.

Si l'Angleterre et l'Irlande ont des intérêts aussi opposés, et s'il est aussi nuisible à toutes les deux de ne former qu'un seul peuple, il semblerait que le seul parti qu'elles auraient à prendre serait de se séparer, et de former chacune un état distinct, ayant sa nationalité propre et son gouvernement particulier. Cet expédient résoudrait sans doute toutes les difficultés : mais on peut prédire hardi-

ment qu'on n'y aura point recours. Il suffit en effet
de considérer la situation géographique de l'Angleterre et de l'Irlande pour reconnaître que la première ne voudra jamais renoncer à l'empire qu'elle
exerce sur la seconde. L'Irlande est un membre
vital de la Grande-Bretagne : membre gangréné sans
lequel pourtant elle ne saurait vivre. A la vérité, si
quelque convulsion du globle faisait rentrer l'Irlande
au sein des mers, l'Angleterre ne serait peut-être
que fortifiée de cette perte ; mais tant que ce pays,
qui tient à elle comme un bras au corps, gardera
dans l'Océan la place qu'il y occupe, elle voudra
nécessairement le dominer.

De tous temps l'Irlande a été le point de mire des
ennemis de l'Angleterre ; elle était telle dès le douzième siècle : car l'histoire nous apprend que le parti
qu'en pouvait alors tirer la France fut un des motifs
qui portèrent les rois anglais à entreprendre sa conquête. Lorsqu'à l'époque de la réformation religieuse
le projet est conçu par l'Europe catholique de frapper le protestantisme en Angleterre, c'est sur l'Irlande que l'Espagne jette les yeux, et c'est dans ce
pays que débarque la fameuse armada de Philippe II.
C'est en Irlande que Louis XIV envoie l'armée française qui doit aider le catholique Jacques II à remonter sur le trône occupé par le protestant Guillaume III. Et quand la France républicaine et
démocratique lutte contre la coalition européenne
dont l'Angleterre est l'ame, elle n'imagine, pour
atteindre celle-ci, aucun moyen plus sûr que de
transporter une armée en Irlande ; et elle fait, dans
ce but, en moins de deux ans trois expéditions suc-

cessives (1). Assurément ces diverses tentatives d'invasion n'ont pas été heureuses; et l'Irlande a toujours si mal répondu aux attentes de l'étranger qu'elle serait en droit de n'être point comptée comme un auxiliaire assuré aux ennemis de celle-ci.

Cependant l'Angleterre voit l'Irlande trop près d'elle pour n'en pas vouloir conserver la police; elle ne peut consentir à voir s'isoler d'elle une terre dont elle n'est séparée que par un étroit canal, de laquelle on aperçoit ses propres rivages et d'où une armée irlandaise ou étrangère fondrait sur elle en quelques heures. Et c'est précisément parce que l'Irlande est catholique et démocratique, que l'Angleterre aristocratique et protestante ne peut laisser celle-là indépendante, et l'abandonner à ses sympathies pour des peuples dont les institutions politiques et religieuses répugnent à l'Angleterre par la même raison qui les rend agréables à l'Irlande. Et puis ôtez toutes ces considérations: quel est l'empire qui consent à se démembrer? Toute puissance qui perd de son étendue n'est-elle pas ou n'a-t-elle pas l'air d'être en déclin? L'Angleterre, qui ne veut à aucun prix perdre le Canada dont quinze cents lieues la séparent, n'abandonnera certainement pas l'Irlande qui fait partie d'elle-même.

Mais si l'on peut considérer comme certain que l'Irlande ne formera jamais un État séparé de l'Angleterre, ne pourrait-il pas arriver que les deux pays, tout en restant unis par un lien politique, fussent séparés législativement; c'est-à-dire gouvernés sous le même empire chacun par un parlement particulier, obéissant au même roi, et trouvant dans des lois spéciales à chacun d'eux la satisfaction de leurs intérêts différents? Cette séparation parlementaire (1) était en 1833 le vœu de presque toute l'Irlande insurgée : et, en ce moment même, O'Connell l'invoque comme le seul port de salut où devra se réfugier l'Irlande, si elle n'obtient pas du parlement anglais toutes les réformes qu'elle demande.

On ne saurait sans doute affirmer que jamais cette scission législative de l'Angleterre et de l'Irlande n'aura lieu : le passé prouve d'abord qu'en fait elle est possible, puisqu'elle a existé pendant six siècles et n'a cessé qu'en 1800; et l'on aurait tort peut-être de tirer contre elle une objection absolue de la servilité et de la bassesse des anciens parlements irlandais : car si le parlement d'Irlande était rétabli, ne pourrait-il pas être assis sur des bases propres à garantir son indépendance?

Mais d'autres et de si grandes objections s'élèvent contre son rétablissement qu'on croit pouvoir, sinon assurer, du moins énoncer comme à peu près certain que jamais il n'aura lieu; c'est ce que peu de mots feront comprendre. Pourquoi le parlement d'Angleterre ne donne-t-il pas à l'Irlande les lois politiques et religieuses que celle-ci réclame? Ce n'est pas qu'il croie les institutions de l'Irlande les meilleures que puisse avoir ce pays; mais il juge dangereux de les abolir. Il craint que le coup qui renverserait ces institutions dans un pays voisin ne les ébranle en Angleterre; et que la loi qui frapperait ici l'aristocratie ne l'atteignît là par la contagion du principe. Or, l'Angleterre aurait absolument les mêmes sujets d'alarme, si l'Irlande était investie du pouvoir de faire elle-même des lois à son usage.

Deux peuples qui se touchent comme l'Angleterre et l'Irlande ne sauraient se remuer sans que le mouvement de l'un agite l'autre; ils ne sauraient gronder ou gémir sans que la voix de celui-ci retentisse aussitôt chez celui-là plaintive ou menaçante. Sous le régime de publicité essentiel aux institutions libres de la Grande-Bretagne, chacun des deux peuples saurait jour par jour ce qui se passerait chez l'autre. Or, en supposant que les intérêts matériels des deux peuples, tels que le commerce et l'industrie, ne fus-

perpétuel de collisions entre les deux législatures, la délibération des seules questions politiques ne serait-elle pas de nature à faire naître les plus graves embarras et les plus sérieuses querelles? Que dirait, que ferait l'Angleterre si par exemple le parlement d'Irlande, cédant aux vœux du pays, abolissait le principe de l'Église anglicane; et, après avoir renversé les priviléges religieux de l'aristocratie, détruisait ses priviléges politiques et civils; abattait les juges de paix et les grands jurys; abolissait les substitutions, le droit d'aînesse, et brisait toutes les entraves qui enchaînent le commerce du sol? Croit-on que de pareilles lois décrétées en Irlande ne re-

et ne feraient pas bondir les passions *conservatives* de ce dernier pays? L'Angleterre, qui est ou croit être intéressée à maintenir chez elle l'aristocratie et l'Église, les laisserait-elle abattre ainsi parlementairement dans le pays voisin, soumis d'ailleurs à son empire?

Évidemment il arriverait bientôt l'une de ces deux choses : ou le parlement d'Irlande serait, soit par la crainte, soit par la corruption, soumis au bon plaisir de l'Angleterre, et tout en présentant les mouvements extérieurs d'un corps indépendant, ne ferait que les seules lois qui seraient du goût de celle-ci; et, dans ce cas, on ne voit pas clairement l'intérêt qu'aurait l'Irlande à posséder une législature, instrument servile de ceux au joug desquels elle voudrait se soustraire. Ou bien, échappant à toute influence de peur ou de séduction, ce parlement irlandais vraiment national aborderait franchement et courageusement la discussion des maux de l'Irlande; et alors l'Angleterre, voyant dans ce langage une attaque au moins indirecte contre ses propres institutions, se hâterait de dépouiller l'Irlande de sa législature. Un parlement irlandais vendu à l'Angleterre n'est point désirable; un parlement indépendant est impossible. Ainsi, ces deux pays, que le même parlement ne peut conduire, ne sauraient être régis par deux législatures différentes; et leur union parlementaire doit être considérée comme aussi nécessaire que leur union politique.

Ainsi l'Angleterre et l'Irlande, que leurs préjugés, leurs passions, leurs intérêts politiques, éloignent l'une de l'autre, sont liées par la destinée. Il faut qu'avec des mœurs différentes et des besoins opposés elles demeurent ensemble, par la seule raison qu'un jour elles ont surgi côte à côte du sein des mers: pareilles à ces jumeaux monstres qui, condamnés par la nature à ne faire qu'un même corps et une même chair, ont cependant des goûts contraires, et qui, travaillés incessamment du besoin de se quitter, sont obligés de se mouvoir ensemble et de vivre extérieurement unis au sein d'une discorde profonde.

Mais que suit-il de cette union fatale? C'est que le plus faible suit la condition du plus fort; en d'autres termes que l'Irlande est forcée d'accepter la loi qu'il plaît à l'Angleterre de lui imposer. Voilà pourquoi il y a en Irlande une Église et une aristocratie anglicanes.

Mais faut-il conclure de ce qui précède, que l'Irlande, intéressée à détruire des institutions funestes, les subira aussi longtemps qu'il plaira à l'Angleterre de les lui imposer? L'Irlande sera-t-elle condamnée à d'éternelles souffrances, parce que le remède qui pourrait la guérir alarme l'Angleterre? Non. Il ne paraît point qu'on doive accepter une aussi triste conséquence.

Sans doute on peut prévoir que l'Angleterre essaiera de maintenir ses propres institutions en Irlande. Elle croit dangereux de gouverner ce pays autrement qu'elle ne se gouverne elle-même; elle s'efforcera donc de n'y pratiquer que les changements dont elle croira n'avoir rien à redouter, et tentera ainsi d'enchaîner la réforme religieuse et démocratique qui a son cours dans ce pays. C'est la voie qu'elle suit depuis des siècles, et dans laquelle elle est si profondément engagée, que l'on n'aperçoit pas comment elle en pourrait sortir. Mais, en même temps qu'on prévoit qu'elle visera à ce but, on peut être à peu près sûr qu'elle ne l'atteindra pas. C'est, depuis cinquante ans, l'objet constant de ses efforts toujours infructueux.

Quand on considère ce qui s'est accompli en Irlande depuis un demi-siècle, il est impossible de ne pas reconnaître que les institutions fondées dans ce pays par les Anglais sont attaquées au cœur. Ces institutions ne respiraient, en quelque sorte, que d'un souffle protestant; or, le principe qui les animait est, il faut le reconnaître, en pleine décadence. Comment s'achèvera cette destruction commencée? par quels actes et dans quelles circonstances? sera-t-elle lente ou rapide? paisible ou violente? On ne saurait le dire; mais il est impossible de ne pas reconnaître qu'elle se prépare et qu'elle arrivera.

L'Irlande est une contrée essentiellement catholique, et le mensonge légal qui la fait un pays protestant est déjà trop ruiné dans sa base pour se maintenir longtemps debout. On peut donc regarder comme certain que, dans un temps donné et probablement peu éloigné de nous, l'Église anglicane aura cessé d'être le culte officiel et public de l'Irlande.

La question de savoir si la religion catholique deviendra le culte dominant en Irlande, comme le culte anglican est celui de l'Angleterre, et le culte presbytérien celui de l'Écosse, est une question d'un autre ordre et d'une nature plus douteuse. On a vu plus haut comment cette prédominance du catholicisme en Irlande serait pour ce pays plutôt un péril qu'un bienfait. L'Irlande a déjà la liberté religieuse; ce qui lui manque, ce qu'elle veut conquérir, et ce qu'elle conquerra sans aucun doute, c'est l'égalité des cultes.

Il en est pourtant qui croient que l'Église anglicane demeurera encore longtemps le culte établi de l'Irlande. La constitution britannique, disent-ils, dont le principe fondamental est anglican, cesserait d'être, si l'Église d'Irlande était abolie. Les rois d'Angleterre, dont le droit à la couronne est un droit protestant, ne pourraient détruire en Irlande la suprématie de l'Église sans manquer à leur propre serment. Enfin, les catholiques irlandais eux-mêmes, qui, en 1829, ont reçu l'émancipation parlementaire sous la condition de respecter l'Église et son établissement, se montrent parjures lorsqu'ils en demandent la ruine.

On se trompe étrangement si l'on pense que les puissances qui travaillent en Irlande au renversement de l'Église anglicane s'arrêteront devant de pareils obstacles. La constitution anglaise s'opposât-

tomberait pas moins; mais il n'est pas vrai de dire que la constitution britannique n'existe qu'à la condition du maintien, en Irlande, de l'Église anglicane. C'est un des grands avantages de cette constitution, que, n'étant point écrite, elle ne saurait

faire dans les lois du pays tous les changements qu'exigent les opinions et les mœurs. Voilà comment l'Écosse a pu devenir presbytérienne, et le Canada demeurer catholique sous le sceptre de l'Angleterre, sans que la constitution anglaise en reçût aucune atteinte. De pareils changements dans la constitution, loin de la détruire, sont peut-être les seuls moyens de la conserver. Et comment s'arrêter aux reproches de parjure adressés aux ca-

tholiques d'Irlande qui, ayant obtenu des réformes
sous la condition de s'en contenter, en demandent
encore de nouvelles? Si les catholiques d'Irlande
ont, en 1829, promis de s'en tenir à tout jamais à
l'émancipation parlementaire, ils ont certainement
pris l'engagement le plus insensé qu'on puisse imaginer ; ce serait comme s'ils avaient juré qu'ils ne
lutteraient plus dès qu'ils auraient une arme de
combat. Et les législateurs, qui, par nécessité et non
par justice, auraient accordé l'émancipation catholique à une telle condition, n'auraient pas moins
manqué de sens ; car c'eût été comme s'ils avaient
dit aux catholiques d'Irlande : Vous êtes déjà tellement forts, que nous sommes obligés de vous concéder ce que nous ne vous donnerions point librement ; en conséquence, nous allons accroître votre
puissance, à la condition que de ce jour vous renon-
cerez à en faire usage. Ces engagements, qu'il eût
été aussi absurde d'offrir que d'accepter, eussent-ils
été raisonnables et sérieusement consentis, ce serait
chimère que d'y chercher quelque réalité. Les serments que prête un homme ont quelquefois de la
valeur ; ceux qu'on impose à un parti n'en ont
jamais.

Si rien ne peut arrêter la réforme de l'Église d'Irlande, la réforme de l'aristocratie irlandaise s'avance
d'un pas non moins sûr. Les membres de cette
aristocratie sont toujours des étrangers en Irlande ;
ils agissent comme au temps où les conquérants
anglais n'avaient devant eux, en Irlande, que quel-

aujourd'hui en présence d'un peuple bien discipliné,

conduit par un grand chef, et qui a la conscience de sa force.

L'aristocratie d'Irlande a, dès l'origine, mêlé sa cause à celle de l'Église; et sa destinée semble être de vivre et de mourir avec celle-ci. Se reconstituera-t-il une autre aristocratie sur les ruines de celle qui s'écroule? Il est bien difficile de le dire. Les tendances de l'esprit anglais y poussent, mais les passions qu'a fait naître et qu'entretient une aristocratie détestée y peuvent être un obstacle. Et plus cette aristocratie anti-nationale résistera aux coups qui lui sont portés, plus le sentiment qui repousse une aristocratie quelconque se fortifiera en Irlande : car c'est la haine particulière qu'elle inspire qui flétrit surtout les priviléges de la naissance et de la fortune dans un pays naturellement enclin à les estimer. Aussi peut-on dire que le système des tories, qui

l'aristocratie existante, est tout à la fois le plus propre à assurer la ruine complète de celle-ci et à rendre impossible sa métamorphose en une autre aristocratie; tandis que si une pareille transformation s'opère, elle sera favorisée par les whigs qui, en réformant l'aristocratie protestante, la rendent moins odieuse, et accoutument les catholiques d'Irlande à l'injustice des priviléges en les y faisant participer.

Mais si une aristocratie catholique ne succède point à l'aristocratie protestante, destinée à périr, quel pouvoir prendra donc la place de celle-ci? Le gouvernement de l'Irlande deviendra-t-il démocratique? En faisant voir tout à l'heure comment le parti tory excite les haines du peuple contre les classes privilégiées, on a par cela même montré de quelle manière ce parti pourrait, dans certains cas, aider la démocratie à se développer. Mais si cette démocratie triomphe, comment s'établira-t-elle? Dans quelles circonstances? Sera-ce par quelque révolution violente, ou par un progrès doux et lent? Que ce soit par la violence ou par des voies paisibles, comment se constituera-t-elle en dépit de l'Angleterre qui se croit intéressée à la combattre? Quand on considère les passions de l'Irlande catholique, il est difficile de ne pas reconnaître qu'une longue obstination du parti tory à y maintenir entiers les priviléges de l'Église et de l'aristocratie ferait naître, pour ce pays, la chance d'une insurrection générale. Quels seraient les effets d'un pareil soulèvement? Jusqu'où irait la colère du peuple? Où s'arrêterait-elle? Atteindrait-elle seulement les personnes? Se prendrait-elle aussi aux choses? Sortirait-il quelques principes de ces violences? Et que ferait l'Angleterre? Comment laisser impunie une pareille insurrection? Comment châtier tout un peuple? Et en supposant que d'un progrès tranquille ou de changements révolutionnaires il naquît un gouvernement démocratique, quelle en serait la forme? Quel en serait le principe? Quelle égalité donnerait-il aux citoyens? Serait-ce l'égalité propre au despotisme, ou celle qui appartient aux institutions libres? Voilà une multitude de questions que l'on ne peut que poser, et dont la solution n'appartient qu'à l'avenir?

Mais si l'on ne peut dire quelle puissance succédera en Irlande à l'aristocratie anglicane, ce qu'on peut considérer comme indubitable, c'est que cette aristocratie tombera ; et il semble impossible de ne pas regarder sa chute comme prochaine et imminente.

Vainement le gouvernement anglais voudra conjurer cette double ruine de l'Église et de l'aristocratie protestante d'Irlande ; quel qu'il soit, whig ou tory, il n'en aura point la puissance ; et il n'y réussira ni par de prudentes réformes, ni par une aveugle résistance, ni par la sagesse, ni par la force.

L'Angleterre est sans doute bien supérieure en puissance à l'Irlande, et celle-ci serait insensée si elle prétendait soutenir avec la première une lutte de rivalité. Elle serait folle, non-seulement si elle voulait dicter des lois à l'Angleterre, mais encore si elle essayait d'échapper à la souveraineté de celle-ci : malheur à elle si jamais elle engageait de pareils combats ! Mais il est bien différent pour le faible d'attaquer ou de se défendre. Le faible qui est opprimé trouve dans la sainteté de son droit une grande force auxiliaire, tandis que le puissant qui opprime est singulièrement affaibli par l'injustice qu'il pratique, et dont il a lui-même la conscience. Or, l'Angleterre peut bien

lande des institutions funestes à celle-ci ; mais elle ne saurait penser qu'un pareil procédé soit juste, et il suffit qu'elle doute de son droit pour qu'elle soit moins forte. Au contraire, quand l'Irlande résiste à la violence qui lui est faite, elle a le sentiment de l'iniquité commise envers elle, et ce sentiment la soutient. Ainsi, il semble qu'une longue injustice tende à égaler la puissance de l'oppresseur et de l'opprimé, dont le courage s'accroît en même proportion que l'énergie du tyran diminue.

L'Angleterre se lèverait comme un seul homme contre l'Irlande aspirant à briser le lien politique qui les unit l'une à l'autre. Mais lorsque l'Irlande se borne à repousser les persécutions et les rigueurs d'une politique égoïste, lorsqu'elle fait entendre les accents douloureux du pauvre qui jeûne et de l'opprimé qui gémit, l'Angleterre se divise, et le grand peuple qui serait tout puissant pour dompter un sujet rebelle, manque de forces pour écraser une victime. C'est là qu'est le secret de la faiblesse anglaise en face de la pauvre Irlande, appuyée sur son infortune imméritée; là est l'explication du passé et là révélation de l'avenir. Voilà pourquoi, même au temps de sa plus grande infériorité relative, l'Irlande a toujours été pour l'Angleterre un embarras et une menace.

Et le temps approche, si déjà il n'est venu, où l'Irlande ne sera pas seulement forte de son bon droit. Sa population, qui s'accroît plus rapidement que celle de l'Angleterre, vient encore chaque jour augmenter la puissance du plus faible, et diminuer la supériorité du plus fort. L'Irlande n'est plus ce petit peuple de huit à neuf cent mille habitants qu'abattaient d'un seul geste Henri VIII ou Élisabeth; elle en compte à présent plus de huit millions; c'est la moitié de ce qu'en possèdent l'Angleterre, l'Écosse et le pays de Galles, tous réunis; c'est trois fois plus que n'en a l'Écosse toute seule, et le temps n'est peut-être pas éloigné où l'Angleterre prise isolément ne sera pas numériquement plus

forte que l'Irlande (1). Alors, sans doute, la première sera encore infiniment plus puissante que la
seconde; mais il ne faut pas oublier tout ce que
l'une doit avoir de forces supérieures pour exercer
une oppression qui l'affaiblit et qui diminue l'infériorité de l'autre.

Qu'on y prenne bien garde, d'ailleurs, l'on ne doit
pas considérer l'Angleterre et l'Irlande abstracti-
vement comme deux peuples qui existeraient seuls
dans l'univers, et seraient tout l'un pour l'autre. Il
est bien vrai que l'Angleterre est tout pour l'Irlande,
qui n'a jusqu'à présent qu'une existence relative à
l'Angleterre; mais il n'en est point de même pour
celle-ci qui, ayant établi sa puissance dans tous les
mondes, a le soin de l'y conserver. Ainsi l'Irlande
qui ne poursuit qu'un seul but politique, celui de
réformer ses institutions, et qui n'a de contact
qu'avec un seul peuple, celui qui s'oppose à cette
réforme; l'Irlande, dis-je, réunit toutes ses forces
contre un seul adversaire, et met à le combattre,
sans distraction, sans trêve, sans relâche, tout ce
qu'elle a de puissance matérielle et de vigueur morale; tandis que l'Angleterre qui, dans son état politique, se doit à une foule d'intérêts divers, est
souvent obligée de se partager. La résistance que
l'Irlande oppose à l'Angleterre, est constante et ne
peut que s'accroître; la force que celle-ci fait peser
sur celle-là est variable, et sujette à se réduire singulièrement dans des temps extraordinaires:

Il faut se rendre compte de cette situation mutuelle de l'Angleterre et de l'Irlande pour comprendre comment la nation faible a pu résister si

heureusement au peuple fort, et comment elle peut compter dans l'avenir sur de semblables succès. Forte de sa cause juste, de son progrès constant, de ses efforts continus, dirigés vers un but unique, et de tous les embarras accidentels qui viennent gêner son adversaire, l'Irlande avance sans cesse dans la voie qu'elle suit : tantôt elle obtient de l'Angleterre un acte de demi-justice, tantôt une concession ; un jour on lui accorde, par calcul, ce que la veille on avait refusé à son bon droit ; on cède tour à tour à la pitié qu'inspirent ses infortunes, et à la crainte que font naître ses agitations ; et l'Angleterre est ainsi conduite moitié malgré elle, moitié librement, à renverser en Irlande l'édifice qu'elle voudrait maintenir. Si l'avenir était douteux, que l'on consulte le passé.

L'Angleterre n'était pas, il y a cinquante ans, moins jalouse qu'elle ne l'est à présent de conserver en Irlande dans leur intégrité, ses institutions aristocratiques et religieuses, et à cette époque, la faiblesse relative de l'Irlande était encore bien plus grande que de nos jours ; c'est cependant de ce temps que datent les plus grands avantages remportés par l'Irlande sur l'Angleterre. De 1775 à 1793, c'est-à-dire pendant près de vingt années, il semble que l'Irlande tienne en échec l'Angleterre ; il semble que celle-ci qui, jusqu'alors, avait tout refusé à l'Irlande, ait pris le parti de tout céder ; et pourquoi ? C'est que l'Angleterre était alors dans tous les embarras de sa puissance, bravée dans l'Amérique du Nord, menacée dans l'Inde, en guerre avec la France et l'Espagne : de là les émancipations irlan-

daises de 1778 et de 1782 ; l'Angleterre donne à l'Irlande des libertés en même temps que les colonies
américaines prennent les leurs. Le jour où la France
révolutionnaire déclarant la guerre à l'Europe, fait
comprendre à l'Angleterre le besoin d'être en paix
avec elle-même, celle-ci donne à l'Irlande de nouvelles libertés : de là l'émancipation de 1793.

Et lorsque enfin, en 1829, elle accorde à l'Irlande
la grande émancipation parlementaire, elle avoue
ingénument qu'elle fait cette concession, non parce
qu'elle est juste, mais parce qu'elle est nécessaire.
Et quelle était cette nécessité ? C'était d'empêcher
l'insurrection générale de l'Irlande que l'on voyait
imminente.

C'est sans doute une déplorable situation que celle
de l'Angleterre, ne se sentant ni le pouvoir d'être
équitable envers l'Irlande, ni la force de lui refuser
toute justice ; impitoyable dans sa puissance, et généreuse seulement aux jours de sa faiblesse ; repous-
sant aujourd'hui comme impies et sacriléges les réformes qu'elle exécute le lendemain comme nécessaires. Elle voit ainsi démolir pièce à pièce, d'année
en année, de concession en concession, de nécessité
en nécessité, toutes les institutions qu'elle aurait à
cœur de conserver en Irlande. Et chaque jour doit
nécessairement rendre plus rapide et plus irrésistible ce travail de destruction. Le peuple auquel
des concessions sont faites, non parce qu'elles sont
justes, mais parce qu'elles sont nécessaires, tire de
là un enseignement inévitable. Avertie qu'elle ne
doit rien attendre de l'équité de ses maîtres, l'Irlande
ne travaille qu'à leur prouver sa force ; voilà pour-

quoi, dès qu'il veut quelque chose, · O'Connell
prêche l'agitation, et secoue ses sept millions
d'hommes comme un épouvantail propre à jeter
l'Angleterre dans la réflexion.

Et pourtant ce triste système de concessions arrachées à la peur, à la faiblesse, et quelquefois à
la pitié, semble le seul que, dans son état présent ;
l'Angleterre puisse suivre vis-à-vis de l'Irlande.

On a vu ailleurs par quelle raison l'Angleterre
serait dans l'impossibilité d'exécuter paisiblement et
librement les réformes que veut l'Irlande. Elle ne
peut faire ainsi ces réformes, parce que si une partie de la population voudrait qu'on rendît justice
à l'Irlande, il y en a une autre dont les passions politiques et religieuses exigent que l'oppression de
l'Irlande soit continuée. Or, ces passions et ces préjugés qui s'irriteraient contre une réforme logique,
spontanée, cèdent à une réforme imposée par une
force majeure, et s'inclinent devant une nécessité.
L'Angleterre pardonne à son gouvernement d'être
faible, impuissant même, devant les exigences de
l'Irlande; elle ne lui pardonnerait point de même
d'immoler aux simples vœux de ce pays les institutions politiques et religieuses dont elle lui a confié
le dépôt; et il y a telle réforme que les whigs seraient absolument incapables d'exécuter comme
juste et rationnelle, et que l'Angleterre laisserait
accomplir par les tories, comme déplorable, mais
nécessaire.

Ainsi s'écrouleront les institutions anglaises établies en Irlande, en dépit des efforts que fait l'Angleterre pour prévenir leur ruine. Ces institutions

tomberont, et l'on peut affirmer en même temps
qu'elles ne seront point renversées en Irlande sans

reçoivent le contre-coup de leur chute.

L'Angleterre commettrait une grande erreur si
elle croyait que ce système mixte de résistance et
de concessions successives la préservera des périls auxquels elle pense avec raison peut-être, qu'elle
serait sujette si elle réformait ouvertement et directement les institutions de l'Irlande. Elle se ferait
une étrange illusion si, parce qu'elle proteste pour
le maintien de ses institutions en Irlande, elle croyait
échapper à la contagion du principe irrésistible qui
les abat. Il suffit même d'un peu de réflexion pour
se convaincre que sa propre Église et sa propre aristocratie seront plus ébranlées par la destruction
lente et contestée de l'aristocratie et de l'Église d'Irlande, qu'elles ne le seraient par une réforme subite et complète de celles-ci.

Qu'importe la fiction qui suppose ces institutions
stables en Irlande, si d'Angleterre on entend sans
cesse les coups qui leur sont portés et les cris d'a-
larme que poussent leurs partisans? C'est en vain que
l'Angleterre, dans son contentement de l'Église et
de l'aristocratie, décrète que l'Irlande aussi doit en
être satisfaite, si les misères de ce pays murmurent
contre l'aristocratie et l'Église une perpétuelle accusation qui retentit incessamment en Angleterre.

On craindrait pour le sort de l'Église d'Angleterre si on abattait l'Église d'Irlande; en conséquence on veut que celle-ci reste debout. Mais que
suit-il de là? C'est que tous les jours l'Angleterre

entend dire qu'il existe en Irlande une Église haïe
du peuple; une Église qui regorge d'or, d'abus et
de vices; qui reçoit un tribut annuel de 22 millions
de francs pour le plus grand bien de quelques protestants, tandis que la masse de la nation, profondément misérable, n'a point de culte public. L'Angleterre entend répéter ces discours sous mille formes;
chaque matin la presse lui révèle des faits nouveaux.
Un jour ce sont les sinécures de l'Église d'Irlande qui
sont dénoncées; un autre jour, c'est le salaire mons-
trueux des évêques; tantôt on annonce une révolte
du peuple contre les exactions du clergé; tantôt c'est
une dissertation que l'on publie, et où l'on prouve,
sans beaucoup de peine, la légitimité de la rébellion.
L'Irlande étant insurgée, comment apaisera-t-on la
révolte? L'Angleterre tout entière s'interroge elle-
même. Les whigs proposent-ils, comme remède, une
réforme? Il faut la discuter. Les tories proposent-ils
des rigueurs? Il faut les discuter aussi. Vainement
la question que soulèvent ces institutions vicieuses est
éludée; elle revient de toutes parts, en dépit de tous
les efforts, et s'obstine à troubler l'Angleterre dans
son repos; et si, pour dompter l'insurrection, le
recours à la violence est adopté, bientôt le cri de
douleur qui tombe des échafauds dressés en Irlande
vient résonner en Angleterre, et y tourmenter plus
d'une conscience amie d'ailleurs de l'Église et de ses
privilèges.

Et il y aurait lieu d'être surpris si, une fois attirée
sur un pareil sujet, l'imagination des Anglais s'arrêtait en Irlande. Beaucoup qui ne voient pas du
premier coup-d'œil la différence qui existe entre

l'état religieux de l'Angleterre et l'état religieux de
l'Irlande, sont enclins à penser que les abus mons-
trueux que contient l'Église de celle-ci pourraient
bien se rencontrer tout semblables dans l'Église de

s
n'est-il pas, en Angleterre, le même qu'en Irlande?
Là, comme ici, le haut clergé ne possède-t-il pas
des richesses démesurées? Le revenu de 400,000 fr.,
dont jouit l'archevêque d'Armagh, n'est-il pas moindre que les 600,000 francs de rente appartenant à
l'archevêque de Cantorbéry? N'est-il pas aussi absurde en Angleterre qu'en Irlande que les édifices
servant au culte anglican soient construits et entre-
tenus aux frais des dissidents? N'est-il pas mauvais,
en Angleterre comme en Irlande, que l'Église anglicane possède de grandes propriétés foncières, qui
sont enchaînées et à moitié stériles entre ses mains?
N'est-ce pas, dans l'un comme dans l'autre pays,
un mauvais système que celui suivant lequel des
ministres religieux remplissent, comme juges de
paix, des fonctions civiles, et peuvent jeter en prison le corps de celui dont ils dirigent l'intelligence
et l'âme?

Toutes ces questions sont déjà débattues en Angleterre. Et qu'est-ce qui les soulève? L'état de l'Irlande, qui pousse d'éternelles plaintes, qui s'agite
sans relâche pour repousser le culte qu'on lui a imposé par la force, et qu'on ne maintient chez elle
que par la violence. Combien de pareilles clameurs, toujours suivies des mêmes échos, combien
de semblables commotions, amenant toujours les
mêmes contre-coups, faudra-t-il pour ébranler en

Angleterre l'Église qui chancèle en Irlande? On ne le saurait dire. Mais ne peut-on pas du moins affirmer qu'il n'existe pas d'institution si solide qui, à la longue, résistât à une pareille cause de ruine?

Et tous ces périls, qu'accumule sur l'Église d'Angleterre le système politique suivi envers l'Irlande, ne sont pas moindres pour l'aristocratie anglaise.

Lorsqu'en Angleterre on entend répéter sans cesse qu'en Irlande il existe une classe de personnes appelées les *propriétaires* et les *riches*, contre laquelle s'élèvent incessamment toutes les haines et toutes les malédictions du peuple; que ces riches ne se servent de leur fortune et de leur puissance que pour écraser le faible et le dépouiller; que ces propriétaires, odieux à la nation et amis de l'Église, ont fait avec celle-ci un pacte d'égoïsme dont la ruine du peuple forme le sujet; lorsque l'Angleterre apprend que les grands seigneurs irlandais qui n'ont pas une sympathie pour la souffrance du pauvre tirent de ses sueurs et de son indigence
et d'orgueil; lorsque, chaque jour, elle entend dire que ces hommes, investis de tous les pouvoirs publics, emprisonnent arbitrairement les citoyens, appliquent les lois sans les comprendre; faute d'autorité morale, ne connaissent d'influence que celle du geôlier ou du bourreau; et à force d'impéritie, de cupidité, d'imprévoyance et d'égoïsme, finissent par se rendre si odieux à la nation qu'ils sont réduits à cette alternative, ou de fuir le pays qui les abhorre, ou d'y vivre dans une constante terreur, quand ils n'y tombent pas sous le fer de la haine et de la vengeance : lorsque, dis-je, de pareils faits que la presse

enregistre sans cesse et qu'elle exagère encore, arrivent constamment à l'oreille du peuple anglais, ne

qu'encourt l'aristocratie d'Irlande, sera tout naturellement conduit à rechercher si celle d'Angleterre
peut mériter les mêmes reproches?

L'aristocratie anglaise est autre, sans doute, que
celle d'Irlande. Mais, si bonne qu'on la suppose, elle
contient en elle assez de vices, elle est sujette à assez
d'erreurs, et, toute généreuse qu'elle soit comparativement, elle renferme encore assez d'égoïsme pour
que le grief irlandais puisse être rapproché d'un
grief analogue en Angleterre ; pour que celui qui,
dans ce dernier pays, souffre d'un excès, d'une
faute, d'une faiblesse de l'aristocratie, applique à
son état ce qui est propre à l'aristocratie d'Irlande,
et soit tenté de haïr l'une chez lui autant qu'il voit

force l'Irlande de rester telle, ne songe pas à ce qu'il
y a de formidable dans cette voix solennelle de.
tout un peuple qui ne cesse de lui crier que l'Église
anglicane est le plus odieux de tous les cultes, et
l'aristocratie le pire de tous les gouvernements.

Ainsi non seulement l'Angleterre ne réussira point
à maintenir en Irlande l'Église anglicane et l'aristocratie, mais encore les coups qu'elle porte à l'Irlande, pour lui faire violence, reviendront par une
espèce de rebond la frapper elle-même, et atteindre
chez elle ses propres institutions; et cette influence
de l'Irlande qui réagit sur l'Angleterre et qui, en
retour de mauvaises lois, lui en renvoie la haine, ne

s'exerce pas seulement par une voie morale et indirecte.

L'Irlande, qui sait que l'Angleterre ne lui imposerait point violemment le régime de l'aristocratie et de l'Eglise anglicane, si ce régime n'était le sien, s'efforce d'attaquer ces institutions en Angleterre; et la part importante de représentation qu'elle a dans le parlement anglais lui en donne le moyen (1).

L'influence des représentants de l'Irlande dans le parlement est et doit être nécessairement de nature démocratique (2), et il est naturel qu'ils saisissent toute occasion qui leur est offerte de frapper par

tiques de l'Irlande mais encore celles de l'Angleterre : non qu'ils aient précisément à cœur la ruine de l'aristocratie anglaise, mais ils savent bien que celle-ci étant abattue ou seulement affaiblie, l'aristocratie factice d'Irlande s'écroulerait d'elle-même.

Or, ce caractère radical de la représentation irlandaise exerce et est propre à exercer dans l'avenir la plus extraordinaire influence sur les destinées de l'Angleterre.

On l'a déjà dit, laissée à elle-même l'Angleterre inclinerait à conserver ses institutions, sinon intactes du moins à peu près telles qu'elles sont; et il est certain que dans le parlement actuel les voix des députés *anglais* donneraient la majorité au parti conservatif. D'où vient donc que celui-ci n'est point à la tête du gouvernement? Parce que dans l'état de division à peu près égale où sont les partis purement anglais, les députés de l'Irlande assurent l'avantage aux whigs en se portant de leur côté (3). Voilà donc l'Angleterre qui tient, il est vrai, l'Irlande sous son joug, mais qui, par l'influence de celle-ci, est forcée de renoncer au gouvernement qu'elle préfère et de se livrer au parti qui, en somme, ne la représente pas.

Toute amie qu'elle est du repos, l'Angleterre *conservative* ne se tiendrait point dans l'immobilité, si elle pouvait diriger ses propres mouvements et les modérer à son gré. La nature de son gouvernement, ses habitudes de liberté, l'esprit de discussion qui, de sa religion, a passé dans ses mœurs, les intérêts même qu'elle renferme, qui, trop craintifs pour concéder beaucoup, sont trop éclairés pour ne céder rien, tout la porterait à une réforme lente, paisible et progessive de ses institutions.

Mais tandis qu'elle voudrait s'avancer doucement et prudemment dans la voie des réformes, voici qu'elle est contrainte d'y marcher à grands pas. Et d'où lui vient cette violence? Du tribut qu'apporte dans sa représentation nationale le peuple auquel d'ailleurs elle dicte des lois.

Il est maintenant bien avéré que le fameux bill de réforme de 1832 n'eût point été adopté par les seuls représentants de l'Angleterre, et qu'il n'a dû son triomphe qu'au vote des députés irlandais.

Il semble que chaque jour l'influence démocratique de l'Irlande dans le parlement britannique s'accroisse, et que celle de l'Angleterre diminue. Aux dernières élections de 1837, l'Angleterre, qui est en réaction contre la réforme, nommait déjà un plus grand nombre de *conservatifs*, et l'Irlande plus de radicaux (1).

Et tout annonce que pendant longtemps encore la représentation parlementaire des deux pays suivra ces deux tendances opposées, parce que la question se posera chaque jour davantage entre l'intérêt grave qu'a l'Angleterre de ne point hâter le mouvement démocratique, et le besoin impérieux qu'éprouve l'Irlande de le précipiter.

Mais entre les passions constantes à attaquer et les intérêts déterminés à la résistance, ne peut-il pas éclater une redoutable collision?

Ce désir singulier qu'éprouve l'Angleterre de s'arrêter dans la voie où l'Irlande la pousse impétueusement, ne fera-t-il pas naître à la longue, chez le peuple anglais, quelque résolution extrême? Déjà, il faut le reconnaître, l'Angleterre éprouve un secret ennui d'être traînée à la remorque de l'Irlande. L'idée qu'elle subit une pareille influence l'importune; elle souffre dans son orgueil de ce qu'un obstacle à sa marche naturelle lui vienne d'un peuple qu'elle est accoutumée à mépriser. Et puis, à force d'être attaqués, ces intérêts *conservateurs* de l'Angleterre prennent l'alarme. Les réformes succédant toujours aux réformes, les concessions aux concessions, un moment vient où l'aristocratie pense, à tort ou à raison, qu'elle n'a plus rien à céder, et que désormais elle est réduite à cette alternative de résister ou de cesser d'être.

Ne pourrait-il donc pas alors arriver que le parti qui, de sa nature, est le plus ami de la paix, aperçût un jour qu'il n'y a de salut possible que dans la guerre, et que, convaincu que s'il ne se révolte pas, on le tuera lentement, il ne tente contre son en-

nemi une lutte à force ouverte, au risque d'y périr
de mort soudaine et violente?

Et ce n'est pas seulement une collision entre l'Angleterre et l'Irlande que rendrait possible ce conflit
d'intérêts et de passions : c'est un engagement entre
les partis anglais eux-mêmes, dont l'un est irrité
par l'Irlande, qui sert d'appui à l'autre.

Le recours aux armes n'est pas sans doute en Angleterre un procédé familier aux partis, et l'on

constitutionnellement. Cependant qui pourrait as-

légale?

Ceux qui ont vu l'Angleterre en 1832 hésiteraient
peut-être sur cette question. A cette époque, les
résistances du parti tory avaient fait naître dans le
pays des passions si ardentes et si unanimes en faveur de la réforme, qu'on eût dit l'Angleterre à la
veille d'une révolution. On parlait hautement d'insurrection; déjà des plans de campagne se préparaient; des chefs étaient indiqués; on dit même que
des commandes d'armes se faisaient déjà pour l'armée nationale. L'aristocratie ayant cédé, le fleuve
débordé est rentré dans son lit; mais que fût-il advenu, si elle se fût obstinée contre le torrent populaire?

Maintenant ne serait-il pas possible qu'après
s'être mise en mouvement pour obtenir des réformes,
la nation anglaise s'agitât de même pour en arrêter
le cours?

Déjà, en 1835, à l'époque où la réaction de l'Angleterre contre le mouvement de 1832 commença à

se faire sentir, le parti conservatif, dans son impatience des réformes annoncées par les whigs, toujours maîtres du pouvoir, fit entendre plusieurs fois le cri de *guerre*. Il ne s'agissait rien moins que d'un appel aux *cavaliers* contre les *têtes rondes*. Cette provocation n'eut point de suite alors. Mais la violence ne pourrait-elle pas quelque jour précéder la menace?

C'est ainsi que le vent impétueux d'Irlande, qui souffle la démocratie sur l'Angleterre, peut amener pour celle-ci, la chance d'une guerre civile. C'est ainsi que l'entreprise de maintenir en Irlande un gouvernement que ce pays repousse, fait naître pour l'Angleterre elle-même une sorte d'oppression. C'est ainsi qu'en imposant violemment ses institutions à l'Irlande, l'Angleterre se voit menacée de perdre les siennes. Situation étrange et grave de quelque côté qu'on l'envisage! plus terrible pour l'Irlande, plus imposante pour l'Angleterre; entraînant pour celle-ci plus de responsabilités, pour celle-là plus de périls; plus simple quoique plus laborieuse pour l'Irlande, qui, n'ayant qu'un intérêt et qu'un devoir, n'a point à hésiter dans la route qu'elle suit, dût-elle s'y traîner toute saignante à travers les tortures et les supplices; plus compliquée pour l'Angleterre, qui, chargée de mille fardeaux divers, ne sait comment porter ni comment rejeter le poids de l'Irlande; qui, sûre de vaincre quand elle combat l'Irlande, ne remporte jamais que de stériles victoires, se ruine toujours en ruinant ce malheureux pays; et au milieu de ses rigueurs envers cette contrée, doutant sans cesse de sa propre cause, tour à tour

poussée par son égoïsme et retenue par sa conscience, tente vainement d'être toujours habile et
toujours juste : situation immense et chargée de té-
nébres, où l'esprit s'agite, se fatigue, s'égare; où
tout ce qui dans le présent paraît nécessaire à entreprendre, se trouve impossible; et pour laquelle
on ne saurait apercevoir dans l'avenir que des solutions tristes ou incomplètes jusqu'au jour plus ou
moins éloigné de nous, où le principe démocratique
qui travaille le monde et qui arrive à l'Angleterre
non seulement par les passions de l'Irlande, mais
encore par le mouvement général de l'humanité
tout entière, aura renversé l'aristocratie en Angleterre, et, en introduisant dans ce dernier pays les
seules institutions que puisse supporter l'Irlande,
aura rendu possible l'accord de deux peuples, qui
sont condamnés à une vie commune et qui aujour-
d'hui ne peuvent pas plus s'unir que se séparer.

RÉFLEXION FINALE.

Au milieu de toutes les misères, de tous les périls et de toutes les complications dont on vient de
présenter le triste tableau, un aspect consolant
s'offre à la vue.

D'où viennent à l'Angleterre ces embarras, ces
périls et ces difficultés que ses plus grands hommes
d'état déclarent presque insolubles? De l'Irlande:
de l'Irlande, malheureuse et opprimée, sur laquelle
l'Angleterre pratiqua jadis une conquête égoïste et

dure; que l'Angleterre attaqua cruellement dans sa liberté religieuse, après l'avoir dépouillée de sa liberté politique; de l'Irlande, tenue pendant six siècles sous un joug de fer, et soumise sans relâche aux plus odieuses persécutions qu'ait jamais inventées la plus ingénieuse tyrannie.

Et c'est ce peuple, écrasé par tant d'oppression, et dégradé par tant de servitude; c'est ce peuple tant de fois mutilé, brisé et foulé aux pieds par l'Angleterre; c'est ce peuple infortuné, victime tour à tour de tous les fléaux, de la guerre étrangère et de la guerre civile, des massacres et de l'exil, du glaive qui tue, de l'or qui corrompt, de la loi qui persécute; c'est ce peuple, déchiré par d'éternelles convulsions, et décimé par des famines annuelles; c'est ce peuple de pauvres; c'est ce peuple en haillons; c'est ce peuple esclave, qui devient aujourd'hui pour le tyran, un embarras et un péril!

Certes, il y a là pour les princes et pour les peuples un grave sujet de méditation. Ne serait-ce pas que la violence et la corruption sont de mauvais procédés de gouvernement? Ne serait-ce pas que toute politique, pour être bonne, doit commencer par être honnête, et que, dans l'art de diriger les peuples, comme dans la science qui sert aux individus à se conduire eux-mêmes, il ne faut pas séparer l'habileté de la justice?

Il se passe en ce moment, chez deux grands peuples que l'océan sépare, deux phénomènes de même nature et qui sont bien dignes de fixer l'attention du monde.

Les États-Unis de l'Amérique du Nord sont

sans contredit, le peuple le plus fortuné de la terre;
dans aucun pays le conditions ne sont ni si égales
ni si heureuses; nulle contrée ne s'avance d'un pas
aussi rapide vers la puissance que donnent la richesse
et l'industrie; nulle part le progrès de l'humanité
n'est si constant ni si extraordinaire. Cependant au
sein de cette prospérité merveilleuse, qui brille d'une
si douce clarté, une affreuse tache apparaît; ce
corps, si jeune, si sain, si robuste, porte une plaie
hideuse et profonde : les États-Unis ont des esclaves.
Et vainement dans ce pays chrétien, la religion et
l'humanité se dévouent avec une admirable vertu à
guérir ce mal néfaste; la lèpre s'étend, elle flétrit
des institutions pures, elle empoisonne la félicité
des générations présentés, et dépose déjà un germe
de mort dans une société pleine de vie.

En même temps qu'en Amérique les États-Unis
font d'impuissants efforts pour rejeter de leur sein
la race noire, dont la servitude les trouble et les
humilie; en Europe, la nation la plus habile peut-
être dans l'art du gouvernement, l'Angleterre s'épuise
en stériles efforts pour se délivrer du pays qu'elle a
mis six siècles à conquérir, et se débat vainement
sous les misères de son esclave.

Et comment les deux peuples sont-ils arrivés à des
situations si tristes et si semblables? Par les mêmes
voies : par une première violence, suivie d'une longue
injustice.

L'Amérique et l'Angleterre voudraient, il est
vrai, abandonner ces voies funestes, au bout desquelles elles ont trouvé des abîmes. Mais on ne sort
point ainsi tout d'un coup de la route fatale et té-

nébreuse où l'on a marché longtemps; il faut pour d'aussi longs égarements, de plus longs retours. Lorsque des violations solennelles de la morale et de la justice ont continué pendant des siècles, la perturbation profonde qu'elles ont causée dans l'ordre moral dure longtemps encore après même qu'elles ont cessé. Il ne suffit point que le tyran, qui croyait la tyrannie utile à son intérêt, reconnaisse son erreur pour qu'il cesse tout à coup de souffrir de sa propre iniquité. Il ne dépend point du plus ou moins d'intelligence de l'égoïsme de suspendre ou de prolonger la responsabilité de ses actes. Dès que l'oppression a existé, l'oppresseur encourt un châtiment fatal. Cette loi est sévère; mais elle est juste et belle, et l'on est heureux de reconnaître que l'égoïsme, l'injustice et la violence entraînent des réparations aussi infaillibles que leurs excès.

Il en est qui pensent que les hommes et les peuples sont conduits fatalement au crime. C'est une opinion fausse et injurieuse à l'humanité, qu'on ne saurait affranchir du crime sans la destituer de la vertu. Les crimes des peuples comme ceux des hommes sont libres, et ne sont jamais nécessaires. Il n'y a de nécessaire que la conséquence des crimes; il n'y a de fatal que leur expiation.

FIN.

NOTES.

PAGE 3.

(1) En 1723; V. the Hibernian patriot. Drapier's letters to the people of Ireland concerning M. Wood's Brass half-pence. Swift. V. aussi a view of the present state of affairs in the kingdom of Ireland in three discourses. — On voit dans l'histoire de Galway, par Hardiman, que dès l'année 1754 il y avait un journal publié en Connaught; V. p. 313.

PAGE 4.

(1) V. ce que dit Grattan à ce sujet, p. 13 et 37, t. IV. Grattan's speeches. En ce moment même une foule de meetings sont convoqués sous l'autorité des shérifs des comtés, à l'effet de demander l'abolition des lois existantes, notamment l'extinction totale de la dîme. V. journaux irlandais de décembre 1838.

PAGE 5.

(1) V. Mémoires de Wolf Tone, t. I, p. 65.
(2) Le shériff de Tipperary Gordon, t. II, p. 379.
(3) 500 liv. sterl.

PAGE 6.

(1) V. l'Introduction historique; p. 43. On voit aussi constamment paraître le jury dans le jugement des White-Boys. V. Irish Disturbances, George Lewis, p. 15, 17, 35 et 109.

PAGE 7.

(1) Wolf Tone's Memoirs, t. II, p. 535. L'exécution de Tone n'eut point lieu. Peu de tems après que ces faits venaient de se passer, on apprit que Tone s'était, dans sa prison, percé la gorge d'un coup de canif dont il mourut quelques jours après.

PAGE 8.

(1) V. lois de 1787 et de 1823. 27 George III, c. xv, et 4 George IV, c. LXXXVII.

PAGE 11.

(1) The whole mass of the population were placed in hostility with their landlords by the contested elections for that county in 1828, 1829 et 1830, the landlords endeavoured to retaliate upon the tenants for voting against their wishes, and the result was insurrection. — Tithes in Ireland. Report 2. Lords, 1832, p. 189.

PAGE 12.

(1) L'accroissement de la richesse publique en Irlande est incontestable ; il est certain que, depuis un demi-siècle, l'industrie agricole, commerciale et manufacturière, a fait en Irlande de grands progrès. Cependant ce progrès se concilie avec le maintien, si ce n'est l'accroissement de la misère parmi les classes inférieures.— Wonderful improvement in the midst of all our agitation political and otherwise, and notwithstanding *periodical famine* and *disease* amongst *the peasantry*.— V. Tithes Commons. 2d report, n° 5241. 1832 Mahony. — Après avoir établi les progrès de l'industrie agricole, les commissaires chargés de l'examen de la question des chemins de fer pour l'Irlande ajoutent : — « But these signs of growing prosperity are unhappily « not so discernible in the condition of the laboring people, as in the amount « of the produce of the labor (V. 2d report of the railway commissioners « for Ireland, p. 8).— Ils disent un peu plus loin, p. 17 : We regret that the « state of the labouring population does not warrant us in assuming that any « considerable portion of the increased consumption is shared by them. The « demand seems to proceed exclusively from the superior class of landholders « and the inhabitants of the towns. »—The present social aspect of Ireland is an anomaly in itself. Whilst the country is making a visible and steady progress in improvement and signs of increasing wealth present themselves on all sides, the *labouring population* constituting a large majority of the community, derive no proportionnate benefit from the growing prosperity around them. In many places their condition is even worse than it has been. (2° report, of the railway commissioners for Ireland, p. 79). —La nourriture du cultivateur est moins bonne et moins abondante ; il est sujet à des maladies plus nombreuses, à des famines plus fréquentes que jamais. (V. Poor Irish inquiry, part. II, appendix F., p. 9.) Autrefois il ajoutait quelque lait à ses pommes de terre ; maintenant il ne mange rien autre chose, et il en mange moins. Il est réduit à préférer, pour sa nourriture, l'espèce de pomme de terre la plus mauvaise (the lumper), parce que c'est celle dont

les fruits sont les plus abondants, (id). « The expense of a cottier's living as
stated by Arthur Young (in 1780), was much higher than it is now. He
reckons it to have been 11 l. a year; 6 or 7 would be much nearer the
value of his annual income at *the present time*. (id).—Une seule cause suffit
pour expliquer pourquoi la population agricole s'appauvrit de plus en plus
en même temps que la prospérité du riche s'accroît; c'est que tous les progrès du sol profitent au propriétaire qui exige plus du fermier, à mesure que
la ferme est plus féconde. Si les baux des fermiers sont doublés, la terre
peut produire le double, sans que la condition du fermier soit changée. Il
ne s'agit pas d'examiner ce que la population produit, mais ce qu'elle con-
somme; non ce qu'elle paie aux propriétaires, mais ce qu'elle s'applique à
elle-même des produits du sol. C'est faute de faire cette distinction que
l'on tombe à ce sujet dans tant de contradictions. V. Enquête sur les dîmes,
Lords, second *report*, 1832, p. 172.

PAGE 18.

(1) L'association catholique pourrait être considérée comme remontant
à 1809, et même bien au-delà, puisque son existence se révèle dès l'an 1760.
Mais on a cru devoir ne la dater, dans cet ouvrage, que de l'an 1823, parce
que c'est à cette époque seulement qu'elle a manifesté sa puissance.

PAGE 19.

(1) Si quelque lecteur voulait étudier à fond le principe, la forme et les
procédés de la grande association irlandaise, je ne puis que le renvoyer à
l'ouvrage déjà cité plus haut de M. Th. Wyse de Waterford, intitulé
History of the late catholic association. 1829

PAGE 20.

(1) C'est ce que l'on appelle the *Catholic rent*, établie sur la proposition
d'O'Connel. Wyse, Catholic association, I, 208.

(2) The algerine act. Wyse, id., I, 176 et 219.

PAGE 21.

(1) O'Connel déclare depuis quelques années, au nom du parti dont il est
l'organe, que si le gouvernement anglais ne fait pas à l'Irlande les concessions que celle-ci réclame, le lien parlementaire qui unit les deux royaumes
sera brisé. Cependant, dit-il, il faut essayer d'obtenir justice, et, afin d'atteindre ce but, il a, cette année (1839), demandé que toutes les provinces
d'Irlande envoyassent à Londres un certain nombre de représentants ou
mandataires qui y viendraient avec la mission de faire entendre les vœux
du pays. Si leur voix n'était pas entendue, l'Irlande demanderait *la rupture*

de l'Union (the repeal of the union): L'association qui s'est formée dans le but de seconder ce plan a pris le nom de *Société des Précurseurs*, parce que ses membres font une démarche provisoire, un premier pas; un essai après lequel ils doivent aller beaucoup plus loin.

PAGE 23.

(1) V. Séance de l'association générale du jeudi 8 décembre 1836; journaux de ce temps et notamment le n° du Dublin Evening-Post du 10 décembre 1836.

PAGE 24.

(1) L'élection de Longford.

(2) V. le compte-rendu de cette séance de l'association générale dans le Dublin-Evening-Post du 14 juillet 1837.

(3) Catholic association. Th. Wyse, t. I, p. 224 et 236.

PAGE 26.

(1) History of the catholic association. Th. Wyse, t. I, p. 280 et 387.

PAGE 27.

(1) Id., t. I, p. 409.

PAGE 32.

(1) V. Wyse. Catholic association. Appendix, t. II, p. 21.

PAGE 35.

(1) . . . . . He wished to tell their lordships that it was not so easy so catch that person (O'Connell) within the law. (Discours de lord Plun-kett à la chambre des lords, du 17 février 1832.) V. tous les journaux du temps. Pour l'interrogatoire d'O'Connell devant la chambre des communes et celle des lords, V. First report of on the state of Ireland 23 february and 11 march 1825. House of commons, p. 48 et suiv. V. aussi Minutes of evidence taken before the select committee of the house of lords, appointed to inquire into the state of Ireland, 18 february, 21 march 1825, p. 123.

(2) On sait qu'en l'année 1828, à une époque où les catholiques étaient, par la loi, incapables d'être députés au parlement, O'Connell, quoique catholique, se présenta aux suffrages des électeurs du comté de Clare, qui le nommèrent leur représentant.

PAGE 36.

(1) C'est dans les meetings qu'O'Connell s'est fait d'abord connaître, et qu'il a gagné sa première popularité.

PAGE 43.

(1) On sait que chaque année le peuple irlandais offre à O'Connell un tribut volontaire très-considérable. Ce tribut, qui date de 1831, s'est élevé, cette année-là, à 26,000 liv. st. (663,000 fr.); en 1832, il a été seulement de 12,533 liv. st. (c'est-à-dire un peu plus de 300,000 fr.); en 1833, de 13,908 liv. st. (environ 350,000 fr.); en 1834, de . . . . . ; en 1835, de 20,189 liv. st. (c'est-à-dire 514,819 fr.). Cette taxe volontaire se perçoit avec régularité. Son paiement se fait sous la forme d'une souscription, et son recouvrement par une administration centrale, établie à Dublin, et qui a des agents nombreux dans toutes les villes et toutes les paroisses d'Irlande. Je dois à M. Fitz-Patrik, qui est le directeur de cette administration, la communication des documents où j'ai puisé les chiffres qui précèdent, et qui, du reste, sont tous les ans livrés à la publicité. Depuis qu'il s'est voué à la défense de son pays, O'Connell a renoncé absolument au barreau, où, comme avocat, il gagnait autant d'argent, si ce n'est plus, qu'il n'en reçoit aujourd'hui de la reconnaissance de ses concitoyens.

PAGE 44.

(1) Discours prononcé par O'Connell, le 12 janvier 1837, à l'association générale. V. Dublin-Évening-Post du 14 janvier 1837.

PAGE 45.

(1) O'Connell a soixante-cinq ans.

PAGE 53.

(1) Catholic association. Wyse, I, 295.

PAGE 54.

(1) Les prêtres catholiques ont, terme moyen, environ 360 liv. st. de revenu (7,500 fr.); mais, sur ce salaire, le prêtre soutient ses deux vicaires (curates). C'est le revenu de la curé plutôt que celui du prêtre. (Docteur Doyle, p. 97. — Enquête de 1832, sur les dîmes. — Tithes lords, second report.)

PAGE 56.

Le docteur Doyle parle ici de l'organisation de la chambre des communes antérieure au bill de réforme de 1832.

PAGE 57.

(1) V. second report de l'enquête intitulée *Tithes in Ireland*, 13 mars 1832. *House of commons*, p. 104.

PAGE 61.

(1) Après la bataille de la Boyne, 80,000 familles écossaises s'établissent dans le nord de l'Irlande. (Wyse, I, 20.) — Hist. of the catholic associa. tion. — Sur 642,356 presbytériens, chiffre total, il y en a 629,127 dans l'*Ulster*. — La province (religieuse) d'Armagh en contient seule 638,303 ; le diocèse de Dublin, 2,290 ; et il n'y en a plus que 1,993 dans tout le reste de l'Irlande. V. First report of the commissioners of public instruction in Ireland.

PAGE 62.

(1) Plowden, I, 213.

PAGE 65.

(1) Suivant le cens recueilli en 1834 par les commissaires de l'instruction publique en Irlande, il y avait, à cette époque, dans ce pays, 642,000 presbytériens. Le chiffre total de la population d'Irlande, à la même époque, était de 7,943,940.

PAGE 76.

(1) M. Wyse de Wateford, l'aïeul de Thomas Wyse, membre distingué de la chambre des communes, auteur souvent cité de l'Histoire de l'association catholique et de plusieurs ouvrages remarquables sur l'éducation.

(2) V. Wyse. Catholic association, t. I, ch. XI.

PAGE 79.

(1) Je dis ici que la propriété moyenne est en voie de se constituer en Irlande. C'est un fait dont la preuve résulte pour moi, non seulement de tous les renseignements verbaux que j'ai recueillis à ce sujet, mais encore d'un certain nombre de documents écrits, dont quelques-uns ont un caractère public et officiel. Je trouve constaté dans une enquête parlementaire récente, que dans le cours des années 1829, 1830 et 1831, il a été vendu en Irlande, par autorité de la cour de chancellerie, deux cent trente propriétés ou parcelles, dont le prix total a été de 1,007,948 liv. sterl. (plus de 25 millions de francs). Il en résulte que leur prix moyen a été de 4,383 liv. sterl. (ou 111,741 fr.) — Si au lieu de procéder en prenant la moyenne du chiffre total, j'examine tous les cas de vente isolément, j'arrive au même résultat par une autre voie. Ainsi sur les 231 cas de vente, j'en trouve seulement 21 dont le prix soit inférieur à 200 liv. ster. — 71 qui dépassent 200 liv. ster., et moindres de 1,000 liv. sterl. ; et 129 supérieurs à 1,000 liv. ster., et moindres de 20,000 liv. sterl. Je ne trouve qu'un seul cas d'une terre vendue 40 liv. ster. (1020 fr.), — et un seul d'une terre vendue 80,000 liv. sterl.

(2,040,000 fr.).—La vente des-très petites propriétés est aussi rare que celle des très-grandes. Il y a évidemment là le signe d'une propriété moyenne, s'établissant au profit des classes commercantes et manufacturières ; ce n'est ni l'aristocratie, ni l'ouvrier qui achète; ce qui domine, ce sont les transactions de 80 à 150,000 fr.; c'est la classe moyenne qui s'élève. — V. Enquête intitulée Tithes in Ireland, house of lords, 1832, second report, p. 177, 180, 182.

PAGE 80.

(1) V. Wyse. I. 146, catholic association.

PAGE 81.

(1) Wolf-Tone's Memoirs, t. I, 241.

PAGE 82.

(1) Wyse. Catholic association. I, 115.

(2) Pendant 1829, 1830 et 1831, il a été donné des hypothèques sur les propriétés foncières en Irlande, pour 2,448,000 liv. sterl., ce qui fait pour chaque année, terme moyen, 932,000 liv. sterl., ou 23,744,000 fr. V. Tithes in Ireland-Commons, II, p. 187. Et l'on voit par les extraits suivants, tirés des mêmes enquêtes, que ceux au profit de qui ces hypothèques ont été données, appartiennent généralement à la classe moyenne. « The great « portion of lenders upon judgements, as far as my experience extends, are « the *middle classes*, *shopkeepers*, *persons who have been in trade*, and *who* « *reside in the country towns.* « Mahony, n° 5261. Tithes, 1832, Commons —*Roman catholics principally* (id) ; and in *the transfer that is now going on,* *there is a great deal of landed property going in to roman catholic hand,* on *account* of the *nature of the incumbrance* I have been referring to (id.).

(3) Wyse. Catholic association. I, 430.

PAGE 88.

(1) V. Déclaration de la corporation de Dublin, en 1792, définissant le *protestant* ascendancy : a protestant king of Ireland ; a protestant parliament; a protestand hierarchy ; protestant electors and government; the benches of justice; the army and the revenue through all their branches and details protestant. — V. R. Musgrave appendix, p. 12, Irish rebellions.

PAGE 89.

(1) Tels que des tabatières, des médailles à son effigie; les lys jaunes sont cultivés avec une sorte de piété par les orangistes.

PAGE 90.

(1) Ce nom fut dans l'origine particulier aux protestants de l'Ulster,

qui, en 1795, entrèrent en lutte ouverte contre les catholiques de cette province, connus sous le nom de *defenders*, et ensuite de *Ribbonmen*. Aujourd'hui encore il désigne plus spécialement les ardents protestants du nord, et notamment les membres d'une société secrète, qui existe en Irlande depuis plus de quarante ans. La première association secrète qui s'appela *orangiste* en mémoire du roi Guillaume III, date de 1798; elle se forma surtout par réaction contre les concessions faites aux catholiques de 1776 à 1795, et par esprit d'opposition à la fusion qu'à cette époque on tentait d'amener entre les catholiques et les protestants; c'est sous ce dernier point de vue que l'association orangiste se montra si hostile aux Irlandais· Unis qui avaient entrepris cette fusion. Dépositaire fidèle des principes et des passions de 1688, l'association orangiste subordonne son obéissance au roi d'Angleterre à la religion de celui-ci, qui doit être protestant (being protestant). Tous les serments secrets des orangistes mentionnent cette réserve. L'association de 1798 va plus loin encore, et elle veut que ce roi *protestant* maintienne dans toute son étendue le monopole du pouvoir protestant en Irlande; ce n'est qu'à ce prix que la fidélité lui est due... so long as they maintain the protestant ascendancy. —L'association orangiste, constituée en 1798, s'est réorganisée à différentes reprises, en 1800, 1814, 1824, 1828, 1834, et, quoique dissoute en 1835, elle existe toujours; ses statuts divers sont rapportés dans le rapport parlementaire intitulé : *Orange lodges*, house of commons, 20 juillet et 6 août 1835.

Dans des temps récents, l'usage a fait appliquer la qualité d'*orangeman* à tout protestant, du sud comme du nord, dont les passions ou les principes sont absolument opposés aux réformes conçues en faveur des catholiques; on doit dire cependant que l'appellation de tory implique plutôt la nature des opinions, et celle d'*orangiste* la violence de l'esprit de parti.

(2) From that mistaken lenity which has been the ruin of the kingdom (Musgrave's Irish Rebellions appendix, p. 48.)

(3) Musgrave's Irish Rebellions appendix, p. 161.

PAGE 91.

(1) Il y a, en Irlande, sur 8 millions d'habitants, 6 millions et demi de catholiques. On peut estimer à 5 ou 600,000 le nombre des protestants qui font cause commune avec le parti radical; ce qui porte à 7 millions la force numérique de ce parti, qui a contre lui environ 1 million de protestants.

PAGE 97.

(1) Wyse. Catholic association, I, 224.

PAGE 98.

(1) Dans la province de Cashel, les catholiques sont vis-à-vis des protes-

tants dans la proportion de 19 contre 1 ; dans celle de Tuam, 25 contre 1.
V. Report of the commissioners for public instruction in Ireland.

(2) Wolf-Tone's Memoirs, I, 171.

PAGE 105.

(1) Il résulte des tableaux comparatifs de la population irlandaise, en 1821 et en 1831, que son accroissement, qui, dans la province de Leinster, n'a été pendant dix ans que de 9 pour cent, a été, durant le même laps de temps, de 22 pour 100 dans la province de Connaught. V. Statistical account of the British empire, par Mac-Culloch, t. I, p. 437 et 441. Ces tableaux de M. Mac-Culloch reposent sur des documents officiels.

PAGE 106.

(1) C'est le cens de 1831.

(2) Il n'y a, terme moyen, pour les journaliers irlandais, de travail que vingt-deux semaines par an, ou cent trente-cinq jours. V. Irish poor law inquiry. Appendix, II, part. 1, p. 12. Les lieux où il y a le plus de travail donnent deux cent dix journées par an, et il en est qui n'en donnent que vingt-quatre (id.).

PAGE 107.

(1) Tous les chiffres statistiques dont je me sers ici sont empruntés à l'ouvrage de M. Mac-Culloch. *Statistical account of the british empire.* V. aussi second report of the Irish railway commissioners, p. 84.

PAGE 109.

(1) On en a vu, en 1826, en terrible exemple dans les districts manufacturiers d'Angleterre ; à l'époque où les machines à filer le coton ont remplacé la main d'œuvre, des milliers d'ouvriers ont été sans emploi et jetés dans toutes les horreurs de la famine. V. Emigration committee second report, p. 4 (1827).

L'Angleterre offre, dans un espace de moins de dix ans, un exemple bien saillant des fluctuations de population qu'occasionne l'industrie dans les pays où elle est établie sur une grande échelle; et des embarras immenses que ces fluctuations font naitre. En 1827, on voit le parlement et l'Angleterre entière s'agiter pour trouver le moyen de faire émigrer aux colonies 95,000 individus qu'on considère comme surabondants par suite du déclin de l'industrie. V. troisième emigration report, p. 40 et précédentes; et, en 1835, l'industrie étant relevée et employant plus de bras, on est inquiet de savoir où l'on trouvera 90,000 ouvriers qu'on calcule devoir être nécessaires à ces manufactures. V. 1 st. poor report, 1835, p. 308.

PAGE 110.

(1) Il n'existe un peu d'industrie manufacturière que dans la province d'Ulster, où la fabrique des tissus de lin est très-prospère. Dans le reste de l'Irlande, l'industrie manufacturière est plutôt en déclin ; toutes les fabriques d'étoffes de laine, de flanelle et de coton y sont en pleine décadence. Il y a bien quelques progrès dans l'industrie *commerciale* proprement dite, c'est-à-dire dans celle qui achète pour revendre ; mais ce genre d'industrie est borné, de sa nature, aux besoins du pays ; il emploie un nombre restreint d'individus, et c'est une question de savoir s'il s'accroît en proportion des progrès de la population.

Pour aider l'industrie à se développer, le gouvernement anglais paraît être dans l'intention d'établir en Irlande un certain nombre de grandes lignes de chemins de fer. A cet effet, une commission, composée de MM. Drummond, sous-secrétaire d'état, et ex-ingénieur, John Burgoyne, Peter Barlow, Griffith et Harry D. Jones, major dans l'armée anglaise, a été chargée d'examiner toutes les questions politiques et économiques qui se rattachent à l'exécution de ce plan. Le rapport de cette commission daté du 13 juillet 1838, contient, sur l'état de l'Irlande en général et sur la question spéciale qu'il a pour objet, les documents les plus précieux. V. second report of the commissionners appointed to consider aud recommend a general system of Railways for Ireland. Dublin, 1838.

(2) Arthur Young's tour in Ireland, t. II, sect. IX, p. 150. Édit. in-8.
(Le renvoi de cette note manque à la pag. 110, lig. 25, où il devrait se trouver.)

PAGE 111.

(1) Notamment celles des étoffes de laine.

(2) Par les incapacités civiles qui excluaient les catholiques d'Irlande des corporations municipales.

(3) Les droits d'entrée des produits irlandais dans les ports de l'Angleterre équivalaient à une prohibition absolue. On voit dans l'histoire de la ville de Galway par Hardiman, qu'il était permis d'exporter d'Irlande toutes sortes de marchandises *excepté* les étoffes de laine et de lin (*linen and woollen goods*). V. p. 83.

PAGE 112.

(1) Gordon, History of Ireland, II, 49.

PAGE 114.

(1) V. First annual report of the poor Law commissionners for England and Wales, p. 305. — V. aussi report de George Lewis, spécial sur ce sujet, p. 6. — *Irish in Great Britain.*

(2) G. Lewis. — Irish poor in Great Britain, p. 63 et suiv. — Irish poor inquiry, third report of the commissionners, p. 4. Il est constaté que l'ouvrier agricole d'Irlande gagne, terme moyen, 2 sh. ou 2 sh. 6 d. par semaine, c'est-à-dire le quart de ce que gagne l'ouvrier anglais dont le salaire est de 8 à 10 sh. par semaine.

PAGE 116.

(1) Suivant le jugement de M. Griffith, directeur général du cadastre de l'Irlande, la presque totalité des ·5 millions d'acres pourrait être utilisée; et il y en a plus d'un million dont on pourrait tirer des céréales. V. Enquête sur les dîmes de 1832. — Tithes, second report, p. 276. Queries 2936-2940.

PAGE 122.

(1) V. tous les économistes du xviiie siècle. Montesquieu dit, dans l'Esprit des Lois (t. II, liv. xxiii, ch. xxvi), que l'Europe a besoin de travailler à l'accroissement de sa population.

(2) On sait qu'une loi de la révolution récompensait les filles mères d'enfants naturels.

(3) On peut voir par la correspondance du primat Boulter tous les efforts que fit le gouvernement anglais en 1727 et en 1728, pour empêcher l'émigration des Irlandais en Amérique. V. Boulter's Letters, t. I, 220 et suiv. En 1826 et 1827, une commission parlementaire fut instituée à l'effet d'organiser un plan d'émigration regulière d'Angleterre aux colonies anglaises; et dans les rapports de cette commission, on retrouve sans cesse l'opinion qu'un vaste système d'émigration doit surtout être organisé pour l'Irlande. V. Emigration committee, 1826-1827. Je me rappelle avoir, le 1er juin 1837, assisté, à Londres, à une séance de la société d'économie politique, et y avoir entendu discuter la question de l'émigration irlandaise, qui avait été posée en ces termes par le colonel Torrens : « To what extent « should emigration from Ireland be carried, in order to dispauperize that « country, and aid the introduction of poor Laws ? » — Sir Henry Parnell soutint que, pour atteindre le but indiqué dans cette question, il fallait faire émigrer d'Irlande 1,800,000 pauvres, et il calcula que cette émigration coûterait à l'état environ 750 millions de fr., ou 30 millions de liv st. La question fut débattue en présence et avec le concours des économistes les plus distingués de l'Angleterre, entr'autres de MM. Senior qui la présidait, le docteur Whately, archevêque de Dublin, Mac-Culloch, Joseph Hume, Spring Rice, chancelier de l'échiquier, Poulett Thomson, ministre du commerce, etc.

PAGE 128.

(1) Irish poor Inquiry. Appendix F. p. 133, au mot Émigration.

(2) Ibid, p. 135 et 137.

PAGE 129.

(1) On a déjà proposé d'exiger 10 *dollars* (53 fr.) comme droit d'entrée de tout émigrant.

PAGE 131.

(1) Emigration committee. 3ᵉ report, 29 juin 1827, p. 22 et 23. House of commons.

PAGE 132.

(1) V. *Emigration committee.* 3ᵉ report, 29 juin 1827 , p. 31.

(2) 80,000,000 liv. sterl. ou 2,040,000,000 fr.

(3) 48,000,000 liv. sterl.

(4) 1,020,000,000 fr. ou 40,000,000 liv. sterl.

(5) A la vérité, l'on a prétendu que les dépenses occasionnées par l'émigration ne sont que des avances susceptibles d'être recouvrées par l'État. L'émigrant au profit de qui de grands frais sont faits est, dit-on, le débiteur du gouvernement ; et, comme il prospèrera sans doute sur la terre nouvelle où on l'a établi, il sera, en peu d'années, capable d'acquitter sa dette.

Il me paraît peu probable qu'aucun État fasse de grandes dépenses d'émigration sur la foi de pareilles espérances de recouvrement ; combien d'émigrants se loueraient de l'engagment pris ! combien, dérireux de le tenir, n'en auraient pas le pouvoir ! Cependant, persuadée que ce système d'émigration, fondé sur le crédit, était le meilleur de tous, et que son seul obstacle pourrait provenir de l'impuissance où seraient de s'acquitter de leur dette les émigrants invalides ou de constitution faible, la commission parlementaire pour l'émigration, en 1827, recommandait instamment au gouvernement de ne procurer des moyens d'émigration qu'aux hommes forts, robustes, et de moralité bien constatée ; théorie singulière suivant laquelle, pour améliorer l'état d'un pays, on commencerait par lui enlever l'élite de sa population ! V. Emigration committee third report, 1827. House of commons, p. 33 et 38.

PAGE 133.

(1) V. Poor Irish inquiry appendix F. V° Emigration , page 133 et suivantes.

PAGE 135.

(1) Le gouvernement, auquel ils sont forcés de s'abandonner, ne peut

rien faire que par des agents, sur lesquels, à cause de la distance,'tout con·
trôle de sa part est à peu près impossible. Et l'on se tromperait si l'on pensait que la détresse extrême des émigrants les protège contre la cupidité des
spéculateurs.

En 1825, quelques émigrations irlandaises ayant été pratiquées sous la
direction du gouvernement, la première obligation imposée aux agents secondaires était de nourrir les émigrants aux frais de l'État, pendant la traversée; cependant il fut constaté plus tard que cette prescription n'avait
presque jamais été suivie, et que les exécuteurs de l'émigration avaient laissé
aux émigrants le soin de pourvoir à leur subsistance pendant le voyage. On
a su bien des iniquités semblables. Et combien d'autres ont été commises,
qu'on ne sait point! Emigration committee report, 1826 et 1827, minutes
of evidence.

<h3 style="text-align:center">PAGE 137.</h3>

(1) Il existe bien un certain nombre de propriétaires irlandais qui travaillent à diminuer le nombre des agriculteurs existants sur leurs domaines,
ce qu'ils font en agrandissant leurs fermes. Mais ce serait une grande erreur
de penser que telle est en ce moment .en Irlande la disposition générale des
propriétaires. L'agrandissement des fermes aurait pour résultat de les rendre
accessibles à un moindre nombre; or cette diminution du nombre des concurrents serait, aux yeux de la plupart des propriétaires irlandais, un mal supérieur aux avantages que peut procurer l'agrandissement des fermes. L'é-
tablissement d'une grande culture sur leurs terres leur promet, il est vrai,
des bienfaits à venir; mais il exigerait d'eux un sacrifice présent. Et
outre que beaucoup sont trop pauvres pour le faire, un grand nombre y ré-
pugneraient par des motifs puisés dans un étroit calcul. Il y a dans le système
actuel de la culture irlandaise quelque chose qui plaît singulièrement aux
propriétaires d'Irlande, c'est l'avantage de livrer le sol tout nu aux agriculteurs, et d'obtenir un prix de fermage en retour. A défaut de capitaux, le
système actuel, combiné avec une surabondance excessive de travailleurs, est
sans contredit le plus profitable qu'on puisse imaginer. On ne saurait tirer
d'avantage d'une terre sur laquelle on n'a rien mis. Le travail de l'homme
est à peu près le seul capital dépensé sur les terres d'Irlande; comment donc
les propriétaires irlandais se croiraient-ils intéressés à diminuer le nombre
des travailleurs?

Il n'y a qu'un cas où cette diminution leur paraisse utile : c'est lorsque l'é-
tendue de terre, livrée par eux au cultivateur, ne produit pas au-delà de la
nourriture de celui-ci, et rend par conséquent impossible le paiement de la plus
faible rente. Dans ce cas, les propriétaires s'efforcent de repousser de leurs
domaines des fermiers purement onéreux. Au contraire, partout où la terre
encore subdivisée peut, en faisant vivre le fermier, procurer un revenu au

propriétaire, ou voit s'augmenter encore le nombre des fermes. **En ceci,**
comme en toutes choses, le propriétaire irlandais ne suit d'autre loi que celle
de son intérêt matériel. Il y a maintenant en Irlande, parmi les **proprié-**
taires, une disposition assez commune à convertir en fermes de dix à douze
acres des fermes de un, deux, trois et quatre acres. D'où vient ce penchant?
On s'en étonne au premier abord. En effet, leur intérêt pécuniaire semble
plutôt opposé à cette marche; non que les fermes de dix à douze acres
exigent d'eux aucune avance de fonds; le propriétaire les livre comme les
autres sans mettre dessus aucun capital; mais elles lui rapportent moins proportionnellement que les plus petites, par la raison donnée plus haut,
qu'elles sont à la portée d'un moindre nombre de cultivateurs. Qui donc
porte les propriétaires à introduire ce changement sur leurs terres? Une raison politique. Avant 1829 la loi électorale d'Irlande accordait le droit de voter
dans les élections de comté aux petits propriétaires ou fermiers ruraux jouissant d'un revenu net de 40 shellings (50 fr.) : en conséquence, à cette époque, les propriétaires irlandais, jaloux d'augmenter le nombre de leurs sous-
tenanciers et d'accroître leur patronage électoral, étaient dans l'habitude de
fractionner leurs fermes de manière à en créer le plus grand nombre possible.
Mais les électeurs à 40 shellings ayant été abolis en 1829, et une nouvelle
classe d'électeurs ruraux à 10 liv. sterl. (250 fr. de rente) ayant été créée,
ils sont, depuis ce temps, intéressés à opérer ce morcellement dans d'autres
proportions. Ceci explique pourquoi, avant 1829, ils faisaient des **fermes de**
un, deux ou trois acres; et pourquoi aujourd'hui ils en établissent **qui en**
ont dix.

PAGE 139.

(1) V. art 51 du Poor-Law, Irish. act, août 1838.

PAGE 142.

(1) Poor-Law amendement act, août 1834.

(2) An act for the more effectual relief of the destitute poor in Ireland
(31 juillet 1838).

PAGE 143.

(1) Ceux qui voudraient étudier à fond la grande question du paupérisme
en Irlande, et notamment la théorie de la loi de charité adoptée pour ce pays
par le parlement anglais, au mois de juillet 1838, doivent consulter d'abord
les rapports des commissaires de l'enquête faite en 1835 et 1836, et qui
ont exprimé une opinion contraire au système que la loi a établi; 2° les
rapports de M. George Nicholls, de 1836 à 1838, sur lesquels la loi de 1838
a été rédigée; 3° une brochure intitulée: *Observations sur le troisième rap-*
port des commissaires de 1835, par M. George Lewis, 1837; 4° une lettre

de M. Senior à lord John Russel, 1837, sur le troisième rapport des commissaires de 1835. Ces deux ouvrages de MM. Lewis et Senior sont également dans le sens de la loi et renferment sans contredit les arguments les plus forts que l'on puisse présenter en sa faveur. 5° Il a paru sous le titre de *Strictures on the proposed poor Law for Ireland*, 1837, et sous celui de *Remarks on the bill for the relief of the poor in Ireland by philo-hibernicus*, deux brochures attribuées, la première à l'archevêque de Dublin, le docteur Whately, la seconde à M. Corrie, l'un des commissaires de 1835, dans lesquelles les vices du système de la loi adoptée en 1838 sont très-bien exposés. Lord Clements, M. William Stanley, de Dublin, jeune publiciste distingué, et M. Bicheno ont aussi publié sur cette grave question des livres ou brochures qui méritent d'être consultés.

PAGE 145.

(1) Le chiffre exact serait de 182,500,000 fr.

PAGE 148.

(1) Le principe facultatif de la loi se trouve dans l'art. 41. V. act for the more effectual relief of the destitute in Ireland, art. 41.

PAGE 150.

(1) La loi ne dit pas en termes exprès le nombre d'établissements qui doivent être construits (V. art. 35); elle laisse aux autorités le soin de le déterminer suivant les circonstances. Mais il résulte des rapports qui ont précédé la loi et de la discussion qui l'a accompagnée que le projet du gouvernement est d'édifier en Irlande quatre-vingts maisons de charité propres à recevoir chacune mille indigents.

PAGE 152.

(1) Le *Poor Law* amendement act (août 1834).

PAGE 170.

(1) G. Lewis, Irish Disturbances, p. 444.

PAGE 176.

(1) En 1773.

PAGE 177.

(1) John Keogh, fils d'un marchand.
(2) En 1825.

PAGE 186.

(1) Lingard history of England, t. VI, chap. v en 1525.

PAGE 194.

(1) M. Léon Faucher a, en 1836, publié une petite brochure intitulée : *État et Tendance de la Propriété en France*, où sont très-bien signalées les causes du fractionnement progressif du sol et la limite où ce morcellement doit s'arrêter, sous peine de devenir funeste. Cette brochure présente sur ce sujet beaucoup de considérations neuves et de faits importants.

PAGE 200.

(1) Entr'autres le célèbre Von Raumer, professeur d'histoire à l'Université de Berlin, dans son ouvrage intitulé *L'Angleterre en 1835*. Il dit en propres termes qu'il faut abolir tous les baux à ferme existant en Irlande, et métamorphoser les fermiers en propriétaires V. Lettre LII. Son livre a été traduit en français. M. de Sismondi exprime une opinion analogue dans son remarquable ouvrage intitulé *Études sur l'Économie politique*, t. I, p. 331 et suiv. Il voudrait que le droit des propriétaires irlandais fût converti en un droit à une rente perpétuelle ; et il établit, en principe, que le droit du législateur, à régler les conditions du contrat de culture et à apporter pour cela des limites au droit de propriété, ne saurait être révoqué en doute.

PAGE 209.

(1) V. Blakstone, liv. II, ch. vii, xx et xxi. — L'indépendance des juges anglais (judges) remonte à la révolution de 1688, quoiqu'ils ne soient devenus véritablement inamovibles que sous le règne de George III (1, G. III, c. xxiii). Du jour où ils ont été indépendants, ils ont été tout dévoués à l'aristocratie, non par l'effet seul de leur inamovibilité, mais par l'influence de causes qui se sont combinées avec celle-ci. Le juge anglais, avec son traitement de 2 à 300,000,000 fr., occupe naturellement un rang et une position sociale qui l'inclinent vers l'aristocratie, dès qu'il échappe à la main du prince. Le juge anglais qui, comme officier royal, remplissait de certaines fonctions, propres, de leur nature, au pouvoir exécutif, les a conservées et continue de les exercer depuis qu'il est indépendant ; et allié de l'aristocratie, il tourne au profit de celle-ci le pouvoir qu'il exerçait jadis au profit du monarque.

PAGE 212.

(1) On trouve dans l'enquête faite en Angleterre sur l'état de la propriété foncière en Angleterre (on Law of real property) une question ainsi posée : « Est-il possible, dans l'état présent de la législation, de s'assurer qu'un titre « de propriété est bon ? » — Et tous les jurisconsultes que l'on consulte sur ce point répondent que non. V. second report, 29 juin 1830.—Appendix, p. 138 et suiv.

PAGE 2ı5.

(ı) Voici un exemple des embarras dont, en Irlande, la propriété foncière est couverte. Soit ıoo acres de terre. A est le propriétaire primitif (the owner of the fee). A afferme à B ces ıoo acres, moyennant un bail perpétuel (a lease of lives renewable for ever). B sous-loue ces terres à C et à D, 5o acres au premier et autant au second, en donnant à chacun d'eux un bail de quatre-vingt-dix-neuf ans. C sous-loue lui-même sa part et la donne à E et F avec un bail de trente-un ans ; E sous-loue encore à G, H, I, avec bail de sept ans ; et ces derniers sous-louent encore d'année en année à une foule de petits cultivateurs (cottiers). V. second report. *Tithes in Ireland* ı832. House of Commons, p. 9.

PÀGE 221.

(ı) V. sur l'état embarrassé de la propriété foncière en Irlande, l'enquête de ı832, intitulée *Tithes* in Ireland. House of Commons, p. 487, 488. Sur le désir qu'a l'aristocratie de vendre ses terres, V. Id., p. 493, 5oı. Sur la nécessité de rendre le sol au commerce, Id., p. 49ı. V. aussi Enquête sur le même sujet. *House* of lords. ı832, p. ı89, ı90.

PAGE 222.

(ı) V. Blakstone, liv. ıı, ch. vıı, p. 20 et 2ı. La forme de procédure s'appelle, en style de droit anglais, *Common Recovery.*

PAGE 238.

(ı) V. Enquête de ı832. Lords Tithes, second report, p. 95, et aussi Edinburgh Review, vol. LXIII, p. ı79. ı836. La théorie de l'Église anglicane est celle-ci : « It is for the general good, in a country where absenteism is so prevalent, to secure the residence of at least one country gentleman for the diffusion of civilization throughout a parish where he cannot diffuse religion. V. id.

PAGE 24ı.

(ı) V. les enquêtes de ı832 et notamment celle des lords. Tithes, second report, p. 26 ; et Commons, second report, p. 7.

(2) Cette loi est appelée the *Golbourn act*, du nom du ministre qui l'a présentée.

PAGE 242.

(ı) Loi du ı6 août ı832. — Lord Stanley's act.

PAGE 243.

(1) Loi du 14 août 1833, intitulée An act to alter and amend the laws relating to the temporalities of the church in Ireland.

(2) C'est la loi du 15 août 1838, intitulée *an act* to abolish compositions for tithes in Ireland, and to substitute rent charges in lieu thereof. I et II Vittoria, c. 109.

PAGE 248·

(1) George Lewis. Irish church question. V. Irish Disturbances, p. 381.

PAGE 251.

(1) En 1825, la question fut représentée au parlement; mais le bill qui avait pour objet de donner un salaire au clergé catholique d'Irlande, fut rejeté par la chambre deslords. V. Wyse catholic association.

(2) Cette déclaration a été rendue publique par la voie de la presse; elle se trouve dans tous les journaux de janvier 1837. On peut la voir notamment dans le Dublin Evening post du 17 janvier de cette même année. On trouve à la date du 8 du même mois de la même année, une adresse d'O'Connell aux électeurs de Limerick, dans laquelle il s'oppose de toute sa force an projet d'un salaire public pour le clergé irlandais, et déclare que pour son compte, il aimerait mieux mourir que de consentir à une pareille dégradation du culte catholique. — V. le même journal du 12 janvier 1837.

(3) On peut juger de la disposition véritable du clergé catholique envers les gouvernants et les lois, par ce que disait l'évêque Doyle, en 1838, devant un comité de la chambre des lords :

« I think the law is a kind of emanation from God, through the agency of « man; and I not only venerate the law as other men do, but I look upon « it as clothed with a kind of holiness. Than just law, there is nothing « more holy among human institutions. » Dr Doyle, p. 101, 1832. *Tithes lords* second report.

« A mes yeux, la loi est une sorte d'émanation de Dieu, dont l'homme « n'est que l'agent. Non seulement je professe pour la loi le respect dont « l'entoure le reste des hommes; mais encore elle apparaît à mes yeux « comme une loi sacrée; une loi juste me paraît la plus sainte des choses « parmi les choses les plus humaines. »

PAGE 260.

(1) La loi du 15 août 1838, qui commue les dîmes en rentes perpétuelles, après les avoir réduites d'un quart

PAGE 263.

(1) Les évêques afferment à vil prix leurs biens, soit à leurs enfants, soit à leurs frères, ou autres proches, quelquefois ouvertement, le plus souvent au moyen de transactions frauduleuses. V. Enquête sur les dîmes. 1832, Tithes in Ireland. Second report, Commons. N° 5195. Selon M. Mahony, avocat distingué de Dublin, les biens d'église affermés 120,000 l. st., rapportent en réalité de 500 à 600,000 liv. st., soit aux occupants, soit aux familles de ceux-ci (id.). —Quant aux revenus apparents des terres ecclésiastiques, voir Ecclesiastical commission, 1833. First Report, p. 43. — Sur le mode et la durée des baux donnés par l'Église à ses fermiers, V. id., p. 212.

PAGE 266.

(1) Avant le bill de réforme, sur six cent cinquante-huit membres des communes, il y en avait trois cent sept élus par des bourgs pourris, dont la propriété appartenait à cent cinquante-quatre propriétaires.

PAGE 267.

(1) O'Connell à Édimbourg, en septembre 1835.

(2) En 1835, quelques publications tendantes à l'abolition du droit d'aînesse et des substitutions ont paru à Londres, et y ont obtenu un assez grand succès ; l'une d'elles portait ce titre : *Thoughts upon the Aristocracy of England*, by Isaac Tomkins, 1835. J'en ai sous les yeux la sixième édition. Une autre était intitulée : *Letter to Isaac* Tomkins and Peter Jenkins on *primogeniture*, by *T. Winter bollom* Cette troisième : A Sketch of the aristocracy of England... L'une de ces brochures était, à tort ou à raison, attribuée à lord Brougham.

PAGE 271.

(1) En 1837 : il n'est pas tout-à-fait exact de dire que le bill qui tendait à abolir en Angleterre les *church rates* (ou taxes de fabriques), fut rejeté ; car, en réalité, il fut adopté par la chambre des communes, à une majorité de 5 ou 6 voix ; mais, dans un pays où le gouvernement constitutionnel est compris, on trouva cette majorité si minime, que le ministère considéra le bill comme rejeté, et ne le porta point à la chambre des lords.

PAGE 285.

(1) On peut juger, par un seul exemple, de la répugnance qu'éprouvent les tories à faire aucun changement dans le gouvernement de l'Irlande. On a vu précédemment (introduction historique, p. 171), qu'en 1793 la loi qui interdisait le mariage entre les protestants et les catholiques, fut abolie. De là, sans doute, résultait la nécessité d'abroger les lois qui défendaient, sous

peine de mort, au prêtre catholique de célébrer un mariage entre catholiques
et protestants. Cependant ces lois, tombées, il est vrai, en désuétude, sont
restées intactes jusqu'en 1833, époque à laquelle une administration whig
les a formellement abolies. V. loi du 29 août 1833.

PAGE 288.

(1) Le principe fondamental des écoles irlandaises, dites *nationales*, est
qu'on y donne l'instruction aux enfants, indépendamment du culte professé
par ceux-ci. Il est manifeste que, dans un pays comme l'Irlande, l'exécution
fidèle de ce principe est la condition nécessaire de succès pour toute école
ouverte, tout à la fois, aux protestants et aux catholiques; mais il est facile
de comprendre les difficultés que l'on rencontre dans la pratique. Il ne faut
point influencer les enfants en faveur de tel ou tel culte, et cependant tout
enseignement religieux ne saurait être banni de l'école. Que serait en effet
l'éducation sans la religion? — Mais si on entretient les enfants de religion,
comment le faire sans tomber dans l'écueil qu'avant tout il faut éviter? —
C'est à vaincre ces deux obstacles que tendent tous les efforts du gouvernement whig Et d'abord, comme garantie de la sincérité de l'intention, il a
placé à la tête de la commission centrale qui dirige ces établissements,
deux hommes éminents, chacun dans son parti, l'un protestant, l'autre catholique, et qui doivent par leur caractère offrir des gages d'impartialité aux
croyants de leur religion; l'un est le docteur Whately, archevêque protestant de Dublin, l'autre, le docteur Murray, archevêque catholique; le duc
de Leinster, qui est à la tête de la noblesse irlandaise, homme d'une grande
sagesse et d'une grande modération, en fait aussi partie. Ensuite il est établi
comme règle principale de l'institution, qu'en aucun cas il ne sera donné
aux enfants que l'instruction religieuse déterminée par leurs parents ou tuteurs; et qu'à cet effet, un jour de la semaine (en outre du dimanche), les
enfants des écoles seront mis à la disposition, soit du tuteur, soit du ministre, prêtre catholique ou pasteur protestant, désignés par le tuteur de l'enfant ou par ses père et mère, afin de recevoir l'espèce d'instruction religieuse
qui leur convient. Les enfants ne trouvent dans l'établissement même aucune
instruction religieuse, à moins qu'on ait reçu de leurs père et mère, l'autorisation formelle de leur donner celle qui y est en vigueur. Au 31 mai 1836,
ces écoles étaient au nombre de treize cents, contenant plus de cent mille
élèves de toutes les dénominations religieuses. Un des soins principaux du
gouvernement est de fonder en ce moment des écoles normales d'enseignement; car ce qui manque en l'Irlande à ces écoles, ce ne sont pas les élèves,
mais les instituteurs. V. Reports of the commissioners of national education
in Ireland for the years 1834, 1835, 1836 et 1837. — On ne saurait mieux
se faire une idée de l'esprit dans lequel les écoles nationales d'Irlande sont

dirigées, qu'en lisant les discours prononcés sur ce sujet à la chambre des lords, par l'archevêque de Dublin (le docteur Whately), qui est tous les ans attaqué dans cette chambre par les orateurs du parti tory, et notamment, par lord Lyndurst et l'évêque d'Exeter. V. notamment le discours prononcé par le docteur Whately, le 19 mars 1833. Ceux qui voudraient approfondir ce sujet, et examiner non seulement ce que l'on fait en Irlande, mais encore ce que l'on devrait y faire dans l'intérêt de l'éducation du peuple et des autres classes de la société, doivent lire l'ouvrage très-remarquable publié sur ce sujet par M. Th. Wyse de Waterford, auteur de *l'Histoire de l'Association* catholique. Cet ouvrage est intitulé *Education reform*. London, 1836, Longman. Le discours prononcé sur le même sujet, par M. Wyse, dans la chambre des communes, le 9 mai 1835, mérite également d'être consulté.

PAGE 291.

(1) On veut parler de la réforme opérée dans les pouvoirs des juges de paix, par le *poor law amendement act*, le 14 août 1834, qui, en créant une administration centrale de la loi des pauvres, a dépouillé les juges de paix d'un grand nombre d'attributions, et a restreint singulièrement ceux de leurs pouvoirs qu'elle n'a pas détruits.

(2) La pensée la plus avancée des whigs se peut voir dans un écrit intitulé *National Property* and *Prospects* of *the present administration* and *of their succesors*, qui a paru 1835, et qui, quoique publié sans nom d'auteur, est notoirement émané de M William Nassau Senior, ex-professeur d'économie politique à Oxford, auteur d'un ouvrage extrêmement remarquable, intitulé *Outline* of the science of political economy, 1836, et aujourd'ui investi d'une des plus importantes fonctions de la magistrature anglaise (master in chancery). M. Senior, quoique écrivant en son nom propre, était évidemment l'organe réel du ministère Melbourne ; et sa publication avait pour objet de pressentir et de préparer l'opinion publique sur les réformes qui é'aient dans la pensée des whigs. Or les principaux points qui sont établis dans l'œuvre de M. Senior, sont ceux-ci : 1° que la chambre des communes est désormais le pouvoir prépondérant dans l'État, et que la chambre des lords ne doit plus être que la seconde chambre du parlement; 2° que si la chambre des lords n'accepte point ce rôle secondaire, le seul qu'elle puisse avoir, il faut de toute nécessité la réformer ; et cette réforme se peut faire en introduisant dans la chambre des lords un grand nombre de lords nommés à vie ; 3° il faut absolument opérer de grandes réformes dans l'Église d'Angleterre et dans celle d'Irlande, et ne point s'arrêter au cri de l'Église qui se prétend dépouillée quand on règle ses droits et ses revenus. Les propriétés de l'Église

sont des propriétés nationales, dont l'État fait l'emploi qu'il juge le plus juste et le plus utile à la société ; 4° il faut réformer les corporations municipales d'Angleterre. On sait que ces corporations ont été réformées en 1836. Comme en 1836 on s'attendait à une résistance de la chambre des lords au bill de réforme des corporations municipales d'Angleterre, il était déjà question, au sein du cabinet Whig, d'un projet de réforme de la chambre des lords, dont les articles avaient déjà été esquissés... Mais, les lords ayant cédé, ce projet n'a pas eu de suite.

PAGE 292.

(1) En 1837, un bill tendant à l'établissement de ces conseils locaux fut préparé par M. Joseph Hume, sous le titre de *Bill to establish councils for the better management of county rates.* On croit tenir de très-bonne source que M. Hume, en présentant ce bill, agissait d'accord avec le ministère whig, sur l'appui duquel il croyait pouvoir compter; et en effet, les ministres whigs ne voyaient dans ce projet de loi, qui dépouillait les juges de paix de l'administration des comtés, pour la transporter à des magistrats élus, rien que de compatible avec leurs principes politiques. Mais la seule présentation de ce bill souleva de si grandes oppositions dans la chambre des communes, dont tous les membres sont juges de paix, que les whigs n'ont pas osé soutenir ce projet de loi, qui était, il est vrai, conforme à leurs propres sentiments, mais qu'ils ne pouvaient défendre sans compromettre leur existence ministérielle.

PAGE 299.

(1) Il y a eu sur cette question beaucoup de défections parmi les whigs, qui cependant ne l'ont pas désertée en masse. Voici du reste quel a été, depuis 1833, le mouvement des majorités et des minorités sur cette question ; en 1833, pour le scrutin secret, 106 voix contre 211 ; en 1835, 146 pour et 319 contre ; en 1836, 88 pour, et 139 contre; en 1837, 155 pour, et 267 contre ; enfin en 1838, 200 pour, et 317 contre. On voit qu'il y a encore pour repousser la motion, une majorité de 117 voix. Le bill n'aurait quelques chances de succès que si le ministère whig l'adoptait. Du reste, il y a sur cette question de singulières variations d'opinion. Beaucoup de tories tendent à croire que le vote au scrutin secret ne nuirait en rien à l'influence de l'aristocratie, et aurait pour avantage de détruire celle du peuple qui aujourd'hui à une certaine action sur le vote public des électeurs. Par la même raison, beaucoup de radicaux qui étaient favorables à la motion, hésitent dans leurs sentiments. Il existe cependant, sur ce sujet, quelques convictions constantes et inébranlables, à la tête desquelles il faut placer celle de M. George Grote,

qui a pris en main la cause du scrutin secret (ballot), et reproduit chaque année une motion qui l'a pour objet Tous les arguments que l'on peut présenter en faveur de cette réforme sont exposés avec beaucoup de talent dans les deux discours prononcés à la chambre des communes, par M. Grote, les 8 mars 1837 et 15 février 1838.

PAGE 301.

(1) Church rates abolis pour l'Irlande en 1833.

(2) Les whigs semblent pourtant enclins à faire revivre la paroisse et ses pouvoirs. Ainsi deux lois récentes de 1833 et de 1836 confient aux paroisses d'Irlande le soin de nommer chaque année des commissaires à l'effet de surveiller les cabarets où se vendent de la bierre et des liqueurs fortes, aussi bien que les personnes qui tiennent ces maisons. 3 et 4 W. IV. ch. LXVIII sect. XX ; 6 et 7 W. IV, c. XXXVIII, sect. XIII.

PAGE 302.

(1) La réforme des corporations municipales d'Angleterre s'est faite en 1836.

PAGE 303.

(1) Les whigs admettent bien quelquefois comme les tories qu'on doit attacher la condition d'un cens à l'exercice des droits municipaux. Mais alors même qu'ils se rapprochent ainsi des tories, ils en sont encore séparés par la quotité du cens que les tories veulent élever beaucoup plus que les whigs. Ceux-ci estiment que l'on pourrait conférer les droits de cité à tous les individus payant un loyer, ou habitant une maison dont le loyer fût de la valeur de 5 liv. st. (125 fr.). — Les tories fixent au contraire à 10 l. st. (250 fr.), le minimum du cens municipal. Les arguments sur lesquels repose le système des tories se trouvent principalement dans les discours prononcés sur cette question à la chambre des communes, par sir Robert Peel, et à la chambre des lords, par lord Lyndhurst.

PAGE 307.

(1) Août 1834. Poor law amendment act. Il existe en Angleterre des paroisses où la taxe des pauvres était devenue si énorme, qu'elle avait dépassé le revenu des terres qui en avaient la charge, et que les propriétaires de ces terres et les fermiers avaient déserté leur domaines et leurs fermes, pour s'affranchir de ce fardeau. Les commissaires for inquiring into the

operation of the poor laws in England), citent la paroisse de Cholesbury en Berkshire, où la taxe des pauvres s'éleva de 10 liv. st., qui était son chiffre en 1801, à 367 liv. st. en 1832, quoique la population fût restée presque stationnaire. (V. third report of the Irish poor law commissioners. 1835, p. 6)

(2) Loi du 25 août 1835.

(3) Loi de 1836.

PAGE 310.

(1) Il arrive à la vérité quelquefois aux whigs de ne pas centraliser même en Irlande autrement qu'ils ne font en Angleterre. Ainsi, par exemple, la loi des pauvres, donnée cette année même (1838) à l'Irlande, repose sur le même système timide de centralisation mixte qui sert de base à la nouvelle loi des pauvres d'Angleterre; c'est-à-dire qu'elle charge le pouvoir central de diriger, les classes moyenne et supérieure d'exécuter, et le peuple de choisir une partie des agents d'exécution. Mais il faut reconnaître qu'en général les whigs établissent en Irlande une autre sorte de centralisation qu'en Angleterre.

PAGE 311.

(1) V. parliamentary report du 28 avril 1835, et art. 31 de la loi du 20 mai 1836.

(2) Loi du 20 mai 1836, act to consolidate the laws relating to the constabulary force in Ireland.

PAGE 312.

(1) V. loi du 14 juillet 1836. An act to amend the 7e and 8e years of the reign of George the IVe for the better administration of justice at the holding of petty-sessions by justices of the peace in Ireland. Le greffier de la paix doit envoyer tous les trois mois au secrétaire d'état de l'Irlande un état de tous les actes faits par les juges de paix aux *petty-sessions*. Id. art. 4.

Jadis tout juge de paix d'Irlande pouvait rendre la justice chez lui et secrètement; bien des iniquités se commettaient alors dans l'ombre d'une demeure privée; pour mettre un terme à ces procédés ténébreux, les whigs ont obligé les juges de paix d'Irlande à faire publiquement tous les actes de leurs fonctions.

(2) Le même mystère couvrait aussi les délibérations et les actes des grands jurys dans lesquels réside l'administration des comtés irlandais; les whigs ont établi, par une loi récente, que les séances du grand jury seraient publiques, et l'expérience de quelques années a suffi pour montrer qu'il y

a dans cette publicité toute une institution. Tous les efforts des whigs tendent d'ailleurs à restreindre les pouvoirs des grands jurys et à augmenter ceux du pouvoir central ; c'est ainsi que, par une loi récente, ils ont attribué au vice-roi le choix de l'un des principaux officiers du comté, nommé jadis par le grand jury, (le *county surveyor*) ; de même ils ont réglé qu'un autre fonctionnaire du comté , le trésorier, qui jusqu'alors ne répondait de sa gestion que devant le grand jury, rendrait désormais compte de ses actes au gouvernement central.

Autrefois le grand jury du comté procédait dans une telle indépendance, que hors les cas où il était soumis au contrôle du juge, nulle autorité ne pouvait le forcer à un acte qu'il ne voulait pas faire. Aujourd'hui de nouveaux statuts, nouvellement établis par les whigs, investissent le gouvernement central du pouvoir de contraindre les grands jurys à de certains actes, ou à leur défaut, d'agir à leur place. C'est ainsi que, si le gouvernement juge utile au pays une route, un pont ou tout autre travail public, que les grands jurys refusent de faire, il peut maintenant les exécuter lui-même.

V. loi du 28 août 1833, — du 20 août 1836 et 24 février 1837. La loi du 20 août 1836, est ce que l'on appelle le grand jury act, appelé aussi lord Merpeth's act, parce que lord Morpeth, secrétaire d'état de l'Irlande sous le ministère whig, en est le principal auteur.

(3) *Irish board of public works*, constitué en 1831 par acte du parlement étendu par la loi du 30 juin 1837.

(4) *Board to superintend a system of national education in Ireland*, constitué en 1833 par le vice-roi d'Irlande, et approuvé indirectement par les allocations de fonds que lui donne chaque année le parlement.

PAGE 314.

(1) Ce système, fondé sur la participation simultanée des diverses classes de la société à l'administration du pays, rencontrera des difficultés spéciales à l'état de l'Irlande. En Angleterre où la classe moyenne, riche et éclairée, est en sympathie naturelle avec l'aristocratie, c'est a grand'peine si, dans le comité local créé par la nouvelle loi des pauvres, les grands propriétaires, qui en sont membres par droit de fortune ou de naissance, et les élus du peuple peuvent s'accorder entre eux. Je me rappelle avoir, en 1837, assisté à Bridgenorth à une assemblée des représentants d'un certain nombre de paroisses anglaises, convoqués en exécution de la nouvelle loi des pauvres, et je remarquai alors avec étonnement qu'il n'y avait de présents que des membres élus par les citoyens ; les *gentlemen* ou juges de paix, qui, à ce titre, y étaient appelés, avaient dédaigné de s'y rendre, à l'exception d'un seul, M. Wolriche-Withmore qui présidait la réunion. Il paraît que,

dans beaucoup de localités, on trouve chez les membres de l'aristocratie et chez les grands propriétaires une très-grande répugnance à se mêler, dans ces comités locaux, aux bourgeois avec lesquels il leur faut maintenant traiter en commun les affaires dont autrefois les grands seigneurs avaient le monopole ; si une pareille répugnance ne se surmontait pas, elle pourrait être fatale à l'aristocratie anglaise qui perdrait toute sa puissance si elle s'isolait du peuple, et a au contraire beaucoup de chances de la conserver longtemps si elle demeure unie au peuple, et demande à l'élection l'autorité qu'elle tenait de la loi même. Quoi qu'il en soit, si de pareils symptômes de division se montrent en Angleterre, que serait-ce en Irlande où la guerre entre l'aristocratie et le peuple est nettement déclarée ? Comment deux principes aussi ennemis, aussi violemment hostiles, peuvent-ils co-exister dans la même administration publique ? Il arrivera nécessairement l'une de ces deux choses : ou la dissension s'établira entre eux, ou ils parviendront à agir de concert. Dans le premier cas, toute délibération, toute résolution deviendront impossibles ; il y aura anarchie dans l'un des pouvoirs de l'État, et il n'y aura retour à un ordre quelconque que si devant la violence de l'un des partis l'autre se retire ; ou bien l'harmonie sera parfaite, et, dans ce cas, les mandataires du peuple perdront tout aussitôt la confiance de celui-ci qui les suspectera sur le fait seul qu'ils aient pu s'entendre avec les représentants de l'aristocratie.

PAGE 315.

(1) Ce fait se trouve constaté dans tous les documents officiels, relatifs à l'exécution de la justice.

(2) En 1833, une loi a défendu les processions orangistes. Cette loi, qui expirait en 1838, a été prorogée par la loi du 4 juillet 1838, et cette loi n'a pas fait une défense vaine. Le gouvernement whig l'a sincèrement mise à exécution, et poursuivi avec rigueur les infractions qui y ont été commises. Il résulte de documents officiels que j'ai sous les yeux, que l'année dernière (au mois de juillet 1838, époque de ces processions), il y a eu deux cent quatre-vingt-sept individus poursuivis pour avoir pris part à ces processions.

PAGE 316.

(1) Par exemple, le colonel Verner, du comté d'Armagh, qui, pour avoir, dans un dîner public, porté un toast propre à exciter les partis à la guerre civile, a été, en 1837, rayé de la commission de la paix.

(2) Ainsi toutes les hautes fonctions de la justice qui sont devenues vacantes depuis que les whigs sont au pouvoir ont été confiées à des membres du parti radical ; sur les douze juges, il y en a quatre ou cinq qui sont dévoués à ce parti ; on sait que l'un des griefs des tories contre l'adminis-

tration whig, c'est de nommer aux emplois publics des membres de l'association dont O'Connell est le chef; de là vient l'habitude, dans le parti orangiste, d'appeler les ministres whigs les ministres d'O'Connell (O'Connell ministers).

(3) C'est en ce moment une question très-controversée en Irlande et en Angleterre, que celle de savoir si le vice-roi d'Irlande peut nommer directement aux places de shérif, et destituer arbitrairement ceux qui en sont investis. Pendant longtemps, le vice-roi d'Irlande fut dans l'usage de nommer à cet office sur la présentation des juges. Aujourd'hui il s'affranchit de cette formalité, et nomme shérifs des individus que les juges n'ont point présentés ; cette question était indifférente lorsqu'il y avait accord parfait entre les juges et le pouvoir exécutif ministériel, mais elle est fort grave aujourd'hui que la majorité des juges est attachée au parti orangiste, dont le pouvoir exécutif est l'adversaire. Le système, suivant lequel on conteste au vice-roi d'instituer ainsi les shérifs et de les révoquer, est développé avec beaucoup de talent et d'érudition dans une brochure qui a paru en 1838, et qui est intitulée : *Letter te lord Lyndhurst on the appointment of sheriffs in Ireland*. L'auteur de cette brochure est M. Henry Joy, avocat de Dublin. London, Longman, 1838.

PAGE 321.

(1) Par exemple, défense de sortir de son domicile le matin avant le lever du soleil; ordre d'y rentrer avant le coucher du soleil; présomption de crime contre celui qu'on trouverait en contravention à l'une de ces prescriptions ; présomption de crime contre tout individu possesseur d'une arme. La dernière loi de cette nature est du 2 avril 1833. C'est le coercion bill de lord Grey.

PAGE 322.

(1) Ces débris du *coercion bill* se trouvent dans la loi du 31 août 1835, qui doit expirer en 1840. D'après cette loi, une commission extraordinaire peut être formée en cas de graves circonstances sous la présidence d'un légiste nommé par le vice-roi. Cette commission se compose de tous les magistrats du comté. *Elle ne peut condamner à mort.* Elle juge sans jury, et *sur sa demande* le vice-roi peut l'autoriser à prescrire à de certains districts de certaines règles de police, telles que de rentrer chez soi avant le coucher du soleil, de n'en pas sortir avant son lever, de ne pas porter d'armes, de souffrir la nuit des visites domiciliaires. Ce bill n'autorise en aucun cas l'interdiction des meetings et l'usage des cours martiales. — On voit que la disposition la plus exorbitante de cette loi confère au vice-roi la faculté d'au-

toriser les magistrats à prendre quelques mesures exceptionnelles que jadis il prenait directement soit par lui-même soit par ses agents immédiats.

PAGE 323.

(1) *Property has its duties as well as its rights.* Ce sont les propres termes de la lettre que le sous-secrétaire d'État de l'Irlande, M. Drummond, a adressée à lord Donoughmone, en réplique au mémoire par lequel les juges de paix ou grands propriétaires du comté de Tipperary demandaient au gouvernement des lois d'exception, lettre du 22 mai 1838. Un pareil langage tenu à l'aristocratie d'Irlande par les chefs du pouvoir exécutif est à lui seul toute une révolution. Assurément ni M. Drummond, auteur de cette réponse mémorable, ni le vice-roi, lord Mulgrave, dont M. Drummond ne fait qu'exécuter les intentions, n'échappent aux difficultés et aux embarras inhérents à la situation politique qu'ils occupent. Mais de quelques passions contraires que l'on puisse être animé, il est impossible de ne pas reconnaître que jamais aucune administration anglaise en Irlande n'a été animée d'un égal désir d'être impartiale et juste envers tous, et de répondre aux vœux légitimes et aux besoins de la masse de la population. Lord Mulgrave, aujourd'hui marquis de Normanby, est le même homme qui, avant d'établir en Irlande le premier gouvernement national qu'ait connu ce pays, avait eu la gloire, plus belle encore peut-être, de promulguer et de mettre à exécution dans les colonies anglaises, dont il était gouverneur général, la loi qui a aboli l'esclavage.

PAGE 328.

(1) V. l'Introduction historique, 4e époque, t. I, p. 175.

PAGE 329.

(1) C'est ce que l'on appelle *the repeal of the union*, la rupture de l'union, non de l'union politique qui n'est pas mise en question, mais de l'union parlementaire qui s'est opérée en 1800.

PAGE 340.

(1) D'après le cens de 1831, la population de l'Angleterre et du pays de Galles était de 13,894,722; celle de l'Écosse, de 2,635,114; celle de l'Irlande, de 7,767,401. V. M Culloch's Statisties, t. I.

PAGE 349.

(1) On sait que l'Irlande envoie 106 membres au parlement britannique qui en contient 650.

(2) On estime que sur les 106 membres irlandais, il y en a environ les deux tiers qui sont whigs pour ne pas dire radicaux.

(3) La représentation de l'Écosse, presque toute radicale, met aussi dans la balance démocratique un poids qui ne vient pas de l'Angleterre.

PAGE 350.

(1) Dans le parlement antérieur à 1837, sur les 106 membres irlandais on en comptait 65 whigs ou radicaux. Les élections de 1837 ont augmenté le nombre d'une dizaine. En Angleterre, au contraire, le nombre des conservatifs s'est accru de 15 à 20, au détriment du parti whig.

FIN DES NOTES.

TABLEAUX STATISTIQUES.

I.

Population, territoire de l'Angleterre, du Pays de Galles et de l'Ecosse. Nombre moyen des personnes, par famille et par habitation, conformément au cens de 1831.

	Nombre d'habitants.	Territoire. Nombre d'acres.	Nombre de personnes par famille.	Nombre de personnes par maison. (terme moyen)
Angleterre.	13,088,540	32,243,200	4.768,536	5.628,266
Pays de Galles.	806,182	4,752,000	4.840,829	5.183,716
Écosse.	2,365,114	18,944,000	4.708,559	6.402,703
Total	16,259,836	55,939,200		

(Extrait des tableaux statistiques de M. M. Culloch, Statistical account of the British empire, t. I, p. 408 et 427.)

II.

TABLEAU statistique de la population de l'Irlande en **1821**
et en **1831**.

PROVINCES.	1821.	1831. Hommes.	Femmes.	Total.	Augmentation en 10 ans.
Leinster.	1,757,492	927,877	981,836	1,909,713	9 o/o
Munster.	1,935,612	1,093,411	1,133,741	2,227,152	14 o/o
Ulster.	1,998,494	1,113,094	1,173,528	2,286,622	14 o/o
Connaught.	1,110,229	660,498	683,416	1,343,914	22 o/o
	6,801,827	3,794,880	3,972,521	7,767,401	

(V. Cens de 1831. Extrait comparatif de la population en Irlande en 1821 et 1831, publié par
ordre du parlement, en date du 19 février 1833.)

III.

TABLEAU statistique de la population d'Irlande en **1834**,
contenant l'indication des différents cultes qu'elle professe.

PROVINCES ecclésiastiques.	MEMBRES de l'église anglicane	Catholiques.	Presbytériens.	Autres protestants dissidents.	TOTAL.
Armagh (Ulster).	517,722	1,955,123	638,073	15,823	3,126,741
Dublin (Leinster).	177,930	1,063,681	2,517	3,162	1.247,290
Cashel (Munster).	111,813	2,220,340	966	2,454	2,335,573
Tuam (Connaught).	44,599	1,188,568	800	369	1,234,836
	852,064	6,427,712	642,356	21,808	7,943,940

(Extrait du premier rapport des commissaires chargés de
faire une enquête sur l'état de l'instruction en Irlande.)

Tableau de la population d'Irlande en 1831, montrant la proportion des habitants avec l'étendue du sol, le nombre des habitations et celui des familles.

PROVINCES.	Population en 1831.	Étendue en acres.	Nombre des familles.	Nombre d'habitations.	NOMBRE DE PERSONNES.		NOMBRE D'ACRES.		
					Par famille.	Par habitation.	Par personne.	Par famille.	Par habitation.
LEINSTER.	1,909,713	4,749,584	344,314	292,729	5.546,428	6.523,825	2.487,066	13.794,338	16.225,191
MUNSTER.	2,227,152	5,835,220	376,051	330,444	5.922,473	6.739,877	2.620,136	15.517,097	17.658,725
ULSTER.	2,286,622	5,224,274	425,314	402,005	5.376,314	5.688,043	2.284,710	12.283,332	12.995,544
CONNAUGHT.	1,343,914	4,135,131	239,387	224,638	5.613,980	5.982,576	3.076,931	17.273,832	18.407,976
Total	7,767,401	19,944,209	1,385,066	1,249,316	Moyenne. 5.607,964	Moyenne. 6.214,835	Moyenne. 2.567,681	Moyenne. 14.399,464	Moyenne. 15.957,716

(Extrait des tables statistiques de M. M. Culloch, Statistical account of the British empire, t I, p. 442.)

V.

TABLEAU de la population d'Angleterre, d'Ecosse et d'Irlande en 1831, montrant la proportion de personnes livrées dans ces pays à l'industrie agricole.

	Nombre des familles principalement adonnées à l'agriculture.	Nombre des cultivateurs qui emploient des ouvriers.	Nombre des cultivateurs qui n'emploient point d'ouvriers.	Nombre des ouvriers employés à l'agriculture.
Angleterre.	761,348	141,460	94,883	744,407
Pays de Galles.	73,195	19,728	19,966	55,468
Ecosse.	126,591	25,887	53,966	87,292
Total de la Grande-Bretagne.	961,134	187,075	168,815	887,167
Irlande.	884,339	95,369	564,274	564,441

(Extrait des tables statistiques de M. M. Culloch, Statistical account of the British empire, t. I, p. 544.)

VI.

TABLEAU de la population d'Angleterre, d'Ecosse et d'Irlande en 1831, montrant la proportion de personnes qui, dans ces pays, se livrent à l'industrie commerciale et manufacturière.

	Nombre des familles principalement adonnées à l'industrie commerçante et manufacturière.	Hommes employés dans les manufactures ou occupés à fabriquer des machines.	Hommes employés dans les maisons de commerce comme ouvriers ou comme maîtres.	Capitalistes, banquiers, avocats, médecins, etc., etc.
Angleterre.	1,182,912	314,106	964,177	179,983
Galles.	44,702	6,218	43,226	5,204
Ecosse.	207,259	93,993	152,454	29,203
Total de la Grande-Bretagne.	1,434,873	404,317	1,159,867	214,390
Irlande.	249,359	25,746	298,838	61,514

(Extrait des tables statistiques de M, M. Culloch, Statistical account of the British empire, V. p. 199, t. II.)

TABLE DES MATIÈRES

FIN DE LA TABLE.